DAS GENIE UND SEIN FÜRST

FRIEDRICH SENGLE

DAS GENIE UND SEIN FÜRST

Die Geschichte der Lebensgemeinschaft Goethes mit dem Herzog Carl August von Sachsen-Weimar-Eisenach. Ein Beitrag zum Spätfeudalismus und zu einem vernachlässigten Thema der Goetheforschung

VERLAG J. B. METZLER
STUTTGART · WEIMAR

Die Deutsche Bibliothek – CIP-Einheitsaufnahme

Sengle, Friedrich:
Das Genie und sein Fürst : die Geschichte der Lebensgemeinschaft
Goethes mit dem Herzog Carl August von Sachsen-Weimar-Eisenach ;
ein Beitrag zum Spätfeudalismus und zu einem vernachlässigten Thema
der Goetheforschung / Friedrich Sengle.
– Stuttgart ; Weimar : Metzler, 1993
ISBN 3-476-00939-4

Gedruckt auf chlorfrei gebleichtem, säurefreiem und alterungsbeständigem Papier

ISBN 3-476-00939-4

© 1993 J.B. Metzlersche Verlagsbuchhandlung
und Carl Ernst Poeschel Verlag GmbH in Stuttgart

Einbandgestaltung: Willy Löffelhardt
Satz: Typobauer Filmsatz GmbH, Scharnhausen
Druck und Bindung: Franz Spiegel Buch GmbH, Ulm

Printed in Germany

Verlag J.B. Metzler Stuttgart · Weimar

EIN VERLAG DER SPEKTRUM FACHVERLAGE GMBH

Vorwort

Der Herzog und spätere Großherzog von Sachsen-Weimar-Eisenach, Carl August, stand im Schatten Goethes, solange man in erster Linie die Dichtung im Auge hatte. Sobald man die Politik und die Sozialgeschichte in ihrem nicht zu leugnenden Gewicht erkannte, veränderte sich das Verhältnis. Das vorliegende Buch steht im Zusammenhang mit einer von der Deutschen Forschungsgemeinschaft bewilligten Münchner Forschergruppe zur Sozialgeschichte der deutschen Literatur im 18. und 19. Jahrhundert.

Wenn ich von einer Lebensgemeinschaft zwischen Carl August und Goethe spreche und den üblichen Begriff einer Freundschaft vermeide, so soll damit der *soziale* Unterschied zwischen dem Dichter und dem Fürsten angedeutet werden. Carl August war sich in allen Phasen des Lebens seines hohen Standes bewußt.

Obwohl es in Weimar frühzeitig eine *Verfassung* und die *Pressefreiheit* gab, war der Kleinstaat von der konstitutionellen Monarchie im späteren Sinne noch ziemlich weit entfernt. Es gelang nicht, ein Gesetz gegen den Pressemißbrauch durchzusetzen! Den Widerstand gegen den Zaren Alexander I. und Metternich, gegen die Karlsbader Beschlüsse überhaupt führte Carl August im Bewußtsein seiner fürstlichen Würde und Berufung. Das Wort vom *Dichterfürsten* Goethe ist insofern berechtigt, als Goethes großer und immer weltweiter werdender Ruhm ein Problem für den Fürsten war. Die Erhöhung zum Großherzog durch den Wiener Kongreß änderte daran kaum etwas.

Wenn König Ludwig I. von Bayern ausdrücklich Goethe an seinem Geburtstag besuchte, wenn die englischen Gäste sich für Goethe mehr interessierten als für den Fürsten, wenn unter starker Mitwirkung Metternichs, der Carl August zum »Altburschen« erniedrigt hatte, der Bundestag dem Dichter Goethe *allein* ein Privileg gegen den Nachdruck verleiht, so ist dies für den Fürsten keineswegs beglückend. Das bezeugt die Art seiner Reaktion.

Eine Auszeichnung für den alten Goethe war es auch, daß die Großherzogin Luise und die kaiserliche Hoheit, d.h. die Schwester des Zaren, Maria Paulowna, und Carl Friedrich, ihr Gatte, und nicht zuletzt auch der

Großherzog selbst Goethe zu besuchen pflegten, nicht umgekehrt, wie es höfischer Sitte entsprach. An Carl Augusts 50. Dienstjubiläum feierte man nicht nur am Hofe, sondern mit größerem Zulauf der Prominenz in Goethes Haus.

Goethe war ein wirklicher Hofmann. Er nahm auch unangenehme Befehle, z. B. seine Entlassung als Theaterdirektor, in der besten Haltung entgegen. Trotzdem konnte man darüber streiten, wer der erste Mann in Weimar war, Goethe oder Carl August. Die Geschichte dieser Lebensgemeinschaft ist einer ganzen Reihe von Krisen unterworfen, was ohne Beschönigung berichtet werden soll. Carl August soll, trotz seiner Niederlagen, als bedeutender Fürst dargestellt werden. Er soll *neben* Goethe stehen, – soweit es die von beiden Talenten durchgehaltene Lebensgemeinschaft möglich oder notwendig macht.

Unter den Historikern habe ich vor allem Hans Tümmler zu danken, nicht nur für seine trefflich geschriebene Biographie und einige Hinweise zu meinem Manuskript, sondern vor allem für seine Herausgebertätigkeit. Am meisten verdanke ich dem politischen Briefwechsel Carl Augusts, veröffentlicht von der Historischen Kommission bei der Bayerischen Akademie der Wissenschaften, Band 37–39. Näheres siehe meine Auswahl aus der Fachliteratur (S. 527 ff.). Wenn man die Ausgabe von Goethes Briefwechsel mit dem führenden Minister Christian Gottlob Voigt dazunimmt, vier Bände bearbeitet von Hans Tümmler (Schriften der Goethe-Gesellschaft, Band 53–56, hg. von Andreas Wachsmuth und Eduard Spranger, Weimar 1949–1962), so mag man darin *das* Fundament der Carl-August-Forschung erblicken, das für Goethe früher in der Weimarer Ausgabe gelegt und neuerdings wieder gedruckt wurde. Die zahlreichen Briefe, die sich in diesen Ausgaben finden, sind auch ein wertvoller Teil deutscher *Literatur*!

Wie in meiner Biedermeierzeit (1971–1980) unterstützte mich auch bei diesem Buche meine frühere Sekretärin, Frau Marlies Schindler, durch opfervolle wissenschaftliche Kleinarbeit. Dieser Treue schulde ich persönlich am meisten. Durch Korrekturlesen erwarb sich Sigrid Nieberle ein Verdienst.

Inhalt

DER VERZICHT AUF DIE BÜRGERLICHE LAUFBAHN.
ERFOLGE UND MISSERFOLGE IN DER FRÜHEN
WEIMARER ZEIT BIS ZUR FLUCHT NACH ITALIEN
(1775–1786)

HOFTHEATER, KRIEGSTHEATER UND
DIE SCHWIERIGEN ROLLEN DER EHEMALIGEN
FREUNDE IN DIESER UNRUHIGEN ZEIT (1786–1796)

ERTRÄGLICHE FREMDHERRSCHAFT MIT HILFE BRAVER GEHEIMRÄTE UND DURCH DAS GLÜCK VON DREI VERSCHIEDENARTIGEN KAISERLICHEN BEZIEHUNGEN (1807–1813)

DIE ÜBERGANGSZEIT ZWISCHEN DER FRANZÖSISCHEN FREMDHERRSCHAFT UND DER NEUEN BEDRÄNGNIS SACHSEN-WEIMARS (1814–1816)

GOETHES DEMÜTIGUNG UND SEIN WIEDERAUFSTIEG DURCH DIE BESTÄTIGUNG SEINER PESSIMISTISCHEN PROGNOSE FÜR CARL AUGUSTS POLITISCHES ABENTEUER (1817–1820)

NACH DER NIEDERLAGE DES FÜRSTEN UND WÄHREND DES SICH VERSCHÄRFENDEN STREITS UM DEN »FÜRSTENKNECHT« GOETHE KOMMEN DIE ALTERNDEN JUGENDFREUNDE EINANDER WIEDER ETWAS NÄHER. GEMEINSAME ABENTEUER, LANGWEILIGE JUBILÄEN UND GOETHES AUFREGEND EINSAMES PRIVILEG AUF DEM BUCHMARKT (1821–1825)

INHALT

DIE LETZTE GEMEINSAME LEBENSZEIT. CARL AUGUSTS PLÖTZLICHER TOD UND DESSEN AUSWIRKUNG AUF GOETHES BEFINDEN UND DICHTUNG. NEKROLOGISCHES.

FACHLITERATUR IN AUSWAHL

REGISTER

DER VERZICHT AUF DIE BÜRGERLICHE LAUFBAHN.
ERFOLGE UND MISSERFOLGE IN DER FRÜHEN WEIMARER ZEIT BIS ZUR FLUCHT NACH ITALIEN (1775–1786)

Goethe und Carl August vor dem Beginn ihrer Freundschaft

Motive für Goethes Flucht aus dem Bürgertum

Wer Goethes zahlreiche Klagen über die »Hofnot« und über seinen Fürsten persönlich in seinen Tagebüchern und vertrauten Briefen kennt, wird zunächst die alte Frage nicht umgehen können, warum der Dichter, der in bevorzugten bürgerlichen Verhältnissen und in einer angesehenen Reichsstadt geboren wurde, von einem kleinen Hof sich anstellen ließ und ihm auf Lebenszeit treu blieb. Die legendäre Freundschaft mit seinem Fürsten kann nicht der Hauptgrund gewesen sein; denn der achtzehnjährige »Carl« war für den berühmten, viel lebenserfahreneren Dichter zunächst kein ebenbürtiger Partner, später, als er heranreifte, ein überaus schwieriges Problem und schließlich der Fürst in einem recht konventionellen Sinn, überwiegend militärisch orientiert und trotz großer geistiger Interessen von einer Maitresse beherrscht. Was dem Herzog die schöne, talentierte, in Ifflands Schule ausgebildete Schauspielerin Caroline Jagemann bedeutete, mag eine späte, von dem Kanzler Friedrich von Müller aufgezeichnete Äußerung Carl Augusts vergegenwärtigen:[1] »Goethe habe stets zu viel in die Weiber gelegt, seine eignen Ideen in ihnen geliebt, eigentlich große Leidenschaft nicht empfunden. Seine längste Liebschaft, die Frau v. Stein

---

1 27. 5. [1828] in: Carl Augusts Begegnungen mit Zeitgenossen. Ein Bild seiner Persönlichkeit in Briefen und Berichten, Tagebuchaufzeichnungen und Selbstzeugnissen, hg. v. Alfred Bergmann, Weimar 1933, S. 142.

sei eine recht gute Frau gewesen, aber eben kein großes Licht. Die Vulpius habe alles verdorben, ihn der Gesellschaft entfremdet; der Tod der Herzogin-Mutter habe auch vieles zerstört, da sei ein zwangloser Zentralpunkt gewesen, die Großherzogin habe nach ihrer Eigentümlichkeit dies nicht fortsetzen können.« Man sieht, wie der kluge und gesellige Fürst kurz vor seinem Tode die Rolle Goethes beurteilt. Er hätte mehr der Gesellschaft, d.h. dem Hofe Carl Augusts leben müssen, und dazu wäre eine vornehme, schöne, gescheite, begehrenswerte Frau oder Geliebte der richtige Weg gewesen. Daß ein Dichter zuerst der produktiven Einsamkeit bedarf, daß diese sich unwiderstehlich und immer erneut in Goethes Leben Bahn brach, hatte Carl August in den 53 Jahren seiner Bekanntschaft mit Goethe offenbar nur gelegentlich und widerwillig bemerkt –, weil er ein Fürst von echtem Schrot und Korn war. Goethe hat bald erkannt, daß ein Fürst in seinem »Elemente« bleiben muß, daß dies, wie wir sagen würden, ein soziales Gesetz ist. In Frankfurt dürfte er in dieser Hinsicht noch Illusionen gehabt haben. Hier sah er nur den *Bürger* in seinen elementaren gesellschaftlichen Bedingungen, in seiner räumlichen und moralischen Enge.

Wenn man die naheliegende Quelle für Goethes späte Frankfurter Meinungen, den Schluß von *Dichtung und Wahrheit* untersucht, so fallen dem heutigen Betrachter zuerst die Verharmlosungen des Klassengegensatzes auf. Aufklärung und Sturm und Drang sind hier die gute alte Zeit: »In Deutschland war es noch kaum jemand eingefallen, jene ungeheure privilegierte Masse zu beneiden oder ihr die glücklichen Weltvorzüge zu mißgönnen. Der Mittelstand hatte sich ungestört dem Handel und den Wissenschaften gewidmet und hatte freilich dadurch, sowie durch die nahverwandte Technik, sich zu einem bedeutenden Gegengewicht erhoben; ganz oder halb freie Städte begünstigten diese Tätigkeit, so wie die Menschen darin ein gewisses ruhiges Behagen empfanden.«[2] Daß hier ein konservatives Märchen vom vorrevolutionären Deutschland gedichtet wird, bemerken wir wenige Seiten weiter unten, wo es heißt: »Es war zum Credo geworden, man müsse sich einen persönlichen Adel erwerben, und zeigte sich in jenen schönen Tagen irgendeine Rivalität, so war es von oben herunter.«[3] Das bedeutet doch, daß die Adeligen den »ruhigen« Bürger nicht so respektierten, wie es seine Verdienste wirtschaftlicher und kultureller Art nach bür-

---

2 Dichtung und Wahrheit. Vierter Teil, 17. Buch.
3 Ebd.

gerlicher Meinung erwarten ließen. Nobilitiert wurde man notwendiger-
weise nur durch Verdienste an einem Hofe.

Aus *Dichtung und Wahrheit* geht eindeutig hervor, daß die vielen Besuche, die der berühmte Dichter ins Haus zog, seinen Eltern zur Last wurden,
nicht nur dem Vater – er war besser als sein Ruf –, sondern auch der
ausgesprochen gastfreundlichen Mutter; denn »Wahrhaft Dürftige und unverschämte Abenteurer wendeten sich an den zutraulichen Jüngling«, und
die Mutter »war es, welche die zuströmenden Gäste reichlich bewirten
mußte, ohne sich für die literarische Einquartierung anders als durch die
Ehre, die man ihrem Sohne antat, ihn zu beschmausen, entschädigt zu
sehen.« Außerdem wußte sie, daß den Sohn seine »leichtsinnige Freigebig-
keit und Verbürgungslust« ständig in finanzielle Gefahren brachte.[4] Ein
Bürger dieser Art war in der großen Handelsstadt kein idealer Schwieger-
sohn. Der jugendliche Zauber, der Goethes Liebe zu Lili umgibt, hat manchen Goethebiographen dazu verführt, in ihr *die* Leidenschaft zu erblicken,
die Carl August später bei dem Dichter vermißte. Aber wer den »Wande-
rer«, den Stürmer und Dränger, auch den verwöhnten »Hätschelhans« Frau
Ajas und den berühmten Wertherdichter, den am meisten gefeierten literarischen Star der Zeit vor Augen hat, kann ihn sich unmöglich an der Seite
dieser verwöhnten, großbürgerlichen Liese Schönemann, der späteren Ba-
ronin von Türckheim, in Goethes verhältnismäßig bescheidenem Eltern-
hause vorstellen; denn so dachten es sich wohl Goethes Eltern: »Man wollte
finden, daß mir eine Schwester [Cornelia war schon verheiratet], der Mutter eine Gehülfin, dem Vater ein Lehrling abgehe.«[5]

Warum sollte ein so erfolgreicher Dichter nicht selbst ein Haus führen?
Das junge Genie betrachtete seine »liebliche Naturgabe [...] als ein Heili-
ges«, das er »uneigennützig auszuspenden fortfahren« müsse. »Durch diese
Betrachtung rettete ich mich von der Bitterkeit, die sich in mir hätte erzeugen können, wenn ich bemerken mußte, daß gerade das so sehr gesuchte
und bewunderte Talent in Deutschland als außer dem Gesetz und vogelfrei
behandelt werde. Denn nicht allein in Berlin hielt man den Nachdruck für
etwas Zulässiges, ja Lustiges, sondern der ehrwürdige, wegen seiner Re-
gententugenden gepriesene Markgraf von Baden, der zu so vielen Hoffnungen berechtigende Kaiser Joseph begünstigten, jener seinen Macklot, dieser seinen Edlen von Trattner, und es war ausgesprochen, daß die Rechte,

4 Dritter Teil, 15. Buch.
5 Ebd.

3

sowie das Eigentum des Genies dem Handwerker und Fabrikanten unbedingt preisgegeben seien.«[6] Kaiser Joseph II. war noch nicht an der Regierung, als der junge Goethe mit seinen Existenzsorgen konfrontiert wurde. Hier spricht der alte Goethe, der Pionier im Kampfe gegen die Nachdrukker. Der junge Goethe verlangte seit *Werthers Leiden* hohe Honorare; aber es war ihm vollkommen klar, daß das aus Bildungsgründen von der Obrigkeit geförderte Nachdruckwesen die Laufbahn eines freien Schriftstellers zu einer erbärmlichen Rolle machte, die gerade für einen anspruchsvollen Großbürgersohn, wie er es war, am wenigsten geeignet erschien. Also ein Amt! Auch darüber äußert sich der gründliche Autobiograph. Er hätte eine »Residentschaft« oder »Agentschaft« mit Hilfe der »vornehmsten Glieder« der angesehenen Frankfurter Freimaurerloge, mit denen er durch sein »Verhältnis zu Lili bekannt geworden war«, gewiß ergattern können. Aber sein »Unabhängigkeitsgefühl« verhinderte solche Bemühungen.[7] Und dieser unbedingte Freiheitswille war es überhaupt, der ihn zur Flucht aus Frankfurt veranlaßte. Er wollte weder eine bürgerliche Ehe noch ein bürgerliches Amt, sondern ein Leben in der Nähe der Großen, in dem er, wie er träumte, alle seine reichen Anlagen entfalten könnte. Man hat sich über das erste Kapitel im V. Buch der *Theatralischen Sendung* gewundert; denn es widerspricht völlig den Erfahrungen, die Wilhelm später im Grafenschloß macht.[8] Wenn man dies enthusiastische Stück Prosa auf die idealistischen Vorstellungen bezieht, die sich der bürgerliche Wilhelm von der großen Welt macht, und wenn man daran denkt, daß Goethe solche Kapitel geeigneten Mitgliedern des Musenhofes in panegyrischer Absicht vorgelesen haben mag, so wird der fehlende Zusammenhang mit den Schicksalen der Schauspielertruppe verständlicher. Wilhelm wird sich »bereden lassen, mit der übrigen Gesellschaft auf das gräfliche Schloß zu gehen [...] Welcher Vorteil für ihn, daß er alle Anlage hat, sich in diesem neuen Klima völlig auszubilden. Denn der Druck, die Beängstigung, Kurzsinnigkeit und Noth, die bisher fast über ihn den Meister spielten, sollten von seinem Haupte, von seiner Brust sich hinwegheben, wenn ihn ein guter Genius aus der

---

6 4. Teil. 16. Buch.
7 4. Teil. 17. Buch.
8 Fritz Martini: Ebenbild und Gegenbild. Wilhelm Meisters Theatralische Sendung und Goethe in Weimar 1775 bis 1786, in: Goethe-Jb. Bd. 93 (1976), S. 78. Martini geht von der späteren Vorstellung der »epischen Integration« aus. Es handelt sich jedoch um ein einzelnes rhetorisches Glanzstück, wie es dem älteren, vorepischen Roman erlaubt ist.

Enge seines Zustandes heraus führet, wenn seine Begriffe sich erweitern, wenn er die Gegenstände kennen lernt, nach denen eine edle Seele sich sehnen, an denen sie haften, die sie sich zueignen muß, um ihrer Bestimmung genug zu thun und sich glücklich zu fühlen. Es wird in den höheren Classen nicht an Männern fehlen, die ihn zurecht weisen, die es ihm klar machen, daß die Natur eines Menschen nicht schlimmer verschoben werden kann, als wenn er sich einer Leidenschaft für niedrige Gegenstände überläßt, wenn er einer dunkeln Anhänglichkeit an eine Gesellschaft, deren Glieder nicht von der Art seines Wesens sind, nachgibt, und darüber der Sklave eines Zustandes wird, in welchem die Treue, die schönste und menschlichste Eigenschaft, ihn nur zur Qual und zum Verderben feste hält. – Dreimal glücklich sind diejenigen zu preisen, die ihre Geburt sogleich über die untere Stufe der Menschheit hinaushebt.« Im Folgenden werden auch *die* in den Lobpreis eingeschlossen, denen ein »angebornes Vermögen« Bequemlichkeit gibt: »Wie sicher blühet ein Handel, der auf ein gutes Capital gegründet ist.« Der Schluß des Kapitels konnte als überschwänglicher Dank für Goethes Berufung nach Weimar verstanden werden: »Heil also den Großen dieser Erde! Heil allen die sich ihnen nähern, die aus dieser Quelle schöpfen, die an diesen Vortheilen Antheil nehmen können! und nochmals Heil dem genius unsres Freundes, der ihn diesen glücklichen Stufen näher zu führen Anstalt macht!«[9] Die Stelle beweist, daß die Stände im vorrevolutionären Deutschland nicht so ruhig nebeneinander lebten, wie es Goethe nachträglich in *Dichtung und Wahrheit* darstellt, sondern daß es nach den gescheiterten Bemühungen der bürgerlichen Aufklärung – man denke z.B. an das hamburgische Nationaltheater – wieder ein neues Interesse für die Hofkultur gab. Goethe macht seinen Vater mit dessen eindeutig antihöfischer Gesinnung zu einer Art komischer Figur. Er bemüht sich überhaupt um einen humoristischen Ton bei der Behandlung der sozialen Frage. Dies belegt z.B. das dialogische Streitgedicht zur Frage Hof oder nicht in Knittelversen; aber Goethe bekräftigt, genau besehen, wie immer ironisch, unsere Meinung, daß die jüngere Generation mit dem Hofleben liebäugelte: »Und so übten wir Jüngeren uns nun auch von oben

---

9 Es ist verständlich, daß Goethe seine Entscheidung rechtfertigen wollte. Ich selbst vertrat sogar die Meinung, daß sein Ruhm durch seine soziale Stellung als Hofmann gefördert wurde. *Neues zu Goethe*, S. 237. Aber man konnte sich auch umgekehrt entscheiden und trotzdem Ruhm erwerben. Das Beispiel des Karlsschülers Schiller liegt nahe.

herunter, indem wir, uns was Großes einbildend, auch die Partei der Großen zu nehmen beliebten.«[10]

Knebel, einer der wenigen Menschen, mit denen Goethe später ganz offen sprechen konnte, vermittelte in Frankfurt die Bekanntschaft mit dem Erbprinzen Carl August, seinem Bruder Constantin und mit dem Grafen Görtz, dem »Führer des Erbprinzen«, d.h. seinem höfischen Erzieher. Bei diesem Zusammentreffen referierte Goethe über Mösers *Patriotische Phantasien*, von denen der erste Teil (1774) »unaufgeschnitten« auf dem Tische lag. Auch über diesen »Zufall« berichtete Goethe in leichtem Tone. Doch wird hier bereits die Modifizierung des vielberufenen »Feudalismus« deutlich, die Goethes Leben in Weimar möglich und fruchtbar machte. Möser rechtfertigte den Partikularismus; ihm erschien »gerade die Menge kleiner Staaten als höchst erwünscht zu Ausbreitung der Kultur im einzelnen«.[11] Wir dürfen mit Sicherheit annehmen, daß Carl August vor allem den berühmten Dichter in Weimar haben wollte, im Wettstreit mit seiner Mutter Anna Amalia, die Wieland nach Weimar berufen und dort festgehalten hatte. Wieland war Carl Augusts wissenschaftlicher und weltanschaulicher Lehrer gewesen; etwas von der geistigen Prägung, die er von ihm empfing, haftete ihm in seinem ganzen Leben an. Goethes Farce *Götter, Helden und Wieland* (1774) erschwerte die Berufung des selbstbewußten Dichters an den Hof von Weimar. Doch wurde bei der nächsten Zusammenkunft mit dem Erbprinzen in Mainz Goethes Versöhnung mit Wieland ausgehandelt.

Wieland war 24 Jahre älter als der Erbprinz, Goethe nur 8. So ist es selbstverständlich, daß ihn die Dichtung des Jüngeren unmittelbar berührte. Goethes ständig steigender Ruhm ist und bleibt die festeste Verbindung zwischen dem Genie und seinem Fürsten. Aber Carl August war von Anfang an auch im politischen Sinne ehrgeizig. Das beweist sein ungestümes Drängen zur Herrschaft, schon mit 17 Jahren. Die Mutter konnte ihm nicht früh genug die Herzogswürde übergeben. Aus diesem Grunde kann man sicher sein, daß Goethes Hinweis auf die *Patriotischen Phantasien* ihn tief beeindruckte. Die Aufgabe, die ihn als Herzog erwartete, erschien ihm unter Mösers partikularistischem Gesichtspunkt noch wichtiger, noch bedeutender. Auch für den Stürmer und Dränger Goethe war gerade der Kleinstaat verlockend, nicht nur weil er eine unmittelbare Verbindung mit dem Fürsten erlaubte, sondern auch deshalb, weil er ihn aus der großen,

---

10 Dichtung und Wahrheit, 3. Teil, 15. Buch.
11 Ebd.

aber engen Handelsstadt befreite, weil er ihn in eine direkte Verbindung brachte mit Wiese und Wald, mit Landschaft und Volk, kurz mit allem, was die junge Generation unter dem gewaltigen Begriff »Natur« zusammenfaßte.

Die Kavaliersreise der Prinzen von Weimar

Während Goethe, statt zu heiraten, die erste, neuerdings wieder beliebte Fassung der *Stella* mit dem schockierenden Finale einer Ehe zu dritt verfaßte und zu einem ungewöhnlichen Preis verkaufte, schrieben der Erbprinz Carl August, der Prinz Constantin, der Graf von Görtz, der Herr von Stein und der Hauptmann von Knebel einen gemeinsamen Brief an die noch regierende Herzogin Anna Amalia aus Straßburg (11. 2. 1775):[12] »Durchlauchtigste Fürstin, Gnädigste Fürstin und Frau, Wir sämtliche Reisende unterstehen uns, Euer Hochfürstliche Durchlaucht untertänigst anzuflehen, dass, da wir uns so nahe an der Vaterstadt des Witzes und alles Schönen und Artigen, was auf der Welt ist, befinden, Dieselben uns die gnädigste Erlaubnis erteilen mögen, dahin zu reisen und unsern Geist und unser Herz mit allen daselbst befindlichen grossen Namen, prächtigen Palästen, vortrefflichen Lustschlössern und Promenaden, vorzüglich aber mit den Sitten, Gebräuchen, Witz und Arten dieses Ersten Volkes der Erde zu schmücken. Da wir aufs innigste überzeugt sind, dass Sie, gnädigste Fürstin, an allen unsern Freuden teilzunehmen die Gnade haben, so verzweifeln wir nicht an der Erhörung unsrer demütigsten Bitte, und sind versichert, dass uns dero unschätzbare Huld auch bis Paris begleiten werde. – Wogegen wir Euer Hochfürstlichen Durchlaucht die lebenslange tiefste Ehrfurcht und den innigsten schuldigen Gehorsam aufs neue versprechen.« Hinter diesem Brief steckte eine kleine Rebellion. Verabredet war eine Reise in die Schweiz, die im aufgeklärten 18. Jahrhundert ein kaum zu überschätzendes Ansehen als Vorbild der Freiheit und Humanität, auch einer toleranten und humanen Frömmigkeit gewonnen hatte. Nicht zuletzt Friedrich II. von Preußen, der Onkel Anna Amalias, war ein Freund und Gönner der Schweizer. Wieland, der seine jugendlichen Lehrjahre in der Schweiz verbracht hatte, fungierte noch immer als Ratgeber der Fürstin,

---

12 Briefe des Herzogs Carl August von Sachsen-Weimar an seine Mutter die Herzogin Anna Amalia, hg. v. Alfred Bergmann. Jena 1938, S. 213.

und in seiner Berufung nach Weimar lag ja bereits die Wende zu einer auch von den Fürsten anerkannten *deutschen* Literatur und Kultur. Zu den nationalen Gründen für den ursprünglichen Entschluß traten wohl auch moralische. Die Mutter kannte das lebhafte Temperament und die Triebhaftigkeit ihres Carl. Wir werden sehen, daß auch in den folgenden Jahren die fürstlichen Frauen alle Liebe und List darauf verwandten, Sachsen-Weimar aus dem moralischen Ancien régime herauszuführen. Heute wird oft mit hämischem, aber gänzlich unhistorischem Modernismus vermerkt, die Großen von Weimar seien zwar in Marienbad und Italien, aber nicht einmal in Paris gewesen. Das Moderne war in diesem historischen Augenblick für die deutsche Kultur eher die Schweiz als Paris. Der zitierte Brief ist der erste deutschsprachige, den der Erbprinz Carl August – er war wohl der Verfasser – an seine Mutter schrieb. Eine captatio benevolentiae!

Der Anlaß war wenig geeignet, das nationale Selbstbewußtsein des neuen Weimar zu demonstrieren; denn hinter dem Brief stand Graf Görtz, den wir schon als höfischen Erzieher des Erbprinzen kennengelernt haben. Er war ein kluger, aber höchst ehrgeiziger Mann, der ganz im Stil des aufgeklärten »Ministerabsolutismus« den Erbprinzen so früh wie möglich zum nominellen Herzog erheben und mit der Hilfe des unerfahrenen Souveräns in Sachsen-Weimar herrschen wollte. Anna Amalia war noch klüger als der Graf, und ihr ging es auch um das Herz der Prinzen, die naturgemäß nach Paris wollten, nicht nur nach Genf, um noch besser französisch zu lernen, wie es geplant war. So gab sie in diesem Fall mit guten Gründen nach. Die Entscheidung war gleichwohl für die Prägung Carl Augusts nicht ohne Folgen; denn er nahm die französische Kultur und Lebensweise mit der gänzlich unverbrauchten Rezeptivität seiner frühen Jugend tief in sein Bewußtsein und Unterbewußtsein auf, was ihm der patriotische Freiherr von Stein noch nach Jahrzehnten mit Mißvergnügen vorwarf.

Das gesellschaftliche und kulturelle Programm, das Graf Görtz dem Prinzen bot, war reicher, als es auch gescheite junge Menschen in diesem Alter verarbeiten können.[13] Es ist selbstverständlich, daß die gelehrten Vorträge in der von dem älteren Mirabeau geleiteten Gesellschaft der Ökonomisten die Söhne Anna Amalias langweilten. Das gibt sogar Graf Görtz zu. Aber sie

---

13 Ich stütze mich im Folgenden vor allem auf Briefe Carl Augusts (vgl. Anm. 12) und auf das Material in der Studie von Willy Andreas: Die Kavaliersreise Carl Augusts von Weimar nach Paris, in: Archiv für Kulturgeschichte, Bd. 34 (1952), S. 180–193.

waren ein Programmpunkt, der erledigt werden mußte, weil die Prinzen
dem einflußreichen französischen Grafen von seinem Geistesverwandten
Carl Friedrich von Baden angemeldet worden waren. Natürlich gab es auch
sonst rein gesellschaftliche Verpflichtungen. Eine deutsche Predigt mußte
beim dänischen Gesandten absolviert werden, noch anstrengender erschien den jungen Leuten der Kirchgang in Versailles mit anschließendem
großem Empfang. Interessanter war natürlich die Vorstellung der beiden
Prinzen beim französischen König Ludwig XVI. und Marie Antoinette – die
kaiserliche Botschaft hatte es vermittelt –, und höher schlug das Herz des
angehenden Fürsten bereits, wenn er vor den Denkmälern der großen
französischen Kriegshelden stand. Ein künftiges Interesse zeigte sich auch,
wenn Carl August die naturwissenschaftliche Sammlung Buffons besichtigte. Dieser große Mann war ihm durch Wielands Schule ein Begriff; er
durfte sogar seine persönliche Bekanntschaft machen. Der gothaische
Legationsrat Baron Grimm hatte eine Wohnung in Paris und vermittelte als
homme de lettres solche Bekanntschaften, auch die Diderots, d'Alemberts,
Marmontels. Bei Baron Holbach speiste der Erbprinz mit Diderot und
Baron Grimm. Besonderen Erfolg hatte der Mercure-Herausgeber Raynal.
Er erwiderte später den Besuch in Weimar, wo neben Carl August und
Goethe der Herausgeber des *Teutschen Merkur* residierte. Mit Villoison,
einem Kenner der Antike, freundete sich Knebel an, der Erzieher des
Prinzen Constantin und späterer Übersetzer antiker Dichter. Auch mit diesem Gelehrten sah man sich später in Weimar wieder. Mehr als alles das
scheint den heranwachsenden Carl August das Pariser Theater beeindruckt
zu haben, besonders das Théâtre Italien. In der großen Oper sah er Glucks
Iphigenie in Tauris und *Orpheus und Eurydike*, seiner Mutter versprach er,
auf ihre Bitte, einen Text der *Iphigenie* zu schicken (16. 3. 75). Auch die
Comédie Française mit Voltaires *Mahomed* – Goethe übersetzte ihn später
auf Carl Augusts Bitte – und Racines *Britannicus* versäumte er keineswegs.
Eine angeborene Begabung, entwickelt mit Hilfe der führenden Normen
des französischen Theaters, machten Carl August auf Lebenszeit zu einem
anspruchsvollen Theaterliebhaber und -kenner.

Rousseau, den wichtigsten ideologischen Anreger der Revolution, besuchte Graf Görtz allein, um die Prinzen keiner Kränkung auszusetzen;
doch wurde auch der selbstbewußte Prinzenerzieher grob empfangen. Ein
typischer Vertreter der Rokokokultur wie er mußte damit rechnen. Die
Dichterlesungen gefielen den musisch erzogenen Prinzen so gut, daß sie
Deklamationsstunde bei dem berühmten Schauspieler Lecain nahmen.

Freilich begnügten sich die jungen Leute in Paris nicht mit so gebildeten Freuden. Das Kartenspiel im Kreise des französischen Hofadels kostete die Unerfahrenen viel Geld; sie verloren fast immer. Der Besuch der Bastille war ein Schauer-Erlebnis, wenn man den Prinzen auch pflichtschuldigst versicherte, der Kommandeur sorge für eine humane Behandlung der Gefangenen (Carl August an seine Mutter 6. 4. 1775). Die Prinzen konnten auch die Bureaux d'Esprit besuchen, die von feinen schöngeistigen Damen dirigiert wurden. Von den ungefährlichen intimeren Freuden, die zu den Erziehungskünsten eines Rokokografen gehörten, weiß man nur dadurch, daß eine Französin noch jahrzehntelang eine Rente aus Weimar erhielt. Interessanter für Literaturhistoriker ist es, daß Johann Christoph Rost aus Leipzig, ein auch virtuoser, aber derberer erotischer Dichter als Wieland, der längere Zeit Bibliothekar im gräflich Brühlschen Haus gewesen war, sich an den Trhonfolger Carl August gedrängt zu haben scheint; denn dieser vertröstete seine Mutter wegen der von ihr gewünschten Einkäufe auf »Rost aus Leipzig«, der sie überbringen werde (23. 3. 75). Der letzte Brief des erfolgreich gereisten Erbprinzen aus Paris (27. 4. 1775) nimmt wieder Rücksicht auf die nationalen und generell humanistischen Prinzipien Anna Amalias und deutet für feinhörige mütterliche Ohren die Nachfolgelast an, die nach der teuern Pariser Kavaliersreise auf die fürstliche Kammer in Weimar zukommt:

»Je quitte cette ville avec bien des regrets; je Vous supplie d'assurer Hohenthal, que ce n'est point exactement les Français qui me la font regretter, mais c'est la bonne société dans laquelle j'ai eu le bonheur de vivre, qui consiste dans beaucoup d'Italiens, Allemands, Russes et Espagnols; voilà ce que j'ai vu le plus en hommes ici. Les femmes, à dire la vérité, aussi Françaises, sont quelquefois extrêmement aimables […]

> Madame et très chère Mère,
>   Votre très humble et très obéissant
>   serviteur et fils.
>   Charles.«

Die ersten gemeinsamen Jahre in Weimar (1775–1779)

Die ersten Schwierigkeiten

Schon mit achtzehn Jahren wurde Carl August mit der ebenfalls achtzehnjährigen Luise von Hessen-Darmstadt verheiratet. Diese war in einem empfindsamen Geiste erzogen worden und hatte daher Anpassungsschwierig-
keiten in dem munteren und oft auch derben Treiben des neuen »Weimarer
Musenhofes«. Ein höchst kenntnisreicher Biograph meint, im Widerspruch
zu der Lehrmeinung, es habe sich von vornherein um eine verfehlte Verbindung gehandelt: »Man konnte nicht ahnen, daß starke Wesensgegen-
sätze schlimme Krisen in dieser Ehe verursachen würden.«[14] Vielleicht darf
man hinzufügen, daß zu den Wesengegensätzen, die ja auch befruchtend
auf eine Lebensgemeinschaft wirken können, die verschiedene Erziehung
trat. Carl August blieb zeitlebens den alten, feudalen, vom Rokoko noch
verstärkten Vorstellungen von der Fürstenehe verhaftet, und sein Freund
Goethe, der im Auftrag Anna Amalias die Ehe zu heilen versuchte, war in
diesem Punkte kein überzeugender Erzieher, da er selber die Ehe gründlich verabscheute und die »niedere Minne« der feudalen Tradition im Anfang der Freundschaft keineswegs grundsätzlich ablehnte (vgl. z.B. Goethes Tagebuch vom 15. 7. 1776). In der petrarkistischen Epoche seiner
Liebe zu Frau von Stein bittet er nicht nur mit der großen bilderreichen
Sprachkraft, über die er verfügt, um Erhörung, sondern er droht auch mit
dummen Streichen, wenn sie ihn weiterhin so schmachten läßt. Er nennt
Mädchen, die dafür in Betracht kommen, spielt überhaupt, nicht ohne
Grund, den großen Frauenliebling, dem niemand widerstehen kann. Es ist
selbstverständlich, daß die Liebeleien, die bei Goethe oft nur Phanta-
siespiel, Anregung zur besseren Menschenkenntnis und zum Dichten
waren, bei dem handfesten und seiner fürstlichen Privilegien stets bewußten Fürsten zu allerlei Abweichungen vom schmalen Pfade der Ehe führen
mußten. Von einer Dienstreise mit dem Herzog schreibt Goethe an Frau
von Stein, als ob dies etwas Alltägliches wäre: »Der Rector hat dem Her-

---

14 Hans Tümmler: Carl August von Weimar, Goethes Freund. Eine vorwiegend
politische Biographie. Stuttgart 1978, S. 19.

zog eine böse Serenade gebracht aus der ich mir nichts gemerckt habe als: Meine Freundinn ist mein« (13. 9. 1780). Frau von Stein war Hofdame bei der Herzogin Luise, sie stand auch unter dem dominierenden Einfluß Anna Amalias und hatte zweifellos die Aufgabe, den Herzog und seinen Günstling zu beobachten, zu kontrollieren, zum Guten zu lenken. Ob dieser kühne Plan der fürstlichen Frauen erfolgversprechend war?

Noch vor dem Regierungsantritt Carl Augusts (3. 9. 1775) schuf Anna Amalia eine wichtige Voraussetzung für die Humanisierung des Weimarer Hofes. Sie vereitelte die Regierungsabsichten des Grafen Görtz, indem sie ihm die Stellung eines »Oberhofmeisters« zuwies.[15] Da konnte er repräsentieren und intrigieren, als Anführer der Adelsopposition gegen den neuen Kurs; aber sein politischer Plan war gescheitert. Die Herzoginmutter durfte sich bei dieser Stellenbesetzung ohne Einschränkung auf den ersten damaligen Staatsmann Sachsen-Weimars stützen: Jakob Friedrich von Fritsch. Dieser Geheimrat und Vorsitzende des Conseils, des obersten Führungsorgans des Landes, stand lange in einem schlechten Rufe, weil er Goethe, das größte deutsche Genie aller Zeiten, den Kultgegenstand der früheren Goethepriester, nicht mit offenen Armen begrüßte, sondern ihm im Gegenteil heftigen Widerstand leistete. Der Wertherdichter war in den Augen von Fritsch zunächst ein Günstling des jungen Herzogs, völlig unerfahren in der Verwaltungs- und Regierungsarbeit. Noch Fritz Hartung, der hervorragende Verfassungshistoriker und Autor des grundlegenden Werks über »Das Großherzogtum Sachsen unter der Regierung Carl Augusts« (Weimar 1923) sah in ihm den rücksichtslosen und taktlosen Adeligen, der von sich selbst eingenommen war, ohne daß ihn die Begabung und Leistung dazu berechtigt hätten. Dieser Meinung ist am erfolgreichsten Karl-Heinz Hahn entgegengetreten. Er macht aus Fritsch kein politisches Genie, aber er sieht in ihm einen redlichen Mann, und er kann sich dabei auf Goethe selbst berufen. Angesichts der Alternative Fritsch oder Görtz war dies für Anna Amalia der entscheidende Punkt. »Fritsch kannte – im Gegensatz zur höfischen Gesellschaft – kein Streben nach Gunst, für ihn war es keine Befriedigung der Eitelkeit, Einfluß auf das öffentliche und politische Leben zu gewinnen.« Fritsch wünscht bezeichnenderweise weniger eine Einführung des Erbprinzen ins Weltleben als »eine Lehrzeit der großen Kunst zu regieren«. Im Conseil kann Carl August das Regieren in der Praxis erler-

---

15 Ebd. S. 20.

nen. Gleichzeitig wird ihm so der nötige Respekt vor den erprobten Regierungsbeamten auf einem unaufdringlichen Wege nahegelegt.[16]

Es ist selbstverständlich, daß ein so zünftiger Staatsmann ein entschiedener Feind der alten Günstlingswirtschaft war. Das ist im Sinne der Aufklärung keine altmodische, sondern eine zeitgemäße Einstellung! Carl August
kann gegen die Argumente von Fritsch nur Goethes »Genie« geltend machen: ein Genie – gemeint ist ein Universalgenie – dürfe man nicht auf die
reguläre Beamtenlaufbahn verweisen. Das war für Fritsch gewiß eine fast
komische Sprache. Auch Carl Augusts Hinweis auf Goethes Redlichkeit
genügt dem führenden Geheimerat nicht. Was Herr von Fritsch fordert, ist
Charakter und *Erfahrung*. Goethes keckes Auftreten in Weimar kann ihn
verständlicherweise noch weniger günstig stimmen. Am 7. 11. 1775 erschien Goethe in Weimar, einen Monat später, am 9. 12., bat der Geheimerat von Fritsch, das Amt des Conseilvorsitzenden mit dem des Regie-
rungspräsidenten, der die Ausführung der im Conseil gefaßten Beschlüsse
zu überwachen hatte, vertauschen zu dürfen. In diesem Augenblick war das
Land Sachsen-Weimar ohne Zweifel in Gefahr. Aber Carl August hörte
nicht auf, um Fritsch zu werben, um sein Bleiben und um seine Zustimmung zu Goethes Eintritt ins Conseil.[17] Man darf annehmen, daß hinter
dieser Einstellung des von Natur so ehrgeizigen und temperamentvollen
Fürsten die Autorität des welterfahrenen Frankfurters stand; denn zu dieser Zeit muß man sich die engste Freundschaft zwischen dem Dichter und
dem Fürsten vorstellen. Aber Fritsch blieb bei seinem Entschluß. In dieser
Krise zeigte sich etwas, was in der ganzen Frühzeit Carl Augusts zu bedenken ist, daß nämlich die 37jährige Herzogin-Mutter noch immer die heim-
liche Regentin Sachsen-Weimars war. Erst ihre charmante, ganz im Rokokoton gehaltene Werbung entwaffnete den rauhen Geheimerat. Im Mai
1776 entschloß er sich, zu bleiben und aus dem Regime Carl August/
Goethe das Beste zu machen. Unterstützt wurde er dabei durch den älteren, wohl auch scharfsinnigeren Schnauß, der seit 1772 im Conseil war und
1779 gerechterweise gleichzeitig mit Goethe zum Geheimrat ernannt
wurde. Wenn man den 1. Band von *Goethes Amtlichen Schriften* liest[18], so
bemerkt man in den »Vota« die heilsame Konkurrenz zwischen Fritsch,

16 Karl-Heinz Hahn: Jakob Friedrich von Fritsch, Minister im klassischen Weimar.
Weimar 1953, S. 1, 56, 57.
17 Ebd. S. 66, 74f.
18 Goethes Amtliche Schriften, hg. v. Willy Flach. Bd. 1: Die Schriften der Jahre
1776–1786. Weimar 1950.

Schnauß und Goethe, gelegentlich auch den kollegialen Zwang, der auf
Goethe ausgeübt wurde. Zunächst allerdings scheint der Dichter, obwohl
schon ein regelmäßiger Besucher der Conseilsitzungen, sich mehr als Beobachter vorbereitet als aktiv an den Entscheidungen mitgewirkt zu haben.
Eine grobe Statistik mag dies verdeutlichen. Die Sitzungen, an denen Goethe mitwirkte, finden in den Jahren 1776, 1777, 1778 nur einen Nieder-
schlag von 44 Seiten, in den folgenden drei Jahren (1779 bis 1781) 133
und 1782 bis 1784 158 Seiten. Das Jahr 1785 bildet einen einsamen Gipfel
mit 91 Seiten, während sich in den 16 Seiten des Jahres 1786 schon Goethes Unlust und die Flucht nach Italien ankündigt. Am Anfang steht die
früher so genannte lustige Zeit.

Die »dumpfen« Jahre mit ihrer ästhetischen Unschuld

Ich habe in meiner Wielandbiographie (1949) vom Weimarer Sturm und
Drang gesprochen, und Willy Andreas hat in seiner Carl August-Biographie
(1953), die bis zum Jahre 1783 geführt wird, ein liebevolles Bild dieser
Erscheinung zu geben versucht. Unter sozialgeschichtlichem Gesichtspunkt muß der Sturm und Drang, der ein bürgerliches Phänomen war, an
einem Hofe unmöglich erscheinen, und er war dort auch nur eine *Subkultur*, eine Jugendbewegung, die im Laufe weniger Jahre von der herrschenden gesellschaftlichen Struktur wieder aufgesogen wurde, nicht ohne Folgen in der Lebensweise und auch nicht ohne den Impuls zu Reformen. Man
weilt lieber in den Schlössern der Umgebung als in der Residenz mit dem
abgebrannten Schloß. Goethe selbst haust in seinem berühmten Gartenhäuschen im Park an der Ilm. Das Schlittschuhlaufen wird von der höfischen Gesellschaft mehr oder weniger rezipiert. Man ißt auf dem Eise,
feiert auch Feste. Aber nach einiger Zeit, als Geheimerat, zieht Goethe doch
in die Stadt, um dort ein Haus zu führen, was freilich ohne Gattin nicht
ganz einfach ist. Auch bei der körperlichen Erholung triumphiert am Ende
doch wieder die alte fürstliche Jagd, sowie die Ausfahrt mit dem Wagen
und der Spaziergang mit Freunden oder Damen.

Die Basis der jugendlichen Subkultur ist die Orientierung an der bürgerlichen Kultur des 16. Jahrhunderts, an Hans Sachs mit seinen unkompli-
zierten Knittelversen und an den Bauern der Landschaft, die den jungen
Rousseauisten zunächst beneidenswert erscheinen, dann aber mehr und
mehr Mitleid erregen; denn man hält, im Gegensatz zu den empfindsamen

Idyllikern, die Augen für die soziale Realität auf dem Lande offen. Man empfindet den krassen Unterschied zwischen dem höfischen Luxus und der bäuerlichen Mühseligkeit als peinlich, als eine Herausforderung an die Humanität des Jahrhunderts.

Es ist bemerkenswert, daß auch Carl August, der junge Fürst, zunächst über das höfische Leben klagt. Aus Gotha schreibt er Ende 1775 an Goethe: »Das Schloß ist so hoch, und in so einer unangenehmen Ebne, von so vielen dienstbaren Geistern erfüllt, welche ihr leichtes, luftiges Wesen in Samt und Seiden gehüllt haben, daß mirs ganz schwindlich und übel wird, und alle Abend mich dem Teufel übergeben möchte.«[19] Leider hat Goethe 1797 fast alle frühen Briefe des Herzogs vernichtet, so daß wir seine Entwicklung nicht so leicht verfolgen können. Die Erziehung durch Goethe setzt frühzeitig ein. Anläßlich eines Brandes – die Hilfe bei den zahlreichen Feuersbrünsten auf dem Lande (Holzhäuser!) war eine der wichtigsten fürstlichen Pflichten – schreibt er nach seinem objektiven Bericht: »Hernach noch eine Lektion für Sie! – da ich so auf dem Weeg über Ihre allzugrose Hizze bey solchen Gelegenheiten dachte, dadurch Sie immer im Fall sind, wo nicht was unrechts doch was unnötigs zu thun und Ihre eignen Kräfte und die Kräffte der Ihrigen vergebens anzuspannen.«[20] Er tadelt den jugendlichen Übereifer und die unreife Befehlsgebung des Fürsten. Aber er tut es in einem lockeren, improvisierten Ton. Er kann so aufrichtig sein; denn die Grundlage der Freundschaft ist eben die Aufrichtigkeit:

> Gehab dich wohl bey den hundert Lichtern
> Die dich umglänzen
> Und all den Gesichtern
> Die dich umschwänzen
> Und umkredenzen.
> Findst doch nur wahre Freud und Ruh
> Bey Seelen grad und treu wie du.[21]

Wenn man solche Verse nicht gleich zum Fundament einer lebenslangen Freundschaft macht, darf man sie völlig ernstnehmen als die jugendliche

---

19 Briefwechsel des Herzogs-Großherzogs Carl August mit Goethe, hg. v. Hans Wahl, Bd. I, Neudruck Bern 1971, S. 6.
20 Ebd. S. 9 [4. 5. 1776].
21 Ebd. S. 3 [24. 12. 1775].

Utopie einer Gemeinschaft, jenseits von gesellschaftlicher Stellung und politischer Macht. In der frühesten Weimarer Zeit ist Goethe noch nicht der berechnende Hofmann, der die Entlassung unsympathischer Mitarbeiter bewirkt und sich an die Stelle eines unzuverlässigen Präsidenten setzt. Die Briefe, die er damals schreibt, sind übervoll von der Freude über die Freiheit und das Glück und die Freundschaft eines Fürsten, die ihm plötzlich geschenkt worden sind. Er fühlt sich dem Schicksal zu Dank verpflichtet; immer wieder fällt dies Wort. Von Geniestolz wie auch von dem späteren humanistischen Credo – »Nur allein der Mensch vermag das Unmögliche« – ist kaum etwas zu spüren. Das Gedicht *Das Göttliche*, in dem diese Worte zu finden sind, stammt, nach dem Kommentar von Trunz, wohl erst aus dem Jahre 1783, d.h. aus der Zeit, da Goethe auf dem Höhepunkt seiner Macht stand. Sechs Jahre früher überläßt man sich und die Zukunft

> *Dem Schicksal*[22]
> Was weiß ich, was mir hier gefällt,
> In dieser engen kleinen Welt
> Mit leisem Zauberband mich hält!
> Mein Karl und ich vergessen hier,
> Wie seltsam uns ein tiefes Schicksal leitet,
> Und, ach, ich fühl's, im stillen werden wir
> Zu neuen Szenen vorbereitet.
> Du hast uns lieb, du gabst uns das Gefühl,
> Daß ohne dich wir nur vergebens sinnen,
> Durch Ungeduld und glaubenleer Gewühl
> Voreilig dir niemals was abgewinnen.
> Du hast für uns das rechte Maß getroffen,
> In reine Dumpfheit uns gehüllt,
> Daß wir, von Lebenskraft erfüllt,
> In holder Gegenwart der lieben Zukunft hoffen.

Das Gedicht ist das reinste Gebet an das Schicksal; es steht Mörikes *Herr schicke was du willt*, näher als den Humanitätsdichtungen der Spätaufklärung. Gegen diese richtet sich das Wort »glaubenleer« polemisch. Kein Wunder, daß es einem Brief an Lavater (25. 8. 1776) beigelegt wird.[23]

---

22 Erste Fassung des späteren Gedichts »Einschränkung«. Text nach Erich Trunz, Hamburger Goetheausgabe. Bd. 1, 1952, S. 132.
23 Ebd. S. 477.

Dieser Klopstockepigone und Feudaltheologe, der sich auch der Gunst der Herzogin Luise erfreute, spielt, wie wir sehen werden, eine bedeutende Rolle in Goethes und Carl Augusts früher Biographie. Das Gedicht *Dem Schicksal* ist die Widerspiegelung eines kaum reflektierten, »naiven« Denkens. Die Wortprägung »reine Dumpfheit« mag man mit Unschuld übersetzen, wenn man darunter die Abneigung gegen planmäßiges Handeln versteht, gegen die Raffinesse der Rokokokultur und gegen das progressive »Gewühl« des aufgeklärten Absolutismus.

Das Gedicht *Seefahrt* (1777), das die gefährdete Situation des Günstlings und seinen Selbstbehauptungswillen besonders einprägsam vergegenwärtigt, widerlegt den Schicksalsglauben Goethes in dieser Zeit nicht, bestätigt ihn vielmehr in den letzten beiden Versen: »Und vertrauet, scheiternd oder landend/Seinen Göttern.« Auch dies Gedicht wurde an Lavater gesandt! Selbst wenn Goethe in seinen Briefen an auswärtige Freunde seinem Bedürfnis nach einer »Weltrolle« oder sogar seinem Anspruch zu »regieren« Ausdruck gibt, so klingt es abenteuerlich, wie ein Märchen. Etwas von der Experimentierlust des ästhetischen Menschen scheint mir noch dem tatsächlichen Regieren Goethes in der ersten Hälfte der 1780er Jahre anzuhaften. Jedenfalls würde ich die kühne Frage, ob Goethe »das Verlangen [hatte], die Poetenexistenz aufzugeben«, infolge seines »Drangs nach praktischer Wirksamkeit«[24], ganz entschieden verneinen. Seine Briefe an Frau von Stein verraten, daß er daran keinen Augenblick dachte, daß er inmitten des gesellschaftlichen Treibens, auch wenn er es genoß, nach Einsamkeit und das hieß bei ihm immer auch nach dem Dichten großes Verlangen trug, daß die Weltrolle an der Seite seines Fürsten meistens eine entsagungsvolle Pflicht für ihn war. Es ist ein klar belegbares Verhalten Goethes, das sich mit einer Art von Naturnotwendigkeit aus seiner dichterischen Bestimmung ergab, aus seinem Genie. Es sei aber zugegeben, daß dieser Hintergrund in den 1780er Jahren vor lauter Conseil-Voten und Kommissionssitzungen für den politischen Historiker schwer erkennbar ist. Der schlichteste literarhistorische Gegenbeweis gegen den einseitigen »Staatsmann« Goethe sei an dieser Stelle nur kurz erwähnt: Er arbeitet schon in dieser Zeit an der ersten Fassung des *Tasso*.

In unserem Zusammenhang ist nur festzustellen, daß die »frühe Weimarer Zeit« (1775–1786) *keine festgeschlossene Größe* ist. Die ersten Jahre sind

---

24 Karl-Heinz Hahn: Goethe und Weimar – Weimar und Goethe, in: Goethe-Jb. 93 (1976), S. 13 f.

mehr gesellig als politisch, voller Lustbarkeiten und – dies nähert sich an spätere Bohèmerichtungen an – in einem umfassenden Sinne musisch: Gelegenheitsgedichte, Lieder, Maskenzüge, Farcen, Schwänke und ernste Dramen im Liebhabertheater. Jeder spielte mit, auch der Herzog, und jeder will zeigen, daß er zeichnen oder komponieren und vor allem dichten kann. Goethe ist fast mehr durch die Freundschaft mit dem Herzog als durch seine Dichtergabe der Mittelpunkt des Kreises. Er verachtet die Dilettanten noch nicht wie in den 1790er Jahren (Aufsatz über den *Literarischen Sansculottismus, Xenien*), sondern er dichtet selbst möglichst zwanglos. Wenn dabei hie und da ein nach unseren Begriffen unsterbliches Gedicht entsteht, so ist auch das ein Geschenk des Schicksals, der Götter, der Natur. Da auch das Spätrokoko zur Auflockerung der künstlerischen Formen neigte, lag auf dichterischem Gebiet die Einordnung des Sturm und Drang in die Weimarer Hofkultur nicht ganz so fern, wie man sich dies vorzustellen pflegt. Goethe muß im Alter den besonderen Wert dieser ästhetischen Unschuld erkannt haben; denn er verurteilt nun Merck, mit dem ihn Haßliebe verband, weil er ihn anläßlich des *Clavigo* zur *dichterischen Perfektion* verführte. »Mephistopheles Merck aber tat mir zum erstenmal hier einen großen Schaden. Denn als ich ihm das Stück mitteilte, erwiderte er: ›Solch einen Quark mußt du mir künftig nicht mehr schreiben; das können die andern auch.‹ Und doch hatt' er hierin unrecht. Muß ja doch nicht alles über alle Begriffe hinausgehen, die man nun einmal gefaßt hat[!]; es ist auch gut, wenn manches sich an den gewöhnlichen Sinn anschließt« (*Dichtung und Wahrheit* 3. Teil, 15. Buch). Goethes Bemerkung – sie gilt auch für die ersten Weimarer Jahre – könnte heute nicht nur hinsichtlich der »modernen« Dichtung zum Nachdenken anregen, sie sollte auch zu einer Korrektur des Goethe-Kanons ermutigen. Der *Clavigo*, den unsere Theater kennen und manchmal aufführen, ist nicht die einzige bemerkenswerte Dichtung außerhalb des Bezirks, in dem die Interpreten sich drängen, und von diesen versteckten Goethewerken pflegt man im besten Fall die Titel zu kennen. Goethe hat z. B. manches seiner Singspiele ernst genommen und geliebt. So viel nur zur Rechtfertigung der *nicht* an ästhetischen Ideologien orientierten und insofern unschuldigen Dichtung Goethes und seines Kreises in der frühen Weimarer Zeit.

Dieses nicht konventionelle, in der Natur, in der Jugend begründete gute Gewissen des jungen Weimarer Kreises war es wohl, was Goethe und seinen fürstlichen Freund die vielzitierte Einmischung Klopstocks vom 6. 3. 1776 so empört zurückweisen ließ. Es gab gewiß viel ungebundene

Erotik und das fröhlichste Zechen in dieser bürgerlich-höfischen Jugend;
aber ein Herzog, der sich fortwährend bis zum Krankwerden betrinkt und
»Luisens Gram! Goethe! – nein, rühmen Sie sich nur nicht, daß Sie sie
lieben, wie ich,« – dieser empfindsam-moralische Ton des älteren Dichters
verlangte eine entschiedene Antwort. Ein gutes Zeichen für diese jungen
Leute ist es m. E. auch, daß sie bei aller »Dumpfheit« die gegenseitige
Karikierung liebten. Auch Goethe wurde nicht geschont. Wir zitieren als
Beispiel ein Gedicht des Herrn von Einsiedel, den der Fürst, wie übrigens
auch den gar nicht so mephistophelischen Merck ganz besonders schätzte[25]:

> Dem Ausbund Aller dort, von weiten
> Möcht' ich auch ein Süppchen zubereiten,
> Fürcht' nur sein ungeschliffnes Reiten;
> Denn sein verfluchter Galgenwitz
> Fährt aus ihm wie Geschoß und Blitz.
> 's ist ein Genie von Geist und Kraft
> (Wie eb'n unser Herrgott Kurzweil schafft),
> Meint, er könn' uns alle übersehen,
> Thäten vor ihm 'rum auf Vieren gehn.
> Wenn der Fratz so mit Einem spricht,
> Schaut er Einem stier in's Angesicht!
> Glaubt', er könn's fein riechen an
> Was wäre hinter Jedermann.
> Mit seinen Schriften unsinnsvoll
> Macht er die halbe Welt jetzt toll;
> Schreibt ein Buch von ein'm albern Tropf,
> Der heiler Haut sich schießt vor'm Kopf;
> Meint Wunder was er ausgedacht,
> Wenn ihr einem Mädel Herzweh macht.
> Paradiert sich d'rauf als Doctor Faust,
> Daß 'm Teufel selber vor ihm graußt.
> Mir könnt' er all gut sein im Ganzen
> Thät mich hinter meinen Damm verschanzen,
> Aber wär' ich der Herr im Land,
> Würd' er und all' sein Zeugs verbannt.

---

25 August Diezmann: Goethe und die lustige Zeit in Weimar. Weimar [1857], S. 98.

Frühe amtliche Pflichten Goethes.
Sein Leiden in großer Gesellschaft

Unter den amtlichen Pflichten stand zunächst die Neubelebung des Ilmenauer Bergwerks im Vordergrund. Andreas behauptet mit Recht, die Aufgabe
habe für Goethe und Carl August »eine [...] fast romantische Färbung«
gehabt.[26] Wie der 19jährige Fürst den Aufenthalt in Ilmenau erlebte, verge-
genwärtige ein Brief an die Mutter (21. 7. 1776)[27]: »Ich bin hier ganz in
Wald und Berg getaucht. Wir sind alle Bergleute, alles in Grubenkittel, ich
trage gar keine andere Kleidung mehr. Gestern habe ich den Treuen Fried-
richs-Schacht befahren bis an den Nassen Ort, von da auf den Stollen bis
dahin, wo das Bergwerk fortgesetz[t] muss werden, da wieder zurück und
durch den tiefen Martinröder Stollen bis an das berühmte alte rodische
Werk. Es fängt uns an göttlich wohl zu werden. Des Abends bin ich auf den
Wald und pürsche. Gestern haben zwei Stück Wild die Stärke meines
Naturells empfunden. Haben Sie die Gnade und grüssen meinen Bruder,
Knebeln, Thusnelden, die Imhofen und den lieben Poeta Putbus. Auch
Wieland. Putbus' Verse haben mir viel Freude gemacht.« Für den Neun-
zehnjährigen ist das Bergwerk ein Abenteuer. Was ist es für Goethe? Man
pflegt zu sagen: eine juristische und naturwissenschaftliche Aufgabe. Das
ist richtig. Nur daß eben die Naturwissenschaft des damaligen Goethe,
wenn man von dem mit Hilfe des Anatomieprofessors Loder entdeckten
Zwischenkieferknochen absieht, noch etwas Mystisches ist. Auch spätere
Briefe aus dem geliebten Harz und aus dem oft besuchten Ilmenau bezeugen, daß er als Genie ein besonderes Verhältnis zur Natur zu haben glaubt:
sie wird ihm ihre Geheimnisse enthüllen. Daß es sich im Bergwerkwesen in
erster Linie um ein technisches Problem handelt, das ihn überfordert,
scheint Goethe erst im Alter erkannt zu haben, und so wurde gerade dies
anfangs so geliebte Bergwerk Ilmenau zu einem Alpdruck und schließlich
zu seinem größten Mißerfolg.

Sehr viel besser bekommt dem Dichter die Kriegskommission; denn
während der Musterungen ringsherum im Lande ist er dem Hofe entrückt
und einsam; das bedeutet: Er kann dichten. Von dem reizenden Schloß
Dornburg, hoch über dem Saaletal, schreibt er am 4. 3. 1779 an Frau von

26 Willy Andreas: Carl August von Weimar. Ein Leben mit Goethe 1757–1783.
Stuttgart 1953, S. 381.
27 Briefe des Herzogs Carl August von Sachsen-Weimar an seine Mutter. S. 21.

Stein: »Auf meinem Schlössgen ist's mir sehr wohl [...] Es gehn mir wieder viele Lichter auf, aber nur die mir das Leben lieb machen. Es ist so schön dass alles so anders ist als sich's ein Mensch dencken kan. Noch hab ich Hoffnung dass wenn ich [...] nach Hause komme mein Stück fertig seyn soll.« Es handelt sich um die Prosa-Iphigenie. Am 5. 3. wieder an Frau von Stein: »[...] sagen Sie dem Herzog dass ich mancherley mitbringe, dass sich der Schimmel gut hält, biss aufs scheuen, und dass ich ihm so viel freye Luft und gutes leben wünsche wie mir.« Am 6. 3. 1779 freilich bekommen wir wieder einen Einblick in die Fürstenerziehung, der sich Goethe mit Passion, vielleicht manchmal auch mit zu großer Konsequenz widmet: »Grüsen sie den Herzog und sagen ihm dass ich ihn vorläufig bitte mit den Rekrouten säuberlich zu verfahren.« Den Schluß dieses Briefes bildet die viel zitierte Äußerung, das Drama wolle gar nicht fort, während die Strumpfwirker in Apolda hungern. Das war, wie wir aus anderen Äußerungen wissen, sehr ernst gemeint. Aber die erste Fassung der *Iphigenie* wurde am 28. März 1779 vollendet und schon am 6. April mit Corona Schröter in der Hauptrolle aufgeführt. An ein endloses Feilen dachte der Dichter damals noch nicht.

Goethe war mit dem Herzog und dem Hof durch die Hofdame Charlotte von Stein auch in seiner Abwesenheit verbunden. Aber die Klagen des Dichters über den Hof finden sich in diesem Briefwechsel mit nur wenigen Pausen. »Lotte« hat für ihn nicht zuletzt die Funktion einer Zuflucht vor dem Hof. »Ich esse mit dem Herzog auf dem Zimmer, wenn Sie aber zu Hause bleiben komm ich gleich nach Tische, ich hab grose Lust und Hofnung Sie zu zeichnen. Die grose Welt ist mir bekommen gestern wie dem Hunde das Gras« (14. 3. 1777). Man kann auch sonst beobachten, daß Goethe am liebsten mit dem Herzog allein bleibt. Dies gilt nicht zuletzt auch für die Zeit, wenn »Carl« unwohl ist oder sich beim wilden Reiten verletzt hat. Nicht umsonst erscheint dies Motiv später in dem Gedicht *Ilmenau,* in dem Goethe auf das gemeinsame Leben mit dem jungen Fürsten zurückblickt. Wenn Vertraute wie Frau von Stein oder eine zweite Hofdame, Knebel oder Carl Augusts nächster Jagdgefährte, der Forstmeister Wedel, dabei sind, stört ihn dies wenig. Ganz unglücklich wird er aber bei großen Zusammenkünften des Adels und der Fürsten, die ausschließlich der Jagd und dem geselligen Vergnügen gewidmet sind, wie die in Eisenach im Herbst 1777. Der Freund bemerkt dies und hat für das ihm anvertraute Genie noch ein unbeschränktes Verständnis: »der Herzog hat mich veranlasst heraufzuziehen [auf die Wartburg], ich habe mit den Leuten unten, die ganz gute Leute seyn mögen nichts gemein, und sie nichts mit mir, einige sogar bilden sich ein, sie liebten mich, es ist aber nicht gar so« (an Lotte 13. 9. 1777). »Gestern sagt ichs dem Herzog als er hoben bey mir war: Es sey mir merckwürdig: dass, in unsrer Wirthschafft, alles abenteuerliche natürlich werde. So seltsam mirs vor 4 Wochen geklungen hatte auf der Wartburg zu wohnen, so natürlich ist mir's iezt, und ich bin schon wieder so zu hause wie im Nest« (an Lotte 14. 9. 1777). In der Einsamkeit hoch über den Menschen ist er eher daheim als in der lauten Gesellschaft. Was die »Wirtschaft« angeht, drückt er sich zwei Tage später noch etwas deutlicher aus; denn der Freundin darf er alles sagen, beim Herzog muß er schon ein wenig aufpassen: »Ihr Seegen ist eingetroffen Eisenach und die Sau Wirthschafft schindet mich nicht. Ich sehe täglich mehr dass *weniger* aber *länger* zu leiden ist in diesem Mansch.« Die Hofdame lehrte ihm wohl, daß man sich an alles mehr oder weniger gewöhnt. Man muß ihre Reaktionen erraten; denn Frau von Stein hat sich später ihrer Liebe zu dem treulosen Poeten geschämt, ihre eigenen Briefe zurückgefordert und, wie es scheint, verbrannt.

Die Harzreise Ende 1777

Man hat die erste Harzreise (Dezember 1777) mit der Jagdgesellschaft in Eisenach in Verbindung gebracht, eine »Flucht« genannt und mit der Italienreise verglichen; denn Goethe ritt ohne Diener und incognito ins Gebirge.[28] Richtig ist, daß wir es schon hier mit einer seelischen Krise des zwischen Hofdienst und Dichtung geratenen Genies zu tun haben. Dienstlich, das heißt also in den Augen des Herzogs, war die Reise gewiß zuerst eine Studienfahrt zu den Berg- und Hüttenwerken des Harzes; von diesen ist auch im Tagebuch reichlich die Rede.[29] Eingeleitet werden diese Studien im Berginnern bezeichnenderweise durch einen halben und einen »ganzen Tag in der Baumanshöle«[30], was den von uns schon beobachteten Hang zur Meditation und die technische Interesselosigkeit des Naturforschers wieder belegt. Wahrscheinlich hat Goethe dem Herzog schon von der beabsichtigten Besteigung des Brockens erzählt, die gewiß auch ein kosmi-

---

28 Heinrich Meyer: Goethe. Das Leben im Werk. Hamburg-Bergedorf 1951, S. 243.
29 W. A. III. Abt. 1. Band, S. 56 f.
30 Ebd. S. 55.

sches Erlebnis, im Winter jedoch mehr eine heroische Strapaze, Selbstbestätigung eines scheinbar unsportlichen Dichters als ein Vergnügen war. Im Tagebuch unter dem 15. 12. 1777 lesen wir: »gegen 11 in Eisenach fand den Herzog und die Gesellschaft da. [...] Abends mit Jupiter [Carl August] Wed.[el] Pr.[inz] u Kneb.[el] allein erzählt ihnen meine Abentheuer.« Dieser gesellige Abschluß der Harzreise bezeugt, daß Goethe sich vorläufig noch »ohne Haß« zu verschließen versucht; so heißt's ja im Weimarer Mondlied. In der *Harzreise im Winter*, die noch während der Gebirgswanderung entstanden sein dürfte, findet man unerwartete Zeugnisse für Goethes damalige Nähe zur Hofgesellschaft:

> Leicht ist's, folgen dem Wagen
> Den Fortuna führt,
> Wie der gemächliche Troß
> Auf gebesserten Wegen
> Hinter des Fürsten Einzug.

Der »Vater der Liebe«, der dem Einsamen, »Der sich Menschenhaß / Aus der Fülle der Liebe trank.« [...] »die tausend Quellen / Neben dem Durstenden / In der Wüste!« zeigt, wird sogar gebeten, die fürstliche Jagd, die die Verursacher der Wildschäden beseitigt, nicht zu vergessen:

> Der du der Freuden viel schaffst,
> Jedem ein überfließend Maß,
> Segne die Brüder der Jagd
> Auf der Fährte des Wilds
> Mit jugendlichem Übermut
> Fröhlicher Mordsucht,
> Späte Rächer des Unbills,
> Dem schon Jahre vergeblich
> Wehrt mit Knütteln der Bauer.

Noch ist Goethe tolerant gegenüber diesem ihm unsympathischen Vergnügen. Die *Harzreise im Winter* ist auch aus gesellschaftlichen Gründen ein etwas wirres, schwer interpretierbares Gedicht, weil nämlich Goethe die Seelennot des ihm befreundeten Plessing und ganz gewiß auch die eigene Krise ausdrücken und zugleich noch einen freundschaftlichen Ton gegenüber Serenissimus und seinen Freunden hineinbringen wollte. Daß ihn in Wirklichkeit eher eine antihöfische Stimmung in die Einsamkeit der Berge führte, ist seinen Briefen an Charlotte zu entnehmen, nicht nur der so oft zitierten idealistischen Stelle von der »Classe von Menschen [...] die man die niedre nennt! die aber gewiss für Gott die höchste ist.« Diesen hyperbolischen Passus mit der Aufzählung aller Tugenden, die das Volk haben soll, erkennt der Briefschreiber am Ende selbst als rhetorisch: »ich will mich nicht in Ausrufen verlieren« (4. 12. 1777). Wahrer und wichtiger sind die Stellen, welche die Notwendigkeit und den Nutzen dieser Reise in die Natur und zu den naturnah lebenden Menschen für ihn, den Höfling, verdeutlichen: »In meiner Verkappung seh ich täglich wie leicht es ist ein Schelm zu seyn, und wieviel Vortheile einer der sich im Augenblick verläugnet, über die harmlose Selbstigkeit der Menschen gewinnen kann. Niemand macht mir mehr Freude als die Hundsfütter, die ich nun so ganz vor mir gewähren, und ihre Rolle gemächlich ausspielen lasse. Der Nuzzen aber den das auf meinen phantastischen Sinn hat, mit lauter Menschen umzugehn die ein bestimmtes, einfaches, daurendes, wichtiges Geschäfft haben, ist unsäglich. Es ist wie ein kaltes Bad, das einen [...] wieder zu einem neuen kräfftigen Leben zusammen zieht« (9. 12. 1777). Goethe liebte kalte Bäder in seiner Gartenhauszeit, selbst im Winter. Er betont auch, ohne Metaphorik, wiederholt, daß er auf diesen Wanderungen ohne Maß schläft. Es ist eine einzige große Entspannung. Bei all dem gesteht er: »[...] die Einsamkeit will mir doch nicht recht« (7. 12. 1777). Er wäre nicht am Hofe, wenn ihm nicht die Spannung zwischen Genie- und Weltrolle letzten Endes doch angeboren wäre. Und er sagt: »Ich dencke des Tags hundertmal an den Herzog und wünsche ihm den Mitgenuss so eines Lebens, aber den rechten leckern Geschmack davon kann er noch nicht haben, er gefällt sich noch zu sehr das natürliche zu was abenteuerlichem zu machen, statt dass es einem erst wohl thut wenn das abenteuerliche natürlich wird« (9. 12. 1777 abends). Goethe beginnt schon, sich geheimnisvoll auszudrücken. Er meint wohl, daß es falsch ist, wenn Carl August so scharf reitet, daß er sich verletzt, oder wenn er später in den Alpen immer etwas besonders Waghalsiges unternehmen will, so daß Goethe seine pädagogische Autorität gegen ihn einsetzen will. Das Außergewöhnliche muß zur zweiten Natur werden. Er mag an sein Gartenhäuschen im Park denken und an die gebirgskundigen Führer, derer er sich schon auf dieser Harzreise bedient. Nun, wir wissen schon: Goethe ist wenige Jahre später in ein stattliches Haus umgezogen. Die Natur und die Zivilisation sind nicht so leicht zu harmonisieren, wie es sich junge Leute vorstellen. Aber Sinn ist in diesen immer neuen rousseauistischen Versuchen der Jugend doch: Der Mensch darf sich nicht zu weit von der Natur entfernen, weil er selbst ein Stück Natur ist.

Das Ende der lustigen Zeit. Kriegsgefahr

Zu Beginn des Jahres 1778 fühlte sich Goethe gezwungen, viel über sein literarisches Abenteuer, *Werthers Leiden,* nachzudenken; denn Christel von Laßberg war mit dem *Werther* in der Tasche in die Ilm gegangen und ertrunken: »Ich war mit Jupiter auf dem Eis. Nachmittags beschäfftigt mit der Todten die sie herauf zu Frau von Stein gebracht hatten. Abends zu den Eltern« (Tgb. 17. 1. 1778). Sie war, wie es scheint, kein direktes Opfer des Weimarer Freundeskreises, aber eine ernste Mahnung, über das eigene Treiben nachzudenken: »mit Jupiter ausgeritten, ein Stündgen aufs Eis. an Hof zu Tisch [...] Nachts mit Jupiter. Knebeln herüber. Knebel blieb bey mir die Nacht. Viel über der Christel Todt. Dies ganze Wesen dabey ihre lezten Pfade pp.« (Tgb. 18. 1. 1778). Noch länger beschäftigt sich Goethe mit dem erschütternden Ereignis. Doch setzt er gegen den jugendlichen Wertherismus jetzt eine tiefe Art von Idylle, wie sie das Gedicht *An den Mond* für alle, die zu hören fähig sind, festhält. Die »lustigen Jahre« in Weimar gingen allmählich zu Ende, – auch deshalb, weil ein europäischer Krieg drohte und Carl August den lebhaftesten Anteil an der Lage nahm, wie es für einen Fürsten selbstverständlich war. Für Goethe ist dies so aufregend, daß er sich, wie üblich in solchen Fällen, Bewegung verschreibt: »Jupiter war viel in Milit[ärischen] gedancken, und ich ganz fatal gedruckt von allen Elementen es währte noch einige Tage. – schöner Tag ich zog auf der Wiese und in der Gegend herum« (Tgb. 27. und 28. 3. 1778).[31]

Maria Theresias ältester Sohn und Mitregent Joseph, der spätere Kaiser Joseph II., versuchte nach dem Tode des Kurfürsten Max Joseph von

---

31 Im Folgenden stütze ich mich vor allem auf Hans Tümmler: Carl August von Weimar, Stuttgart 1978, S. 47 ff., auch deshalb, weil er nicht alles aus Goethes Perspektive sieht, sondern für Carl Augusts politische Linie, als Fürst und Charakter, Verständnis zu erwecken versucht. Für die Berliner Reise Carl Augusts mit Goethe ist das Tagebuch des Dichters leider unergiebig. An seine Stelle sind ausführliche Briefe an Charlotte getreten. Sie sind allerdings für Goethes Berlin- und Preußen-Erlebnis ergiebiger als für das Carl Augusts. Doch machen sie Goethes Ablehnung von Carl Augusts späterer preußischer Orientierung verständlicher.

Bayern (30. 12. 1777) den Erben Carl Theodor aus der Linie Pfalz-Sulz-
bach zum Verzicht auf die Erbschaft zu bestimmen, gegen Abfindung mit
den umfangreichen vorderösterreichischen Besitzungen. Der Plan war auch
aus der Sicht des Erben nicht ganz unvernünftig, da auf diese Weise die
langen Wege zwischen den neuen und den alten Besitzungen des Pfälzers
verkürzt worden wären. Den Hauptgewinn dieser Arrondierungspolitik
hätte aber die Donaumonarchie gehabt, da sie auf diese Weise in Deutschland eine viel bessere strategische Position erworben hätte – mit politischen Folgen. Dies erkannte Friedrich II. von Preußen sofort. Er legte sein
Veto ein, er zeigte durch Mobilmachung, vermehrte Werbung und durch
große Aufmärsche in den Grenzgebieten seine Kriegsbereitschaft. Für die
kleinen Staaten zwischen dem österreichischen und preußischen Machtbe-
reich war diese Situation besonders aufregend, da man sich noch sehr gut
an die Durchmärsche und Werbungen im Siebenjährigen Krieg erinnerte.
Man sah sich nach einem Schutzgaranten um, wobei der mit Anna Amalia
nahe verwandte preußische König besonders nahe lag. Carl August reiste
sein Leben lang gern. So entschloß er sich schon im Mai 1778 zu einer
Reise nach Berlin. Goethe, der damals für strikte Neutralität eintrat[32],
scheint unschlüssig gewesen zu sein. Er reiste zunächst nach Leipzig, das er
noch im ersten Weimarer Jahr als Rokokostadt ganz negativ beurteilt hatte
(an Carl August 23. und 24. 12. 75), jetzt aber ruhiger zu sehen begann:
»Bey Oesern. Rossmarckt. In der Stadt herum. Der Fürst kam gegen Mittag.
Vorschlag mit ihm zu gehn. Kurzgefasster Entschluss. bey Tisch zugesagt«
(Tgb. 11. 5. 1778). Goethe liebte die Zerstreuung des Reisens weit weniger
als sein Fürst und gerade dem mächtigen Preußen mißtraute er, wie seine
Kollegen im Conseil. Aber noch wollte er den jungen Freund nicht enttäu-
schen. Auch nimmt er stets Opfer auf sich, wenn eine Erweiterung seiner
Weltkenntnis zu erwarten ist.

Das erste gemeinsame Ziel war Wörlitz, wo der ältere, befreundete Fürst
Leopold Friedrich Franz von Dessau einen neuen, noch immer berühmten
Park angelegt hatte. Goethe an Frau von Stein (14. 5. 1778): »Hier ists iezt
unendlich schön. Mich hats gestern Abend wie wir durch die Seen Canäle
und Wäldgen schlichen sehr gerührt wie die Götter dem Fürsten erlaubt
haben einen Traum um sich herum zu schaffen. Es ist wenn man so durch-
zieht wie ein Mährgen das einem vorgetragen wird und hat ganz den

---

32 Hans Hausherr: Der Minister Goethe und die äußere Politik Carl Augusts, in:
Historische Zeitschrift Bd. 169 (1949), S. 302.

Charackter der Elisischen Felder [...] Und nun bald in der Pracht der königlichen Städte im Lärm der Welt und der Kriegsrüstungen.« Am Ende *das* Gefühl, das sich immer dann einstellt, wenn Goethe an fremden Höfen weilt oder wenn er aus andern Gründen zur Nebensache wird: »Mit den Menschen hab ich, wie ich spüre weit weniger Verkehr als sonst.« Doch eben in solchen Situationen profitiert der *Dichter*, in diesem Fall der Dichter des *Egmont*, er fährt nämlich so fort: »Und ich scheine dem Ziel dramatischen Wesens immer näher zu kommen, da michs nun immer näher angeht wie die Grosen mit den Menschen, und die Götter mit den Grosen spielen.« »Die Großen« – er denkt stets über sie nach! Sie können ein Paradies um sich schaffen; aber auch sie sind abhängig, ein Spielball der Götter – der Geschichte, wie wir sagen würden.

In Berlin meint ein Kammerherr, der Graf Lehndorff, Goethe sei hochmütig, er beherrsche Carl August.[33] Diese Meinung war verbreitet; auch Merck muß Carl August gegen sie verteidigen (an Nicolai 9. 1. 1778). Das heißt wohl: Goethe muß sich auf dem glatten Berliner Parkett höllisch in acht nehmen; denn er ist noch kein perfekter Hofmann. Er trauert ganz bürgerlich darüber, daß ihm »die Blüte des Vertrauens der Offenheit, der hingebenden Liebe täglich mehr« welkt (an Charlotte 17. 5. 78). Die Königin, Carl Augusts Großtante, zerstört das Inkognito des kleinen Verwandten und bringt ihn mit Goethe in die höfische Gesellschaft der preußischen Hauptstadt.[34] Der König selbst, der alte Kriegsherr, war schon beim Heer. Insofern war der Besuch der Kleinfürsten von Weimar und Dessau eine Tragikomödie. Sie müssen mit dem Prinzen Heinrich, dem Bruder des Königs, vorlieb nehmen, der gegen Friedrich den Großen »räsoniert«. Goethe nimmt, wie später bei Napoleon, insgeheim für das militärische Genie Partei. Obwohl ihm die Maschine, die der König jetzt in Bewegung setzt, unheimlich ist, freut er sich, dabei zu sein und sucht nach Metaphern, um der Freundin ein einprägsames Bild von dem, was er sieht, zu vermitteln: »Es ist ein schön Gefühl an der Quelle des Kriegs zu sizzen in dem Augenblick da sie überzusprudeln droht. Und die Pracht der Königstadt, und Leben und Ordnung und Überfluss, das nichts wäre ohne die tausend und tausend Menschen bereit für sie geopfert zu werden. Menschen Pferde, Wagen, Geschüz, Zurüstungen, es wimmelt von allen. Der Herzog ist wohl, Wedel auch und sehr gut. Wenn ich nur gut erzählen kan von dem grosen

---

33 Willy Andreas: Carl August von Weimar, S. 406.
34 Ebd. S. 405.

Uhrwerck das sich vor einem treibt, von der Bewegung der Puppen kan man auf die verborgnen Räder besonders auf die grose alte Walze FR [Fridericus Rex] gezeichnet mit tausend Stiften schliesen die diese Melodieen eine nach der andern hervorbringt« (an Frau von Stein 17. 5. 78). Goethe hat während seines ganzen Lebens für Macht ein ziemlich sicheres Gefühl, und er wird gleich im Conseil vor ihr warnen. Er wird den Herzog warnen. Jetzt in Berlin klagt er über die »eisernen Reifen«, die auch sein Herz einfassen. Er ist weit davon entfernt, die klar erkannte Macht der Großen, und die genau durchdachte, sorgfältig gestufte Gesellschaft, die sie ermöglicht, zu rechtfertigen (an Charlotte 19. 5. 1778): »So viel kann ich sagen ie gröser die Welt desto garstiger wird die Farce und ich schwöre, keine Zote und Eseley der Hanswurstiaden ist so eckelhafft als das Wesen der Grosen Mittlern und Kleinen durch einander. Ich habe die Götter gebeten dass sie mir meinen Muth und grad seyn erhalten wollen biss ans Ende, und lieber möge das Ende vorrücken als mich den lezten theil des Ziels lausig hinkriechen lassen. Aber den Werth, den wieder dieses Abenteuer für mich für uns alle hat, nenne ich nicht mit Nahmen.« Aus diesen Worten spricht der Dichter der *Iphigenie*, der künftige Reformer und nicht zuletzt der Erzieher seines Fürsten, kurz der Goethe, wie er, während der nächsten Jahre, in seinem Selbstverständnis war. Die idealistische Aussage über den »letzten Teil« seines Lebens ist freilich ebenso falsch wie die ewige Treue, die er seiner Geliebten tagtäglich schwört: Ein Dichter muß Phantasie haben! Schon im letzten Satz unsres Zitats erscheint er in dieser Eigenschaft: Für den Dichter, den Erzieher des Herzogs, den Weltmann, war dieser Blick in das Räderwerk der Macht von allergrößtem Wert.

Kleine Dokumentation zum spannungsreichen Alltag

Das Tagebuch der Monate nach der Rückkehr aus Berlin verrät den guten Willen Goethes: »Im stillen fortgekrabelt. körperlich gelitten. Fatale Lichter über allerley Verhältnisse« (14. 7. 78). »Planirt den Plaz hinter der Mauer. Zu Jupiter hinaus zum exerziren […] ins alte Schloss, zu den Arbeitern« (29. 7. 78). »Beschäfftigt mit dem morgenden maneuvre. Der Jupiter ist zusammengefasst und gut und frisch« (31. 7. 78). »Abend politische Disk[ussion] mit dem Stadthalter [von Mainz in Erfurt, Dalberg], war das Jagen am kleinen Ettersberg« (23./24. 8. 78). »Ging Jupiter nach Ilmenau. – Hatte Gedancken über künftige Vorräthe zum Bauwesen. Grillen zu neuem Schlosbau« (September 78). »Cammer Bilance von 77. Mancherley gedacht über vorige und iezzige Wirthschafft« (6. 10. 78). «Conseil. lies die Bretter vorm Haus legen. Sprach Jupiter mit mir über seinen Aerger der Vertraulichkeit [...] Die Herrsch[aft] war in Tief[urt] um des Geb[urts] Tags von Anna Amalia willen. Ich blieb zu Hause zu Tisch. und wohnte über mir. durchsah die Rechn[ungen] pp« (24. 10. 78). »Früh in der Ilm gebadt. Mit Wedeln im Jäger haus zu den Hünern und Phasanen. Geritten mit ihm nach Tiefurt. Knebel badte, las sein Tagebuch von vorm Jahr. Der Herzog kam« (6. 12. 78). »Conseil leidig Gefühl der Adiaphorie so vieler wichtig seyn sollender Sachen« (9. 12. 78). »Feuer in der Schule. Abends Tanz bey Anna Amalia. Gespr[äch] mit dem Jupiter über Ordnung, Pol[i-tik] und Gesezze. Verschiedne Vorstellung. Meine darf sich nicht mit Wor-ten ausdrücken [!], sie wäre leicht misverstanden und dann gefährlich. Indem man unverbesserliche Übel an Menschen und Umständen verbes-sern will verliert man die Zeit und verdirbt noch mehr statt dass man diese Mängel annehmen sollte gleichsam als Grundstoff und nachher suchen diese zu kontrebalanciren« (14. 12. 78). Man sieht: ein Wirbel von Ein-drücken, Pflichten, Erfahrungen! Der Fürstenerzieher macht Fortschritte im Realismus. Aber der junge Fürst ist noch nicht reif genug, um seinen Idealismus auch nur zu modifizieren. »Mit Knebeln über die Schiefheiten der Sozietät. Er kam drauf mir zu erzählen wie meine Situation sich von aussen aus nähme« (Dezember 78). Die Freunde beanstanden Goethes Rolle als einsamer heimlicher Regent, und die Feinde erkennen schon die schwache Stelle an seiner Arbeit. »Hundsfüttisches Votum von K[alb] in der Bergw[erk] Sache« (Dezember 78). Das früher gute Verhältnis zwi-schen Goethe und dem Kammerpräsidenten ist schlecht geworden wegen Goethes intensivem Interesse für die Kammerfinanzen, und Herr von Kalb, aus der Bergwerkskommission entlassen, hat noch seinen Nachrichten-dienst dort. Auch der Charakter des Herzogs, ja der ganze Hof und Staat lassen das Genie am Erfolg seiner Erziehung und Reformarbeit zweifeln: »Der Herzog immer sich entwickelnd und wenn sichs bey ihm mercklich aufschliesst, krachts, und das nehmen die Leute immer übel auf. Im ganzen wird spät, vielleicht nie [!] die Schwingung zu mindern seyn die der Ennui unter den Menschen hier erhält. Es wachsen täglich neue Beschwerden, und niemals mehr als wenn man Eine glaubt gehoben zu haben« (Dezem-ber 78). Es besteht schon Grund zum Verzweifeln. Aber Goethe hat einen großen Anspruch erhoben und eine zentrale Verantwortung am Hof und im Staate von Sachsen-Weimar übernommen. Er kann aus dem Schiff, das er führt, nicht aussteigen. Sogar da, wo es ihm sehr schwerfällt, versucht er noch, soweit es ihm möglich ist, die Freundschaftspflichten gegenüber dem Herzog zu erfüllen: »Morgens halb sechs auf. gegen neun auf die Jagd leidlich geschossen vergnügt Abends zu Pferd schnell herein« (31. 12. 78).

Soll man dem preußischen Druck nachgeben?

Da man den König von Preußen in Berlin nicht persönlich erreicht hatte, wandte man sich in einem Brief an die Majestät, unter Berufung auf die verwandtschaftlichen Beziehungen, mit der Bitte, dem Lande Sachsen-Weimar künftig die »von königlich preußischen Hußaren ausgeübten Werb-Exceße« durch entsprechende Befehle zu ersparen. Friedrich II. und Minister von Hertzberg lehnten diese Bitte rundweg ab, unter pädagogischer Berufung auf Carl Augusts kriegerischen Vorfahren Bernhard von Weimar und mit der Anweisung, sich wegen etwa gewünschter »Arrangements« an den »Herrn General-Lieutenant von Möllendorf« zu wenden. Gemeint war natürlich eine »freywillige Abgabe einer Anzahl von Recruten.« In der Conseil-Sitzung vom 9. 2. 1779 beriet man diese Angelegenheit.[35] Geheimrat von Fritsch, der zuerst referierte, machte darauf aufmerksam, daß eine Truppenlieferung an Preußen vom Kaiserlichen Hof als feindliche Handlung aufgefaßt würde und daß dieser, falls ihm das Kriegsglück günstig sei, gleiche Forderungen an Sachsen-Weimar stellen werde, was »eine völlige Entvölckerung des Landes nach sich ziehen« müsse. Jede Maßnahme, zu der sich Serenissimus entschließe, sei gefährlich; immerhin sei »nach der jetzigen Lage der Sachen« der preußische Hof »mehr zu befürchten« als der kaiserliche. Der Geheime Assistenzrat Schnauß schloß sich diesem Votum an, betonte aber stärker, daß sich Verhandlungen mit Preußen anbieten und daß man Hoffnung hat, mit der Lieferung von »ein paar hundert Mann« durchzukommen. Beim Kaiserlichen Hof kann man im Notfall geltend machen, daß man es tat, »um der angedrohten Gewalt auszuweichen«. »Herr Geheimder Legations-Rath Göthe« betonte die »Wichtigkeit« der Sache, riet aber dem Herzog nur, seinen Entschluß für oder gegen Preußen, wenn er ihn gefaßt habe, »mit Geduld und Standhaftigkeit« festzuhalten. Zum Schluß seines Votums reitet Goethe noch einmal sein Steckenpferd gegen den, wie er weiß, wenig konsequenten Fürsten, es

---

35 Goethes Amtliche Schriften, 1. Band, S. 46–52.

komme vor allem darauf an, »den einmahl festgesetzten Plan standhaft [zu] verfolgen«. Man kann verstehen, daß eine bloß moralische Ermahnung seines Hauptberaters für den Fürsten keine sachliche Entscheidungshilfe bot. Von dem Vorsitzenden der Kriegskommission, der Goethe war, hatte er bestimmt zuerst einen inhaltlich bestimmten Rat erwartet. So machte sich Carl August die Furcht von Fritsch zu eigen, eine Parteinahme könne »das Land ruiniren […] Es scheine daher fast am besten zu seyn, wenn man das preußische Ansinnen so lange abzulehnen suchte, als man könnte, und, ob man von dieser Seite Gewalt brauchen werde, abwartete, in solchem Fall aber sich an den Reichs-Tag wendete und die darüber zu führen habende Beschwerde daselbst anbrächte.« Von dieser naiven Äußerung an verzeichnet der Protokollführer nur noch das Gespräch zwischen »Serenissimus« und dem »Geheimden Consilium« im ganzen, das von einem Alleingang Sachsen-Weimars wenig hält, weil es nicht nur Preußen, sondern auch die andern »protestantischen Höfe« verstimmen müßte: »Der beste und sicherste Ausweg dürfte wohl dieser seyn, wenn man es dahin bringen könnte, daß man durch eine mit andern neutralen, sowohl protestantischen als catholischen, Höfen zu treffende Verbindung während des jetzigen Kriegs gleichsam einen Parti mitoyen formirte, welcher sich dahin vereinigte, die Zudringlichkeiten und Bedrückungen der Krieg führenden Mächte durch dargegen gemeinschaftlich zu nehmende Maas-Reguln [!] von sich abzuhalten.« Man darf in dieser Erkenntnis die Geburt der Fürstenbund-Idee erblicken. In den ersten Voten enthält nur das von Schnauß den Hinweis auf eine Zusammenarbeit mit Sachsen-Gotha. Man kann, wie mir scheint, von einer sehr naheliegenden gemeinsamen Einsicht ausgehen. Serenissimus bereichert die Idee durch die konkreten Hinweise auf die »übrigen Fürstlich-Sächsischen Häußer«, auf »Chur-Braunschweig« und – dies ist im Hinblick auf die Zukunft besonders interessant – auf »Chur-Mayntz«. Diese Staaten sollen ein »gemeinschaftliches Concert« zustandebringen. Angesichts dieser gnädigen Zukunftsträume erinnert das Geheime Consilium doch wieder an die aktuelle Gefahr, daß nämlich der Generalleutnant von Möllendorf aufgrund der »von seinem König habende[n] Ordre« sofort handeln wird und es dann für Bemühungen um ein *mäßiges* Truppenkontingent auf dem Verhandlungswege zu spät ist. Diese Frage muß schon morgen entschieden werden. Die Schreiben an die anderen Fürstenhäuser werden darüber nicht vergessen. Kur-Mainz wird im Protokoll allerdings nicht genannt. Am gleichen Tage (9. 2. 1779) schrieb Goethe an Carl August den Brief, der von politisch-historischer Seite als

»kleines Meisterwerk diplomatisch abwägender Formulierungskunst« gefeiert, zugleich aber richtig eher »Zusammenfassung der Conseil-Beratun-
gen [...] als ein völlig originales Produkt Goethescher Staatsweisheit« genannt wurde.[36] In der Tat, große Worte verfälschen Goethes Leistung; denn
sie ist vor allem pädagogischer Art. Man kann verstehen, daß ein anderer,
psychologisch orientierter Forscher mit dem Jahre 1779 die zweite Phase
von Goethes Freundschaft mit Carl August beginnen läßt, eine solche, die
durch Goethes Kritik am Herzog und seinem durchaus sich ergebenden
energischeren Erziehungswillen gekennzeichnet ist.[37]

Goethe[38] beginnt mit einer Art Zusammenfassung der Conseil-Gesprä-
che. Er erwägt die Gefahren, die jede Entscheidung in sich birgt. Auch
wenn man mit dem General Möllendorf verhandelt und ihm eine Auswahl
von Leuten gibt, ist es wahrscheinlich, daß diese desertieren und die Preußen wieder kommen, um sie zu holen. Er meint dann, mit Begründung, daß
man für diese Entscheidung noch »eine kleine Frist« haben und sie nutzen
kann. Bei der Aufzählung der Höfe, die man zu einem Fürstenbund auffor-
dern kann, vergißt er das von Carl August erwähnte Kur-Mainz nicht. Er
endet aber diesen Abschnitt mit einer sehr pessimistischen Prognose:
»Doch wird man mit der Entschliesung in der Hauptsache [!] nicht auf die
Antworten zu warten haben, weil man leider menschlicher Weise den Inhalt
der eben nicht entscheidend seyn wird voraus sehen kann.« Goethe äußert
also schon in diesem Augenblick seine Skepsis gegenüber der Handlungs-
fähigkeit des Fürstenbunds. Doch pflegen solche Prophezeiungen der Älteren die Jüngeren nur in ihrem Widerspruch zu bestärken. Goethe weiß,
daß sich Carl August dem König im Vertrauen auf seine Verwandtschaft
widersetzen will, und so spielt er dem jungen Fürsten ein Planspiel unter
dieser Voraussetzung vor. Man läßt den Werbeoffizier arretieren. Riskant,
nicht wahr? Man muß überlegen, was man tut, wenn die Preußen »mit
verstärckter Gewalt wiederkommen«. Dann kann man den preußischen
König anrufen. Aber es ist sehr wohl möglich, daß er notgedrungen »über
die Achtung hinausgeht, die er gern zu seinem eignen Vorteil für die
Fürsten bezeigte.« »Da er wohl weis das [...] alle diese Sachen wenn sie zur
Sprache kommen sich beschönigen lassen« und »unter dem Lärm des

---

36 Hans Tümmler: Carl August von Weimar. S. 51.
37 Ernst Vincent: Zwei Goethestudien, Jena 1929, S. 59. Das Buch enthält S. 43–92
die Studie »Goethes und Carl Augusts Freundschaft während der Jugendjahrzehnte
1775–1786«.
38 Amtliche Schriften. Band I, S. 52–56.

Kriegs [...] sich verlieren.« Dann kommen die preußischen »Truppen gleichsam auf Exekution«. »Bey der Unordnung die solch ein Trupp verursacht, [...] würden alle Übel der Werbung sich gehäuft ausbreiten, und die Rache die dazu käme, würde alle Mäsigung aufheben«. Vom Reichstag aber wäre nur eine »leere Theilnehmung« zu erwarten! Goethe hat die Lektion über Preußens Macht gut gelernt. Er hält es für gefährlich; aber eben deshalb legt er dem jungen Fürsten nahe, das zu tun, was seinen geringen Kräften entspricht. Er wird später auch dem historischen Publizisten Luden sagen, ohne ein gewaltiges Heer sei es töricht, die von Österreich, Preußen und Rußland getragene Restauration zu bekämpfen. Diesmal war es ein Glück für das kleine Land, daß Österreich, wahrscheinlich unter russischem Druck, sich mit dem Innviertel zufrieden gab und den Frieden von Teschen schloß (13. 5. 1779). Goethe zog aus der Erfahrung der Weimarer Ohnmacht den Schluß, man könne das Heer dieses Landes ruhig reduzieren, da die Außenpolitik ja doch von den großen Staaten gemacht werde. Carl August dagegen blieb der vom Conseil gemeinsam entwickelten Idee des Fürstenbundes treu und widmete ihr lange Jugendjahre, die ihn von Goethe unabhängig machten, freilich auch den Grund zu einer nicht nur vorübergehenden inneren Distanzierung von dem Dichter der *Iphigenie* legten.

Die Corona-Krise und das Problem der Fürstenerziehung

Daß die Freundschaft zwischen Goethe und Carl August schon längst mancher Belastung ausgesetzt war, weil der Fürstenerzieher mit den Erfolgen seiner Erziehung nicht zufrieden war, lehrte uns schon das Tagebuch des Spätjahrs 1778. Dazu kam gleich zu Beginn des Jahres 1779 ein Konflikt, der m. E. von tieferer, persönlicher Natur war: »Abends nach dem Conzert eine radicale Erklärung mit Jupiter über Cr[one]. Meine Vermuthungen von bisher theils bestätigt theils vernichtet. Endets gut für uns alle, ihr die ihr uns am Gängelbande führt!« (Tgb. 10. 1. 1779). Goethe hatte 1777 die Berufung Corona Schröters als Sängerin und Schauspielerin veranlaßt, um dem Liebhabertheater den Halt einer ausgebildeten Kraft zu geben. Er stand mit ihr in einer zwanglosen nahen Beziehung, wie dies Künstlerfreundschaften erlauben, während Charlotte von Stein verheiratet war und als Hofdame zunächst die Rolle einer gesellschaftlichen Beraterin und Beichtmutter bei ihm spielte. Die Schauspielerin hielt viel auf sich und war

33

als Geliebte sehr begehrt, auch von dem Freiherrn Friedrich Hildebrand
von Einsiedel, der Kammerherr bei Anna Amalia, später bei der Herzogin
Luise war und als maître de plaisor mit Goethe, wie ein Gedicht uns zeigte,
freundschaftlich konkurrierte. Corona stand ungefähr im Alter Goethes
und Einsiedels, während Carl Augusts Leidenschaft die typische Begehr-
lichkeit eines Jungen nach der ausgereiften Frau war. Ob die Corona-Krise
so wichtig war, wie sie von Andreas[39] dargestellt wird, möchte ich nicht
entscheiden. Man weiß zu wenig, vielleicht weil Goethe nach dieser Affäre
eine Verbrennung von Papieren veranstaltet hat (Tgb. 7. 8. 1779). Zum
Nachdenken veranlaßt hat manche Goethekenner die Tatsache, daß Corona
nach der Auflösung des Liebhabertheaters nicht gegangen, sondern im
Lande geblieben und in Ilmenau gestorben ist (1802). Die Goethepriester
haben der Schauspielerin möglicherweise allzuviel Moral zugemutet, weil
sie die Iphigenie spielte. In dem Gedicht *Auf Miedings Tod* (1782), das ein
letzter Dank für den handwerklichen Praktiker des Liebhabertheaters war,
beginnt Goethe schon mit der Mythisierung dieser Künstlerin.

> Ihr Freunde, Platz! Weicht einen kleinen Schritt!
> Seht, wer da kommt und festlich näher tritt!
> Sie ist es selbst – die Gute fehlt uns nie –
> Wir sind erhört, die Musen senden sie.
> Ihr kennt sie wohl! sie ist's, die stets gefällt:
> Als eine Blume zeigt sie sich der Welt.
> Zum Muster wuchs das schöne Bild empor,
> Vollendet nun, sie ist's und stellt es vor.
> Es gönnten ihr die Musen jede Gunst,
> Und die Natur erschuf in ihr die Kunst.
> So häuft sie willig jeden Reiz auf sich,
> Und selbst dein Name ziert, Corona, dich.

Carl August, diesmal nüchterner als Goethe, meinte, mit einem solchen
Lobpreis hätten sich frühere Dichter den Minnelohn verdient; aber diese
goldene Zeit sei vorüber. In welchen Höhen Goethe noch 1782 schwebte,
verraten im gleichen Gedicht merkwürdige, ebenfalls mythische Verse:

---

39 Willy Andreas: Carl August von Weimar. S. 410 ff.

O Weimar! dir fiel ein besonder Los:
Wie Bethlehem in Juda, klein und groß!
Bald wegen Geist und Witz beruft dich weit
Europens Mund, bald wegen Albernheit.
Der stille Weise schaut und sieht geschwind,
Wie zwei Extreme nah verschwistert sind.

Die Rechtfertigung der Spannung zwischen geistiger Tiefe und Hanswurst-wesen, d.h. in der literarischen Auswirkung der Mischung von hohem und niederem Stil akzeptiert man gern, z.B. das Nebeneinander der *Iphigenie* und des *Jahrmarkts von Plundersweilern*, der auch auf dem Liebhabertheater gespielt wurde. Shakespeare war für Goethe der Lehrmeister solcher Weis-heit bis hin zu *Faust II*. In seiner frühen Weimarer Zeit gewinnt die *Theatra-lische Sendung* ihren selbständigen Reiz gegenüber den *Lehrjahren* durch das Ineinander von Enthusiasmus, Satire und Humor, durch die Vermei-dung jeder episch stilisierenden »Stetigkeit«. Aber der hybride Vergleich Weimars mit dem Geburtsort Christi verrät nur allzu deutlich, daß die Schwärmerei des Sturm und Drang noch nicht überwunden war, daß Goe-the von Weimar, von sich selbst und von dem jungen Herzog zu viel ver-langte: »mit Jupiter Gespräch. Abends allein. kam Jupiter noch spät. früh [...] mit Jupiter allein gessen, er wird täglich reiner bestimmter« (Tage-buch 22. und 23. 3. 1779). »Iph[igenie] gespielt. gar gute Würckung davon besonders auf reine Menschen« (Tgb. 6. 4. 79). »Jupiter ist bald über die große Crise weg und giebt mir schöne Hoffnung dass er auch auf diesen Fels herauf kommen und eine Weile in der Ebne wandeln wird«. »früh Conseil. [...] Vor Tisch noch viel mit Jupiter über sein Wachsen in der Vorstellung der Dinge seines Intr[esses] an den Sachen und wahrer Erkänt-[nis]« (Tgb. 15. 6. 79). »Jupiter machte es ein Vergnügen die Rolle des Pylades zu lernen. Er nimmt sich auserordentlich zusammen, und an innrer Krafft, Fassung, Ausdauern, Begriff, Resolution fast täglich zu« (Tgb. Juli 1779). »[...] ausser dem Herzog ist niemand im Werden, die andern sind fertig wie Dresselpuppen, wo höchstens noch der Anstrich fehlt« (Tgb. Juli 79). Sich selbst fühlt Goethe im Werden; es fällt ihm aber schwer, »die wahren Röhren neben einander in gleicher Höhe aufzuplumpen« (Tgb. Juli 79); er meint wohl die gleichmäßige Entwicklung seines, wie er meint, universalen Genies. »Ein gewaltsam Feuer zu Apolda« bestätigt *seine* »Ideen über Feuerordnung wieder« [...] »Der Herzog wird endlich glau-ben.« [...] »Es weis kein Mensch was ich thue und mit wieviel Feinden ich kämpfe um das wenige hervorzubringen« (Tgb. 25. 7. 79). »Neue Conduite fürs künftige. Vorsicht mit dem Herzog.« […] »D[er] Jupiter abzuhalten dass er nur nichts für sich thut, denn er ist noch sehr unerfahren« (Tgb. 30. 7. 79). »kam um 10 Jupiter. Sprachen wir unaussprechliche Dinge durch, er hatte gestern schon angefangen, über unser inner Regiments Verhältniss das äussere […] Von dem Hof, der Frau, den andern Leuten, von Menschen kennen. Erklärt ihm warum ihm dies und das so schweer würde, warum er nicht so sehr im Kleinen umgreifen solle. Er erklärte sich dagegen und es ward eine grose interessante Umredung« [sic] (Tgb. 2. 8. 79). Am 7. 8. folgt ein »stiller Rückblick« auf Goethes eignes Leben, der beweist, daß Goethe nicht nur mit seiner Fürstenerziehung, sondern auch mit sich selbst *nicht* zufrieden war; er endet mit einem Gebet.

In solchen Krisenzeiten neigt Goethe meist dazu, alles liegen zu lassen und eine Besinnungspause in Form einer Reise einzulegen. Da die Erziehung des zweiundzwanzigjährigen Herzogs eine seiner großen Sorgen, wenn nicht seine größte ist, liegt es nahe, eine Erziehungsreise mit dem Herzog durchzuführen, eine Korrektur der Pariser Kavaliersreise sozusagen. In seinem Glauben an das »Werden« verbinden sich in eigenartiger Weise Elemente der Aufklärung und des Pietismus. Man hat noch nie erklärt, wie es kommt, daß der Dichter der durch und durch humanistischen *Iphigenie* und des hymnisch-großen Lehrgedichts *Das Göttliche*, das dem Menschen eine so große Würde zuschreibt, ausgerechnet bei Lavater Erziehungshilfe für Carl August sucht. Die pietistische Prägung, die ein Strukturelement für Goethes Leben bleibt, erklärt vielleicht, warum er jetzt an seiner Methode der Schritt-für-Schritt-Erziehung zu zweifeln beginnt und auf einen Durchbruch, eine Erleuchtung, vielleicht sogar auf eine totale Umwandlung, eine »Bekehrung« Carl Augusts hofft. Bedeutsam ist dabei, daß zunächst von einem Besuch Frankfurts die Rede ist. Das Muttererbe wird in ihm lebendig, überhaupt das Vertrauen auf die Frau, die dem »Göttlichen« näher erscheint als der Mann. Wenn ich Lavaters großes Ansehen an den Höfen betonte, so gilt dies natürlich vor allem für die fürstlichen Frauen, wobei in Weimar zuerst an die Herzogin Luise zu denken ist. Noch arbeitet Goethe, der leidenschaftliche Junggeselle – oder soll man sagen der Priester? –, an der Verbesserung der Ehe Carl Augusts. Er verspricht sich auch von ihr einen Gewinn an Kontinuität, an Konsequenz, an Maß und Ordnung; denn das ist es, was er am meisten bei dem jungen Fürsten vermißt. In diesem ganzen Erziehungsplan, ob nun aufgeklärt oder pietistisch, verbirgt sich eine Menge Don Quichotterie. Ein solches Übermaß an Phantasie gehört gewiß zum großen Dichter und noch gewisser zu dem Universalgenie, das er zu sein glaubt. Vielleicht darf man die historische Bemerkung hinzufügen, daß die von Goethe praktisch mitentdeckte Individualität, die unausweichlich ist, dem Dichter noch nicht so bewußt war wie in dem Altersgedicht *Urworte. Orphisch*: »So mußt du sein, dir kannst du nicht entfliehen«. An diese durch die Vererbungstheorie des 19. Jahrhunderts bestätigte Wahrheit denkt man heute ständig, wenn man den Fürstenerzieher Goethe sich abrackern sieht.

Goethes Schweizerreise mit Carl August. Die Hoffnung auf Lavater

Anna Amalia scheint in den Plan einer Schweizerreise nicht eingeweiht gewesen zu sein; doch es war gewiß eine freudige Überraschung für sie, als ihr der Sohn aus Goethes Elternhaus dies Ziel der Reise nannte. Dorthin hätte ja nach *ihrem* Wunsch die Kavaliersreise mit dem Grafen Görtz gehen sollen: »Sie freuen sich sicher mit uns [...] Hier ist's uns sehr wohl gegangen; die alte Mutter habe ich erstaunlich lieb bekommen, und ich denke, sie mich auch« (21. 9. 1779). Die Reise ging nicht direkt nach Zürich, sondern auf einem riesigen Umweg über die französische Schweiz und über das Wallis. Aber Goethe schreibt schon am 28. 9. 79, noch ehe sie in der Schweiz sind, an Charlotte von Stein, gewiß zum Weiterberichten an die Herzogin Luise: »Lavatern zu sehn und ihn dem Herzog näher zu wissen ist meine gröste Hoffnung.« Was uns heute mehr interessiert, ist die Beobachtung, daß Goethe die Verfassung der Schweiz als Vorbild sieht und gewiß auch bemüht ist, sie so den jungen Herzog sehen zu lehren. So schreibt er z.B. über Bern: »Sie ist die schönste [Stadt] die wir gesehen haben in Bürgerlicher Gleichheit eins wie das andere gebaut, all aus einem graulichen weichen Sandstein, die *egalitaet* und Reinlichkeit drinne thut einem sehr wohl, besonders da man fühlt, dass nichts leere *Decoration* oder Durchschnitt des *Despotismus* ist, die Gebäude die der Stand Bern [das Patriziat] selbst aufführt sind gros und kostbar doch haben sie keinen Anschein von Pracht der eins vor dem andern in die Augen würfe«. Das bürgerliche Standesgefühl, das in dem nagelneuen Geheimrat wieder erwacht, führt in den Berner Alpen zu ärgerlichen Reaktionen über den jungen Herzog, der, »wenn man auf dem Gipfel des Bergs mit Müh und Gefahr ist, noch ein Stiegelgen ohne Zweck und Noth mit Müh und Gefahr« sucht. Das fürstliche Prestigebedürfnis ist es wohl, was er in Carl Augusts Verhalten wittert. Ja, Goethe träumt sogar, er hätte sich »drüber mit ihm überworfen, wäre von ihm gegangen«.

Er hat für den acht Jahre jüngeren Mann wenig Verständnis, korrigiert sich aber selbst, wenn er im Folgenden Carl Augusts Vorzug größerer Aufmerksamkeit hervorhebt: »Er hat gar eine gute Art von Aufpassen, Theilnehmen, und Neugier«. Darin übertrifft er Goethe (an Charlotte 14. 10. 79). Von einzelnen Verstimmungen abgesehen, reisen das Genie und sein Fürst recht glücklich miteinander, weil sich kein politischer Plan und kein Hof zwischen sie schiebt, weil sie sich ungestört einander und den enthusiastisch erlebten Landschaften zuwenden können. Die Harmonisierung, welche die Reise auf sie einzeln und gemeinsam ausübt, wird von Goethe ausdrücklich festgestellt und mit Hoffnungen für das künftige Leben in Weimar verbunden. Die Branconi in Lausanne, die der Dichter offenbar allein besuchte, die Mätresse von Carl Augusts Onkel, dem Herzog Carl Wilhelm Ferdinand von Braunschweig, eine berühmte »Sirene«, war so geistreich und wohl auch so alt, daß man, wie Goethe schreibt, sich »stille fragte obs auch wahr seyn möchte, dass sie so schön sey« (an Charlotte 23. 10. 79). Dem jungen Herzog wäre es nicht anders gegangen; aber man darf annehmen, daß ihn die bloße Existenz der fürstlich ausgestatteten schönen Frau daran erinnert hätte, was das feudale Herkommen einem Fürsten erlaubt.

Völlig ungefährlich waren für die neugierigen Reisenden die Eisberge des Wallis und des Montblanc-Gebiets, die sie vom Schweizer Jura aus anstaunten; denn sie waren, nach dem damaligen Stand der Alpinistik, »eine heilige Reihe von Jungfrauen, die der Geist des Himmels in unzugänglichen Gegenden, vor unsern Augen, für sich allein, in ewiger Reinheit aufbewahrt« (an Charlotte 28. 10. 79). Aber was soll man Carl August bieten? Was wird er sich ausdenken? Irgendein Abenteuer muß es sein!

In Genf schilderte man ihnen die Alpen im Winter als einen »Stieg in die Hölle«. Das Siegesgefühl als Bergsteiger, das Goethe von der winterlichen Besteigung des Brocken mitgebracht hatte, wurde jetzt zur Gefahr für den jungen Fürsten und seinen phantasievollen Führer: »wenn es möglich ist im Dezember auf den Brocken zu kommen, so müssen [...] Anfangs November uns diese Pforten der Schröcknisse auch noch durchlassen.« Heroische Gefühle gewann der enthusiastische Dichter gewiß auch durch ein eiskaltes Bad in der Rhone; Carl August scheint wieder einmal nüchterner gewesen zu sein. Die Genfer wollten »den Herzog von der Reise in die Savoyischen Eisgebürge die er sich selbst imaginirt hat und von der er sich viel Vergnügen verspricht mit den ernsthaftesten Protestationen abhalten.« Goethe nennt die warnenden Schweizer, die die Alpen gewiß besser kannten, »alte Basen«. Immerhin entschließt sich Goethe, seiner Verantwortung bewußt, dem Rat eines »erfahrenen Mannes«, des Professors de Saussure, unbedingt zu folgen. Er erlaubt die Reise: »Er zeigte uns an was in den kurzen Tagen zu sehen würde möglich seyn, wie wir gehen und was für Vorsorge wir gebrauchen sollten.« Triumphierend bemerkt Goethe nach dieser Szene: »das sind dünckt mich die Leute die man fragen muss, wenn man in der Welt fort kommen will« (an Charlotte 2. 11. 79). In seinem Brief vom St. Gotthard-Hospiz (13. 11. 79) nimmt er den Mund nicht mehr so voll, sondern er erkennt wieder einmal sein Glück: »Es ist diese Lienie [Brieg, Furka-Pass, Gotthard] auf dem Papier geschwind mit dem Finger gefahren, der Reichthum von Gegenständen aber unbeschreiblich, und das Glück in dieser Jahrszeit [!] seinen Plan rein durchzuführen über allen Preis.« Der sportliche Carl August gesteht in seinem Tagebuch, der Weg über den Furkapass sei die »ärgste Strapaz« gewesen, die er je ausgehalten. Goethe spielt die Erschöpfung des jungen Fürsten herunter[40], wohl ohne zu wissen, daß Dauerleistungen einem Zweiundzwanzigjährigen schwerer fallen als einem Dreißigjährigen. Seine Beschreibung im Tagebuch (11. und 12. 11.) sagt dem Bergerfahrenen genug. Auch Goethe hatte, als man sich dem Furka-Pass näherte, »Fatale Ahndungen Erinnerung Enge böses Gefühl«. Tröstlich war, daß es nicht schneite, und doch wurde der Übergang ein harter Kampf mit immer mehr Schnee. Schon in Chamonix hatte übrigens ein Bergführer zu den Touristen gesagt, er habe in 28 Jahren »so spät im Jahr, nach Allerheiligen«, noch nie Fremde geführt (an Frau von Stein 5. 11. 79). Goethe erzählt es stolz wie das Winterbad in der Rhone. Es freute ihn wohl, dem Fürsten, der ihn im Reiten und Schießen übertraf, seine moralische Überlegenheit zeigen zu können. Trotz dieser keineswegs ungewöhnlichen männlichen Rivalität pflegt man mit Recht zu sagen, daß das alpinistische Abenteuer die Freunde einander wieder näher brachte: in Extremsituationen gibt es keine Standesunterschiede!

Und dann also der Abstieg nach Göschenen, die Fahrt auf dem Vierwaldstätter See zur Tellsplatte. In Luzern interessierte den Fürsten und künftigen General vor allem ein topographisches Modell des Vierwaldstättersee: »Es ist dieses der sonderbarste Gedanke, wunderbarste Unternehmung und grösstes Meisterstück eines Ingenieurs« (an die Mutter, Zürich 19. 11.

---

40 Willy Andreas: Carl August von Weimar. S. 449.

79). Die Begeisterung für Lavater im gleichen Briefe hält sich in Grenzen: »Lavatern lernten wir schon gestern kennen. Heute ass er bei uns. Ich liebe ihn, wollte Gott, ich könnte ihn so geniessen als das, was er wägt [!]. Hier bleiben wir vermutlich 8 Tag. Es ist die interessanteste Stadt wegen der Menschen in der Schweiz.« Auch im Brief vom 29. 11. 79 klingt sein Lob konventionell: »Lavaters Gegenwart und Nähe ist mir sehr kostbar und wohltätig.« Die Religion interessierte ihn, wie es scheint, mäßig. Das war auch die ständige Klage des Superintendenten Herder in Weimar. Eher schon fasziniert ihn die Kunst. Der Brief an die Mutter, aus dem eben zitiert wurde, beginnt so: »Je suis né coiffé; alleweile komme ich von einen gewissen Landvoigt Heidecker, welcher die schönste Sammlung von Handzeichnungen weit und breit besiz[t]. Ich sitze über zwei Stunden bei ihm, sehe und geniesse mich recht dick satt«. Der reiche Schweizer beschenkt ihn sogar mit Zeichnungen; er ist »beschämt und erfreut [...] Sehn Sie, liebste Mutter, so einen glücklichen Menschen haben Sie zum Sohn.« Auch die folgende bekannte Bemerkung aus dem gleichen Brief ist nur sozialgeschichtlich interessant: »Wir [...] haben der grossen Welt ganz abgesagt; nicht mit den Finger haben wir sie hier berührt.« Im Brief an die Mutter aus Stuttgart vom 13. 12. [79] erzählt er nichts von dem aufdringlichen Feudaltheologen und »Propheten«, der ihnen nach Schaffhausen nachgereist war, sondern nur von der gewaltigen Naturerscheinung des Rheinfalls und von der Stuttgarter »Militärakademie« (Karlsschule), in der er sich »fast den ganzen Tag« in der Gesellschaft des württembergischen Herzogs aufhielt, »aber immer von seiner Seite inkognito behandelt«. Auch Goethe lobte Karl Eugen, weil er »äuserst galant« gegen Carl August war und »ihm die möglichste Aufmercksamkeit bezeigt« hat. »Uns andre hat er auch sehr artig behandelt, und in allem Betracht war dieser achttägige Aufenthalt sehr merckwürdig und *instrucktiv*« (an Charlotte 20. 12. 79). Der Machthaber, der bald darauf den Räuber-Dichter verfolgte, ehrte Carl August höchstwahrscheinlich als Sohn Anna Amalias und Goethes Freund. Der Herzog von Weimar selbst trat entschieden für die Mätresse Franziska von Hohenheim ein.[41] Wird er dem Vorbild Karl Eugens folgen?

An den übrigen Höfen, die Carl August besucht, obwohl er doch inkognito reist, erleidet Goethe die üblichen Qualen des Genies, das nichts als ein Rat unter Räten ist. Schon über Karlsruhe schreibt er: »Die Langeweile

---

41 Vgl. Willy Andreas: Carl August von Weimar. S. 467.

hat sich von Stund zu Stund verstärckt [...] Gott im Himmel was ist Weimar für ein Paradies!« (an Charlotte 22. 12. 79). Auch an Weihnachten geht es nicht nach Hause, und Goethe schreibt aus Darmstadt, der Heimat der Herzogin Luise, am 1. 1. 80 fast verzweifelt seiner Geliebten: »Seitdem wir uns an den Höfen herumtreiben und in der sogenannten grosen Welt hin und her fahren ist kein Seegen für die Correspondenz. Das schöne Jahr haben wir in Dieburg mit kleinen Spielen angefangen [...] Heut sind wir wieder hier, morgen in Homburg, Dienstag wieder hier, [...] Der Herzog ist munter und erkennt sich nach und nach im alten Elemente wieder [!], beträgt sich vortrefflich, und macht köstliche Anmerckungen. Von mir kan ich das nicht rühmen ich stehe von der ganzen Nation ein für allemal ab, und alle Gemeinschafft die man erzwingen will, macht was halbes«. Er meint zunächst wohl die Gemeinschaft mit den Deutschen. Aber gilt dies nicht auch für die Gemeinschaft mit den Fürsten, sobald man sie in ihrem »Elemente« sieht? Es ist doch völlig natürlich, daß der junge Herzog nach dem Aufenthalt in der bürgerlichen Schweiz einen höfischen Nachholbedarf empfindet. Der Dichter hatte wieder mal zu viel Phantasie, wenn er aus Zürich an die Hofdame der Herzogin Luise schrieb (Ende Nov. 1779): »Die Bekanntschafft von Lavatern ist für den Herzog und mich was ich gehofft habe, Siegel und oberste Spizze der ganzen Reise, und eine Weide an Himmelsbrod wovon man lange gute Folgen spüren wird. Die Trefflichkeit dieses Menschen spricht kein Mund aus [...] Er ist der beste grösste weiseste innigste aller sterblichen und unsterblichen Menschen die ich kenne.« Die Superlativ-Häufung ist dem 30jährigen Goethe kaum mehr angemessen. Ist es ein rhetorisches Präsent zum Vorlesen, wie das überschwängliche Lob der Großen in der *Theatralischen Sendung*? Sicher ist, daß Goethe später Lavater ganz anders beurteilte. Den Ausgangspunkt dafür bildete natürlicherweise eine gespreizte Dichtung des Klopstockepigonen. Auf seinem eigensten Gebiet täuschte er sich nicht so leicht. Er fühlte sich überdies verpflichtet, Lavaters wiederholte »Angriffe auf unser Reich« zurückzuweisen (an Lotte 6. 4. 82). Ich nehme an, daß er mit »unserm Reich« den immer mehr erstarkenden Humanismus Weimars meinte.

41

Ein komplizierteres persönliches Verhältnis. Stärkere Hinwendung zu Fragen der Regierung und Reform (1780–1786)

Man kann es gut erklären, warum sich der Fürst zu keiner so klaren Stellungnahme gegenüber Lavater veranlaßt sah wie Goethe. Er führte noch längere Zeit einen Briefwechsel mit dem Züricher. Ich will nicht behaupten, daß die unverschämten, ganz auf einen unerfahrenen jungen Mann berechneten Schmeicheleien des »Propheten« der einzige Anlaß dazu waren. Wenn ich Lavater einen Feudaltheologen nannte, so war damit gemeint, daß er aufgrund seiner Physiognomik einen großen Ruhm als moderner Psychologe und Seelsorger in der ganzen großen Welt, nicht zuletzt an den kleinen Höfen in Deutschland besaß. Der Ruhm imponierte dem jungen Fürsten auf allen Gebieten. Außerdem muß vermutet werden, daß ihm der von den fürstlichen Frauen verordnete, höchst diplomatische Seelsorger im fernen Zürich bequemer war als der ihn überfordernde Fürstenerzieher Goethe. Übrigens hinderte ihn die obligate Verbindung mit Lavater keineswegs an einer Anerkennung des »Mephistopheles« Merck, der ein guter ökonomischer Berater und kritischer Kunstkenner, auch ein berufener Käufer für den Kunstliebhaber Carl August war. Die Brauchbarkeit von Merck sei durch den Schluß des Briefes an Carl August vom 6. 11. 1780 vergegenwärtigt[42]: »Im Übrigen bitte ich Ew. Durchlaucht unterthänigst, nicht vielen Leuten bekannt werden zu lassen, daß ich's bin, der Ihnen Ihre Kunstsachen zum Theil *fournirt*. Es fängt schon an bey den Händlern zu *éclatiren*, indem ein guter Freund von Ihnen, aber nicht von mir, es hier und da zum Theil bemerkt hat. Wenn die Bursche einmal aufmerken, so bin ich alsdenn eben so wenig in Stande, wohlfeil zu kauffen, als Ew. Durchlaucht selbsten.« Merck war schon durch sein Wissen und seinen Witz ein beliebter Gesellschafter Carl Augusts und Anna Amalias. Man fragt sich, warum Goethe ihn nicht in Weimar haben wollte. Sein Alter, auf das Goethe hinwies, kann kaum der wahre Grund gewesen sein. Im Frühjahr 1780 war Merck neununddreißigjährig.

Die erste Tagebucheintragung Goethes nach der Schweizer-Reise (17. 1. 1780) verrät den Vorsatz, den Gegensatz zur aufgeklärten Hofge-

---

42 Johann Heinrich Mercks Briefe, Leipzig 1911, S. 76.

sellschaft, der in den ersten Weimarer Jahren bestand, abzubauen: »Früh Anfang zur Ordnung und Besorgung gemacht [...] Kriegs Comm[ission] waren mir die Sachen sehr prosaisch. zu Wieland. Gut Gespräch und Aussicht besseres zusammenlebens. Vorschlag zu einer Sozietät. zu Anna Amalia zu Tische munter und gesprächig die H[erzogin] und andre. [...] Jederman ist mit Jupiter sehr zufrieden preist uns nun und die Reise ist ein Meisterstück! eine Epopee! Das Glück giebt die Titel [...]«. Goethe stürzt sich in die Arbeit, was bei ihm selten gut geht: »Immer weggearbeitet. Kriegs Komm[ission]. [...] Weiter aufgeräumt. Bin ein wenig erhizt, es ist doch des getreibes zu viel« (Tgb. 19. und 20. 1. 1780). »Aufs Eis. Bey Hofe gessen. Nach Tafel ausführlich Gespräch mit Jupiter. Abends Redoute bis Nachts 1 Uhr« (Tgb. 21. 1. 80). Der erste Anlauf zum ganz normalen Hofleben endet in Schnupfen und Fieber, so daß er nicht einmal lesen kann und sich nur langsam wieder erholt. Das Jahr 1780 ist auch im ganzen nicht so, wie Goethe es erwartet hatte, vielmehr eines der schwersten, das er je erlebte. Aber für die Literaturgeschichte ist es ein großes Jahr; denn in ihm wird die Idee zum »Tasso« geboren. Vielleicht ist deshalb ein Blick auf Goethes Selbstverständnis in dieser Zeit erlaubt; denn seine Fürstenerziehung gerät in ein schiefes Licht, wenn man nicht stets an die Schwierigkeiten denkt, die ihm seine Selbsterziehung bereitete.

Goethes Selbstverständnis um 1780

Wenn man an die Worte »Naivetät« oder »Kult des Augenblicks« denkt, mit denen man manchmal Goethes Wesen und seine Lebenskunst erfassen wollte, so ist an dieser Stelle seines Lebens festzustellen, daß er sich im allerhöchsten Maße reflektiert verhält und den Lauf seiner Entwicklung teils zu lenken, teils zu beobachten bestrebt ist. Er blickt nicht nur vorwärts auf die Ziele, die er sich gesteckt hat – das ist wohl die normale Haltung des hochstrebenden jungen Mannes –, sondern auch ständig zurück. Das berühmte Wort von den »abgelegten Schlangenhäuten« erscheint schon am 14. 5. 79 in einem Brief an Charlotte, nachdem er früheres »Zeug [...] durchgeblättert« hat. 1780 wird es ihm fast zu einem Hauptproblem, daß ihm die einfachsten Dinge, die jeder begreift, unverständlich sind, »dass ich wie durch eine ungeheure Klufft davon gesondert bin« (an Charlotte 14. 6. 80). Wenig später erkennt er in voller Deutlichkeit, daß ihm sein Genie so große Schwierigkeiten macht: »Wundersam ist doch ieder Mensch in seiner Individualität gefangen, am seltsamsten auserordentliche Menschen; es ist als wenn die viel schlimmer an gewissen Ecken dran wären als gemeine« (an Charlotte 30. 6. 80). Auch spätere Äußerungen des Jahres 1780 verraten, daß er sich mit dem Genieproblem beschäftigt; denn sein Genie muß in der festgefügten Hofgesellschaft, in der er sich jetzt mit großem Anspruch bewegt, fortgesetzt und unausweichlich auffallen. An Charlotte von Stein kann er unverblümt die Forderung richten, »sich täglich zu sagen dass alles was Ihnen an mir unangenehm seyn konnte aus einer Quelle kommt über die ich nicht Meister bin« (24. 11. 80). Wie soll er aber bei solcher Abhängigkeit von sich selbst in der Gesellschaft bestehen, zumal er für dieses Alter außergewöhnlich wetterfühlig ist, der »dezitirteste Barometer der existirt« (an Charlotte 28. 3. 81, ähnlich schon 20. 9. 80). Da bleibt nur die Hoffnung, daß die Götter den, welchen sie begnadet haben, »nach und nach der Kindheit entreisen« (an Charlotte 9. 12. 81).

Auch im Tagebuch gibt es diesen Genie-Jammer. Doch überläßt er sich ihm hier nicht so hemmungslos wie als Charlottes Beichtkind; denn er weiß im Grunde schon sehr wohl zwischen den »Göttern« und dem Tun, für das der Mensch verantwortlich ist, zu unterscheiden. Trotzdem läßt sich nicht übersehen, daß er eine außergewöhnliche Spannung überwinden muß, um tätig, womöglich leitend des fürstlichen Vertrauens würdig zu bleiben. Schon vor der Schweizerreise, nach dem Verbrennen von Papieren und einem ausführlichen Gericht über den bisherigen Teil seines Lebens, kommt er am Ende zu Worten gläubiger Hoffnung: »Gott helfe weiter und gebe Lichter, dass wir uns nicht selbst so viel im Weege stehn. Lasse uns von Morgen zum Abend das gehörige thun und gebe uns klare Begriffe von den Folgen der Dinge. […] Möge die Idee des reinen […] immer lichter in mir werden« (Tgb. 7. 8. 79). Reinheit meint bei Goethe nicht die absolute Unschuld im Sinne des Christentums und des empfindsamen Idealismus, der eine Art Ersatz und Restchristentum ist, sondern die Übereinstimmung mit Natur und Vernunft. Eine nicht benutzte Stelle des gleichen Zitats richtet sich gegen den Mißbrauch von Alkohol. Der Ausdruck »klare Begriffe« belegt das neue Vertrauen in die Vernunft nach der Verherrlichung der Leidenschaft, der »Dumpfheit« in den siebziger Jahren. Seine Naturnähe bezeugt die später von dem »Makrobiotiker« Hufeland ausdrücklich verschriebene Bewegungstherapie. »Bewegung ist mir ewig nötig«, schreibt Goethe schon am 31. 8. 79 programmatisch in sein Tagebuch aufgrund eines bekömmlichen Frühspaziergangs nach Tiefurt. Schon erkennt er die Gefahr der ständigen Selbstanalyse; denn nach dem Empfang des »Dekrets als Geheimderath«, das ihn angriff, stellt er fest: »Es ziemt sich nicht diese innern Bewegungen aufzuschreiben«: Das fortwährende Registrieren seiner Gefühle sei zugleich ein schwer zu tilgender »Politischer Fehler«, den er an sich habe (Tgb. 6. 9. 79). Er meint wohl die verschiedenen höfischen Nachrichtendienste, die er an anderen Stellen mit Verachtung erwähnt.

Da er seine Begabung, wie wir in einem andern Zusammenhang bemerkten, nicht durch Auswertung von einzelnen Erfahrungen, sondern nur durch erleuchtetes Ausgehen vom Ganzen realisieren kann, gibt es bei Goethe nicht nur das normale Genieproblem, sondern die noch größeren Schwierigkeiten des *Universalgenies*. Ob es sich hier um Goethes tatsächliche Fähigkeiten handelt oder um eine fixe Idee, um die aus der Renaissance überkommene, im 18. Jahrhundert veraltete Ideologie des Universalgenies, soll nicht untersucht werden. Hier geht es um Goethes Selbstverständnis und die aus ihm sich ergebenden Probleme. Nachdem er am 26. 2. 1780 vom Mittagessen mit Carl August bis zum Abend gezeichnet hat – der bildkünstlerische Anspruch des Genies ist in dieser Zeit noch ungebrochen! – und wieder einmal erkannt hat, daß er im Konkreten oft versagt, gelangt er im Tagebuch zu einer verallgemeinernden Erfassung seiner Begabung: »Auch hier seh ich dass ich mir vergebne Mühe geben [gegeben habe], vom Detail ins ganze zu lernen, ich habe immer nur mich aus dem ganzen ins Detail herausarbeiten und entwickeln können, durch Aggregation begreiff ich nichts, aber wenn ich recht lang Holz und Stroh zusammengeschleppt habe und immer mich vergebens zu wärmen suche, wenn auch schon Kohlen drunter liegen und es überall raucht, so schlägt denn doch endlich die Flamme in Einem Winde übers ganze zusammen. Ich sprach davon mit Jupiter er sagte: »eine gute Idee.« Die Sachen haben »kein detail sondern ieder mensch macht sich drinn sein eignes. manche können nicht und die gehn vom detail aus, die andren vom ganzen.« Was Goethe Aggregation nennt, heißt heute Reihenbildung und ist eine wichtige Methode des systematischen empirischen Erkennens. Was Goethe unter dem Bilde des Feuers meint, überläßt man heute in erster Linie den Künstlern. Ob es praktisch ist, auf die beschriebene Weise Feuer zu machen – ich denke auch an Goethes reformatischen Anspruch in Gesellschaft und Staat – lasse ich vorläufig dahingestellt. Wichtig an dieser Stelle ist nur Goethes programmatisches Ausgehen vom Ganzen und Carl Augusts unverminderter Glaube an das Universalgenie seines Führers

Goethe ist in dieser Zeit schon sehr aktiv in den Geschäften. Am 25. 3. 80 hat er in der Kriegskommission eine »Grose Explikation mit Volgstädt«

(Tagebuch), der offenbar seine Pläne stört und den er aus der Kommission entfernen wird. Am folgenden Tag reflektiert er erneut über das Genie: »Es ist als ob ein Genius oft unser Hegemonikon verdunckelte damit wir zu unsrem und andrer Vortheil Fehler machen. war eingehüllt den ganzen Tag und konnte denen vielen Sachen die auf mich drucken weniger widerstehn.« Er hofft durch präzisere Selbsterkenntnis auch die »vielen Sachen« besser zu beherrschen (Tgb. 26. 3. 1780). »Viele Sachen« müssen es sein! In dem bekannten Bekenntnis für seine Mutter (1. 8. 81), in dem er endgültig mit dem bürgerlichen Leben bricht, führt er »die Weite und Geschwindigkeit seines Wesens« an, die ihn in der Enge des bürgerlichen Kreises »rasend gemacht« hätten. Auch in einem Brief an Knebel, der über seine »Unermüdlichkeit« staunt und lächelt, betont er: »Das Bedürfnis meiner Natur zwingt mich zu einer vermannichfaltigten Thätigkeit, und ich würde in dem geringsten Dorfe und auf einer wüsten Insel ebenso betriebsam seyn müssen um nur zu leben« (3. 12. 81). Das Programm ist klar, es ergibt sich aus der Idee des Universalgenies. Aber ob die äußeren Schwierigkeiten und vor allem die inneren Zwänge – eben des Genies! – ihm die Ausführung gestatteten?

Beispiele für Goethes amtliche Zusammenarbeit mit Carl August

Schon kurz nach der deutschen Revolution von 1918 warnte Fritz Hartung, der bedeutende Verfassungshistoriker, davor, »die selbständige Bedeutung, die Weimar unter Carl August für das deutsche Geistesleben gewonnen hat, auch auf das politische Leben zu übertragen«, da der Geist der Reformen eine allgemeine Herrschaft ausübte und auch in andern deutschen Fürstentümern, z. B. in Dessau, Gotha und Baden, sich auswirkte.[42] Ehe er sich Goethes notwendig gewordener Finanzreform zuwendet, erwähnt Hartung »das Negative«, nämlich den »Verzicht auf alles Geistliche«, wie es sich an der Änderung der Eidesformel für die Beamten (1785) und kurz darauf für die Professoren in Jena ablesen läßt. Diese Reform, meint Hartung, stimmte, trotz einer Anregung Meiningens, »ganz mit den Gesinnungen Carl Augusts überein.«[43] Wir haben diesen Humanismus Weimars

---

42 Fritz Hartung: Das Großherzogtum Sachsen unter der Regierung Carl August 1775–1828. Weimar 1923, S. 40.
43 Ebd. S. 40 und 41.

öfters berührt, müssen aber betonen, daß in diesem Punkt keine spezielle Gesinnung des Herzogs zugrundeliegt, sondern daß dieser »Verzicht auf das Geistliche« mit dem »deutschen Geistesleben« der Zeit, vor allem mit der Spätaufklärung und der deutschen Klassik, eng verbunden ist. Welche gesellschaftspolitischen Folgen der Humanismus hatte, wollen wir an einem Amtsvorgang vergegenwärtigen, der Goethes Initiative klar erkennen läßt, nämlich an der Abschaffung der Kirchenbuße.[44] Die Sitzung des Geheimen Conseil, in der diese Frage beraten wurde, fand am 14. 12. 1780 statt. Es muß sich um eine Frage handeln, über die man schon lange gestritten hatte; Goethe spricht von »lauten Einwendungen«, die »aus alten und neuen Votis« entgegentönen: »Wo bleibt das Recht der Kirche, ihren Gliedern auch etwas Unangenehmes zu erzeigen! Will man allen Lastern Thür und Thor aufsperren?« Goethe ist diplomatisch genug, die Kirche nicht frontal anzugreifen, sondern vom »Mißbrauch« einer an sich guten Einrichtung zu sprechen. Als Mißbrauch erscheint es ihm, wenn nicht der Sündige, sondern gerade »der Büßende [...] zur Schau ausgestellt« wird. Goethe bekämpft, wie wir sagen würden, *das Archaische der Kirchenbuße*. An die Stelle öffentlicher Anprangerung soll die Ermahnung durch den »Beichtvater [...] in Gegenwart zweier Zeugen« treten. Diese Ermahnung soll »indispensabel« sein. Wer sich nach wiederholter Aufforderung ihr entzieht, den soll die »öffentliche Abkündigung« oder gar der »Kirchenbann« treffen. Auch Wiederholungsverbrechern mag man die »Ausschließung« aus der Kirche androhen. Goethe betont, daß er mit seiner Meinung nicht alleinsteht. Der Landesherr ist »auf das Ersuchen seiner Stände« bereit, »eine Einrichtung zu ändern [...], die nicht zum Wesentlichen unsrer Religion gehört.« Schließlich kann er noch eine vollkommene Übereinstimmung mit dem Votum des Kollegen Schnauß geltend machen.

Das im Conseil herrschende Kollegialitätsprinzip ist auch bei den Erörterungen über die Befragung des Kindermordes am 9. 11. 83[45] zu beachten, wenn man kein völlig falsches Bild vom damaligen Goethe gewinnen will. In seinen Briefen an Charlotte von Stein kommt immer wieder seine schwermütige Skepsis gegenüber dem bestehenden Strafrecht zum Ausdruck. Aber Goethe ist als Amtsperson kein Utopist, wie er es als Denker und Dichter sein darf und wie es, ohne Gefahr, seine heutigen Kritiker sein können. Aus den *Amtlichen Schriften* geht eindeutig hervor, daß Goethe

---

44 Amtliche Schriften. Teil 1. S. 115–119.
45 Ebd. S. 245–251.

in dieser Sache keine Initiative ergreift, sondern sich im Gegenteil aus der Entscheidungsbildung heraushalten möchte. Aber Carl August hat befohlen, daß auch Goethe seine »Gesinnungen über die Bestrafung des Kindermords zu den Ackten geben solle«. Der Herzog hat dies wohl deshalb getan, weil er Goethes Abneigung gegen die konventionellen Strafgesetze kennt und sich gegen nachträgliche Vorwürfe absichern will. Goethes Aktennotiz vom 25. 10. 83 verrät deutlich seine Verlegenheit. Erst am 4. 11. schließt er sich dem Votum von Schnauß und Fritsch an. Wenn er dabei von »gründlichen« Voten spricht, so ist vor allem an das von Schnauß zu denken. Wir haben ihn bereits als juristischen Experten des Kollegiums kennengelernt. Zu bedenken ist auch, daß Schnauß in der Zeit von Goethes gespanntem Verhältnis zu Fritsch der natürliche, auch bewußt umworbene Bundesgenosse des Genies gewesen war. Schnauß vertritt die Meinung, daß die Todesstrafe »zu Abschreckung vor dergleichen überhand nehmenden [!] Verbrechen nöthig und nützlich seye«. Man kann ziemlich sicher annehmen, daß die einflußreichen fürstlichen Frauen der gleichen Meinung waren, da sie sich die sozialen Motive eines Kindesmords kaum vorstellen konnten. Zu beachten ist schließlich, daß Schnauß die Begnadigung durch den Fürsten zuläßt, wenn »der Verbrecherin ein erheblicher Umstand zustatten kommen sollte«, und daß es kaum im Sinne der Regierung lag, das ohnehin gespannte Verhältnis zur Kirche durch unpopuläre humane Entscheidungen zu verschärfen. Wer Goethe *historisch* verstehen will, mag sich fragen, ob es sich heute ein *Minister* leisten kann, die Ziele der »Gesellschaft für humane Sterbehilfe« zu unterstützen. In alte, höchst populäre Tabus der Geschichte nachträglich moderne Erkenntnisse hineinzutragen, ist ungerecht.

Wir wählen einen dritten, weniger ernsten Vorgang aus Goethes vielfältiger Amtstätigkeit seit 1779. Hier gerät das Genie noch unmittelbarer in einen Gegensatz zu dem seiner Würde immer bewußter werdenden Herzog. Es handelt sich um einen typischen spätbarocken Streitfall, um eine Beleidigung des Geheimen Conseil durch einen gewissen Hofrat Christian Ludwig Redecker, die im Votum des Geheimrats von Fritsch zu einer Beleidigung Serenissimi hochstilisiert wird. Die Verhandlungen haben in den *Amtlichen Schriften* den ungewöhnlichen Gesamtumfang von 21 Seiten.[46] Goethe versucht, sich auch in dieser Frage solidarisch zu verhalten, aber er tut es sichtlich ohne Eifer. Das erkennt man etwa daran, daß er die

---

46 Ebd. S. 260–280.

von Freund Schnauß vorgeschlagene Verschärfung des Tons durch den Ausdruck »»banditenmäsigen Beleidigungen«« ablehnt, weil die stilistische Änderung der Sache »ein zu leidenschaftliches Ansehn« geben könnte. Als man schließlich so weit ist, daß man den Statthalter von Erfurt, wo Redekker wohnt, zu einem energischeren Vorgehen gegen den Unverschämten veranlassen will, kann sich Goethe, der, wie der Fürst selbst, gut Freund mit Dalberg ist, »nicht enthalten«, einen Entwurf des herzoglichen Schreibens vorzulegen, was nichts Außergewöhnliches war, sondern zu den normalen Pflichten der Geheimeräte gehörte, nur daß eben gerade Goethe in diesem schwierigen Fall dem Fürsten seine Feder zur Verfügung stellte. Der Inhalt steht fest: Drohung, sich an den Vorgesetzten des Statthalters, den Kurfürsten von Mainz zu wenden, wenn Dalberg den Fall Redecker weiterhin beschönigt. Goethe formuliert den entsprechenden Passus des Briefes so: »Nach meiner Art zu dencken kan ich in diesem Falle meine Person von den meinigen nicht trennen, und es scheinet, daß mir nach den Gesinnungen, die Sie mir zeigen, kein andrer Weg übrig bleibt als an den Churfürsten zu gehen, der gewiß nicht leiden wird, daß ein Mensch, der sich in seinem Lande aufhält, eines benachbarten Fürsten Diener auf eine so tückische und schändliche Weise bedrohe und anfalle.« Von Fritsch und Schnauß erklären sich mit Goethes Entwurf einverstanden. Der Herzog findet ihn aber »in vielen Stücken zu weich« und schreibt den Brief selbst, wobei besonders auffällt, daß er gegenüber einem ihm wohlbekannten und gern gesehenen Regierungsbeamten als Reichsfürst auftrumpft: »Ihr Verhalten gegen mich weißt mir also den Weg, den ich zu gehen gezwungen werde, um meine Diener für [vor] unschickliche und unerhörte Anfälle Auswärtiger zu schüzen. Ich werde mich also an den Chur-Fürsten von Mainz wenden und von ihm verlangen, was ein Reichs-Fürst von dem andern in einem ähnlichen Fall zu erwarten hat.« Wenn man die beiden Prosastücke gegeneinander hält, erkennt man, warum Carl August für die Abschaffung des Kanzleistils war und Goethe dagegen.[47] Im diesbezüglichen Votum des Schriftstellers liest man, daß »willkürlich scheinende Formen«, z.B. »Von Gottes Gnaden« etwas bedeuten, daß »ein wenig Pedantismus nothwendig« ist: »Eile ist eine Feindin der Ordnung so gut als Zögern.« Stilistische Abschwächungen wie »nach meiner Art zu denken« oder »es scheinet« gibt es in Carl Augusts markigen Sätzen nicht, dafür das Wort, er sei »gezwungen«, sich an Dalbergs Vorgesetzten zu wenden. Noch stärker mildert in

---

47 Amtliche Schriften, Band I. S. 412–421.

dem Goethe-Zitat die komplizierte Syntax den Ton, z.B. die drei Relativ-sätze. Man pflegt Carl Augusts frischen Ton soldatisch zu nennen. Die Worte hastig, nervös, temperamentvoll bis zum Jähzorn, scheinen mir sei-nen Charakter eher zu treffen. In diesem Falle, wie auch später so oft, ist Goethe der besonnenere Stratege. In der Diskussion über den Kanzlei-stil, auch in dem oben zuletzt zitierten Satz, erinnert Goethe den Herzog an militärische Prinzipien. Doch war die Ruhe des Denkens und des Ge-müts, die vom höheren Offizier gefordert wird, nicht die starke Seite des Fürsten.

Goethes Tagebücher und Briefäußerungen bezeugen, daß ihn die man-nigfachen Pflichten gegenüber der höfischen Geselligkeit und seiner nie-mals in Zweifel gezogenen dichterischen Berufung nicht davon abhalten konnten, stets die materiellen Bedingungen, auf denen die »Kultur von Weimar« beruhte, im Auge zu behalten, sie fortlaufend zu studieren und jedes Opfer zu bringen, um sie zu verbessern. Als Conseil-Mitglied wid-mete er sich vor allem dieser grundlegenden Aufgabe, während er die außenpolitischen Aufgaben gerne dem Kollegen von Fritsch und die kniff-ligen juristischen Fragen dem erfahreneren und schärfer denkenden Schnauß überließ. Es war ihm ganz selbstverständlich, daß er auch vom Fürsten Opfer fordern mußte, wenn es um die Sicherung der finanziellen Grundlagen des Staates ging. Man mag dies »bürgerlich« oder »realistisch« nennen; doch war es vor allem ein Problem der Moral. Die Lasten der Höfe und ihrer Lustbarkeiten drückten um so schwerer auf das Volk, je kleiner das Land war. Diese verhängnisvolle Seite der Kleinstaaterei scheint Goe-the erkannt zu haben. Aber ob damit viel gewonnen war? Schon in der Kriegskommission, die er am 5.1.79 übernahm, erlebte er, wieviel Arbeit man investieren mußte, um eine Institution einigermaßen in Ordnung zu bringen und zu erhalten. Er widmete sich dieser Arbeit, die ihm wenig am Herzen lag, mit großem Fleiß. Die Kriegskommission war neben dem Con-seil seine wichtigste amtliche Schule. »Meine Tage waren von Morgens bis in die Nacht besezt [...] Wenn nur ieder den Stein hübe der vor ihm liegt. doch sind wir hier [in Weimar?] sehr gut dran. alles *muss* zulezt auf einen Punckt, aber Ehrne Gedult, ein steinern Aushalten«, so im Tagebuch in der Zusammenfassung für die Zeit von 26.5.–22.6.80. Die inneren Hemmun-gen des Künstlergenies spürt man, wenn es heißt: »immer Schritt vor Schritt nach Vermögen vorwärts. [...] An Tasso morgendlich geschrieben. In Geschäfften mich gehalten[!]. wenn nichts gehn wollte gezeichnet« (Tgb. Zusammenfassung bis 20.11.80). »Viel Arbeit und Bearbeitung.

Volgstedt. abgeschüttelt. diesen Monat hab ich mirs sauer werden lassen«.
»Viel Geschäfft auf der Kriegskommission, um alle Fäden an mich zu knüp-
fen« (Tgb. 1.–3. 1. 81). Man sieht: Goethe hat ein Ziel vor Augen. »früh auf
der Casse« (Tgb. 4. 1. 81). »Immer gearbeitet in Casse Sachen« (Tgb.
5. 1. 81). »Ohne Rast fort gearbeitet, in allem« (Tgb. Zusammenfassung
16. 1. 81). Das letzte Wort »in allem« verrät, daß Goethe in einer Spezial-
aufgabe nicht aufgehen kann. Vollkommen deutlich wird sein Ehrgeiz,
immer weiter um sich greifen, in der Tagebuchäußerung vom 15. 8. 81:
»Kr[iegs]-Kommission. Rekapitulirte in der Stille was ich bey diesem Departement geschafft. Nun wäre mirs nicht bange ein weit gröseres, ia mehrere [!] in Ordnung zu bringen, wozu Gott Gelegenheit und Muth ver-
leihe.« Der religiöse Schluß belegt Goethes Berufungsbewußtsein – auch
als Ministerialbeamter! Aber der Eintrag, der im Tagebuch den Dezember
1781 zusammenfaßt, belegt, daß schon der 24jährige, von Wieland und
Goethe erzogene Herzog sehr schwer daran tat, sich anders zu verhalten,
als dies seine Vorfahren von Gottes Gnaden seit Jahrhunderten getan hatten: »Sorge wegen Jupiters allzu kostspieligen Ausschweifungen.«
Die Soldatenspielerei gehörte wie die Jagd zu den beliebtesten Unterhaltungen der Kleinfürsten, nicht zuletzt Carl Augusts. Man hat daher mit
Recht in der Verminderung des Heeres von Sachsen-Weimar die größte
Leistung Goethes auf dem Gebiet der Fürstenerziehung gesehen. Der Sache nach lag es nahe, gerade an dieser Stelle zu sparen. Die von Friedrich II.
ausdrücklich erlaubten Werbungen in Sachsen-Weimar anläßlich des drohenden bayerischen Erbfolgekriegs hatten die militärische Hilflosigkeit
des Landes unmißverständlich dargetan, und für Goethe persönlich war
die Anwesenheit bei Manövern, als Begleiter des Fürsten, immer nur eine
lästige Pflicht. Aber ob dem *Lande* damit gedient war, ein Gebiet mit so
langen Grenzen von Soldaten, die zugleich Polizeifunktion hatten, zu ent-
blößen und dem ehrgeizigen jungen Herzog sein fürstliches Spielzeug zu
entreißen? Würde er dem gar nicht standesgemäßen Verzicht gewachsen
sein? Sicher ist, daß vor allem die finanzielle Not des Landes, die der Hof
und nicht zuletzt auch Carl August selbst verschuldet hatten, den ersten
Mann im Staate – das war um 1782 Goethe – veranlaßte, dem jungen
Fürsten ein so großes Opfer zuzumuten. Die Herabsetzung der Infanterie
von über 500 auf 142 Mann bedeutete eine beträchtliche Ersparnis, obwohl
dadurch in dem humanen Lande die Ausgaben für Pensionen sich erhöh-
ten. Hartung errechnet eine Verminderung der Heereskosten um
17 000 Taler, allein im Weimarer Landesteil. Diese große Ersparnis ermög-

lichte es den Landschaftskassen, d. h. der Finanzeinrichtung der Stände, die Kammerschulden zu übernehmen und eine Ermäßigung der Steuern durchzuführen. Begeistert war man im Lande keineswegs. Die Eisenacher Gutsherrn und Kaufleute beklagten den Verlust an Verbrauchern, und der Ständeausschuß in Weimar selbst kritisierte die Finanzwirtschaft der letzten Jahre; er ermahnte den jungen Landesherrn zu größerer Sparsamkeit.[48] Goethes Einstellung traf sich also mit der des Adels, der den Ständen das für den Fürsten verbindliche Gewicht gab. In seine Reihen war er durch das Adelsdiplom Kaiser Josephs II. vom 10. 4. 82 eingetreten – um seiner »ganz besonderen Gelehrsamkeit« willen.[49] Seine Jugenddichtung scheint man am Wiener Hofe nicht gekannt oder nicht geschätzt zu haben. Kurz darauf am 11. 6. 82 übernahm Goethe die Leitung der Kammer, die »Oberleitung«, um den später offiziellen Titel seiner Ämter schon hier zu gebrauchen. Warum wurde er nicht sofort Kammerpräsident wie sein Vorgänger, der Herr von Kalb?

Erkannte er, daß ein Dichter einer so spezialistischen Arbeit letzten Endes nicht gewachsen sein kann? Dafür spricht ein Brief an Frau von Stein (10. 8. 82), den er zwei Monate nach seiner Übernahme der Kammerleitung schrieb. Nach Erwähnung saurer Arbeit an »Wilhelm«, *(Theatralische Sendung)* bekennt er: »Eigentlich bin ich zum Schriftsteller gebohren. Es gewährt mir eine reinere Freude als iemals wenn ich etwas nach meinen Gedancken gut geschrieben habe.« Dafür spricht auch, daß Johann Christoph Schmidt, das Finanztalent des klassischen Weimar, schon 1784, sicher nicht ohne Goethes Zustimmung, ins Conseil aufgenommen wurde und, aufgrund von Goethes Empfehlung, 1788 Kammerpräsident und Geheimer Rat wurde. Vielleicht war die ernsthafte, ja zentrale Kontrollaufgabe, die Goethe übernahm, ein Zeichen dafür, daß ihn die üblichen höfischen Vergnügungen zu ermüden begannen und er *Distanz* vom Hofe, auch von Carl August suchte. Er zog sich zurück –, auch vom Liebhabertheater, dem er so viel Zeit geopfert hatte. Die Bellomosche Truppe, die an seine Stelle trat, ein Unterhaltungstheater, machte dem Dichter sehr wenig Freude. Aber Goethe brauchte jetzt unbedingt Ruhe, nicht nur um *Egmonts, Tassos* und *Wilhelm Meisters theatralischer Sendung* willen, sondern wohl auch deshalb, weil er erkannte, daß der Ansatz, den wir unter dem Begriff aufgeklärter oder gar pietistischer »Fürstenerziehung« kennengelernt ha-

---

48 Fritz Hartung: Das Großherzogtum Sachsen. S. 59 f.
49 Joseph A. v. Bradish: Goethes Beamtenlaufbahn. New York 1937, S. 218.

ben, falsch war, weil Carl August blieb, wie er war, und weil auch Goethe wieder stärker sich selbst leben wollte. Es ist die Zeit, da die Briefe an Frau von Stein ihren platonischen oder gar petrarkistischen Charakter verlieren und einen vertrauten, ja fast ehelichen Ton annehmen. Goethes gesteigertem Arbeitswillen in bestimmten amtlichen Funktionen widerspricht dies keineswegs.[50]

Goethes Beurteilung des Feudalismus und Carl Augusts nach 1780

Im Jahre 1780 hat Carl August noch teil an Goethes freundschaftlichem Verkehr mit Frau von Stein. Nach dem Conseil gehen die Freunde miteinander zum Mittagessen bei Lotte (Tgb. 29. 8. 80). Man macht auch in Kochberg, wo die Steins ihr Gut haben, einen gemeinsamen Besuch (Tgb. 4./5. 11. 80). Andrerseits reitet man miteinander zum Ehepaar von Werthern in Neunheiligen. Vielleicht sucht Carl August, nach dem Vorbild des Freundes, einen Minnedienst bei einer verheirateten Frau, bei der »schönen Gräfin«. So nennt sie Goethe in den Briefen an Lotte. Er bewundert die adelige Frau, weil sie wirklich edel ist und »Welt« hat. Dagegen findet er die Art von Carl Augusts Werben um die Gräfin nicht »schön«, was kaum zur Vertiefung der Freundschaft beigetragen hat; denn der derbere, etwas junkerhafte Fürst konnte nicht aus seiner Haut fahren. Zu Anfang des Jahres 1782 verzeichnet Goethes Tagebuch mehrere Gespräche mit dem Herzog, die meist Ermahnungen zur Sparsamkeit gewesen sein dürften. In dem Bericht über ein Gespräch, in dem die »ernstlich[e] und stark[e]« Beschäftigung mit »Oekonomie« ausdrücklich erwähnt wird, heißt es zum Schluß: »Jeder Stand hat seinen eignen Beschränckungs Kreis, in dem sich Fehler und Tugenden erzeugen« (19. 1. 82). Diese soziologische Erkenntnis liegt heute nahe, für Goethe war sie das Ergebnis jahrelanger Erfahrungen und enthielt gewiß viel Bitterkeit in sich, da er an »allgemein menschliche«, moralische und pädagogische Begriffe geglaubt hatte. Im 5. Buch der *Theatralischen Sendung*, das Goethe 1784 abschloß (an Carl August 28. 10. 84),

---

50 Ich widerspreche damit entschieden, der m. E. weltfremden und unhistorischen Arbeit von K[urt] R. Eissler: Goethe. A Psychoanalytic Study. 1775–1786. Detroit 1963, S. 1082 ff. Mehr psychologisches Feingefühl hat, wie mir scheint, der Franzose Marcel Brion. Obwohl ich den »neuen Tonfall« nicht gerade auf den 22. 3. 81 festlegen will, ist er für ideologisch nicht vorbelastete Goetheforscher unüberhörbar (Johann Wolfgang Goethe, deutsche Ausgabe, München 1982, S. 194). Eine gründliche Diskussion der Streitfrage ist in unserem Zusammenhang nicht am Platze.

behauptet Wilhelm entsprechend *»daß ein Großer wohl Freunde haben, aber nicht Freund sein könne.«* Auch an dieser Stelle findet man eine soziologische Begründung der These: »Wie will der Weltmann in seinem zerstreuten Leben die Innigkeit behalten, in der ein Künstler bleiben muß, wenn er etwas Vollkommnes hervorbringen will, und die selbst denjenigen umgeben muß, der einen solchen Antheil am Werke nehmen will, wie ihn der Künstler wünscht und hofft.« Die These ist so allgemein gehalten, daß sie auch auf Carl August bezogen werden darf. Dieser nimmt Anteil am Theaterroman, regt Goethes Bearbeitung von Aristophanes' satirischen *Vögeln* an und findet an der Aufführung Gefallen. Aber kann er die »Innigkeit« der *Iphigenie* nachfühlen? Die fürstlichen Frauen nehmen, wenn ich recht sehe, auch später mehr Anteil an Goethes klassischen Dramen. Für das Liebhabertheater hatte man das Rokoko *(Die Mitschuldigen)* und den Sturm und Drang das Drama *(Der Jahrmarkt von Plundersweilern)* ausgegraben, damit der junge Fürst auf seine Rechnung kam. Man darf sagen: Ein neuer Molière wäre ihm lieber gewesen als ein so introvertierter Poet wie Goethe. Wenn Carl August ein Versteckspiel mit einem Brief Lottes an ihren Geliebten treibt oder wenn er seinem Dichter ein Pferd mit dem Namen »Poesie« schenkt, so erkennt man an solchen Scherzen, daß auch der Fürst Abstand von seinem ehemaligen Freunde gewinnt.

Die Reiselust des jungen Herzogs wird immer mehr zum Konfliktpunkt, einmal weil Goethe das wilde Reiten Carl Augusts tief bedauert und fürchtet – er nennt ihn immer noch »seinen nächsten Freund und Schicksalsverwandten« (an Charlotte 27. 8. 82) – und dann natürlich, weil der Herzog sein Universalgenie an den Höfen vorzeigen will: »Der Herzog geht auf Dresden, er hat mich gar gut eingeladen mit zu gehn oder zu folgen, ich werde aber wohl bleiben« (an Charlotte 29. 8. 82). Ein besonderes Problem waren die Reisen im Dezember 1782 nach Erfurt und Neunheiligen. Bei solchen Gelegenheiten hat der ehescheue Geheimerat ganz die Gefühle eines jungen bürgerlichen Ehemanns der Zeit: »Liebste Lotte. Ich kann dir nicht helfen um acht uhr komme ich und klopfe an deiner Thüre, wenigstens noch deine Stimme zu hören. Wenn ich es noch zu thun hätte ich ginge nicht weg, wie leer und kalt ist es in der Welt draussen wie voll und warm bey dir« (an Charlotte 11. 12. 82). Eine sozialgeschichtlich höchst interessante Lösung findet der Dichter anläßlich der Weihnachtsreise 1782 mit Carl August zu dem eng befreundeten Fürsten in Dessau. Goethe reitet mit dem jungen Herzog trotz seiner Abneigung gegen fremde Fürstenhöfe: »In Dessau wenig guts und viel Langweile, der Fürst begleitete uns heute noch eine Stunde, das war der interessanteste Augenblick.« Er schätzt den musischen Abkömmling des alten Dessauers. Aber wohl wird es ihm erst auf der Rückreise in Leipzig, als Künstler in der tonangebenden, ihm vertrauten Hauptstadt des deutschen Bürgertums: »Liebste Lotte ich bin wieder hier der Herzog geht die Nacht und ich bleibe« (»Christabend 82«). Es ist ein spürbarer Seufzer der Erleichterung. Im gleichen Weihnachtsbrief beteuert er wie immer seine Liebe und verspricht: »Ich komme bald.«

Wahrscheinlich meint er es im Augenblick des Schreibens sogar ehrlich; aber die Stadt hält ihn über eine Woche fest. Schon der Brief vom 25. 12. enthält ein Loblied über Oeser. Er ist noch immer sein Lehrer, deshalb, weil er zugleich ein anmutig genießender Weltmann und ein Künstler ist. Oeser führt ihn in Gesellschaften, in denen bis zu 180 Menschen anwesend sind; und Goethe fühlt sich wohl, weil er keine Verpflichtungen hat. »Ich wünschte mich ein viertel Jahr hier aufhalten zu können denn es stickt unglaublich viel hier beysammen. Die Leipziger sind als eine kleine moralische Republik anzusehn. Jeder steht für sich, hat einige Freunde und geht in seinem Wesen fort, kein Obrer giebt einen allgemeinen Ton an [!], und ieder produzirt sein kleines Original, [...] Reichthum, Wissenschaft, Talente, Besitzthümer aller Art geben dem Ort eine Fülle die ein Fremder wenn er es versteht sehr wohl geniessen und nutzen kann. Er muß sich nur im allgemeinen halten, und keinen Antheil an ihren Leidenschafften, Händeln, Vorliebe und Abscheu nehmen [...] Grüse den Herzog und sag ihm daß ich Donnerstags von hier weggehe wahrscheinlich aber erst Freytags komme weil wir andern diesen Weeg nicht in Einem Tage enden können« (an Charlotte 29. 12. 82). Früher hatte er den Freund auch bei scharfen Ritten begleitet. Jetzt läßt er ihm die ritterlichen Ehren allein. Er will »behaglich« reiten – dies Wort beginnt schon eines seiner Lieblingswörter zu werden; denn er beobachtet und dichtet beim Reisen. Unter dem Eindruck von Leipzig mag er auch darüber nachdenken, ob ihm eine Existenz als Berufsschriftsteller in der Hauptstadt des deutschen Buchhandels bekömmlich wäre – ganz ohne einen »Obren«! Man darf nicht vergessen, daß Goethe damals nicht nur an seinen Weimarer Werken weiterarbeitet, sondern auch bereits angefangen hat, seine früheren Dichtungen umzuarbeiten, um sich mit Gesammelten Werken dem deutschen Publikum vorzustellen. Ob dieses zur Aufnahme so schwieriger Texte, wie es Goethes *Tasso* ist, geeignet sein wird?

Wie viel Distanz das Genie von der Hofgesellschaft und vom Herzog selbst auf der Höhe seiner sogenannten »staatsmännischen« Laufbahn gewann, verrät wohl am besten sein langer Brief an den abwesenden Freund Knebel vom 21. 11. 82. »Ich komme fast nicht aus dem Hause«. Er erfüllt seine amtlichen Pflichten, und in »guten Stunden« dichtet er. Drei Bücher der Theatralischen Sendung sind fertig. *Werthers Leiden* schreibt er fast ganz neu; beabsichtigt ist nicht eine flüchtige Bearbeitung, sondern eine »Wiedergeburt«: »Da ich gesammelt bin, so fühle ich mich zu so einer delikaten und gefährlichen Arbeit geschickt.« Alle Briefe an ihn seit 1772 läßt er heften, um einen Rückblick auf die letzten zehn Jahre zu gewinnen. »Ich sehe fast niemand, ausser wer mich in Geschäften zu sprechen hat [...] Alle Woche gebe ich einen grosen Thee wovon niemand ausgeschlossen ist, und entledige mich dadurch meiner Pflichten gegen die Societät auf's wohlfeilste.« Seine vielen amtlichen Arbeiten – man darf sie ruhig noch überschätzen –, erlauben ihm seine Zurückgezogenheit. »Abends bin ich bey der Stein und habe nichts verborgnes vor ihr. Die Herzoginn Mutter seh ich manchmal.« »Der Herzog hat seine Existenz im Hezen und Jagen. Der Schlendrian der Geschäffte geht ordentlich, er nimmt einen willigen und leidlichen Theil dran, und läßt sich hie und da ein Gutes angelegen seyn, pflanzt und reißt aus pp. Die Herzoginn ist stille lebt das Hofleben beyde seh ich selten. – *Und so fange ich an mir selber wieder zu leben,* und mich wieder zu erkennen. Der Wahn, die schönen Körner die in meinem und meiner Freunde daseyn reifen, müssten auf diesem Boden gesät, und iene himmlischen Juwelen könnten in die irdischen Kronen dieser Fürsten gefaßt werden, hat mich ganz verlassen und ich finde mein jugendliches Glück wiederhergestellt.« Der neue »Beruf mich der Oekonomie zu nähern« bleibt ohne Betonung, neben »Cosmogonie«, »Mineralogie« und »Bakons grosem salomonischem Haus, worüber Herder und Nicolai streiten«. Dies alles schreibt er an Knebel im November 1782. Wir erkennen in diesem aufschlußreichen Brief die vielfältige, universale, um nicht zu sagen zersplitterte Existenz des Genies. In seinen persönlichen Beziehungen jedoch kommt, wie der Brief ebenfalls belegt, nicht nur Charlotte von Stein, sondern auch die Herzogin-Mutter *vor* dem Herzog: Anna Amalia.

Anna Amalia ist noch immer die Mitte des Hofes. Zu ihr darf der Sohn auch von seiner Jagdleidenschaft sprechen, ohne deshalb verachtet zu werden, z. B. so 4. 10. 83): »Mit der Jagd geht's hier ganz mittelmässig. Den Herzog [von Kurland] kann man, weil er schlecht zu Fusse ist, an nichts bringen; er hat noch nichts als einen guten Hirsch angeschossen, ein paar gefehlt, ein Alttier und einen geringen Hirsch erlegt. Von meiner Hand sind drei Hirsche verendet, zweien habe ich aber ungeschickter weise das

Leben geschenkt. [...] Wenn Göthe zurück ist, so grüssen Sie ihn und tragen ihm auf, mir zu schreiben.« Man sieht: primitiv, aber gutartig, immer noch um den Freund seiner frühen Jugend bemüht. Auch Carl August schreibt dem treuen Knebel über seine Probleme, über das, was er weder seiner Mutter noch dem Fürstenerzieher Goethe sagen darf, so am 17. 8. 83[51]: »Zwei Weiber waren da [...] Eine davon hätte mir bald mein Concept verrückt. Ich muß mich erstaunlich wehren, meinem Herzen und den Leidenschaften nicht den Zügel zu lassen; es ist gar zu schwer, sich wieder in den unnatürlichen Zustand zu fügen, in welchem unser einer leben muß, und an den man nur so langsam sich gewöhnt zu haben glaubt. Jede kleine Unregelmäßigkeit wirft einen so weit wieder aus seinem Rade heraus.« Man spürt die strenge Erziehung, die Goethe seit der Schweizerreise dem temperamentvollen jungen Herzog angedeihen ließ, *ihm als einem Fürsten*, so daß er seinen Stand als einen ganz »unnatürlichen Zustand«, ja als Folter empfinden mußte, denn so ist wohl die Metapher vom Rad zu verstehen. Goethe, der sich jetzt vom Zwang der Gesellschaft halb und halb befreit hatte und sich in einem fast beglückten Zustand in sinnvoller Arbeit, in erfüllter Liebe befand, ja sich sogar zur Dichtung wieder gestimmt fühlte, mußte erkennen, daß es nach langen Jahren wilden Treibens und gemeinsamer Reifung endlich an der Zeit war, die für beide Partner mühselige Fürstenerziehung zu beenden, *offiziell* zu beenden; denn im stillen fühlte er sich nach wie vor für Carl August halb und halb verantwortlich.

Diese Situation ist, wie mir scheint, der Hintergrund des bekannten Gedichtes *Ilmenau*, dem das Datum des 3. September 1783, d. h. des 26. Geburtstages des Herzogs beigegeben ist. Der Dichter, der sich im Jahr zuvor Rechenschaft über das letzte Jahrzehnt seines Lebens gegeben hatte, fühlt sich nun gedrängt, einen Rückblick auf das gemeinsame Werden und Wachsen mit Carl August zu geben. Ilmenau, die alte Zuflucht vor dem Hof, gibt im Eingang des Gedichts nicht nur Gelegenheit zu einer idyllischen Naturschilderung, sondern auch zu einem vorsichtigen Hinweis auf die Not des Volks, die Goethe von Anfang an empfand und welche die eigentliche Ursache für seinen Entschluß zur Fürstenerziehung war:

> Laßt mich vergessen, daß auch hier die Welt
> So manch Geschöpf in Erdefesseln hält,

51 Briefe des Herzogs Karl August an Knebel und Herder, hg. v. Heinrich Düntzer. Leipzig 1883, S. 47 f.

> Der Landmann leichtem Sand den Samen anvertraut
> Und seinen Kohl dem frechen Wilde baut,
> Der Knappe karges Brot in Klüften sucht,
> Der Köhler zittert, wenn der Jäger flucht.

Der Dichter träumt nun, von dem alten jugendlichen Kreis, der »am Fuß der Felsenwand« um die Feuer zu »nächtlichem Gelag« versammelt war und in dem er jetzt noch die »Geister Shakespeares [...] verkörpert« findet; denn ein »Geist« lebte in den Jungen schon damals, »und durch die Roheit fühl' ich edle Sitten.« Der Dichter geht aus der Schar der Freunde zu der Hütte, wo der junge Herzog schläft und statt ihn traditionsgemäß zu preisen, bekennt er Carl Augusts und seine eigene Schuld: »Was ich entzündet, ist nicht reine Flamme«. Was er im Folgenden von seinem fürstlichen Schüler sagt, erinnert an den Brief Carl Augusts vom 17. 8. 83, aus dem ich zitierte.

> Ein edles Herz, vom Wege der Natur
> Durch enges Schicksal abgeleitet,
> Das ahnungsvoll, nun auf der rechten Spur
> Bald mit sich selbst und bald mit Zauberschatten streitet
> Und, was ihm das Geschick durch die Geburt geschenkt,
> Mit Müh' und Schweiß erst zu erringen denkt.

Der nächste Abschnitt gibt dem Vertrauen auf die Entwicklung des jungen Fürsten und auf die Machtlosigkeit des Erziehers Ausdruck:

> Noch ist, bei tiefer Neigung für das Wahre,
> Ihm Irrtum eine Leidenschaft.

Dabei wird schonend nur von der Waghalsigkeit und von den Unfällen des jungen Fürsten gesprochen. Doch sind solche Gefahren ein Symbol für die Heftigkeit, Leidenschaft und Ungeduld Carl Augusts. Diesem Vergangenheitsbild folgt eine Zukunftsvision: »Ein ruhig Volk in stillem Fleiße«, überall Geschäftigkeit und Beseitigung des Bösen: »Es wird der Trug entdeckt, die Ordnung kehrt zurück.« Das ist eine Anspielung auf jene amtliche Leistung Goethes, auf die er besonders stolz war: die Entlarvung und Bestrafung eines betrügerischen Steuereinnehmers in Ilmenau. Aber im ganzen ist der neue Zustand ein Wunschbild, und so endet das Gedicht mit der bekannten Ermahnung des Fürsten: Weimar soll zum Vorbild für die ganze Gegenwart werden. Und die Verwirklichung dieses Traums hängt vom Fürsten ab. Er kann nicht leben, wie es ihm gefällt, sondern er »muß fähig sein, viel zu entbehren.« Das war nichts Neues, das hatte der junge Herzog von Goethe oft genug in Prosa gehört. Deshalb vermute ich, daß das Gedicht nur vordergründig ein Geburtstagsgeschenk für Carl August war. Goethe dachte bei diesem Gedicht, in dem sich Schuldbekenntnis und Rechtfertigung miteinander verbanden, an den Hof, vor allem an die Mutter und an die Gattin Carl Augusts. Gedruckt werden konnte die Ermahnung des Fürsten natürlich nicht. Erst als Carl August drei Jahrzehnte später, siegreich aus dem Felde zurückkehrte und im ersten Freudenrausch die alte Utopie als Wirklichkeit erscheinen konnte (1815), rückte Goethe das Erinnerungs- und Lehrgedicht unauffällig in seine *Werke* ein.[52]

Goethe schickte das Gedicht handschriftlich auch an Herder[53], der sich schon lange vergebens bemühte, der Seelsorger des Hofes zu sein, jedoch höchstens die Frauen, z. B. die Hofdame Charlotte von Stein, zu seinen Pfarrkindern rechnen konnte. Vielleicht wollte er dem früheren Freunde und Lehrer zeigen, daß man an einem Hofe diskret, diplomatisch vorgehen muß und keine öffentliche Fürstenerziehung betreiben darf. Herder hatte nämlich der Versuchung nicht widerstehen können, die Predigten, die er anläßlich der Geburt des Erbprinzen Carl Friedrich im Februar 1783 hielt, zu einer Art Fürstenspiegel zu machen.[54] Zwei dieser Predigten hatte er sogar drucken lassen, mit Angabe seiner amtlichen Funktionen: »Fürstl. Sächs. Oberhofprediger und Generalsuperintendent des Herzogthums Weimar.« Schon in dem starken Hinweis auf Gott als den höchsten Regenten und in der Erinnerung an die frommen sächsischen Fürsten, die Bahnbrecher der Reformation, konnte sich der unkirchliche regierende Fürst, der Schüler Wielands und der Freund des damals »dezidiert« unchristlich

---

52 Jahreszahl nach Erich Trunz: Hamburger Ausgabe Bd. 1, S. 465. Wenn es ein »Huldigungs-Geschenk« für den Fürsten gewesen wäre (ebd. S. 466), hätte es Goethe gewiß früher drucken lassen. Ein solches erschien in den *Venetianischen Epigrammen*, s. u. Dagegen ist es möglich, daß Carl August 1815 von dem Gedicht stärker beeinflußt wurde als 1783. Denn nun wollte er, wiederum ungeduldiger als Goethe lieb war, ernstlich ein »Vorbild« seiner »Tage« sein (Preßfreiheit, Verfassung, s. u.).
53 Joachim Müller: Goethe und Herder, in: J.M.: Goethe-Wirkung und Humanitätstradition. Jena 1980, S. 41.
54 Herders Sämtl. Werke, hg. v. Bernhard Suphan. Bd. 31. Berlin 1889, S. 514–549.

werdenden Goethe, getroffen fühlen. Dies war jedoch noch der übliche Vorwurf der Theologen gegen die von der Aufklärung geprägten Fürsten. Bedenklicher war es schon, wenn die Moral von der Religion abhängig gemacht und insofern das Christentum zur Pflicht der Fürsten wurde: »Sie wurden gewahr, daß nur in Gottes Namen ihnen das Volk willige Pflicht und Herzensgehorsam erwiese, und daß mit der Religion zugleich der Adel ihres Berufs, der Zweck ihrer Thaten, ja das Band aller Pflichten und Verbindungen wegfalle.« Herders späteres Sympathisieren mit der Französischen Revolution kündigt sich bereits an, wenn er sich gegen die Meinung wendet, »Fürst bleibe doch Fürst; das gehorchende Volk müsse doch gehorchen.« Am deutlichsten wurde die Anspielung auf die Leidenschaften des regierenden Fürsten, wenn zweimal die »Wohllust« mancher Herrscher gegeißelt und sie in einem Atemzug mit der »Tyrannei« zusammen genannt, ja beides zum Kennzeichen *schwacher* Charaktere gemacht wurde. Auch die Mutter und die Lehrer Carl Augusts konnten sich getroffen fühlen, wenn Herder predigte: »Auf Lebenslang ists für den Geist entscheidend, mit welchen Menschen wir zuerst umgehn«, und anschließend die Hoffnung aussprach, Gott möge dem Erbprinzen Lehrer mit »reiner Sinnesart« und »gerader Liebe zur Religion« verleihen. Vollkommen einig mit Goethe war Herder, wenn er das Volk dem Fürsten ans Herz legte. Trotzdem verstimmte den diplomatischeren Fürstenerzieher die volkstümlichdirekte Rhetorik des »Oberhofpredigers«.

Goethes Brief an Herder vom 20. 3. 83 unterscheidet sich wohltuend von der didaktischen Predigt des Theologen. Er beginnt mit einem humanen Einwand: »Da ich deine Predigt hörte, wünschte ich du hättest ein tröstlich, wohlthätig Wort für den Herzog hinzufügen können und mögen«. Dann bezweifelt er, daß »nur schwache Menschen Tyrannen« sind; er will sagen, daß der seine Macht kräftig ausübende junge Herzog kein Schwächling ist. Da Herder den alten Primat der Kirche über die gesamte weltliche Kultur etwas pfäffisch verkündet hatte, fühlte sich Goethe besonders als Künstler getroffen. Er ist, wie auch später, weit entfernt von einer völligen Autonomie oder gar von einem Primat der Kunst, aber er trägt »eine Vorbitte für die schönen Künste« dem absolutistisch-religiös sich gebenden Herder – es ist seine augenblickliche kirchliche Rolle! – mit erheblichem Nachdruck vor, wobei er klug den gemeinsamen bürgerlichen Widerspruch gegen den Feudalismus ins Spiel bringt: »Ich weis wohl daß ieder der für sich und andre zu sorgen hat, wohlthut, sich dem nothwendigen und nützlichen zu wiedmen, und daß es gefährlich ist der Leidenschafft zum Schönen so viel

Raum zu geben [!]. Ist es denn aber nicht mit ieder Leidenschaft dasselbe, in der die Mächtigen und Reichen einen höhern und stärckern Genuß des Lebens suchen! Hunde, Pferde, Jagd, Spiel, Feste, Kleider und Diamanten, was für Capitale von Baarschafft stecken darinne und was für Intressen von Zeit und Geld zehren sie nicht auf, ohne die Seele zu erheben, das doch die Gaben der Musen um einen wohlfeilern Preis gewähren.« Diesem Argument des erfahrenen Hofmanns war kaum zu widersprechen; denn das Liebhabertheater war eine mit bescheidenen Mitteln betriebene Einrichtung gewesen. Noch überzeugender war das Argument, mit dem Goethe seine Fürsprache für die Kunst krönte: Auch die Kirche kommt ohne die Hilfe der Künste nicht aus, man denke nur an das Kirchenlied. Der Brief ist ein Beispiel für den überlegenen Stil, in dem der große Dichter zwischen dem die kirchliche Volkskultur festhaltenden Theologen und der weltlichen Kultur von Weimar/Jena, auch zwischen Carl August und Herder persönlich, zu vermitteln versuchte. Es versteht sich bei Herder, daß er bewußt Anstoß erregte. In einem Brief an Hamann (10. 3. 83) berichtet er ganz zufrieden von folgenden Äußerungen unmittelbar nach der Predigt, die ihm Wieland überbracht haben soll. Goethe: »Er hat doch aber so eine harte Manier, die Sachen zu sagen. Nach solcher Predigt bleibet einem Fürsten nichts übrig als abzudanken.« Der Herzog im Gespräch mit Wieland: »Uebrigens war die Predigt ganz ohne Piques«. Wieland: »O ganz ohne Piques.« Es war eine höfische Regel, Unarten zu übersehen. Den zahlreichen Klagen Goethes über Carl August stehen wenige kritische Äußerungen des Fürsten über Goethe gegenüber. Graf Görtz und die Mutter hatten ihm wohl beigebracht, selbst private Urteile möglichst zu vermeiden.

Leidenschaftliche Urteile Carl Augusts findet man am ehesten im Briefwechsel mit Knebel, der nicht nur Goethes zuverlässigster Freund war, sondern auch das volle Vertrauen des Fürsten besaß. Ein Grund dafür lag wohl gerade darin, daß man diesem treuen, aber schwierigen Menschen trotz seines Drängens kein Amt anvertraut hatte und daher keine sachlichen Reibungsflächen bestanden. Mit dem Prinzen Constantin, dessen Erzieher Knebel gewesen war, hatte er kein Glück gehabt. So war es eher eine Bestätigung von Knebels Meinung, wenn ihm der Fürst nach dem neuesten Abenteuer des Prinzen schrieb (15. 1. 84): »Ich arbeite daran, ihm im Sächsischen Dienste einen Platz zu verschaffen, welcher ihn beschäftigen wird [...] Moralisches Zutrauen hat er bei mir auf lange Zeit, ich fürchte auf immer, verscherzt, er ist und bleibt ein halber, unzuverlässiger, unaufrichtiger Mensch.« Auch im Falle des Prinzen Constantin hatte Goethe Aufträge erfüllt, die seine besondere Vertrauensstellung in der fürstlichen Familie deutlich machen. Ob Prinz Constantin seine Liebschaften aus dem Ausland nach Weimar bringen oder eine nicht standesgemäße Dame aus dem deutschen Adel heiraten wollte, immer hatte man sich der pädagogischen und diplomatischen Dienste des Dichters bedient. Er war für delikate Aufträge dieser Art sehr geeignet und hatte Erfolg gehabt. Aber mindestens im zweiten Fall, als Konstantin von der reizvollen Caroline von Ilten zu trennen war, hatte Goethe den Zorn zu spüren bekommen, der eigentlich dem Fürsten galt –, dem ganzen Feudalismus, dem auch er oft genug nur mit Zorn dienen konnte.

Als die Memoiren Voltaires erschienen, in denen Friedrich II. scharf kritisiert wurde, nahm Goethe nicht Partei für den König, wie sich dies für einen leitenden Mann an einem verwandten deutschen Hofe gehört hätte, sondern er erfuhr hier mit Freude die geistige Macht des französisch schreibenden Autors (an Frau von Stein 17. 6. 84): »Unendlich werden dich die Memoires unterhalten. Uns andern die zum Erbtheil keine politische Macht erhalten haben, die nicht geschaffen sind um Reichthümer zu erwerben, ist nichts willkommner als was die Gewalt des Geistes ausbreitet und befestigt. Nun schweig ich auch ganz stille von dem Büchlein um zu hören was andre drüber sagen.« Er verhält sich auch in dieser Angelegenheit diplomatisch. Doch ist völlig deutlich, daß der Schriftsteller insgeheim auf der Seite des Schriftstellers steht. Auch hier die soziologische Begründung, die wir bereits als eine Erkenntnisform Goethes kennen! Dabei ist es interessant, daß er die »politische Macht« und die »Reichthümer« miteinander parallelisiert. Er tut dies auch sonst, was seinem ausgeprägten Gespür für die verschiedenen Faktoren der *Macht* entspricht. Er kann als Hofmann nicht öffentlich gegen die Übergriffe materieller Macht agitieren, wie es Voltaire und Rousseau tun, aber insgeheim fühlt er sich gerade in diesem Jahr 1784 als Sprecher des Volkes. Er hat sich geweigert, den Herzog auf seinen außenpolitischen Reisen weiter zu begleiten, weil er ahnt, daß die diplomatischen Bündnisspiele der Kleinfürsten so wenig nützen wie die Soldatenspielerei, da doch die deutschen Großmächte das letzte Wort haben. Die Abwesenheit der Fürsten ist für das Land, das sie noch immer absolut beherrschen, schädlich, weil Regierungsbeamte wie Goethe keine wichtigen Entscheidungen treffen können, ohne die Einwilligung des fernen Fürsten einzuholen. In dem Weihnachtsbrief vom 26. 12. 84 dankt Goethe dem Herzog zunächst dafür, daß er seine »Weigerung«, ihn zu begleiten,

»nicht übel aufgenommen« hat: »Ich konnte nach meiner Überzeugung aus mehr als einer Ursache den Ort nicht verlassen.«

Anschließend wünscht er ihm Glück auf der Reise und kommt dann ohne Umschweife zu dem Feudalvergnügen, das ihm im Augenblick besonders viel Sorge macht, zur Wildschweinhege: »Ich meine die wühlenden Bewohner des Etterbergs. Ungern erwähn ich dieser Thiere weil ich gleich Anfangs gegen deren Einquartirung protestirt und es einer Rechthaberey ähnlich sehen könnte daß ich nun wieder gegen sie zu Felde ziehe. Nur die allgemeine Aufforderung kann mich bewegen ein fest gelobtes Stillschweigen [!] zu brechen und ich schreibe lieber, denn es wird eine der ersten Sachen seyn die Ihnen bey Ihrer Rückkunft vorgebracht werden. Von dem Schaden selbst und dem Verhältniß einer solchen Heerde zu unsrer Gegend sag ich nichts, ich rede nur von dem Eindrucke den es auf die Menschen macht. Noch habe ich nichts so allgemein mißbilligen sehn, es ist darüber nur Eine Stimme. Gutsbesitzer, Pächter, Unterthanen, Dienerschafft, die Jägerey selbst alles vereinigt sich in dem Wunsche diese Gäste vertilgt zu sehn.« Goethe argumentiert nicht moralisch wie in dem Gedicht *Ilmenau,* auch nicht materiell wie als Direktor der fürstlichen Kammer, da er die grenzenlose Großzügigkeit des Fürsten in Sachen der Jagd kennt. Er beruft sich auf die öffentliche Meinung, und er benutzt die Abwesenheit des Fürsten dazu, sie vollkommen einheitlich erscheinen zu lassen, mit den Gutsbesitzern, d.h. im großen ganzen den Adeligen, an der Spitze des übrigen Volkes. In der Fortsetzung des Briefes schildert er diplomatisch die schwierige Lage der Regierungsbeamten, die für die Wildschweinplage verantwortlich gemacht werden, da bei einem so *guten* Fürsten sich niemand vorstellen kann, daß er »durch eine Leidenschafft in einen solchen Irrthum geführt werden« könne. Er appelliert an eine andre Leidenschaft des Fürsten, nämlich an die, sich beliebt zu machen, und erinnert daran, daß solche »Erbfeinde der Cultur« ohne Prestigeverlust in aller Stille zu Tafelfreuden verwendet werden können, damit »mit der zurückkehrenden Frühlingssonne die Umwohner des Etterbergs wieder mit frohem Gemüth ihre Felder ansehen« kommen. Er hofft auf ein »Neujahrsgeschenk«, d.h. auf einen raschen Entschluß des Fürsten, da er sein unruhiges Gemüt kennt. Um der Ermahnung ihre Härte zu nehmen – es war eine harte Zumutung für den leidenschaftlichen Jäger – plaudert Goethe noch über die Verhältnisse in Weimar, z.B. über die Frau von Reck, die er in keiner Weise beurteilen kann. »Jedermann behauptet aber Sie würden nach Ihrer Zurückkunft der Dame die Cour machen [...] und die Dame würde nicht abgeneigt seyn galant-fürstliche Gesinnungen zu erwiedern.« Im gleichen Tone berichtet er von der Herzogin und von dem »Prinzgen«, das im großen Saale herumrutscht. Goethe hat demnach nicht mehr den Ehrgeiz, die Ehe des Herzogs zu kurieren. Er beansprucht nur noch, der Anwalt aller Untertanen zu sein. Da Goethes Diplomatie sehr viel feiner sein *kann* als hier gegenüber dem Fürsten, ergibt sich auch aus diesem Brief das Bild eines bei aller Launenhaftigkeit gutmütigen, wenn auch ein wenig primitiven Fürsten. Eine ganz andre Frage ist, ob es nicht gerade solche Ermahnungen des von der fürstlichen Familie favorisierten ehemaligen Freundes waren, die dem leidenschaftlichen und ehrgeizigen Herzog sein kleines Fürstentum verleideten und ihn in die Arme der den Fürstenbund planenden Fürsten trieben; denn dort war er der souveräne Fürst unter souveränen Fürsten. Dort mußte er es sich nicht immer anhören, wie ein idealer Fürst aussieht.

Das Ende der Fürstenerziehung und die Problematik von Carl Augusts Engagement im Fürstenbund

Wir erinnern uns, daß der drohende bayerische Erbfolgekrieg zwischen Preußen und Österreich die Ohnmacht der Kleinfürsten so deutlich bewiesen hatte, daß im Conseil von Sachsen-Weimar der Gedanke eines Bündnisses mit anderen Fürsten des dritten Deutschlands auftauchte. Der Gedanke lag sehr nahe, so daß ich es für wenig sinnvoll halte, über seine Entstehung zu streiten. Dagegen muß betont werden, daß die Ausführung höchst gefährlich war, weshalb sich jahrelang wenig im Sinne der Fürstenunion ereignete. Noch am 13. 12. 1783 schrieb Ernst von Gotha, älter und musischer, aber auch zaghafter als Carl August, den alles Gefährliche reizte, es sei klüger, sich »noch vor der Hand passive zu verhalten […] Jeder Schritt, den wir tun könnten, würde Aufmerksamkeit erregen und unsern Sturz befördern und beschleunigen.«[55] Gemeint war wohl die Besetzung, womöglich Annektion durch Preußen oder Österreich in dem von neuem drohenden Krieg, da Kaiser Joseph II. seinen Plan, Bayern gegen entfernter liegende Gebiete einzutauschen (jetzt im niederländischen Bereich)

---

55 Politischer Briefwechsel des Herzogs und Großherzogs Carl August von Weimar, hg. v. W. Andreas und H. Tümmler. Bd. 1, Stuttgart 1954, S. 80. Auch die folgenden Briefe, die von mir nur mit Datum bezeichnet werden, sind in diesem Band zu finden.

immer noch nicht aufgeben wollte. Die eigentliche geistige Initiative zum Fürstenbund scheint von Wilhelm Freiherr von Edelsheim, dem ersten Minister des Markgrafen Carl Friedrich von Baden ausgegangen zu sein[56], während Carl August wie der Gothaer Fürst sich zurückhielt, wahrscheinlich mit Rücksicht auf Carl Wilhelm Ferdinand von Braunschweig, der als einstiger Feldherr Friedrichs II. höchst angesehen und der Bruder Anna Amalias war. Edelsheim orientiert Carl August am 30. 12. 83 über die internationale Lage, die nicht gerade rosig aussieht. So nimmt z. B. Frankreich, auf dessen Unterstützung der Badener gehofft hatte, eine abwartende Haltung ein. Wenige Tage später (3./4. 1. 1784) erhält Carl August einen Brief des eng befreundeten Fürsten von Dessau, in dem es heißt: »Es gehet über alle Erwartung gut«: Der Herzog von Braunschweig lasse ihm sagen, er möge »ohne alle Komplimente und Ceremonien zu ihm kommen.« Wenig später (10./12. 1. 84) schreibt der Dessauer enttäuscht, der »Aufsatz« des Herzogs von Braunschweig, den er jetzt erhalten habe, stimme mit seinen mündlichen Zusagen nicht überein, und schließlich (Mitte Januar 84) schreibt der Herzog von Gotha an Carl August, er mißtraue seinem »Herrn Oncle«, d. h. dem Herzog von Braunschweig, er werde sich aber sehr gerne eines Besseren belehren lassen.

Die Briefe der Kleinfürsten verraten Patriotismus. Man will sich gerne verbünden, wenn man es ohne großes Risiko tun kann. Sie belegen aber auch die hoffnungslose Lage des Heiligen Römischen Reiches, das solche Sicherheit nicht gewähren kann ohne die Anlehnung an eine der Großmächte. Der uns schon bekannte Freiherr von Dalberg, kurmainzischer Statthalter in Erfurt, hofft auf den Reichstag in Regensburg; denn der Kaiser Joseph sei durch den Frieden zwischen Türken und Russen beeindruckt und werde sich in der Tauschangelegenheit vielleicht nachgiebig zeigen (2. 2. 84). Aufhorchen läßt ein Brief vom 12. 3. 84, den der Herr von Alvensleben, ein Jugendfreund des Prinzen von Preußen, des späteren Königs Friedrich Wilhelm II., an Carl August schreibt. Er bekennt sich zur Notwendigkeit einer Liga gegen die Manöver des Kaisers; aber selbst er zögert: »mais je crois pourtant que le moment n'existe pas encore, où on puisse agir [...]«. Der große Friedrich lebt eben noch, wenn man auch auf seinen baldigen Tod hofft. Erfreulich ist die Nachricht des Ministers von Edelsheim (an Carl August 16. 4. 84), daß die geistlichen Fürsten, unterstützt vom Papst, die sich bildende Union begrüßen. Die kirchenfeindliche

---

56 Ebd. S. 8 (Einleitung) und Tümmler, Carl August von Weimar. S. 53.

Politik Josephs II. wirkt sich zugunsten des Fürstenbundes aus. Am 6. 5. 84 gibt Carl August in einem Brief an den Grafen Görtz, jetzt in preußischen Diensten, bekannt, daß er »gerne sein Leben für eine gute Handlung aufopfert, die uns bei den Nachkommen einen ehrenvollen namen mit Billigkeit erwirbt«, und am 29. 6. 84 schreibt der Fürst von Dessau an Carl August, daß er beim Prinzen Friedrich Wilhelm war und daß er ihm *mündlich*, nur mündlich über diese Zusammenkunft berichten will: »Als dann rechte Herzensausgießung!« In dieser Zeit, da alles zögert, am 20. 7. 84, schreibt Carl August an Goethe einen langen Brief, aus dem hervorgeht, daß ihn der Prinz von Preußen um diplomatische Dienste bittet, daß er aber vorher nach Braunschweig und Dessau und dann erst, wenn noch erwünscht, zu Friedrich Wilhelm nach Potsdam reisen will, »um die Aufträge des Prinzen mündlich zu erhalten.« Man sieht, Carl August will dem Prinzen nicht isoliert zur Verfügung stehen, sondern ihm als Vertreter der Kleinfürsten gegenübertreten. Bei dieser großen Reise rechnet er »natürlich« auf Goethes Begleitung: »Ich nehme auch gar keine Entschuldigung an.« Goethe tröstet sich mit den Erfahrungen, die er auf dieser Reise machen wird (an Frau von Stein 23. 7. 84): »Der Herzog geht nach Braunschw[eig]. Er hat mich schon zu Eisen[ach] zu dieser Reise eingeladen, ich lies es so hingehn, nun besteht er drauf und ich werde wohl mit müssen [...] Ich bringe dir viel mit zurück. Du gewinnst auch auf den Winter wenn dein Geliebter mit neu ausstaffiiertem Kopfe und altem beständigem Herzen zurückkehrt.« Diese Reise Goethes dauert insgesamt von 7. August bis 1. September 84. Um sich in der herrschenden Sprache am konservativen Hofe von Braunschweig zu üben, schreibt Goethe an Charlotte vom 18. 8. an in französischer Sprache. Er klagt darüber, weil er die ursprünglichen Gefühle des Herzens nicht in dieser Sprache ausdrücken kann. Er bedauert auch seinen Fürsten, der sich in Braunschweig schrecklich langweilt und seine geliebte Pfeife nicht benutzen darf; er wäre froh, wenn eine Fee diesen Palast in eine Köhlerhütte verwandeln wollte: »Wir andern« finden in der Menge der Höflinge immer noch einen, mit dem wir über interessante Sachen sprechen können. Der Fürst aber muß sich immer bei den »königlichen Hoheiten« – diesen Titel erhielten bewährte Herzoge – aufhalten, die ihm Fragen stellen, auf die er nicht antworten kann. Auf der andern Seite ist der Fürst von Braunschweig gar nicht mitteilsam. Es ist die in der politisch-historischen Weimarforschung wohl bekannte Zeit, da Carl August das Genie als Geheimsekretär gebraucht oder mißbraucht, da, wie wir schon wissen, die geringfügigen Aktivitäten durch Geheimnistuerei aufgewertet werden sollen. Alles das ist dem Dichter höchst lästig. Er will am 25. August mit dem Maler Kraus zu seiner dritten Harzreise aufbrechen, um seinen 35. Geburtstag auf dem Brocken zu feiern. Aber der Fürst hält ihn fest. Es sind noch Konferenzen, und Carl August imponiert dabei dem stolzen Fürsten von Braunschweig. Goethe seinerseits erkennt in dem Braunschweiger jetzt einen Fürsten, der ein vollkommener Weltmann und Diplomat ist, der jeden so behandeln kann, wie er es sich wünscht. Man fühlt sich bei dieser Charakteristik an die immer noch heimlich herrschende Herzogin-Mutter in Weimar, die Schwester des Braunschweigers, erinnert.

Carl August muß ohne Goethe weiterreisen, und der Prinz Friedrich Wilhelm scheint kein großes Vertrauen zu diesem umständliche Briefe schreibenden Kleinfürsten zu haben. Er verärgert den Herzog von Weimar durch eine gewisse Mißachtung. In dieser kritischen Zeit (28. 10. 84) schreibt Goethe einen langen Brief an den Herzog, in dem er seine Unlust mitzureisen, durch allerlei Nachrichten über seine Tätigkeit in Weimar und Jena wieder gutzumachen versucht. In Reaktion auf die politische Enttäuschung des Herzogs belastet er den Fürsten von Dessau: er traut ihm kein zweckmäßiges Handeln zu. Im übrigen versorgt er Carl August mit guten, aber in der Fürstenbundsache völlig unbestimmten Ratschlägen: »Es ist mir dann aber doch ietzo sehr lieb daß Sie die Reise machen, Menschen und Verhältnisse selbst sehn und in der Folge entweder sich zurückziehn, oder aus eigner Erfahrung, Trieb und Überzeugung handeln.« Er denkt nicht an die politischen Ziele des Herzogs, sondern noch immer an die Fürstenerziehung, jetzt durch selbständiges Urteil und Handeln des Herzogs. Diese Absicht wird noch deutlicher in einem Brief an Charlotte (19. 11. 84): »Möge diese Reise zur Berichtigung seines [Carl Augusts] Wesens beytragen.« Carl August reiste, nach seiner Enttäuschung durch den Prinzen von Preußen, in Südwestdeutschland mit einem klaren politischen Ziel. Es ging aus den genannten Gründen vor allem darum, den Kurfürsten von Mainz und mit ihm die anderen geistlichen Fürsten für einen überkonfessionellen Bund aller reichstreuen Fürsten zu gewinnen. Er unterhielt sich über diesen Plan mit dem Minister von Edelsheim. Er hätte sich gerne auch mit seinem Universalgenie darüber unterhalten und schlug ein Zusammentreffen in Goethes Heimatstadt vor; aber dieser antwortet mit einem völlig unpolitischen Brief (6. 12. 84), der zeigen mag, daß nicht so sehr Goethes prinzipielle Abneigung gegen den Fürstenbund als seine eigenen Probleme (in der Zeit vor der italienischen Reise!) ihn davon abhielten, Carl August auf seinen politischen Reisen zu begleiten: »Ungern schreibe ich diesen Brief statt selbst zu kommen, da ich sehe daß es Ihnen ein Vergnügen machen würde mich in Franckfurt zu finden. Soviele innre sowie äußere Ursachen halten mich ab, daß ich Ihrem Rufe nicht folgen kan [...] mich heist das Herz das Ende des Jahres in Sammlung zubringen [sic], ich vollende mancherley im Thun und Lernen und bereite mir die stille Folge einer Thätigkeit aufs nächste Jahr vor, und fürchte mich vor neuen Ideen die ausser dem Kreise meiner Bestimmung liegen [!]. Ich habe deren so genug und zu viel, der Haushalt ist eng und die Seele ist unersättlich. – Ich habe so oft bemerckt daß wenn man wieder nach Hause kommt die Seele statt sich nach dem Zustand den man findet einzuengen, lieber den Zustand zu der Weite aus der man kömmt ausdehnen möchte, und wenn das nicht geht so sucht man doch so viel als möglich von neuen Ideen hereinzubringen und zu propfen, ohne gleich zu bemercken ob sie auch hereingehen und passen oder nicht. Selbst in den letzten Zeiten, da ich doch jetzt selbst in der Fremde nun zu Hause bin, hab ich mich vor diesem Übel, oder wenn Sie wollen vor dieser natürlichen Folge nicht ganz sichern können. – Es kostet mich mehr mich zusammenhalten als es scheint, und nur die Überzeugung der Nothwendigkeit und des unfehlbaren Nutzens hat mich zu der passiven Diät bringen können an der ich ietzo so fest hange. [...] Leben Sie wohl, ich bin recht neugierig, auf das was Sie uns mitbringen; denn Sie haben doch manches wunderbare erfahren.« Dieser Brief verzichtet, wie der Schluß zeigt, völlig auf pädagogische Untertöne. Goethe bekennt hier in einer einfachen Sprache, daß es seine Aufgabe als Genie ist, sich zu *sammeln*, das, was er denkt und erfahren hat, ins Enge zu ziehen, weil nur so eine Leistung entsteht, die seiner »Bestimmung« entspricht. Den Talenten, die sich »zerstreuen«, die immer nur rezipieren und, um immer mehr zu erleben, viel reisen, kann eine so gesammelte Leistung nicht gelingen. Goethe meint wohl schon jetzt in erster Linie seine Dichtungen, die in der höfischen Zerstreuung nicht vollendet werden konnten. Er mag aber auch noch an seine amtliche Leistung denken, die in der Konzentrierung auf den öffentlichen »nervus rerum«, die Finanzen, gipfelte. Die Lebenslinien Goethes und des betriebsamen Herzogs gehen an dieser Stelle besonders sichtbar auseinander, »ohne Haß«; das verrät der ruhige, nur auf die *eigene* »passive Diät« bezogene, um Verständnis bittende Ton Goethes.

Nur nebenbei sei noch erwähnt, daß kurz darauf Carl August den Prinzen Friedrich Wilhelm, nach einem langen Bericht über seine diplomati-

schen Reisen, bat, König Friedrich über den sich anbahnenden Fürstenbund zu informieren (*Weimar*, nach dem 11. 1. 85). Carl Augusts Verstimmung über den Prinzen, vielleicht doch auch Goethes Rat, mag den Herzog
zu diesem Schritt bestimmt haben. Schon am 6. 2. 85 bat der preußische
König den Herzog von Sachsen-Weimar, ihm den weimarischen Kammerherrn von Seckendorff, Carl Augusts und Goethes Genossen in den
ersten Weimarer Jahren, als »Ministre plénipotentière« im Fränkischen
Kreise und in andern Teilen des »Reiches« zu überlassen. Auch Herr von
Seckendorff schrieb sogleich sehr selbstbewußt an Carl August
(8. 2. 1785). Dies unerwartet rasche Handeln des Königs setzte den eifrigen Reichspatrioten Carl August »in nicht geringe Verlegenheit«, wie er
seinem Freund Franz von Dessau am 14. 2. 85 gesteht: »Unsre Lage ist
kützlig, daß wir gegen Ihro Majestät den König nicht hinterhaltig und
mißtrauisch scheinen und doch von dem, was bisher geschehen, nicht mehr
entdecken als not und nütze scheint.« Nach der Geheimnistuerei kommt,
wie bei Schulbuben, die der Lehrer erwischt hat, das Vertuschen. Immerhin
war nun klar, daß der große Friedrich selbst den Fürstenbund in die Hand
nehmen werde, um Joseph II. mit Hilfe des »heiligen Reichs« in Schach zu
halten. Die kleinen Fürsten konnten sich nun geborgen fühlen. Am begei-
stertsten war der zuvor so ängstliche Nachbar Carl Augusts, Ernst von
Gotha.[57]

Für die weitere Geschichte des Fürstenbundes und für Carl Augusts
idealistischen Versuch, das altdeutsche Reich mit Hilfe des neuen deutschen Nationalgefühls zu reformieren, verweisen wir auf die verständnisvolle Darstellung Tümmlers; er kann sich auf Rankes Respekt vor den
letzten Endes vergeblichen Aktivitäten Carl Augusts berufen[58], wobei nur
zu fragen wäre, ob die Maßstäbe des 19. Jahrhunderts für uns heute noch
verbindlich sind. Die altbewährte preußische Politik von Friedrichs II. Minister von Hertzberg setzte sich auch nach dem Tode des großen Königs

---

57 Der Herzog von Gotha war kein Held. Aber es sei an dieser Stelle ausdrücklich
vermerkt, daß er musischer war als Carl August, weshalb Goethe ihn und seinen
Sohn August so oft besuchte, daß man sich fragt, ob darin nicht auch eine diplomatische Absicht lag. Wollte Goethe eine Alternative zu seiner Stellung in Weimar
aufbauen? Die Reise nach Italien war früh geplant, und die Reaktion Carl Augusts
auf eine derartige Eigenmächtigkeit schwer berechenbar. Jedenfalls wollte der
Dichter dem Fürsten zeigen, daß er kein bedingungsloser Besitz Weimars war. Dies
Motiv spielt auch im *Tasso* eine wichtige Rolle.
58 Hans Tümmler: Carl August von Weimar. S. 79.

durch, und die kleineren Fürsten hatten wenig Lust, ihre behagliche Existenz irgendwelchen nationalpolitischen Experimenten aufzuopfern. Das bleibende Ergebnis von Carl Augusts »auswärtiger Politik«, das für unser Thema wichtig ist, war biographischer Art. Der tatendurstige Fürst wurde 1787 preußischer Generalmajor, was dynastischer Tradition keineswegs widersprach, zugleich jedoch kennzeichnend für Carl Augusts Charakter und weitere Entwicklung ist. Der ehrgeizige Entschluß des Kleinfürsten hatte zur Folge, daß er, zum Nachteil seines Landes, nach wie vor immer wieder längere Zeit außerhalb des Landes sich aufhalten mußte – als Kommandeur des 6. preußischen Kürassierregiments.[59]

Man hat mit Recht betont, daß Goethe dem Fürstenbund keinen entschiedenen Widerstand entgegensetzte. Als sich Sachsen-Weimar, wie andere kleine Fürstentümer, dem zwischen Preußen, Hannover und Kursachsen geschlossenen Dreibund anschloß, war Goethe, in Vertretung von Fritsch, der sonst die auswärtigen Angelegenheiten besorgte, federführend, ohne Einspruch zu erheben. Er schrieb sogar bei dieser Gelegenheit an den Gothaer Minister von Franckenberg: »Es ist gut, daß alles so weit ist.«[60] Das heißt wohl nur, daß er das ihm bekannte Gesetz der Macht wieder einmal bestätigt fand und mit noch besserem Gewissen seinen eignen Weg von dem des Herzogs trennen konnte. Nicht ganz ehrlich war es allerdings, wenn er in einem Brief aus Rom (3. 11. 86) beteuerte: »Nur da ich Sie mit Leib und Seele in Norden gefesselt, alle Anmuthung nach diesen Gegenden [Italien] verschwunden sah, konnte ich mich entschließen einen langen einsamen Weg zu machen und die Gegenstände zu suchen, nach denen mich ein unwiderstehliches Bedürfniß hinzog.« Es war nicht nur die Italiensehnsucht, sondern auch die Trennung vom Hofe, von seinen Amtsgeschäften und von allen Menschen in Weimar, die für den Dichter in diesem Augenblick ein »unwiderstehliches Bedürfniß« war.

---

59 Hans Tümmler: Carl August von Weimar. S. 83.
60 Hans Hausherr: Der Minister Goethe und die äußere Politik Carl Augusts. S. 335.

Goethe in der Zeit vor der Italienreise

Man darf wohl behaupten, daß die Trennung der Wege für den jungen Fürsten schmerzlicher war als für das Genie, das sich seiner künstlerischen Berufung stets bewußt geblieben war. Am 7. 4. 85 (2. Brief) schreibt Goethe an Charlotte: »Der Herzog war heute lang bey mir um sich in einer Sache rathen zu lassen die schon durch Leidenschafft bey ihm ausgemacht ist.« Er sucht in der Fürstenbundangelegenheit, in der er eine führende Rolle übernommen hat, mit großem Eifer Goethes Gefolgschaft oder wenigstens seine Zustimmung zu erreichen. Aber Goethe dürfte dem Fürsten erneut die Unwichtigkeit seiner außenpolitischen Aktivitäten oder seines preußischen Militärdienstes und seine primären Pflichten als Landesvater vorgehalten haben. Vielleicht hatte er damals auch schon gelernt, einfach zu schweigen. Sehr selbstbewußt informiert er die Freundin im Mai über die rührende Werbung des Fürsten um seinen alten Freund: »Der Herzog der wie bekannt ein groser Freund von Gewissensreinigungen ist, hat mir vor seiner Abreise noch eine Besoldungszulage von 200 rh gemacht und 40 Louisd[or] geschickt auf die Carlsb[ader] Reise.« An Lavater schreibt der Fürst am 24. 5. 85: »Jede kleine Umwandlung drückt ihn [Goethe] wie ein ausländisches Gewächs, er braucht dann lange, um sich zu erholen«.[61] Der Briefwechsel mit Frau von Stein bestätigt uns, daß sich das Genie in das Weimarer Hofleben nie ganz eingelebt hat. Es ist daher ein Mangel an Selbsterkenntnis, wenn Goethe kurz vor der italienischen Reise (an Charlotte 9. 7. 86) das folgende bittere Facit aus seiner frühen Weimarer Zeit zieht: »Ich sage immer wer sich mit der Administration abgiebt, ohne regierender Herr zu seyn, der muß entweder ein Philister oder ein Schelm oder ein Narr seyn.« Wenige Zeilen später heißt es im gleichen Brief: »Am meisten freut mich ietzo das Pflanzenwesen, das mich verfolgt«. Er hätte sagen müssen: *Ich wollte in den letzten zehn Jahren zu viel auf einmal.* Voigt, der sich ihm anfangs als eine Art geologischer Hilfskraft empfahl (an Charlotte 7. 6. 84), war weder ein Schelm noch ein Narr, sondern ein höchst gebildeter und zuverlässiger Beamter und wurde, mit Goethes Unterstützung, später der erste Minister Sachsen-Weimars, Goethes Freund und, solange der unermüdliche Staatsmann lebte, sein Bindeglied zum Herzog. Auch bei Schmidt, seinem Nachfolger in der Leitung der Kammer, erkannte

---

61 Goethes Briefe an Frau von Stein, hg. v. A. Schöll und J. Wahle. Bd. II. Frankfurt/Main 1900. S. 560 (Anmerkungen).

Goethe frühzeitig dessen Überlegenheit auf dem speziellen Gebiet der Finanzen. Man konnte als Denker und Dichter eine moralische Autorität für den jungen Herzog, aber unmöglich ein Verwaltungsspezialist im Range Voigts oder Schmidts sein. Näher war Goethe der Wahrheit schon gewesen, als er in einem Brief an Lavater (19. 2. 81) die Notwendigkeit der Spezialisierung in Amtsgeschäften erkannte, daß nämlich »der Mensch, der drein versetzt ist, sich ihnen ganz widmen sollte«.[62] Oder wenn er der Freundin am 17. 9. 82 bekannte: »Ich binn recht zu einem Privatmenschen erschaffen und begreiffe nicht wie mich das Schicksal in eine Staatsverwaltung und eine fürstliche Familie hat einflicken mögen.« Natürlich übertreibt Goethe auch mit diesem Hinweis auf seinen Individualismus. Er ist nicht nur produktiv wie ein Hölderlin oder Kleist, sondern auch in einem außergewöhnlichen Maße rezeptiv, lernfähig. Er interessiert sich für die Sachen und zeigt gelegentlich auch für besonders befähigte Sachkenner seinen Respekt. So hat er, wie schon erwähnt wurde, den Zwischenkieferknochen nicht in einer einsamen Vision, sondern in enger Zusammenarbeit mit einem Spezialisten, dem Anatomen Loder in Jena, entdeckt. Dem Engländer Batty, einem Fachmann für Bodennutzung und landwirtschaftliche Organisation, bekundet er sogar unaufhörlich eine rückhaltlose Bewunderung. Aber wo er sich einbildet, den Kern der Sache zu verstehen, wie beim Bergwerkswesen in seiner Eigenschaft als Naturwissenschaftler, als Geologe, versäumt er es, die nötigen Fachkräfte heranzuziehen. Statt eines Bergingenieurs aus England oder wenigstens aus dem ihm so wohlbekannten Harz erwählt er sich zu seinem Gehilfen den Verwaltungsmann Voigt, mit dem er wegen seiner reichen Bildung sympathisiert. Wie er auf dem Gebiet der eigentlichen Bergtechnik Erfahrungen sammelt, verrät beispielhaft sein Brief an Carl August vom 5. 7. 81 aus Ilmenau: »[Wir haben] ganz köstliche Morgen, Abende und Nächte gehabt. Knebel war sehr gut und munter. Ich habe ihn in die Klüffte der Erde initiirt, er hat Freude dran. – In Blanckenburg hab ich einen alten Bergmeister gefunden, der ehemals auf dem hiesigen Wercke gearbeitet hat. er ist 72 Jahr alt und erinnert sich aller Vornahmen und Zahlen. Dieser kommt Sonntags hierher und ich werde ein gros Colloquium anstellen und seine Aussagen protokolliren lassen damit alles klärer werde.« Die Aussagen eines *ehemaligen* Bergmeisters werden »protokollirt«, der Amtsschimmel wird wacker geritten, statt einen Bergtechniker mit dem Wissen und der aktuellen Erfahrung der Gegenwart

---

62 Ebd. Bd. I, S. 283.

heranzuziehen. Typisch ist auch, daß Goethe seiner pädagogischen Leidenschaft frönt, Knebel belehrt, statt sich selbst einem Sachkenner zu unterwerfen. Bei solcher Fehlhaltung ist es kein Wunder, daß sich schon am
Ende dieses Briefes von 1781 Fluchtgedanken einstellen: »Die Welt ist voll
Thorheit, Dumpfheit, Inconsequenz und Ungerechtigkeit, es gehört viel
Muth dazu diesen nicht das Feld zu räumen, und sich beyseite zu begeben.«

Goethe ist, wie wohl alle Künstler, starken emotionalen Schwankungen
unterworfen. Nach der Übernahme der Kammerleitung schreibt er an
Freund Knebel (27.7.82), er sei jetzt »vergnügter als jemals, denn nun
hab' ich nicht mehr, wenigstens in diesem Fache, das Gute zu wünschen
und halb zu thun und das Böse zu verabscheuen und ganz zu leiden. Was
nun geschieht muß ich mir selbst zuschreiben, und es würkt nichts dunkel
durch den Dritten und Vierten, sondern hell gerade auf mich.« Es ist eine
große Erleichterung für ihn, »daß Kalb [der bisherige Kammerpräsident]
weg ist«, seine Entlassung war »nothwendig«. »Nun hab ich von Johanni an
zwei volle Jahre aufzuopfern, biss die Fäden nur so gesammelt sind, daß
ich mit Ehren bleiben oder abdanken kann. Ich sehe aber auch weder
rechts noch links«. Zwei Jahre später hat er erkannt, daß er zu viel
Amtspflichten auf sich nahm, und was er selbst zielbewußt und ehrgeizig
anstrebte, dafür macht er nun – seine Lieblingsausrede! – das Schicksal
verantwortlich (an F.H. Jacobi 3.3.84): »Ich bin ein armer Sklave der
Pflicht mit welcher mich das Schicksal vermählt hat, drum verzeihe wenn
ich trocken und träge scheine.« Immer wieder bemerkt er, wie wenig aller
Fleiß nützt. Auch beobachtet er mit Bitterkeit, daß die persönliche Entfernung vom Herzog zu gedankenloser Vernachlässigung seiner Person führt
(an Charlotte 5.9.85): »Der Herzog ist in seiner Meute glücklich. Ich gönn
es ihm. Er schafft die Hofleute ab und die Hunde an, es ist immer dasselbe,
viel Lärms um einen Hasen todt zu iagen. Adieu. Und ich brauche beinah
so viel Umstände um einen Hasen zu erhalten.« In den lustigen Jahren
bedachte ihn der Herzog stets reichlich aus der Jagdbeute. Wenig Wochen
vorher ([17.] 8. 85) hatte das Genie dem Herzog aus Karlsbad ausführlich
geschrieben über Herders gesellschaftlichen Erfolg im Bade, besonders
beim Fürsten Czartorisky, über Knebels Bemühen, dem Herzog nützlich zu
sein, etwa durch Bildung eines »artigen Kreises« in Jena, über sein Gespräch mit Carl Augusts politischem Freunde von Edelsheim. Und dann
natürlich über die »Weiber«, über seinen eigenen Flirt mit der Fürstin
Lubomirska, die nach Weimar kommen wird, über Carl Augusts »neue

Bekanntschafft der schönen Engländerin«, nicht ohne die unnötige Warnung vor der Gefahr, »wieder auf ein gefährliches Meer gesetzt zu werden.« Doch endet dieser Brief ungewöhnlich herzlich: »Lassen Sie uns jede Neigung, Freude und Hoffnung beym Wiedersehn erneut empfinden. Leben Sie tausendmal wohl.«

Beide Freunde gaben sich Mühe, die alte Beziehung aufrechtzuerhalten; aber die Wege gingen auseinander. Im Frühling des gleichen Jahres, in außenpolitisch höchst bewegter Zeit, hatte er die »Kriegslust« soziologisch gedeutet als fürstliche »Krätze«; wir wissen, daß diese schöne Hoffnung auf die friedliebenden Völker sich nicht erfüllte. Richtiger war Goethes Vertrauen auf die Klugheit der deutschen Großmächte. Der Spott auf die andre fürstliche Leidenschaft, die Jagd, verwandelt sich, wenn vom Krieg die Rede ist, zu leidenschaftlicher, ja prophetischer Härte: »Ich habe auf dies Kapitel weder Barmherzigkeit, Anteil noch Hoffnung und Schonung mehr. Befleißige dich, dies Kreuz auf dich zu nehmen und mir nachzufolgen« (an Knebel 2. 4. 1785). Es ist die Friedensutopie der Aufklärung, zu der sich Goethe hier noch ohne Einschränkung bekennt. Sie mußte unausweichlich mit der Barocktradition zusammenstoßen, für die sich Carl August nicht einfach als Fürst, sondern durch seinen freiwilligen Eintritt in den preußischen Militärdienst entschied. Als Goethe kurz vor seiner Reise nach Italien in Karlsbad die neue Verfassung der *Iphigenie* vorgelesen hatte, schrieb er an Charlotte (23. 8. 86) die kurzen inhaltsschweren Worte: »gut sentirt. Dem Herzog wards wunderlich dabey zu Muthe.« Carl August wunderte sich wohl über den jugendlichen Idealismus, mit dem er die Prosa-*Iphigenie* angestaunt hatte. Jetzt wußte er: So wie Thoas verhält sich ein Fürst von echtem Schrot und Korn niemals!

Es wäre freilich völlig falsch, wenn man für Goethes gefährliche Reise, ohne Urlaub und Abschied, moralische Gründe hochspielen wollte. Die harten Äußerungen über die fürstlichen Hauptbeschäftigungen sind in erster Linie psychologisch zu deuten. Er war am Ende seiner seelischen Kraft. Er konnte die Rolle als Höfling und Beamter, in die er zunächst aus jugendlicher Abenteuerlust, dann aus moralischem Reformeifer hineingeraten war, mit dem besten Willen nicht weiterspielen. Er mußte den Vorwurf der Pflichtvergessenheit und der Untreue gegenüber seinem Fürsten, gegenüber seiner Geliebten und auch gegenüber dem ganzen Freundeskreis in Weimar auf sich nehmen, wenn er als das, wozu er geboren war, weiterleben wollte. Gefährlich war dieser Weg, weil ein Geheimrat und Conseilmitglied des Feudalabsolutismus in keiner Weise die Stellung eines

Beamten im späteren Rechtsstaat besaß. Gefährlich war Goethes Gehorsam gegenüber dem, was er später »Daimon« nannte, auch deshalb, weil Carl August, wie wir in andern Zusammenhängen sehen werden, zu leidenschaftlichen Entscheidungen neigte. Goethe hatte schon lange davor gewarnt, Carl August zu einem entsagungsvollen Fürsten erziehen zu wollen. Nun aber hatten künstlerische, vitale und hoffeindliche Leidenschaften den Erzieher selbst überwältigt. Besaß er noch den alten Anspruch auf Freundschaft oder Hochachtung? Goethe hat wohl in keinem Augenblick daran gedacht, sein Leben als Minister hinzubringen. Er hatte den typischen Aufklärungstraum geträumt, einen Musterfürsten zu erziehen und dann als hochverehrte Vaterfigur, im Hintergrund der alltäglichen Regierungstätigkeit, seinen künstlerischen und wissenschaftlichen Neigungen zu leben. Wenn er in der frühen Weimarer Zeit je mit dem hybriden Gedanken spielte, das geistige *und* das politische Leben in Sachsen-Weimar als Universalgenie zu beherrschen, Tassos und Antonios Rolle gleichzeitig zu spielen, so hatte sich dieser Plan genauso wie die Idee vom Musterfürsten als ein poetisches Spiel seiner Phantasie, als Chimäre erwiesen. Ob aber der 29jährige Fürst die nötige Reife besaß, um auf die neue Situation besonnen zu reagieren? Noch am 2.12.86, drei Monate nach dem Beginn von Goethes eigenmächtigem Urlaub, schrieb er aus Berlin an Knebel recht zurückhaltend: »Goethe ist in Rom; ein Brief, welchen ich heute der Stein schicken werde, soll dir mehreres kund tun. Für dieses Mal begnüge dich mit dem Wenigen.« Der Hauptzweck des fürstlichen Briefes war, Knebel um seine Begleitung auf »einer Reise von etlichen Wochen *höchst wichtiger Ursachen wegen*« zu bitten: »Du kannst mir von Nutzen und Bequemlichkeit bei dieser Unternehmung sein.«[63] Ein Fürst fand immer einen gescheiten Reisebegleiter, der nicht so sehr vom eigenen inneren Gesetz abhängig war wie das Genie Goethe.

---

63 Briefe des Herzogs Carl August an Knebel und Herder. S. 67.

HOFTHEATER, KRIEGSTHEATER UND DIE SCHWIERIGEN ROLLEN DER EHEMALIGEN FREUNDE IN DIESER UNRUHIGEN ZEIT (1786–1796)

»Keine antipodischere Existenz«? Von Goethes produktivem Großurlaub in Italien und Carl Augusts ehrgeiziger Fürstenbundpolitik bis zur Verständigung Preußens mit Österreich

Goethes Briefe an seinen Fürsten während der italienischen Reise

Die Briefe, die Goethe nach seiner »Flucht« an Carl August schreibt, wären einer eigenen Untersuchung wert; denn sie stellen den Versuch einer brieflichen Rekonstruktion der schon erheblich angeschlagenen Freundschaft dar. Selbstverständlich vermißt man auch in diesem Falle die vernichteten Briefe des Herzogs; aber diese spiegeln sich oft recht deutlich in den Briefen des Dichters, der mit allen Mitteln der Sprache auf den Herzog einzugehen versucht. Dieser fühlt sich fern der Heimat, in Berlin, in Aschersleben, in Mainz, »im Haag« oft vereinsamt, ja verzweifelt. Sein Fürstenbundprojekt ist in der noch kaum national denkenden politischen Welt, nach den großartigen Vorstellungen des jungen Fürsten, gescheitert. Sein Ehrgeiz ist mehr auf politische als auf militärische Ziele gerichtet; aber der preußische Minister Hertzberg hat ihn in die Armee, in die Provinz abgeschoben. Und um die Laune des sonst so lebenslustigen Fürsten ganz zu verderben, leidet er auch noch unter einer Geschlechtskrankheit, obwohl ihn der Dichter eben damals auf dem Gebiet der »anmutigen Spaziergänge« und der »mäßigen Bewegung« einen »Doctor longe experientissimus« nennt (an Carl August 16. 2. 1788). Es ist die Zeit von Goethes zweitem römischem Aufenthalt, in der der Dichter nach unglaublichen Bemühungen, den »Begriff«, und damit, wie er meint, auch die Praxis der bildkünstlerischen Fächer zu erfassen, nachts dem »Gotte Amor« opfert. Daß der Fürst den Jugendfreund nicht nur über seinen Ärger in Mainz und in Berlin, sondern auch über seine intimsten Sorgen informiert, beweist, daß es dem Dichter gelungen ist, dem oft recht launischen Gönner die Notwendigkeit seiner Italienreise, die Flucht aus seinen vielen Ämtern verständlich zu machen, ja das oft recht frostig gewordene Klima dieser Freundschaft wieder zu erwärmen.

Es ist eine alte Weisheit, daß Freundschaften in der Ferne oft besser gedeihen als in der Nähe. Das Papier ist geduldiger als der Alltag mit seinen Verstimmungen, Unruhen und Interessenkonflikten. In Goethes Briefen ist aber auch noch der Dichter im Spiele, der allen Tatsachen eine intensivere Farbe zu geben versteht, der ganz unauffällig immer mehr Urlaub von Durchlaucht erlangt, der ohne Aufdringlichkeit seine Nachfolger bestimmt, Schmidt als Kammerpräsidenten und Voigt, als bisher vernachlässigte Begabung, für Aufgaben aller Art. Durch die Benennung von vortrefflichen Ersatzleuten macht sich Goethe einigermaßen überflüssig, beruhigt er den Herzog, dem wegen seiner häufigen Abwesenheit von Weimar doch ab und zu das Gewissen schlägt. Ja, Goethe bringt es fertig, den ehrenvollen Befehl, als Reisemarschall der auch italienbegierigen Herzoginmutter seine in Italien erworbenen Kenntnisse nützlich zu verwenden, ohne direkte Ablehnung zunichte zu machen. Der rauhe Fürst ist fern von seinem berühmten Dichter so sanft geworden, daß er jeder brieflichen Andeutung Goethes gnädigst entspricht, und Carl Augusts Geheimerat dankt dafür mit der Art von Diplomatie, die er in langen Jahren des Dienstes erlernt hat und von der er weiß, daß sie der Fürst stets glaubhaft findet (an Carl August 17. 3. 1788): »Ihren freundlichen, herzlichen Brief beantworte ich sogleich mit einem fröhlichen: ich komme! [...] Ich fühle ganz den Umfang Ihrer Güte, mein erster und nächster Danck soll eine unbedingte Aufrichtigkeit seyn. Die Zartheit womit Sie mich behandeln, heißt mich alle sogenannte Delikatessen zu vermeiden, welche genau betrachtet wohl öfter Prätensionen scheinen möchten.« Goethes Dankbarkeit ist eines der häufigsten Themen dieser Briefe; aber sie fallen selten in die leere Rhetorik, die der selbst schreibgewandte Herzog durchschauen könnte.

Man stellt sich freilich die Situation zu einfach vor, wenn man glaubt, der Dichter sei als Nur-Künstler aus Italien zurückgekehrt. Das mag es früher in Ferrara und später in München gegeben haben; aber Carl August war viel zu praktisch, als daß er einen Spitzenverdiener auf die Dauer für die Dichtung freigestellt hätte. Goethe hatte ihn selbst zu solcher Sparsamkeit erzogen. Schon ein ausführlicheres Zitieren der Stelle, die überwiegend ästhetisch orientierte Goetheforscher einander abgekürzt weiterzureichen pflegen, beweist, daß Goethe nur von einer begrenzten Fortsetzung des Urlaubs in Weimar träumte, – um nämlich endlich seine »Schriften« abschließen zu können (an Carl August im gleichen Brief, 17. 3. 1788): »Ich darf wohl sagen: ich habe mich in dieser anderthalbjährigen Einsamkeit selbst wiedergefunden; aber als was? – Als Künstler! Was ich sonst noch bin, werden Sie beurtheilen und nutzen. Sie haben durch Ihr fortdaurendes würckendes Leben, jene fürstliche Kenntniß: wozu die Menschen zu brauchen sind, immer mehr erweitert und geschärft, wie mir jeder Ihrer Briefe deutlich sehen läßt; dieser Beurtheilung unterwerfe ich mich gern. Nehmen Sie mich als Gast auf, laßen Sie mich an Ihrer Seite das ganze Maas meiner Existenz ausfüllen und des Lebens genießen; so wird meine Kraft, wie eine nun geöffnete, gesammelte, gereinigte Quelle von einer Höhe, nach Ihrem Willen leicht dahin oder dorthin zu leiten seyn. Ihre Gesinnungen, die Sie mir vorläufig in Ihrem Briefe zu erkennen geben sind so schön und für mich bis zur Beschämung ehrenvoll. Ich kann nur sagen: Herr hie bin ich, mache aus deinem Knecht was du willst. Jeder Platz, jedes Plätzchen die Sie mir aufheben, sollen mir lieb seyn, ich will gerne gehen und kommen, niedersitzen und aufstehn.« Man rätselte in Weimar viel darüber, ob Goethe seinem Fürsten die Treue halten und in Carl Augusts Residenz zurückkehren werde. Man dachte an Winckelmann, der in Italien sich eingerichtet hatte und dessen Geschichte der Kunst Goethe mit andächtigem Eifer gelesen hatte. Man dachte wohl auch an Gotha, dessen Herzog Ernst kunstsinniger als Carl August war. Mit dem Prinzen August von Gotha verband den Dichter eine sorgfältig gepflegte Freundschaft. Sogar Frau von Stein, die den Dichter zu kennen glaubte, zweifelte an Goethes Treue zu Weimar. Was war einem Dichter, der plötzlich auf seine Machtstellung im Staate verzichtet hatte, nicht zuzutrauen?

Goethe hat erst im Januar 1787, nach vier Monaten also, Carl Augusts ersten Brief mit der Bewilligung seines Urlaubs erhalten (an Carl August 13.–20. 1. 1787). Schon in diesem Augenblick beginnen die Bekundungen seiner Dankbarkeit. Beim sehnlichen Warten auf diesen Brief hat er es noch für nötig gehalten, den ehrgeizigen Fürsten an seinen dichterischen Ruhm zu erinnern: »Selbst über mein Erwarten bin ich hier bekannt und meine Nation ist mehr als ich glaubte von mir eingenommen« (an Carl August 12.[–16.] 12. 1786). Nach dem Empfang von Carl Augusts großzügiger

Urlaubsbewilligung gibt es solche Star-Koketterie nicht mehr. Er spricht jetzt wiederholt von seinem Wunsch, zu den Freunden in Weimar zurückzukehren, manchmal sogar mit einer sehr tiefen Begründung seiner Treue (an Carl August 3. 2. 1787): »Ohne Theilnahme derer an die mich das Schicksal so festgeknüpft hat, ohne Ihre Zufriedenheit, mag und kann ich nichts genießen, alle Ideen von Abgeschiedenheit, sind nur Phantome des Selbstbetrugs, die mit dem Fieber verschwinden.« Jener berühmte Brief, in dem er seine Rückkehr »als Künstler« bekannt gibt, meint also nicht die Hinwendung zum publikumsabhängigen Berufskünstler, nach dem Vorbilde Wielands, oder gar zu einer parasitären Künstlerexistenz am Hofe. Das Wort »Gast«, das ein solches Mißverständnis begünstigen könnte, meint nur die unmittelbare Zeit nach der Italienreise, eine Verlängerung des Urlaubs, um die »Schriften« abschließen zu können; denn diese sollten nicht nur den »gefährlichen« *Tasso*, sondern auch noch den »Berg Faustus« enthalten (an Carl August 16. 2. 1788). Natürlich ist dabei noch an keine zweiteilige Universaldichtung zu denken. Diese ist ohne den Einfluß der Romantik, besonders Tiecks, unvorstellbar. Man muß sich die damals in Aussicht genommene Fortsetzung des Sturm-und-Drang-Fragments ungefähr im Stile des *Egmont* vorstellen. Aber die Metapher »Berg« verrät, daß der Dichter mit dem *Faust* einen besonderen Anspruch verbindet und bereits die Schwierigkeit des Unternehmens ahnt.

Wenn die acht Bände *Schriften*, eine alte Verpflichtung gegenüber dem Leipziger Verleger Göschen, abgeschlossen sind, will Goethe seinem Herzog wieder zur Verfügung stehen, als Berater, als »Oberaufsicht über die künstlerischen und wissenschaftlichen Anstalten« in Weimar und Jena – das ist der *spätere* amtliche Begriff –; nur mit den zahllosen beruflichen »Details«, die ihn vor Italien zur »Verzweiflung« brachten, will Goethe nichts mehr zu tun haben. Immer ein wenig Don Quichote, träumt Goethe sogar davon, nach der Fertigstellung seiner »älteren Sachen« Carl Augusts »Provinzen« bereisen und sich ein »neues Bild«, einen »vollständigen Begriff« [!] von ihnen machen zu können. »So will ich mich alsdann der Landes Administration einige Zeit ausschließlich wiedmen, wie jetzt den Künsten, ich habe lange getappt und versucht, es ist Zeit zu ergreifen und zu würcken« (an Carl August 11. 8. 1787). Wohlgemerkt: Er sagt dies *nach* der Empfehlung Schmidts und Voigts für die Nachfolge in seinen Ämtern (27.[–29.] 5. 1787). Er ist also noch weit davon entfernt, sich von der Vorstellung eines Universalgenies, das über allen Bereichen schwebt, zu lösen. Aber diese Art von Oberaufsicht war den von ihm empfohlenen, im

»Detail« überlegenen Regierungsbeamten gewiß nicht willkommen, und so führte die Oberaufsicht, die ihn tatsächlich erwartete, auf dem wissenschaftlich-künstlerischen Gebiet doch wieder zu den unausweichlichen Details zurück, – mehr als ihm lieb war. Wichtiger ist, daß er grundsätzlich nach wie vor zum Dienst in der Gesellschaft Sachsen-Weimars bereit war. Der unterwürfige biblische Stil, in dem er den künftigen Dienstwillen seinem »Herrn« kundtat, ist als höfisches Zeremoniell einzuschätzen. Carl August wußte aus der Erfahrung sehr gut, daß Goethes Gehorsam begrenzt war, zumal im Kern seiner dichterischen Persönlichkeit. Die aufdringliche Rolle des Fürstenerziehers hat Goethe abgelegt. Der dreißigjährige Carl August fühlt sich als Landesherr, wie auch im Dienste Preußens und des alten Reiches, völlig emanzipiert.

Aber väterliche Warnungen vor allzugroßer Geschäftigkeit, vor Überlastung kann der auf Stille angewiesene Dichter noch nicht unterdrücken (an Carl August 18. 3. 1788): »Möchte ich doch auch Ihrer völlig wiederhergestellten Gesundheit ganz gewiß werden, möchten Sie sich durch Ihre mancherley äussern Verhältniße, durch Übernahme des Regiments keine disproportionirte Last aufgelegt haben. Es werde und wende sich alles zu Ihrem besten. Leben Sie wohl«. Derartige Warnungen vor Carl Augusts weit ausgreifender Tätigkeit gibt es auch in den folgenden Jahren.

Nach der Rückkehr aus Italien

Man kennt eine hübsche Tagebuchnotiz aus dem Jahre 1789 über das Auftreten Carl Augusts und Goethes in Erfurt, der Residenz des Statthalters, welcher den Erzbischof von Mainz, den Primas der Fürsten des Heiligen römischen Reiches, vertrat: »Jetzt wurde Lärm – der Herzog von Weimar kommt! – Die Lakaien liefen mit Lichtern hinunter – die sämtlichen Kurfürstlich Mainzischen Offiziers gingen in corpore hinaus, um ihn zu empfangen. Jetzt trat er herein – in seiner Regimentuniform, weiß und rot, mit großen mächtigen Reitstiefeln. Der berühmte Geheimde Rat Goethe war sein Begleiter nebst dem Kammerherrn von Wedeln. Goethe geht nicht mehr so geniemäßig einher, wie ehmals – er ist viel stärker hofmäßig geworden – hat sich ganz nach Hofetiquette geformt [...] machte Komplimente wie der steifste Hofjunker. – Der Herzog [...] trägt einen recht venerablen Bauch vor sich – und sein Gesicht ist wie ausgestopft – er schreitet mit steifen ernsten Heldenschritten – wie König Friedrich oder der alte Dessauer – kaum daß man ihn lächeln sieht«.[1] Die Schilderung zeigt schon durch die vielen Gedankenstriche, daß der Beobachter ein Nachfahr des Sturm und Drang ist, der diesen Auftritt des Ancien régime komisch findet, vielleicht auch schon durch die Vorgänge in Frankreich sich in seiner Meinung bestätigt findet. Wir haben hier die Außenseite der beiden Männer vor uns, deren inneres Verhältnis uns im letzten Abschnitt beschäftigte. Sie fügen sich, wie es scheint, beide in die Kultur des Rokoko ein. Carl August ist von Natur keineswegs humorlos, im Gegenteil; aber wenn man die preußische Armee öffentlich repräsentiert, lacht man nicht, sondern man hält sich gerade.

Wir wissen, daß Goethe nach Italien nicht nur hoffähiger, sondern auch dicker geworden war. Für Charlotte von Stein war das Dickerwerden des früheren Freundes ein Symptom seiner neuantiken Sinnlichkeit, seiner moralischen Verwahrlosung. Schockiert war auch die Herzogin Luise; denn sie verband ein noch zarteres Verhältnis mit Goethe, aus der Zeit vor allem, da er sich jede erdenkliche Mühe gab, die Ehe des ihm anvertrauten jungen Fürsten zu normalisieren. Das Verhältnis des Neuheiden mit der jungen Christiane Vulpius widersprach keineswegs den Sitten des höfischen Rokoko, solange der Höfling ein stiller Sünder war. Man hätte über den Junggesellen getuschelt und gelacht, wenn etwas durchgesickert wäre. So war es auch bei dem stets diskreten, die Formen wahrenden Herzog. Sobald der Geheime Rat – ein Mann dieses Standes! ein Vertrauter des Herzogs!! – das Liebchen ins Haus nahm, war es eine Herausforderung des Hofes, ein offenes Heidentum, wie es das christliche Abendland noch nicht erlebt zu haben glaubte. Herder, der Superintendent, mußte das Ärgernis von Amts wegen verurteilen. Da half die alte Freundschaft Goethes und seine fortlaufende Unterstützung beim Herzog von Weimar nichts, und wenn man schon einmal beim Verurteilen war, fand man auch Klärchen, die Geliebte des Grafen Egmont, anrüchig. Es war ein Aufstand gegen die Christenheit, bei dem auch der Herzog, das Haupt der Kirche von Sachsen-Weimar, das Genie kaum schützen konnte. An der Spitze der Aufgeregten stand, wie es scheint, die regierende Herzogin Luise, möglicherweise beeinflußt durch ihre beleidigte Hofdame Charlotte von Stein. Caroline von Dachröden, die die Schwierigkeit, einen Dichter wie Goethe in der Gesellschaft zu integrieren, nicht verkennt, äußert sich in einem Brief an Wilhelm

---

1 Tagebuch von Constantin Beyer 1. 12. 1789, in: Carl Augusts Begegnungen mit Zeitgenossen, hg. v. A. Bergmann, Weimar 1933, S. 39 f.

von Humboldt empört über die Schikanen, denen das Genie in der kleinen Residenz ausgesetzt ist: »Die Weimaraner plagen und verschrauben ihn [Goethe] auch. Was für ein Lärm über das Kind ist, ist unglaublich. Die regierende Herzogin ist indelikat genug gewesen, ihm sagen zu lassen: sie fände es sonderbar, daß er ihr sein Kind alle Tage vor der Nase herumtragen ließe. Wie albern.«[2] Es war genau das christlich-höfische Prinzip des stillen Sünders, das die Gattin Carl Augusts zur Geltung brachte. Wie auch im einzelnen alles zugegangen sein mag, fest steht, daß Goethe aus dem repräsentativen Haus am Frauenplan weichen mußte. Carl August, auch jetzt großzügig, stellte ihm zwei Wohnungen in dem bescheideneren »kleinen Jägerhaus« zur Verfügung, und Goethe hatte wieder einmal einen ernsten Anlaß, ihm herzlich für sein Verständnis zu danken (5. 11. 1789). Übrigens war es nur ein Interim, um die zarten weiblichen Gemüter zu beruhigen.

Wie kommt der Mann, dessen gehorsame Briefe an Carl August wir kennengelernt haben, dazu, seinen Gönner wieder in solche Schwierigkeiten zu bringen? Es ist durchaus eine kleine Revolution, die mit der großen, später so hart von ihm getadelten in einem untergründigen Zusammenhang steht. Man wird zunächst an das antike Vorbild denken, das ihm auch nach der Italienischen Reise groß vor Augen steht, besonders während der Abfassung der *Römischen Elegien*, in denen, genau besehen, keine bestimmte Frau, sondern Amor gefeiert wird. Die sehr individuell erlebte mütterliche Frau von Stein kam für den von einer römischen Geliebten verwöhnten Goethe, trotz seiner aufrichtigen Bemühung um ihre Freundschaft, nicht mehr in Frage. Er fühlte sich verjüngt, vereinfacht, durch die Erfahrung des Südens und der Antike völlig verändert; das Versteckspiel der traditionellen Liaison war ihm jetzt verächtlich und zuwider. Zu Beginn des Wintersemesters 1788/89 sollte Goethe auf Weisung des Herzogs bei den Jenenser Studenten, die schon vor der Revolution höchst unruhig waren, für Zucht und Ordnung sorgen; aber er brachte keinen rechten Ernst auf und überließ die traditionelle Aufgabe den Professoren, besonders dem angesehenen Theologieprofessor Griesbach. Goethe selbst tanzte in dieser Zeit wie besessen und machte allen Mädchen den Hof, um seine Verjüngung zu beweisen. Wenn man sich seine damalige Stimmung vergegenwärtigen will, lese man etwa den Brief an Carl August vom 16. 11. 1788

---

2 Goethe in vertraulichen Briefen seiner Zeitgenossen, hg. v. W. Bode, Bern 1969, S. 455. Vgl. auch: Mit Goethe durch das Jahr 1985, hg. v. Effi Biedrzynski, S. 21.

mit dem Postscriptum. Die Pflichten in Jena werden nur flüchtig erwähnt. Was ihn interessiert, sind die »Königlichen Aneckdoten: *vom Haß gegen die Geistlichen*«, die der Vizekanzler August Friedrich Karl von Ziegesar »sehr lebhaft« erzählt, »als wenn des großen Königs Geist ihn angehaucht hätte«. Noch mehr interessieren den sich verjüngt fühlenden Poeten die Töchter des Erzählers. »Mutter, Töchter und Söhne werden uns beyde Hagenstolzen [!] ehstens besuchen [...] Leben Sie wohl. Ich schäme mich vor Ihnen der Studenten Ader nicht, die sich wieder in mir zu beleben anfängt.« Wird man so ein Grieche?

An Freund Knebel schreibt er (8. 5. 1789): »Ich kann von diesem Genre [der antiken Elegie] nicht laßen, ob mich gleich mein Heidenthum in wunderliche Lagen versetzt.« Diese Art von Klassizismus ist so gut Illusion, Donquichotterie wie die Verjüngung des fast vierzigjährigen Geheimerats zum Studenten. Was ihn nach Italien führte, was ihn jetzt ziemlich zufällig in den Schoß der Christiane Vulpius treibt, ist sein Bedürfnis, *ganz* zu leben und die Empfindsamkeit, die ihn in seiner frühen Weimarer Zeit fesselte und quälte, völlig hinter sich zu lassen. Was ihm an der Antike so imponiert, auch an der antiken Dichtung, ist, daß ihr alle »Sentimentalität« fehlt, daß sie offen der Nacktheit, der Sinnlichkeit und mit Dionysos, auch dem Rausche huldigt. In den *Tag- und Jahresheften* zu dieser Zeit, die später entstanden sind, spricht Goethe wiederholt und nicht ohne Selbstkritik von »Realismus«. Man könnte historisch weniger mißverständlich von einem neuerwachten Rousseauismus sprechen, womit wir uns wieder in der Nähe der großen Revolution befinden. Dort ist es die Volonté générale, der elementare Volkswille, der zum wilden Kampf gegen den Feudalismus führt. Hier befreit sich ein Genie, das nur an die Natur glaubt, von der geschichtlichen Tradition – vorläufig! Schon Schiller wird ihm beweisen, daß es die antike »Naivität«, die Natürlichkeit im archaischen Sinn, um 1800, genau besehen, gar nicht mehr geben kann, – wenn er auch Goethes dichterische Vorstöße in dieser Richtung, im Gegensatz zu seinen *erotischen*, gelten läßt. Naivität ist nur noch als Phantasieprodukt möglich!

Tagsüber ist Goethe, ähnlich wie in Rom, überaus fleißig, vor allem noch als Dichter; aber auch der Geheime Rat, der »Diener« des Fürsten ist in begrenztem Umfang wieder tätig. Carl August braucht Geld: »Banquier Willemer in Franckfurt« will es gegen nur 4 Prozent vorstrecken (an Carl August 19. 9. 1788). Goethe, der kinderlieb war, fährt mit den Söhnen Carl Augusts und Herders zu Knebel nach Jena und freut sich darüber, daß der kleine Prinz »die sinnlichen Gegenstände sehr leicht und richtig« faßt (an

Carl August 23. 9. 1788). Im gleichen Brief erzählt er – Carl August wünscht immer solche Meldungen –, was er in Beratungen mit dem Commandanten, den Offizieren, dem Prorektor und dem angesehenen Anatomen Loder in Jena unternahm, um die Studenten daran zu hindern, unbeliebten Professoren die Fenster einzuwerfen. Er fährt nach Ilmenau, um die Arbeiten gegen den Wassereinbruch im Bergwerk zu besichtigen. Er prüft die Arbeiten unerschrocken auch unter Tag und beruhigt den Herzog, wie immer, wegen des teuern Sorgenkinds (an Carl August 1. 10. 1788). Nach einem Gespräch mit dem neuen Kammerpräsidenten Schmidt »in der Commödie« berichtet er über etliche wirtschaftliche Probleme (an Carl August 19. 2. 1789). Im gleichen Briefe erinnert er an das Gesuch um eine Zulage von 200 Tlr., das Professor Schütz in Jena, der Herausgeber der für Weimars Ruhm so wichtigen *Allgemeinen Literaturzeitung* eingereicht hat, und er kennt auch einen ebenso hohen Posten, der gerade frei wird. Mit besonderem Stolz erzählt er, wie er, unter Hinweis auf Carl Augusts Willen, die von angesehenen Persönlichkeiten (Bode, Bertuch und Hufeland) geplante Neugründung einer Freimaurerloge *verhindert hat* (an Carl August 6. 4. 1789). Das sind nur einige Beispiele für die Tatsache, daß Goethe in Carl Augusts Abwesenheit immer noch als sein Vertreter anerkannt wird, daß man sich seiner Vermittlung bedient und daß er sich in den Regierungsgeschäften noch ganz gut auskennt. Er könnte auch weiterhin den Fürsten in allen wichtigen Regierungsfragen vertreten, wenn er wollte. Aber die Briefe in und nach Italien geben genug Belege dafür, daß sein innigstes Streben damals der Dichtung und Naturwissenschaft gehört.

Wie verhält sich Carl August zur neuen Dichtung Goethes?

Wir treten damit in einen Bereich, der den italienischen und nachitalienischen Goethe noch tiefer berührte als der Gott Amor und der sein Verhältnis zum Fürsten persönlich stärker gefährdete als der Rückzug von seinen Ämtern oder die sexuelle Provokation des Hofes. Denn Carl August war, nach Goethes Vorbild, höchst vielseitig geworden und konnte nicht einsehen, warum er für die Dichtung nicht ebenso zuständig sein sollte wie Goethe für die Naturwissenschaften und für die wissenschaftlichen oder künstlerischen Anstalten Weimar/Jenas. Es war nur eine fürstliche Oberaufsicht, eine Beratung, die sich jedoch in Carl Augusts Bewußtsein von seiner sonstigen Befehlsgebung nur wenig unterschied. Das Genie nahm auf diese Einstellung seines Mäzens Rücksicht, geriet aber, als Entdecker einer individuelleren Art zu dichten, in viel größere Schwierigkeiten als die früheren Hofdichter. Goethe verweigerte sich den Aufgaben als höfischer *Gelegenheitsdichter* früher und später keineswegs. Aber in der italienischen Zeit und in den Jahren, die ihr unmittelbar folgten, konzentrierte er sich auf Dichtungen, die im persönlichen Kern seiner Existenz wurzelten. Deshalb vor allem geriet er damals während der Produktion, später vor allem bei der Publikation seiner Werke, in ernste Spannungen mit seinem großzügigen Gönner.

Die freundlichere Außenseite von Carl Augusts Goethebeurteilung zu dieser Zeit geben die Briefe, die er 1788, 1789 und 1790 an seine Mutter, die Begründerin des Weimarer Musenhofes, während ihrer Italienreise schrieb.[3] Am 29.11.1788 bestellt er bei der Mutter »Göthens und Herders Büste im schönsten Marmor gehauen«. In Deutschland sei man »kunstlos«, man achte nur auf die Befriedigung der Bedürfnisse: »Indessen tröste ich mich über mein Vaterland, weil andere Länder nichts Geschriebenes von dem Werte aufstellen können, wie Göthens ›Werther‹, ›Faust‹, ›Iphigenie‹, ›Berlichingen‹ etc. und Herders ›Ideen‹ sind.« In bunter Reihe erscheinen die Werke Goethes und das Faustfragment unter patriotischen Gesichtspunkten, die schon hier reichlich übertrieben erscheinen. »Vaterland« im Sinne der deutschen Sprachgemeinschaft erinnert an Klopstock, auch an Carl Augusts nationale Interpretation des Fürstenbunds, in dessen Diensten er damals steht. In anderen Äußerungen bedeutet »Vaterland« auch für diesen national gesinnten Fürsten den Landesstaat. Drei Monate später (am 27.2.1789) feiert der Fürst den Abschluß von Goethes *Schriften*: »Göthens 8. Band ist nun erschienen: er enthält eine Menge kleine Juwelen […] Die ›*Geheimnisse*‹ sind, so weit sie das Publikum erhalten hat, eine einzig schöne Perle.« Immer wieder betont der Herzog auch, daß Goethe »sehr fleißig« ist; denn die Fortzahlung seines hohen Gehalts gönnten ihm viele Weimaraner nach dem Rücktritt von seinen Ämtern nicht. Man sagte, Schmidt und Voigt verrichteten nun mit niedrigerem Gehalt die Arbeit des Günstlings. Sogar Schiller findet vor seinem Bündnis mit Goethe diese neidische Sicht auf den beurlaubten Dichterkollegen erwähnenswert (an Körner 19.12.1787).[4] Nach der Vollendung der schwierigsten Arbeit in

---

3 Briefe des Herzogs Carl August von Sachsen-Weimar an seine Mutter, die Herzogin Anna Amalia, hg. v. Alfred Bergmann. Jena 1938, S. 78–102.
4 Goethe in vertraulichen Briefen, hg. v. W. Bode. Nachdruck Bern 1969, S. 366.

seiner zweiten Dichtungsperiode eilt Goethe nach Eisenach, wo Carl August häufig in Regierungsgeschäften weilte, und der Herzog meldet das lang erwartete dichterische Ereignis seiner Mutter, noch ehe er zu der vor kurzem ausgebrochenen Französischen Revolution (vorläufig noch mit »großer Freude«!) Stellung nimmt (3. 8. 1789): »›Tasso‹ ist fertig, ein grosses Kunststück; ich bin neugierig, wie es Ihnen gefallen wird.« In Trübners *Deutschem Wörterbuch* liest man: »Im freieren Sinne gilt Kunststück für etwas, was besonders schwierig ist.« Und so ist das Wort bestimmt gemeint.

Carl August tadelt gerne, und der Quellenwert der zitierten freundlichen Urteile wird dadurch etwas eingeschränkt, daß Anna Amalia an dem erwähnten Komplott gegen Goethes wilde Ehe beteiligt gewesen zu sein scheint. Am 27. 6. 1789 schreibt der Herzog sehr knapp an die Mutter: »Ich habe Göthen Ihren Auftrag kundgetan; er wird sich bemühn, Ihre Befehle zu erfüllen.« Die Anmerkung des Herausgebers fehlt, wie in den meisten peinlichen Fragen, die Weimar betreffen. Das gleiche gilt für Carl Augusts vorwurfsvollen Brief vom 27. 9. 1789 an die Mutter. Ohne jeden Hinweis auf das, was er meint – denn jedes Kind weiß es schon –, erinnert er die Mutter daran, »dass ja fast kein Mensch seine Eigenheiten ändern, kaum lenken kann, und dass das gegenseitige Ertragen doch die seligste Beschäftigung auf Erden ist«. Bei künftigen »grossen Steinen des Anstosses« – das bittet er Anna Amalia in sehr ernstem Tone – soll sie ihm zuerst »und zwar in der ersten Zeit der Entdeckung« die vermeintlichen »Missverhältnisse« anvertrauen. Beide Briefe beziehen sich wohl auf den Hausräumungsbefehl, und das dabei eingeschlagene Verfahren ist wohl ein »Kunststück« Goethes, ein diplomatisches; denn Anna Amalia war oft seine Zuflucht vor dem rauhen Jäger und Fürsten Carl August. Sie hat ihm in vielen Fällen geholfen, wohl auch anläßlich der Italienreise ohne Urlaub. Überhaupt: Mit den höfischen Frauen will es der Frauenliebling auf keinen Fall für immer verderben. Carl August gibt, weil Goethe nachgeben will, die angemaßten »Befehle« weiter, während er normalerweise überdeutlich sagt, daß nur der regierende Fürst Befehle erteilen kann. In diesem Fall hat er die Belehrung darüber auf einen späteren Zeitpunkt verschoben. Der Vorfall ist bemerkenswert, weil er vergegenwärtigt, wie hoch der Dichter erneut in der Gunst des Fürsten steht und wie gut es Goethe versteht, den Streit innerhalb des Fürstenhauses zu vermeiden; denn am Ende wäre doch der indezente Dichter der Schuldige gewesen. Auf einen leidenschaftlichen Machthaber wie Carl August ist kein Verlaß.

Und wie steht der Herzog von Weimar zu den Werken, die Goethe aus

Italien mitgebracht hat? Es gibt den Brief an die Mutter vom 5. 4. 1789, der den Abstand Carl Augusts von allen Italienpilgern in aufrichtiger Weise ausspricht: »Ich bestrebe mich hierzulande, das Modell der antiken Statuen so sehr zu vermeiden, als möglich ist, denn ich gehe dem Ideal des Steifen und der geraden Linien nach.« Der Herzog ist in Aschersleben bei seinem Regiment, und er denkt natürlich an die Befehle für die Soldaten, an das »Richt euch« der militärischen Ordnung. Doch steckt in seiner naiven Äußerung mehr als der Soldat Carl August. Er hat später das, was er in Anschluß an Wieland den »Attizismus« nennt, ausdrücklich abgelehnt. Was nützt die Nachahmung der Griechen, wenn die nationale Selbständigkeit, die Kraft eines Volkes, die sie erhalten muß, fehlt. Er bewunderte wenig später den Widerstand der Franzosen, des Volks, als es die alliierten Truppen, die höchst leichtfertig der Revolution den Garaus machen wollten, zum Rückzug zwang. »Ideal des Steifen«: steif hatte man im Sturm und Drang die Helden der französischen Tragödie und der Alexandriner genannt. Beides hat er wiederentdeckt. Er konnte sich lebenslang von diesem klassisch-französischen Vorbild nicht lösen. Anna Amalia war die eigentliche Fürstin des Musenhofes; sie war musisch genug, um auch der großen deutschen Dichtung einigermaßen gerecht zu werden. Carl August war ein oft mit den Zähnen knirschender Mäzen, um das Erbe der Mutter weiterzuführen. »Ideal des Steifen«. Ist Goethes *Egmont* steif? Kann es einen solchen Grafen, einen solchen Führer im niederländischen Freiheitskampf überhaupt gegeben haben? Mit solchen Fragen seines Mäzens mußte Goethe leben und, was besonders schwierig war, dichten. Wir kennen nur Goethes Antwort auf Carl Augusts Kritik, und wir bewundern erneut seine Diplomatie. So ruhig könnte er gar nicht antworten, wenn er nicht schon lange alle Hoffnung auf ein fürstliches Eingehen auf das, was er will, auf ein wirkliches Kunstverständnis aufgegeben hätte! Goethe an Carl August am 28. 3. 1788: »Bemerckungen wie die, welche Sie mir schreiben, sind zwar für den *Autor* nicht sehr tröstlich, bleiben aber doch dem *Menschen* äusserst wichtig und wer beyde in sich nie getrennt hat weiß solche Erinnerungen zu schätzen und zu nutzen. Einiges was Ihnen nicht behagte liegt in der Form und Constitution des Stücks und war nicht zu ändern ohne es aufzuheben [...] Es war ein schweres Unternehmen [...] Gewiß auch konnte kein gefährlicherer Leser für das Stück seyn als Sie. Wer selbst auf dem Punckte der Existenz steht um welchen der Dichter sich spielend dreht, dem können die Gauckeleyen der Poesie, [...] weder genug thun, weil er es beßer weiß, noch können sie ihn ergötzen, weil er zu nah steht.« Goethe hätte schreiben können, *weil* er den Menschen und den Autor nicht trenne, müsse Egmont ihm ähnlicher sein als einem Grafen des niederländischen Befreiungskampfes. Als Hofmann *muß* er aber die soziologischen und historischen Argumente des Fürsten gutheißen. Die *Egmont*-Kritik des Auch-Historikers Schiller ähnelt wahrscheinlich der Carl Augusts, weshalb sie Goethe, *vom Poetischen abgesehen,* anerkennt (an Carl August 1. 10. 1788). Schiller steht dem »Steifen«, dem Hoftheater, der Barocktradition näher als Goethe, weshalb ihn der Autor des einmaligen *Egmont* – »Ich muß mit meinen Augen sehn« – um eine Bearbeitung für das Hoftheater bittet. Später fand Goethe Schillers *Egmont* bekanntlich »gewaltsam«, und wahrscheinlich wußte der Dichter sogleich, daß das Poetische verdorben würde. Er opferte den originalen *Egmont* dem Theater, das er heimlich verachtete.

Bei *Tasso* war die Lage des Dichters noch viel schlimmer; denn der Fürst riet von der Behandlung des Stoffes ab, weil er befürchtete, der im Grunde doch wahrheitsliebende Dichter werde die Kehrseite des Gottesgnadentums nicht verbergen. Der Urtasso, der in der ersten Hälfte der 1780er Jahre entstand, d.h. in einer Zeit fortwährender amtlicher Reibungen mit dem unreifen Herzog, war bestimmt sozialkritischer als die endgültige Fassung. Vielleicht ist er deshalb verlorengegangen! Einen Rat oder Wunsch des Herzogs befolgte Goethe normalerweise wie einen Befehl. Jetzt aber ist festzustellen, daß Goethe in Hauptwerken, nicht nur geschmeidig, sondern auch hartnäckig war. Eben deshalb wurde dies Drama nicht nur ein zentrales Kunstwerk Goethes, sondern auch ein bewundernswertes »Kunststück«. Im gleichen Brief, in dem Goethe auf Carl Augusts fürstliche Egmont-Kritik so diplomatisch reagiert (28. 3. 1788), lesen wir: »Hätte ich es [das Drama *Tasso*] nicht angefangen; so würde ich es jetzt nicht wählen und ich erinnre mich wohl noch daß Sie mir davon abriethen. Indeßen wie der Reitz der mich zu diesem Gegenstande führte aus dem innersten meiner Natur entstand; so schließt sich auch jetzt die Arbeit die ich unternehme um es zu endigen ganz sonderbar ans Ende meiner Italiänischen Laufbahn.« Am 1. 10. 1788 ringt er immer noch schwer mit dem *Tasso*, und jetzt sagt er ganz unverblümt, daß zu den Schwierigkeiten der Dichtung auch Carl August gehört: »Es ist einer der sonderbarsten Fälle in denen ich gewesen bin, besonders da ich nicht allein die Schwürigkeit des Süjets, sondern auch *Ihr* Vorurteil zu überwinden arbeiten muß.« Schwierig ist die Arbeit nicht wegen der höfischen Umwelt an sich – Hofdichtungen schreibt Goethe rasch und konventionell –, sondern weil er in dieser seiner Dichtung sich selbst nicht preisgeben und damit den Konflikt zwischen Dichter und Fürst *nicht* vermeiden darf. Goldoni löst dies Problem in seinem *Tasso*, trotz larmoyanter Äußerungen des Dichters, lustspielhaft.[5] Goethe dagegen bringt sich selbst, in seiner Größe und Gefährdung, in das Schauspiel ein, und so wurde *er* der Begründer des Künstlerdramas. Der Dichter beruft sich zwar auch auf eine Tassobiographie, die er studierte; aber man braucht nur seine vertrauten Briefe an Frau von Stein zu lesen, um zu wissen, daß er keineswegs zufällig den pathologischen Dichter wählte. Man mag sagen, daß er eben damit zugleich *den* großen Künstler darstellte. Aber man sollte nicht gleich von dem »modernen Dichter« sprechen; denn die Bedeutung des Hofes ist in diesem Drama noch von zentraler Bedeutung, und wenn Tasso am Ende von dem ihm wesensfremden Höfling Antonio aufgefangen wird, so erinnert man sich an Goethes wiederholte Bitten an seinen Fürsten, ihn weiter zu »tragen«.

Dies bedeutet keineswegs, daß dem Herzog von Weimar das Stück gefiel. Der Grund für sein Mißbehagen lag wohl nicht darin, daß Alfons, der Herzog von Ferrara, mit einem Schuß von Härte ausgestattet ist: er gibt das Manuskript, an dem die Existenz des Dichters hängt, nicht heraus. Dieser ernstzunehmende Herzog war dem selbstbewußten, noch immer jungen Fürsten bestimmt lieber, als der König Thoas, der sich von einem Weibe zum Verzicht auf seine Macht verleiten läßt. Aber der süße, weiche, larmoyante, weltschmerzliche Stil des Dramas, der »gesteigerte Werther«, wie später ein Interpret mit Billigung des Dichters formulierte, dieser *höfische* Werther war dem Herzog gewiß unsympathisch, eines Hoftheaters unwürdig, auch als Theaterstück ganz unmöglich. Eine Bearbeitung Schillers unterblieb glücklicherweise. So konnte *Torquato Tasso* erst aufgeführt werden, als Preußen und mit ihm das ganze »steife« Ancien régime in Deutschland vom französischen Revolutionskaiser bei Jena geschlagen worden war (Uraufführung 16. 2. 1807). Demselben welthistorischen Ereignis, nicht einfach ihrer Tapferkeit im Augenblick der französischen Besetzung, verdankte auch Christiane Vulpius die Legitimierung von Goethes unstandesgemäßer »Gewissensehe« (Goethe) am 19. 10. 1806. Mit der Franzosenherrschaft wurde im intelligenten, auf das Geschehen richtig reagierenden Preußen und in seiner Einflußsphäre vieles anders, dadurch, daß das Volk ein größeres Gewicht gewann.

Egmont und *Tasso* konnten den am französischen Alexandrinerdrama

---

5 Vgl. Karlheinz Schulz: Goldonis und Goethes *Torquato Tasso.* Ein historisch interpretierender Vergleich. Frankfurt/M. 1986, S. 63 ff.

orientierten Fürsten unmöglich überzeugen. Schon im Liebhabertheater, d. h. während der Zeit der innigsten Goethe-Verehrung des jungen Fürsten, hatte die Prosa-*Iphigenie* Unterstützung durch ältere Werke (*Die Mitschuldigen, Das Jahrmarktsfest zu Plundersweilern* u. a.) benötigt, um Carl August nach seinem Geschmack zu ergötzen. Irgendetwas mußte geschehen, um den Herzog an seinem Dichter nicht irre werden zu lassen und um ihm für so vieles zu danken. Tassos kühles Bekenntnis zum Fürstendienst (V. 928–937), obwohl es ziemlich genau der Einstellung des nachitalienischen Goethe entsprach, dürfte dem Herzog kaum genügt haben. Aus dieser Verlegenheit erkläre ich mir Goethes Griff nach der *Panegyrik.* Dieses traditionelle Verhalten verrät die in diesem Augenblick (1789) dem Fürsten selbst wohl noch kaum bewußte Entwicklung des Verhältnisses von der Freundschaft zum Mäzenatentum:

> Klein ist unter den Fürsten Germaniens freilich der meine,
>   Kurz und schmal ist sein Land, mäßig nur, was er vermag
> Aber so wende nach innen, so wende nach außen die Kräfte
>   Jeder: da wär es ein Fest, Deutscher mit Deutschen zu sein.
> Doch was priesest du Ihn, den Taten und Werke verkünden?
>   Und bestochen erschien' deine Verehrung vielleicht;
> Denn mir hat er gegeben, was Große selten gewähren,
>   Neigung, Muße, Vertraun, Felder und Garten und Haus.
> Niemand braucht' ich zu danken als Ihm, und manches bedurft' ich,
>   Der ich mich auf den Erwerb schlecht, als ein Dichter, verstand.
> Hat mich Europa gelobt, was hat mir Europa gegeben?
>   Nichts! Ich habe, wie schwer! meine Gedichte bezahlt.
> Deutschland ahmte mich nach, und Frankreich mochte mich lesen.
>   England! freundlich empfingst du den zerrütteten Gast.
> Doch was fördert es mich, daß auch sogar der Chinese
>   Malet, mit ängstlicher Hand, Werthern und Lotten auf Glas?
> Niemals frug ein Kaiser nach mir, es hat sich kein König
>   Um mich bekümmert, und Er war mir August und Mäzen.

Ein älteres panegyrisches Gedicht hätte die *Taten* des Fürsten – sie waren gerade während der Fürstenbundzeit in der politischen Welt stark beachtet! – weit mehr betont. Goethe deutet die ihm wenig angenehme nationalpolitische Rolle seines Fürsten nur ganz allgemein an. Dagegen betont er unmißverständlich, was *er* dem Kleinfürsten *verdankt*, die Rolle Carl Augusts als Mäzen. Besonders die Schlußpointe, die das seit Jahrzehnten von deutschen Dichtern beklagte Versagen des österreichischen Kaisers und des preußischen Königs als Förderer der deutschen Literatur eindrucksvoll anprangert, muß dem Herzog von Weimar geschmeichelt haben; denn auch sein politisches Denken kreiste um eine *gesamtdeutsche* Aufgabe, um eine Reform des alten Reiches. Goethe kündigte seinem Gönner das »Lobgedicht« nach der Datierung von Hans Wahl am 10. 5. 1789 an, und ein wenig späterer Brief des Dichters belegt, daß der Herzog auf Goethes Lob neugierig war. Der Dichter beabsichtigte, das Gedicht »in den Eroticis«, also in die später so genannten *Römischen Elegien* einzureihen. Goethe wollte damit wahrscheinlich eine *neue* Gemeinsamkeit zwischen dem Fürsten und ihm selbst andeuten und erkannte wohl kaum, daß es eine Zumutung für Carl August war, mit einem Schlag diese indezenten Gedichte und Goethes anstößiges Leben in der Öffentlichkeit gewissermaßen zu legitimieren. Selbstverständlich lehnte der Fürst es ab, Goethes Provokationen zu unterstützen.

Man hat behauptet, daß dem Herzog die Erotica »sehr wohl« gefielen, als Goethe sie ihm vorlas; aber es fehlt der Beleg.[6] Es interessierte den erfahrenen Frauenliebhaber gewiß zu erfahren, wie sich vornehme Reisende in Rom ein ungefährliches Liebchen verschaffen: Man garantiert den Unterhalt der ganzen Familie (an Carl August 29. 12. 1787). Aber das, was Goethe im gleichen Brief »böse Bedingungen« nennt, in *Gedichte* hineinzubringen, hielt der kluge Herzog gewiß für unnötig und anstößig. Gleich die zweite Römische Elegie endet so:

> Besser ist ihr Tisch nun bestellt; es fehlt an Kleidern,
>   Fehlet am Wagen ihr nicht, der nach der Oper sie bringt.
> Mutter und Tochter erfreun sich ihres nordischen Gastes,
>   Und der Barbare beherrscht römischen Busen und Leib.

Den Sozialhistoriker erfreut heute ein Realismus dieser Art. Was man so gerne antikisch genannt hat, zeigt sich unverblümt als Abenteuer des gebildeten nordischen Südlandfahrers. Diesen Charakter belegen auch die zahlreichen Bildungselemente, die mythologischen, historischen, ja sogar metrischen Anspielungen, zu deren Verständnis man das humanistische Gym-

---

6 Franz Muncker: Karl August und die deutsche Literatur, in: Zeitschrift für allgemeine Geschichte, Kultur-, Literatur- und Kunstgeschichte, Bd 1 (1884), S. 398.

nasium besucht haben muß. Wir befinden uns eher in einem klassizistisch überformten Salonrokoko als in dem bürgerlichen Neuland, das *Hermann und Dorothea* erschließt (an Carl August 12. 5. 1789): »Von den Eroticis habe ich Wielanden wieder [!] vorgelesen, dessen gute Art und anticker Sinn sie anzusehn mir viel Freude gemacht hat.« Nicht nur das »Lobgedicht« für Carl August, sondern der ganze Zyklus blieb zunächst ungedruckt, weil Carl August befand, die Dichtung sei noch nicht druckreif.

Auch im Rahmen der *Venetianischen Epigramme*, die einen politischen Teil enthalten, wollte sich der Fürst, wie es scheint, nicht gepriesen finden. Erst 1800 schmuggelte der Dichter das Lobgedicht in den zweiten Distichen-Zyklus ein.[7] Vielleicht tat er es auch mit Erlaubnis des Fürsten; denn wir wissen schon, daß der Fürst, wie andre Fürsten, für den Ruhm sehr empfänglich war. Nach der Erhebung Goethes zu *dem* großen Dichter durch Schiller und die Frühromantik mochte der Kleinfürst ahnen, daß ihm dieses kleine Gedicht mehr Unsterblichkeit verlieh als seine unermüdlichen Bemühungen als Politiker und General.

Carl August begründete seine freundschaftliche Zensur auch literarisch – er fühlte sich ja wie Goethe als ein Universaltalent –; aber im Grunde muß sein Eingreifen in die Dichtung und in die Publikation von Dichtungen als Produkt der Feudalkultur verstanden werden. *Der Fürst witterte ganz richtig auch in solchen Verstößen gegen die höfischen Bräuche einen Beitrag zur bürgerlichen Emanzipation.* Erstaunlicher ist die Zensur, die in der Hamburger Ausgabe die wenig umfangreichen *Venetianischen Epigramme* verstümmelt; nur 43 von 104 Epigrammen, die Goethe autorisiert hat, werden hier gedruckt, weil sich der Herausgeber für berechtigt hält, noch gründlicher als Goethe selbst auszuwählen.[8] Englisch begrenzt ist wohl die Vermutung, es handle sich bei diesem interessanten Distichenzyklus um »Goethe's least read and least appreciated work«.[9] Goethe überschreitet die in den Erotica Romana gezogenen Grenzen nach verschiedenen Richtungen, z.B. durch Aussagen zur Rolle des Dichters. Hier werden nicht die antiken Versformen der Geliebten auf den Rücken geklopft, sondern es heißt etwa, mit einer ironischen Verbeugung gegen Carl August: »die Großen der Erde« besinge ich erst, »wenn ich ihr Handwerk einst besser begreife wie jetzt«. Das

---

7 Hamburger Ausgabe, Bd 1, hg. v. Erich Trunz. ²1952, S. 497.
8 Ebd.
9 M. K. Flavell: The limits of truth-telling. An examination of the *Venetianische Epigramme*, in: Oxford German Studies. 12/1981, S. 39.

Heruntersteigen zu niedrigeren Stoffen ist von Anfang an eine Reaktion auf Carl Augusts *Egmont-* und *Tasso*-Kritik (Nr. 48):

> Doch Bettinen sing' ich indeß; denn Gaukler und Dichter
> Sind gar nahe verwandt, suchen und finden sich gern.

In Goethes Reaktion auf Carl Augusts *Egmont*-Kritik fanden wir den Ausdruck »Gauckeleyen der Poesie«. Wenn Wieland wiederholt seine Versdichtungen »Spielwerke« (Spielzeuge) nennt, so meint er wohl etwas Ähnliches. Doch »Gaukler« trifft die Zweideutigkeit des Dichters noch besser, sein elementares Wesen jenseits aller Stände und gesellschaftlicher Normen. Auch sein Mittreiben im Strom der Zeit (Nr. 55):

> Tolle Zeiten hab ich erlebt, und hab' nicht ermangelt
> Selbst auch töricht zu sein, wie es die Zeit mir gebot.

Goethe erinnert an die Zeit, da er noch volkstümlicher war, naiver, revolutionärer, mahnt aber die Großen, angesichts der Revolution, vor einer gewissenlosen Staatsräson (Nr. 56):

> Sage, thun wir nicht recht? Wir müssen den Pöbel betrügen.
> Sieh nur, wie ungeschickt, sieh nur, wie wild er sich zeigt!
> Ungeschickt und wild sind alle rohen Betrognen;
> Seid nur redlich, und so führt ihn zum Menschlichen hin.

Goethe deutet an, daß es auch unter den Fürsten »rohe Betrogne« gibt. Mannigfach erscheint eine humanistische Moral für *alle* Machthaber (Nr. 59):

> Lange haben die Großen der Franzen Sprache gesprochen,
> Halb nur geachtet den Mann, dem sie vom Munde nicht floß:
> Nun lallt alles Volk entzückt die Sprache der Franken;
> Zürnet, Mächtige, nicht! Was ihr verlangtet, geschieht.

»Seid doch nicht so frech, Epigramme!«, beginnt das folgende Epigramm (Nr. 60). Goethe weiß genau, daß er die vom Hof gesetzten Grenzen wieder überschreitet. Aber es reizt ihn unwiderstehlich, sich am Hofe für die Qualen zu rächen, die er nach Italien und selbst als Tassodichter erlitt.

Gegen Ende der *Venetianischen Epigramme* (Nr. 102, 103) besingt er gar die Gefühle eines Mannes, wenn seine Geliebte schwanger geworden ist, und er feiert die bevorstehende Geburt – so sind die Verse wohl zu verstehen – als ein Ergebnis der im Kosmos waltenden Liebe. Natürlich mußte auch dies Zeugnis eines rücksichtslosen Wahrheitsdranges ungedruckt liegen bleiben, bis ein anderer Freund ihm den Mut zur Veröffentlichung gab.

Carl August wünschte sich immer wieder die Vollendung *Wilhelms*, also des Romans, den wir heute *Theatralische Sendung* nennen. Aber Goethe lebte nach der italienischen Reise völlig in den antiken Formen und konnte sich nicht so leicht von ihnen trennen. Daß er nicht in der Antike lebte, belegt besonders eindrucksvoll das Hexameterepos *Reineke Fuchs* »in neun Gesängen«. Herder war über den vaterländischen Stoff – übrigens ausgerechnet von Gottsched dem 18. Jahrhundert (1752) vermittelt – hell begeistert, lobt, wie bei ihm üblich, ohne Augenmaß. *Reineke de Vos* (1498) aus Lübeck konnte Goethe im Anhang Gottscheds kennenlernen. Lübeck und Leipzig! Der alte Stoff lebte in großen Bürgerstädten. Für Goethe war er eine Jugenderinnerung aus Frankfurt. Jetzt entsprach die bitterböse Geschichte der rebellischen Stimmung des in Christiane Vulpius zum Volk hinabgestiegenen Dichters. Das Epos ist noch nicht positiv bürgerlich wie *Hermann und Dorothea*, aber antihöfisch; es gehört in die Gattung des parodierten, also komischen und satirischen Heldengedichts. Es ist ein Gemeinplatz der Goetheforschung, daß man behauptet, der Dichter habe in einer *unfruchtbaren* Periode nach diesem überraschenden Stoff gegriffen. Goethe selbst sagt, *Reineke Fuchs* sei ihm als »wünschenswerthester Gegenstand für eine, zwischen Übersetzung und Umarbeitung schwebende Behandlung« begegnet und er sei zugleich eine »Übung im Hexameter» gewesen.[10] Ich weiß nicht, ob der Faktor »Umarbeitung« von irgend jemand so ernst genommen wurde, wie es die große *stilistische* Mühe, die der Dichter an das Werk wandte, verdiente. Goethe hat *Reineke Fuchs* in den Ausgaben seiner Werke immer zu den epischen Dichtungen gestellt.[11] Es scheint mir bedenklich, das Werk neben das viel flüchtiger gearbeitete Prosawerk *Die Unterhaltungen deutscher Ausgewanderten* zu stellen, wie es meistens geschieht. Man muß den Unterschied zwischen Vers und Prosa bei einem an antiken Formen orientierten Dichter sehr ernst nehmen!

---

10 Tag- und Jahreshefte 1793, W.A. Bd 35, S. 22.
11 H.G. Gräf: Goethe über seine Dichtungen. 1. Teil. Die epischen Dichtungen Bd 1. S. 249.

Reineke Fuchs ermöglichte dem Dichter trotz der im Grunde bösen bürgerlich-satirischen Haltung eine Rückkehr zur höfischen Gesellschaft. Wie war dies möglich? Carl August mochte bei dem bösen und grausamen »Baron« Reineke, dem niemand beikommen kann, an den Minister Hertzberg, den alten Fuchs in Berlin, denken, der fast spielend seine politischen Pläne durchkreuzt hatte. Jedenfalls gefiel ihm die Dichtung (an Goethe 24. 3. 1793). Anna Amalia konnte bei diesem skeptischen Epos, bei dieser *»unheiligen Weltbibel«* (Goethe), die dem »realistischen« Dichter zu »Trost und Freude« gereichte[12], ganz im Stile des Rokoko an das Narrentheater denken, als das Wieland die Welt in der *Geschichte der Abderiten* und sonst dargestellt hatte. Der »christliche Naturalismus« (vgl. meine *Biedermeierzeit*) war, trotz der Aufklärung, im 18. Jahrhundert noch lebendig, besonders an den kleinen Höfen, die das brutale Spiel der Macht und der Diplomatie täglich erlebten. Ich kann nicht finden, daß wegen der »ungeheuchelten Tierheit« der Menschenwelt alles »heiter« zugeht »und nirgends [...] sich der gute Humor gestört« fühlt.[13] Wie käme der Verfasser der *Venetianischen Epigramme* zu einem so harmlosen Bild der Welt? Goethe gibt doch selbst in der traditionellen Auflösung der Tieremblematik am Ende des Epos eine keineswegs humoristische Deutung des Weltlaufs:

> Hochgeehrt ist Reineke nun! Zur Weisheit bekehre
> Bald sich jeder und meide das Böse, verehre die Tugend!
> Dieses ist der Sinn des Gesangs, in welchem der Dichter
> Fabel und Wahrheit gemischt, damit ihr das Böse vom Guten
> Sondern möget und schätzen die Weisheit, damit auch die Käufer
> Dieses Buchs vom Laufe der Welt sich täglich belehren.
> Denn so ist es beschaffen, so wird es bleiben [!], und also
> Endigt sich unser Gedicht von Reinekens Wesen und Taten.
> Uns verhelfe der Herr zur ewigen Herrlichkeit! Amen.

Für Herder war dieser Schluß Anlaß genug, um das Epos neben das homerische zu stellen, und Wieland wunderte sich noch 1799 darüber, daß man diese Dichtung nicht höher schätze.[14] Er erkannte die bis heute in der Goethewertung nachwirkende Macht des Idealismus noch nicht. Wie sollte

---

12 Tag- und Jahreshefte 1793. W. A. Bd 35, S. 22.
13 Emil Staiger: Goethe. Bd 2. Zürich ³1962, S. 100.
14 H. G. Gräf: Goethe über seine Dichtungen. Teil 1, S. 254.

man aber den naheliegenden Verdacht, die Parodie des Hofes beziehe sich auch auf Deutschland, womöglich auf Weimar, ausschalten? Ganz einfach dadurch, daß man aus der alten, immer wieder neu bestätigten universalen Weltverachtung durch einen gezielten Einschub eine Verurteilung der Französischen Revolution machte (8. Gesang, Vers 152–163):

> Doch das Schlimmste find' ich den Dünkel des irrigen Wahnes,
> Der die Menschen ergreift: es könne jeder im Taumel
> Seines heftigen Wollens die Welt beherrschen und richten.
> Hielte doch jeder sein Weib und seine Kinder in Ordnung,
> Wüßte sein trotzig Gesinde zu bändigen, könnte sich stille,
> Wenn die Toren verschwenden, in mäßigem Leben erfreuen!
> Aber wie sollte die Welt sich verbessern? Es läßt sich ein jeder
> Alles zu und will mit Gewalt die andern bezwingen.
> Und so sinken wir tiefer und immer tiefer ins Arge.
> Afterreden, Lug und Verrat und Diebstahl und falscher
> Eidschwur, Rauben und Morden, man hört nichts anders erzählen.
> Falsche Propheten und Heuchler betrügen schändlich die Menschen.

Die Franzosen vor allem sind's, nicht der Mensch überhaupt, wie es noch in den *Venetianischen Epigrammen* geheißen hatte. *Die Campagne in Frankreich* hatte allen Deutschen das Land gezeigt, wo Reineke Fuchs der Kanzler war. Die Restauration und damit Goethes Revolutionsdichtung begann – auch wenn er dadurch viel Zeit verlor, wie er in späteren Jahren klagte. Ein Dichter wie Goethe konnte nicht dauernd in provokativer Einsamkeit verharren. Er schloß sich wieder näher an sein Land an, an Weimar, an den Hof und versuchte, dem Fürsten durch persönliche und literarische Opfer seine Dankbarkeit für die vielen Wohltaten, die er empfangen hatte, zu bezeugen.

Carl Augusts vergebliches Ringen um eine nationale Initiative Friedrich Wilhelms II., sein Anteil am preußisch-österreichischen Friedensvertrag

In einem immer noch beachtenswerten Aufsatz über Carl August warnt Fritz Hartung davor, den Herzog in erster Linie als Fürst eines Musenhofes zu interpretieren: »Nur als Herrschernatur kann Carl August ganz verstanden werden. Wer von der Freundschaft mit Goethe und den schöngeistigen

Interessen ausgeht, wird ähnliche Enttäuschungen erfahren wie Goethe selbst [...] Er ist eben anders und mehr gewesen als bloß [...] der August und Mäzen der klassischen Zeit Weimars, er ist in erster Linie Fürst, der sich zur Herrschaft berufen fühlt nicht bloß kraft Erbrechts, sondern durch die Überlegenheit einer starken und reichen Natur«.[15] Man sollte, meine ich, den Fürsten von Weimar nicht gegen den Mäzen von Weimar ausspielen; denn das politische Selbstbewußtsein eines Kleinfürsten sagt noch nichts über seine politische Leistung. Aber daß Carl August seine Fürstlichkeit stärker empfindet als seine Verpflichtung gegenüber den Musen, haben wir im letzten Abschnitt erfahren. Wer die Dichter kennt, kann mit Sicherheit sagen, daß Goethe schon nach *Egmont, Tasso* und den Distichenzyklen enttäuscht war, nicht erst nach vierzig Jahren, worauf sich Hartung beruft. Eine andere Frage ist, ob sich Carl August mehr zum Politiker oder zum General berufen fühlte. Man zitiert gerne eine diesbezügliche Briefäußerung Goethes aus Italien (an Carl August 28. 9. 1787): »Ich bin an der friedlichen Seite der Welt, Sie am kriegrischen Ende und alles berechnet man könnte keine antipodischere Existenz haben. Hier wird das Pulver gar löblich nur zu Feuerwercken und Freudenschüßen an Festtägen verbraucht, der Soldat hütet sich eben so arg fürm Regen, als fürm Feuer. Leben und leben lassen ist das allgemeine Losungs Wort.« Ähnlich äußerte sich Goethe häufig. Ist also Carl August eine martialische Figur der Geschichte, mit der gerade damals noch weit verbreiteten Kriegslust und Ruhmsucht? Bei dieser Alternative muß man mit Hartung feststellen: »Er ist in erster Linie Fürst.« Er hat politischen Ehrgeiz. Man könnte freilich behaupten: Er hatte einen allzu launenhaften Ehrgeiz. Auch Hartung gibt zu, daß er »einzelne Menschen« den »unpersönlichen Kollegialbehörden« vorzog. Das nächstliegende Beispiel ist die Machtstellung, die sich Goethe in seiner frühen Weimarer Zeit, gefördert von Carl August, aufbauen konnte, ohne den in ihn gesetzten Erwartungen auf die Dauer zu entsprechen. Hartung gibt auch zu, »daß die allzu große Hitze des Herzogs seine eigenen Kräfte und die seiner Beamten oft vergeblich verzehrte«[16]. Wir haben gesehen, daß Goethe der bessere Diplomat ist. Mit Rücksicht auf diesen Charakterzug, aber auch aus historischen Gründen, weil nämlich für die ältere Generation die von Carl August betriebene nationale Politik

---

15 Carl August von Weimar als Landesherr, in: Historische Zeitschrift. Bd 124 (1921), S. 41 f.
16 Ebd. S. 46 f.

noch kein Anliegen war, ahnte Goethe die vergeblichen Bemühungen Carl Augusts voraus. Dem alten Reich, das der Herzog, im Widerspruch zu seiner Tradition, auf nationale Grundlagen stellen wollte, gab Goethe ohnehin, seit seiner Wetzlarer Zeit, keine Chancen[17], womit er recht behielt.

In Preußen war seit 1763 Ewald Friedrich Graf von Hertzberg der für die auswärtige Politik zuständige Minister, überhaupt der starke Mann. Friedrich Wilhelm II., der im Temperament manche Ähnlichkeit mit Carl August zeigt, war so klug, bei seiner Thronbesteigung (1786) diesen bewährten Minister Friedrichs des Großen an seinem Platz zu lassen, obwohl Hertzberg damals schon das 60. Jahr überschritten hatte. Er gehörte zur Generation Lessings. Wenn man Carl Augusts politische Briefe seit seiner Zusammenarbeit mit dem preußischen König liest[18], hat man den Eindruck, daß der dreißigjährige Herzog von Weimar den alten Hertzberg zunächst nicht genügend ernst nahm. Er vertraute – ganz in dem personalistischen Stil, in dem er regierte – auf die Verwandtschaft mit dem König und auf seine Beziehung zu dessen Freunde Bischoffwerder. Der alte Fuchs erkannte natürlich rasch die Gefahr einer Nebenregierung. *Seinem* Gehirn dürfte der General Carl August entsprungen sein. In einem Brief vom 23. 9. 1787 an den älteren Bruder des berühmten Freiherrn Carl vom Stein, Johann Friedrich, teilt der Herzog seine Ernennung zum Generalmajor der Kavallerie mit. Dieser war, wie sein Bruder, ein Anhänger der nationalen Bewegung und scheint die Gefahr für Carl Augusts nationale Fürstenbundpolitik sogleich erkannt zu haben; denn man findet in dem Politischen Briefwechsel Carl Augusts, der dankenswerterweise das ganze politische Umfeld mitberücksichtigt, folgende Notiz vom 27. 9. 1787[19]: »Dans une conférence tenue avec le Duc, et moi le 27 d. c. le Roi a nommé le Duc de Weimar comme quasi-chef dans son cabinet intime pour toutes les affaires de l'Union.« Die preußischen Geschäftsträger an den deutschen Höfen haben ihre Berichte künftig in dreifacher Form zu senden, damit Carl August durch ein Exemplar über die Angelegenheiten des Fürstenbundes stets unterrichtet werden kann.

---

17 Wilhelm Mommsen: Die politischen Anschauungen Goethes. Stuttgart 1948. S. 54 ff.
18 Politischer Briefwechsel des Herzogs und Großherzogs Carl August von Weimar, hg. v. W. Andreas, bearb. von H. Tümmler. Bd 1. S. 265 ff.
19 Ebd. S. 375. Im übrigen ist bei allen Fragen vor allem Hans Tümmlers Biographie: Carl August von Weimar, Stuttgart 1978, zu benutzen.

Es ist selbstverständlich, daß der alte Staatsmann auf die Gefahr rasch reagierte. Hertzberg schreibt an Finckenstein am 27. 10. 87, es gebe genug Anzeichen für einen Plan, nach dem der Herzog von Weimar und der Herr vom Stein die Angelegenheiten des Reiches und des Fürstenbundes unter der unmittelbaren Aufsicht des Königs leiten sollen. Er habe einen Bericht verfaßt, um den König über die Schwierigkeiten dieses Arrangements zu informieren; diese kenne man in Potsdam offenbar nicht. Man versteht, weshalb der preußische Minister eine Doppelregierung nicht dulden konnte. Der ganze Plan der nationalen Reformer hatte nur Sinn, wenn der Herzog von Weimar, statt ins Heer, in die preußische Regierung aufgenommen würde. Oder wollte Carl August gar an die Stelle des alten Hertzberg treten? Was dann geplant worden wäre, kann man einem Brief Carl Augusts vom 2. 11. 1787 an Hardenberg, den späteren preußischen Staatskanzler – er stand damals in Braunschweigs Diensten –, ziemlich genau entnehmen. Er träumt von einem Fürstenbundkongreß mit lauter *gleichberechtigten* Fürsten! Es war das Phantasiestück eines unreifen Politikers, das man im selbstbewußten Preußen auch dann nicht aufgeführt hätte, wenn der König den Kleinfürsten in sein Kabinett aufgenommen hätte. Am 12. 1. 1788 wollte der Herzog von Weimar auch den preußischen König für seine Idee eines allgemeinen Fürstenkongresses gewinnen; aber er spürte schon, woher der Wind wehte, und so schrieb er am gleichen Tage auch an Hertzberg, um ihn für sich zu gewinnen. Am 29. 1. 1788 antwortete Hertzberg, vermutlich zugleich im Auftrag des Königs, sehr kühl: Man bewundere in Berlin die patriotische Aktivität von Serenissimus und man würde sich gerne seine Ideen zu eigen machen, wenn man nicht die Langsamkeit und die Prinzipien der andern Kurfürsten fürchtete; auf dem Wege des Herzogs von Weimar würde man allzusehr ihre Eifersucht reizen. Es war eine energische und definitive Absage an eine nationale Fürstenbundpolitik (vgl. auch Bischoffwerders Brief an Carl August vom 3. 2. 1788), während Hertzberg auf die internationalen Gedanken Carl Augusts, Holland betreffend, einging. Der General hatte die preußische Intervention in Holland dazu benützt, um von Den Haag aus eine lebhafte diplomatische Tätigkeit zu entfalten, statt im Hauptquartier seines Onkels, des Herzogs von Braunschweig, der zugleich Oberkommandierender war, Dienst zu tun. Besonders dies Verhalten ist ein deutlicher Hinweis auf die Tatsache, daß den Herzog von Weimar die Politik weit mehr interessierte als die preußische Militärmaschine; denn im politischen Bereich fand er viel mehr Anlaß zur Entwicklung immer neuer, ja unerschöpflicher Ideen. Daß sein Verhalten ungewöhnlich war, beweist die ausdrückliche Entschuldigung an die Adresse seines angesehenen Chefs.

Wir haben die von politischen Historikern ausführlich erzählte, aber, wie mir scheint, wenig rühmliche Rolle des Herzogs von Weimar bei der Wahl seines Mitstreiters Dalberg zum Coadjutor von Mainz beiseitegelassen, obwohl der viel enttäuschte Politiker Carl August diesen Erfolg geradezu berauscht genoß. Erstens war dazu nur nötig, an das Domkapitel preußische Bestechungsgelder verteilen zu lassen und es vor den konkurrierenden Österreichern geheim zu halten, zweitens konnte sich der neue Coadjutor gegen Erthal, den Kurfürsten von Mainz, nicht durchsetzen, da dieser in der Frage der Reichsreform mit Preußens und Österreichs Konservativismus übereinstimmte. Was uns, entsprechend unserer Fragestellung, am meisten interessierte, war Carl Augusts unrealistische, aber in die Zukunft des preußischen Deutschlands weisende nationale Politik. Bei den kleinen Fürsten und beim reichsunmittelbaren Adel hatte begreiflicherweise die vaterländische Idee ihr bestes Fundament. Interessant in diesem Zusammenhang ist, daß Carl vom Stein, der spätere preußische Reformminister, von Carl August wiederholt und fast überschwenglich gelobt wird. Die Fürstenbundpolitik des Herzogs von Weimar erinnert sogar schon an seine ebenso von den Großmächten vereitelte oder doch auf eine unwirksame Größe zurückgeführte nationalliberale Politik nach 1815. Carl August hatte mehr Ideen als Macht. Aber beide politischen Mißerfolge beweisen, daß er als Politiker wie als Mäzen kulturelle Probleme im Auge behielt, die ganz Deutschland betrafen, und daß ihm Goethe mit seinen ständigen Erinnerungen an seine landesherrlichen Pflichten in dieser Doppelfunktion nicht ganz gerecht wurde.

Eines hatte Carl August von Hertzberg gelernt, um es nie wieder zu vergessen: Nicht nur der Kaiser und der König, sondern auch die Kurfürsten waren bedeutende politische Größen. Er hält sogar eine *bewaffnete*, von England garantierte Neutralität der Mittelstaaten für möglich (an Erthal 14. 2. 1790). Als daher Friedrich Wilhelm II. nach dem Tode Josephs II. sich für dessen Annexionspolitik rächen, in diesem günstigen Augenblick selbst einen Krieg gegen Österreich führen wollte, übernahm er zwar den Auftrag des Königs, Kursachsen für die preußische Politik zu gewinnen. Aber er tat in Wirklichkeit das Gegenteil; er bestärkte Kursachsen, diesmal fast ganz auf der Linie des Aufklärers Hertzberg (an Carl August 24. 2. 1790), in seinem Willen zum Frieden. Er ließ sich ruhig von Bischoffwerder (an Carl August 28. 4. 1790) »Untreue« vorwerfen. Der König hatte ihn ja auch im Stich gelassen und tief verletzt! Der Herzog hatte also am Zustandekommen der Konvention von Reichenbach (27. 7. 1790) einen gewissen, wenn auch schwer bestimmbaren Anteil. Carl August beteiligte sich als General befehlsmäßig auch am Aufmarsch des preußischen Heeres in Schlesien, aber er erhoffte, trotz seines Ärgers über das lange Warten, so bestimmt den Frieden, daß er Goethe zu einem Besuch ins Aufmarschgebiet einlud. Es ist deutlich zu erkennen, daß sich der oft so rauhe Herzog nicht nach dem Abenteuer eines Krieges, sondern nach Weimar sehnte. Auch den früheren verwegenen, vom König geförderten Plan ungarischer Rebellen, ihn kurzerhand zum König der Ungarn zu deklarieren, hatte er abgelehnt, mit der Begründung, man habe den Sieg noch keineswegs in der Tasche und man kenne den Willen des ungarischen Volkes [!] nicht (Carl August an Bischoffwerder 28. 12. 1789). Seine Erfahrungen in der großen Politik hatten ihn sichtlich reifen lassen.

Hoftheater, Kriegstheater und wieder Friedenspolitik mit wenig Macht (1791–1796)

Carl August hatte stets große Mühe, ein vernünftiges Gleichgewicht zwischen Selbstüberschätzung und kleinfürstlichen Depressionen aufrechtzuerhalten. Jezt als Friedensstifter neben dem Minister von Hertzberg, dem Kurfürsten von Sachsen und dem Nachfolger Josephs II., dem nur kurze Zeit regierenden Kaiser Leopold II., näherte er sich einem Gipfel seines Selbstbewußtseins. Sogar Goethe, der normalerweise, in Kenntnis der wahren Machtverhältnisse, nicht viel von Carl Augusts außenpolitischen Aktivitäten hielt, trug in diesem geschichtlichen Augenblick zur Hebung seiner Hochstimmung bei: »Für Sie ist es von der größten Bedeutung im gegenwärtigen Moment von allem unterrichtet zu werden, wo nicht gar kräftig mit zu wircken. Jetzt wird das Eisen geschmiedet und wenn es keinen Krieg giebt, so wird eine neue Gestalt von Europa in kurzer Zeit auf eine Weile sich consolidiren« (an Carl August Mitte Februar 1790). Carl August hätte die sich abzeichnende Friedenszeit wahrscheinlich noch optimistischer beurteilt. Rußland und Österreich waren dabei, die Großmacht der Türken endgültig zu zertrümmern. Auch die Teilung von Polen führte zu einer gewissen Verständigung der osteuropäischen Mächte. Preußen und England hatten den Aufstand Hollands militärisch und finanziell unterstützt; Carl August selbst war an der Erneuerung des alten englisch-preußischen Bündnisses in Den Haag diplomatisch beteiligt gewesen. Frankreich schien durch die Revolution innenpolitisch von Grund auf er-schüttert und seine stolze Armee – dies Wunschbild beherrschte fast alle Regierungen – hatte sich in einen Trümmerhaufen verwandelt.

Das Weimarische Hoftheater

Jetzt war die Zeit gekommen, den Genuß des Friedens vorzubereiten, und was lag näher, als sich der Nationaltheaterbewegung anzuschließen, die durch die Gründung des österreichischen Nationaltheaters (»Burgthea-ter«) ein erstes festes Fundament erhalten und die nach dem Tode Fried-richs des Großen, der in seinem französischen Theater steckengeblieben war, sogleich die preußische Hauptstadt erobert hatte. Als man in Weimar das dilettantische Liebhabertheater betrieb, bestand im benachbarten Gotha schon das erste Hoftheater neuer Prägung. Die Initiative war dem »denkenden« Schauspieler Ekhof, dem Pionier eines gebildeten Schauspie-lerstandes zu danken. Er hatte, ähnlich wie Lessing und Goethe, die Konse-quenz aus dem Scheitern des bürgerlichen Nationaltheaters in Hamburg gezogen und war in den Dienst eines musischen Fürsten getreten. Anna Amalia hätte gewiß sogleich eine Parallelgründung in ihrer Residenz be-grüßt. Ekhof war in Weimar wohlbekannt und spielte gelegentlich auch im Liebhabertheater mit. Aber der »Weimarer Sturm und Drang«, die Unreife des jungen Fürsten, wie auch seines Günstlings Goethe, verhinderte vor-derhand eine so zünftige Lösung. Das offizielle Theater erschien den Jun-gen als etwas Künstliches, Steifes, – als etwas Barockes, wie wir sagen würden. Auch das damals herrschende Sparsamkeitsprinzip, die Reformpo-litik Goethes, widersprach einem Hoftheater mit teuren Sängern und großen Mimen. Als sich Goethe zur Sanierung der fürstlichen Finanzen in die Kammerdirektion zurückzog und die Lust am Liebhabertheater er-losch, überließ man es der Bellomoschen Truppe, den Hof auf *eigene* Rech-nung zu unterhalten.

Bellomo scheint ein ganz gutes Geschäft gemacht zu haben. Als man nach der Kündigung der trivialen Truppe um den Kauf seines Privilegiums und seines Theaterhauses in Bad Lauchstädt stritt, übte man, ganz im höfischen Stil, einen starken Druck auf ihn aus, mit der Begründung, er

verdanke seinen ganzen Wohlstand dem Herzog von Weimar. Den gleichen
Druck, nur etwas feiner und persönlicher, konnte man auf Goethe ausüben.
War sein Spitzengehalt in Italien nicht weiterbezahlt worden und hatte er
nicht ausdrücklich erklärt, als »Künstler« stehe er dem Hofe auch weiterhin
zur Verfügung? Man darf mit Sicherheit annehmen, daß Anna Amalia ihren
Sohn in seinen Theaterplänen bestärkte und auch die Inanspruchnahme
Goethes für gerecht, ja notwendig hielt; denn seine Leitung oder wenigstens »Oberleitung« kennzeichnete das Weimarische Hoftheater von vornherein als einen Teil des Musenhofes. Zu einem berühmten Hof gehörte
ein berühmtes Theater. Auch entsprach es dem Vorbild der auf diesem
Gebiet führenden Kaiserstadt, daß ein hoher, adeliger Beamter das Theater
in letzter Instanz leitete. Ob sich das Publikum der kleinen Residenzstadt
mit dem theaterbegierigen von Wien und mit dem gebildeten von Berlin
vergleichen ließ, scheint man zunächst kaum gefragt zu haben, wenn man
auch sogleich einsah, daß das Hoftheater wie das Bellomosche an mehreren
Orten spielen müsse, außer Weimar und besonders in Erfurt und in Bad
Lauchstädt. Außerdem wußte man, daß ohne die Studenten von Jena, überhaupt ohne ein Mitgehen des Bürgertums, die Kosten für ein anspruchsvolles Hoftheater, gemessen an Weimars Möglichkeiten, allzuhoch sein würden. Solche Erwägungen waren dem Herzog nach Goethes Erziehung keineswegs fremd.

Goethe wäre von sich aus nie auf den Gedanken gekommen, ein Hoftheater unter seiner Leitung vorzuschlagen, am wenigsten jetzt in seiner antikisierenden Epoche und nach der Enttäuschung durch die Art, wie der Herzog seine Dramen aufgenommen hatte; denn das Genie wußte sehr wohl,
daß es Meisterwerke waren. Er ahnte nach allem, was er mit seinem Gönner
erlebt hatte, sicherlich, daß hier ein Streitpunkt auf Lebenszeit zu entstehen
drohte. Er war schon theatermüde, ehe er das neue Amt antrat; denn was
ihm am Herzen lag, war das Unvergängliche in der Kunst und in der Natur,
während das Theater die vergänglichste aller Künste ist. Am 27.[–29.] 5.
1787 hatte er aus Italien an den Herzog geschrieben: »In diesen […] Tagen
unterhält mich auch das Theater, an dem ich bisher wenig Freude gehabt
habe. Doch seh ich daß ich auf alle Fälle zu alt für diese Späße bin. Die
andern bildenden Künste erfreuen mich mehr, und doch am meisten die
Natur mit ihrer ewig konsequenten Wahrheit.« Es ist derselbe Brief, in dem
er Schmidt und Voigt zu seinen Nachfolgern empfiehlt. Warnt er schon vor
der Idee, ihm am Theater ein Ersatzamt anzuweisen? »Zu alt« für das
Theater ist Goethe nicht im biologischen, sondern im historischen Sinn.

Wer einen *Tasso* schreibt, taugt für das bestehende, auf Unterhaltung und Lehre eingestellte Theater des 18. Jahrhunderts nicht, am wenigsten für ein an der Tradition orientiertes Hoftheater. Ehe Carl August sein neu eingerichtetes Jagdhaus in Tannroda bezog, am 1. 4. 1787, schrieb er an seinen Ersatzfreund und -begleiter Knebel[20]: »Wir sind auf den Geschmack französischer Tragödien verfallen, und ich werde einige derselben mitnehmen.« Wenige Wochen zuvor, am 4. 3. 1787, hatte er die gedruckte *Iphigenie* Goethes erhalten. Es ist wie eine Protesthandlung gegen die aufsteigende große Dichtung der Deutschen.

Goethe muß seinen Widerstand gegen das Hoftheater, gegen das Theater überhaupt, in den Nebensatz positiver Aussagen verweisen; denn er weiß sehr wohl, daß ein offener Widerstand gegen den Fürsten aussichtslos ist (an Carl August 6. 2. 1790): »Daß Sie Sich, unter den gegenwärtigen Umständen, noch mit der mechanischten aller Wissenschaften, dem deutschen Theater abgeben mögen, läßt uns andre Verehrer der Irene hoffen daß diese stille Schöne noch eine Zeitlang regieren wird. – Wir haben wenigstens diese Tage her uns mit dem Schloßbauplane so ernstlich beschäftigt als ob wir dem friedlichen Reiche Salomons entgegen sähen. Arens hat uns recht schön aufs Klare geholfen und wir können den ersten Schritt mit Zutraun und gutem Muth wagen. – Arens hat auch einige artige Zeichnungen für den Parck hinterlaßen […]« Es ist ein Ablenkungsmanöver. Die Baulust, eine der teuersten Erbleidenschaften der Fürsten, soll den Ehrgeiz, ein Hoftheater zu besitzen, verdrängen oder wenigstens verzögern. Aber der temperamentvolle Herzog will beides haben: das Hoftheater sogleich, das neue Schloß im Laufe der Jahre. Indes muß man es dem Fürsten lassen, daß er umsichtig, gemessen an seinem Charakter sogar höchst geduldig, verfährt, um Goethe möglichst wenig zu belasten.

Carl August weiß sehr wohl, daß der Dichter und Naturwissenschaftler eine so unruhige Arbeit, wie es eine Theaterleitung ist, verabscheut. Die Weimarforscher haben nicht nur einmal festgestellt, daß Goethes nachträgliche Feststellung, er habe die Theaterleitung »mit Vergnügen« übernommen (*Tag- und Jahreshefte 1791*), eine diplomatische Beschönigung seiner ursprünglichen Empfindungen darstellt. Die Behauptung »mit Vergnügen« dürfte eine Reaktion auf die Vorwürfe der von Iffland erzogenen Schauspielerin Caroline Jagemann sein. Der Herzog versuchte zunächst, wahr-

---

20 Briefe des Herzogs Carl August von Sachsen-Weimar-Eisenach an Knebel und Herder, hg. v. Heinrich Düntzer. Leipzig 1883, S. 75.

scheinlich ernstlich, einen guten verantwortlichen Theaterleiter zu finden, der nicht Goethe war. In einer Notiz, die er nach »reiflicher Überlegung« niederschreibt, kommt Goethe überhaupt nicht vor. Er lehnt zwar den alten Weg, einen Entrepreneur zu bestellen, ab; aber er fürchtet noch »das ungemach einer Hoftruppe«. Er träumt von »einem folgsamen, stillen Menschen [...], der unter seiner Firma die Leute engagiren soll, und die Gesellschaft sowohl hier als in Lauchstedt und Erfurt dirigiere«[21]. Später beauftragte er Kirms vom zuständigen Hofmarschall-Amte, mit dem Leipziger Theaterdirektor Joseph Seconda zu verhandeln, was kaum realistischer war. Auch die Verhandlungen mit erfahrenen Schauspielern, die für die Direktion in Frage kamen, verliefen nicht zur Zufriedenheit des Fürsten. Am 17. 1. 1791 schrieb Carl August an Kirms: Ich habe »mit Göthen die Abrede genommen, daß ich schon öffentl. bekenne ich habe ihm die direcktion dieser Sache übertragen. Laßen auch sie also diesem vorsatz kund werden, u. behandeln nun das Geschäfte ganz öffentl. u. mit Goethen: ich werde dadurch aller zudringlichkeiten loß, u. schiebe alles letzterem zu«[22]. Am 20. 3. 1791 steht immer noch nicht fest, ob ein eigentliches Hoftheater entstehen oder ob die neue Gesellschaft »nach dem Namen eines Regisseurs genannt werden« soll. Fest steht nur: »Die Oberdirektion hat der Herr Geh. Rath von Goethe.«[23] Am gleichen Tag schrieb Goethe an F.H. Jacobi ausführlich über seine biologischen Studien, die ja, wie aus Goethes Gesprächen mit Schiller bekannt ist, auf die mystische Konzeption einer Urpflanze und eines Urtiers hinauslaufen – im schroffen Gegensatz zu Linnés Erfassung der möglichst vollständigen Erscheinungsfülle allen Lebens: »Man sieht bey diesen Arbeiten gar nicht was man macht, weil alle Bemühung einwärts geht und Simplification der Zweck ist. – Dagegen steht mir jetzt eine Beschäftigung vor die desto mehr nach aussen gerichtet ist und nur den Schein zur Absicht hat. Es ist die Oberdirecktion des Theaters das hier errichtet wird. Ich gehe sehr piano zu Wercke, vielleicht kommt doch fürs Publikum und für mich etwas heraus. Wenigstens wird mirs Pflicht diesen Theil näher zu studiren, alle Jahre ein Paar spielbare Stücke zu schreiben. Das Übrige mag sich finden.« Man erkennt sehr deutlich die Polarisierung einer verinnerlichten Naturwissenschaft und eines ganz als

---

21 Julius Wahle: Das Weimarer Hoftheater unter Goethes Leitung. Weimar 1892, Schriften der Goethegesellschaft Bd 6, S. 23.
22 Ebd. S. 30.
23 Kirms an den Stift-Merseburgischen Minister, ebd. S. 34.

Außenseite des Lebens, als mechanische Kunst verstandenen Theaterbe-
triebs. Für das so handwerklich aufgefaßte Theater will Goethe »spielbare
Stücke« schreiben; denn es hat sich gezeigt, daß nach der Auffassung des
sehr interessierten obersten Theaterleiters Carl August seine dichterischen
Dramen nicht spielbar sind. Goethes Werke erinnern an die Leichtigkeit,
mit der er in der Jugend *Clavigo* und *Stella* schrieb, während er *Götz von
Berlichingen* mit großem Anspruch dichtete, bald darauf sogar gründlich
umarbeitete, den *Faust,* der nicht so rasch zu vollenden war, sogar in seiner
fragmentarischen Gestalt beließ und in der antikisierenden Phase seiner
Dichtung als Fragment veröffentlichte, was in seinem Bewußtsein wohl
eine Verabschiedung des »nordischen« Stoffs bedeutete.

Das bewußte Ansteuern »spielbarer Stücke« entsprach dem Herabstei-
gen in Stoff und Ton, das wir in den *Römischen Elegien,* in anderer Weise in
den *Venetianischen Epigrammen* und schließlich in dem satirischen Tierepos
Reineke Fuchs beobachten konnten. Doch ließen sich diese drei Werke traditionsgemäß als Dichtungen mittleren und niederen Stils rechtfertigen;
denn sie waren in antiken Versmaßen verfaßt und auch sonst höchst sorgfältig gearbeitet. Jetzt tut er den Schritt zur Prosa und zu einer Stilhaltung,
die er später, unter dem Einfluß des Idealismus, in einem Schema zum
Jahre 1792 ziemlich kritisch als »strengen Realismus« bezeichnet: »Zerstörte alle Sentimentalität in mir und litt also Schaden am nahverwandten
Sittlich-Ideellen«[24]. In der Zeit nach Italien, da er den Schritt zum Realismus tat, dürfte er diesen Stil noch als eine legitime ästhetische Möglichkeit
gesehen haben; denn er meint: »Auch selbst das geringste Kunstwerk muß
der Meister machen, wenn es recht und ächt werden soll« (an J. F. Reichardt
25. 10. 1790). Wenn man diese Forderung auf das Theater bezieht, so heißt
es, daß er zunächst davon träumte, mit den theaterbeherrschenden Talenten Iffland und Kotzebue zu konkurrieren und sie zugleich übertreffen zu
können. Was ihn zu einer solchen Donquichotterie verleitete, war nicht nur
seine Aufgabe als Theaterdirektor, sondern auch der mittelmäßige Absatz
seiner »Schriften« bei Göschen (an Christoph Ludwig Friedrich Schultz
10. 1. 1829): »Ich hatte in meinen letzten Bänden bey Göschen das Möglichste gethan, z. B. in meinen *Tasso* des Herzensblutes vielleicht mehr als
billig ist, transfundiert, und doch meldete mir dieser wackere Verleger,
dessen Wort ich in Ehren halten muß: daß diese Ausgabe keinen sonder-
lichen Abgang habe.« Vor allem aus dieser bitteren Erfahrung erklären sich

---

24 W.A. Bd 33, S. 363. Nach Hamburger Ausgabe Bd 10, S. 665.

Goethes Beschimpfungen des deutschen Publikums in den Briefen dieser Zeit. Carl Augusts Kritik war nur die Spitze des Eisbergs, der ihn in diesen Jahren niederdrückte.

Das Selbstverständnis als Theaterschriftsteller erlaubte ihm in der ersten Zeit nicht nur das »Mechanische« der Theaterleitung, sondern auch so wichtige Funktionen wie das Engagieren der Schauspieler seinem treuen Gehilfen Kirms zu überlassen. Die Theaterleute kamen besonders aus Österreich. So wurde z. B. J. Franz Fischer vom Kgl. Theater in Prag als Regisseur verpflichtet. Man war so vorsichtig, die ersten »Contracte« nur auf ein Jahr zu schließen.[25] In den Briefen, die Goethe in dieser Zeit an Carl August schreibt, steht das Theater keineswegs im Mittelpunkt. Er gibt deutlich zu verstehen, daß ihn die Naturwissenschaft mehr interessiert. Besonders fällt auf, daß er gerade damals eine angeblich »alte Idee« verfolgt, nämlich die, »eine gelehrte Gesellschaft zu errichten […] Wir könnten wircklich mit unsern eignen Kräften, verbunden mit Jena viel thun wenn nur manchmal ein Reunionspunckt wäre« (1. 7. 1791). Die Bemerkung über das Theater, die sich im gleichen Brief findet, ist viel distanzierter: »Es fügt und schickt sich alles. Kleine Inconvenienzen werden nicht gerechnet, sie machen nur Herrn Fischer zu schaffen.« Neben Kirms hat Goethe jetzt den Regisseur Fischer für das »Mechanische«. Auch der Brief vom 8. 7. 1791 behandelt das Theater nur nebenbei: es »geht alles ganz artig. Die Anstalt reuissirt gewiß.« Der Beginn des Briefes dagegen ist eine geradezu wuchtige Betonung seiner naturwissenschaftlichen Berufung: »Ich habe mir durch das Optische Studium eine große Last aufgeladen oder vielmehr der Genius hats gethan.« Carl August verstand gewiß. Goethe suchte lange einen Mann, der sich auf das Theater besser verstand, und vier Jahre später hoffte er, ihn in Schiller gefunden zu haben, der ja tatsächlich ein Spezialist der Theaterdichtung gewesen ist. Aber Carl August wollte gewiß die ohnehin große moralische Macht dieses Zweibundes nicht noch durch eine solche, auch kostspielige Ernennung verstärken. Carl August an Goethe am 1. 11. 1795: »Wenn du aufs Frühjahr weggehen soltest, wie du es im Willen zu seyn schienest, so ist freylich unser Theater im A – denn die Idee mit Schillern, die du einmal äusertest, möchte wohl schwerlich außführbar seyn. Ich weiß wircklich nicht, was ich über die Sache rathen, thun oder sagen soll und wünschte deine Weißheit zu vernehmen.« Er vermutet, daß die Verhandlungen mit Iffland Goethe verstimmten, und er

---

25 Julius Wahle: Das Weimarer Hoftheater unter Goethes Leitung, S. 34 f.

versichert, daß er »nur einen außerordentlichen Zuschuß an ihn zu wenden« beabsichtigte, ihn also für ein Gastspiel gewinnen wollte. Es ist möglich, daß eine Eifersucht dieser Art im Spiele war; denn Goethe hatte bisher stets seine Freunde zu Nachfolgern empfohlen und sich damit durchgesetzt. Wenn Iffland ernstlich verhandelte, so war ihm das berühmte Weimar gewiß nur das Sprungbrett nach Berlin, wo er am Nationaltheater, von 1796 an, eine für die deutsche Dramen- und Theatergeschichte überaus wichtige Rolle spielen wird.

Die Ablehnung Schillers zeigte dem einstigen Günstling, daß er immer mehr zu einem fürstlichen »Diener« absank – trotz aller seiner Bemühungen im Krieg und im Frieden. Die Krise endete wie die meisten nachitalienischen Auseinandersetzungen des Genies mit seinem Fürsten. Carl August an Goethe (20. 12. 1795): »Ich hoffe, du wirst das Verlangen wieder zurücknehmen, dich von diesen Geschäfte befreyt zu wissen, und mir den Gefallen erzeigen, in den noch daurenden Verhältniße fortzuwircken.« *Das war ein Befehl!* Die Briefe, die Goethe in dieser Angelegenheit an den Herzog schrieb, fehlen bezeichnenderweise. Carl August wollte, wie es scheint, an dieser heiklen Stelle die dienstlichen Schwierigkeiten mit seinem Genie der Nachwelt nicht überliefern.

»Spielbare Stücke«?

In den später geschriebenen *Tag- und Jahresheften* ist davon wenig die Rede. 1791: »Gar sehr begünstigte mich jene Neigung zur musikalischen Poesie.« Die Oper ist »das sicherste und bequemste Mittel« zur Ergötzung des Publikums. Im Sprechdrama dominiert das »Schauspiel aus Ifflands bester Zeit«. Stolz ist Goethe auf eine Inszenierung von Shakespeares *König Johann* im Ensemblespiel, in dem er wohl mit Recht Weimars Chance sah. 1792: Sorgfältige Aufführung von Stücken Ifflands und Kotzebues. »Bedeutendes aber geschah« durch *Don Juan* und *Don Carlos*-Inszenierungen. 1793: Gegen den »Umsturz alles Vorhandenen«, der einen »vaterländisch gesinnten« Schriftsteller schreckte, schrieb er den *Bürgergeneral* und *Die Aufgeregten.* Der *Bürgergeneral* wurde aufgeführt und geschrieben im Vertrauen auf »Talent und Humor« des Schauspielers Beck. Auch Malcolmi spielte »auf's vollkommenste«. Aber schon die »Scheinbilder« des Furchtbaren ängstigten das Publikum. 1794: »Das Theater, wenn es mich auch nicht ergötzte, unterhielt mich doch in fortwährender Beschäftigung; ich

betrachtete es als eine Lehranstalt zur Kunst mit Heiterkeit.« *Zauberflöte.*
»Dann [...] einige bedeutende Ifflandische Schauspiele.« *1795:* »Die Opern
zogen mehr an als alles Übrige« – keineswegs nur die Mozarts! »Lessings
Werke tauchten von Zeit zu Zeit auf, doch waren eigentlich Schröderische,
Ifflandische, Kotzebue'sche Stücke an der Tagesordnung [...] *Aballino*
ward den Schillerischen Stücken ziemlich gleichgestellt.« Die Geringschätzung des Publikums, das er als Theaterleiter beobachten *mußte,* ist spürbar.
Es fehlt dem Dichter, wie seinem Wilhelm Meister im Laufe seiner Entwicklung, jeder Enthusiasmus für das Theater; es handle sich da, sagt Goethe,
um »kleine, im Vergleich mit dem Weltwesen höchst unwichtige Verhältnisse«.[26]

Ob das Publikum durch den *Bürgergeneral* wirklich erschreckt wurde?
Man wird eher an der Verharmlosung der Revolution Anstoß genommen
haben; denn der Dichter weicht hier in eine komische Randerscheinung der
Revolution aus, in die deutsche Provinz, – in die Posse, ähnlich wie 1848
Nestroy in seiner *Freiheit in Krähwinkel.* In den andern »Revolutionsdra-
men« wird er dem Problem der weltgeschichtlichen Erscheinung eher gerecht.

Die Aufgeregten sind nicht harmlos, enthalten vielmehr eine Szene, von
welcher der Dichter vielleicht meinte, sie lasse das Herz Carl Augusts und
aller Gegenrevolutionäre höher schlagen. Die humane Gräfin will dem
betrügerischen Amtmann Geld geben, damit er ein von ihm verstecktes
Dokument herausgibt; es ist von größter Wichtigkeit in ihrem lang ver-
schleppten Prozeß mit den Bauern. Die Tochter der Gräfin dagegen, Friederike, verhält sich dem alten Feudalstil entsprechend. Sie richtet ein Jagdge-
wehr auf den Amtmann und läßt keinen Zweifel daran, daß sie den Schuft
erschießen wird, wenn er nicht angibt, wo er das Dokument versteckt hat.
Amtmann: »Es würde Sie gereuen.« Friederike erinnert an die Szene, da sie
auf einen Jägerburschen schoß, weil er ihren Hund prügelte. Sie fehlte und
alle waren darüber froh. Nur der Amtmann sagte, sie sei doch »ein Kind aus
vornehmem Hause! Das wäre mit Geld abzutun.« *Friederike:* »Ich bin noch
immer ein Kind, ich bin noch immer aus einem vornehmen Hause; so
müßte das wohl auch mit Geld abzutun sein.« (IV, 9). Der ängstliche Amtmann bezeichnet nun genau das Versteck des Dokuments. Der Hofrat, der
Anwalt der Gräfin, findet es an der angegebenen Stelle, und die humane

---

26 Die zitierten Stellen aus den *Tag- und Jahresheften* findet man in: W. A. Bd 35,
S. 18–51.

Gräfin umarmt ihre energische Tochter. Das soll wohl bedeuten: Ein Sieg der höheren Gerechtigkeit mit Hilfe einer unschuldigen weiblichen Heldin. In *Hermann und Dorothea* findet man wieder eine so unschuldige und wehrhafte weibliche Heldin, und Schiller schrieb die *Jungfrau von Orleans*, die Carl August wegen mangelnder Unschuld der Hauptdarstellerin in eine fürchterliche Verlegenheit brachte. Im vorliegenden Fall sagte der Fürst vermutlich seinem vorsichtig vorfühlenden Dichter-»Diener«, ganz ähnlich wie beim Vorlesen der *Römischen Elegien*: Natürlich das gibt es, und Du hast es wieder sehr gut gemacht. Aber über solche Dinge schweigt man doch, zumal in diesem Augenblick, da Herrscher und Adel einer so radikalen Kritik ausgesetzt sind. Auch die Gräfin selbst, die in Paris die Revolution studiert hatte – welcher loyale Standesgenosse tut das? – war kaum nach dem Herzen des Herzogs und preußischen Generals. Gräfin: »Ich habe es sonst leichter genommen, wenn man unrecht hatte und im Besitz war [...] Seitdem ich aber bemerkt habe, wie sich Unbilligkeit von Geschlecht zu Geschlecht so leicht aufhäuft, wie großmütige Handlungen meistenteils nur persönlich sind [!] und der Eigennutz allein gleichsam erblich wird [!]; seitdem ich mit Augen gesehen habe, daß die menschliche Natur auf einen unglaublichen Grad gedrückt und erniedrigt, aber nicht unterdrückt und vernichtet werden kann: so habe ich mir fest vorgenommen, jede einzelne Handlung, die mir unbillig scheint, selbst streng zu vermeiden und unter den Meinigen, in Gesellschaft, bei Hof, in der Stadt über solche Handlungen meine Meinung laut zu sagen. Zu keiner Ungerechtigkeit will ich mehr schweigen, [...] und wenn ich auch unter dem verhaßten Namen einer Demokratin verschrien werden sollte.« (III, 1) Auch für die folgende, nicht ausgeführte Szene, in der »Nationalversammlung« gespielt wird – Goethe nennt sie in der Zwischenbemerkung selbst einen »bedenklichen Gegenstand« – erfuhr der Dichter gewiß von seinem Herrn wenig Zustimmung und Ermunterung. Es erscheint mir naiv, für den Fragmentcharakter des Werks innerliterarische Gründe geltend zu machen. Ein derartiges »politisches Drama« – der Dichter nennt es mit Recht so! – war in Weimar nicht aufzuführen und noch weit weniger zu drucken als die *Römischen Elegien*. Wozu sollte sich Goethe also die Mühe machen, es zu vollenden?

Erst im Jahre 1817, als sich der Herzog selbst auf den Reformkurs begab und sein altes nationalliberales Herz sogar ganz warm für die Burschenschaftler schlug, als er selbst die Macht des Ancien régime in der Gestalt Metternichs höchst unangenehm zu spüren bekam, erinnerte ihn Goethe an *seine* alten Zensursünden, indem er *Die Aufgeregten* im 10. Band der

Cottawerke erstmals drucken ließ. Auch zur Verteidigung gegen Radikal-Liberale, zum Nachweis seines nie aufgegebenen Verständnisses für die *berechtigten* Ziele der Aufklärung und der Französischen Revolution, war diese verspätete Publikation nützlich: »»Kennen Sie meine ›Aufgeregten‹? [...] Es ist wahr, ich konnte kein Freund der französischen Revolution sein, denn ihre Greuel standen mir zu nahe und empörten mich täglich und stündlich, während ihre wohltätigen Folgen [!] damals noch nicht zu ersehen waren [...] Ebensowenig aber war ich ein Freund herrischer Willkür. Auch war ich vollkommen überzeugt, daß irgendeine große Revolution nie Schuld des Volkes ist, sondern der Regierung« (Eckermann am 4. 1. 1824).

Es ist üblich, Goethe wegen seiner moralischen Interpretation der Revolution zu tadeln. Zweifellos gibt es auch Ideologien anderer Art, die bestimmte Systeme stützen können, z.B. solche kapitalistischer und kommunistischer Art. Aber sind sie besser? Die Geschichtsschreibung jedenfalls nähert sich wieder der alten Meinung, daß die humanen Reformen Friedrichs II. und Josephs II., nicht zuletzt auf dem Gebiet der Rechtspflege, den deutschen Staaten die blutigen Exzesse der Französischen Revolution und lange auch die blutigen Siege und Niederlagen eines militärischen Imperialismus erspart haben. Reformen aber, wenn sie dauerhaft sein sollen, sind stets *auch* sittlich fundiert.

Goethes moralischer Humanismus liegt auch seinem *Groß-Cophta* zugrunde. Die *vor*revolutionäre Korruption in Frankreich zu geißeln war nicht so gefährlich, wie die Problematik des Ancien régime direkt anzugehen, wie es Goethe höchst unvorsichtig in den *Aufgeregten* tat. Ist es ein Zufall, daß man gerade jetzt, in einem Zeitalter weltweiter Korruption, sich für dieses Stück wieder interessiert?[27] Ob man Goethes Abgrenzung von der alten Geheimwissenschaft oder die Konkurrenz mit Kotzebue und Iffland oder ganz allgemein die Aufklärungstradition in diesem Stück betont,

---

27 Ich nenne nur D. Borchmeyer: Höfische Gesellschaft und französische Revolution bei Goethe. Kronberg/Ts. 1977. Kap. IV, 7, S. 311–322. – W. Martens: Geheimnis und Logenwesen als Elemente des Betrugs in Goethes Lustspiel *Der Großcophta*, in: Geheime Gesellschaften, hg. v. Peter Christian Ludz. Heidelberg 1979, S. 325–334. – M. Mehra: Goethes Groß-Cophta und das zeitgenössische Lustspiel um 1790, in: Goethe Yearbook Vol. I, Columbia S.C. 1982, S. 93–111. – W. Müller-Seidel: Cagliostro und die Vorgeschichte der deutschen Klassik, in: Die Geschichtlichkeit der deutschen Klassik. Stuttgart 1983, S. 49–65.

wichtig ist nur, daß der unbestimmte Gattungscharakter, sein halbwegs dokumentarischer Charakter und Goethes Satire – diese ist ja fast immer moralisch begründet! – nicht mehr so stören wie in einem Zeitalter, das durch immanente Interpretation und durch eine schulmeisterliche oder goethepriesterliche Unterscheidung zwischen mißlungenen und geglückten Werken des (gerade auch durch seine Breite) großen Dichters bestimmt war. Das Stück ist auch wieder aufgeführt worden, inspiriert von Augusto Fernandes im Hamburger Schauspielhaus. Der Rezensent der Süddeutschen Zeitung (10. 1. 1983) äußert sich begeistert: »Es ist also ein Fund, ein Volltreffer und ein fulminanter Anlaß fürs Theater«. Bei so viel Begeisterung für ein einst beiseitegeschobenes Stück kann man sich gleich der Rezension zuwenden, die sich Goethe bescheiden von Serenissimus erbat. Carl August rezensierte ausführlich, während er sich normalerweise mit kurzem, herablassendem Lob oder Tadel begnügte. Ehe er anfing, befahl er, geschmeichelt von einer so seltenen musischen Anerkennung durch den Dichter: »Schicke gelegentlich deine Iphigenie vor meinen Richterstuhl, die so viele tausend Gulden und Lichter Wien gekostet hat« (an Goethe, Frühjahr (?) 1800).[28] Es war eine ziemlich zufriedene Anspielung auf einen Mißerfolg. Der Herzog dachte: Ja, in der Kaiserstadt weiß man noch, was Fürsten sind! Goethe wird dem Befehl des Fürsten in diesem Fall kaum entsprochen haben, so wenig wie Carl Augusts Rat, *Tasso* nicht zu schreiben. Hier stieß der Fürst auf Goethes harten Kern. Der vom Parnaß nach Weimar und zum Weimarer Hoftheater herabgestiegene Dichter war nur neugierig, wie der oberste Leiter des Hoftheaters seine Konkurrenz mit Kotzebue beurteilte; denn ein Kenner des Theaters (im engeren Sinn) war der Fürst ohne Zweifel, und schreiben konnte er auch.

Goethe scheint gefragt zu haben – der Brief ist verloren –, ob das ehebrecherische Ehepaar, das im Stück vorkommt, das Publikum abstößt. Carl August bejaht die Frage, unter Hinweis auf die Liebhaberin in Diderots Hausvater und andere französische Sünderinnen des Theaters. Man könnte »die Marquise und Marquis [...] in Bruder und Schwester« verwandeln. Anstößig sei auch, daß der Domherr die Tochter seines Fürsten [!] zu verführen gedenkt. Wenn ein ähnlicher Fall in der Hochzeit des Figaro vorkommt, so sei zu fragen, »ob deutsche theatralische Schriftsteller es

---

28 Briefwechsel des Herzogs Carl August mit Goethe, hg. v. H. Wahl. Bd I, S. 282–286. Ebd S. 449 (Anmerkungen): »Eine prunkvolle Eliteaufführung«: »Die Kritik versagte gleich dem Publikum.«

wagen dürfen [...] den [sic] Beyspiele und der Laune Beaumarchais' zu folgen«. Um diese Mängel zu beheben, wäre eine gründliche Umarbeitung nötig. Ferner wäre möglich, »daß das Publicum einen Widerwillen gegen die öffentliche Aufstellung gewisser Betrügereyen spürte, durch welche sehr außgezeichnete [!] Personen an der Nase herum geführt worden sind«. Er glaubt aber nicht, »daß die Wahrheitsliebe, die in Göthens Schauspiel herrscht«, das Publikum abstößt, da die Moral bei so beliebten Theaterdichtern wie Kotzebue und Iffland noch drückender ist.

Wahrscheinlich ist das Genre des Stücks schuld daran, »daß die Zuschauer lau dabey bleiben?« Man wird das Stück, wie es ist, »in die Claße der Dramas« [des Schauspiels] einordnen, »während der Charackter des sujets es entweder zu einer Poße, oder zu einer Tragödie stempeln möchte«. An eine Tragödie dachte der Autor bestimmt nicht. Das Stück nähert sich der »Comedie und zwar einer Art, die mann in Franckreich chargirt nennt«. Aber: »Eine chargirte Comedie, oder eine Posse muß ihrer Natur nach kurtz seyn, denn lange daurende Späße ermüden, und ein zu gedanckenreicher, aufeinander gehäufter, viel Wörtlicher Witz verfehlt gewöhnlich seyn Ziel.« Damit hängt eine andere, Goethes Schauspiel »schädliche« Eigenschaft zusammen: »die Handlungen im Cophta kommen der Wircklichkeit zu nahe, der ernsthafte Ton, der darinnen herrscht, läßet den [sic] Zuschauer zu viel Zeit, moralische Betrachtungen anzustellen und unterhält ihn zu sparsam beym lächerlichen.« – Auch das Gefühl des Zuschauers wird nicht befriedigt; dazu gehören »einige liebenswürdige Characktere«. Aber selbst der Ritter, der von »der Rotte von Dieben und Betrügern« abgehoben wird, bleibt »nur ein kurtzsichtiger, schwanckender Mensch«. Bei einer Neubehandlung des Gegenstands ist die »Form [...] einer comischen Oper« zu empfehlen: »in Versen mit Music begleitet klingt manches ganz anders, als in der wircklichen Sprache«.

Die Kritik des Fürsten beweist, daß er ein einigermaßen zuständiger Rezensent ist, daß er aber sein Hoftheater in erster Linie als eine Gelegenheit zur Unterhaltung betrachtet. Dafür ließen sich noch andere Belege aus seinen Briefen anführen. Und, wie wir schon wissen, wünscht das Publikum, wie der Fürst, vor allem Musikalisches. »Verse mit Music begleitet« dürfen dabei sein: Auch das Melodram ist beliebt. Aber auf die »Wahrheit«, die Goethe lehren will und die zunächst anerkannt wird, kommt es letzten Endes gar nicht an. Der Fürst ist vollkommen im Recht, wenn er sagt, in der Posse dürfe man der Wirklichkeit nicht zu nahe kommen; denn was man an der Possendichtung realistisch zu nennen pflegt, ist in Wirklichkeit ein stark schematisierender und abstrahierender niederer Stil.[29] Aber warum soll das von Diderot, und im Grunde schon von der comédie larmoyante konzipierte »mittlere Drama« oder »Schauspiel« nicht erlaubt sein? Warum soll man nicht versuchen, dem Publikum etwas von der Zeitgeschichte, von der gesellschaftlichen Wirklichkeit zu zeigen, um ihm so die Augen zu öffnen. Daß dies ein im Spielgeist des Rokoko erzogener und Goethes Fürstenerziehung entwachsener Herzog nicht wünscht, ist verständlich; einzelne feudale Aspekte sind in der Rezension unübersehbar.

Nur in *einem* Punkte hat, wie mir scheint, der Fürst recht: Das Stück ist zu langatmig, den Dialogen fehlt oft die vom Drama erwartete geistige Spannung; sie könnte sich auch witzig äußern! Mit dieser Schwäche wird sich auch heute jeder Theatermann auseinanderzusetzen haben. Man wird Goethes Bündnis mit Schiller nie ganz verstehen, wenn man es nicht auch aus der Perspektive eines Theaterdirektors sieht, der bei dem Versuch, für Weimar »spielbare Stücke« zu schreiben, *gescheitert* war. Goethe erkannte die Notwendigkeit einer Ergänzung. Und umgekehrt belegen Schillers Briefe an Körner, daß der jüngere Dichter nur insofern von Goethes dichterischer Größe nicht erdrückt wurde, als er sich ihm im »dramatischen Fache« überlegen wußte. Nur *er* konnte – das gilt auch in statistischer Hinsicht – beim damaligen Publikum mit Iffland, Schröder und Kotzebue konkurrieren!

Gemeinsamer Hochmut und gemeinsames Leiden: Campagne in Frankreich

Sicherlich war es nicht sehr klug, wenn Kaiser Leopold II. und König Friedrich Wilhelm II. die Pillnitzer Deklaration zugunsten der französischen Monarchie beschlossen; denn Österreich war durch die Niederwerfung des gefährlichen Aufstandes der Ungarn (1788–1790) und durch den letzten Krieg gegen die Türken (Friede von Sistowa 1791) erholungsbedürftig; und der Nachfolger Friedrichs des Großen wußte nie so recht, was er

---

29 Vgl. Mein Nestroy-Kapitel in Biedermeierzeit, Bd III: Die Dichter, bes. S. 211.

eigentlich wollte. Es lag nahe, die kollegiale Pflicht gegenüber dem König von Frankreich zu erfüllen und den revolutionären Brand im Keim zu ersticken. Aber die übereilte Reaktion auf die französische Kriegserklärung war ein Fehler. Man zog auf *einer* Straße über Longwy und Verdun in Richtung Châlons und Paris, und als man in den Argonnen auf Widerstand stieß, wurde man unsicher. Die legendäre Kanonade von Valmy war nicht der Grund dafür. Auf Artilleriefeuer ist man in einem normalen Kriege stets gefaßt. Auch das Regenwetter kann nicht die Ursache des Rückzuges gewesen sein; denn es regnete schon während des Vormarsches. Der eigentliche Grund für das Erschrecken der preußischen und österreichischen Führung war wohl die nicht eingeplante Überraschung, daß man überhaupt auf starken Widerstand stieß, während die Emigranten behauptet hatten, das Volk warte nur darauf, von der Revolution befreit und wieder vom König und Adel regiert zu werden. Nur so lassen sich die Tatsachen erklären, daß der Nachschub an Munition und Verpflegung völlig unzulänglich war und daß der Rheingau so wenig geschützt war, daß die Franzosen beinahe gleichzeitig Mainz und Frankfurt einnehmen konnten. Der Rückzug war nötig, wenn man Trier und Koblenz wieder erreichen und im Laufe der Zeit die *deutschen* Gebiete befreien wollte. Erwägungen dieser Art konnte der in den Feldzug verwickelte Goethe kaum anstellen. Aber wenn man der erst 1820–1822 geschriebenen[30] *Campagne in Frankreich* trauen darf – sie ist in einem völlig andern Ton geschrieben als die Briefe –, so fiel dem an klare Befehlswege gewöhnten Geheimrat sogleich auf, daß man nicht wußte, ob der Herzog Ferdinand von Braunschweig, der berühmte Feldherr Friedrichs des Großen, oder Friedrich Wilhelm II. der oberste Befehlshaber war. Ohne höfische Rücksicht können wir heute sagen: Der König pfuschte dem erprobten Feldherrn ins Handwerk. Das Ancien régime überschätzte sich auf der ganzen Linie.

Der Herzog von Weimar nahm an dem Feldzug als preußischer General teil. Aber er war damals auch als Landesherr durch die bedeutenden Unruhen der Jenenser Studenten gefordert: Am 15. 7. 1792, also unmittelbar vor dem Feldzug, schrieb er aus Koblenz an Voigt, der immer deutlicher zum leitenden Geheimrat Weimars aufstieg: »Die Unruhen in Jena erfordern zuverlässig eine sehr ernstliche Beendigung, und die [geheimen] Orden müssen auf alle mögliche Weise ausgerottet werden. Ihre Bemerkung ist sehr richtig, daß die Studenten aus denselben Anlagen schöpfen zu demo-

---

30 Hamburger Ausgabe Bd 10, S. 660.

kratischer Schwärmerei und auch nach geendigten Universitätsjahren im Vaterlande nur auf Gelegenheit warten, damit hervorzutreten. Ich kann Ihnen hiebey versichern, daß es keineswegs eine Schimäre war, wenn die Überpflanzung neufranzösischer Grundsätze auf deutschem Boden gefürchtet wurde. Ich habe hier Beweise erhalten, und man macht gar keine Heimlichkeit daraus, daß, wenn Österreich, Preussen und Rußland nicht so kräftig dem Strom entgegenarbeiteten, die Unruhen schon gegenwärtig in mehrern Teilen von Deutschland würden ausgebrochen sein.«[31] Aus dem Lager bei Rübenach am 27. 7. 1792 bekräftigt er diese militante Haltung: Es ist »ein wahres Glück, daß die großen Mächte der Anarchie, welche gewiß der ganzen Menschheit drohete, den Kopf abbeißen; es ist unglaublich, wie sehr der Mittelstand in allen Ländern [...] von der Sucht, unter moralischen Vorspiegelungen, Scheingründen, poetischen Träumen sich zu den Herren der Schöpfung machen wollen, angesteckt sind«.[32] Am 17. 8. 1792 versteigt sich Carl August gar zu der Meinung, »daß, ohne diese Stadt [Paris] ihrer jetzigen Form und Wesen nach, gänzlich zu zernichten, niemals dauerhafte Ordnung und Ruhe in Frankreich hergestellt werden kann«.[33] Geheimrat Schnauß entdeckte aufgrund so starker Worte gleich die Geldforderungen aus dem Siebenjährigen Krieg, die jetzt gegenüber Frankreich geltend zu machen seien.[34] Und der Landesherr befahl, in diesem Sinne sogleich Schreiben an Preußen und Österreich aufzusetzen.[35]

Alle wunderten sich, daß auch Goethe, dieser Erzhumanist und unverbesserliche Zivilist, an dem Feldzuge gegen Frankreich im Gefolge des Herzogs teilnahm. Ohne eine Bitte, die wie üblich dem Befehl ähnelte, hätte er es nicht getan. In den *Tag- und Jahresheften* zu 1792 sagt er ohne nähere Erläuterungen, er sei »in's Feld berufen« worden.[36] Die Empörung, um nicht zu sagen die Gehässigkeit gegen das aufsteigende Bürgertum, die aus Carl Augusts Äußerungen spricht, lag dem Goethe der neunziger Jahre fern. Der ehemalige Fürstenerzieher, der Verfasser der *Venetianischen Epigramme*, der *Aufgeregten*, des *Groß-Cophta* liegt durchaus auf der Linie einer reformierten Monarchie und einer gewissenhafter gewordenen Ober-

---

31 Politischer Briefwechsel des Herzogs Carl August von Weimar, hg. v. W. Andreas, bearb. von H. Tümmler. Bd 2 Stuttgart 1978, S. 34f.
32 Ebd. S. 36, ebenfalls an Voigt.
33 Ebd. S. 37, ebenfalls an Voigt.
34 Ebd.
35 Ebd. S. 38.
36 W. A. Bd 35, S. 21.

schicht. Aus diesem Grund wurde auch die Behandlung der unruhigen Studenten und der kritischen Professoren in Jena zu einem Konfliktpunkt zwischen dem Genie und seinem Fürsten. Der nobilitierte Großbürgersohn trat gegen eine diktatorische Behandlung der akademischen Bürger immer wieder ein. Noch hatte er nicht alle Hoffnungen auf Reformen aufgegeben. Der Kenner der *Campagne in Frankreich* könnte gegen diese Feststellung geltend machen, daß im *Anhang* der Feldzugsbeschreibung, den die dem Dichter notwendig erscheinende *Umwegsreise* über Düsseldorf und Münster nach Weimar beschreibt, der großbürgerliche Jacobi-Kreis scharf verurteilt wird. Nach einem Lob der Düsseldorfer Galerie, die ihm die Vorzüge der niederländischen Maler vor Augen geführt hatte, fährt er fort[37]: »Was mir aber noch mehr auffiel, war, daß ein gewisser Freiheitssinn, ein Streben nach Demokratie sich in die hohen Stände verbreitet hatte; man schien nicht zu fühlen, was alles erst zu verlieren sei, um zu irgend einer Art zweideutigen Gewinnes zu gelangen. Lafayettes und Mirabeaus Büste, von Houdon sehr natürlich und ähnlich gebildet, sah ich hier göttlich verehrt, jenen wegen seiner ritterlichen und bürgerlichen Tugenden, diesen wegen Geisteskraft und Rednergewalt. So seltsam schwankte schon die Gesinnung der Deutschen; einige waren selbst in Paris gewesen, hatten die bedeutenden Männer reden hören, handeln sehen und waren, leider nach deutscher Art und Weise, zur Nachahmung aufgeregt worden, und das gerade zu einer Zeit, wo die Sorge für das linke Rheinufer sich in Furcht verwandelte.« Die Stelle erinnert an die schlichte Tatsache, daß die *Campagne in Frankreich* während der Restaurationsepoche, nach allen Leiden der napoleonischen Zeit wie auch nach dem Scheitern der konstitutionellen Monarchie in Preußen und Österreich geschrieben wurde. Vor und nach dem Feldzug ist F. H. Jacobi einer der Hauptfreunde Goethes. Am 2. 7. 1792 hofft der Dichter ihn in Frankfurt zu sehen – auf der Reise zu Carl August. Und am 6. 8. 1792 gesteht er nur diesem Freund, daß er immer noch in Weimar ist, weil er sich zur Reise in das »Gewirre des Kriegswesens« nicht entschließen kann. »Ich bin in einer Verwirrung und Ungewißheit meines Zustandes auf den nächsten Tag daß ich fast kranck werde, denn Unentschloßenheit ist die größte Kranckheit, und mir kommt sie von aussen und wirft mich hin und wieder. Verzeih deßwegen dieses confuse Blat.« *Nach* dem Feldzug wartete er in Coblenz auf den Herzog, der den durch das Elend des Rück-

---

37 Hamburger Ausgabe Bd 10, S. 317.

zugs mitgenommenen Dichter, fürsorglich wie immer, mit Kranken und Verwundeten voraus in die Etappe zurückgeschickt hatte. Nach einem Brief an Christiane (4. 11. 1792) war zu dieser Zeit der Herzog schon in der überfüllten Etappenstadt angekommen. Aber Goethe floh ohne Abschied rheinabwärts zu Freund Jacobi. Scheute er davor zurück, sich durch die Fürsten und die Generalität zu seinem Gönner vorzudrängen? Oder fürchtete er neue Bitten (Befehle) des nun doppelt unterhaltungsbedürftigen Fürsten? Jedenfalls war die Ruhe jetzt ein zwingendes Bedürfnis seiner sensiblen Natur. Am 14. 11. 92 schreibt er aus Düsseldorf an Freund Meyer, der in Weimar Christiane bei der Neueinrichtung des Hauses am Frauenplan half – der Herzog hatte es jetzt gekauft und dem Freunde geschenkt: »Aus dem wilden Kriegswesen bin ich in die ruhigen Wohnungen der Freundschaft gelangt. Seit acht Tagen befinde ich mich hier bey meinem Freunde Jakobi und fange erst wieder an das Leben zu fühlen.« Als er nach einem längeren Aufenthalte in Jacobis gastlichem Kreise nach Münster weitergereist ist, dankt er dem alten Freunde außergewöhnlich herzlich (10. 12. 1792): »Das Bild was ich von dir und dem deinigen mitnehme ist unauslöschlich und die Reife unserer Freundschaft hat für mich die höchste Süßigkeit. Grüße mir die lieben deinigen.« So viel vor allem zum Beweis, daß ohne (schwierige!) Quellenkritik die *Campagne in Frankreich* nicht zur Rekonstruktion der Gedanken wie auch der Vorgänge im Jahre 1792 benützt werden darf.[38]

Goethe reiste zunächst zu seiner Mutter nach Frankfurt, vielleicht immer noch unentschlossen, vielleicht aber auch im Wissen um die Überlegenheit der geschlossenen, für Deutschland ab und zu ersehnten Einheit, die Frankreich, mit dem eindeutigen Mittelpunkt Paris, bildete. Am 13. 8. 1792 sagt er die Reise an »den schönen Rhein« vorläufig ab, »da der Schauplatz des Krieges vorwärts rückt« (an Jacobi). Und am 16. 8. schreibt er dem

---

38 Gustav Roethes Studie: Goethe Campagne in Frankreich 1792. Eine philologische [!] Untersuchung aus dem Weltkriege. Berlin 1919, spiegelt noch die nicht vernarbte preußische Wunde von 1792 wider, zumal sie mehr die Arbeit eines professoralen Reserveoffiziers als eines umfassend informierten Militärhistorikers ist. Neben der preußischen Führung wird auch der »Pazifist« Goethe eines Besseren belehrt. Trotzdem ist diese Arbeit unentbehrlich, verlangt sogar eine Fortführung, insofern hier die Goetheforschung noch mit dem Wissen um das, was historische »Quellenkritik« heißt, betrieben wird.

Freunde, er gehe »den 20ten hier ab und grade zur Armee«. Schon am 18. 8.
bekundet er sehr deutlich seinen Widerwillen gegen die Vertauschung von
»Bette, Küche und Keller« mit »Zelt und Marquetenterey«, »besonders da
mir weder am Todte der Aristocratischen noch Democratischen Sünder im
mindesten etwas gelegen ist«. Das »vierjährige Lied pro und contra« Revolution, das man in »allen Gesellschaften« zu hören bekommt, interessiert
ihn nicht mehr, sondern ist ihm nur langweilig. Das »crude Thema« erregt
sogar seinen Widerwillen. Das bedeutet doch, daß er sich ganz ähnlich wie
Mirabeau und seine Freunde in Düsseldorf, weder den Sieg des Ancien
régime noch der Demokraten, sondern, ähnlich wie Wieland, differenziertere Problemlösungen wünscht. Am 28. 8., als er beim Heer angekommen
ist, klagt er schon über »anhaltenden Regen« und über den fehlenden
Nachschub: »Alle Lebensmittel sind rar und theuer.« Ein Trost ist es ihm,
daß er »in des Herzogs Schlafwagen eine Stelle gefunden« hat; aber dies
wird wegen der heute unvorstellbar schlechten Straßen nicht lange so
gewesen sein. Zu seinen Funktionen gehört es nicht nur, den Feldzug mit
muntern Gesprächen zu begleiten, sondern auch, die daheim Gebliebenen
zu informieren: »Durchl. den Herzog habe ich wohl und munter gefunden.«
»Empfehlen Sie mich unsern gnädigsten Fürstinnen und allen Freunden,
den Herrn Geheimen Räthen aufs beste.« Er hofft, daß »unser guter Fürst«
glücklich aus dem Felde zurückkommt. Das wird »für ihn ein Gewinnst von
Erinnerungen und guter Laune auf sein ganzes Leben seyn, wovon wir
denn alle mitgenießen werden« (an C. G. Voigt Ende August). Erbeutete
Fahnen und Waffen erhöhen trotz des Regens die Stimmung. Goethe wird
spürbar von dem Optimismus der Führung angesteckt, obwohl er die Be-
schießung von Verdun mit Mitgefühl erlebt: »Es geht alles so geschwind
daß ich wahrscheinlich bald wieder bey dir bin [...] Aus Paris bringe ich
dir ein Krämchen mit« (an Christiane Vulpius 2. 9. 1792).

Auch in dem Brief an Voigt vom 10. 9. träumt er noch von einem »Einzug
in Paris«. Die strategische Lage scheint ihn wenig zu interessieren, wenn er
auch ab und zu »einen Seitenblick in die Karte« tut. In erster Linie erwartet
er sich, wie immer auf den Reisen mit seinem Fürsten, einen Zuwachs an
Welterfahrung: »Den Kriegsgang unter einem so großen Feldherrn und die
französische Nation zu gleicher Zeit näher kennen zu lernen giebt auch
einem müssigen Zuschauer Unterhaltung genug.« Vorläufig ist es, wie wir
heute sagen würden, ein Fall von Abenteuertouristik. Auffallend ist im
gleichen Brief eine ausdrückliche Absage an die bürgerliche Existenz in
seiner Vaterstadt und ein Liebäugeln mit dem gerade so stark sich geben-

den Feudalismus; denn wie soll man sonst die Äußerung verstehen, »daß der Mensch zur Leibeigenschaft gebohren ist«. Befriedigt die preußische Disziplin sein ästhetisches Ordnungsbedürfnis? Im Nachtrag zu diesem Brief an Voigt, den Stellverteter des Herzogs, übermittelt Goethe noch den Befehl, die Jenenser Unruhen fest im Auge zu behalten: »wo und wie es hängt und wer diejenigen sind die dieses Fieber unterhalten«. Durchlaucht genehmigen zu diesem Zweck »auch ein und andre *baare Auslage*«. Ein Brief an Christiane Vulpius (10. 9. 92) enthält einen Beleg für die strenge Rückzugsdisziplin der Franzosen: »Dencke nur! Wir sind so nah an Champagne und finden kein gutes Glas Wein.« Am gleichen Tage bekommt der ältere Geheimrat *Schnauß* eine Nachricht von Goethe, daß »unser lieber Fürst [...] munter, rüstig und in seinem militaristischen Wesen recht zu Hause« ist. Auch hat er das bevorstehende Jubiläum von Schnauß nicht vergessen: er »schätzt Sie gewiß wie Sie es verdienen«. Je näher man dem Feinde kommt, desto mehr «weiße Cokarden« bemerkt man im Heer. Angesichts der Zwiste zwischen den Führern der Revolution hofft man noch, »daß zuletzt beyde Partheyen die Mächte segnen werden die ihnen Ruh, es sey um welchen Preis, verschaffen werden« (an Schnauß 10. 9.). Eine Beteiligung Weimars am Reichskrieg wünscht Carl August vorderhand nicht.

Goethe hält also, in enger Fühlung mit dem Herzog und beeinflußt von ihm, die Verbindung mit Weimar aufrecht. Im langen Briefe an die Herzogin Mutter (25. 9.) ist selbstverständlich zuerst Anna Amalias Bruder, der Herzog von Braunschweig, zu preisen: »es ist bißher, Danck sey der Vorsicht unsers großen Heerführers, alles so ordentlich gegangen«. Es sei gewesen, »als wenn man in einer großen Suite von Weimar nach Eisenach führe«. In Hinsicht des Wetters fällt schon das Wort »Verzweiflung«; aber der Rokokowitz vom Jupiter (= Himmel = Wetter) als Jakobiner löscht den Eindruck dieses Wortes wieder aus. Anna Amalias Freund, Wieland, wird scherzhaft belastet, weil er Gott zum Demokaten gemacht und so die Sache der Fürsten von Gottes Gnaden vorübergehend ungünstig beeinflußt hat. »Unser Fürst« hat »wie seine treuen Diener an Corpulenz ein wenig abgenommen«; aber er fühlt sich »desto mehr an übrigem Wohlseyn [...] befestigt«. Auch der Brief an *Knebel* (27. 9.) ist für die Herzogin und alle Freunde bestimmt.

Aber nun wird es ernster. Man ist auf die Franzosen in den Argonnen gestoßen, und der Vormarsch stockt. »Entsetzliches Wetter, Mangel an Brod das zu langsam nachkommt machen diesen Stillstand noch verdrießlicher. Man fängt an, den Feind für etwas zu halten [...] Es sind nur wenige Wege aus dieser Lage zu kommen.« Goethe liest während des Wartens in seinem Lehrbuch für Optik und unbekannte französische Schriftsteller.

Es gab Scharmützel, an denen sich Carl August mit seinen Husaren beteiligte, aber keine Entscheidungsschlacht. Ein Militärhistoriker findet, es habe der »erlösende Angriff« gefehlt.[39] Überzeugender ist der Brief Carl Augusts an Voigt vom 24. 9. 92: »Wir haben den Feind zu gut postiert gefunden, um ihn in einem entscheidenden Treffen anzugreifen.«[40] Völlig überzeugend ist sein Rechenschaftsbericht an die fürstliche Mutter vom 12. 10. 1792: »Soviel kann ich nur sagen, dass wir eilen [!] mussten, die Champagne zu verlassen, weil wir einsahen, dass an keine Kontrerevolution noch an Übergang der Linientruppen zu denken sei, und wir, von Feinden umgeben, in einen Lande, das uns sehr übel wollte, zumal da wir es tüchtig ausplünderten, uns befänden, wo unsere Kommunikation mit unsern Magazinen, bei den erschrecklich bösen Wetter und Wegen, zu beschwerlich und gefährlich wurde. Eine Bataille zu wagen war nicht ratsam, da, wenn sie auch gewonnen wurde, sie uns nicht weiter führen konnte, als dass wir eine Menge Kerls totschlugen, die bald wieder ersetzt werden konnten, indessen wir immer, da der Feind in den festesten Posten stand, sehr viele Leute eingebüsset haben würden, welche zu ersetzen, und die Remonten für Artillerie und Kavallerie zu bestreiten ohnmöglich gefallen wäre, indem die Entfernung von Hause zu gross war. Wir haben uns also eilends [!] zurückbegeben.« Im Folgenden skizziert der schon ziemlich kriegsmüde Fürst die politische Zukunft: »Ein, obgleich schlechtes Akkomodement [wird] sich balde finden, weil die Franzosen beständig sagen, sie wären unsere [der Preußen] Feinde nicht, wollten bloss mit den Östreichern zu tun haben [...] Sie schonen uns überall und tun uns nicht das mindeste Leid. An eine zweite Kampagne ist gewiss nicht zu denken.«[41] Das altrömische Prinzip »divide et impera« wird also schon in der überlegenen strategischen Lage nach dem unüberlegten preußisch-österreichischen Angriff von den Franzosen klug befolgt und seine Früchte werden gedeihen, da von dem schwachen König Friedrich Wilhelm II. weder Weitsicht noch Ausdauer zu erwarten ist. Zur Frage der Ergänzung der französischen Verluste darf man vielleicht noch auf die etwas krasse Schilderung in Goethes

---

39 Georg Bahls: Carl August von Weimar als Soldat. Berlin-Charlottenburg 1932 [!], S. 45.
40 Ebd. S. 46.
41 Briefe des Herzogs Carl August an seine Mutter, Jena 1938, S. 115 f.

Campagne in Frankreich (27. 9.) verweisen: Luckner habe den Befehl gehabt, »die von Paris anströmenden Freiwilligen zu Kriegshaufen [zu] bilden [...] aber diese [...], durch die reißend fließenden Blutströme, aus der Hauptstadt ausgewandert, brachten Lust zum Morden und Rauben mehr als zu einem rechtlichen Kriege [!] mit. Nach dem Beispiel des Pariser Greuelvolks ersahen sie sich willkürliche Schlachtopfer, um ihnen, wie sich's fände, Autorität, Besitz oder wohl gar das Leben zu rauben. Man durfte sie nur undiszipliniert loslassen, so machten sie uns den Garaus.«

Der sachliche militärische Bericht Carl Augusts sticht wohltätig von der emotionalen Darstellung des Dichters ab, – sofern man wissen will, wie es eigentlich gewesen ist. Goethes ideologische Rhetorik in der *Campagne* erinnert erneut an die Restaurationszeit; der Passus könnte aus einem zeitgeschichtlichen Roman um 1820 stammen. So wollten vor allem die Frauen, die wichtigsten Leserinnen der Zeit, die bereits legendär gewordene Vergangenheit der Revolution aufbereitet finden. In diesen restaurativen und rhetorischen Zusammenhang gehört auch die Absage an seine republikanische Vaterstadt und Goethes überschwengliches Bekenntnis zum Fürsten und Fürstenhause von Weimar (*Campagne*, 29. 10. 92): »Seit zwölf Jahren genoß ich eines seltenen Glückes, des Vertrauens wie der Nachsicht des Herzogs von Weimar. Dieser von der Natur höchst begünstigte, glücklich ausgebildete Fürst ließ sich meine wohlgemeinten, oft unzulänglichen Dienste gefallen und gab mir Gelegenheit, mich zu entwikkeln, welches unter keiner andern vaterländischen Bedingung möglich gewesen wäre; meine Dankbarkeit war ohne Grenzen, so wie die Anhänglichkeit an die hohen Frauen Gemahlin und Mutter, an die heranwachsende Familie, an ein Land, dem ich doch auch manches geleistet hatte.« Im letzten Satzteil stellt sich das Goethesche Gleichgewicht halbwegs wieder her. Sonst aber wäre so viel Rhetorik *beiden* Feldzugsteilnehmern im Jahre 1792 lächerlich erschienen. Um dies zu erkennen, braucht man nur an das phrasenlose Lobgedicht von 1789 zurückzudenken. Die konventionelle Panegyrik erschien dem immer noch diplomatischen Genie erst empfehlenswert, als sich die ehemaligen Freunde weit voneinander entfernt hatten und Goethe fürchtete, immer weiter auf das Abstellgleis geschoben zu werden.

Das Wort vom »rechtlichen Kriege« beweist, daß Goethe im strengen, ideologischen Sinne kein »Pazifist« war. Für diese Feststellung gibt es viele Belege. Sicher ist dagegen, daß er persönlich den Krieg, zumal den Angriffskrieg, verabscheute. Diesen Aspekt der *Campagne in Frankreich* hat

Hanns Reiß in einer Studie ausführlich und überzeugend nachgewiesen.[42] Die Herkunft aus der Aufklärung, die erstmals den ewigen Frieden konzipierte, und die Erfahrungen in drei Kriegen (1792/93, 1806, 1813) vereinigten sich in dieser Beziehung bruchlos für den Verfasser der *Campagne in Frankreich*. Wenn Gustav Roethe Goethes einseitige Sympathie für die französischen Zivilisten beanstandet, so liegt es doch daran, daß im Feldzug 1792 die Franzosen die bemitleidenswerten Opfer waren. Roethe selbst erkennt im weiteren Verlaufe seiner Untersuchung: »Er leidet nicht nur in der Erinnerung an 1792: auch was er 1806 und 1813 als friedlicher Weimaraner durchmachen mußte, spielt herein, da er mitleidig und mitleidend die Partei der schwerbetroffenen Einwohner nimmt.«[43] Auf dem Rückzug litten alle Teilnehmer an dem preußisch-österreichischen Feldzug. Die Tatsache, daß keine Schlacht stattfand, darf nicht dazu führen, Goethes Leiden von 1792 zu unterschätzen; denn kultivierte Kriegsteilnehmer erleben das Drum und Dran, das erbarmungslose Wetter, brennende Häuser, den Schmutz, die geistlose Langeweile, die Apathie, das allgemeine Leiden von Mensch und Tier oft schmerzlicher als die Gefahr, die Mut und Intelligenz zur Pflicht macht. In der literarischen *Campagne* wird die Misere häufig humoristisch abgeschwächt. In den Briefen erleben wir mit, was der Dichter tatsächlich empfand. An J. G. und Caroline Herder schreibt er am 16. 10. 1792 aus Luxemburg: »Ich für meine Person singe den lustigsten Psalm Davids dem Herrn, daß er mich aus dem Schlamme erlöst hat, der mir bis an die Seele ging […] Ich eile nach meinen mütterlichen Fleischtöpfen, um dort wie von einem bösen Traum zu erwachen, der mich zwischen Koth und Noth, Mangel und Sorge, Gefahr und Qual, zwischen Trümmern, Leichen, Äsern und Scheishaufen gefangen hielt. Lebet wohl und haltet Euch für so glücklich als Ihr seid.«

Wir wissen schon, daß die Franzosen in Frankfurt waren und daß Goethe auf einem weiten Umwege nach Weimar reiste. Was sagten Durchlaucht zu diesem zweiten Abschied ohne Urlaub? Am 27. 12. 1792 schrieb er an Goethe aus dem inzwischen *wiedereroberten* Frankfurt: »Deine 2 Briefe, mein Lieber, habe ich richtig erhalten; ich hätte dich freylich gerne gesprochen, ehe du nach Hause kehrtest, unter den gegebenen Umständen aber

---

42 Hanns S. Reiß: Goethe on War. Some Reflections on *Campagne in Frankreich*, in: The publications of the English Goethe Society. Vol. LIII (1983), S. 98–123. Vgl. auch den Aufsatz von Reiß über die *Belagerung von Mainz* in der Festschrift für Motekat.
43 Gustav Roethe: Goethe Campagne in Frankreich 1792, S. 298.

war es dir nicht zu verargen, daß du in ein menschliches Leben zurückeiltest, da du das unmenschliche so treu mit mir außgehalten hattest. Da der König und der Herzog [von Braunschweig] hier bleiben, und es jeden [sic] äuserst verargt wird, der nur den Uhrlaub von weiten erwähnt, *so bin ich nicht im Stande, mich hier loß zu machen.*« Man spürt, daß auch der Herzog gerne heimkehren würde, obwohl er im folgenden berichtet, daß nach Ankunft der »Östreichische[n] Collonne« der Krieg gegen die im Rheingau sitzenden Franzosen weitergeht. Man darf wirklich nicht, wie Goethe, behaupten, der Krieg sei *das* Element dieses ideenreichen und lebenslustigen Fürsten gewesen. Unterhaltung gab es inzwischen in Frankfurt schon. Die Herzogin Luise wird den Gatten besuchen. »Mit Schmidten [dem Kammerpräsidenten] will ich meine sämmtliche Ökonomie rangieren.« Es geht dabei unter anderm um die Frage, wie er »aufs wohlfeilste mit der Contingentsstellung« für den Reichskrieg zurechtkommt. Aus Schmidts Briefen wissen wir, daß der Kammerpräsident bei dem beliebten und geselligen Fürsten mit seinen verschiedenen Sorgen kaum Gehör fand; doch gerade in dieser Unzufriedenheit Schmidts liegt der Beweis, daß er das richtige Gegengewicht zu Carl Augusts Großzügigkeit war. Goethe hatte in Weimar jetzt eine andere Funktion, was der gleiche Brief Carl Augusts aus der Weihnachtszeit 1792 verrät: »Leider habe ich schon auß manchen Briefen erfahren, daß unser Häuflein sehr zwiespaltig ist; indeßen verwundert mich dieses nicht: ich hoffe aber sehr auf deine Bindekraft [...] Siehe zu, was du bewircken kannst, und gieb mir zuweilen Nachricht davon.« Auf Voigt scheint der Fürst ein ähnliches Vertrauen zu setzen: »ich fühle täglich mehr, welche Seltenheit ich an ihn [sic] habe, *laß ihn doch diese Gesinnung von mir einmahl bemercken* [...] Den Bau des Gartenhauses übergebe ich dir gantz [...] unsere Bedürfnisse waren einander immer ähnlich.« »Ich werde Schmidten anweisen, daß nichts zum Baue dieses Hauses fehle.« In Voigt und Goethe sieht, nach diesem Brief, der Herzog die beiden Säulen seiner Regierung. Carl August erwartete Dankbarkeit von seinen »Dienern«; aber auch er war dankbar für außerordentliche Dienste, und er wußte, wie schwer der Dichter in der Campagne gelitten hatte.

Die Belagerung von Mainz und – in Goethes Sicht – ihr würdiges Ende

Carl August schrieb an Goethe zu Anfang des Jahres 1793 lange Briefe, die wieder einmal beweisen, daß er ein Stimmungsmensch war. Weil die Österreicher große Kampflust zeigen und England dem Bündnis beitritt, erwachen seine Hoffnungen auf einen erfolgreichen Krieg gegen Frankreich erneut. Besonders bezeichnend für ihn ist der Brief vom 24. 3. 1793; er deutet zugleich die Schwierigkeiten an, die für Goethe, bei aller Diplomatie, aus dem Absolutismus seines Fürsten in der folgenden Zeit erwachsen mußten. Von sich selbst sagt Carl August ehrlich: »mein Heldenmuth ist [...] erloschen«; aber über seinen jüngeren Bruder ärgert er sich, weil er gar keinen »Heldentrieb« an den Tag legt, sondern, wie es scheint, lieber im kursächsischen Friedensdienst bleibt. Mit dem König von Preußen gerät der Herzog von Weimar in einen Streit, weil seine Anciennität nicht beachtet wird. Immerhin erreicht er auf diese Weise, daß er wunschgemäß dem General Kalckreuth unterstellt wird, der die Belagerung von Mainz leiten soll. Die deutschen Jakobiner haßt er gründlich, nicht zuletzt in Mainz, wo sich Forster mit seinem Anhang aufhält, um die Franzosen zu unterstützen und so den Anfang einer deutschen Republik zu machen. Die Zensuredikte, die jetzt in Deutschland beginnen, bejaht Carl August aus vollem Herzen als eine Art Notwehr: »Ich kann nicht läugnen, daß die häufigen Vorfälle von ein paar Jahren mich apocryphisch genung gemacht haben, um zu glauben, daß es gut gethan, die Bücher Fabricanten und Schreiber ofte zu erinnern, *aufgeklärt* genung zu seyn, um nicht so gar viel unverdautes und unverdauliches in die Welt zu jagen, womit sie Indigestionen verursachen [...]; zumahl da die Herrn Scribenten so weit von der mindesten Kenntniß deßen, was practisch außführbar gut ist, entfernt sind, daß mann wohl sagen möchte, sie verstünden gar nichts von den [sic], was den Menschen nutzt und frommt.« Es ist also »wircklich Pflicht, Klugheit und Gerechtigkeit, [...] wenn mann alle diensame Mittel anwendet, um die Köpfe abzukühlen, und sie für [vor] neuen Fieberanfällen zu bewahren.« »So bald ich an den [sic] Anfange der Belagerung Mayntz gewiß unterrichtet bin, so schreibe ich es dir.« Zum Schluß nennt er den langen Brief »ein weitläufiges Glaubensbekenntniß«. Auch deutet der Fürst an, daß Mainz demnächst eingeschlossen sein wird, daß also diesmal keine so große Gefahr und Pein auf Goethe wartet.

Was sollte Goethe tun, wenn er nicht die neu erworbene Gunst des Fürsten wieder verlieren und zu den Scribenten ohne Weltkenntnis gerechnet werden wollte? Der Abschied vom Hoftheater fiel seinem Direktor nicht schwer – das wissen wir schon –, zumal die Mittel für *diese* Unterhaltung von Carl August gekürzt worden waren – vermutlich zugunsten des Gartenhauses, das jetzt im Mittelpunkt der privaten fürstlichen Interessen stand. Auch in dieser Zeit hat Goethe einen lebhaften Briefwechsel mit F. J. Jacobi; und am 2. 5. 1793, vor der Abreise zu seinem Fürsten, grüßt er ihn mit dem halben Versprechen eines neuen Besuches: »Von Franckfurt schreibe ich und sollt ich mercken daß das Kriegswesen gar zu wilden Einfluß auf mein zartes Herz äussert, so werde ich wohl den Rhein wieder hinunter schwimmen müssen um Lehnchens calmirender Hand mich zu unterwerfen. – Lebe wohl und liebe mich.« Im Lager vor Mainz »verwilderte« Goethe nicht so sehr, wie Lene, in Erwartung eines neuen Besuchs, fürchtete[44], sondern er korrigierte sehr genau das fertige Manuskript von *Reineke Fuchs* und war nun reiner Zuschauer eines imposanten Kriegstheaters, wobei er seine Standorte häufig wechseln konnte, um ja alles zu sehen. Einmal war es besonders aufregend, als nämlich »die Franzosen sich erfrechten auf das Hauptquartier Marienborn einen Ausfall zu thun und mir also das Schauspiel eines Überfalls und einer nächtlichen sehr lebhaften Affaire gewährt ward«. Es dauerte fast eine Stunde, bis man den Feind wieder in die Stadt zurückgedrängt hatte. Das Regiment Carl Augusts war am Gegenangriff beteiligt. Es folgt die übliche Litanei, die offenbar die Abwesenheit des Landesherrn verständlich machen soll: »Zum Soldaten ist er [der Herzog] gebohren und wenn man ihn in diesem Elemente sieht verdenckt mans ihm nicht daß er da gerne ist wo er sich fühlt« (an C. G. Voigt 31. 5. 93). In dem Brief an Voigt vom 14. 6. erscheint die gleiche Formel: »Der Herzog ist wohl und in seinem Elemente.« Wie in der Campagne 1792 übernimmt es der Dichter, Briefe für den Herzog zu schreiben. Da Anna Amalia so viel Zufriedenheit über seine Relationen aus der Campagne bezeigt hat, befahl ihm der Herzog heute (22. 6), »Ew. Durchlaucht von unsern gegenwärtigen Zuständen zu unterhalten«. Er behilft sich zunächst mit Rokokospäßen, spricht vom »Theater unsrer Kriegrischen unternehmungen« und stellt fest, daß »die Sprache der Batterien noch einsilbiger ist als die deutsche Sprache« – was einen Hinweis auf den höfischen Ursprung von Goethes damaliger Verachtung der deutschen Sprache gibt. Dann kommt die Hauptsache für die Herzogin Mutter: Carl Augusts Bruder wird nun doch »die Campagne mit den Sächsischen Truppen« absolvieren,

---

44 Weimarer Ausg. Briefe Bd 10, S. 376.

»welches bey weiten [sic] das Vortheilhafteste ist was dem Prinzen hätte begegnen können. Auch der König hat diesen Heldentrieb gebilligt und so hat denn auch dieser Wunsch seine Erfüllung«. Zum Schluß beneidet Goethe Anna Amalia um ihren Sommeraufenthalt in Tiefurt und darf auch, weil *sie* es ist, ein wenig klagen: »Ich bin indessen von Noth und Zwang umgeben, lasse mir denn aber doch Essen, Trincken Schlaf und dergleichen trefflich schmecken und empfehle mich aufs angelegentlichste zu Gnaden. Ew. Durchl. unterthänigster Goethe.« Wie lange wird es Goethe – schon ein Vierziger! – in so großer Nähe zum Fürstenhause aushalten?

Für den unruhigen Herzog von Weimar muß die langwierige Belagerung auch eine Geduldsprobe gewesen sein. Es ist daher nicht so verwunderlich, wie manche Carl-August-Forscher meinen, daß der Karl Freiherr vom Stein, der spätere preußische Minister, nach einem Besuch im Lager vor Mainz ein ungünstiges Urteil über ihn abgab. In der Fürstenbundzeit hatten die beiden nationalliberal orientierten Männer einander geschätzt; Carl August hatte den Freiherrn sogar geradezu begeistert gelobt. *Damals* war der Fürst und Projektmacher ganz in seinem Element gewesen. Jetzt aber schreibt Stein an Frau von Berg (24. 8. 1793): »Nur beim Prinzen Louis [Ferdinand] fand ich noch […] ein lebendiges und sich lebhaft äußerndes Gefühl vom Großen; – alle übrigen, insbesondere der Herzog von Weimar, schleppten ihre zentnerschwere Langeweile herum und predigten entweder eine alles ertötende, niederdrückende Philosophie oder ergossen sich in bitteren Klagen.«[45] Ob nun Carl August der Voltaireschen Skepsis und Ironie huldigte oder die deutschen liberalistischen Intellektuellen verfluchte, beides mußte dem an die deutsche Zukunft glaubenden Reformer *unproduktiv* erscheinen. Dazu paßt, daß nach einem wenig späteren Zeugnis der Caroline Jagemann, der erfolgreichen Schauspielerin in Mannheim, der Herzog von Weimar mit dem König von Preußen »sehr oft« Ifflands Theater besuchte. Ein Höhepunkt für das Weimarer Landeskind – 20 Jahre jünger als der Herzog! – war es, als Carl August ihr, im Schloßgarten, von ihrem Ruhm als Sängerin erzählte.[46] Vielleicht fallen diese Theaterbesuche schon in die Zeit nach der Kapitulation. Aber sie geben doch einen Begriff von dem Rokokogeist, in dem der Krieg gegen Frankreich geführt wurde. An seine Mutter schreibt Carl August ziemlich verdrossen

---

45 Carl Augusts Begegnungen mit Zeitgenossen, hg. v. A. Bergmann. Weimar 1933, S. 49.
46 Ebd. (an ihren Vater 9. 9. 1793).

über die Belagerung von Mainz (22. 7. 93): »Mich auf meine Handlanger verlassend beziehe ich mich, liebe Mutter, auf das, was diese schreiben werden. Mein Ruhm bei den [sic] Überfalle [von Marienborn s. o.] ist nicht sonderlich gestiegen, denn im Grunde kam ich zu spät, [...] eine meiner Eskadrons aber, welche alleine beim Hauptquartier kampierte, machte alles. [...] Ich bin recht wohl, aber nicht im besten Geruche an Hofe [...] Der General von Kalckreuth erlebt vielen bittern Verdruss. Falschheit regiert die Welt.«[47] Man sieht: Ganz traditionsgemäß kommt es dem Fürsten vor allem auf den Kriegsruhm und auf das Ansehen am Hofe an. Das »Große« – Stein meinte wohl bereits die nationale Verteidigung – verschwindet in dieser Zeit hinter solchen persönlichen Sorgen. Einen Tag später erhalten wir einen sachlicheren, aber auch verdrossenen Bericht über den scheinbaren Erfolg: »Mainz hat sich endlich ergeben [...] Die Garnison zieht frei ab, verspricht, ein Jahr lang hindurch die Waffen nicht zu führen, und lässet uns seine Artillerie und Vorräte. Der Spass kostet uns über 2500 Menschen, und den ohngeachtet kann man kaum sagen, dass die Belagerung recht angefangen habe. Hätte sich der Feind aufs Äusserste gewehrt, so blieben gewiss dreimal so viele Menschen dabei liegen. Was nun weiter geschehn wird, wissen die Gätter.«[48]

Goethe, der »Handlanger«, hat keine Verantwortung und keinen Ehrgeiz. Schmutz und Strapazen gibt es diesmal auch nicht. Deshalb liest sich seine *Belagerung von Mainz* stellenweise wie ein Bericht über einen Abenteuer-Urlaub. Zwar ist diese Schrift wie die *Campagne in Frankreich* eine historische Erinnerung und auch im Anschluß an das Tagebuch des Kämmerers Wagner geschrieben (Anfang 1820 mit Korrekturen 1822). Aber der Ton ist noch objektiver und leichter.

Wenn sich die Offiziere des Regiments beim Marketender treffen, so brauchen sie über den Mangel an begeisternden Getränken nicht zu klagen, ja sie werden sogar ganz verboten lustig, und Goethe verrät nicht, was der revolutionsfeindliche Fürstgeneral dazu sagte. Hauptsache: Es waren keine Buchschreiber und -fabrikanten, sondern Militärs. »Wie aber der Mensch überhaupt ist, besonders aber im Kriege, daß er sich das Unvermeidliche gefallen läßt und die Intervalle zwischen Gefahr, Not und Verdruß mit Vergnügen und Lustbarkeit auszufüllen sucht: so ging es auch hier; die Hautboisten von Thadden spielten ›Ça ira‹ und den Marseiller

---

47 Briefe des Herzogs Carl August an seine Mutter, S. 128 f.
48 Ebd.

Marsch, wobei eine Flasche Champagner nach der andern geleert wurde«.[49]
So gleich am Anfang der Schrift und man weiß schon: Hier gibt es keine
Predigten gegen die deutschen Jakobiner, obwohl sie ganz in der Nähe die
Verbündeten der Franzosen sind. Man liest auf der gleichen Seite, daß Carl
August und Goethe den Landgrafen von Darmstadt, einen Verwandten des
Fürsten, besuchen. Sein »Lager [ist] besonders zierlich mit kiefernen Lauben ausgeputzt«, sein Zelt übertrifft »alles, was ich je in dieser Art gesehen
[…] wohl ausgedacht, vortrefflich gearbeitet, bequem und prächtig«. Der
Komfort des Landgrafen – wir wissen schon: es geht um die Ehre! – zwingt
den preußischen König, noch viel großartiger Rokoko zu spielen: »Das
leicht zu behandelnde Erdreich bot sich den Händen geschickter Gärtner
dar, welche die gefälligste Parkanlage mit wenig Bemühung bildeten: die
abhängige Seite ward geböscht und mit Rasen belegt, Lauben gebaut, auf-
und absteigende Kommunikationsgänge gegraben, Flächen planiert, wo
das Militär in seiner ganzen Pracht und Zierlichkeit sich zeigen konnte,
anstoßende Wäldchen und Büsche mit in den Plan gezogen, so daß man bei
der köstlichsten Aussicht nichts mehr wünschen konnte, als diese sämtlichen Räume ebenso bearbeitet zu sehen, um des herrlichsten Parks von
der Welt zu genießen. Unser Krause zeichnete sorgfältig die Aussicht mit
allen ihren gegenwärtigen Eigentümlichkeiten.«[50] Der Fürst hat also nicht
nur seinen Hofschriftsteller, sondern auch seinen Hofzeichner mitgenommen, damit das alles für die Ewigkeit festgehalten wird.

Zu einer Schanze mit guter Aussicht kommt sonntags eine »große Menge
geputzter Bauersleute, oft noch mit Gebetbuch und Rosenkranz, aus der
Kirche«. Wenn die Schildwache »»Buck!«« ruft, so fallen alle nieder vor
»dieser gefährlich-hochwürdigen Erscheinung« und scheinen »ein vor-
überfliegendes göttlich-sausendes Wesen anzubeten«.[51] Dies nachgottes-
dienstliche Theater muß natürlich abgestellt werden, weil man schließlich
im Kriege ist. Auch diesen studiert der bewährte Kriegsgenosse des Herzogs genau, um etwas zu lernen und um womöglich noch mehr zu sehen als
der philosophierende Fürst. Es kann einem Schlachtenbummler natürlich
passieren, daß er auf einer Schanze steht und ein geplanter Angriff, der
»durch ein lebhaftes Feuer ein bedeutendes Schauspiel« gegeben hätte,
nicht stattfindet, weil »unsere Stellung« selbst angegriffen wird. »Verdrieß-

---

49 Hamburger Ausgabe Bd 10, S. 365.
50 Ebd. S. 372.
51 Ebd. S. 378.

lich gingen wir nach Hause, besonders Herr Gore, als auf solche Feuer- und Nachtgefechte der Begierigste.«[52] Herr Gore lebt mit seiner Familie in Weimar, ein Engländer, der den Fürsten fast besser unterhält als Goethe, besonders wenn er seine Töchter dabei hat. Gore »zeichnete sehr glücklich in der Camera obscura«; er »hatte, Land und See bereisend, sich auf diese Weise die schönsten Erinnerungen gesammelt«. Jetzt, »wo das Unglück selbst malerisch zu werden versprach«, begleitete er seinen Freund Krause an den Rhein, wo sich die beiden »keinen Augenblick müßig verhielten«.[53]

Wenn französische Kähne nach den Inseln rudern und eine österreichische Batterie »unausgesetzt in Prellschüssen auf dem Wasser« feuert, so gibt es für Goethe »ein ganz neues Schauspiel«; denn es entsteht eine »sich viele Fuß in die Höhe bäumende Springwelle«. Die Batterie schießt sich dann auf die Kähne ein. »An diesem Schauspiel konnt' ich mich nicht satt sehen, denn es folgte Schuß auf Schuß, immer wieder neue mächtige Fontänen, indessen die alten noch nicht ganz verrauscht hatten.«[54] Wenn die Dominikanerkirche in Flammen aufgeht oder das Benediktinerkloster auf der Zitadelle von Mainz[55], nimmt Goethe viel weniger Anteil. Erst als der Dichter nach der Kapitulation sieht, wie es in der alten reichen Stadt aussieht, was die deutschen Kanonen aus der alten geistlichen Metropole des Heiligen römischen Reiches deutscher Nation gemacht haben, klagt er über den Krieg: »Die Verwirrung, die den Geist ergriff, war höchst schmerzlich, viel trauriger, als wäre man in eine durch Zufall eingeäscherte Stadt geraten.«[56]

Das Schicksal der preußischen Soldaten bekümmert ihn eigentlich nur, wenn sich sein Fürst oder ein befreundeter Offizier bei Kämpfen in Gefahr befinden. Es ist ja schließlich das Schicksal der Soldaten, aufgeopfert zu werden; das hat er schon vor langer Zeit, in Berlin, angesichts der Kriegswalze FR zur Kenntnis genommen. Stärker berührt ihn wieder das Schicksal der Zivilbevölkerung, und hier kann er sogar einen kräftigen humanen Ton anschlagen, der beide Seiten und damit den Krieg selbst verurteilt: »Franzosen und Klubisten, wie man wohl bemerken konnte, daß es Ernst werde, veranstalteten, dem zunehmenden Mangel an Lebensmitteln Einhalt zu tun, eine unbarmherzige Exportation gegen Kastel, von Greisen

---

52 Ebd. S. 372.
53 Ebd. S. 382.
54 Ebd. S. 375 f.
55 Ebd. S. 382 u. 384.
56 Ebd. S. 392.

und Kranken, Frauen und Kindern, die ebenso grausam wieder zurückgewiesen wurden. Die Not wehr- und hülfloser, zwischen innere und äußere
Feinde gequetschter Menschen ging über alle Begriffe.«[57] Solche Stellen
sind selten. Selbst die Hinweise auf gelegentliche Gefahren des Abenteue-
rurlaubs haben mit dem Krieg in einem ernsthaften Sinn nichts zu tun.
Auch sie gehören zu dem beherrschenden Erlebnis des Krieges als
Schauspiel, und sollten wohl Leserinnen imponieren, die den Krieg nicht
kannten.

Bemerkenswert dagegen erscheint der Schluß der *Belagerung von Mainz,*
mutig in einem ganz andern Sinn. Von dem Ton, der uns aus Carl Augusts
Briefen gegen die französischen und vor allem gegen die deutschen intellektuellen Jakobiner entgegenschallte, ist hier nichts zu hören. Dieser
menschliche Schluß ist ein Produkt *der* Zeit, da die Revolution, die Revolu-
tionskriege, die napoleonischen Kriege verrauscht waren, und der stets
mehr mutige als besonnene Fürst und mit ihm Weimar und Jena *selbst* von
der Faust der Restauration hart getroffen worden waren. Goethe macht
nach der Kapitulation eine Spazierfahrt um Mainz und trifft einen Mainzer
Bürger, der den von den Franzosen »zurückgelassenen Klubisten Tod und
Verderben zu bringen« schwört. Goethe bewirtet den Mann und sein Kind
mit »gutem Wein und Bretzeln« und macht dem Gegenrevolutionär klar,
daß er kein Recht zur Bestrafung der Schuldigen hat und daß der neuge-
wonnene Friede von Mainz nicht durch »Haß und Rache« verunreinigt
werden darf. Sehr objektiv wird auch der Auszug der französischen Garnison erzählt. Die Franzosen marschieren zunächst in aller Stille. Dann
stimmt ihre Kapelle den Marseiller Marsch, »dieses revolutionäre Te Deum«,
an; sie nimmt aber das Tempo »ganz langsam«, so daß ein Trauermarsch
daraus wird: »Es war ergreifend und furchtbar und ein ernster Anblick.«
Man soll sich wohl an Napoleons siegreiche Truppen erinnern. Auch die
französischen Kommissarien, unter denen sich deutsche Klubisten befinden, wissen sich Respekt zu verschaffen, unter Berufung auf das Wort des
Königs, der freien Abzug versprach, und mit der Prophezeiung, man werde
nach Mainz zurückkehren. Auch Mainzer Mädchen ziehen »heiter und getrost« mit den Franzosen ab, höchstens von ihren Bekannten gehänselt.

Aber das Volk wird jetzt unruhig, besonders die Weiber, die gestohlenes
Hab und Gut in den Bündelchen der Mädchen vermuten. Und nun kommt
im Zuge gar noch ein Mann mit einer schönen Frau und »einige vierspän-

---

57 Ebd. S. 374.

nige Wagen mit Kisten und Kasten bepackt«. Nun schreit das Volk: »›Haltet ihn an! schlagt ihn tot! das ist der Spitzbube von Architekten.‹« In diesem Augenblick greift Goethe ein, im Namen des Herzogs von Weimar, vor dessen Quartier die Szene spielt, und er erreicht auch, daß das Volk sich beruhigt und er seine exemplarische Rede gegen die eigenmächtige, ordnungswidrige Gewalt halten kann. Die Menge wird so »in ihrem Rachesinn irre gemacht«, und der Zug des vornehmen deutschen Jakobiners kann weiterfahren. Der Engländer Gore ist nicht damit einverstanden: wie kann man so viel wagen »für einen unbekannten, vielleicht verbrecherischen Menschen«? Und nun folgt das ebenso berühmte, wie umstrittene Wort Goethes: »Es liegt nun einmal in meiner Natur, ich will lieber eine Ungerechtigkeit begehen, als Unordnung ertragen.«[58]

Man muß sich an solchen Stellen daran erinnern, daß Goethe auch in diesen autobiographischen Schriften Dichtung und Wahrheit mit großer Souveränität mischt. Wenn z.B. in der gefährlichen Volksszene ausgerechnet der von ihm bewirtete und belehrte Mainzer wieder erscheint, so zeigt dieser Kunstgriff, daß man nicht alles wörtlich zu nehmen braucht. Wichtig ist, daß Goethe ausdrücklich eine persönliche Meinung äußert, ohne sie zur Ideologie zu abstrahieren, und daß die Szene die Huldigung für den Herzog gegen Ende der Erzählung vorbereitet: Der Platz vor dem Quartier des Herzogs ist dem Dichter »heilig«, seine Herrschaft von Gottes Gnaden wird wiederum auf eine sehr persönliche Weise anerkannt.

Carl August stand noch länger im Felde; ja, es ist möglich, daß seine größten militärischen Verdienste in der Zeit zwischen der Belagerung von Mainz und seinem Austritt aus dem preußischen Militärdienste (im folgenden Jahr) liegen. Für General von Reiche war Carl August der »durch sein Verhalten in der Rheincampagne rühmlichst bekannte« Fürst. Als der Herzog von Braunschweig im Spätjahr 1793 an Winterquartiere denkt und der Herzog von Weimar schon ein »bitteres« Urlaubsgesuch eingereicht hat, greift die französische Moselarmee unter Hoche bei Kaiserslautern an. Auf Carl Augusts Verhalten in dieser Schlacht dürfte sich das erwähnte Lob beziehen. Er stand wiederholt im Getümmel, setzte sich auch ganz persönlich ein.[59] Weniger bedeutet der Dank und das Lob Friedrich Wilhelms II. bei der Erneuerung des Urlaubs: »Ihr ruhmreicher Anteil an den Siegen,

---

58 Ebd. S. 391.
59 Georg Bahls: Carl August von Weimar als Soldat, S. 62–65.

die meine Waffen gekrönt haben«, heißt es da. Das war eine geläufige Formel, wenn ein Fürst kriegsmüde wurde.

Goethe begleitete den Herzog in die pfälzischen Kämpfe nicht mehr. Aber er brauchte einen schönen Schluß für seine beiden Feldzugsberichte; denn in diesem Falle hatte er die Funktion eines Hofschriftstellers. Er nahm es dabei mit der Chronologie nicht so genau wie ein Historiker! »Der Herzog von Weimar trat nach geendigter Campagne aus preußischen Diensten; das Wehklagen des Regiments war groß durch alle Stufen, sie verloren Anführer, Fürsten, Ratgeber, Wohltäter und Vater zugleich. Auch ich sollte von eng verbundenen trefflichen Männern auf einmal scheiden; es geschah nicht ohne Tränen der besten. Die Verehrung des einzigen Mannes und Führers hatte uns zusammengebracht und gehalten, und wir schienen uns selbst zu verlieren, als wir seiner Leitung und einem heiteren verständigen Umgang untereinander entsagen sollten.«[60] Die Rhetorik wird verständlicher, wenn man daran denkt, daß Goethe im Jahre 1822 vor allem Carl August als einen Heeresgruppenführer der Freiheitskriege zu feiern hatte. Erst in zweiter Linie war dieser panegyrische Schluß eine bescheidene Erinnerung an die Zeit, da der Dichter, aus Dankbarkeit für mehrfache großzügige Hilfe in schwieriger Lage, mit dem Herzog in den Krieg gezogen war.

Nach dem preußischen Sonderfrieden von Basel (1795): Carl Augusts erfolgreiche Bemühungen um den Beitritt der sächsischen Staaten

Es ist nicht unsere Aufgabe zu entscheiden, ob Preußens Ausscheiden aus der Koalition und der Verzicht auf seine linksrheinischen Gebiete berechtigt und notwendig oder ein hinterlistiger Verrat war – auf Kosten des immer noch als übermächtig empfundenen Österreich-Ungarn. Wie wenig man noch in Mittel- und Osteuropa Respekt vor dem Recht der Nationen hatte, belegt im gleichen Jahr 1795 die dritte polnische Teilung, die dem schwachen Staat der Polen vollends den Garaus machte. Man wich also vor der durch die Revolution erneuerten starken französischen Nation zurück und entschädigte sich im Osten – ohne Rücksicht auf die Nationalität der betroffenen Gebiete. Daß durch dies Verhalten das französische Selbstbewußtsein gestärkt wurde und eine Fortsetzung des neuen französischen

---

60 Hamburger Ausgabe Bd 10, S. 399 f.

Imperialismus möglich, ja naheliegend erschien, ist selbstverständlich. Zum preußischen Friedensschluß hatte gewiß auch die Tatsache beigetragen, daß gerade im aufgeklärten Norddeutschland die Regierungen auf die Loyalität ihrer eigenen Bevölkerung nur noch bedingt vertrauen konnten und man sich vom Frieden eine gewisse Beruhigung der erregten Gemüter versprach. In den nach 1815 geschriebenen Tag- und Jahresheften betont Goethe in dem Abschnitt *1794* seine Erholungsbedürftigkeit: »Doch wie sollte man sich erholen, da uns die ungeheuern Bewegungen innerhalb Frankreichs jeden Tag beängstigten und bedrohten.« Es gab siedenden Haß gegen die sich nähernden Franzosen. Gleichzeitig aber »schlichen französische revolutionäre Lieder im Stillen umher; sie gelangten auch zu mir, durch Personen denen man es nicht zugetraut hätte«. »Der innere Zwiespalt« habe also die Verteidigung Norddeutschlands behindert. Manche hofften, an dem preußischen Minister Hardenberg einen »Halbfreund der Franzosen« zu haben und so eher in Sicherheit weiterleben zu können. In Goethes Abschnitt für *1795* heißt es, die Franzosen hätten erneut Frankfurt bedroht: »Einen Auftrag, der mich dem Kampfplatze genähert hätte, wußte ich abzulehnen; ich kannte das Kriegsunheil zu sehr, als daß ich es hätte aufsuchen sollen.« Sollte Goethe, gelockt von der Heimat, den vorgeschobenen Beobachter Carl Augusts spielen? Der gleiche Abschnitt 1795 belegt, daß den loyalen Dichter der Abfall Reichardts, der Capellmeister am Berliner Hofe gewesen war, zutiefst erregte (in den *Xenien*, 1796, wird er den untreuen Hofmann an den Pranger stellen). Aus dieser labilen Lage Deutschlands erklären sich Goethes wiederholte Bekenntnisse zur alten Ordnung: »ich aber, die greulichen unaufhaltsamen Folgen solcher gewaltthätig aufgelös'ten Zustände mit Augen schauend und zugleich ein ähnliches Geheimtreiben im Vaterlande durch und durchblickend, hielt ein- für allemal am Bestehenden fest, an dessen Verbesserung, Belebung und Richtung zum Sinnigen [Sinnvollen], Verständigen, ich mein Lebenlang bewußt und unbewußt gewirkt hatte, und konnte und wollte diese Gesinnung nicht verhehlen.« Im folgenden stellt Goethe noch, historisch richtig, fest, daß der Kurfürst von Sachsen Sachsen-Weimar nach dem Frieden von Basel in eine »neue Sorge« versetzte, da er dem preußischen Sonderfrieden nicht beitreten wollte, und daß »unser gnädigster Herr, anregend alle und thätig vor allen« für den Frieden aller sächsischen Staaten eintrat.

Man bekommt durch Goethe ein klares Bild von der Stimmung und von den Spannungen in Norddeutschland. Die anhaltenden Unruhen an der Universität Jena haben wir schon berührt; sie werden uns später als Beleg für die innerdeutsche Unruhe weiter beschäftign. Man kann es daher verstehen, wenn Hans Tümmler, der hervorragende Carl-August-Kenner und -Herausgeber, den Sonderfrieden Preußens und später auch der sächsischen Staaten in einen Zusammenhang mit der großen Kultur von Weimar und Jena bringt. Die deutsche Dichtung, so scheint es, wurde durch die politisch-militärische Entsagung der Deutschen groß, und die Welt wünscht uns daher, da und dort, noch immer so idealistisch, so harmlos romantisch. Man kann freilich auch anderer Meinung sein. Nach dieser ist die an der Antike und am französischen Klassizismus orientierte Kultur von Weimar und die das Mittelalter verherrlichende Romantik von Jena und Berlin mit ihrem Ausweichen vor den Problemen der Gegenwart *kurzsichtig* hinsichtlich des Schicksals von Mitteleuropa, eine deutsche Utopie. Man kann sogar darüber Betrachtungen anstellen, was geschehen wäre, wenn Österreich, Preußen und das mit Preußens Neutralität unzufriedene Rußland, statt Polen zu teilen, miteinander verbunden, sofort das expansive Frankreich in seine nationalen Schranken zurückgedrängt hätten. Wahrscheinlich wäre dadurch auf die Dauer auch die deutsche Dichtung lebensnäher, kräftiger, weltliterarisch bedeutender geworden. Da aber Science fiction in der Vergangenheit, so reizvoll sie von jeher vielen Historikern erschien, nicht erlaubt ist, begnügen wir uns mit dieser Andeutung des zentralen europäischen Problems.

Carl August teilte, wie wir gesehen haben, den Friedenswillen Goethes. Seine gekränkte Ehre, besonders die Auseinandersetzung mit Friedrich Wilhelm II., der ihn z.B. auch im Frankfurter Winter 1792/1793 nicht zur Eroberung Hochheims mitgenommen hatte – ein oft wiederholter Vorwurf –, war im Grunde eine Personalisierung der Tatsache, daß er gleichzeitig Landesherr und General war. Das ausgehende 18. Jahrhundert ist ein Zeitalter der Spezialisierung. Dagegen eben empört sich ja die deutsche Utopia, Schiller schon so gut wie Novalis. Aber an dieser Entwicklung zum immer besseren Beherrschen einzelner Kulturgebiete ändert das deutsche Träumen von »Ganzheit« kaum etwas. Man will sich nicht ins Handwerk pfuschen lassen. Die Zensur Carl Augusts führt zur Autonomie der klassischen Dichter, und wenn Goethe Naturwissenschaft treiben will, kritisieren ihn die Physiker oder, was ihn noch mehr verletzt, sie ignorieren ihn, wie der ihm persönlich bekannte Lichtenberg. Und ganz so wollen die Berufsgeneräle nicht mehr, daß ihnen die Prinzen und Fürsten nach alter Weise ins Handwerk pfuschen. Und wenn man schon den König nicht ausschalten kann, dann sorgt man wenigstens dafür, daß dieser den Kleinfürsten, z.B.

Carl August von Sachsen-Weimar, nicht zu viel militärische Verantwortung überträgt. Das wird auch in den Freiheitskriegen so sein!

Mit der Politik hatte der Fürst Erfahrungen, durch das Milieu, in dem er aufwuchs, besonders durch seine kluge Mutter, und durch die Frühregierung an der Seite des welterfahreneren und diplomatischeren Goethe. Als er allein große Politik treiben wollte, gestützt auf seine Verwandtschaft mit dem König von Preußen, hatte ihn der erfahrene politische Spezialist Hertzberg zugleich besiegt und belehrt. Seither wußte er, daß zum politischen Spiel mindestens ein Kurfürst nötig ist. Auf den Sonderfrieden Preußens hatte er keinen Einfluß. Er war der neuen Phase seiner Politik *vorgegeben*, aber er erkannte richtig, daß ohne den Militärstaat Preußen eine Fortführung des Krieges gegen eine so entschlossene Nation wie Frankreich wenig aussichtsreich war. Die Denkschrift des Herzogs vom 15. 5. 1795[61] zeigt, daß Carl August den Preußen mißtraut, weil ihre Politik zu sehr durch die »Akquisitionen in Polen« und ihren »bekannten Geldmangel« bestimmt ist. Er will deshalb das Friedensvermittlungsangebot, das das Geheime Kabinettsministerium in Berlin am 1. 5. 1795 an alle Reichsstände gerichtet hat, für sein Land nicht annehmen. Er schlägt vielmehr vor, daß Kursachsen mit Hilfe der Kontingente aller bedrohten Kleinstaaten eine »Reichsobservationsarmee«, »eine Art von dritter Macht im Reiche« bildet. Sachsen bekäme dadurch die Macht und den Auftrag, das nördliche Deutschland gegen Invasionen zu decken, ohne geradezu sich beim Feind, bei Österreich und Preußen zu kompromittieren. Es entstünde so eine »Neutralitätslinie«, die nicht völlig von Preußen abhängig wäre und »denen Verbindlichkeiten gegen Kaiser und Reich« nicht widerspräche. Carl August nimmt an, daß Österreich so klug ist, sich ähnlich defensiv zu verhalten: »Durch einen Frieden balde beschlossen, bekommt Östreich gewiß ebensoviel als am Ende einer 4. Offensivcampagne, die ohnmöglich glücklich gehn kann. Um eine Offensivcampagne jenseits des Rheins zu führen, gehören keine mutlosen und des Kriegs bis zum Ekel müden Truppen, man muß ein mutiges Volk, einen sehr vollen Beutel und die vollkommene Herrschaft des Rheins bis nach Holland haben.« Das Geheime Conseil in Weimar schreibt am gleichen Tage an das Geheime Kabinettsministerium in Berlin, man wünsche »eine baldige General-Pazifikation«. Man habe »Seine Kurfürstliche Durchlaucht zu Sachsen als ausschreibenden Fürsten des Kreises«, zu dem Sachsen-Weimar gehört, mit dem Ge-

---

61 Politischer Briefwechsel Carl Augusts, Bd 2. Stuttgart 1958, S. 87–89.

such angegangen, »bei Ihro Kaiserlichen Majestät und sonst überall, wo es rätlich anzusehen [...] dem des Friedens benötigten Vaterland denselben zu verschaffen.« Der Kurfürst von Sachsen hielt sich mit Verbissenheit im Rahmen der alten Reichskonstitution. Das Ministerium in Dresden wies seinen Reichstagsgesandten in Regensburg an, den Antrag auf einen *allgemeinen* Frieden zu stellen und auf die Möglichkeit einer preußischen Vermittlung hinzuweisen. Der sächsische Minister Gutschmid lobte Carl Augusts Memoire, glaubte auch an eine Mehrheit für den Frieden im Reichstag. Dagegen konnte er auf Carl Augusts strategische Vorschläge nicht eingehen: der Kurfürst sehe sich »außerstande, *über sein Truppenkorps auf eine andere Weise zu disponieren als in Gemäßheit des dem Kaiser getanen Versprechens*«.[62]

Der österreichischen Diplomatie gelang es, im Reichstag einen Frieden zwischen Frankreich und dem Reich zu verhindern, weil man in der Hoffnung auf englische Subsidien und mit der Rückendeckung Rußlands *den* Krieg weiterführen wollte, den Carl August für aussichtslos hielt. Nach langem Zögern entschloß sich der Kurfürst von Sachsen – bezeichnenderweise unter Berufung auf einen Reichsschluß von 1734 –, die sächsischen Truppen auf die kursächsischen Grenzen zurückzuziehen. General de Lindt hatte dies dem Reichsgeneral de Clerfait mitzuteilen. »Je désire, Monsieur mon Cousin, que les mesures que je viens de prendre puissent avoir l'effet d'éloigner le danger des frontières de la Saxe et contribuer en quelque sorte à votre tranquilité et à celle des autres Princes de la branche ernestine« (Friedrich August von Sachsen an Carl August 29. 9. 95).[63] Es ist ein Erfolg Carl Augusts; aber er weiß, daß sich der Kurfürst von Sachsen nur auf sein *Recht zur Notwehr* beruft und sich weiterhin im Rahmen des Reiches halten wird. Deshalb verhandelt der Herzog mit dem Kurfürsten von Mainz, dem Reichserzkanzler. Anschließend (7. 10. 1795) teilt er Friedrich August von Sachsen mit, der Kurfürst von Mainz würde auch ohne den Kaiser Frieden mit Frankreich schließen, falls sich die Mehrheit der Stimmen im Reich für den Frieden entschiede.[64] Man sieht, daß sich der Herzog von Weimar rastlos um einen gemeinsamen Frieden der sächsischen Staaten bemüht, dem der gewissenhafte Kurfürst von Sachsen zustimmen kann. Als jedoch die Österreicher Erfolg haben und Mainz wieder

---

62 Ebd. S. 92.
63 Ebd. S. 99.
64 Ebd. S. 101.

erobert wird, teilt der treuherzige Kurfürst von Sachsen dem Herzog von Weimar mit (14. 2. 1796), sein Kontingent werde sich in die Gegend von Frankfurt begeben und erneut die Befehle des Reichsgenerals erwarten[65]; die Berufung auf Notwehr ist ja jetzt nicht mehr möglich.

Carl August verliert die Geduld nicht: auch er schickt sein Kontingent (nur ein Bataillon) zum Reichsheer. Aber er erklärt dem reichstreuen Kurfürsten von Sachsen mit noch größerer Deutlichkeit am 22. 2. 96, es sei unmöglich, sich vorzustellen, daß Österreichs Krieg noch ein Reichskrieg sei, weil das allgemeine Votum im Reich dem Frieden gelte und die beste und zahlenmäßig stärkste Armee sich schon für den Status des Friedens oder der Neutralität entschieden habe. Der Feind, den man bekämpfen will, verfüge über alle denkbaren Mittel, um den Krieg mit Kraft zu führen. Er brauche dem kriegserfahrenen Kurfürsten von Sachsen nicht zu beweisen, daß ein vernünftiger Plan für den Feldzug von 1796 eine Sache der Unmöglichkeit sei. Er hoffe, daß die Vorsehung die schrecklichen Katastrophen verhüte, denen man jetzt ausgesetzt sei.[66] Der Kurfürst von Sachsen bleibt dem Reiche trotz aller Warnungen treu. Erst als die Franzosen wieder in Frankfurt sind, entschließt er sich, mit allen Mitgliedern des obersächsischen Kreises erneut Verteidigungsmaßnahmen vorzunehmen (an Carl August 16. 7. 96). Am 22. 7. antwortet Carl August, der Anschluß an die preußische Neutralität sei die bessere Verteidigung.[67] Bei seinen Verhandlungen mit Preußen macht der Herzog von Weimar aber darauf aufmerksam, daß er »mit Kursachsen auf das innigste verbunden« ist, »mithin in der Hauptsache zuvörderst Antwort von Dresden erwarten« muß (28. 7. 1796).[68] Endlich am 1. 8. 96 teilt der Kurfürst von Sachsen dem Herzog von Weimar mit, daß er den Maßnahmen beitritt, die der König von Preußen und der Hof von Hannover (mit dem Hintergrund England!) ergriffen haben, um die Neutralität von Norddeutschland zu sichern. Seine Truppen kehren in Eilmärschen an die Grenzen Kursachsens zurück. Carl August ist glücklich darüber und vermeidet alle weiteren Schritte in Berlin, um die Sicherheit seines Landes ganz dem Kurfürsten zu verdanken (an Friedrich August von Sachsen 3. 8. 96).[69] Die Hausmachtpolitik, die den ehrgeizigen Fürsten vielleicht zu so viel Bescheidenheit veranlaßte, sei hier

---

65 Ebd. S. 106.
66 Ebd. S. 107 f.
67 Ebd. S. 115 und 117.
68 Ebd. S. 124.
69 Ebd. S. 128 f.

nur noch angedeutet; er erhoffte sich dafür die Unterstützung von Friedrich August. Daß Goethe, bei seiner Abneigung gegen die Reichsverfassung, diesen »alten Götzen«, die aktuelle partikularistische Tendenz Sachsen-Weimars unterstützte, versteht sich (an Voigt 14. 8. 96).[70]

Was uns in unserem Zusammenhang mehr interessiert, ist die Zähigkeit, mit der Carl August in dieser Zeit ein politisches Ziel verfolgte. Er gab sich dadurch auch gegenüber dem König von Preußen ein erhöhtes Gewicht; dieser dankte ihm am 4. 8. 96. Carl August beurteilte die politische wie auch die große militärische Lage sehr viel besser als der Kurfürst von Sachsen, der nur durch seine Treue zum alten Reich rührend erscheint. Der Herzog von Weimar ließ dem durch die österreichischen Anfangserfolge beeindruckten ranghöheren Fürsten seine überlegene Intelligenz nicht spüren, sondern ordnete sich in formaler Hinsicht dem Befehlshaber des obersächsischen Kreises und dem Chef des sächsischen Hauses unter. Carl August hatte in dieser Beziehung die Lektion Hertzbergs gründlich gelernt. Er verkannte gleichwohl das militärische Gewicht Preußens keineswegs. Was er dem Goethe der nachitalienischen Zeit verdankte, war nicht nur die Ablehnung der Reichsromantik, sondern auch die Skepsis gegenüber Empfindsamkeit, Moral, Idealismus überhaupt. Die realistische Kühle, mit der Carl August alle diese politischen Aufgaben meisterte, erinnert an den Dichter des *Reineke Fuchs.* Dagegen waren die Zugeständnisse an den erstarkenden Idealismus, die für den diplomatischen Goethe in den folgenden Jahren bezeichnend sind, von dem politisch ausgereiften und selbstbewußten Fürsten kaum zu erwarten!

---

70 Ebd. S. 134 ff.

WEIMAR/JENA: MACHT UND GEIST WÄHREND EINER TRÜGERISCHEN FRIEDENSZEIT (1796–1806)

Vergrößerung des Abstands zwischen Goethe und Carl August

Es ist unwahrscheinlich, daß Goethe Carl Augusts beträchtliche persönliche Leistung für den »Frieden von Weimar« (Hans Tümmler) interessiert verfolgte. Vielleicht wurde er auch einfach über die auswärtige Politik des Fürsten unzureichend informiert. Seine Äußerung in den *Tag- und Jahresheften* 1795 über diesen Punkt ist auffallend kurz und konventionell[1]: »Nun verlauteten die Baseler Friedens-Präliminarien und ein Schein von Hoffnung ging dem nördlichen Deutschland auf. Preußen machte Frieden, Österreich setzte den Krieg fort, und nun fühlten wir uns in neuer Sorge befangen; denn Chursachsen verweigerte den Beitritt zu einem besondern Frieden. Unsere Geschäftsmänner und Diplomaten bewegten sich nun nach Dresden, und unser gnädigster Herr, anregend alle und thätig vor allen, begab sich nach Dessau.« Man kann verstehen, daß Goethe nach den Plagen im ersten Koalitionskrieg und nach den literarischen Belehrungen des Fürsten, die praktisch in eine Zensur ausarteten, Abstand vom Hofe gewinnen wollte, auch wenn er dadurch an Einfluß verlor. Diese Hofmüdigkeit ist an Goethes immer häufigeren Aufenthalten in Jena klar abzulesen (*vgl.* sein Tagebuch). Die akademische Freiheit und die zwanglosen akademischen Gespräche taten dem Höfling wohl. Während er in Weimar immer wieder »aufwarten« mußte, beim Herzog, bei der regierenden Herzogin Luise, bei der Herzogin-Mutter Anna Amalia – eine Einladung war ein Befehl –, gehörte in Jena der ganze Tag ihm selbst und den Freunden, von

---

1 Tag- und Jahreshefte 1795, Th. 1. = Weimarer Ausg. Bd. 35, S. 51. Vgl. aber H. Tümmlers Aufsatz »Der Friede des klassischen Weimar« im Goethe-Jahrbuch N.F. 10. (1947), S. 191–218. Tümmler sieht Weimar als Ganzes, während in meinem Buch auch die Spannungen zwischen Carl August und Goethe – sie sind häufig – interessieren.

denen er Belehrung, Ermunterung wie auch Unterhaltung erwartete. Es ist ganz falsch, wenn man nur die Beziehung zu Schiller im Auge hat. Es ist möglich, daß der arme und kranke Dichter sein Verhältnis zu Goethe in dem konventionellen empfindsamen Sinne, wie etwa die Klopstockjünger miteinander verbunden waren, als Freundschaft auffaßte; aber er mußte bald erkennen, daß der Geheimerat *viele* Freunde hatte, daß er auch in dieser Hinsicht universal war und daß er damit größere Ziele verfolgte, als ein Dichter normalerweise verfolgen kann. Aus diesem Grunde vor allem verteidigte er die akademische Freiheit.

Carl August merkte bald, daß Goethe wenig gewillt war, die Funktion eines Aufsehers in Jena zu erfüllen. Der Gedanke lag nahe, da die Studenten, z.T. auch die Professoren, durch die Ideen der Französischen Revolution angesteckt waren. Man zitiert gerne Goethes Äußerungen gegen die Französische Revolution; aber die Freiheit der Lehre und Forschung verteidigte er nach Kräften; denn er setzte auf die Macht des Geistes. So wurde er für den schlichter denkenden Fürsten zu einem Problem. Carl August begann schon nach kurzer Zeit, im Geiste der heraufziehenden Restauration zu blitzen und zu donnern; doch beschränkte er sich dabei vorläufig auf die Studenten, die eine große Macht besaßen, weil die Professoren schlecht besoldet und auf die Kolleggelder angewiesen waren. Schon im Juli 1792 hatten die Studenten, durch ihren Auszug, der Regierung eine empfindliche Niederlage beigebracht; denn die »Akademie« hätte ohne Erfüllung ihrer Bedingungen den Lehrbetrieb nicht weiterführen können.[2] Karl-Heinz Hahn kann die Freiheit der Jenenser Studenten mit Schillerzitaten belegen, wie z.B.: »Sie wandeln mit Schritten eines Niebesiegten«.[3] Man muß zugeben, daß die Meinungsverschiedenheiten und die finanzielle Schwäche der vier sächsischen Trägerstaaten in der Universität zu Zuständen führte, die für Carl August eine Zumutung waren. Goethe kündigte die Ankunft der Jena verlassenden Studenten seinem Freunde Dalberg in Erfurt mit Worten an, die den Zusammenhang der Studentenrebellion mit der großen Revolution feststellen und sie gleichwohl verniedlichen –, insofern die Jugend immer wieder zur Realisierung irgendwelcher Utopien *miß-braucht* werden kann. Die Problematik des extremen Idealismus kündigt

---

2 Karl-Heinz Hahn: Im Schatten der Revolution. Goethe und Jena im letzten Jahrzehnt des 18. Jahrhunderts, in: Jahrbuch des Wiener Goethevereins Bd. 81/82/83 (1977/1978/1979), S. 41 ff.
3 Ebd. S. 41.

sich in der studentischen Aktion bereits an: »Es scheint, daß wir in unsern Gegenden wenigstens das Bild jener größeren Übel nicht entbehren sollen, es ist nur gut, daß es diesmal nur eine Kinderkrankheit – von der hoffentlich die größere Zahl der Patienten genesen wird« (Goethe an Dalberg 19. 7. 1792). Der Naivität dieser Worte entspricht die Tatsache, daß man glaubte, die Reform der Universität dadurch befördern zu können, daß man junge, billige Nichtordinarien berief, die ein Gegengewicht gegen die alten Professoren bilden sollten[4], natürlicherweise jedoch die arme Universität nur als Sprungbrett benützten. Man kann selbstverständlich diesen gut deutschen, nur wenige Jahre währenden philosophischen Geistesfrühling in sich selbst, also philosophiegeschichtlich, betrachten und verherrlichen – das Urteil hängt von der prinzipiellen Bewertung des Idealismus ab –; in unserem Zusammenhang liegt es näher, das übertriebene Vertrauen auf den Geist mit der politischen *Ohnmacht* des damaligen Deutschland und Sachsen-Weimars speziell zusammenzusehen.

Man muß bedenken, daß Carl August ein realpolitisch denkender Fürst mit einem weiten europäischen Gesichtskreis war. Es ist wahr: Er hatte keinen Sinn für die Philosophie des Idealismus; das alles waren für ihn Hirngespinste. Zum Lehrer wählte er sich in diesen Jahren Edmund Burke, mit der Begründung, er sei »einer der berühmtesten politischen Practicanten dieses Jahrhunderts«. Es ist interessant, daß der Herzog in seinem Brief an Goethe vom 9. [1.] 1798 nicht nur seiner Hochachtung für den großen englischen Publizisten Ausdruck gibt, sondern die Engländer als Volk bei Goethe verteidigen zu müssen glaubt; denn dieser hatte in den *Xenien* nicht nur Newton als Naturwissenschaftler, sondern auch als Engländer herabgesetzt. Man messe, schreibt Carl August, »den Geist der englischen Nation« aus »der Entfernung gar zu leicht nach fremden Maßstabe und also falsch«. Bei England billigt er »den Kampf der Gemüther«, weil dieser den »Staatskörper wie den menschlichen das Athemholen und Außblasen belebet«: »Diese Lebendigkeit jenes organischen Körpers läßet hoffen, daß er aller der Energie fähig ist, deren er bedarf, um sich gegen Franckreich [sic] zu erhalten, während die deutsche Atonie [Kraftlosigkeit] dieses [Deutschland] zu Grabe schleichen und verschwinden läßet.« Auf diesen Brief gibt es keine Antwort Goethes, aber auch er hat in dieser Zeit öfters betont, daß die Deutschen keine Nation *sind* und sich deshalb mit den

---

4 Hans Tümmler: Der Minister Goethe und die Universitätsreform, in: H.T.: Das klassische Weimar und das große Zeitgeschehen. Köln, Wien 1975, S. 21 f.

Angehörigen von Nationen, die einen »Mittelpunkt« haben, nicht messen können.[5] Carl August ist, bei aller Einsicht in die Schwäche der deutschen Nation, der weitsichtigere Politiker, insofern er Deutschlands Zersplitterung, vor allem seinen Dualismus, zu keiner endgültigen Größe macht, sondern schon seit seiner Fürstenbundzeit das Zusammenwirken der deutschen Staaten für wünschenswert und für möglich hält. Er spricht ein vernichtendes Urteil über den zunächst mit Hoffnung begrüßten König Friedrich Wilhelm III. aus, weil er den Augenblick versäumt, da man im Kampf gegen Frankreich noch eine Aussicht auf Sieg gehabt hätte: »Preußens Schutzgeist hat einen seltsamen Weg eingeschlagen, und einen König gesezt, der eben mit den besten Willen zur thätigen Wirckung für das beste seines Landes, den höchsten Grad von Unthätigkeit besizt [...]: sein Vertrautester sagte mir neulich, daß er sich nicht zum Könige schicke. Einmahl hatte er es schon zugesagt, zur Coalition zu treten, dann bekam er Fieber und Krämpfe vor Angst darüber, und nahm sein Wort wieder zurücke« (an Goete 2. 8. [10.] 99). Auch hier fehlt die Antwort Goethes. Die Wege der alten Freunde gingen in national*politischer* Hinsicht jetzt ganz entschieden auseinander. Man wundert sich daher nicht, wenn man wiederholt in den Briefen von Weimaranern liest, Goethe verliere seinen Einfluß am Hofe mehr und mehr. Böttiger führt darauf Goethes Vorliebe für Jena zurück (30. 10. 1796).[6] Richtiger wäre es wohl zu sagen, daß Goethes Lust am Spiel der *realen Macht* nachläßt und er aus diesem Grunde auf das *geistesmächtige* Jena setzt.

Geistesmächtig traten er selbst und Schiller schon in den *Xenien* (1796) auf, um die mittelmäßigen Literaten des Bürgertums zu züchtigen. Aber auch dieses *offene* aristokratische Verhalten scheint nicht im Sinne des Weimarer Hofes gewesen zu sein; denn man gab sich gerne leutselig. Charlotte von Stein, die es als Hofdame wissen mußte, berichtet am 14. 12. 1796: »Herzog und Herzogin und so wir alle finden's nicht unrecht, daß man den zwei Herren, welche glaubten, allein auf dem Parnaß zu befehlen, in ihrer Manier geantwortet.«[7] Man gönnt den Geistesaristokra-

---

5 Das Wort »Mittelpunkt« entnehme ich dem Aufsatz *Literarischer Sansculottismus* (1795), der eine Verteidigung der deutschen Literatur ist, dabei aber 1) den fehlenden Nationalstaat allzusehr betont, 2) sein Fehlen, wie auch sonst, zum Fatum absolutiert.

6 Goethe in vertraulichen Briefen seiner Zeitgenossen. Zusammengest. von Wilhelm Bode. Neudruck Berlin und Weimar 1979. Bd. II, S. 81.

7 Ebd. S. 89.

ten also die Aufsehen erregende Beschimpfung durch eine Menge grober Antixenien! Mächtig sollen grundsätzlich nur die geborenen Fürsten sein! Es war schon ein diplomatisches Meisterstück Goethes, wenn er den immer lebenslustigen Fürsten nach den *Xenien* dazu verführte, nach Leipzig, das ihm alles bot, wie in alter Zeit, zu reisen und sich mit Goethe in der Gesellschaft von Grafen und Prinzen zu zeigen. Das Tagebuch, das in dieser Zeit bereits einen halboffiziellen Charakter zu haben pflegt, verschweigt die Anwesenheit des Herzogs, macht aus der *Demonstration* eine Privatreise (28.–31. 12. 1796); aber noch als Frühsiebziger (*Tag- und Jahreshefte* 1797)[8] erinnert Goethe sich mit Genugtuung seines Triumphes über die bürgerlichen Xenienopfer: »Zu Ende des vorigen Jahrs machte ich eine Reise meinen gnädigsten Herrn nach Leipzig zu begleiten; besuchte einen großen Ball wo uns [!] die Herren Dyk und Comp., und wer sich sonst durch die Xenien verletzt oder erschreckt hielt, mit Apprehension, wie das böse Princip betrachteten.« Als ein Versuch, den in den *Xenien* angerichteten sozialen Schaden dichterisch wiedergutzumachen, darf *Hermann und Dorothea*, das erste bürgerliche Epos, betrachtet werden. Damit ist nicht nur der Erfolg beim bürgerlichen Publikum gemeint, sondern auch der wehrhafte Schluß, der weder mit Hermanns Charakter noch mit der damaligen Haltung Goethes übereinstimmt. Es fällt auf, daß Goethe in seinem Tagebuch immer von neuem notiert, er habe das große »Gedicht« beendet. Er hat also, wie es scheint, nach einem zeitgemäßen Schluß *gesucht*, und dieser paßt auch ausgezeichnet zu Carl Augusts Patriotismus. Wiederholt erwähnt der Fürst und General mit Respekt Bauernerhebungen gegen die Franzosen, während Goethe im Tagebuch, während seiner Schweizerreise (17. 9. 1797), die üblen Folgen einer irregulären Kriegführung für die Bevölkerung von Engen betont. Die Aussage des Schlusses von *Hermann und Dorothea* bleibt in realpolitischer Hinsicht offen. Die Goethefreunde konnten das Epos in der schlimmsten Zeit des Goethehasses als eine Prophezeiung der »Volkserhebung« von 1813 interpretieren.[9] Man sieht hier, und man sieht es später noch deutlicher, daß Goethe der diplomatische Höfling bleibt. Aber Zugeständnisse taktischer und persönlicher Art schließen nicht aus, daß er in dieser Zeit eine strategische Konzeption besaß, die

---

8 Die *Zeit* der Niederschrift nach W.A. Bd. 35, S. 279. Zitat ebd. S. 70.

9 Goethe wunderte sich selbst darüber, wie zeitgemäß das Stück sich anhört (an Eichstädt 27. 1. 1814). Weitere Zeugnisse vgl. Hermann und Dorothea, hg. v. Josef Schmidt, Reclam Erläuterungen und Dokumente S. 106 ff.

ganz anderer Art war, daß er nämlich systematisch versuchte, den Geist gegen die absolute Macht des Fürsten zur Geltung zu bringen, wenn auch niemals auf dem Wege der deutschen Jakobiner. Als in der Jenaischen *Allgemeinen Literaturzeitung* (19. 3. 1794) ein Nachruf auf den Mainzer Republikaner Georg Forster erschien, fanden sich Goethe und Voigt bereit, die von Carl August verlangte Berichtigung zu schreiben.[10] Auch die *Xenien* enthalten strenge Ausfälle gegen Forster und andere deutsche Revolutionäre. Die klare Absage an die Aktivisten war eine Voraussetzung für Goethes Kulturpolitik. Sie wäre vielleicht mehr oder weniger vergeblich gewesen, ohne die Hilfe Schillers; ihr Ziel jedoch war ursprünglich viel umfassender.

Goethes Versuch, mit Hilfe einer geistigen Hausmacht größere Selbständigkeit zu erlangen

Man hat sich oft darüber geärgert, daß Goethe so manchen unbedeutenden Freund hatte. Aber es ist eine Eigenschaft Goethes, daß er nicht immer in der Anspannung leben kann, die vielen bedeutenden Menschen eigen ist. Ein Freund im gewöhnlichen Sinne des Wortes, lange Zeit sogar ein Hausfreund, war der Schweizer Maler und Kunstschriftsteller Heinrich Meyer, den Goethe in Italien kennengelernt hatte. Während Schiller Goethes illegitime Ehe mit Christiane Vulpius lange nicht begreifen konnte, brachte ihr der Schweizer sogleich die Hochachtung entgegen, die ihr in der Weimarer Gesellschaft fehlte und die Goethes Wunsch beförderte, langsam aber sicher eine gewisse Legitimität für Christiane zu erreichen: »der Hausfreundin küsse ich die Hände, und den wackern Jungen drücke ich ans Herz« (an Goethe 21. 2. 1797).[11] Ein Widerspruch zwischen dieser Freundschaft und der mit Schiller bestand nicht. »Daß wir uns gefunden haben, ist eine [sic] von den glücklichsten Ereignissen meines Lebens; ich wünsche nur, daß wir lange zusammen auf diesem Erdenrunde bleiben mögen, wie ich auch hoffe, daß Schiller ohngeachtet seiner anscheinenden Kränklichkeit mit uns ausdauern wird« (Goethe an Meyer 3. 3. 1796). Auch Meyer schließt

---

10 Karl-Heinz Hahn: Im Schatten der Revolution [...] S. 47.
11 Goethes Briefwechsel mit Heinrich Meyer, hg. v. Max Hecker. Weimar 1912. Bd. 1, S. 431.

ohne Eifersucht Schiller in ihren Freundschaftsbund ein: »Es ist überaus schön und tröstlich für uns, daß Schiller in seinen Forschungen und Arbeiten den unseren so entgegenkömmt; es müßte schlimm gehen, wenn wir so vereinigt nicht endlich doch noch durchdringen sollten« (an Goethe 3. 3. 1796).[12] Man sieht, daß auch diese, Goethes Bedürfnis nach »Behaglichkeit« befriedigende Freundschaft *zielgerichtet* ist. Die Unterordnung unter Goethe, die für Schiller ein schwieriges Problem war, ist bei Meyer ganz selbstverständlich; in der späteren Zeit unterzeichnet er seine Briefe sogar höchst bescheiden mit Formeln wie »Diener und Freund«.[13]

Es ist bekannt, daß Goethe lange Zeit bestrebt war, sich seiner Universalität auch auf dem Gebiete der bildenden Kunst zu vergewissern. In Italien begann er, besonders durch seinen Umgang mit Tischbein, zu erkennen, daß er auf diesem Gebiete nicht das Höchste leisten konnte. Um so stärker erwachte in ihm der Wunsch, als Publizist und Organisator die Entwicklung des bildkünstlerischen Geschmacks in Deutschland zu befördern, und darin war Heinrich Meyer sein Gehilfe. Das Tagebuch zeigt, daß bei den Ausstellungen der »Weimarer Kunstfreunde« auch Schiller und Schelling ohne Skrupel um ihre Meinung befragt wurden. Man erhoffte sich ja in diesem philosophischen Zeitalter stets eine Bereicherung der Dichtungs- und Kunstpraxis durch die Ästhetiker. Goethes Naivität geht so weit, daß er sich sogar in seinen Bemühungen um die Farbenlehre methodischen Rat von Schiller erhofft und, wenn ihn dieser enttäuscht, setzt er seine Hoffnung auf Schelling, den Naturphilosophen. Da Goethe sich selbst für Belehrung stets offen zeigt und darin eine erstaunliche Rezeptivität entwickkelt, glaubt er umgekehrt durch Beeinflussung der Jüngeren kulturpolitische Wirksamkeit erreichen zu können –, was freilich bei der durch Kant, die Französische Revolution und den subjektiven Idealismus geprägten Generation eine fast unmögliche Aufgabe war. Die Jungen wußten alles besser. So hatte die der Ästhetik und der bildenden Kunst gewidmete Zeitschrift *Propyläen*, die jahrelang einen großen Teil von Goethes Zeit verschlang, keinen Bestand (1798–1800). Sie erlitt das Schicksal von Schillers *Horen* (1795–1798). Auch die bildkünstlerischen Preise, die von Weimar verteilt wurden, und die Rezensionen, die in der Zeitschrift erschienen, fanden manche böse Kritik. Meyer war für Goethe bei diesem Ausgriff in die Kunstpolitik ein bequemer Kollege. Er nahm es nicht übel, wenn das

---

12 Ebd. S. 217.
13 z.B. ebd. Bd. 2, S. 161 und 174.

147

Genie die Rezensionen, die der Gehilfe mit eingegangenen Preisarbeiten widmete, und Meyers sonstiges Gedankengut vor der Publikation überarbeitete. Ich habe aus sprachlichen Gründen den Verdacht, daß auch der berühmte polemische Aufsatz über *Neu-deutsche religios-patriotische Kunst* (1817), den Meyer verfaßte, viel stilistisches und gedankliches Gut von Goethe enthält. Der Angriff der »Weimarer Kunstfreunde« konnte an dem von der politisch-religiösen Restauration gestützten Nazarenertum nicht viel ändern. Aber es hat immer seinen höheren Sinn, gegen problematische Zeitmoden anzukämpfen. Die Standfestigkeit der Weimaraner war eine Ermutigung für spätere Kritiker wie Immermann, die die Ehrlichkeit der Verquickung von Kunst und Religion und die Gültigkeit des spätmittelalterlichen Vorbilds der präraffaelitischen Maler für das 19. Jahrhundert anzweifelten (vgl. meine Biedermeierzeit III, 833 f.). Trotzdem ist kaum zu leugnen, daß Goethes Anspruch, auch auf dem Gebiet der Kunstpolitik, ein Element seiner Donquichotterie enthält. Schon zu Beginn dieser kunstpolitischen Aktion (30. 12. 1795) schreibt Goethe an Heinrich Meyer: »Lassen Sie nur ja niemand nichts von unseren Hypothesen, Theorien und Absichten merken, wenn die Leute von uns noch eine gute Meinung behalten sollen. Es ist bloß mit der Masse unserer vereinigten [!] Kräfte und mit der Ausführung des Ganzen, daß wir ihnen in der Folge imponieren können, und doch werden sie auszusetzen genug finden.«[14]

In *einer* Beziehung bleibt Goethe in allen seinen Planungen dieser Zeit der Realist, als der er von manchen Meinungsgruppen gefeiert wurde und wird. Fast hinter jeder Freundschaft dieser Zeit steht ein klarer Bezug zu der Gesellschaft von Weimar, von der er abhängig ist und die er in kultureller Hinsicht zu führen versucht. Das erstrangige Ziel Carl Augusts und seines Hofes war in dieser relativ wohlhabenden Zwischenkriegszeit der Bau eines neuen Schloßes. Ob man ihn für nötig hält, hängt vom Wertsystem des Referenten ab. Zu seinen Gunsten führt Hans Tümmler an, daß man sich seit dem Abbrennen des alten Schlosses zwanzig Jahre lang beholfen hatte und daß der Weggang bedeutender Jenenser Professoren seit 1802 im größeren Zusammenhang der gleichzeitigen deutschen Ge-

---

14 Karl Otto Conrady: Goethes Leben und Werk. Bd. 2. Königstein/Taunus 1985, S. 222 spricht von einem »hochgebildeten, aber musealen Akademismus« [...] »Die Zukunft gehörte Malern wie [...] Runge, [...] Friedrich«. Da es auch eine Zukunft *nach* den Romantikern gab, wäre es interessant zu wissen, ob Goethes Ausgehen vom »Gegenstand« die realistischen Maler ebenso ermutigte wie die realistischen Dichter.

schichte gesehen werden muß, daß also die Universitätskrise nicht einfach auf den Schloßbau und auf Carl Augusts erlahmendes Interesse an der »Akademie« zurückgeführt werden kann, wie dies der Theologe Paulus behauptet hatte.[15] Man könnte hinzufügen, daß die Stände, in denen die Theologen Einfluß hatten, das Geld leichter für einen Schloßbau bewilligten, der traditionellerweise zu einem herzoglichen Hofe gehörte, als für eine umstrittene freigeistige Universität. Fritz Hartung, ein bedeutender Kenner der Innenpolitik Sachsen-Weimars, meint freilich zur Kritik der zeitgenössischen Professoren: »So ganz unberechtigt war dieser Eindruck nicht.«[16]

Für Goethe und Voigt war das, was man später offiziell »Oberaufsicht« nannte, im Falle des Schlosses eine schwere Last; denn erst 1803 konnte der Hof ins Schloß ziehen. In Goethes Tagebuch erscheinen Worte wie »früh im Schlosse«, »mit Serenissimus im Schlosse«, »mit Voigt im Schlosse«, »Schloßbau-Session« jahrelang sehr häufig. Wenn Goethe in Jena ist, gibt er Meyer, der ihn vertritt, briefliche Anweisungen. Der Schweizer, der sehr sparsam war und mit Enthusiasmus hörte, daß er gegen Kostgeld noch weiter im Hause Goethes bleiben dürfe, daß der große Freund ihn brauchte, bezog für Ausmalarbeiten im Schloß und wohl auch für die Vertretung Goethes bescheidene Honorare. Der Architekt war zunächst Thouret, den Goethe auf der Schweizerreise von 1797 in Stuttgart angeworben hatte, weil der Nachfolger Carl Eugens das anspruchsvolle Leben des berüchtigten Rokokofürsten aufgegeben hatte und dafür von Goethe getadelt wurde. Man mag daraus schließen, daß der Goethe von 1800 auch Carl Augusts Repräsentation für berechtigt hielt, sofern sie zugleich der Kunst diente. Wie die Universität hatte auch Herders Amtsbereich (Kirche, Gymnasium, Volksschule) unter dem Schloßbau und unter dem ebenfalls großzügigen Ausbau der Gartenanlagen zu leiden. Um so wichtiger war es, daß Heinrich Meyer die Kontakte zwischen Herders und Goethes Haus sorglich pflegte; so verhandelte er z. B. wegen eines Beitrags zu Schillers Musenalmanach erfolgreich mit dem mißvergnügten Superintendenten (an Goethe 20. 9. 1799).[17]

Es ist bekannt, daß Goethe, der Herders Berufung nach Weimar veran-

---

15 u. a. Hans Tümmler: Carl August von Weimar. Stuttgart 1978, S. 137.
16 Fritz Hartung: Das Großherzogtum Sachsen unter der Regierung Carl Augusts 1775–1828. Weimar 1923, S. 187. Daß bei der Forcierung des Schloßbaus auch die Werbung um Maria Paulowna eine Rolle spielte, vermutet einleuchtend H. Tümmler (persönliche Mitteilung).
17 Goethes Briefwechsel mit Heinrich Meyer, Bd. 2, S. 109.

laßt hatte und auch aus Anlaß von Herders Berufung nach Göttingen noch sehr aktiv für den alten Freund gewesen war, seit der Mitte der 1790er Jahre an dem selbstbewußten kleinen Kirchenfürsten Weimars eher einen Widersacher für seine Kulturpolitik als eine Stütze fand. Die *sachlichen* Gründe für den Zwist zwischen Carl August und seinem Oberpfarrer habe ich bereits angedeutet. Sie sind in der letzten Zeit von einem jungen Germanisten mit vielen Belegen und sehr beredt nachgewiesen worden. Ein großzügiger Schloßbau und ein ehrgeizig geführtes Hoftheater mußten in einem kleinen Herzogtum zur Vernachlässigung von Kirche und Schule führen.[18] Es ist keine Frage, daß sich der naturwissenschaftlich interessierte Herzog für die Kirche, das Gymnasium, die Volksschulen noch weniger interessierte als für die Universität. Denn Philosophen, die der Jugend die Köpfe verdrehten, hielt er für überflüssig. Der Fehler Herders war freilich, daß er dem Fürsten, der mutige Männer liebte, nicht persönlich entgegentrat, sondern ihn über Goethe und die kirchentreue regierende Herzogin Luise zu beeinflussen versuchte. Herder verabscheute die idealistischen Philosophen nicht weniger als Carl August. Diese Interessengemeinsamkeit hätte eine Brücke zwischen dem Fürsten und dem Kirchenleiter bilden können. Sie erscheint in dem sonst wenig erfreulichen Briefwechsel zwischen Carl August und Herder da und dort[19], hatte aber kaum praktische Folgen. Goethe, der sein Altern durch das Lernen von den Jüngeren kompensieren wollte und die Idealisten in seine geistige Hausmacht planmäßig einzubeziehen versuchte, war, bei allem guten Willen, für eine Vermittlung zwischen dem Herzog und dem Haupt von Weimars Kirche, nur bedingt geeignet.

Karl Ludwig von Knebel hatte als Nobilitierter, als Sohn eines Geheimerats und Offiziers, als ehemaliger Prinzenerzieher und als Helfer in einer heiklen Privatangelegenheit[20] einen direkten Draht zum Fürsten. In einem Brief an Knebel (23. 9. 1797)[21] kritisiert Carl August den einst so bewunderten Freund und Berater in einer Weise, die als Distanzierung von dem »hochklassischen« Goethe gedeutet werden mag: »Goethe schreibt nur Re-

---

18 Christoph Fasel: Herder und das klassische Weimar, Kultur und Gesellschaft 1789–1803. Bern usw. 1988.
19 Briefe des Herzogs Karl August von Sachsen-Weimar-Eisenach an Knebel und Herder, hg. v. Heinrich Düntzer. Leipzig 1883, S. 134–136.
20 Vgl. K. O. Conrady: Goethes Leben und Werk, Bd. 2, S. 254.
21 Briefe des Herzogs Karl August von Sachsen-Weimar-Eisenach an Knebel und Herder, S. 107.

lationen, die man in jedes Journal könnte rücken lassen. Es ist possierlich, wie der Mensch feierlich wird.« Er vermißt also die Handfestigkeit des jungen Goethe oder den Witzstil des Rokoko oder einfach die menschliche Nähe des alten Freundes. Es wäre wohl nur halb richtig, von Eifersucht des Fürsten zu sprechen; denn auch er hatte viele Freunde, die es nur bedingt waren. Ja, man kann sich fragen, ob sich der damalige Goethe im Aufbau seiner Hausmacht nicht fürstlicher Methoden zu bedienen versuchte. Wenn Goethe über Serenissimus verstimmt ist, verfällt er in einen besonders offiziellen Stil, um ihm klar zu machen, daß er sich jetzt auf den Status des »Dieners« zurückzieht. Auch Carl Augusts Lob des damals von Goethe und Schiller so streng bekämpften Konkurrenten Kotzebue mag eine indirekte Kritik an dem zu hoch getriebenen Anspruch der später so genannten Klassiker liegen. Auf Anna Amalias Wunsch war zu Neujahr 1800 Kotzebues *Gustav Wasa* aufgeführt worden. Im Brief an Knebel vom 4. 1. 1800[22] beurteilt der Herzog das Drama ziemlich treffend: »Die Sprache des Stücks ist hübsch, die Verse fließend und da sich der Autor nie sehr erhebt, so kann er auch nicht sonderlich tief fallen.« Für diesen Fürsten bedeutet das Drama wie für die Franzosen (noch in ihrer romantischen Zeit!) *Theater.* Wenn es, wie Goethes *Tasso*, nicht gespielt werden kann, so hat es sein Ziel, das in den Augen des Herzogs gesellschaftlich sein *muß*, verfehlt. Dann lieber Kotzebue! Der Fürst kann ganz sicher sein, daß der treue Knebel derartige Sticheleien nicht an Goethe weitergibt.

Goethes Verhältnis zu Knebel ist aufgrund des Schutzes, den diesem Carl August gewährt, und wegen Knebels Hofkritik, die zu einer Freundschaft mit Herder führt, kompliziert. Knebel ist empört darüber, daß er vom Herzog Geld ohne Arbeit bekommt; denn er neigt theoretisch zur Demokratie, und der Demokrat muß sein Brot selbst verdienen. Er leidet also darunter, ein Nutznießer des feudalen Systems zu sein. Carl August, Goethe und Voigt trauen ihm, wie es scheint, eine nutzbringende Arbeit nicht zu, und es ist auch wahr, daß ihm die Haupteigenschaften des Höflings fehlen: die Lust an der Geselligkeit und die Anpassungsfähigkeit. Voigt mietet ihm eine Wohnung abseits in Ilmenau, und Knebel genießt sichtlich die Idylle. Die Herders besuchen ihn öfters, und Herders leidenschaftliche Frau Caroline führt einen wenig goethefreundlichen Briefwechsel mit ihm. Herder und Knebel bilden eine Art Trutzgemeinschaft auf der Basis ihrer antihöfischen Gesinnung. Der Einsiedler in Ilmenau bewundert Goethe

---

22 Ebd. S. 111.

grenzenlos, weil ihm als Dichter und Hofmann, wie er meint, alles glückt. Goethe braucht solches Lob samt dem Neid. Als bemühter Gesellschaftsmensch ist er von andern viel abhängiger, als man gewöhnlich denkt. Aber, genau besehen, ist Goethe unglücklich über das Mittelding von Genie und Faktotum, das er zu dieser Zeit in Wirklichkeit ist: »Von mancherlei Dingen die ich vorhabe mag ich nichts sagen, ja ich mag nicht gern daran denken wie viel ich vorhabe! Es sind alles Dinge die nur durch die reinste Stimmung hervorgebracht werden können, und die weltlichen Dinge [!] sind nicht geeignet, sie uns zu geben oder zu erhalten. – Die nahe Ankunft des Königs bringt uns auch aus unserm Geschicke. Da wir zweimal hinter einander Schauspiel geben, so bin ich bei dieser Erscheinung auch nicht frei von allen Beschwerden« (Goethe an Knebel 25. 6. 1799). Für Knebel sind solche Klagen ein Anlaß zur Kritik des ehrgeizigen Weimarer Hofes: In Hildburghausen habe man den König von Preußen »ganz simpel [...] aufgenommen«, und das soll ihm »sehr wohl gefallen haben. In Weimar ist man mehr in Geschmack, durch Unruhe ein vermeintliches Leben zu geben. – Diese ist nicht gut für den arbeitenden Geist« (an Goethe 6. 7. 99).[23] Goethe verhält sich schweigsam bei solchen Belehrungen. Noch weniger hat er Lust, Knebel in seiner Einsamkeit zu besuchen, auch wenn dieser mit den schönsten Spaziergängen Ilmenaus lockt. Knebel beklagt sich darüber und erwähnt stolz den Besuch des fürstlichen Freundes, obwohl auch hier nicht ganz ohne Hofkritik (an Goethe 10. 9. 99)[24]: »Der Herzog war vor kurzem [...] bei uns.« »Er war, nach seiner Art, freundlich und gut; auch blickte zuweilen Empfindung durch, wo sie nicht durch den allgemeinen Weltton, den er sich anzueignen sucht, gehindert wurde.« Im gleichen Brief bettelt Knebel den Freund, daß er ihm, wenn schon keinen Brief, wenigstens »etwas gedrucktes« von ihm schickt.

Wir wissen schon, daß Goethe in dieser Zeit keine empfindsamen Einzelfreundschaften, sondern aktive Teilnahme am großen Werk von Weimar/Jena wünschte. Schon am 3. 1. 1796 schreibt Knebel eifersüchtig an Goethe: »Lebe wohl auf Deiner Fahrt nach dem literarischen Jena, und vergiß unser nicht ganz!« Im Satz zuvor hatte er stolz erwähnt, daß der »alte Wieland [...] außerordentliches Gefallen« an Knebels Elegien fand.[25] Er bemüht

---

23 Briefwechsel zwischen Goethe und Knebel (1774–1832). Th. 1. Leizpig 1851, S. 213.
24 Ebd. S. 215.
25 Ebd. S. 126.

sich also, Goethe bei der alten Schule festzuhalten. Aber er freut sich wenig später darüber, daß vier seiner Elegien, wenn auch natürlich von Goethe verbessert, in die *Horen* aufgenommen werden und er prompt das Honorar in Gold dafür bekommt. »Sage auch Schillern etwas Verbindliches.«[26] Ein starkes Jahr später gibt Goethe dem sperrigen Freunde schon deutlich zu verstehen, daß es ihm nicht nur um Schiller, sondern um die enorme geistige Kraft von ganz Jena geht (Jena 2. 3. 1797)[27]: »Es ist übrigens hier meist in allen Fächern ein so schnelles literarisches Treiben, daß einem der Kopf ganz drehend wird, wenn man drauf horcht. Es ist aber sehr merkwürdig zu sehen wie in unserer Zeit nichts, auch nur einen Augenblick, an seiner Stelle bleiben kann und alles sich wo nicht verbessert doch immer verändert [!]. Die literarische Welt hat das Eigne, daß in ihr nichts zerstört wird ohne daß etwas Neues daraus entsteht, und zwar etwas Neues derselben Art. Es bleibt in ihr dadurch ein ewiges Leben, sie ist immer Greis, Mann, Jüngling und Kind zugleich, und da wo nicht alles, doch das meiste bei der Zerstörung auch noch erhalten wird, so kommt ihr kein anderer Zustand gleich. Das macht auch daß alle, die rein darinne leben, eine Art von Seligkeit und Selbstgenügsamkeit genießen, von der man auswärts keinen Begriff hat.« An solche Stellen, die, wie Goethe selbst bemerkt, ganz improvisiert sind, muß man denken, wenn man Goethes Faszination durch Jena und das Erschrecken darüber in Weimar verstehen will. Er lehnt die Französische Revolution ab, aber ein geistiges Revolutionsfieber hat auch ihn ergriffen. Er will den Anschluß an die Jenenser Revolution nicht verlieren, auch wenn sie nur verändert, nicht verbessert. Er will den neuen Geist verstehend miterleben und womöglich unter seine Kontrolle bringen.

Im Tagebuch erscheinen um diese Zeit, da er *Hermann und Dorothea* vollendet und redigiert, neben Schiller der Bergrat A. v. Humboldt, der Legationsrat W. von Humboldt, der Rat A. W. Schlegel. Alexander von Humboldt dominiert mit seinen Referaten über Galvanismus. Auch Carl August ist eine Zeitlang in Jena, um den Naturforscher zu hören, während die Philosophen ihm eher widerlich und gefährlich erscheinen. Zu Tische sind an diesem festlichen Tag außer den Brüdern von Humboldt der Anatom Loder, der Mediziner und Leibarzt Stark, Prof. Büttner, der eine riesige Bibliothek an die Universität zu verkaufen hat. »Abends zu Schiller« (Tagebuch 8. 3. 1797). Ein guter Freund Goethes ist auch der Justizrat

---

26 Ebd. S. 128f.
27 Ebd. S. 143.

Hufeland, der an der *Allgemeinen Literaturzeitung* neben Prof. Schütz u. a. mitwirkt. Alexander von Humboldt setzt sich für den Chemiker Scherer ein. Mit den Humboldts spricht man über Kosegarten, einen Dichter der alten Schule. Aber dies verhindert nicht, daß W. v. »Humboldt über Fichtes neue Darstellung der Wissenschaftslehre im philosophischen Journal« referiert (Tagebuch 12. 3. 1797). Fortsetzung am folgenden Tage. Goethes Tagebuch vom 19. 3. 1797: »Früh am Gedicht [Hermann und Dorothea] corrigirt, dann Bergr. v. Humboldt, weitere optische Deduction. Dazu [A. W.?] Schlegel. Mittags bey Schiller. Nach Tische Leg. R. v. Humboldt und [Philosophie-] Prof. Niethammer; die Fichtische Theorie ward durchgesprochen.«

Am 29. 3. 1797 besucht Goethe morgens nach einem Spaziergang Prof. Schütz, den Herausgeber der für Weimar/Jenas Ruhm höchst wichtigen *Allgemeinen Literaturzeitung.* Er sieht auch Eichstädt, den Herausgeber der Zeitschrift nach der Berufung von Schütz nach Halle. Am gleichen Tage waren »Vor Tische Friedrich Schlegel und Leg. R. v. Humbold[t] dagewesen.« »Abends bey Loder mit Schütz Austern Collation, dann auf die Rose in den Clubb.« Selbst in dieser Zeit, da Goethe noch an einer seiner zentralen Dichtungen feilt, ist er ein unermüdlicher Gesellschafter. Man darf sogar sagen, daß das Bedürfnis, überall dabei zu sein, alle bedeutenden Menschen zu kennen, von ihnen zu lernen, sie in seinen Bann zu ziehen, wochenweise seine Hauptbeschäftigung war. Es ist ein anstrengendes Leben, von dem er sich aber durch auffallend viele Spaziergänge (Tagebuch) zu erholen versucht.

Man kann verstehen, daß der Goethe dieser Zeit Knebels einsames Leben nicht billigen kann: »– Ich lege die Recension Deines Properz bei, sie ist von Rath [A. W.] Schlegel in Jena. Ich wünsche daß Du Dich mit ihm in Relation setztest und mit ihm über Deinen Lucrez conferirtest, es würde Dich gewiß fördern, in ein solches Verhältniß zu kommen. Er hat sehr schöne Einsichten, und einen kritischen Freund an der Seite kommt man immer schneller vom Fleck« (Goethe an Knebel 31. 12. 1798). Knebel antwortet mit einem langen Brief, in dem er wieder für ein Honorar »vor allem aber« für Goethes Elegie *Euphrosyne* begeistert dankt: »einzig, eigen und schön; die Verse, frei wie die Natur.« Weniger begeistert ist er über den Kreisbildungswunsch des mächtigen Freundes: »Ich zweifle, daß Hr. Rath Schlegel Umfang und Tiefe des Gefühls genug hat, die zu dieser Arbeit erfordert wird«. Er läßt aber gehorsam das erste Buch der Lukrezübersetzung für ihn abschreiben, »um, wenn Du es erlaubst, durch Deine Hände es ihm anzuvertrauen.« So kommt die Verbindung zwischen dem Klassizisten Knebel und dem Führer des Jenenser Romantikerkreises zustande. Doch ist es gewiß ein Symbol seines Widerstrebens, wenn Knebel im nächsten Abschnitt des Briefes das letzte Buch des eben gestorbenen Aufklärungsphilosphen Garve über die *Ethik des Aristoteles* »mächtig gerührt« lobt: »Einen solchen Freund wünsch' ich mir zum Lukrez« (Knebel an Goethe 12. 1. 1799).[28] Dieser *Gehorsam mit Widerstand* erinnert lebhaft an Schillers Verhalten gegenüber Goethes Bestreben, eine geistige Großmacht Weimar-Jena zustande zu bringen. Goethes Wunsch, Knebel möge Weimar »von Zeit zu Zeit« besuchen, klingt wie ein Befehl (3. 11. 1800): »So sehr ich Dir zu Deinem ruhigen Aufenthalt in Ilmenau Glück wünsche, so kann ich mich doch auch manchmal des Wunsches nicht enthalten: daß Du uns von Zeit zu Zeit besuchen und an demjenigen Guten Theil nehmen mögest, das ein Zusammentreffen von bedeutenden Menschen gewähren kann.« Im gleichen Brief folgt das Angebot, ihm einige Bände von »Tiecks Journal und romantischen Dichtungen« zu schicken. Knebels Antwortbrief vom 20. 11. 1800 enthält ein flüchtiges Lob von Tiecks romantischen Erzählungen – er habe sie »meist schon gelesen« – und die Bitte, ihm zu erlauben, sein »Leben unter den dicken Wäldern fort zu setzen, das mir zu meinem Seelenzustande behaglich genug ist.«[29] Wirkliche Freundschaftsgefühle empfindet Knebel, wenn eine seiner Elegien ohne Anfrage in Schillers Musenalmanach aufgenommen wird und Goethe ihn bittet, im nächsten Musenalmanach mitzuarbeiten (an Knebel 23. 10. 1799). In seinem Dank für den Musenalmanach von 1800 lobt er Amalie von Imhofs Epos *Schwestern von Lesbos*, das Goethe und Schiller manches Kopfzerbrechen bereitet hatte, überschwänglich: »Ich freue mich dieses schönen Kunstwerkes, dieses seltnen Schatzes für unsre Sprache und werde es noch oft lesen. – Auch unser Meyer hat von seinem Genius lieblich hinzugethan. Die anflatternde Taube ist mit ein willkommenes Symbol und die Mädchen am Borne eine höchstliebliche Ausführung. Dank Euch, Ihr Lieben, für solche Geschenke!« (an Goethe 28. 10. 1799).[30] Er fühlt sich in die Gemeinschaft der Dichter aufgenommen, in dem Augenblick, da sich Goethe und Schiller nicht zuletzt über den Dilettantismus strenge Gedanken machen. Ein zwangloser persönlicher Umgang mit Goethe stellte sich erst wieder her, als das Thema der Revolution in die Ferne gerückt, Herder gestorben und Knebel nach Jena zurückgekehrt war. Zumal nach Schillers Tod fand Goethe bei

28 Ebd. S. 197–199. 29 Ebd. S. 253. 30 Ebd. S. 222f.

Knebel wieder die freundschaftliche Behaglichkeit und die uneinge-
schränkte Bewunderung, deren er bedurfte.

Goethe hatte eine sehr gute Hand gehabt, als er Johann Christoph
Schmidt zum Kammerpräsidenten und Christian Gottlob Voigt gewissermaßen zu seinem Nachfolger in Kulturangelegenheiten empfahl. Schmidt
war einer von Klopstocks Freunden gewesen, gehörte also zur Generation
der Vorklassiker, woraus sich allein schon gewisse Konflikte zwischen ihm
und Voigt, der zur Goethegeneration gehörte, ergaben. Schmidt ist, wie alle
Finanzminister, der große Mann, der allen Lektionen erteilt, auch dem
Herzog. Hans Tümmler nennt ihn einen »zugeknüpften Hüter der Staats-
kasse«[31]; aber war dies nicht seine Aufgabe in einem finanzschwachen
Lande mit großen Ansprüchen? Es ist glaubhaft, daß er »poesiefremd« im
Sinne Weimars wurde. Doch welcher Finanzminister macht satirische Gedichte, wie der Kammerpräsident Schmidt in seinem »Säkularlied« zu Sylvester 1800?[32] Man fiel aus allen Wolken; uns aber könnte die Anwendung
seiner literarischen Fähigkeit, wenn auch im »niederen Stil«, eher davon
überzeugen, daß er auf seine Weise eine Persönlichkeit war. Für den hochgebildeten Voigt war die Rache des alten Schmidt (für viel Verachtung)
»ärgerlich«.[33] Aber Carl August schätzte den Mann, der ein Gegengewicht
gegen die idealistische Zestörung des gesunden Menschenverstandes war
und der Weimars Finanzen in Ordnung hielt. Der »Attizismus«, die ästhetischen Naturen und die idealistischen Philosophen, die die Jugend weltfremd machten, waren für den Fürsten ein weit größeres Problem. So
pensionierte er den Geheimerat Schmidt erst mit 80 Jahren (1807).[34] Es ist
ein Alter, das man sich im Hinblick auf Goethes Groll über seine Abschiebung als Theaterdirektor mit 68 Jahren einprägen muß. Es gab noch keine
festen Grenzen für eine Pensionierung!

Voigt war auch nicht ohne Witz, was für ihn spricht; er spottete nicht nur
über Schmidt, was aus Generations- und Dienstgründen selbstverständlich
ist, sondern auch die Erdenferne seines Freundes Goethe gab ihm gelegentlich Anlaß zu spöttischen Bemerkungen und nicht zuletzt seine Vorliebe für »perpetuirlichen Urlaub«.[35] Es war ganz im Sinne des nachitalieni-

---

31 Hans Tümmler: Goethe der Kollege, in: H. T.: Kollegen, Freunde und Bekannte –
Schutzbefohlene 1796–1805. Köln Wien 1970, S. 86.
32 Ebd. S. 86 f.
33 Ebd. S. 87.
34 Ebd. S. 88.
35 K. O. Conrady: Goethes Leben und Werk. Bd. 2, S. 242.

schen Goethe, daß ihm Voigt die niedrigen Geschäfte, z. B. den finanziellen Verkehr mit Schmidt in weitem Umfang abnahm. Der Dienstweg zu Goethe geht normalerweise über Voigt, auch wenn es sich um den Schloßbau handelt, in dem Goethe die dominierende Stellung besitzt. Das beliebte Wort vom »Staatsmann« Goethe führt in seiner späteren Lebenszeit zu irrigen Vorstellungen. Ich zitiere aus einem der typischen Briefe Goethes an Voigt (10. 5. 1796): »Mit vieler Freude habe ich die verschiedenen Briefe empfangen die Sie die Güte hatten mir hierher [nach Jena] zu schreiben [...] Daß, unter den gegenwärtigen Umständen, 15 000 rh. zum Schloßbau verwilligt worden, ist mit Danke anzunehmen. Wir können damit schon gute Fortschritte thun, die Treppengewölbe und Hauptmauern aufführen. Sie haben die Güte sich wegen dem Wochenextract an den Bauverwalter zu halten und den Baumeister zu bedeuten, daß er sich nur an die Hauptarbeiten hält und nichts kleines und einzelnes unternimmt.« Gemeint ist natürlich: Nur Rohbau, keine Entscheidungen, die ins künstlerische Fach gehören. Die Details der Verwaltung bleiben also doch an Voigt hängen, solange Goethe in Jena ist. Im Detail ist der Beamte Voigt überhaupt der Meister. Um so wichtiger ist es für das Universalgenie, die eigene amtliche Arbeit hervorzuheben und recht nett gegenüber diesem Kollegen zu sein: »Am Wasserbau sind wir indessen fleißig gewesen, der Durchstich der Mühllache ist fertig, ich hoffe er soll sich gut halten, vielleicht besuchen Sie uns einmal nach dem Feste und sehen diese kleine Arbeit an. Schillern wird es auch sehr freuen Sie einmal wieder zu sehen.« Goethe ist auf seinen Kampf gegen die Wassernot, die Jena früher bedrängte, immer besonders stolz. Die Erwähnung Schillers entspricht dem uns bereits bekannten Prinzip Goethes, seine verschiedenen Freunde *zusammenzuführen.* Goethes Brief ist noch nicht zu Ende: »Körners und Graf Geßler sind noch hier und wir haben dadurch eine sehr angenehme Unterhaltung, übrigens geht alles seinen ruhigen Gang hier fort und wenn man gute äußere Polizey unterhält, so wird die innere Disciplin nicht viel zu schaffen machen [...] Leben Sie recht wohl, und versäumen Sie ja nicht, so bald es Ihnen möglich ist, wäre es auch nur auf kurze Zeit, herüber zu kommen, gönnen Sie sich bey so vielen Geschäften diese Erholung und uns diese Freude.«

Wenn Goethe sich beim Forstmeister für den künftigen »Sonntagsclubb« etwas Wildbret ausbittet, so antwortet der Beamte nicht. Wenn Voigt ihm die gleiche Anweisung gibt, so erhält Goethe den Braten für die »künftig schmausende Gesellschaft« (an Voigt 31. 5. 1796). Aber da diese Zuwendung, selbst in der Feudalgesellschaft, nicht ganz korrekt sein mag, so fügt

Goethe noch manche dienstliche Bemerkung hinzu, besonders über die Ruhe in Jena, die dem Landesherrn so sehr am Herzen liegt: »Heute haben die Soldaten auf der Landfeste gefeuert, wenn man so fortfährt und die kleine hiesige Garnison nur in einer Art von Ansehn erhält, so wird man nicht zu befürchten haben, daß künftig jemals ein Schwärmer zum Trutz, oder eine Pistole zum Ernst hier wieder abgefeuert werde.« Goethes Prophezeiung ging bekanntlich nicht in Erfüllung, da die Burschenschaften noch unruhiger waren als die Landsmannschaften und »Orden« der 1790er Jahre.

Man sieht aus diesen kleinen Beispielen: Voigt und Goethe arbeiten hervorragend zusammen; sie sind Freunde. Die in der Beamtenhierarchie niedrigere Stellung Goethes wird dadurch ausgeglichen, daß Goethe dem Herzog immer noch näher steht als Voigt. Das Tagebuch zeigt fast regelmäßig, daß Goethe nach einem Besuch bei Serenissimus zu Voigt geht, um ihn über die Stimmung des Fürsten und seine Ideen zu informieren. Je weiter sich das Genie und sein Fürst voneinander entfernen, um so weniger fühlt sich Goethe zur Vertraulichkeit verpflichtet. Gegen die Launenhaftigkeit des Fürsten sind beide auf der Hut; sie streben im Interesse der Autorität nach einer gewissen Kontinuität der Staatsführung. Sie sind sich auch politisch einig, in dem Sinne, daß sie dem Geist und seinen Institutionen so viel Freiheit zu verschaffen suchen als innerhalb des Absolutismus möglich ist und sie werden darin von Freund Hufeland, dem Justizrat und Professor in Jena, unterstützt. Voigt an Goethe 3. 7. 1793[36]: »Noch ein confidentes Wörtchen. Durchlaucht Herzog haben dem Geh. Consilio mit den [sic] dritten Termin der Kontingents-Surrogatszahlung mense Septembri bis auf weitern Befehl innezuhalten befohlen. Sie wollen die Gründe zu seiner Zeit eröffnen. Nun sind wir, besonders der gute Geheime Rat Schmidt, in Mutmaßung und Sorge, Serenissimus wolle die Jäger noch marschieren lassen. Wegen ermangelnden Fonds der Mobilmachung und der Augmentation so wie aus vielen andern Ursachen wünscht man dieses freilich nicht. Der gute Schmidt ist sehr in Angst, und ich versprach, zu seinem Troste bei Ihnen insgeheim einige Erkundigungen zu nehmen, ob wohl so etwas im Werke sein könnte. Ich unterstehe mich nicht, Durchlaucht Herzog selbst darüber zu befragen, und fürchte, das Ziel meiner ehrerbietigen Bescheidenheit damit zu überschreiten.« Der Herzog scheint von der Absicht, die

---

36 Goethes Briefwechsel mit Christian Gottlob Voigt, Bd. 1, bearb. und hg. v. Hans Tümmler. Weimar 1949, S. 100.

man im Conseil befürchtete, wieder abgekommen zu sein.[37] Das kann so gut auf seine bekannte fürstliche Launenhaftigkeit wie auf Goethes Überredungskunst zurückzuführen sein. Wichtig ist in unserm Zusammenhang nur, daß man bei heikeln Fragen immer noch den alten Günstling vorschiebt. Später ist Voigt nicht mehr so schüchtern; ja, er riskiert eine verächtliche Äußerung über den Herzog. Doch zeigt auch diese eine auf *Ebenbürtigkeit* beruhende ziemlich intime Freundschaft. Voigt an Goethe 1. 3. 1797[38]: »Ich speiste gestern am Hofe und war bis 6 Uhr bei Serenissimo, wo allerlei *neue* Ideen vorkamen, welche die Zukunft betrafen, wovon aber, ehe die Fälle erscheinen, vieles vergessen oder verändert sein wird. Ein einziger significanter Umstand, der den Herrn Decanum betrifft, war dabei; indes zweifle ich ganz und gar nicht, daß alles bei dem Alten bleiben werde.«

Die Äußerung spiegelt auch die damalige Einstellung Goethes zu Carl August wider; es handelt sich um die Zeit nach den vom Hofe ungnädig aufgenommenen *Xenien*. Allerdings ist Voigt bildungsstolzer, aufgeklärter als Goethe, der eine gewisse Adelsromantik (vgl. die *Lehrjahre*) und mehr Respekt vor dem »Tatengenius« der Mächtigen hat. Voigt an Goethe 22. 7. 94[39]: »Ich halte standhaft darauf, mich hier [in Karlsbad] in den Zirkuln der Grafen und Herren nicht zu verweilen, in dem schalen Gewäsch, das da getrieben wird.« Man sieht, daß Voigt nicht die weltmännischen Ambitionen Goethes hat. Er ist weniger lernfähig. Er bleibt in den Grenzen dessen, was man im 19. Jahrhundert einen Gebildeten nennt. Er kann erstaunlich weltfremd sein, wie wir sehen werden. Aber seine Bildung kommt der »Akademie« Jena, besonders der Philosophie zugute. Nur verhindert diese Eigenschaft, wie bekannt, den Absolutismus keineswegs. Der alte, früher auch von Goethe und Merck vertretene Gedanke einer Agrarreform wird, unter dem Eindruck der Revolution, von Voigt und von Goethe verworfen. Man fürchtet wohl eine Initialzündung für allzugroße Veränderungswünsche im Volk, während Carl August, so streng er in Ordnungsfragen denkt, eher zu patriarchalischen Zugeständnissen neigt. Goethe an Voigt 1. 5. 1794: »Mit lebhafter Überzeugung habe ich den Herzog gebeten, *jetzt* nicht sich in die Zerschlagung der Güter einzulassen. Soll es ja geschehen, so nimmt man in einigen Jahren viel mehr daraus. Sie sind

---

37 Anmerkung Tümmler, ebd. S. 439 f.
38 Ebd. S. 336.
39 Ebd. S. 141.

meiner Meinung, bestätigen Sie ihn darin.« Voigt an Goethe 2.5.94[40]:
»Über die Zerschlagungssache denken wir einstimmig; Lyncker [Präsident
des Consistoriums] wird herauskommen; den will ich schon façonnieren;
ihm grauet ohnehin vor der Ausführung.« Man sieht hier und an andern
Stellen des Briefwechsels, daß Beamte auch die *Arbeit* großer Veränderungen scheuen. Was Ideen bedeuten können, erkennt Carl August klarer als
der gebildete Geheimrat. Im gleichen Jahr setzt sich Voigt, nach Glückwün-
schen zu Goethes Geburtstag, überaus aufgeklärt für mehr Philosophie in
der Politik ein, womit die Konfrontation mit dem pragmatisch denkenden
Fürsten bereits eingeleitet wird: »Ich denke doch, daß, wenn die Verirrung
der Völker und ihrer Herrscher [!] nicht die Ruhe und Verfassung unsres
Staates störet, quod Di avertant, wir noch manche Jahre fröhlich und treu
und ungetrennt nebeneinander leben wollen. – Unser Kantianer Schmalz
gibt ein Journal heraus, in dessen erstem Stück, wie mir dünkt, gute Sachen
stehen. Mir scheint die Philosophie noch nicht so richtig in der Politik
gewirtschaftet zu haben, als dieser Mann beginnt. Ich lege dieses erste
Stück bei; wir wollen es ferner lesen« (Voigt an Goethe 28.8.1794).[41]
Goethe, der, nach seiner ganzen Natur und bisherigen Dichtung, eher zum
Empirismus neigt, steht also an der Seite Voigts unter einem ähnlichen
Einfluß wie in den Gesprächen mit Schiller. Nur daß er es eben dort mit
einem armen Dichter zu tun hat, dessen Ratschläge er mißachten kann,
während Voigt, der eine bedeutende Position innehat und schon wegen
seines Fleißes ein wachsendes Vertrauen des Fürsten genießt, ihm an poli-
tischem Einfluß überlegen ist. Freundschaft mit Voigt bedeutet für Goethe,
auch abgesehen von der momentanen Gnade oder Ungnade des Fürsten,
Teilhabe an der Macht, und diese war dem immer ins »Ganze« denkenden
Genie keineswegs gleichgültig.

Der Briefwechsel Schillers mit seinem Freunde Körner verrät deutlicher
als Goethes Verlautbarungen über Schiller den Abstand zwischen den beiden Dichtern. Das später so oft wiederholte Wort vom Egoisten Goethe liest
man da in den verschiedensten Abwandlungen. Auch Schillers Egmont-
Kritik, z.B. die Ausführungen über den historischen Egmont, kann man
nicht eben verständnisvoll nennen. Goethe wußte sehr wohl, daß ihm in
Schiller ein Rivale erwuchs, und es gehörten Goethes höfische Enttäuschungen, sowie sein Ziel einer alle bedeutenden Geister in Weimar/Jena

---

40 Ebd. S. 136.
41 Ebd. S. 145.

vereinigenden Hausmacht dazu, um den Jüngeren so freundlich willkommen zu heißen und zu fördern. Den *einen* gesellschaftlichen Hintergrund dieser Entscheidung bezeichnet Goethe später (in den *Tag- und Jahresheften* 1795) recht deutlich[42]: »Die Horen wurden ausgegeben, *Episteln, Elegien, Unterhaltungen der Ausgewanderten* von meiner Seite beigetragen. Außerdem überlegten und beriethen wir gemeinsam den ganzen Inhalt dieser neuen Zeitschrift, die Verhältnisse der Mitarbeiter und was bei dergleichen Unternehmungen sonst vorkommen mag. Hiebei lernte ich Mitlebende kennen, ich ward mit Autoren und Productionen bekannt, die mir sonst niemals einige Aufmerksamkeit abgewonnen hätten. Schiller war überhaupt weniger ausschließend als ich, und mußte nachsichtig sein als Herausgeber.« Schiller führt Goethe ins literarische Leben ein und lehrt ihn Nachsicht. Zu dieser Äußerung passen die *Xenien* schlecht, die die »Dioskuren« in ihrem ersten Überlegenheitsrausche gegen die literarische Welt losließen. Wichtig ist, daß die Anregung zu den »martialschen« Epigrammen von Goethe kam und daß sich darin der ganze Groll über die jahrelange Verkennung seiner Schriften ergoß. Zu einer Fortsetzung der *Xenien* war der vom Buchmarkte abhängige Schiller nicht bereit.[43]

Wichtig war aber, daß Schiller in seine literarischen Organe jedes Werk von Goethe dankbar aufnahm, weil er seinen einzigartigen Rang erkannte. Auch moralisch Anstößiges war dem Herausgeber Schiller willkommen, weil es von einem großen Dichter stammte. Jetzt konnten die von Carl August zensierten Distichenzyklen endlich erscheinen. Die *Erotica Romana* (später *Römische Elegien*) erschienen in Schillers *Horen* 1795, die *Venetianischen Epigramme* in Schillers *Musenalmanach für das Jahr 1796.* Besonders an dieser Stelle wird die *Befreiung vom Hofe*, die sich biographisch in den gleichzeitigen längeren Aufenthalten in Jena äußerte, *literarisch* deutlich. Carl August protestierte natürlich und zwar in einem Brief an Schiller 9. 7. 1795[44]: Man hätte den Dichter dazu bringen sollen, in den *Elegien* »einige zu rüstige Gedanken, die er wörtlich ausgedrückt hat, bloß erraten zu lassen«. Carl August will also vom naiven Stil, auf den es Goethe ankam, zurück zum raffinierten Andeutungsstil des Rokoko. Der Fürst hat, besonders wegen der Nachahmer, Besorgnisse um die »Humanität«, nach welcher

---

42 W. A. Bd. 35, S. 42.
43 vgl. meine Publikation *Neues zu Goethe*, S. 122.
44 Goethe in vertraulichen Briefen seiner Zeitgenossen, zus.gest. von Wilhelm Bode. Bd. 2, 1794–1816. Berlin u. Weimar 1979, S. 36 f.

»alle Schriftsteller streben«. Am schlimmsten sei es, wenn »die Vorsteher und Stammhalter des literarischen Volkes« sich solchen »Launen« hingeben. Schiller blieb die Antwort nicht schuldig. Doch wunderte sich auch Frau von Stein darüber, daß gerade Schiller diese »leichtfertigen Elegien« veröffentlichte.[45] Goethes Ungehorsam wog für den Fürsten gewiß schwerer als Goethes Freundschaft mit Schiller. Aber sein von Anfang an bestehendes Mißtrauen gegen den *Räuber*-Dichter, der sich gegenüber seinem Herzog, dem von Carl August verehrten Herzog Carl Eugen von Württemberg undankbar erwiesen hatte, verstärkte sich noch; denn Gehorsam und Dankbarkeit waren die Kardinaltugenden, auf denen die Feudalkultur beruhte.

Man hat den Eindruck, daß dem Herzog alles, was vom akademisch-bürgerlichen Jena ausgeht, so unsympathisch ist, daß er auch vollendeten, allgemein anerkannten Werken wie *Hermann und Dorothea* – das bürgerliche Epos entstand fast ganz in Jena! – nur ein konventionelles Lob spenden kann. Goethe dachte nach der poetologisch gewagten bürgerlichen Dichtung, im Gefolge von Voßens *Luise*, jetzt müsse er einen heroischen Stoff wählen, um dem herrschenden Begriff des »Heldengedichts« voll zu genügen, und er entwarf bekanntlich den tollkühnen Plan, die Lücke zwischen *Ilias* und *Odyssee* durch seine *Achilleis* auszufüllen, um so ganz offen mit Homer zu wetteifern. Aber es muß ihn enttäuscht haben, wenn der Fürst dies unerhörte Wagnis mit der größten Nüchternheit begrüßte (an Goethe 4. 4. 1798)[46]: »Zum Unternehmen wünsche ich recht herzlich Glück! Da Herrmann und Dorothée einen so guten Begrif von deiner Epischen Muse gegeben hat, so bin ich überzeugt, daß dir dein Werck im Griechischen Styl wohl gerathen wird. Das von dir gewählte Feld ist neu und giebt dir daher einen rechten bequemen weiten Spielraum, um dich auszulaßen. Leb wohl.« Es ist wahrscheinlich, daß Goethe in diesem Fall *für den kriegerischen Adel* dichten wollte, zu dem Carl August gehörte und der wenige Jahre später vor der Bewährungsprobe stehen sollte; aber was war das für eine Art von Ermunterung! Und Ermunterung brauchte Goethe stets, im Gegensatz zu dem seines dramatischen Handwerks so sicheren Schiller. Man kann sich, wenn man den Fürsten kennt, gut vorstellen, daß er

---

45 Charlotte von Schiller und ihre Freunde, hg. v. L. Urlichs. Bd. 2. Stuttgart 1960, S. 302.
46 Briefwechsel des Herzogs-Großherzogs Carl August mit Goethe, hg. v. Hans Wahl. Bd. 1. Neudruck Bern 1971, S. 263.

auch beim Vorlesen des fertigen ersten Gesangs nur ein konventionelles Lob über die Lippen brachte. Noch schulmeisterlicher benahm sich der Herzog selbstverständlich bei der Beurteilung des verdächtigen Schiller (31. 1. 1799)[47]: »Über den gestrigen Wallenstein, – die außnehmend schöne Sprache abgerechnet, die wircklich vorzüglich, vortrefflich ist –, aber über seine Fehler möchte ich ein ordentliches Programm schreiben; indeßen muß mann den zweyten Theil erst abwarten. Ich glaube wircklich, daß aus beyden Theilen ein schönes Ganze könnte außgeschieden werden; es müste aber mit vieler Herzhaftigkeit davon abgelöset und anderes eingeflickt werden. Der Charackter des Helden, der meiner Meynung nach auch seiner Verbeßerung bedürfte, könnte gewiß mit wenigen [sic] ständiger gemacht werden.« In dieser kritischen Zeit gibt es verständlicherweise kaum Antworten Goethes.[48] Die dramaturgischen Dogmen, die hinter Carl Augusts Kritik stehen, sind klar erkennbar: einmal, ein gutes Theaterstück muß abendfüllend sein, nicht mehr und nicht weniger; zum zweiten, ein tragischer Charakter muß fest sein: gut oder böse, aber nicht so schwankend, wie dies dem Ideal eines »mittlern Charakters« seit Lessing, ja schon seit Gottsched entspricht. Die Normen des Barockklassizismus sind erkennbar. Man sollte nicht gleich von einem Banausen Carl August sprechen; denn die Tradition des französischen Theaters war in Deutschland, besonders an den *kleinen* deutschen Höfen noch fest gegründet. Nicht umsonst hatte der diplomatische Goethe in *Iphigenie* und *Tasso* nach Möglichkeit dieser französisch-dramaturgischen Tradition entsprochen. Es ist ein gewaltiger Schritt von *Iphigenie* und *Tasso* zum *Wallenstein*! Klar ist aber, daß es dem Fürsten an Wohlwollen und Respekt gegenüber dem deutschen Meister des Dramas fehlt. Noch am 11. 6. 1800[49], als Schiller auf Goethes Rat und mit Carl Augusts Unterstützung längst nach Weimar umgezogen ist, wirft er ihn mit Friedrich Schlegel zusammen. Carl August hat gehört, daß in der *Maria Stuart* ein Abendmahl vorkommen soll, und der freigeistige Fürst ist im Zuge der kirchlichen Restauration, die von Berlin ausstrahlte, in christlicher Hinsicht höllisch vorsichtig geworden: »So ein braver Mann er [Schiller] sonst ist, so ist doch leider die göttliche Unverschämtheit oder die unverschämte Göttlichkeit, nach Schlegelscher Ter-

---

47 Ebd. S. 271.
48 Ebd. kein Goethebrief zwischen dem 23. 11. 1798 und Mitte Juni 1799 (Briefe vom Herzog vernichtet?).
49 Ebd. S. 289.

minologie, dergestalt zum Tone geworden, daß mann sich mancherley poetische Auswüchse erwarten kan, wenn es bey neuern Dichtungen darauf
ankommt, einen *Effeckt*, wenigstens *einen sogenannten* hervorzubringen,
und der Gedancke, oder der poetische Schwung nicht zureichen wolte, um
durch Worte und Gedancken das Herz des Zuhörers zu rühren.« Carl August muß zugeben, daß sich Schiller auf den Theatereffekt versteht – so
weit ist er in seiner Bewertung des Dramatikers gelangt –; aber er unterstellt ihm, daß er zu diesem Zweck auch Mittel benutzen kann, die den
Fürsten in Schwierigkeiten bringen. Herder, oder wenigstens seine leidenschaftliche Frau Caroline, benützt ja jedes Mittel, um gegen die heidnische
Kultur von Weimar Stimmung zu machen; denn die Aufklärung ist, als
vermutete Ursache der Französischen Revolution, unzeitgemäß geworden.

Die Donnerschläge des absoluten Fürsten

Carl August wendet sich nicht nur gegen Schiller, sondern gegen den
damals herrschenden »Ton«, der in der kritischen Philosophie seine Wur-
zeln hat. Er weiß gewiß, daß die Brüder Schlegel Goethe *vergöttern*, und
wittert darin mit Recht ein Stück Anarchie, eine Konkurrenz zum Gottes-
gnadentum der Regenten. Goethes *Erotica* und die *Lucinde* lassen sich
unschwer in einen Zusammenhang bringen. Der Fürst selbst ist dabei, eine
außerordentlich geschickte Schauspielerin – im Leben so gut wie auf der
Bühne – zur offiziellen Mätresse aufzubauen; aber eben deshalb sind ihm
indezente Dichtungen in Weimar/Jena peinlich. Von solchen Dingen so
offen zu sprechen ist plebejisch, und außerdem »Quod licet Jovi non licet
bovi.« Und schließlich: Die Regenten haben in der Revolution erkannt, daß
Sittlichkeit und Religion unentbehrlich sind, wenn man das Volk in Ordnung halten will. Diese Philosophen und Poeten mit ihrer Selbstvergötte-
rung sind eine Gefahr für die innere Sicherheit. Aus diesem Denkzu-
sammenhang etwa ist der Donnerschlag zu verstehen, den Carl August am
26. 12. 1798 gegen Goethe gerichtet hat, nicht direkt an ihn, sondern schön
auf dem Dienstwege über Voigt. Der fast 50jährige Geheime Rat Goethe
mußte in Jena für Ordnung sorgen; deshalb hat man ihm erlaubt, sich so

lange Zeiträume vom Hof zu entfernen; aber er hat versagt[50]: »Über Göthen habe ich wohl zehn mahl mich halb zu schanden geärgert, der ordentl.[ich] Kindisch über das alberne critische wesen ist, u[nd] einen solchen geschmack daran findet daß er den seinigen sehr darüber verdorben hat: er besieht dabey das Ding, u[nd] das ganze academische Wesen mit einen solchen leichtsinn daß er alles das gute was er bey seinen häufigen anwesenheiten zu Jena stiften könnte, unterläßet; er könte leichter wie jemand wißen was jene schäckers lehren, uns davon avertiren, […] u[nd] sie durch vermahnungen in der ordnung halten; sie würden sich gewiß willig finden, denn mit aller ihrer unendlichkeit ist es eine sehr eingeschrenckte, an ihrem platz u[nd] einnahme hängende raçe: So aber findet er die sudeloyer charmant u[nd] das Volck glaubt mann approbire sie […] Mit Göthen kan ich gar nicht mehr über diese Sache reden, denn er verliert sich gleich dabey in eine so wort- u[nd] Sophismen reiche discution daß mir alle Gedult ausgeht.« Gegen Ende der fürstlichen Rüge heißt es: »Ich kan gar nicht aufhören über diesen gegenstand zu reden, weil ich mich schon seit 4–5 jahren drüber erboße […]« Das Tagebuch gibt manchen Hinweis darauf, daß es öfters Auseinandersetzungen zwischen dem Herzog und seinem alten Günstling gab. So liest man etwa am 2.2.1798: »Mittag bey Hof auf dem Zimmer [Carl Augusts]. Allzulebhafte Unterredung über verschiedne Verhältnisse. Abends Ball bey der Herzogin-Mutter.« Der letzte Satz zeigt, daß Anna Amalia immer noch die Funktion hatte, in Schwierigkeiten des regierenden Fürsten zu vermitteln. Sie war es auch, die Caroline Jagemann, ein Landeskind, in ihrer Ausbildung als Schauspielerin gefördert hatte und jetzt dafür sorgen mußte, daß die regierende Herzogin Luise der bei Carl Augusts Temperament unvermeidlichen Nebenfrau mit Fassung entgegensah. Auch am 5.2.1798 ist Goethe bei seiner musischen Gönnerin Anna Amalia. Dem Freunde Voigt ist selbstverständlich nicht weniger daran gelegen, daß der Geschäftsgang ruhig weitergeht. Der Eintrag im Tagebuch vom 8.2.98 lautet: »Mittag bey Hofe auf dem Zimmer [Carl Augusts]. Conversation bis Abends. Kam noch Geh[eim]R[at] Voigt dazu.« Tagebuch vom 10.2.: »Mittags bey Hof auf dem Zimmer, dann bey Hrn. G.R. Voigt«. Goethe berichtet wohl, daß sich Serenissimus für den Augenblick beruhigt hat. Denn in den folgenden Tagen kann er sich wieder auf seine wissen-

---

50 Goethes amtliche Schriften. Veröffentlichung des Staatsarchives Weimar. Bd. 2, Die Schriften der Jahre 1788–1819. 2. Halbband: 1798–1819. Weimar 1970, S. 581 f.

schaftliche Leidenschaft, die Farbenlehre, konzentrieren (vgl. Tagebuch). Goethe ist bereits an Krisen seines Verhältnisses mit Carl August gewöhnt. So reagiert er auf den offiziellen Verweis vom 26.12.1798 äußerst ruhig: »Serenissimi Strafrede [...] ist gut gedacht u[nd] geschrieben [...] man wende einige Oeltonnen an, die Wellen ums Schiff her zu besänftigen« (an Voigt wohl noch am 26.12.1798).[51] Offenbar benützt er den Zorn des Fürsten zu einem halben Streik: »Vorschlag wegen Professor Meyers Zuziehung beym Schloßbau« (Goethes Tagebuch 27.12.1798). Das Genie gibt zu verstehen: Haltet euch an meinen Stellvertreter! Dem können Durchlaucht befehlen, ohne auf starken Widerspruch zu stoßen. Da dem Fürsten praktische Fragen und die Bequemlichkeit wichtiger waren als die künstlerische »Einheit«, konnten auch beim Schloßbau Schwierigkeiten entstehen. Die Tatsache, daß es vom 15.–26.12.98 *keinen* Eintrag im Tagebuch Goethes gibt, läßt vermuten, daß die Goethe-Rüge an Voigt nur der vorläufige Schlußpunkt einer Auseinandersetzung war. Dem Herzog war gewiß hinterbracht worden, daß Goethe im November 1798 viel mit den Romantikern verkehrt hatte (vgl. Tagebuch), besonders mit A. W. Schlegel und Schelling. Mit einer direkten Aktion gegen die Jenenser war also längst zu rechnen.

Auch Schiller hatte im Jahre 1798 seinen Kummer mit Goethe. Für ihn war es gewiß eine große Enttäuschung, daß Goethe auf die Brüder Schlegel, Schriftsteller, die rezensieren konnten, aber dichterisch wenig produktiv waren, so viel hielt, nur weil sie ihm Weihrauch streuten. Es war seinem geraden Sinn verständlicherweise unbegreiflich, daß der erfahrene Hofmann, die Taktik, Goethe zu loben und Schiller zu tadeln, um die Bundesgenossen auseinanderzubringen, nicht souverän zunichte machte. Am 23.7.1798 schreibt Schiller an Goethe: »Was sagen Sie zu dem neuen Schlegelischen Athenäum und besonders zu den Fragmenten? Mir macht diese naseweise, entscheidende, schneidende und einseitige Manier physisch wehe.« Ähnlich in den folgenden Briefen. Goethe wich einer gründlichen brieflichen Auseinandersetzung über die Brüder Schlegel aus; denn dies hätte seinem Ziel, eine einheitliche, geistige Hausmacht in Weimar/Jena zu schaffen, widersprochen. Und es gelang ihm auch, Schiller einigermaßen zu beruhigen; denn dieser wußte, daß Goethe das verspätete große Lob als Poet verdiente. Er hatte es selbst deutlich ausgesprochen. Aber er wußte auch, daß er dem *modernsten* poetischen Genie als Dramatiker überlegen war und daß ihn Goethe für sein Theater brauchte. Im

---

51 Ebd. S. 583.

gleichen Jahr 1798, da der Herzog und das Genie von Weimar so viel Selbstbeherrschung von Schiller verlangten, zeigte Iffland, sein alter Mannheimer Chef, jetzt Intendant am königlichen Theater in Berlin, großes Interesse am *Wallenstein*, und Schiller bot ihm, seines Wertes bewußt, alle drei Stücke für 60 Friedrichsdor an, »die Größe des Berliner Publikums, den Glanz Ihres Theaters und vorzüglich Ihre Gefälligkeit in Anschlag gebracht« (30. 10. 1798).[52] Iffland nahm am 7. 11. 1798 Schillers Vorschlag an, hatte aber den Ehrgeiz, den ganzen *Wallenstein* vor dem Druck, d.h. vor Ostern 1799 aufzuführen. Schillers Verkehr mit Iffland war strapaziös; der Intendant drängte ihn fortwährend, die Stücke aktweise zu liefern. Aber er hatte es mit einem Fachmann zu tun, mit dem er als geborener Theatraliker sich glänzend verstand. Der Briefwechsel ist äußerst nüchtern, aber durch den Beweis, daß auch großes Drama und Theaer so handwerklich gemacht werden kann, faszinierend.

Schillers Erfolge in Berlin sind für unser Thema wichtig; denn sie wirkten auf Weimar zurück. Wir erwähnten schon, daß Carl August Iffland schätzte und ihn gerne als Theaterdirektor in Weimar gehabt hätte, während er Schiller nicht für geeignet hielt. Er hatte Schillers Kränklichkeit wegen recht. Schon die Tatsache, daß Goethe, auf Schillers überlokalen Erfolg gestützt, den Dramatiker, im Einverständnis mit dem Herzog, nach Weimar ziehen und nun doch mit der einen oder andern Vertretung am Hofe und vor allem mit mancher Regiearbeit betrauen konnte, erweckt im Hinblick auf Schillers Schicksal Bedenken. Es war die übliche Methode Goethes – *strukturell bedingt durch sein Universalprinzip!* –, in jedem Bereich Stellvertreter aufzubauen und im kulturellen Bereich überall nach der später offiziell so genannten *Ober*aufsicht zu streben. Offenbar sah er nicht, daß sich Schiller jedem seiner Werke mit *verzehrender* Innigkeit zuwandte, obwohl er Goethes Vorschlag, auch einmal Routinearbeit zu leisten, ausdrücklich zurückwies (an Goethe 6. 7. 1802).[53] Diese leistete er nur in Übersetzungen. Wahrscheinlich glaubte der Ältere, den Jüngeren zu weniger anstrengender Theaterarbeit erziehen zu können und sah in Regieaufgaben die Vorstufe dazu. Er nahm wohl auch die stetig wiederkehrenden

---

52 Ifflands Briefwechsel mit Schiller, Goethe, Kleist, Tieck und andern Dramatikern, hg. v. Curt Müller. Leipzig: Reclam (1910). Nach einer Anmerkung waren 60 Friedrichsdor etwa 300 Tlr.: Nach heutigem Werte mindestens DM 10000.
53 »Soll mir jemals ein gutes Theaterstück gelingen, so kann es nur auf poetischem Wege sein, denn eine Wirkung ad extra […] kann ich mir nie zum Ziele machen, noch, wenn ich es auch wollte, erreichen.«

Krankheiten nicht so ernst. In der höfischen Erziehung Schillers (Karls-schule) und in seiner unerhörten sittlichen Aufopferungsfähigkeit ist wohl der Grund dafür zu sehen, daß die vielgerühmte Freundschaft Schillers und Goethes trotz aller Spannungen standhielt und Goethes Traum von einer geistigen Großmacht, die auch der absolute Fürst nicht übersehen konnte, für kurze Zeit verwirklicht wurde. Die Equipage, die sich Goethe, mitten in der Auseinandersetzung mit dem Fürsten um Jena und um Schiller eintat (Tagebuch 5. 3. 1799), war ein Symbol für die Stetigkeit seines kulturellen Führungsanspruchs in Weimar/Jena. Aus dem Briefwechsel Goethes und Schillers geht hervor, daß die Equipage auch dem kränklichen Schiller zur Verfügung stand und daß dieser sehr dankbar für die freund-schaftliche Hilfe war.

Die sichtbare Niederlage Goethes und Voigts war die Art, in der der Jenenser Philosoph Fichte entlassen wurde. Es gibt kaum einen größeren Unterschied als den zwischen Fichte und Goethe, er spottet gerne über dies »absolute Ich«, z. B. wenn dem Professor die Fensterscheiben von den Stu-denten eingeworfen werden (Goethe an Voigt 10. 4. 1795). Schon in den *Xenien* wäre Fichte kaum so glimpflich weggekommen, wenn Schiller nicht auch in dieser extremen, von Kant keineswegs gebilligten Gestalt die neue Philosophie gesehen hätte. In den *Tag- und Jahresheften,* also rückblickend, berichtet Goethe etwas zwiespältig über dieses vielbesprochene und ihn stets bedrückende Ereignis von Fichtes Entlassung. Wie sehr ihn diese Niederlage beschäftigt hat, belegt schon die Tatsache, daß er dort mehr-mals auf die Sache zu sprechen kommt. Am aufrichtigsten ist wohl der erste Eintrag, der dem Jahre 1794 gilt[54]: »Nach Reinholds Abgang, der mit Recht als ein großer Verlust für die Akademie erschien, war mit Kühnheit, ja Verwegenheit [!], an seine Stelle Fichte berufen worden, der in seinen Schriften sich mit Großheit aber vielleicht nicht ganz gehörig über die wichtigsten Sitten- und Staatsgegenstände erklärt hatte. Es war eine der tüchtigsten Persönlichkeiten, die man je gesehen, und an seinen Gesinnun-gen in höherm Betracht nichts auszusetzen; aber wie hätte er mit der Welt, die er als seinen erschaffenen Besitz betrachtete, gleichen Schritt halten sollen? – Da man ihm die Stunden, die er zu öffentlichen Vorlesungen benutzen wollte, an Werkeltagen verkümmert hatte, so unternahm er Sonn-tags Vorlesungen, deren Einleitung Hindernisse fanden. Kleine und grö-

---

54 W. A. Bd. 35, S. 31 f.

ßere daraus entspringende Widerwärtigkeiten waren kaum, nicht ohne Unbequemlichkeit der obern Behörden, getuscht und geschlichtet, als uns dessen Äußerungen über Gott und göttliche Dinge, über die man freilich besser ein tiefes Stillschweigen beobachtet, von außen beschwerende Anregungen zuzogen. In Chursachsen wollte man von gewissen Stellen der Fichte'schen Zeitschrift nicht das Beste denken, und freilich hatte man alle Mühe dasjenige, was in Worten etwas stark verfaßt war, durch andere Worte leidlich auszulegen, zu mildern, und wo nicht geltend noch verzeihlich zu machen.« Selbst diese Darstellung des Falls ist beschönigend. So entsprangen die Sonntagsvorlesungen nicht allein akademischen Gründen, sondern dem typisch Fichteschen, expansiven Bedürfnis, mit der Kirche zu konkurrieren. Auch die Charakterisierung: »eine der tüchtigsten Persönlichkeiten« ist, sittlich gesehen, Kosmetik. Nach großen Worten und seiner Entlassung unternahm er einen Rückzug, der für alle Philosophen eine bleibende Schande ist. Carl August erkannte diesen Punkt sogleich als eine Art Rechtfertigung seines Durchgreifens; denn er schrieb an Voigt: »Was ist das für ein miserables Volk! Wenn immer und an jedem Orte dieser Art Menschen der Daume vorsichtig aber anhaltend wäre aufs Auge gehalten worden, so stünden die Sachen jetzt anderst.«[55] Es handelt sich um eine Fortsetzung des Verweises für die Herren Geheimeräte, besonders für Goethe, der den weiteren Horizont hatte. Betrachtet man die neueste Schrift Fichtes, die vor der Berufung vorlag, so wird man sagen: es war für den, der Carl Augusts politische Gesinnung seit spätestens der Campagne kannte – und das war wieder Goethe! – tatsächlich eine (wahrscheinlich bewußte!) »Verwegenheit«. Wir zitieren aus Johann Gottlieb Fichtes Schrift: *Beitrag zur Berichtigung der Urtheile des Publikums über die Französische Revolution* (1793). Radikal ist die Schrift vor allem dadurch, daß sie den Kompromiß zwischen Feudalismus und bürgerlichen Ideen, also den deutschen Reformkurs, der uns viel Blutvergießen erspart hat, entschieden ablehnt. »Wo der eigentliche Streitpunct [!] zwischen euch und uns liegt, kann ich euch wohl mittheilen. Ihr wollt es freilich nicht ganz mit der Vernunft, aber auch nicht ganz mit eurem Freunde, dem Schlendrian, verderben. Ihr wollt euch zwischen beide theilen, und gerathet dadurch, zwischen zwei so unverträglichen Gebietern, in die unangenehme Lage, es keinem zu Danke machen zu können.«[56] Da das herrschende *System* unvernünftig ist, können die

---

55 Nach Hans Tümmler: Carl August von Weimar, S. 137.

einzelnen Träger des Systems – wir Alten erinnern uns an die 1970er Jahre – unmöglich vernünftig denken und handeln[57]: »Der Reiche, der Begünstigte gehört nicht zum Volke; er hat keinen Antheil an den allgemeinen Menschenrechten. Das ist *ihr* Interesse [...] Kein Adeliger, keine Militairperson in monarchischen Staaten, kein Geschäftsmann [Beamter] in Diensten eines gegen die Französische Revolution erklärten Hofes sollte in dieser Untersuchung gehört werden.« Der Geburtsadel hat nach Fichtes »Gesetz« überhaupt kein Recht, der Fürst mag bleiben – mit welchen Rechten? »*Das Gesetz* muß durch den Fürsten herrschen, und ihn selbst muß es am strengsten beherrschen. Er muß nichts thun können, was dieses nicht will [...], er liebe nun, so Gott will, im Herzen das Gesetz oder er beisse unwillig in den Zaum, der ihn hält und leitet. Der Fürst, als Fürst, ist eine vom Gesetz belebte Maschine, die ohne jenes kein Leben hat.«[58] Man sieht: Jedes energische Staatsoberhaupt wäre nach Fichtes Lehren völlig verfassungswidrig. E gab gewiß Feinde Goethes, die dem Herzog solche Stellen vorlasen: Carl August als eine »vom Gesetz belebte Maschine«! Gewiß, es war, wie der Herzog sagte, eine »kindische« Gedankenwelt. Aber solche Lehrer dürfen an *seiner* Universität mit dem höchsten philosophischen Anspruch dozieren! Das Zitat genügt, um den Zorn eines temperamentvollen Fürsten verständlich zu machen. Ein ausgezeichneter, in Deutschland geborener Kenner der politischen Philosophie, Hanns Reiß, der bedauert, daß »sich Fichtes Philosophie in angelsächsischen Ländern keiner Beliebtheit« erfreut, und Verständnis für sie wecken will, gesteht von *dieser* Schrift, daß Fichte durch »eine gewisse Naivität dazu« geführt wurde, eine »absurde Position zu vertreten«.[59] Ich bin nicht dazu berufen zu entscheiden, ob der »subjektive Idealismus« nicht überhaupt eine »absurde Position« einnimmt, was offenbar viele englische und amerikanische Intellektuelle vermuten. Die Frage, die *wir* uns stellen müssen, heißt: Wie kam Goethe dazu, die Berufung dieses jungen Philosophen zu billigen? Goethe hat viel gelesen; aber selten die Bücher ganz. Eine Stelle in Fichtes Schrift mag ihm in die Augen gestochen haben. Sie war abstrakt genug, den Unterschied zu

---

56 Fichtes Werke hg. v. I. H. Fichte, Bd. 6. Berlin 1961, S. 70. (Nachdruck der Ausgabe von 1845/46, die keineswegs der Erstausgabe zu entsprechen braucht: mehr Zensur).
57 Ebd. S. 51 f.
58 Ebd. S. 243.
59 Hanns Reiß: Fichte als politischer Denker, in: Archiv für Rechts- und Sozialphilosophie XLVIII (1962), S. 159 und 169.

seinem eigenen Kreisbildungsversuch unkenntlich zu machen[60]: »Kann Einer aus dem Staate treten, so können es Mehrere. Diese stehen nun gegen einander und gegen den Staat, den sie verließen, unter dem bloßen Naturrechte. Wollen die, welche sich abgesondert haben, sich enger untereinander vereinigen, und einen neuen Bürgervertrag auf beliebige [!] Bedingungen schließen, so haben sie vermöge des Naturrechts [...] dazu das vollkommene Recht. – Es ist ein neuer Staat entstanden [...] – Zu jeder Revolution gehört die Lossagung vom ehemaligen Vertrage, und die Vereinigung durch einen neuen. Beides ist rechtmäßig, mithin auch jede Revolution, in der beides auf die gesetzmässige Art, d.i. aus freiem Willen, geschieht. – Bis jetzt bestehen noch zwei Staaten neben- und ineinander, die sich verhalten, wie alle Staaten sich gegeneinander verhalten [...] – Aber, hier stoße ich auf den mächtigen Einwurf von der Schädlichkeit des Staates im Staate [...] Es kann wohl seyn, daß es einem Staate unangenehm ist, einen Staat in sich entstehen zu sehen; aber davon ist hier nicht die Frage [!]. Die Frage ist: ob er es rechtmäßig verhindern dürfe; und darauf antworte ich: Nein.« Man sieht: Fichte spricht hier eine Sprache, die durchaus *rhetorisch* ist. Zwischenfragen, die auftauchen, werden einfach beiseitegeschoben. Möglicherweise war er zu einem trefflichen Bundesgenossen Goethes bestimmt, wie Schiller, der ja auch von ganz anderer Natur war als Goethe. Entsprechend begrüßt Goethe am 24.6.1794 den ersten Bogen einer andern Schrift, den von Fichtes *Wissenschaftslehre*, so freundlich wie die Werke aller Bundesgenossen in Weimar/Jena[61]: »Das Übersendete enthält nichts, das ich nicht verstände oder wenigstens zu verstehen glaubte, nichts, das sich nicht an meine gewohnte Denkweise willig anschlösse. [...] Was mich betrifft, werde ich Ihnen den größten Dank schuldig sein, wenn Sie mich endlich mit den Philosophen versöhnen, die ich nie entbehren und mit denen ich mich niemals vereinigen konnte.« Er hofft, daß auch durch die Zeitschrift Fichtes und seiner Freunde »eine wechselseitige Erklärung und Verbindung beschleunigt« wird, »von der ich mir sehr viel verspreche.« Bis zur Mitte des Jahres 1798 gab es nach Goethes Tagebuch auch einen gelegentlichen persönlichen Verkehr Goethes mit Fichte. Dann allerdings wurden immer deutlicher A.W. Schlegel und besonders Schelling (als Naturphilosoph!) die romantischen Gesprächspartner des genia-

---

60 Fichtes Werke. Bd. 6, S. 148f.
61 W.A. Briefe Bd. 10, S. 167.

len Geheimerats, der den Geist von Weimar/Jena in sich auszugleichen, zu vereinigen und, wo möglich zu leiten versuchte. Schon am 29. 8. 1798 freilich übergibt Goethe den umstrittenen Philosophen gewissermaßen der Obhut Schillers: »Nutzen Sie das neue Verhältnis zu Fichten für sich so viel als möglich und lassen es auch ihm heilsam [!] werden. An eine engere Verbindung mit ihm ist nicht zu denken, aber es ist immer sehr interessant ihn in der Nähe zu haben.« Goethe und Voigt stellten sich hinter Jena und auch hinter Fichte bei Angriffen, die besonders aus dem konservativen Eisenach gekommen zu sein scheinen. Zum ernstlichen Konflikt führten dann die Aufsätze Forbergs und Fichtes in Niethammers und Fichtes *Philosophischem Journal*, die, wie Goethe meinte, unnötigerweise über religiöse Probleme handelten, die von uns jedoch im historischen Kontext gesehen werden müssen.

Uns interessiert nicht die Frage, ob es sich da um Atheismus handelte; denn die religiöse Restauration war längst im Gange und zu einer *politischen* Stoßrichtung geworden. Der akademische Begriff »Atheismusstreit« verfehlt das Fundament der Auseinandersetzung. Der konkrete Anlaß zu der Entlassung Fichtes war die Konfiskation des *Philosophischen Journals* durch die kursächsische Regierung und ihre Drohung, den Studenten ihres Landes die Universität Jena zu verbieten, wenn die Herausgeber der Zeitschrift nicht bestraft würden. Wir kennen das enge politische Verhältnis, das Carl August mit Kursachsen unterhielt, und wir kennen die Abhängigkeit der Jenenser Professoren von den Kolleggeldern. Die Drohung traf den Fürsten *und* die Professoren. Fallbacher[62] hat vor kurzem mit Recht einer These widersprochen, die letztlich von Goethe stammt und in der Forschung goethefromm tradiert wurde. »Ein heftiges Schreiben Fichtes« – es ist das vom 22. 3. 1799 an Voigt – soll allen gegen ihn gehegte[n] gute[n] Wille[n] gehemmt, ja paralysirt [haben]: hier blieb kein Ausweg […], das Gelindeste war, ihm ohne weiteres seine Entlassung zu ertheilen.«[63] Goethe verfolgt mit solchen Worten (in den *Tag- und Jahresheften* 1803!) nachträglich den Zweck, den Ruin der Universität Jena im Jahre 1803 mit Fichtes Entlassung in einen psychologischen Zusammenhang zu bringen: »Alles blieb für den Augenblick an seiner Stelle; doch hatte sich ein heimlicher Unmuth aller Geister so bemächtigt, daß man in der Stille sich

---

62 K.-H. Fallbacher: Fichtes Entlassung, in: Archiv für Kulturgeschichte, Bd. 67 (1985), S. 111–135.
63 W. A. Bd. 35, S. 152.

sich nach außen umthat.«[64] Akademische Körperschaften pflegen das ehrgeizige Vorpreschen jüngerer Kollegen weder gutzuheißen noch zu befolgen. Es gehört zu Fichtes Naivitäten, wenn er in dem erwähnten Brief an Voigt behauptet: »Mehrere mir gleichgesinnte Freunde [...] haben mir ihr Wort gegeben, mich, falls ich auf die angegebne Art gezwungen würde, diese Akademie zu verlassen, zu begleiten, und meine fernere Unternehmungen zu theilen.«[65] Ich glaube diesen Worten nicht, halte sie vielmehr für ein neues Beispiel von Fichtes Rhetorik, diesmal um die Geheimen Räte einzuschüchtern. Schon sein »miserabler« Rückzug, als es ernst wurde, macht es ganz unwahrscheinlich, daß eine entschlossene Gruppe von Kollegen hinter ihm stand. Bekannt ist, daß der Orientalist und liberale Theologe Paulus für Fichte eintrat. Er war ein guter Bekannter Goethes und überschätzte möglicherweise die Macht des Günstlings. Richtig ist auch, daß Voigt in dieser Angelegenheit, als der offizielle Amtsträger, aktiver als Goethe war. Am aktivsten war der Präsident der Kammer, Schmidt, das älteste Conseilmitglied, unterstützt von der Regierung des engbefreundeten Gotha, dem einzigen ernstzunehmenden Mitträger der Akademie, später dem einzigen neben Weimar. Für diese bewährte Gruppe von Geheimeräten entschied sich Carl August. Man kann daher dem Herzog von Weimar, so willkommen ihm die außen- und innenpolitische Unterstützung war, keinen einsamen Entschluß vorwerfen. Gewiß, Voigt, ein sehr guter Diplomat, hätte, auch Goethe zuliebe, eine elegantere Form von Fichtes Entlassung gefunden. Aber das schroffe Entlassungsdekret Carl Augusts vom 1. 4. 1799 war nicht zu verhindern; denn es sollte die Professoren von jeder Diskussion über die etablierte Staatsreligion abschrecken, nicht nur Kursachsen zuliebe, sondern auch ganz im Sinne der Wiener Freimaurerprozesse und des Religionsedikts, das Minister Wöllner in Berlin erlassen hatte. Dieser *politische* Sinn deutet sich auch in einer Äußerung von Carl August an: »Bei dergleichen Handlungen ist alleweil die Stimme des ungelehrten Publikums der des anderen vorzuziehen und erstere haben wir gewiß für uns.«[66] Der Fürst beruft sich auf die Mehrheit des

---

64 Ebd. S. 152 f.
65 J.G. Fichte. Briefwechsel 1796–1799. Stuttgart 1972. S. 286.
66 Nach Hans Tümmler: Goethes Anteil an der Entlassung Fichtes von seinem Jenaer Lehramt 1799, in: H.T.: Goethe in Staat und Politik. Köln/Graz 1964, S. 152.

Volkes, das kirchentreu ist und mit Hilfe der Kirche im Gehorsam gegenüber der von Gott verordneten Obrigkeit gehalten werden kann. Der zweite erbärmliche Brief Fichtes an Voigt, »ein starker Rückzieher ja fast völliger Widerruf«, wurde von Professor Paulus überbracht und war von der Regierung nicht erwartet worden. Er schockierte Voigt so stark, daß er sich eine weitere »unnütze Behelligung Serenissimi« verbat. Nun erkannte auch Goethe den rein rhetorischen Charakter von Fichtes Tapferkeit: »Herr Fichte! Das ist doch ein Weltstürmer! Wenn man sich nun von einem solchen Prahlhans schrecken ließe«.[67] *Eines* muß noch zur Vermeidung von Mißverständnissen hinzugefügt werden. Es handelt sich bei den Professoren Fichte und Paulus um keine ganz jungen Leute. Beide näherten sich schon dem 40. Lebensjahr. Bewirkte der extreme Idealismus eine Verlängerung der jugendlichen Weltfremdheit, wie sie bei Menschen mit normaler Lebenserfahrung undenkbar ist? Wenn Carl Augusts Abschreckungsdekret von Goethe in den *Tag- und Jahresheften* 1803 mit der späteren Universitätskrise in Verbindung gebracht wurde, so enthielt diese Konstruktion einen Vorwurf gegen Carl Augusts Charakter, den er nicht offen äußern konnte. Er selbst war wenige Jahre vor der Abfassung dieses Annalenabschnitts[68] von Carl August, unter Caroline Jagemanns Einfluß, als Theaterdirektor entlassen worden, was er dem alten Freunde niemals verziehen zu haben scheint. Wir kennen bereits andere Gründe für die damalige Armut der Universität: den Weimarer Schloßbau, die Pluralität der Erhalterstaaten, die Reformen erschwerte, und die geringe Finanzkraft aller. Vor allem aber ist an die gesteigerte Wissenschaftspolitik Preußens zu erinnern, die die Zwischenkriegszeit ermöglichte und die zunächst der Universität Halle zugute kam, 1810 bekanntlich zur Gründung der Universität Berlin führte. Auch Bayern, das von Frankreich noch mehr begünstigt war, wollte in den säkularisierten fränkischen Gebieten seinen wissenschaftlichen Ruhm vermehren, was besonders Würzburg zugute kam. Nach Würzburg und Halle, später nach Berlin und München gingen die meisten Professoren, die Jena verließen. Goethe spricht selbst von »großwelt[lichen] Ereignissen« (*Tag- und Jahreshefte* 1803), die die Professoren zum Verlassen Jenas veranlaßten, und gerät so in Widerspruch zu der großen Bedeutung, die er der Ent-

---

67 Ebd. S. 158 f.
68 1819, 1824, 1825, vgl. W.A. Bd. 35, S. 279.

lassung Fichtes im späteren Groll über seinen Fürsten beizulegen versuchte.[69]

Goethes neue Zugeständnisse an den Hof

Goethe ahnte nun, daß es nicht möglich war, einen geistigen Staat im politischen zu errichten, solange der absolute Herrscher das letzte Wort sprach. Auch das Schwinden seines Einflusses in der Zeit seiner geistigen Nebenregierung war nicht zu übersehen. Deshalb richtete er sich wieder stärker nach den Wünschen Carl Augusts. Es gab dafür vielleicht noch einen andern Grund. Der günstige Einfluß, den der Idealismus in Schillers Fassung während der Zeit der *Horen* und der *Musenalmanache* auf Goethe gehabt hatte, dauerte nicht an. Werke im Rang von *Wilhelm Meisters Lehrjahren* und *Hermann und Dorothea* erschienen in den folgenden Jahren nicht mehr.[70] Unvergängliche Lyrik gewiß; aber das Tell-Epos, das er in der geliebten Schweiz, während der Reise von 1797 ernstlich erwog, wird nicht geschrieben. Nur Schiller, der nie in der Schweiz war, profitiert von dem ihm überlassenen Stoff. Der ehrgeizigen *Achilleis* fehlte die überzeugende Ermutigung, sowohl von Schiller wie von Carl August, an dessen adelige und kriegerische Interessen er möglicherweise gedacht hatte. Zu dem großen Naturgedichte, in dem er nach Knebels Vorschlag seine langjährige Beschäftigung mit mehreren Disziplinen der Naturwissenschaft verwerten wollte, kam es trotz zahlreicher Erwägungen nicht. Sein Instinkt sagte ihm letzten Endes, daß er weder mit Homer noch mit Lukrez, dessen Lehrgedicht Knebel übersetzte, konkurrieren durfte. Der konsequente Klassizismus war ihm, zu seinem Heile, unmöglich. Aber auch der *Faust*, zu dem ihn

---

69 In Widerspruch gerät auch Conrady, Goethes Leben und Werk, Bd. 2., S. 247, wenn er der traditionellen Ablehnung von Fichtes Entlassung zuneigt, andrerseits aber den Nationalbegriff in Fichtes *Reden an die deutsche Nation* überheblich findet. Der subjektive Idealist ist stets überheblich: das Gegenteil eines vertretbaren Individualismus, Nationalismus etc.
70 K.O. Conrady: Goethes Leben und Werk, Bd. 2, S. 127 findet sogar »keine neue große Dichtung« zwischen *Hermann und Dorothea* und den *Wahlverwandtschaften*, wenn man von dem Fragment *Natürliche Tochter* und dem früher begonnenen *Faust* absieht.

sowohl Schiller wie Cotta, wie die Brüder Schlegel ermutigten, stockte trotz mehrfacher Ansätze! Noch war ihm die Klarheit Italiens zu nahe und seine Begeisterung für Winckelmann zu groß. Auch seine Abhängigkeit vom theatralischen Auftrag im französisch-klassizistischen Weimar war ihm wieder bewußter, als daß er sich ernstlich mit den Nebelgeistern des Nordens erneut hätte einlassen können. Nur der Helena-Akt erhielt bezeichnenderweise eine gewisse Abrundung. Schiller dagegen ging, gegen Goethes Erwartung, trotz seiner Kränklichkeit, Schritt für Schritt siegreich voran. Für den Theaterdirektor war dies ein Triumph, wenn er ihn auch mit Iffland teilen mußte. *Aber war es nicht eine Belastung für den Dichter Goethe?* Denn das Drama war seit Lessing zur ersten Gattung in Deutschland aufgestiegen und die Lyrik gewann erst langsam, im Laufe des 19. Jahrhunderts, das Ansehen der poetischsten Gattung (vgl. meine Biedermeierzeit Bd. II, S. 480f.). Aus dieser seelischen Situation erkläre ich mir Goethes vielgetadelte Bereitschaft, zwei Tragödien Voltaires zu übersetzen. Den unmittelbaren Anlaß dazu gab die Anregung Carl Augusts. Ein Grund für Goethes Bereitschaft war wohl auch sein altes *inniges* Verhältnis zur französischen Literatur[71], wie er es in den Anmerkungen zu seiner Übersetzung von *Rameaus Neffen* ausgesprochen hat. Seine größte Bewunderung innerhalb der französischen Literatur des 18. Jahrhunderts galt wohl Diderot, dem Verfasser des genannten, in Frankreich noch nicht erschienenen Dialogs. Aber auch Voltaire wird da von Goethe rühmlich erwähnt. Den geheimsten Grund für diese zweitrangige Arbeit findet man in einem Brief an Schiller (25. 7. 1800) klar formuliert: »In Ermangelung des Gefühls eigner Produktion, habe ich mich, gleich Dienstag abends, als ich [in Jena] ankam, in die Büttnerische Bibliothek verfügt, einen Voltaire heraufgeholt und den *Tancred* zu übersetzen angefangen.« Schiller antwortet am 26. 7. 1800 etwas verlegen, hofft wieder einmal, daß der *Faust* Goethes Vorsatz verdränge. Aber es bleibt bei der Voltaireübersetzung.

Blickt man ins Tagebuch, so dominiert im Vorfrühling 1799 bis zu Fichtes Entlassung eindeutig die *Achilleis*. Wenige Tage nach Fichtes Entlassung am 5. 4. 1799 wird der erste und einzige Gesang des heroischen Epos abgeschlossen. Während einer Arbeitszeit am *Faust* nimmt er Tiecks *Romantische Dichtungen* vor (Jena 17. 9. 1799). Will er sich auf den deutschen Stoff einstimmen? Er erkennt wohl, daß ihn Tieck, dessen poetisches Talent er nicht verkennt, nur noch weiter vom Theater wegführen kann, und

---

71 Kurt Wais: Goethe und Frankreich, in: DVjs Bd. 23 (1949), S. 472–500.

dagegen leistet der Hofmann noch immer hartnäckigen Widerstand. So tauch im gleichen Monat September *Mahomet* auf. Und am 1. 10. 1799 folgt der erstaunliche Eintrag: »*Serenissimo* Nachricht wegen Mahomet und Urlaubsverlängerung.« Erstaunlich, da Goethe bisher nie um Urlaub bat, wenn er im nahen Jena war. Schon am 11. 10. meldet das Tagebuch: »Schluß von Mahomet«. Natürlich gibt es auch noch Korrekturen an der Tragödie. Aber schon unter dem 17. 11. 1799 lesen wir: »Mahomet geendigt.« Goethe ist in diesen Monaten selten in Weimar. Übersetzt er den *Mahomet* auch, um sich im geliebten Jena aufhalten zu können, ohne erneut den Zorn Serenissimi zu erregen? Und vor allem: er investiert wenig Zeit für diese Blankvers-Übersetzung. Trotzdem lobt sie Knebel, erfahren im Übersetzen, lebhaft: Goethe habe »die poetische Vollkommenheit« des Originals »erhöht«. Sein Urteil beruht auf einem Vergleich mit dem Original.[72] Vielleicht sollten wir auch genauer vergleichen! Wichtiger als dies ist in unserm Zusammenhang das, was mit der Übersetzung geschieht. Am 8. 12. 1799 kommt Goethe von Jena nach Weimar zurück. Er hat Besprechungen mit Voigt, Bausession mit Thouret, Proben zum *Titus*. Mehrmals sieht er die Herzogin-Mutter. Abends schließlich den Hofrat Schiller, der tagsüber unermüdlich an *Maria Stuart* arbeitet. Auch die alte Formel »Früh bey Serenissimo« taucht wieder auf (Tgb. 14. 12. 1799). Dann aber muß der Sieg der französischen Dichtkunst über das halbe Shakespearisieren des *Wallenstein* vom Hofe gefeiert werden. (Tgb. 17. 12. 99): »Abends Vorlesung von Mahomet. *Zum Thee.* Der Herzog. Die Herzogin. Der Prinz. Der Prinz von Gotha. van Haren. von Haak. von Wedel. von Waldner. von Riedesel. von Stein. von Löwenstern, Gemahlin, Tochter. Schiller und Voigt.« Man sieht: eine Versammlung von Fürstlichkeiten und Adeligen feiert die Rückkehr zum französischen Kulturprimat. Die Bürger Schiller und Voigt mit der in dieser Zeit größten Leistung auf amtlichem und theatralischem Gebiet haben die Ehre, auch in diesem erlauchten Kreise zu weilen. Es folgen wieder Amtsgeschäfte: »Früh im Schloß verschiedne Arrangements mit Prof. Thouret« (Tgb. 18. 12.), »Abends Probe vom Titus« (19. 12.). »Im Schloß um 4 Uhr zur Session. Abends Schiller, Marie [sic] Schluß des 3. Ackts besprochen« (Tgb. 20. 12. 1799). Hierauf der zweite gesellschaftliche Höhepunkt, am Hofe Anna Amalias, die wohl glücklich war, in alte Zeiten zurückversetzt zu werden: »Abends Thee. Vorlesung von Mahomet. Herzogin-Mutter. Fräul. v. Göchhausen. Fräul. v. Wolfskeel. Herr

---

72 Briefwechsel zwischen Goethe und Knebel (1774–1832). Theil 1, S. 234.

v. Einsiedel. Hr. und Frau v. Wolzogen. Fräul. v. Imhof. Graf Brühl. Herr und Frau v. Mellish. Fräul. von Stein. Hr. Laurenz. Hr. Bury. Herder. Prinzeß. Frl. v. Knebel. Fr. v. Imhof. Fr. Hofr. Schiller. Hr. v. Haren« (Tgb. 23. 12. 1799). Goethe vergißt nicht, die gnädige Stimmung auch für Schiller nutzbar zu machen und, statt des meist bevorzugten privaten Trios Voigt/Schiller/Goethe, dem Freunde Anna Amalias wieder einmal seine Hochachtung zu beweisen: »Mittag bey Hofe auf dem Zimmer [Carl Augusts] mit Schiller [!] Abends Wieland [!] G. R. Voigt« (Tgb. 27. 12. 99). Dann endlich ist Goethe dem Privatleben wiedergegeben mit Farbenlehre, prismatischen Versuchen, Familie Meyer, Bury, Schiller und Briefen an seine Mutter wie auch an Freunde in Jena (Prof. Lenz, Justizrat Hufeland, Hofrat Loder).

Es ist mir nicht erinnerlich, daß am Hofe von Weimar vor diesem Zeitpunkt eine deutsche Dichtung so offiziell gefeiert wurde wie Goethes Übersetzung von Voltaires *Mahomet*. Es war natürlich üblich, dem Herzog, der Herzogin und vor allem der musischen Herzogin-Mutter aus entstehenden oder fertigen Dichtungen im Beisein der Hofdamen vorzulesen. Aber diese beiden Mahometvorlesungen im großen Kreise hatten einen demonstrativen Charakter – und waren ein Teil der höfischen Restauration –, wie Fichtes Entlassung nur im Rahmen der gesamtdeutschen *kirchlichen* Restauration ganz zu verstehen ist. Da auch Napoleon sich in die feudale Tradition einzuordnen versuchte, atmete man Morgenluft und glaubte, die Revolution endgültig hinter sich gebracht zu haben.

Nach der Vorlesung läßt sich der Herzog das Manuskript der *Mahomet*-Übersetzung schicken und versichert: »Ich bin *Mahomets* wahrer Omar und verbreite seine Lehre« durch Wort und That« (an Goethe etwa 20.(?) 12. 1799). Carl August schlägt – wohl auf Goethes Wunsch – einige Verbesserungen vor und entschuldigt ihre Geringfügigkeit mit »der großen Liebe, welche ich für die Umwälzung habe, die *Mahomets* Erscheinung hervorbringen wird« (an Goethe etwa 21. 12. 1799). Schon am 2. 10., als Goethe an die Übersetzung ging, hatte Carl August sein Vorhaben mit humoristischer Überschwänglichkeit gefeiert, die jedoch den stillen Zwang, der hinter Goethes literarischem Dienst sich verbarg, mit der ihm eigenen Geradheit *nicht* verheimlichte: »Es wird schon an einer besondern Ukase gearbeitet, durch welche du in allen vier Weltheilen zum Fürsten unter den Titel Meccanus ausgerufen werden sollst. Dieser Sieg ist in manchen Betracht den der conquête von Italien vorzuziehn, denn erstlich arbeitest du gegen deine Natur und überwindest diese [!], was Suwarof nicht nöthig hatte, und dann giebt deine Übersetzung den teutschen Theater gewiß eine neue und sehr wichtige Epoque, die Italicus Siege nicht in ihren Fache hervorbringen.«[73] Man darf die Mahomet-Übersetzung als eine Art Kompromiß zwischen Goethe und Carl August sehen: Der »Diener« übersetzt gegen seine »Natur« ein Stück, das gewisse Verdienste für das Theater hat, das ihm aber nicht so bedeutend erscheint wie Schillers Tragödien. Als Gegenleistung toleriert der Herzog Schiller-Aufführungen, gegen die er viel einzuwenden hat. Schon am Ende der *Xenien* hatte sich Schiller vom bürgerlichen Theater und damit von seiner eigenen Jugend losgesagt. Aber das hatte dem Fürsten sicherlich nicht genügt, weil dies im Namen Shakespeares geschehen war.

Im Prolog zum *Wallenstein*, der zur Eröffnung des von Thouret umgestalteten Weimarer Hoftheaters im Oktober 1798 gesprochen wurde, hatte Schiller die Abwendung des Theaters vom »Bürgerleben« und seine Hinwendung zum »großen Gegenstand« allgemeiner formuliert und deutlich auf das beginnende napoleonische Zeitalter bezogen:

> Und jetzt an des Jahrhunderts ernstem Ende,
> Wo selbst die Wirklichkeit zur Dichtung wird,
> Wo wir den Kampf gewaltiger Naturen
> Und ein bedeutend Ziel vor Augen sehn,
> Und um der Menschheit große Gegenstände,
> Um Herrschaft und um Freiheit wird gerungen,
> Jetzt darf die Kunst auf ihrer Schattenbühne
> Auch höhern Flug versuchen, ja sie muß,
> Soll nicht des Lebens Bühne sie beschämen.

Jeder verständige Hörer dachte an den zweiten Koalitionskrieg gegen Frankreich, und an das altdeutsche Reich, das in der nächsten Strophe klar erkennbar angesprochen wird, wenn auch ein Friede, der dem westfälichen entspricht, mit Recht nur »in der Zukunft hoffnungsreicher Ferne« erblickt wird. Wallenstein, »Des Lagers Abgott und der Länder Geißel«, war gewiß als Symbol für die »gewaltige Natur« Napoleons gedacht. Aber die Philosophie des Handelns, die Tragik, die solche Tatmenschen überschattet, verstand Carl August in Schillers dramatischer Interpretation kaum, und so

---

73 Briefwechsel Carl August mit Goethe, Bd. 1, S. 276.

kritisierte er Äußerlichkeiten. Schiller, stets tapfer aktuelle Fragen anpak-
kend, ließ es sich nicht nehmen, auch ein Wort zu *Mahomet* zu sagen, zur
öffentlichen Entlastung Goethes, dessen Übersetzung gerade in diesen
kriegerischen Zeiten von den meisten Deutschen nicht verstanden wurde,
am wenigsten von den Nationalromantikern: *An Goethe als er den ›Mahomet‹
von Voltaire auf die Bühne brachte.* Schiller nimmt nichts von dem zurück,
was der deutsche Genius »auf der Spur des Griechen und des Briten«
errungen hat. Ja, Goethe selbst war es, der die deutsche Dichtung vom
»falschen Regelzwange«, von »eitler Aftergröße« befreite. Aber in Deutschland siegte inzwischen auf dem Theater das »rohe Leben«, und wo die
Natur siegt, »muß die Kunst entweichen«. Die Dramen Ifflands, Kotzebues,
Schröders und noch geringere, auch in Weimar beliebte Theaterstücke sind
gemeint. In dieser Barbarei fand man in der französischen Kunsttradition
eine Hilfe. In Frankreich ist das Theater noch »ein Reich des Wohllauts und
der Schöne«. Es kann für uns kein »Muster« mehr werden; aber ein »Führer
[…] zum Bessern« sein.

Es ist der vernünftige Kompromiß, von dem wir schon gesprochen
haben. Er führt weg von Lessing und A. W. Schlegel, die die französische
Tragödie verachteten, und über Victor Hugo, der bewußt von den Engländern und Deutschen lernte, in die europäische Gegenwart. Carl August
scheint, in der Zeit des *Mahomet,* diesem Kompromiß halb und halb zuge-
stimmt zu haben; denn er schrieb am 26. 12. 1799 an Goethe: »Beliebte es
wohl Ew. Meccanischen Hoheit morgen Mittag, da wir alleine sind, mit
Schillern [!] bey mir in concreto zu speißen [!]? und mir heute dein Manuscript von Mahomet nebst den Französischen Original, daß meiner Frau
gehört, zuzusenden?«[74] Interessant für die historische Situation ist es, daß
man nicht nur mit einer Weimarer Mahometaufführung rechnete, daß
Goethe das Stück vielmehr auch an Iffland nach Berlin, sowie nach Leipzig
und Gotha schicken ließ (Tagebuch 6. und 8. 1. 1800), daß er ferner auf
eine Aufführung in der kursächsischen Hauptstadt Dresden hoffte (Tgb.
16. 1. 1800) und sich mit Schiller »Über das gebundnere Trauerspiel und
was allenfalls noch aufgeführt werden könnte« unterhielt (Tgb. 6. 1. 1800).
In diesem Zusammenhang ist es wohl auch zu verstehen, daß Goethe
gleichzeitig mit den sorgfältigen Proben für die Weimarer Mahomet-Aufführung den italienischen Klassizisten Alfieri studierte (Tgb. 20.–24. 1.

---

74 Ebd S. 279.

1800). Am 30. 1. 1800, dem Geburtstag der Herzogin Luise, fand endlich die Aufführung des *Mahomet* in Weimar statt.

Die Einordnung der Mahomet-Aufführung in die Zeitgeschichte um 1800 ist nicht so einfach wie die des *Wallenstein*, dessen Held ein »gemischter Charakter« ist und tragisch interpretiert wird. *Mahomet* ist eindeutig ein Tyrann, der die neue Religion nur benutzt, um die konservativen Könige auszuschalten und die Weltherrschaft zu erlangen. Sein Grundstaz ist: »Laß uns der Erde Wahn getrost benutzen.« Herder sah Goethes *Mahomet*-Übersetzung als eine Aussage des heidnischen Weimar und empörte sich über diese tendenziöse Darstellung eines Religionsstifters. Die Entlassung Fichtes hat uns jedoch gezeigt, daß Carl August sich auch in diesem Punkt von Goethe entfernte und sich nun eher als Beschützer der alten Religion betätigte. Er wußte jetzt, daß die *neue* Religion, die revolutionäre, für Fürsten viel gefährlicher war, und diese benutzte Napoleon zu seinen Zwecken. Er ließ sich überall als Befreier feiern, nicht ganz zu Unrecht, da er die Gleichheit vor dem Gesetz vertrat und daher noch von den Liberalen der 1830er Jahre, z. B. von Heine, als Revolutionskaiser gefeiert wurde. Für Carl August jedoch mag der siegreiche Napoleon ein neuer trügerischer Mahomet gewesen sein. Wir wissen bereits, daß er, spätestens seit 1799, die Absichten der Franzosen klarer erkannte als Friedrich Wilhelm III. von Preußen, der sich durch die Überlassung von Erfurt und anderem diplomatischem Zuckerbrot einen falschen Frieden vortäuschen ließ.

Für die Klassiker – das beweist Schillers Gedicht zur Mahometaufführung – war Voltaires Drama nur ein Mittel zur Bekämpfung des Naturalismus. Goethe mag Carl Augusts politische Absichten mit dem Stück erfahren oder wenigstens geahnt haben, sicher nicht zu seiner Freude. Im Briefwechsel mit Schiller äußert er immer wieder sein Mißtrauen gegen das historische Drama, weil es im Sinne einer bestimmten zeitlichen Absicht mißbraucht werden kann. Voltaires *Tancred*, den er 1800 übersetzte, kann unmöglich als politisches Zeitstück gedeutet werden; eher ist es ein Rührstück. Der Zuschauer hofft bis zuletzt auf eine glückliche Lösung; denn nur durch Tancreds *Mißverständnis* endet das Drama katastrophal. Dementsprechend gibt es in diesem Stück sehr viel lyrische Rhetorik. Man versteht, daß Goethe die theatralische Schwäche des Stücks als Sprechdrama erkannte: »So habe ich gedacht, ob man nicht, um diese Masse zu organisieren, die Zwischenakte mit Chören ausfüllen sollte? Euphanie müßte von einer guten Sängerin vorgestellt werden, die alsdann in den Zwischenakten glänzen und die Verbindung des Ganzen bewirken könnte« (Goethe an Iffland,

25. 12. 1800).[75] Die Klassiker spielten bekanntlich mit dem Gedanken, das Drama durch Chöre, ja sogar durch Anleihen bei der Oper dem tief verachteten Naturalismus zu entreißen. Diese Gedanken führten den alten Goethe immer weiter von der Tradition des Sprechdramas ab (*Pandora, Faust* usw.). Eher kam Schiller später, mit Hilfe sagenhafter Stoffe, dem Gedanken eines symbolischen Freiheitsdramas entgegen (*Jungfrau von Orleans, Wilhelm Tell*). Doch weil dabei eine Annäherung an die offene Form des Shakespeareschen Historiendramas nahe lag, war auch hier ein Verständnis des Fürsten kaum zu erwarten.

Als ein Zeichen der Wiederannäherung Goethes an seinen Fürsten darf, neben den Voltaire-Dramen, auch die Tatsache gedeutet werden, daß Goethe sich daran beteiligte, Caroline Jagemann in die gute Gesellschaft Weimars einzuführen. Im Tagebuch vom 25. 4. 1800 zählt Goethe die vielen adeligen Personen auf, die zu einem Konzert in sein Haus kamen. Auch der Hofrat Schiller und Geheimrat Voigt werden erwähnt, beide mit ihrer Frau. An der Spitze der Aufzählung steht die »Durchl[aucht] Prinzess[in]« am Ende »Dem[oiselle] Jagemann«. Es ist aber möglich, daß die Schauspielerin die Hauptperson war; denn sie pflegte auch als Sängerin zu glänzen. Zum Datum dieser Freundestat – nicht ungefährlich wegen Goethes mühsam gutem Verhältnis zur regierenden Herzogin Luise – paßt die gemeinsame Reise Carl Augusts und Goethes nach Leipzig am 28. 4. 1800. Sie sollte wohl wieder einmal an die gemeinsamen alten Zeiten erinnern, obwohl es deutlich eine Dienstreise war, mit dem Zweck, die Ausstattung des Schlosses zu besorgen oder wenigstens vorzubereiten. Die bürgerliche Behaglichkeit, die Goethe früher allein in Leipzig empfand, scheint er diesmal kaum genossen zu haben; denn eimal muß er den Kanzler Hofmann führen, dann den Grafen Reden unterhalten. Jenenser Honoratioren kommen dazu: Major von Hendrich, Jenas Ordnungshüter, Professor Loder, Verleger Frommann, ja sogar der Rat A. W. Schlegel; auch Bertuch aus Weimar muß er besuchen. Er ist bei den Contards [!] wegen des Ameublements, bei Unger wegen der Kattuntapeten und Bordüren. Goethes Verurteilung des bürgerlichen Theaters in Leipzig könnte in den *Xenien* stehen, wenn er es in Distichen gefaßt hätte: »Völliger Mangel von Kunst und Anstand, der Naturalism und ein loses, unüberdachtes Betragen [...], des Rückenwendens, nach dem Grunde Sprechens ist kein Ende« (Tagebuch 3. 5. 1800).

---

75 Ifflands Briefwechsel mit Schiller, Goethe, Kleist, Tieck und anderen Dramatikern. Leipzig (1910), S. 81.

Liebhabertheater können sich neben einer solchen Gesellschaft noch recht viel einbilden. Alles in allem viel Selbstlob des Klassizisten, zu dem man gerne eine bürgerliche Gegenstimme hören möchte. Die oben zitierte Tagebuchstelle scheint für den Herzog geschrieben zu sein, zum Ruhme Weimars. Und tatsächlich liest man unter dem 28. 4.: »Das Tagebuch bis den 16. May ist in den Acten befindl[ich].« Am 12. 5. rühmt sich Goethe der »Entdeckung von Steigentesch«. Er ist kein übler Lustspieldichter (vgl. meine *Biedermeierzeit* Bd. II, S. 420); aber mit der robusten Kraft von Kotzebues Possen und Komödien können sich seine Stücke kaum messen, und ein derartiger Ersatz ist wohl in dieser Zeit der Feindschaft zwischen Kotzebue/Merkel und Weimar/Jena gemeint. Das Interessanteste, was diese Messestadt im Jahre 1800 dem Genie zu bieten hat, ist offenbar der Verleger Cotta (Tagebuch 5.–7. 5. 1800). Er erzählt von seiner Reise nach Paris, von Talleyrand, vom [Grafen Karl Friedrich von] Reinhard, dem württembergischen Girondisten, der damals schon in Napoleons Dienste getreten war, usw.; Cotta spricht auch »über die neuen Kupfer zum Damenkalender«, an dem Goethe mitarbeitet, und über »verschiedne litterarische Verhältnisse«. Vor allem wird der Verleger den Dichter zur Arbeit am *Faust* ermahnt haben, der ihn für die Verluste entschädigen sollte, die er mit den *Propyläen* erlitten hatte. Tatsächlich hat Goethe in den folgenden Monaten sehr ernsthaft mit diesem Werk gerungen (s. Tagebuch). Der *Tancred* blieb deshalb liegen. Am 21. 11. 1800 scheint dem Fürstendiener ein weiterer Aufschub nicht mehr rätlich erschienen zu sein: »*An Hrn.* G. R. *Voigt*: Bitte um Fürsprache bey Sereniss[imus] wegen Verlängerung des Urlaubs.« Er schreibt gleichzeitig an den Herrn Hofkammerrat Kirms, der ihn während seiner Urlaubszeiten (in Jena) geduldig vertritt und überhaupt – das übersieht der Goetheforscher oft! – die Hauptarbeit an der Verwaltung des Hoftheaters trägt. Vom 22. 11. an erscheint der Name Tancred fast täglich im Tagebuch und am 24. 12. lesen wir: »Tancred geendigt«. Goethe hat also wieder verhältnismäßig wenig Zeit vertan, um dem Willen von Durchlaucht zu entsprechen. Oder hinderten ihn tiefenpsychologisch doch diese ständigen Unterbrechungen durch Dienste für den Hof an der Vollendung des *Faust*?

Er hatte dem Herzog in diesem Jahr der Zerknirschung noch einen Dienst zu leisten, der uns an die böse Zeit seiner Kammerdirektion erinnert. Geheimrat Schmidt war ein ausgezeichneter Kammerpräsident, wenn es um organisatorische Fragen und um das Sparen ging. Aber der Schloßbau und die Dienstreise nach Leipzig und jetzt vor allem die Ausstattungs-

kosten für das Schloß kosteten so viel, daß die geldbewilligenden Landstände, die wichtigste ältere Einschränkung des fürstlichen Absolutismus,
von allen Geheimräten, allen Diplomaten am Hof umworben werden mußten, und zu ihnen gehörte auch Goethe. Wahrscheinlich »bat« der Herzog
das Genie ausdrücklich, sich an diesen Einladungen zu beteiligen und die
Landstände zum Schluß auch mit geeigneten Aufführungen des Hoftheaters zu beeindrucken.

Schon nach der Entlassung Fichtes beginnt Goethe mit dieser Einladungsdiplomatie, wahrscheinlich noch aus eigenem Antrieb: zur Beruhigung der Gemüter und zur gesellschaftlichen Vorbereitung der Uraufführung von *Wallensteins Tod* (20. 4. 1799). Am 16. 4. fällt unter den Gästen der
Geheime Rat Schmidt auf, der im Streit um Fichte auf der andern Seite
gestanden war. Natürlich muß auch Freund Voigt dabei sein und Schiller –
das ist für dessen Zukunft wichtig! – und dann u. a. die Damen Schiller,
v. Kalb, v. Wolzogen, v. Lengefeld. Abends Besprechung der Lage mit Voigt
allein. Der letzte Teil des *Wallenstein* wurde zweimal aufgeführt am 20. 4.
und 22. 4. Zwischen den Aufführungen scheint Schiller, nach Goethes übli-
chem Frühbesuch im Römischen Hause, vom Herzog empfangen worden
zu sein (Tagebuch 21. 4. 1799 etwas unklar). Sicher ist, daß die immer
aufmerksame Herzogin-Mutter Anna Amalia Goethe mit seinen nächsten
Freunden empfing; man scheint überhaupt die Vollendung des Wallen-
stein-Zyklus ein wenig gefeiert zu haben: »Mittags bey der Herzogin-Mutter zur Tafel mit Hrn. Hofr[at] Schiller und Meyer. Abends bey Gores zum
Thee und Ball« (Tgb. 23. 4. 1799). Am nächsten Tag machen Goethe und
Schiller noch einen Ausflug nach Belvedere, und abends sehen sie den *Don
Juan*. Dann geht Schiller wieder an die Arbeit, und Goethe folgt ihm bald
zu einem langen Mai-Aufenthalt in Jena, der bei Schiller, trotz der zielbe-
wußten Arbeit an *Maria Stuart*, eine wachsende gesellschaftliche Aufge-
schlossenheit erkennen läßt. Mit Erstaunen lesen wir im Tagebuch
(19. 5. 1799): »Mit den Meinigen Nachmittag zu Schiller, wo sich Frau von
Stein befand.« Offenbar begann Schiller, der sittenstrenge Dichter, die
natürliche Ehe Goethes anzuerkennen, nachdem dieser mit der gesellschaftlichen Anerkennung von Carl Augusts Liaison mit der Jagemann den
Anfang gemacht hatte. Und ausgerechnet Charlotte von Stein unterstützte
Goethe dabei hochherzig! Man sollte meinen, daß nach 10jähriger Bewährung von Goethes de facto-Ehe ihre gesellschaftliche Anerkennung selbstverständlich und allgemein war. Aber das ist keineswegs der Fall. Die Frage
wird uns weiter beschäftigen.

Bei Goethes nächster Einladung in Weimar (10. 6. 1799) erkennen wir als Mittelpunkt Herders Familie mit 5 Personen: »Hr. Vicepräsident [des Consistoriums] Herder und Frau. Hr. Dr. Herder und Frau. Dem[oiselle] Herder.« Herder war, wie Schmidt, während Goethes Traum von einer eigenen geistigen Hausmacht, für den alten Freund in den Hintergrund getreten. Nach Fichtes Entlassung, die dem Kirchenhaupte Weimars, dem grimmigen Feind des arroganten Idealismus, gewiß wohltat, war der Zeitpunkt zu einer wenigstens menschlichen und geselligen Annäherung gekommen; denn an den harten finanziellen Tatsachen, die der Schloßbau, die Ausgestaltung der Parkanlagen wie auch die bauliche Erneuerung des Hoftheaters mit sich brachte, war nichts mehr zu ändern. Herder, der sich als Mann des Volkes fühlte, konnte für die bessere Besoldung der Volksschullehrer kaum etwas tun, obwohl diese beschämend ärmlich war. Auch persönlich litt er unter der Sparpolitik in dem ihm unterstellten Ressort. Herder hatte die Stelle des Vizepräsidenten Lyncker erhalten; aber seine eigene Stelle war nicht besetzt worden, so daß er unter allzu viel Arbeit litt. Man kann den mit 59 Jahren gestorbenen Theologen und unermüdlichen Publizisten Herder, wie Schiller, als ein Opfer der Kultur von Weimar sehen; aber man würde dadurch unhistorische Maßstäbe an eine Kultur legen, in der noch ein großer Gegensatz zwischen mehr oder weniger müßigen Adeligen und dem schuftenden Bürger bestand: Dieser konnte nur durch außerordentliche Leistungen eine gewisse Bedeutung in der Gesellschaft gewinnen. Goethe selbst, der sich an der allseitigen Menschlichkeit, die der Adel leicht erreichen konnte, orientierte, beklagte in *Wilhelm Meisters Lehrjahren* ja unverblümt das Schicksal des bürgerlichen Talentes, während er selbst in dieser Zeit ohne Berücksichtigung seiner Nobilitierung und seines dadurch gesteigerten Geistesaristokratismus kaum verstanden werden kann. Herder war auch durch seine Beziehung zur Herzogin Luise von einer gewissen diplomatischen Bedeutung für Goethe; denn wenn diese, von Herder belehrt, Shakespeare über die Franzosen, sowie *Macbeth*, von Schiller bearbeitet, über *Mahomet* stellte[76], so war sie damit ein wenn auch schwaches Gegengewicht gegen Carl Augusts traditionelleres Theaterverständnis.

Die Landstände waren dem Geheimerat Goethe nicht nur durch die

---

76 Oskar Linn-Linsenbarth: Schiller und der Herzog Karl August von Weimar. Teil 2. Kreuznach 1902, S. 4.

neuen, vermehrten Pflichten gegenüber Serenissimus, sondern auch durch sein Gut in Oberroßla nahegerückt. Dort traf er mit dem an erster Stelle genannten Pfarrer Günther, mit dem Landschafts-Syndikus Schuhmann und dem Gerichts-Secretär Rentsch zuammen (Tgb. 29. 10. 1799). Er hatte im Sommer des gleichen Jahres in dieser Gutsangelegenheit zwei Briefe an Carl August, der hier sein Lehensherr war, gerichtet (10. und 30. 7.). Am 9. 4. 1800, in einer Zeit, da Goethe viel am Faust arbeitet, geht er auch »Früh mit Sereniss[imus] spatzieren« (Tgb.). Auf solche Begegnungen dürfen wir wohl die Tatsache zurückführen, daß wir kurz darauf die Jagemann (zum erstenmal?) in Goethes häuslicher Gesellschaft finden. Sie ist begleitet von ihrem Bruder Jagemann, dem Maler. Voigt ist wieder da mit seinem Sohn, dem Regierungsrat, und dessen Frau, ebenso von Wolzogen und Schiller, beide mit Frau. Und daß man ja nichts versäumt bei diesem etwas riskanten Unternehmen ist auch der Vizepräsident Herder da –, ohne die Frau allerdings (Tgb. 17. 4. 1800). Es ist die diplomatische Vorbereitung zu dem schon erwähnten großen Jagemann-Konzert mit der Prinzessin am 25. 4. Am 24. 4. dürfte die Hauptperson der Landes-Cammerrat Rühlmann gewesen sein. Auch Bertuch erscheint hier mit dem Titel Cammerrat, er verwaltet u. a. die Privatschatulle des Fürsten. Die Geistlichkeit ist, wie es scheint, diesmal doppelt vertreten: Vizepräsident Herder und K. R. (Kirchenrat?) Ridel. Aus Jena kam Professor Loder. Auch Voigt ist wieder da und Schiller. Abends bleibt diesmal Schiller allein bei dem Gastgeber. Am 23. 5. 1800 heißt es im Tagebuch ausdrücklich: »Mittags die *Landstände* zu Tische.« Wie im Konzert die Prinzessin, so muß bei den Geldgebern »Durch[laucht] der Prinz« repräsentieren. Hier darf auch Schmidt nicht fehlen. Voigt muß mit Goethe die Kultur vertreten. Dazu Graf Beust und neun Adelige. Am Tag nach den *Räubern* (28. 5.) – man muß die Gelegenheit undogmatischer, aber einflußreicher Zuschauer nützen! – wieder eine große Gesellschaft bei Goethe. Ich zähle 25 (Tgb. 29. 5.). Freund Loder (Geheimer Hofrat und Professor) und Freund Paulus, der schlimme Theologieprofessor und Ratgeber Fichtes, sind mit ihren Familien aus Jena gekommen. Abends *Don Juan*. 14 Tage später (14. 6. 1800) liest man im Tagebuch: »Mittag die jenaischen Landstände bey mir.« Professor Griesbach, Landrat v. Ziegesar – kennt Gothe die übrigen Namen nicht? –; denn wieder erscheinen die Kollegen und Freunde: Schmidt, Voigt, Herder, [A. W.] Schlegel, von Wolzogen usw. »Abends Maria Stuart zum erstenmal.« Zwei Tage später: »Mittag bey Hrn. G. R. Voigt mit den jenaischen *Landesständen* zu Tische.« Die Namen der Gäste fehlen. »Abends Maria Stuart zum zweytenmal« (16. 6. 1800). Man sieht: Goethe benützt die Anwesenheit der Landstände systematisch für die immer noch nötige Werbung für Schiller.

Im Folgenden drängen sich die liegen gebliebenen Schloßbaugeschäfte und der immer noch nicht fertige *Tancred*. Gleichzeitig, zur Erholung, Gespräche mit Loder, Freund Meyer und zuletzt mit dem umstrittenen, aber interessanten Friedrich Schlegel. Serenissimus scheint nach so viel gesellschaftlichen und literarischen Strapazen mit seinem alten Freund wieder zufrieden gewesen zu sein. Er fährt sogar mit Goethe – nach seiner Gewohnheit »Früh 4 Uhr« – nach Oberroßla (8. 9. 1800), dem Gute des Dichters. Trotzdem endete auch dieses Jahr mit einer Zurechtweisung durch Carl August. In den schönen gemeinsamen Maitagen 1799, nach der Aufführung von *Wallensteins Tod*, dachten Goethe und Schiller an eine große Feier des neuen Jahrhunderts: »Abends Idee zu einem Feste im Weimarischen Parck« (Tgb. 22. 5. 1799). An ein Volksfest mit Theatervorstellungen, wohl nach antikem Muster, war gedacht. Die Idee scheint vor allem von Schiller begeistert verfolgt und langsam der Ausführung entgegengeführt worden zu sein. Sie paßt aber in Goethes Einladungsdiplomatie als eine gut süddeutsche, volkstümliche Ergänzung seiner Werbung bei den einflußreichen Honoratioren Sachsen-Weimars. Das Volksfest der Klassiker sollte nach Neujahr 1801, der traditionellen, exakt-mathematischen Sitte gemäß, das 19. Jahrhundert eröffnen und den Ruhm Weimars durch viele Gäste vermehren. Sogar auf ein Gastspiel Ifflands hoffte man.[77] Es ist nicht klar, ob der Mätresse Carl Augusts oder der Kotzebue-Partei in Weimar – es gab sie! – die Jahrhundertfeier nicht paßte. Schiller schrieb an Körner (5. 1. 1801), der Herzog habe durch sein Verbot einen Eclat vermeiden wollen.[78] Das mag richtig sein. Sicher ist aber auch, daß Schiller wieder einmal in seine Schranken verwiesen wurde und daß damit auch Goethe getroffen werden sollte, weil er Durchlaucht nicht sogleich informiert hatte.

So blieb wieder einmal Anna Amalia die letzte Zuflucht vor dem rauhen Herzog. Der Herzogin-Mutter ist Goethes Gelegenheitsdichtung *Paläophon und Neoterpe* (1800) gewidmet. Die alte und die neue Zeit mißtrauen einander. Nachdem sie aber ihre streitsüchtigen Begleiter weggeschickt haben, Neoterpe Gelbschnabel und Naseweis, Paläophon Griesgram und Haberecht, schließen sie einen »ew'gen Bund«:

---

77 Ebd. S. 5 f.
78 Ebd. S. 6.

Palaeophon Gut ist der Vorsatz, aber die Erfüllung schwer.
  Neoterpe Ein edles Beispiel macht die schweren Thaten leicht.
Palaeophon Ich sehe deutlich, wen du mir bezeichnen willst.
  Neoterpe Was wir zu thun versprechen, hat *Sie* längst gethan.
Palaeophon Und unsern Bund hat *Sie* begründet in der Stadt.
  Neoterpe Ich nehme diesen Kranz herab und reich ihn *Ihr.*

Die Herzogin-Mutter wird als Bürgschaft des so oft bedrohten inneren Friedens von Weimar gefeiert.

Es ist leicht zu verstehen, daß Goethe nach zwei Jahren der Zurechtweisung und eines neuen, gesteigerten Fürstendienstes, der Selbstverleugnung und nicht zuletzt des Zweifels an der Fortdauer seiner dichterischen Produktivität, an der Seite eines unerhört produktiven und erfolgreichen jüngeren Dichters, krank wurde. Es war eine, nach dem Stand der damaligen Medizin, höchst gefährliche Krankheit. Doch scheint mir ihre kurze Dauer (3. 1. 1801 bis höchstens 24. 1. 1801) eine psychosomatische Interpretation nicht auszuschließen. Zu den eifrigsten Besuchern des kranken Goethe gehörte Serenissimus. Vielleicht verschob er sogar, mit Rücksicht auf den Zustand seines alten Freundes, eine seiner vielen Reisen; denn seine Abreise am 24. 1. 1801 (vgl. Goethes Tagebuch) fällt mit der Zeit, da Goethe nicht mehr in Lebensgefahr schwebte, so ziemlich zusammen. Man braucht diese Besuche nicht unbedingt als ein Freundschaftszeichen anzusprechen; denn wenn im patriarchalischen Absolutismus der Gehorsam und die stetige Dankbarkeit für besondere Wohltaten die erste Pflicht des »Dieners« sind, so gilt die Fürsorge für die Abhängigen als höchste Verpflichtung des Fürsten. Wir haben im gemeinsamen Lebenslauf Goethes und Carl Augusts schon manches Beispiel für eine derartige gegenseitige Treue kennengelernt und werden weitere Beweise für diese fast selbstverständliche Verantwortung nach unten wie nach oben erhalten. »Man kennt nur diejenigen, von denen man leidet.«[79] Dieses tiefe, keineswegs wehleidig gemeinte, sondern ein Gesetz des menschlichen Zusammenlebens bezeichnende Goethewort hätten der Herzog und das nicht weniger schwierige Genie, das sich ihm anvertraut hatte, für ihre Erfahrung aneinander in Anspruch nehmen können. Wir haben heute normalerweise die Leiden der Menschen unter der strukturellen Bedingung des Feudalismus im Auge. Wenn wir an dieser kritischen Stelle, um der historischen Gerechtigkeit

---

79 Mit Goethe durch das Jahr [1983], hg. v. Effi Biedrzynski, S. 30.

willen, einmal umgekehrt fragen, welche Leiden Goethe seinem Fürsten verursachte, so liegt nach allem, was wir hörten, die elementarste Antwort auf der Hand.

Exkurs: Goethe aus der Perspektive Carl Augusts

Goethe war kein normaler Beamter wie Kirms, Schmidt oder Voigt, sondern nahm stets Sonderrechte für sich in Anspruch. Diese beruhten, im Unterschied etwa zu Wielands Lebenshaltung, nicht auf dem idyllischen Bedürfnis, seinen eigenen Neigungen und Interessen, abseits des Hofes, entsprechen zu können – bei einer Pension, die diesem Abseits angemessen war –, sondern auf der Vorstellung, alles besser zu verstehen und zu überblicken und mindestens auf den Gebieten von Kunst und Wissenschaft ein Universalgenie zu sein. Besonders entschieden, ja fanatisch war Goethes Anspruch auf *dem* Gebiet, das den Fürsten weit mehr interessierte als die Dichtung, nämlich auf dem der Naturwissenschaft. Natürlich kam der viel reisende Fürst, zumal in Berlin, öfters mit Naturwissenschaftlern zusammen. Er hörte, was die Fachleute von Goethe hielten. Auch Weimar/Jena wurde nicht nur von romantischen Naturwissenschaftlern und Naturphilosophen besucht wie Ritter, Steffens, Werner, Oken, sondern auch von sehr ernst zu nehmenden wie Alexander von Humboldt. Man zitiert, in der Tradition der »Goethezeit«, meistens nur solche Äußerungen des einflußreichen preußischen Naturforschers, die den unbestreitbaren Einfluß von Goethes Universalismus auf den Naturwissenschaftler Humboldt bezeugen. Doch sind neuerdings auch andere Zitate bekannt geworden, und zwar gerade solche, die die Zeit betreffen, über die wir zuletzt berichteten[80]: »[Ich habe schon], als ich mit Goethe und Schiller in Jena lebte, zu dem ›Pöbel‹ der zunftmäßigen Physiker gehört, denen des Dichters Farbentheorie keine Überzeugung abgewinnen konnte. Diesen meinen Unglauben habe ich dem großen Manne oftmals und sehr frei geäußert, ein Unglaube, der sich auch auf seine geologischen und meteorologischen Phantasien

80 Kurt-R. Biermann: Goethe in vertraulichen Briefen Alexander von Humboldts, in: Goethe = Jahrbuch 1985, S. 11–20. Wichtig besonders S. 20: A. v. Humboldt an Carl Ludwig Michelet. Berlin 31. 10.1840. A. von Humboldt 1884, S. 47.

ausdehnte. Seitdem hat nichts meine Meinungen über Dinge, die mich sehr ernstlich und anhaltend beschäftigen, erschüttert. Aber so sehr ich meine innere Freiheit vindicire, achte ich in andern geistreichen Männern die Freimütigkeit, mit der sie ihren entgegengesetzten Glauben vertheidigen. Jede Wissenschaft hat ihre heiteren Saturnalien gehabt.« Das Wort »Pöbel« erinnert an die *Xenien*, die die bürgerliche Literatur und Wissenschaft in einem durchaus aristokratischen Geiste verspotteten und die Alexander von Humboldt nicht erst nachträglich als Quelle des »Unfriedens« ablehnte (an Johann Friedrich Reichardt 22. 2. 1797).[81] Wir erinnern uns, daß sich Carl August den Naturforscher, als er in Jena war, nicht entgehen ließ. Er suchte auch auf seinen verschiedenen Berliner Reisen Belehrung bei ihm, und es ist nicht nur ein Zufall, daß wir die bekannteste Äußerung über den todgeweihten Fürsten in Berlin (1828) dem großen befreundeten Naturforscher verdanken. In unserm Zusammenhang ist nur wichtig, daß Carl August auf seinem eigensten Interessengebiete Gelehrte antraf, die nicht an das Universalgenie Goethe glaubten, und daß er natürlich von ihnen beeinflußt wurde.

Selbstverständlich ist es auch, nach dem bisher Gesagten, daß Serenissimus von dem »modernsten Dichter« der Zeit, den die Romantiker in den letzten Jahren des 18. Jahrhunderts mit Recht in Goethe entdeckten, wie so viele andere, keine Vorstellung hatte. Wenn schon der damalige Goethe als Hofmann, überhaupt als entschieden gesellschaftlicher Mensch, die alte Verbindung von Drama und Theater *im Prinzip* kaum anzufechten wagte, so ist es bei dem in Theaterfragen zuständigen Fürsten ganz selbstverständlich, daß er seinen Dichter nicht als Poeten, sondern nach seinen theatralischen Erfolgen beurteilte. Noch immer spielte man unter Goethes Dramen *Die Mitschuldigen* am häufigsten im Weimarer Hoftheater! Wenn Goethe, überreif wie er war, selbst keine wirksamen Theaterstücke mehr schreiben konnte, so mußte er eben solche übersetzen. Direkt miterlebt hatte es Carl August, wie Goethe nach seinen italienischen Jahren es aufgab, die bildkünstlerische Meisterschaft zu beanspruchen, die er mit einem außergewöhnlichen Ehrgeiz erstrebt hatte. Warum sollte er nicht auch als Theaterdichter resignieren?

Für die begrenzten politischen Tätigkeiten, auf denen Carl Augusts *berechtigtes* Selbstbewußtsein beruhte, hatte Goethe, wie alle seine Geheimratskollegen, kein Interesse; ja, sie waren den provinziellen Regierungs-

---

81 Ebd. S. 15.

beamten ärgerlich. Dabei war es wohl gerade Goethes universaler Angriff, der den Ehrgeiz in seinem jungen Freunde erweckt hatte, mehr als ein Kleinfürst zu sein. Der Dichter mißverstand wohl auch die militärische Funktion des Fürsten, die im Grunde nur eine Oberaufsicht über ein preußisches Regiment bei Magdeburg war und ihm die Gelegenheit bot, an einem verwandten *großen* Hofe politisch mitzumischen. Aus diesem Grunde war er immer wieder in Berlin. Goethe, der das Triebleben seines Fürsten kannte, dachte wohl in erster Linie an Carl Augusts Amüsements in der preußischen Residenz – wie umgekehrt Carl August Goethes Vorliebe für das akademische Jena nicht verstand. In dem großen Beschwerdebrief über Goethe an Voigt äußert der Herzog direkt den Verdacht, der Dichter amüsiere sich dort. Vielleicht hatte man ihm von der geistreichen Caroline Schlegel erzählt, die sich an Goethe drängte und die bei dem großen Geheimrat mit Erfolg für ihre Clique warb, oder von seinen häufigen Spazierfahrten und Spaziergängen allein oder mit den Jenenser Romantikern und Professoren. Schließlich war Goethe ein hochbesoldeter, von anderen beneideter Beamter, der ab und zu an seine Pflicht erinnert werden mußte. Eine hochdotierte Sinecure für Liebhabereien, die zu nichts führten, oder gar für philosophische Gespräche, die die fürstliche Autorität insgeheim bedrohten, hatte ein Kleinstaat kein Geld. Wir sahen bereits, daß der Kammerpräsident Schmidt im Fall Fichtes auf die Seite des Fürsten trat. Man kann sicher sein, daß die mittlere und niedere Beamtenschaft erst recht dem Fürsten zustimmte, wenn er für gleiches Recht unter den Beamten sorgte, und daß Serenissimus selbst ein gutes Gewissen hatte, wenn er den alten Verdacht einer Günstlingswirtschaft mehr und mehr abbaute. Je mehr er für Caroline Jagemann tat, um so weniger konnte er seinem alten, charakterlich umstrittenen Freund Goethe eine von allen beneidete Ausnahmestellung gewähren. Weltweiter Ruhm und lokale Beliebtheit sind zwei ganz verschiedene Dinge!

Ganz wird man Goethes immer neue Nachgiebigkeit gegenüber seinem Fürsten kaum verstehen, wenn man nicht auch weiß, daß er ein anspruchsvolles Leben führte, und dies in einen engen Zusammenhang mit seinem universalen Ausgreifen rückte. »Nur die Lumpe sind bescheiden«, ist ein für Goethe charakteristisches Wort. Er trifft damit später den Württemberger Uhland, der ja, genau besehen, in einem viel *weiteren*, nämlich nationalen und liberalpolitischen Kreise lebte. Aber sein Privatleben war bescheidener wie auch das Jean Pauls, Hölderlins, Knebels usw. Alle Dichter dieser Art bedauert und belehrt Goethe, weil sie zu wenig in der Gesellschaft

191

bedeutender Menschen leben und auf diese Weise, nach seiner Ideologie, weltfremd und unbedeutend bleiben *müssen*. Goethe ist in einem sehr bewußten Sinne ein Weltmann. Die pietistische Vorstellung, daß die »Welt« böse ist und das Beste im Menschen zerstört, lauert im Hintergrund seines Bewußtseins und kommt in seinen Briefen immer wieder zum Vorschein; aber *grundsätzlich* verdrängt er in der Mitte seines Lebens den angestammten Pietismus, woraus sich die von den Besuchern oft getadelte geheimerätliche Steifheit oder gar Überheblichkeit ergab.

Ein Mensch mit solchen Ansprüchen, ein neuer, aber seines Ranges sicherer Edelmann, für den große Gesellschaften, Badereisen, Liebschaften, teure Sammlungen der verschiedensten Art, vornehme Freunde und Besuche, eine Equipage, Schreiber, Dienerschaft und nicht zuletzt teure Weine als Lebensbedingung erscheinen, fürchtet nichts so sehr wie die Ungnade seines Fürsten und den Verlust seiner Position. Während Wieland mit seiner bescheidenen Pension, trotz seiner zahlreichen Kinder, bürgerlichbehaglich leben kann, weil sich seine Schriften verkaufen und weil der bescheidene *Teutsche Merkur*, im Gegensatz zu den *Horen, Propyläen* und zum *Athenäum*, jahrzehntelang genug Abonnenten hat, ist der Dichter, den die Brüder Schlegel und Novalis listig, aber nicht ganz ohne Berechtigung –, eine Zeit lang! – zum Statthalter der Poesie auf Erden und zum göttlichen Wesen machen, in einem extremen Sinne von seinem Fürsten abhängig –, weil er als großer Weltmann leben will, obwohl sich seine besten, reifsten, unsterblichen Schriften schlecht verkaufen.

Es war nichts Ungewöhnliches, einen hohe Beamten mit fünfzig zu entlassen. Ein Höfling besaß nicht die Rechtssicherheit eines heutigen Beamten, und mit fünfzig Jahren war man alt. Heute noch hält ein 42jähriger Mann einen 50jährigen für *viel* älter – dies ist das Altersverhältnis zwischen Carl August und Goethe. 50 ist, auf das menschliche Leben bezogen, keine mathematische, sondern eine magische Zahl. Mit 50 gab Wieland die »Poesie«, d.h. die Versdichtung auf, und Goethe fürchtete, als er dies Alter erreichte, auch jahrelang, unproduktiv geworden zu sein. Bei amtlichen Tätigkeiten lag es natürlich noch viel näher, Pensionsreife zu vermuten, besonders wenn man gleichzeitig den Schloßbau, das Theater und das gesamte geistige Leben in Weimar/Jena zu dirigieren versuchte. Außerdem erschien man wegen der viel geringeren Lebenserwartung der damaligen Zeit seiner Umwelt mit 50 mindestens so alt wie heute mit 60, und Goethe hatte keinen Grund beleidigt zu sein, wenn er ungefähr seit dieser Zeit von Carl August in den Briefen mit »lieber Alter« angeredet wurde. Schiller, der mit Kummer das zerstreute Leben Goethes sah und darüber dem schon seit vielen Jahren auf den *Faust* wartenden Cotta berichtete, konnte nicht umhin, von Carl August unterstützt, ins teure Weimar umzuziehen, um dem älteren Freund in der Regiearbeit – nicht immer ohne Schwierigkeiten – beizustehen. Der Herzog hoffte auf diese Weise den verdächtigen, zum Ehrenbürger von Frankreich ernannten Räuber-Dichter unter seine Kontrolle zu bekommen. Für Goethe dagegen war es die Realisierung seines alten, von Serenissimus zunächst verworfenen Plans. Mit Schiller hatte Goethe einen Vertreter, eine Entlastung in Weimar. Auch konnte er sich eher von Weimar entfernen: vor allem nach Jena, wie schon immer, jetzt aber auch zu Kuren in die böhmischen Bäder. Und die Universitäten interessierten Goethe damals auch außerhalb Jenas, besonders Göttingen und Halle. Er will sich bekannter machen und naturwissenschaftlich weiterbilden; denn obwohl er nie das Ziel aufgibt, den *Faust* fertigzustellen, wird die Vollendung der *Farbenlehre* immer mehr zu seinem Hauptanliegen. Hier ging es um den Nachweis, daß er nicht nur ein Poet, sondern, trotz des Zweifels der Fachleute, eben doch ein Universalgenie war, das Newton genauso übertreffen konnte wie Klopstock und Wieland. Dies vor allem wollte »der Alte« noch erleben!

Nach 1801: Der »liebe Alte« Carl Augusts. Niederlagen und ein Erfolg in der »unsichtbaren Akademie«

Goethe läßt sich nach seiner Krankheit viel Zeit zur Rekonvaleszenz. Man weiß 1801 und in den folgenden Jahren nie ganz genau, ob er nur diplomatisch oder wirklich krank ist, und er selbst wird auch nicht immer genau gewußt haben, was ihm fehlte. Klar ist nur, daß er seit 1798 unter dem Druck des Herzogs und seiner eigenen psychischen Hemmungen viel versäumt hat. Von den Amtsgeschäften tut er nur das Nötigste, begünstigt von dem Umstand, daß Professor Gentz als neuer Leiter des Schloßbaus erwartet wird. Am 9. 3. 1801 meldet er dem Fürsten nach Berlin, daß man den Quadratoren in der oberen Etage Arbeit gegeben hat (»einige Decken und Gesimse«), daß auch »die Stuccatoren beschäftigt« sind, so daß vor der

Ankunft von Gentz »keine Zeit versäumt wird«. Es ist gut, wenn beim Schloßbau in Zukunft »die täglich vorkommenden Räthsel von dem Meister selbst gelöst werden«. – »Was mich betrifft, suche ich mich einer völligen Genesung immer mehr zu nähern und es scheint zu gelingen; das eintretende Frühjahr giebt die beste Hoffnung. Geschwulst und Mißfarbe des unteren Augenlids haben sich noch nicht ganz verloren.« Er denkt an sich selbst und seine lang versäumten Aufgaben. Im nächsten Brief an den Herzog (April 1801) schreibt er: »Ich habe einen natürlichen Sohn, August, dessen Wohlfahrt ich auch in Ansehung seiner bürgerlichen Existenz auf die Zukunft gern sichern möchte.« Er bittet, seine uneheliche Geburt »mit einem Legitimations-Decret zu begnadigen«. Er übersetzt das Theophrast oder gar Aristoteles zugeschriebene *Liber de Coloribus*; denn in der Wissenschaft wie in der Dichtung traut er den alten Zeiten mehr zu als den gegenwärtigen. (Es gibt bei Goethe so etwas wie einen wissenschaftlichen Klassizismus!) Auch am *Faust* arbeitet er in der Zeit seiner Rekonvaleszenz wieder einmal viel, und wie immer vergißt er über der Arbeit die Menschen, besonders die Frauen, nicht. »Früh Faust. Um 11 Uhr Dem. Jagemann, mit ihr den Tancred durchgegangen. Nachmittag Dem. Matiegžek. Dann spatzieren gefahren, um halb 7 Uhr zur Herzogin Amalia Durchl[aucht]« (Tagebuch 19. 2. 1801). Auch die Mutter in Frankfurt grüßt er (18. 2. 1801). Schelling und Schiller lädt er zum Abendessen ein (22. 2. 1801). Der schwäbische Klassiker und der schwäbische Romantiker sind zwei Träger seiner geistigen Hausmacht, die sich trotz weltanschaulicher Unterschiede gut miteinander vertragen. Noch mehr interessiert Goethe in dieser Zeit der romantische Naturwissenschaftler Ritter (23. 2., 24. 2., 25. 2. 1801). Der Geheime Rat Voigt darf darüber nicht vernachlässigt werden. Kurz und gut, er kommt wieder zu sich selbst, zu seiner Familie, zu den von ihm geschätzten jungen und alten Damen, zu seinen Freunden und zu den Gegenständen in Kunst und Wissenschaft, die ihn am meisten interessieren. Er hat durch dieses verhältnismäßig stille und gesammelte Leben bei Carl August wohl den Eindruck erweckt, daß der Alte wieder einmal einen größeren Urlaub zur Wiederherstellung seiner körperlichen und schöpferischen Kräfte braucht. Goethe scheint für die Monate Juni, Juli und August 1801 von seinen Amtspflichten völlig befreit worden zu sein: Er war vom 5. 6.–30. 8. 1801 in der Kur und sonst auf Reisen in Norddeutschland (Tagebuch).

Man sieht hier die Kehrseite des viel gelästerten »Feudalismus«. Er unterdrückt die Menschen, wie wir es kaum mehr kennen. Aber er gibt auch

Freiheiten, wie sie ein höherer Regierungsbeamter heute nicht mehr so leicht genießt. Darüber hinaus scheint der Herzog das Bedürfnis verspürt zu haben, dem großen Freunde wieder näher zu kommen, nachdem Schiller und Goethe durch die Taktik der Romantiker (Vergötterung Goethes, Verachtung Schillers) doch ein wenig auseinander gekommen sind, und da auch der mehr oder weniger erzwungene Umzug Schillers nach Weimar – er selbst wollte ursprünglich nur einen Theaterwinter in der Residenz bleiben – sich nicht als eine Verbesserung der Freundschaft mit Goethe erwiesen hat. Man konnte in diesem Urlaub auch ein planmäßiges Arrangement zur Entlastung eines Mannes mit allzu vielen Freunden und Interessen erblicken. Zu einer ungewöhnlichen Milde gegenüber dem alten Günstling scheinen den Fürsten schließlich allerlei eigene körperliche Beschwerden veranlaßt zu haben, die in der Mitte des Lebens nicht selten sind und heute sogar allzu oft als Ausreden zu den verschiedensten Zwekken mißbraucht werden. Am 29. 6. 1801 schreibt Carl August an Goethe, der sich in Bad Pyrmont als nicht besonders eifriger Kurgast aufhält, einen Brief[82]: »Die fatalen Krämpfe, mein lieber Freund, haben endlich doch die Überhand behalten, sie warfen mich seit deiner Abreise dreymahl nieder und überwiegen meine Plane, die ich in Ansehung des Geldes und der Zeit gemacht hatte; ich komme doch noch nach Pyrmonth. Den 10. July Abends, Freytag über 14 Tage, komme ich dorten an.« Im Folgenden zeigt Serenissimus an, was er im Badeort braucht und was Goethe für ihn bestellen muß. Es handelt sich um fünf Stuben für insgesamt 10 Menschen, natürlich in sozialer Abstufung, und um einen Stall für vier Pferde. Es folgen einige Bemerkungen über den Schloßbau, ein Lob für Gentz und Andeutungen über die schon länger betriebene Heirat des Weimarer Erbprinzen mit der Schwester des Zaren. Über das alles möchte er ihm näher Bericht erstatten. Der Schluß des Briefes ist ungewöhnlich freundschaftlich für diese Zeit: »Deine Gesundheit befindet sich wohl an der treflichen Heils Quelle erneuert und frisch belebt? – […] Auch ich suche Trost dorten, um mit dir noch etliche Jahre vergnügt und nützlich zu vertreiben. Leb wohl. C. A.« Das Echo, das Carl Augusts Brief und seine Ankunft als Kurgast in Goethes Brief an Schiller vom 12. 7. 1801 findet, ist äußerst kühl; denn Goethe gehörte zu den Menschen, die höchst empfindlich für Lob und Tadel sind und sie im Grunde nie vergessen: »Der Herzog wird morgen oder übermorgen erwartet, wenn er sich eingerichtet hat, denke ich

---

82 Briefwechsel Carl August mit Goethe, hg. v. Hans Wahl, Bd. 1, S. 295 f.

nach Göttingen zurückzugehen. Blumenbachs Schädelsammlung hat manche alte Idee wieder aufgeregt und ich hoffe, ein oder das andere Resultat soll bei näherer Betrachtung nicht fehlen. [...] Der Herzog ist nun angekommen und ist im Falle aller Ankommenden: er hofft und amüsiert sich, ich hingegen, als ein Abgehender, finde sehr mäßigen Gewinn, und die Weile will alle Tage länger werden. Ich sehe daher mit Sehnsucht meiner Erlösung entgegen, die sich wahrscheinlich Mittwochs den 15ten ereignen wird. Von Göttingen schreibe ich noch einmal, wenn ich einigermaßen etwas zu sagen habe.« Auch dieser Brief ist nicht eigentlich herzlich, sondern orientiert sich an Sachen und Aufgaben, wie man dies im klassischen Weimar zu tun gewohnt ist. Aber es besteht eine selbstverständliche Zusammengehörigkeit, die es im Verhältnis zu seinem Fürsten, mindestens in dieser Zeit, für Goethe nicht mehr gibt.

Man hat sich oft gefragt, warum Goethe auf die Idee kam, beide Brüder Schlegel dem Weimarer Theaterpublikum als Dramatiker vorzustellen, und man wird ehrlicherweise kaum die Antwort vermeiden können, daß es aus Dankbarkeit für ihr Lob geschah.[83] Er fühlte sich von dieser Jugend zum erstenmal ganz verstanden, und daß sie sich gleichzeitig über ihn, den sie nur als Wegweiser zum Höheren sahen, erhoben, hat Goethe zunächst in seinem Glück wohl kaum bemerkt. Selbst Knebel, der nicht so direkt betroffen war wie Schiller, hat anläßlich von Brentanos *Satiren und Spielen* Goethes Liebäugeln mit den Frührohmantikern scharf verurteilt (an Caroline Herder 7. 9. 1800)[84]: »Mir tut es äußerst wehe, daß ich einen Mann wie Goethe, zu dessen *gutem* Geist ich doch immer noch ein stilles Zutrauen erhielt, so verfallen sehn muß, daß, wenn er gleich gewiß nicht der immediate Urheber solcher Produkte ist, doch Ursache und Gelegenheit dazu geben mußte. Und wenn es auch nur darum wäre, daß er sich von diesem Pack so unverschämt und beleidigend loben läßt.« Das harte Wort Pack bezieht sich wohl auf das Privatleben der Frühromantiker. Selbst der Verteidigungsbrief Schillers an Charlotte Gräfin von Schimmelmann vom 23. 11. 1800, der Goethe von den Brüdern Schlegel trennen soll, verrät doch, daß Goethe eine Doppelstrategie verfolgte und auf den frühen romantischen Goethekult – dies Wort ist bereits am Platze! – nicht entschie-

---

83 K.O. Conrady: Goethes Leben und Werk, Bd. 2, S. 254: »Es ist nur aus dem Wunsch verständlich, formstrenge Dramen einzuüben und vorzustellen.« Ja, das ist Goethes Ausrede.
84 Goethe in vertraulichen Briefen seiner Zeitgenossen, Bd. 2, 1979, S. 167.

den verzichten konnte: »An der lächerlichen Verehrung [...] ist er selbst unschuldig, er hat sie nicht dazu aufgefordert, er leidet vielmehr dadurch und sieht selbst recht wohl ein, daß die Quelle dieser Verehrung nicht die reinste ist; denn diese eiteln Menschen bedienen sich seines Namens nur als eines Paniers gegen ihre Feinde, und es ist ihnen im Grund nur um sich selbst zu tun. Dieses Urteil, das ich Ihnen hier niederschreibe, ist aus Goethens eigenem Munde; in diesem Tone wird zwischen ihm und mir von den Herren Schlegel gesprochen.«[85] Wir wissen aus Goethes Tagebuch besser als Schiller, daß das Genie in Jena den Umgang mit den männlichen und weiblichen Romantikern eifrig pflegte.

Die Entlassung Fichtes bedeutete wohl zugleich, daß die Brüder Schlegel keine Chance zum Aufstieg an der »Akademie« Jena hatten. Dies war für Goethe im Falle A. W. Schlegels besonders schmerzlich; denn er benötigte seine Shakespeare-, später auch seine Calderon-Übersetzungen für das Hoftheater. Ja, der Philologe sah mit ihm seine lyrischen Dichtungen in metrischer und stilistischer Hinsicht für die neue Gesamtausgabe durch. Hier liegt der Grund für Goethes zunächst paradox erscheinende gleichzeitige Bewunderung für den Klassizisten Johann Heinrich Voß. Wir wissen schon: Er wollte von allen lernen, von Naturwissenschaftlern, Philosophen, Philologen und so ein gemeinsames Band um die geistige Großmacht Weimar/Jena schlingen. Der Fehler im Falle der Brüder Schlegel war nur, daß er die Schuster nicht bei ihrem Leisten ließ, bei der Kritik, der Kunstphilosophie und Essayistik, der weltanschaulichen Ideologie und der Übersetzung, daß er sie wie Schiller zu Theaterdichtern erheben wollte. Er dachte wohl: So gut wie Kotzebue sind sie lange, bei sorgfältiger Inszenierung. Aber dieser Zynismus in Aufführungsfragen verriet seinen mangelhaften Theaterinstinkt, gerade in der »hochklassischen Periode«. Nach der Aufführung von A. W. Schlegels *Jon*, der Bearbeitung eines euripideischen Dramas, beruhigt Caroline Schlegel-Schelling A. W. Schlegel, der schon das Feld geräumt und offenbar Besorgniserregendes gehört hatte, am 4. Januar 1802 mit weiblicher Seelensorgfalt[86]: »Ja, Freund, es verhält sich so; Du kannst ganz und gar zufrieden sein. Ich bin entzückt gewesen. Meine Hoffnung war gut nach allem, was Goethe geschrieben hatte; indes saß ich nicht ohne Herzklopfen da; aber ich wurde ruhig, sowie ich die Jagemann sah und hörte. Wir sahn uns gleich an, Schelling und ich, und nun ging es alles

85 Ebd. S. 175
86 Ebd. S. 198 f.

197

in *einem* Guß fort [...] – Goethe hat mit unendlicher Liebe an Dir und dem Stück gehandelt. Ich weiß nicht, was Kotzebue dort gesagt hat; aber es kann sein, daß die Schauspieler anfangs rebellisch waren, ja die Jagemann soll dumm genug gewesen sein, den Jon für eine undankbare Rolle zu halten. Aber er hat alles überwunden. Sie sind hoffentlich nun zufrieden, denn sie sind alle sehr applaudiert worden [...] Auch ist keine Frage, daß es allgemein gefallen hat, gewiß mit manchen Ausnahmen, manchen Rückhalten und auch wider Willen, aber gefallen dennoch.« Die Beruhigungspille verrät, daß Goethe unter Einsatz seiner ganzen Autorität dem Stück zu einem Achtungserfolg verhalf. Caroline Herders Kritik – »Ein schamloseres, frecheres, sittenverderbenderes Stück ist noch nicht gegeben« – wird man heute mit Vorsicht aufnehmen. Aber ihre sachlichen Angaben können richtig sein: »Jena war wieder herüberzitiert zum Klatschen. Bei der zweiten Vorstellung waren wenige darin; zum dritten Mal wollen sie's nicht wagen; denn da möchte das Haus ganz leer bleiben« (an Knebel 6. 1. 1802).[87] Der Entschluß zur Aufführung des Stücks ist der Hauptfehler. Bei der Unterdrückung von Böttigers Rezension, die in philologischer Hinsicht sachkundig war, aber nach Wielands neutralem Urteil neben ironischem Lob einen »Dolchstich von hinten« enthielt (an Böttiger 15. 1. 1802)[88], war Goethe bereits im Zugzwang. Er benützte schlicht die Macht, die ihm, vor allem durch die Beteiligung der Jagemann an der Aufführung, damals vom Herzog noch eingeräumt wurde. Außerdem gab es noch keine offizielle Zensurfreiheit in Weimar, zumal wenn die immer bedrohten Finanzen des Hoftheaters mitbetroffen waren. Auffallender erschien es schon, wenn der Herzog in den Streit zwischen Kotzebue und Weimar/Jena eingriff und dem in Weimar so viel gespielten, ja im Grunde unentbehrlichen Theaterautor das Land verbot, obwohl Anna Amalia und ihr Hof, sowie ein Teil des Stadtpublikums, auf der Seite Kotzebues standen (Vulpius an Nikolaus Meyer 26. 2. 1803).[89]

Zu diesem theatralischen Bürgerkrieg kam es freilich erst, als sich Goethe durch seine Nachgiebigkeit gegenüber den Brüdern Schlegel zu einem neuen Mißgriff verleiten ließ, zur Aufführung von Friedrich Schlegels »erzromantischem« Stück *Alarcos* (29. 5. 1802): »Es war ein einziger Übungsplatz für romanische Vers- und Strophenformen und wollte auch

---

87 Ebd. S. 201.
88 Ebd. S. 204.
89 Ebd. S. 236.

inhaltlich mit Begriffen wie Ehre, Liebe und Sünde etwas vom Geist des spanischen Theaters entlehnen. Aber es tat des Guten zuviel und wurde deshalb eher Parodie als Erneuerung romantischer Tradition.« So urteilt der bewährte Romantikforscher Gerhard Schulz über den *Alarcos*.[90] Schiller behielt also bei diesem Drama recht, wenn er schon in den *Xenien* Friedrich Schlegels Superklugheit parodierte und lebhaft an seiner Fähigkeit zur dichterischen Produktion zweifelt. Schiller war es auch, der den durch den Goethe-Kult der Schlegel irregeleiteten und sozial so hochgestellten Freund in *diesem* Fall ernstlich und rechtzeitig vor einem Fehlgriff zu warnen wagte. Er war besonders deshalb zuständig für eine düstere Prophezeiung, weil er selbst die Regie führte (an Goethe 8. 5. 1802): »Für den Alarkos wollen wir unser möglichstes tun, aber bei einer neuen Durchsicht des Stücks sind mir bedenkliche Sorgen aufgestiegen. Leider ist es ein so seltsames Amalgam des Antiken und Neuest-Modernen, daß es weder die Gunst noch den Respekt wird erlangen können. Ich will zufrieden sein, wenn wir nur nicht eine totale Niederlage damit erleiden, die ich fast fürchte. Und es sollte mir leid tun, wenn die elende Partei, mit der wir zu kämpfen haben, diesen Triumph erhielte.« Jean Paul, der die Aufführung in Weimar miterlebte, beschreibt in seiner humoristisch-grotesken Weise Goethes damalige Situation besonders eindrucksvoll (an Otto 15. 7. 1802)[91]: »In Weimar ist alles Feldgeschrei gegen Schlegel und dessen ›Alarcos‹, bei dessen Darstellung alles um den klatschenden Goethe lachte, schlief, fortging.« Man muß dabei freilich auch an die Initiative der Kotzebue-Partei denken! Als das Stück bereits durchgefallen und Friedrich Schlegel mit der Madame Veit nach Paris gereist war, um dort, wieder vergeblich, sein Glück zu versuchen, schrieb Körner erschrocken an Freund Schiller (20. 6. 1802)[92] nach der Lektüre des Stücks: »Will er [Goethe] etwa wie Bonaparte in der literarischen Welt auch die Terroristen anstellen? Glaubst Du, daß G[oethe] im Ernste an einem solchen Produkte Geschmack finden kann?« Dies war natürlich nicht der Fall. Auf Schillers Mahnung antwortete er mit der bei ihm oft zu findenden Theaterverachtung des Universalpoeten (an Schiller 9. 5. 1802): »Über den *Alarkos* bin ich völlig Ihrer Meinung; allein mich dünkt, wir müssen alles wagen, weil

---

90 Gerhard Schulz: Theater um Goethe und die Brüder Schlegel. Bemerkungen zu Demarkationslinien der Literaturgeschichte, in: Goethe im Kontext, hg. v. Wolfgang Wittkowski. Tübingen 1984, S. 199 f.
91 Goethe in vertraulichen Briefen seiner Zeitgenossen, Bd. 2, 1979, S. 222.
92 Ebd. S. 221.

am Gelingen oder nicht Gelingen nach außen gar nichts liegt. Was wir dabei gewinnen, scheint mir hauptsächlich das zu sein, daß wir diese äußerst obligaten Silbenmaße sprechen lassen und sprechen hören. Übrigens kann man auf das stoffartige Interesse doch auch was rechnen.« Den wahren Grund, die Belohnung für einen Goethepriester, verschwieg er. Man kann daher verstehen, daß die in der Diplomatie erfahrene Herzogin-Mutter verstimmt war. Auf die Dauer war Goethes Mißerfolg auch Wasser auf die Mühle *der* Dame, die unter einem guten Theaterdirektor kein Universalgenie, sondern einen Fachmann wie ihren früheren Chef Iffland verstand. Und die Meinung der Jagemann bedeutete in Theaterdingen mehr und mehr die des Fürsten, so daß Goethe erneut um seine Gunst werben mußte. Die Briefe des Bibliothekars Vulpius, des späteren Schwagers von Goethe, bilden in ihrer Nüchternheit eine ausgezeichnete Quelle für die damalige Stimmung und Lage des Genies (an Nikolaus Meyer 12. 3. 1803)[93]: »Daß der Geheime Rat wirklich, wenn auch nicht *äußerlich*, [!] krank war, ist gewiß. Jetzt ist er schon in neun Wochen nicht vor die Haustür gekommen. Das Kotzebuesche Wesen hat ihn sehr getroffen; auch hat er viel Gram der Cantatrice J[agemann] wegen, die jetzt alles ist. [!] Sie kommt oft mit 5- bis 6000 Taler Schmuck und Ketten aufs Theater […] – Der Geheime Rat hält jetzt wöchentlich dienstags Konzert. Die Sänger singen. Diese Woche waren der Herzog, die Prinzessin und Prinz Bernhard drinne. – Er [Goethe] arbeitet viele Gedichte jetzt aus und sein Schauspiel ›Die natürliche Tochter‹ […] – Jetzt speisen sonntags jedesmal zwei Schauspieler und eine Schauspielerin beim Geheimen Rat.« Goethe versucht also, durch ein persönliches Verhältnis zu allen Schauspielern ein Gegengewicht gegen die Übermacht der Mätresse aufzubauen.

Selbstverständlich erregten auch Goethes ehrgeizige Bestrebungen auf dem Gebiet der bildenden Kunst manches Ärgernis. In der Zeitschrift *Eunomia* erschien schon Anfang 1801 eine scharfe Antwort Gottfried Schadows, eines künftigen Führers der Nazarener, auf Goethes Kritik der Berliner Künstler. Als der Bildhauer im September 1802 nach Weimar kam, um Wielands Büste zu modellieren, bat er, auch Goethe zeichnen zu dürfen. Wahrscheinlich wünschte er eine Versöhnung. Aber wir wissen schon: Goethe vergaß Lob und Tadel nicht so leicht, und so lehnte er Schadows versöhnliches Angebot ab. Am 27. 10. 1802 schrieb Friedrich Tieck, der Bruder des Dichters, der in die Arbeiten am Weimarer Schloßbau

---

93 Ebd. S. 237.

einbezogen worden war, an A. W. Schlegel[94]: »Schreibe mir unverzüglich, ob Du oder Genelli der Verfasser des Aufsatzes über die hiesige Ausstellung in der ›Eleganten Zeitung‹ bist [...] Goethe ist wütend darüber, spricht von Buben, die sich unterfangen [...], und da Sachen darin sind, die nur ich gesagt habe, so meinen sie, ich sei auch mit im Spiele. Meyer stellt sich ganz gelassen und sagt, es sei dumm und platt und er begreife nicht, wie es Goethe ärgern könne. Der Herzog amüsiert sich am meisten und neckt Goethe rasend damit.« Serenissimus hatte wieder einmal den Beweis, daß das Genie keine Autorität auf allen Gebieten sein konnte! Es ist bemerkenswert, daß Friedrich Tieck dem Freunde A. W. Schlegel kurze Zeit nach der Jon-Aufführung eine Kritik der Weimarer Kunstfreunde zutraut. Karl Robert Mandelkow hat in seinem Buch über *Goethe in Deutschland* gründlich nachgewiesen, daß Friedrich Schlegel und Novalis ihre Inthronisierung Goethes als »Statthalter des poetischen Geistes auf Erden« später widerriefen.[95] Es wird bei A. W. Schlegel nicht viel anders gewesen sein, obwohl Goethes Briefwechsel mit diesem Romantiker sehr viel reicher ist als der mit Novalis oder Friedrich Schlegel; denn: Welche literarische Generation seit Klopstock und Lessing fühlt sich der älteren nicht überlegen, selbst wenn ihre Gedichte nur aus dem Zählen von 1 bis 12 oder aus dem einzigen Worte »Schweigen« mit entsprechender Wiederholung und Anordnung bestehen? Die Verjüngung in *der* Weise, wie der Junggeselle Goethe sich dies vorstellte, ist eben nicht möglich, und seine Versuche dazu verstärkten auf die Dauer nur sein schmerzliches Gefühl, alt zu werden. Auch die Goethe-Apotheose vererbte sich rasch auf jüngere Literaten. Schon am 28. 4. 1800 – mitten im Goethekult – schreibt Dorothea Veit an Rahel Levin[96]: »Friedrich [Schlegel], der Göttliche, ist diesen Morgen zu Vater Goethe oder Gott dem Vater nach Weimar gewandert.«

Während die Romantiker Goethe und sich selbst in den Himmel erheben, werden Schillers Berichte über den *Dichter* Goethe immer skeptischer, nicht nur wegen Goethes vermeintlicher Unproduktivität – *Die natürliche Tochter* hält er streng geheim –, sondern auch wegen seiner finanziellen Ansprüche (an Cotta 18. 5. 1802)[97]: »Vielleicht könnten Sie aber alle diese Risikos nicht achten, in der Hoffnung, sich auf einmal an dem *Goethi-*

---

94 Ebd. S. 228.
95 Karl Robert Mandelkow: Goethe in Deutschland. Bd. 1, München 1980, S. 44–57.
96 Goethe in vertraulichen Briefen seiner Zeitgenossen. Bd. 2, 1979, S. 162.
97 Ebd. S. 219.

schen ›*Faust*‹ für alle Verluste zu entschädigen. Aber außerdem, daß es zweifelhaft ist, ob er dieses Gedicht je vollendet, so können Sie sich darauf verlassen, ob er es Ihnen, der vorhergehenden Verhältnisse und von Ihnen aufgeopferten Summen ungeachtet, nicht wohlfeiler verkaufen wird als irgendeinem andern Verleger, und seine Forderungen werden groß sein. Es ist, um es geradeheraus zu sagen, kein guter Handel mit G[oethe] zu treffen, weil er seinen Wert ganz kennt und sich selbst hoch taxiert und auf das Glück des Buchhandels […] keine Rücksicht nimmt.« Schiller hatte den Verleger selbst lange genug auf den großen Erfolg mit dem *Faust* vertröstet. Jetzt zweifelt er – nach Goethes diplomatischem Spiel mit den Romantikern – halb und halb an seiner Produktivität und völlig an seiner Verläßlichkeit als Partner. Goethe mußte in dieser Zeit auch um seinen Freund oder Bundesgenossen Schiller werben, und er tat es auf *die* Weise, die Dichtern am schwersten zu fallen pflegt, nämlich durch eine fast vollständige Anerkennung der Werke und der Erfolge seines Kollegen. Schon Düntzer rühmt mit Recht die *Neidlosigkeit* als eine von Goethes großen Eigenschaften. Wenn die Herzogin Luise, von der Schiller wegen seines sittlichen Wertes höher als von Carl August geschätzt wird, dem Dichter ein fürstliches Geschenk für eines seiner Dramen übersendet, so freut sich Goethe innig darüber, auch wenn er selbst zu dieser Zeit nicht in der Gunst des Hofes steht.[98] Zu bedenken ist auch, daß der Herzog kaum die Nobilitierung für Schiller schon 1802 beantragt hätte, wenn nicht die Herzogin Luise, Voigt und Goethe vereint die Sache betrieben hätten. Nach der gängigen bürgerlichen Meinung legte Schiller persönlich keinen Wert auf diese Ehrung.[99] Wir wissen aber aus Goethes Weimarer Frühzeit, wie schwierig die Lage eines Dichters *am Hofe* ohne den Adel war. Auch muß man bedenken, daß Schiller schon mit Rücksicht auf seine Frau Charlotte geb. von Lengefeld dankbar für diese Nobilitierung sein mußte. Wieland wurde nicht geadelt, auch der ehrgeizige Herder erst kurz vor seinem Tode in einer juristisch nicht ganz korrekten Form.[100] Durch den Adel und durch seine frühen Weimarer Dramen trat Schiller überall sichtbar ebenbürtig neben Goethe. In der ersten Hälfte des 19. Jahrhunderts, in der der Aufstieg des »sittlichen Dichters« zum Klassiker begann, galt der Adel noch sehr viel und es ist, sozialgeschichtlich gesehen, fraglich, ob sich ohne diese

---

98 Heinrich Düntzer: Goethe und Karl August. 2. Aufl. 1888, S. 474.
99 Benno von Wiese: Friedrich Schiller. Stuttgart 1959, S. 779.
100 Vgl. Goethes Brief an Herder vom 22. 9. 1803.

Nobilitierung die Formel »Goethe und Schiller« und die undifferenzierte Vorstellung von ihrer engen Freundschaft – auf Kosten Wielands! – mit solcher Selbstverständlichkeit hätte bilden können. Goethe hatte für soziale Abstufungen ein sehr entwickeltes Gefühl. Er wollte gewiß auch durch die Nobilitierung die von ihm betriebene Anerkennung des *Theaterdichters* Schiller durch den widerstrebenden Herzog fördern. Doch ist auch diese als »Opfer« einzuschätzende *soziale* Erhöhung des Konkurrenten als Neidlosigkeit (im besonderen Falle Schillers!) anzusprechen. Durch Schillers Erfolge wenigstens verwirklichte sich Goethes Projekt einer geistesmächtigen Demonstration gegen den politischen Absolutismus Zug um Zug!

Wie wichtig ihm auf diesem Wege, trotz seiner Mißerfolge, in seiner feudalen Umwelt das Theater erschien, können wir der Tatsache entnehmen, daß es ihm mit erheblicher Mühe gelang, eine Art Nebenstelle der weimarischen Hofbühne, ein Sommertheater, in Bad Lauchstädt, zu verwirklichen. Zu diesem Zweck wurde sogar ein neues Theater gebaut. Schiller, der dort auch eine Zeitlang repräsentieren mußte, zweifelte an der Solidität des Neubaus; aber er erfüllte seinen Zweck als Kurtheater. Für Goethes immer ausgreifenden Sinn war die Nachbarschaft der Universität Halle ein wichtiges Motiv. Die Studenten kamen in Scharen, sogar wenn es regnete. In Lauchstädt traf Goethe sich mit dem berühmten klassischen Philologen Friedrich August Wolf, den er als eine Säule seines klassizistischen Tempelbaus betrachtete, obwohl er bei einer gemeinsamen Reise die Unterschiede zwischen sich und dem typischen Gelehrten zu spüren bekam. Wolf lehrte damals im (preußischen!) Halle, später in Berlin. Er bildete für Goethe auch eine Brücke zu andern Professoren der Universität Halle. Außerdem gab Bad Lauchstädt seiner noch nicht angetrauten Frau Christiane einen Spielraum, in dem sie sich freier als in Weimar bewegen konnte. Ihre Briefe aus Lauchstädt an Goethe verraten eine überschwängliche Dankbarkeit für diese Befreiung vom höfischen Weimar, in dem sie nicht einmal bei Frau Schiller volle Anerkennung fand – noch nach dem Tode des Dichters!

Etwas von dieser freien Luft atmen wir in Goethes *Was wir bringen, Vorspiel zur Eröffnung des neuen Schauspielhauses zu Lauchstädt* (1802). Das kurze Stück gibt einen Begriff davon, was aus Goethe ohne Idealismus und Klassizismus als Theaterdichter hätte werden können. Wie im *Faust* wird Goethes Fähigkeit zum Mimisch-Komischen, zu Volksszenen im »niederen Stil« deutlich. Auch in der Mischung der alltäglichen Welt mit der allegorischen und mythologischen erinnert das Vorspiel an *Faust* und das Wiener Volkstheater. Der Vater will ein neues Haus, Mutter Marthe [!] nicht, und in diesen alltäglichen Zank tritt nun die Nymphe, die in diesem einfachen Leben alles wunderbar findet, Phone, die allen gefällig ist (Demoiselle Jagemann), und das Pathos, das Schillerisch-tragische Verse erklingen läßt. Später natürlich muß alles tiefsinniger werden. Wir erfahren, daß auch der alte Mann und die alte Frau Allegorien sind, Mythen, schon hier erscheinen, wie am Ende des *Faust*, die Namen Philemon und Baucis –, nur eben noch in komisch-idyllischer Weise. Die Rede des Merkur im 16. Auftritt erinnert dann endlich daran, daß wir uns an einer Außenstelle des Hoftheaters befinden. Doch verrät sich auch hier Goethes Wille zum möglichst weiten Ausgriff. Merkur erwähnt nicht nur den einheimischen Fürsten, sondern auch den Kurfürsten von Sachsen und den König von Preußen. Sollen König und Kurfürst an Weimars geistige Größe erinnert werden? Carl August erschien persönlich nicht zur Eröffnung des Theaters, aber er schickte zur Vertretung seine Tochter. Man sieht, daß er Goethes Vorspiel (ähnlich wie die spätere Goetheforschung) wenig ernst nimmt; aber er dankt aus Bad Pyrmont ganz artig (an Goethe 9. [7.] 1802): »Die drey Fürsten können sehr zufrieden mit deiner Enträthselung Ihres Willens seyn. [Prinzessin] Caroline hat mir viel schönes vom Vorspiel und von der Art geschrieben, wie es aufgenommen worden.«[101] Goethe hat das kleine Spiel, im Anschluß an die Alarcos-Niederlage, rasch geschrieben (Tagebuch 6. 6.–11. 6. 1802). Er zeigte in einer Skizze den Meister; und so war der theatralische Erfolg, den ihm der Fürst bescheinigte, in seiner damaligen Lage, tatsächlich die Hauptsache. Die Macht der Phantasie, die im Theater wirkt und zum Schluß des Vorspiels gefeiert wird, interessierte den Fürsten ohnehin nicht so brennend wie seinen armen »Diener«. Wenige Monate später schreibt Schelling, seit 1798 Professor in Jena, jetzt ein Restbestand der »Jenenser Romantik« (an A. W. Schlegel 13. 10. 1802)[102]: »Er [steht] in Weimar ganz allein […] und selbst seine unmittelbaren Bekannten [tragen] mehr oder weniger auf beiden Achseln Wasser.« Man wartete verständlicherweise darauf, daß Goethe mit Schillers erfolgreichen Dramen gleichziehen werde. Als Ersatz dafür hatte man in Weimar am 15. 5. 1802, 14 Tage vor *Alarcos*, die *Iphigenie* – in *Schillers Bearbeitung*! – gespielt. So kleinmütig war Goethe in dieser Zeit! Bei den Verhandlungen über diese

---

101 Briefwechsel Carl August mit Goethe, Bd. 1, 1971, S. 303.
102 Goethe in vertraulichen Briefen seiner Zeitgenossen, Bd. 2, 1979, S. 227.

Aufführung fiel auch Goethes Wort, das Stück sei »ganz verteufelt human«:
Es ist also auf Goethes berechtigte Skepsis gegenüber dem zeitgenössischen Theater zu beziehen und nicht als weltanschauliche Aussage anzusprechen. An Körner schrieb Schiller am 21. 1. 1802[103]: »Sie [die *Iphigenie*] ist ganz nur sittlich; aber die sinnliche Kraft, das Leben, die Bewegung
und alles, was ein Werk zu einem echten dramatischen spezifiziert, geht ihr
sehr ab.« Man sieht: Schelling hatte recht; Goethe wurde in seiner psychologischen Modernität auch von Schiller nicht begriffen. Er stand allein.
Über *Was wir bringen* äußert sich Schiller Cotta gegenüber nicht; er rät ihm
nur, mit dem Honorar zunächst Maß zu halten (10. 9. 1802).[104] Ausführlicher äußert er sich im Brief an Körner vom 15. 11. 1802 über das *Vorspiel*[105]:
»Ich lege Goethes Neuestes bei [...] Es hat treffliche Stellen, die aber auf
einen platten Dialog, wie Sterne auf einen Bettlermantel, gestickt sind. – In
der theatralischen Vorstellung nimmt sich's ganz gut aus, bis auf die allegorischen Knoten, die ein unglücklicher Einfall sind.« Für das Besondere des
Stücks, für das Herstellen einer Verbindung zwischen Alltäglichem und
Mythologischem, hat Schiller keinen Sinn, obwohl es doch eine dichterische Übung im Sinne des *Faust* gewesen ist.

So bleibt Goethes repräsentatives Drama dieser Zeit *Die natürliche Tochter* (Uraufführung 2. 4. 1803) in der Tradition des klassizistischen »Seelen-
dramas«, die den von Schiller gesetzten, Shakespeare, Racine und Sopho-
kles miteinander vereinigenden Normen des guten Theaterstücks, die sich
bis tief ins 19. Jahrhundert hinein erhielten, nicht gerecht wurde. Goethe
hoffte wohl, durch den zeitgemäßen Stoff einer edlen Dame in der Umwelt
der Französischen Revolution mehr Interesse im Hoftheater zu erregen als
durch seinen individuelleren, geniebezogenen *Tasso*. Deshalb wagte er sogleich die Aufführung in Weimar. Die Zustimmung kam von einer Seite, die
dem empfindsamen Rest in diesem Drama entsprach, aber sogleich erraten
ließ, daß diesem Drama nicht der Tag und die nächste Zukunft gehörte. Der
folgende Brief Caroline Herders an Knebel vom 12. 4. 1803 zeigt großes
Verständnis für Goethes Leistung, belegt aber auch mit erschreckender
Deutlichkeit die gesellschaftlichen Widerstände, die eine allgemeine Anerkennung des Stücks unmöglich machten[106]: »Goethes neues Stück hat mir

---

103 Ebd. S. 205.
104 Ebd. S. 226.
105 Ebd. S. 229.
106 Ebd. S. 242.

eine reine hohe, lange nicht genossene Freude gemacht. Sein guter Genius ist wieder erwacht. [...] Wieviel kann und wird er uns noch darstellen, *noch lebendig sagen!* Es ist ein wahrhaft hohes, klassisches Stück. Goethes ganz würdig. Nach diesem Anfang [der Trilogie] zu urteilen, ist es das Höchste, Schönste, was er je gemacht hat. Glauben Sie, es ist ein *Licht der Kunst,* bei dem das Schillersche Irrlicht verschwindet. – Das Publikum und die jenaischen Studenten sind freilich noch zu sehr an den Schillerschen Klingklang und Bombast gewöhnt, der ihre Ohren kitzelt. Daher hat es *den* Beifall nicht gehabt, den ihm aber auch nur die Verständigen geben können. [...] In der fürstlichen Loge wußte man nicht, was daraus zu machen sei. Sie hatten den ruhigen Sinn nicht für den Geist und die Simplizität dieses Stücks.« Man denkt an Carl Augusts kritisches Wort zurück, Goethe werde so feierlich. Die Abstraktion des beginnenden Alters, welche *Die natürliche Tochter* modernen Interpreten so bedeutend erscheinen läßt, erinnerte ihn gewiß an den verhaßten Idealismus. Auch die Versöhnung von Adel und Bürgertum, die Eugenies Bereitschaft zu einer Hochzeit mit dem Gerichtsrat symbolisiert, war kaum nach seinem Geschmack. Tragisches Insistieren auf dem Adeligen mit der Deutung von dessen Restauration hätte er wohl, auch aus gattungspoetischen Gründen, höher geschätzt. Dieter Borchmeyer fühlt sich durch die soziale Thematik des Stücks nicht zu Unrecht an Attinghausens Vision im *Tell* erinnert:

> Der Adel steigt von seinen alten Burgen
> Und schwört den Städten seinen Bürgereid.[107]

Carl Augusts Gedanken gingen wohl in einer anderen Richtung: Sah man nicht überall unter dem Einfluß der weltlich und gewalttätig gewordenen französischen Nation ein neues Bekenntnis zu den alten Schutzmächten des deutschen Volkes: Kirche, Adel, Fürstentum? Erst der Nationalliberalismus der Frontgeneration von 1813 wird dem Fürsten die konstitutionellen Gedanken der Pressefreiheit und Verfassung näherbringen. So nimmt es kein Wunder, daß sich der Herzog nach der Aufführung mit einem höchst konventionell-metaphorischen Lob für Goethes große Dichtung begnügte (an Goethe 3. 4. 1803)[108]: »Erlaube, lieber Alter, daß ich mich nach den Be-

---

107 Dieter Borchmeyer: Höfische Gesellschaft und französische Revolution bei Goethe. Kronberg/Ts. 1977, S. 330.
108 Briefwechsel Carl August mit Goethe, Bd. 1, 1971, S. 313.

finden der Wöchnerinn erkundige, die uns gestern so ein schönes Kind
gebahr. Du sollst für diese Kraft deiner Lenden gelobt und gepriesen
werden. Alle Gevattersleute schienen sehr befriedigt nach Hause zu gehn.
Leb wohl.« Goethe hatte der Aufführung nicht beigewohnt; er wußte
schon, daß er nicht, wie Schiller, von den Studenten gefeiert werden würde.
Aber eine herzlichere Reaktion des alten »Freundes« hatte er doch wohl
erwartet. Für Carl August selbst war es vielleicht schon eine Leistung, daß
er die übliche schulmeisterliche Kritik unterdrückte, nach dem Grundsatz:
Alte Leute muß man lassen, wie sie sind. Schillers Reaktion nach der
Lauchstädter Aufführung des Dramas war kaum ermutigender (an Goethe
6. 7. 1803): »Die natürliche Tochter hat vielen Beifall gefunden, besonders
die letzte Hälfte, wie dies auch in Weimar der Fall war. Einige Bemerkungen, die ich bei dieser Gelegenheit gemacht, will ich Ihnen mündlich mit-
teilen. Die Jagemann hat sich, ohngeachtet sie heiser war und gar nicht
glaubte spielen zu können, sehr gut gehalten, und dann hat Becker auch
recht gut gesprochen, und auch Haide hat Beifall gefunden.« Was Goethe
zu hören wünschte, las er auch in dieser Beschreibung eines Achtungserfol-
ges nicht. In einem ähnlichen Ton ist Schillers Bericht über eine Rezension
des Dramas in der *Hallischen Literaturzeitung* gehalten. Professor Schütz
hatte dies für die Kultur von Weimar/Jena äußerst wichtige Organ nach
Halle mitgenommen. Schiller an Goethe 24. 1. 1804: »Haben Sie die Halli-
sche Literatur-Zeitung nicht gesehen? Sie fängt an mit einer Rezension der
natürlichen Tochter, die mit einem vollkommen guten Willen für das Werk
gemacht ist und auch nicht die entfernteste Spur einer Tücke verrät. Wahrscheinlich haben die Herrn etwas recht Großes zu leisten geglaubt, daß sie
diesen Effort von Gerechtigkeit ausübten, oder haben sie feurige Kohlen
auf ihr Haupt sammeln wollen.« War es ganz ausgeschlossen, daß der Rezensent Goethes Drama verstand und aufrichtig hochschätzte? Der Theaterdichter Schiller selbst hielt *Die natürliche Tochter* für kein Theaterstück:
das stand wohl hinter seinem Bericht. Schiller empfahl das Stück gleichwohl, ohne irgendeine negative Bewertung, seinem Freunde Iffland zur
Aufführung (22. 4. 1803). Und dieser folgte dem Rat. Doch wurde das
Stück, wenn man dem phantasiereichen Fichte irgendwie Glauben schenken darf, an diesem »Mittelsitze der Barbarei« ausgepocht und zwar dadurch, daß Schadow, Goethes alter Gegner, die Auspocher bestellte (Fichte
an Schiller 20. 7. 1803).[109] Sicher bekam Goethe auch von diesem Mißer-

---

109 Goethe in vertraulichen Briefen seiner Zeitgenossen, Bd. 2, 1979, S. 249 und 253.

folg Kunde. Er wog um so schwerer, als Schiller schon damals Ifflands großer Renner in Berlin geworden war. Man versteht, daß Goethe, der keineswegs unabhängig von äußeren Erfolgen war, den geplanten dramatischen Zyklus niemals vollendete.

In das gleiche Jahr 1803 fällt der schon erwähnte Niedergang der Universität Jena durch die Wegberufung vieler Professoren und die finanzielle Unfähigkeit Sachsen-Weimars, sie durch Gegenangebote zu halten. Goethe wurde durch diese Entwicklung sehr schmerzlich getroffen, weil er nun einmal in Jena stark engagiert gewesen war. Eine parteiische Zeugin ist zweifellos Dorothea Schlegel, deren Gatte in Jena gescheitert war (an Karoline Paulus 8. 12. 1804)[110]: »Er [Goethe] behandelt die Universität wie sein Theater und die Professoren wie seine Schauspieler, die er dressiert, so Gott will, auch bilden will, aber freilich nicht jeden auf seine Weise, sondern hübsch harmonisch, daß ein jeder für sich eben nicht viel, aber alle zusammen das Kunstwerk bedeutend bedeuten.« Sie mag an seinen Kreisbildungsplan denken, der in Jena tatsächlich, wie auf Goethes Theater, eine gewisse Neigung zum »Ensemble«-Prinzip begünstigte. Aber der im Folgenden erhobene Vorwurf, er habe die guten Professoren gehen lassen und die mittelmäßigen behalten, kann sich nur auf die Brüder Schlegel beziehen, deren Berufung Goethe bei Carl August und Voigt unmöglich hätte durchsetzen können. Es mag sein, daß der Dichter durch seinen übersteigerten Anspruch als Universalgenie auf manche Empiriker in der Universität bedrückend wirkte. Man sagt dasselbe vom späteren Professor Hegel in Berlin. Aber Friedrich Schlegel gehört nicht zu diesem Typ. Außerdem lag es im Wesen von Metternichs Restauration, daß er in Wien stärker gleichgeschaltet wurde, als ihm dies Goethe je zugemutet hätte. Es ist unwahrscheinlich, daß sich Goethe um eine Berufung Friedrich Schlegels bemühte. Eher war A. W. Schlegel, wie wir schon sahen, in Goethes Augen ein Verlust. Am meisten unter den Romantikern bedauerte Goethe wohl Schellings Weggang. Aber dessen *Zeitschrift für spekulative Physik* empfahl ihn dem empirisch orientierten Fürsten bestimmt nicht, zumal er sie zu grober Polemik gegen Schütz und den Juristen Hufeland, den Herausgebern der *Allgemeinen Literaturzeitung*, mißbrauchte. Die Fehde steigerte sich zu Beleidigungsklagen, die zu Geldstrafen für beide Parteien führten.[111] Diese Händel waren gewiß nicht nach dem Geschmack der Weimarer. In der

---

110 Ebd. S. 285f.
111 Franz Muncker in der Allgemeinen deutschen Biographie, Bd. 31, 1890, S. 12.

Sache der spekulativen Physik stand Goethe wohl eher auf Schellings Seite, und für dessen Liaison mit Caroline Schlegel, die zur Scheidung von Ihrem Gatten A. W. Schlegel, damals schon in Berlin, führte, hatte er gewiß Verständnis, obwohl sie für den Hof natürlich auch ein Skandal war. Goethes Abschiedsbrief an Schelling ist ungewöhnlich herzlich (29. 11. 1803). Auch später sorgte er dafür, daß er in der *Jenaischen Allgemeinen Literaturzeitung* in Ehren gehalten wurde (an Eichstädt 12. 12. 1804 und 16. 1. 1805).

Stärker als die Beschimpfungen der undankbaren Schlegel-Clique traf Goethe zweifellos der Vorwurf seines alten Freundes Loder, des Anatomen, unter dessen Anleitung er den Zwischenkieferknochen entdeckt hatte und den er in Jena fast noch häufiger als Schiller besucht hatte (vgl. Tagebuch). Loder muß verärgert über Goethe gewesen sein; denn er schrieb an Voigt, der im geheimen Consilium für die Universitätsangelegenheiten offiziell zuständig war, am 31. 8. 1803 einen langen Brief, in dem er darauf hinwies, er habe den Repräsentanten der *Allgemeinen Literaturzeitung*, dem Professor Schütz und dem Verleger Bertuch zur Pflicht gemacht, die Gefahr einer Auswanderung der *Allgemeinen Literaturzeitung* dem Herzog von Weimar mitzuteilen, *ehe* sie mit den konkurrierenden Stellen in Preußen und Bayern einen Vertrag schlössen. Bertuch und Schütz hätten sich schließlich doch am 24. 8. zu einem Abschluß mit Berlin entschlossen, »weil sie, in Zeit von drey Wochen, auf die vom Herrn Geheimen Kirchenrath Griesbach dem Herrn Geheimen Rath von Göthe gegebene officielle Anzeige keine Antwort erhalten hatten und daher der Meynung waren, dass Serenissimus von diesem ihrem [d. h. Bertuchs und Schützens] Privat-Institute keinen Gebrauch für die hiesige Universität zu machen geneigt seyn.« Außerdem sei der Vertrag mit Berlin, in Folge einer von Loder angehängten »Clausel«, noch kein definitiver, »und noch gegenwärtig würde das Herzogliche Weimarische Ministerium [...] dieses Institut für die Universität Jena erhalten können, wenn es sich mit den Directoren darüber vergleichen wollte.«[112] Es ist offensichtlich, daß Loder, der nicht nur mit Goethe freundschaftlich verbunden war, sondern auch vom Herzog von Weimar manche Wohltat empfangen hatte, sich dankbar erweisen wollte. Es stimmt daher mißtrauisch, wenn Goethe in seiner dem Eingang des Briefes an Voigt unmittelbar folgenden Rechtfertigung gegenüber dem Herzog (1. 9. 1803, 2. Beilage)[113] die Jena verlassenden Professoren zunächst einmal

---

112 W. A. Goethes Briefe. Abt. 4, Bd. 16. Weimar 1894. (Anm. zu Nr. 4707), S. 466 f.
113 Briefwechsel Carl August mit Goethe, Bd. 1, 1971, S. 318–320.

beschimpft: »Daß die Herren Abiturienten in Jena auch mich in ihre schmutzige Sache ziehen möchten giebt mich nicht Wunder, da sie zu Deckung ihrer Schande nach allen Seiten herum greifen.« Goethe wußte sicherlich, daß es ein ganz gewöhnlicher Vorgang ist, wenn Professoren in einen finanzstärkeren Staat abwandern, zumal Naturwissenschaftler, deren Arbeit vom besseren und vielleicht teuern Ausbau ihres Instituts abhängt. Eine »Schande« war dies nur, wenn man das Feudalprinzip der Dankbarkeit von den Höflingen auf die Universitätsprofessoren übertrug, was wohl im Sinne des Herzogs war. Wichtiger als Goethes Schuld oder Unschuld in der zur Debatte stehenden Informationsfrage ist die Tatsache, daß der Herzog von Weimar die von Loder angehängte »Clausel« nicht benützte, d.h. die immer noch bestehenden Verhandlungsmöglichkeiten *nicht* ausschöpfte. Er war wohl empört über Bertuch, den Verwalter seiner Schatulle, der durch das Manöver eines Berliner Vertrags die Subvention für die Zeitschrift hochtreiben wollte. Auch konnte man finanziell mit Berlin unmöglich konkurrieren.

Für Goethe persönlich dürfte noch ein sachlicher Grund für die Organisation einer neuen allgemeinen Literaturzeitung bestanden haben, nämlich die an der Aufklärung und an Kant orientierten Redaktionsprinzipien von Bertuch, Schütz und Hufeland. Was ihn von Schiller trennte, seine Zusammenarbeit mit den Romantikern, trennte ihn auch von Schütz. Schiller übertrug seine Abneigung gegen die Brüder Schlegel nicht auf Tieck; ja, er konnte seine *Jungfrau von Orleans* eine »romantische Tragödie« nennen, wenn er dabei nicht den Romantikbegriff der Brüder Schlegel zur Anwendung brachte, sondern die alte, noch immer herrschende Meinung, daß alles romantisch ist, was sich auf das nachantike, *christliche* Europa bezieht.[114] Goethe hatte tiefere Gründe für seine Zusammenarbeit mit den Romantikern, auch wenn wir von ihrem Goethekult absehen. Das romantische Großdrama Tiecks hatte ihn tief beeindruckt. Es lag nahe, sich aus den Schwierigkeiten mit seinem *Faust* durch eine Erweiterung der Form, etwa durch eine Zweiteilung zu ziehen. Noch wichtiger war in dieser Zeit freilich sein brennender naturwissenschaftlicher Ehrgeiz. Durch seine Gespräche mit Ritter, Werner und vor allem mit Schelling hatte Goethe erkannt, daß sie mehr Verständnis für seine Ansätze hatten als das was er in bitterer Feindschaft in den *Xenien* »die Schule« genannt hatte, worunter er Newton, aber auch andere »verstockte« Engländer und alle, für die Newton eine

---

114 Vgl. meine Biedermeierzeit. Bd. 1, S. 243.

Autorität war, verstand. Warum sollte die Naturwissenschaft der Aufklärung nicht genauso überwunden werden wie ihre Dichtung? Auf dieser Konzeption beruhte sein schon erwähntes starkes Vertrauen zu Schelling!

Goethe hat sich an der Berufungspolitik des schlimmen Jenenser Jahres kaum beteiligt; denn damit hätte er dem Universitätsreferenten Voigt ins Handwerk gepfuscht. Einmal schrieb Goethe nach einer Voranfrage vom 8. 6. 1803 und sicherlich nach Verhandlungen mit Voigt, Carl August und dem Hofe von Gotha einen Brief an seinen Freund Samuel Thomas Sömmerring, dessen Bedingungen, nach den üblichen Gehältern der Jenenser Professoren als großzügig angesprochen werden müssen (8. 7. 1803): Er schätzt den Gehalt eines Anatomen – es geht also um Loders Lehrstuhl! – »[mit] Facultäts- und Responsengebühren« zusammen auf 3000 Taler, fügt freilich vorsichtshalber hinzu: »Die Herren von der Facultät werden [es] Ihnen am besten und klarsten vorrechnen.« »Hiezu bietet man Ihnen von Seiten des Weimarischen und Gothaischen Hofes 1000 Thlr.«, und »den Geheimen Hofraths-Charakter, als unsern höchsten akademischen, wird man mit Vergnügen ertheilen.« »Ferner ein freies, anständiges und hinreichendes Quartier in einem Seitengebäude des Jenaischen Schlosses.« Sömmerring genoß durch die außergewöhnlichen Fragestellungen seiner Werke (z. B. *Vom Bau des menschlichen Körpers, über das Organ der Seele*) ein hohes Ansehen bei Dichtern und Denkern; 1805 wurde er Mitglied der Bayerischen Akademie der Wissenschaften, die im Widerspruch zum Jesuitentum gegründet worden war. Der Naturforscher hat aber, wie es scheint (Goethes Tagebuch), sich das Gebotene in Jena nicht einmal angesehen, sondern sich nur erkundigt und nach einiger Zeit abgelehnt. Er wäre als bevorzugter Freund des Genies in eine schwierige Lage an der Universität geraten. Goethe hat auch beim Eintreten für den liberalen Theologen und Fichtefreund Paulus, Enttäuschungen erlebt. Er zog sich daher ganz aus dem Berufungsgeschäft zurück.

Mit um so größerer Energie widmete er sich dem Aufbau der neuen *Allgemeinen Literaturzeitung*, die, um mit den Hallensern klarzukommen, später die *Jenaische Allgemeine Literaturzeitung* genannt wurde. Conrady spricht mit Recht von einer »fieberhaften Tätigkeit« in dieser Beziehung.[115] Man kann der Weimarer Ausgabe Abt. IV entnehmen, daß Goethe sehr viele Briefe zur Werbung von Rezensenten schrieb, besonders in den ersten Jahren 1803 und 1804. Er brauchte nach den vielen Niederlagen dieses

---

115 K. O. Conrady: Goethes Leben und Werk, Bd. 2, S. 248.

Jahres einen Erfolg, um sein seelisches Gleichgewicht zu bewahren, und nannte die *Jenaische Allgemeine Literaturzeitung* eine »unsichtbare Akademie« (an Schelling 29. 11. 1803). Eine unsichtbare Institution hat manchen Vorteil gegenüber einer sichtbaren. Sie ist vor allem überlokal und entspricht damit genau den damaligen Bedingungen eines in Weimar ziemlich einsamen, sonst aber überall bekannten und immer berühmteren Genies. Schon am 6. 9. 1803 schreibt Goethe, noch betriebsamer als sonst geworden, an Schiller, daß ihm »die Sache Spaß macht. Sie sollten den Wust von widersprechenden und streitenden Nachrichten sehen! ich lasse alles heften und regaliere Sie vielleicht einmal damit, wenn alles vorbei ist. Nur in einem solchen Moment kann man am Moment Interesse finden. Nach meinem Nilmesser kann die Verwirrung nur um einige Grade höher steigen, nachher setzt sich der ganze Quark wieder nach und nach und die Landleute mögen dann säen!« Man sieht: Goethe betreibt auch als Organisator einer neuen Zeitschrift Geschichtsphilosophie. Vielleicht meint er den Kampf zwischen Kotzebue und Weimar und dann wieder die Spannungen zwischen der heidnischen Klassik und der mit den Regierungen immer christlicher werdenden Romantik. Er hatte recht: der ganze Quark setzte sich im weiter fortschreitenden Jahrhundert wieder und führte in Deutschland, aus hinreichendem Abstand gesehen, zu einer besonders fruchtbaren Epoche.

Der Hofrat und Professor Abraham Eichstädt, der Redakteur der Zeitschrift, war, nach den Briefen zu schließen, gehorsamer als Schütz. Er hätte, wie viele Journalisten, ganz gern mal Verrisse publiziert; aber der »liebe Alte« Carl Augusts belehrt ihn eines Besseren (16. 1. 1805). Er wünscht eine »mehr darstellende« als begünstigende oder aggressive Art von Rezensionen. »Grobe, beleidigende Höhnerey« darf es in der *Jenaischen Allgemeine Literaturzeitung* nicht geben. Das gilt besonders für den zerstrittenen »philosophischen Parnaß«. »Sollten wir nun gehässige Invectiven und Grobheiten ins Intelligenzblatt aufnehmen? Dazu würden besondre Beyblätter nöthig seyn; denn jeder hätte doch am Ende dasselbe Recht und man könnte ihm den Raum nicht versagen. Giebt es doch schon der Blätter zu viel, wo dergleichen Dinge stattfinden, und ich wünschte nicht, daß, [...] das unsrige sich als Echo der *Eleganten Zeitung* u.s.w. hören ließe. ... lassen Sie uns ja alles vermeiden, was uns einigermaßen der verhaßten Classe der widerwärtigen deutschen Blätter nähern könnte.« Diese Worte mögen in dem Ärger über den Unsinn, der schon damals über Goethe geschrieben worden war, ihre Wurzel haben. Aber die eigenen Rezensionen des Genies entsprechen fast immer dem hier vorgetragenen Programm möglichst gerechter Beurteilung und sagen daher vielen heutigen Goetheforschern nicht zu. Auch Dichter, deren Namen wir nicht mehr kennen, erfahren meist eine freundliche Beurteilung. Man mag über Goethes Grundsätze denken, wie man will. Jedenfalls erwiesen sie sich in der folgenden Zeit als ein *Erfolgsrezept*. Goethe hat seit den *Xenien* in der literarischen Öffentlichkeit wie auch als absonderlicher Beamter eines armen Fürsten viel schlucken müssen und viel dazu gelernt.

Die *Allgemeine Literaturzeitung* hatte vor der Teilung etwa 2000 Abonnenten, und der Absatz in Halle steigerte sich sogar auf 2650 Exemplare im Jahre 1804. Trotzdem gelang es der *Jenaischen Allgemeinen Literaturzeitung*, durch ihr eigenes Gesicht mit ihr zu konkurrieren. »Obwohl die [Jenenser] Zeitung absatzmäßig zunächst hinter der hallischen Schwester zurückblieb, gelang es ihr doch bald, sie einzuholen«[116]; denn die Besetzung Halles durch die Franzosen im Jahre 1806 fügte der preußischen *Allgemeinen Literaturzeitung* erheblichen Schaden zu.[117] Beide Organe gingen etwa mit einer Auflage von 1500 in die Zeit der Fremdherrschaft[118], und diese Zahl bedeutet, damals wie heute, eine überdurchschnittliche Verbreitung. Der Erfolg der *Jenaischen Allgemeinen Literaturzeitung* Eichstädts und Goethes beruhte nicht zuletzt auf einer starken Berücksichtigung des Idealismus und der romantischen Naturwissenschaft. In den Rezensentenlisten Bullings finden sich Namen ehemaliger Jenenser wie Schlegel, Schelling, Niethammer, Reinhold, Woltmann, gern gesehener Besucher in Weimar wie Steffens und Ritter, aber auch solcher Rezensenten, mit denen die »unsichtbare Akademie« nur brieflich verbunden war wie Eschenmayer, Görres, Fries, Schleiermacher, Solger, Sailer. Auch die Namen künftiger aktivistischer Professoren in Jena, Oken und Luden, Kieser, Friese, findet man schon. Jena liefert 61 Rezensenten. Das ist viel im Vergleich zu Berlin (41) und Leipzig (38). Man muß aber bedenken, daß man insgesamt 716 Rezensenten gewann; denn, trotz der Bevorzugung der romantischen Richtung, blieb man, wie Nicolai in der *Allgemeinen Deutschen Bibliothek*, bei dem Brauch, »alles, was die Meßkataloge eines jeden Frühjahrs und Herbstes

---

116 Karl Bulling: Die Rezensenten der Jenaischen Allgemeinen Literaturzeitung im ersten Jahrzehnt ihres Bestehens 1804–1813. Weimar 1962, S. 15.
117 Joachim Kirchner: Das deutsche Zeitschriftenwesen. Bd. 1. Wiesbaden ²1958, S. 202.
118 Karl Bulling: Die Rezensenten der Jenaischen Allgemeinen Literaturzeitung, S. 18.

ansagten«, zu rezensieren.[119] Das bedeutete natürlich, daß man auch ein Heer namenloser Spezialisten beschäftigen mußte und daß, abgesehen von den beiden ersten Jahren, die Hauptlast auf den Schultern Eichstädts lag.

Die im Anfang notwendige Subvention war in Sachsen-Weimar selbstverständlich ein größeres Problem als im preußischen Halle, wo die Regierung sogleich eine Starthilfe von 10000 Talern bewilligte. Der Herzog von Sachsen-Weimar gab für diesen Zweck zunächst nur 1737 Taler, so daß Eichstädt in die eigene Tasche greifen mußte. Später wurde mit Hilfe von Voigt ein Darlehen aufgenommen, für das sich der Herzog verbürgte. Erst zu Beginn des Jahres 1810 stand die *Jenaische Allgemeine Literaturzeitung* auf festen Füßen, wofür Carl August dem Hofrat Eichstädt seine Anerkennung persönlich aussprach.[120] Auch Goethe erntete für seine rastlose Korrespondenz, für die organisatorische Auswertung seines großen Namens einen viel herzlicheren Dank als für seine *Natürliche Tochter*. Am 1.1.1804 schrieb ihm der Herzog: »Du weißt selbst, wie vielen Theil du an allen den [sic], was seit etlichen und 20 Jahren bey uns zum guten gediehn ist, dir zuschreiben kannst, als daß ich nöthig hätte, dir zu sagen, daß ich es lebhaft erkennte, indem du gewiß nicht an meiner Erkenntlichkeit zweifeln kannst, noch an der Gerechtigkeit, die mein Herz deinen seltnen Verdiensten gerne widerfahren läßet. Behalte mich lieb, dich gesund und leb wohl.«[121] Man fühlt sich bereits an die Rede zu einem Altersjubiläum erinnert, indem so allgemein der Verdienste des Genies gedacht wird. Aber der besondere Anlaß für diese Laudatio, die auch eine Wiedergutmachung mancher Rüge und mancher gleichgültiger Äußerung war, dürfte doch der Elan gewesen sein, mit dem Goethe in den letzten Monaten des Jahres 1803 die *Jenaische Allgemeine Literaturzeitung* auf die Beine stellte und damit wenigstens etwas vom alten Ansehen der Universität Jena wiederherstellte. »Erkenntlichkeit« – sie gehört zu den alten Fürstenpflichten nach besonderen Leistungen –: Vorläufig bestand sie nur darin, daß der arme Fürst Goethe, zusammen mit anderen Geheimräten, am 13.9.1804 zum Wirklichen Geheimen Rat mit dem Prädikat Exzellenz beförderte. Das war für ihn, nach allerlei Enttäuschungen, die Versicherung, daß er noch immer zur Führungsspitze Sachsen-Weimars gehörte.

---

119 Oskar Fambach: Zur Jenaischen Allgemeinen Literaturzeitung, in: DVjs Bd. 38 (1964), S. 578.
120 K. Bulling. Die Rezensenten der Jenaischen Allgemeinen Literaturzeitung, S. 15f.
121 Briefwechsel Carl August mit Goethe, Bd. 1, S. 324.

Erfolge sagen nichts gegen Goethes Einsamkeit, von der schon die Rede war. Seine Hausmachtspolitik, besonders der Versuch, die romantischen Goethepriester in seinen Kreis einzubeziehen und sie sogar zu Dramatikern aufzubauen, hatte schließlich sogar zu einer gewissen Störung von Goethes Verhältnis zu Schiller geführt. Im Jahre 1804 machte Goethe verzweifelte Anstrengungen, Johann Heinrich Voß, den Homerübersetzer und eifrigen Verfechter der Spätaufklärung, als Nachfolger des Gymnasialdirektors Böttiger, der Weimar verstimmt verlassen hatte, zu gewinnen. Er war, wie Wolf in Halle, eine Säule des Klassizismus, nicht so gelehrt, aber – das konnte man denken! – als Übersetzer und temperamentvoller Dichter eher zum Freund Goethes geeignet.[122] Freilich, die Naturen waren zu verschieden und das Klima angeblich der Gesundheit Voßens nicht bekömmlich –, wobei gewiß auch an das soziale Klima des Hofes zu denken ist! Die Briefe von Voßens Sohn zeigen wenigstens ihn als herzlichen Goetheverehrer; aber auch er blieb nicht in Carl Augusts Residenz. Goethes Klagen über seine Einsamkeit werden anläßlich dieser Enttäuschung besonders deutlich hörbar.[123] Man muß an diese Isolierung des Genies denken, wenn man Goethes Werben um Schiller in der letzten Zeit seines Lebens und die Fürsorge für ihn in der Tiefe ganz verstehen will.

Schillers Siege mit tödlichem Ausgang

Es gibt in Goethes Briefen an Schiller eine Erwähnung der Arbeit an der neuen *Allgemeinen Literaturzeitung,* die geradezu als Unterordnung unter den jüngeren Dichter verstanden werden kann und jedenfalls Goethes große Bescheidenheit nach der Niederlage mit der *Natürlichen Tochter* dokumentiert; er überschätzte diese als Theaterdirektor, überhaupt als ein an der Gesellschaft stark orientierter Dichter. An Schiller am 2.12.1803: Er hat den jungen Voigt gebeten, Schiller »vom glücklichen Fortgang unserer literarischen Unternehmung zu unterrichten. Hätten Sie nicht für jetzt das bessere Teil erwählt, so würde ich Sie bitten uns bald ein Zeichen Ihrer Beistimmung zu geben. – Für mich ist dieses Wesen eine neue sonderbare Schule, die denn auch gut sein mag, weil man mit den Jahren doch immer

---

122 Vgl. besonders Walter Müller-Seidel: Goethes Verhältnis zu J.H. Voß, in: Goethe und Heidelberg. Heidelberg 1949, S. 240ff.
123 »dann steh ich ganz allein«. Ebd. S. 243.

weniger produktiv wird und also sich wohl um die Zustände der andern etwas genauer erkundigen kann.« Wir haben eine ähnlich resignierte Äußerung schon in der Mahomet- und Tancred-Zeit gehört. Wenn man weniger produktiv wird, so soll man sich wenigstens um die andern kümmern. Es ist ein großes Wort, insofern es, jenseits von künstlerischer und wissenschaftlicher Produktivität, die sozialethische Seite von Goethes Universalismus bezeugt.

Schiller bewegte sich im höfischen Bereich freier als Goethe, weil er weniger zu verlieren hatte, von Natur tapferer war und sich damals sein Ruhm als Theaterdichter in ganz Deutschland vergrößerte. Es war gewiß ein starkes Stück in den Augen Carl Augusts, wenn er dem in Weimar weilenden Herzog von Meiningen seine eben fertig gewordene Tragödie *Braut von Messina* vorlas, ohne Carl August dazu einzuladen; – »Weil es nun mein Dienst-Herr ist, dem ich eine Attention schuldig bin, und es sich gerade trifft, daß ich seinen Geburtstag dadurch feiere« (an Goethe 4. 2. 1803). Seinen »Dienst-Herr« nennt Schiller den auswärtigen Herzog, weil er ihm seine Professur in Jena verdankte. (Meiningen war einer der Trägerstaaten der Universität Jena.) Trotzdem war es eine Demonstration gegen den Landesherrn. Das zeigt sich schon daran, daß er Goethe nicht einlädt, um ihn nicht in eine Konfliktsituation zu bringen: Goethe wolle das Stück gewiß lieber »allein lesen oder hören.« Am nächsten Tag berichtet er dem Freunde über den Erfolg der »Vorlesung«: Er könne sich bei dem Schauspieler Becker über die Theaterwirksamkeit des Stücks erkundigen. »Das Exemplar, aus welchem ich gestern vorlas, muß ich, der Verhältnisse wegen, an den Herzog [von Weimar] schicken.« Schiller ist nicht ungeschickt wie Hölderlin oder Schelling! Schließlich kommt er nicht aus dem Tübinger Stift, sondern aus der höfischen Karlsschule in Stuttgart. Er hofft, Goethe auch ein Exemplar »verschaffen« zu können, damit sie »morgen [...] darüber konferieren« können. Er hat es eilig, das Stück für die Bühne »einzurichten, um es auch nach Berlin, Hamburg und Leipzig versenden zu können« (an Goethe 5. 2. 1803). Man kann verstehen, daß unter diesen Umständen Carl Augusts Urteil wieder einmal wenig freundlich war. Man darf auch nicht vergessen, daß im Hintergrunde der Weimarer Hofkultur noch immer Carl Augusts Lehrer Wieland stand, mit dem Maßstab der Natürlichkeit und des gesunden Menschenverstandes, der auch ihn zu einer unfreundlichen Schillerkritik veranlaßte. Carl August an Goethe

---

124 Briefwechsel Carl August mit Goethe, Bd. 1, S. 307 f.

11. 2. 1803[124]: »Schiller hat mir sein Stück Arbeit gegeben. Ich habe es mit großer Aufmercksamkeit – aber nicht mit wohlbehaglichen [sic] Gefühle gelesen; indeßen verschließe ich meinen Mund wohlbedächtig darüber. Über die Sache selbst ist ihn [sic] nichts zu sagen, er reitet auf einen [sic] Steckenpferde, von den [sic] ihn nur die Erfahrung wird absitzen helfen, aber eines sollte mann ihn [sic] doch einzureden suchen, das ist die *revision* der Verse, in denen er sein Werck geschrieben hat; denn hie und da kommen mitten im Pathos comische Knittel Verse vor, dann unausstehnliche [sic] Härten, undeutsche Worte und endlich solche Wortversetzungen, die poetische Förmelchens bilden, deren Niederschreibung und Pulverhörner gar nicht unpaßend gewesen wären. Verschiedenes dergleichen habe ich extrahirt, ich werde es dir gelegentlich einmahl mündlich vorlegen.« Zur stilistischen Kritik gehört noch: »die, meistens ganz unnütze bilderreiche Schwülstigkeit« des Chors: Der Chor sei noch lästiger als die »lästigen [!] *Confidents*« der französischen Tragödie. Für das Publikum anstößig sei gewiß auch das Nebeneinander von stockkatholischen Hauptpersonen und dem heidnischen Chor. Die Hauptpersonen sprechen »von der Mutter Gottes, den Heiligen etc.«, der Chor von »allen Göttern des Alterthums.«

Die idealistische Religion jenseits der historischen Religionen findet der auf Weimars Ansehen bedachte Fürst anstößig im Zeitalter der romantisch begründeten Restauration der christlichen Volksreligion. »Indeßen hüthe ich mich wohl, etwas der Aufführung dieses Stückes entgegen zu setzen. Die Practique wird das beste Gegenmittel für die Folgen werden.« Er nimmt also Schiller wieder mit dem unglücklichen Dichter des *Alarcos*, Friedrich Schlegel, zusammen, und hofft, daß auch er durch Mißerfolge belehrt wird. Statt dessen gab es bei der Aufführung des Stücks am 19. 3. 1803 ein Vivat auf Schiller, das den Geboten des Hoftheaters völlig widersprach und bei dem zerstrittenen Publikum Weimars (Kotzebue-Partei) nicht unbedingt ein Zeichen dafür ist, daß die Vivat-Schreier das Stück besser verstanden als der Fürst! Schon am 27. 2. 1803, drei Wochen vor der Uraufführung der *Braut von Messina*, hatte Carl August nach einem Opernabend an Goethe geschrieben[125]: »Laß doch ein Edict ergehn, daß die Statisten und Schüler sich hinter den Coulissen ruhig verhalten; es war gestern ein solcher Specktakel, daß mann ofte den Gesang nicht recht hören konnte. Du kannst dabey sagen laßen, daß wenn es wieder geschehe, ich den Wacht habenden Husaren Unter Offizier hinschicken würde, um

---

125 Ebd. S. 309.

Ordnung zu machen.« Es ist unwahrscheinlich, daß Goethe eine Einmischung der Husaren, die in Weimar Polizeifunktionen ausübten, gewünscht
hat, und so erntete er nach dem Vivat für Schiller wieder einmal die bitter-
sten Vorwürfe des Herzogs. Doch zeigt sich auch an diesem heiklen Punkt
seiner Bundesgenossenschaft mit Schiller nicht der geringste Neid auf seinen populären Konkurrenten. Er lädt ihn ein paar Tage nach der Aufführung herzlich zu einer Besprechung über Thomas Otways *Gerettetes Venedig*
ein (an Schiller 22. 3. 1803): »Mich verlangt sehr Sie zu sehen. Die ver-
wünschte Akklamation neulich hat mir ein paar böse Tage gemacht. Befehlen Sie die Stunde der Kutsche.«

Es ist wahrscheinlich, daß Goethe das schwierige Verhältnis zwischen
Schiller und Serenissimus durch die Mitteilung der neuesten fürstlichen
Schillerrezension *nicht* erschwerte. Die eigentliche Schwierigkeit lag auch
nicht in Carl Augusts mangelhaftem Schillerverständnis, sondern im Mißtrauen des Jagemann-Liebhabers gegenüber dem moralischen Dichter und
seiner noch moralischeren Familie und Freundschaft. Schon im April 1801,
als der Fürst hörte, Schiller wolle eine *Pucelle d'Orléans* schreiben, hatte er
sich erschreckt an Caroline von Wolzogen, die Schwägerin des Dramatikers,
gewandt und sich bitter darüber beklagt, daß Schiller, trotz seiner Bitten,
die Gegenstände seiner Theaterstücke nicht rechtzeitig mit ihm besprechen wolle. Er konnte sich, als ein an der französischen Literatur orientierter Fürst, eine Pucelle nur im despektierlichen Stile Voltaires vorstellen.
Und da die Jagemann immer die Hauptrolle spielte, vermutete er in Schillers Plan einen Anschlag auf die Mätresse. Als der Herzog Schillers ideale
Jungfrau von Orleans gelesen hatte, wurde er butterweich und verlegte sich
aufs Betteln: es sei ein wunderbares »Poem«, geradezu ein »Heldenge-
dicht«. Man müsse es drucken, ohne es durch die Nachteile des Theaters zu
belasten. Schiller stand schon in einer festen Verbindung mit Iffland und
wußte sehr gut, daß das Weimarische Hoftheater eine Provinzbühne mit
einer herrschsüchtigen Mätresse als Star war. Er erfüllte die Bitte des Herzogs ohne weiteres, und Carl August dankte Schillers Schwägerin herzlicher, oder sagen wir genauer rhetorischer, als es sonst seine Art war[126]:
»Sie haben mir ordentlich einen Stein vom Herzen gehoben [...] Schillers
Wert erhöht sich durch seine beispiellose Gefälligkeit außerordentlich in
meinem Herzen. Sehnlich wünsche ich, daß ich fähig sein möge [...], ihm so

---

126 An Caroline von Wolzogen April und Mai 1801, in: Carl August von Weimar.
Ein Leben in Briefen, hg. v. Hans Wahl. Weimar 1928, S. 92–95.

gute Tage machen zu können, als er mir [...] bei Lesung seines Stücks und
heute [durch den Verzicht auf die Aufführung] gemacht hat.« Schiller
kannte die Fürsten; er dürfte Carl Augusts Bittgang für Caroline Jagemann
als Tragikomödie genossen und das vage fürstliche Versprechen kaum
ernstgenommen haben. Goethe dagegen ärgerte sich über die Einmischung des Herzogs und brachte es, auf Umwegen, schließlich doch so weit,
daß sich die ehrgeizige Schauspielerin die lohnende und moralisch unge-
fährliche Rolle von Schillers Jungfrau nicht entgehen ließ.

Unmittelbar nach der Rüge wegen des Lärms hinter den Kulissen, in
einem Augenblick also, da er wohl Goethe für bereit hielt, etwas für seinen
Fürsten zu tun, trat der Herzog einen zweiten Bittgang für die stolze
Jagemann an (an Goethe 27. 2. 1803)[127]: Er gibt in dem langen Brief zunächst einen Fehler der Geliebten zu. Die Jagemann hat der uns schon
bekannten Caroline von Wolzogen, als sie sich in ihr Verhältnis zum Fürsten mischte, einen »sehr groben«, zornigen Brief geschrieben, worauf sich
Schillers auch zurückzogen. »Nun fängt das zurückziehn des sämtlichen
nachfolgenden Publicums aber an, dergestallt unangenehm zu werden, daß
es mir sehr beschwerlich fällt.« Er glaubt eher an eine »Ungeschicklichkeit«
als an einen »bösen Willen« der Wolzogen. Daher bittet er Goethe, »mit
Schillern ernsthaft über die Sache zu reden«. Wenn er die Jagemann, wie
früher, wieder in sein Haus einlädt, würde sich wohl auch »die Bahn zu
andern erwünschten Communicationen öffnen«. »Als Künstlerinn ist die
Jagemann eintzig ihrer Art in Deutschland [...] ich kan versichern daß sie
durch mich das Marck des Landes nicht aus sauget.« Sie verdient Achtung,
jedenfalls nicht das Gegenteil! »Mich würde es sehr glücklich machen«,
wenn Schiller den gewünschten Weg ginge. Carl August selbst schwebt »in
der Furcht [...] ihr Hierseyn würde ihr endlich doch, mit allen [sic] attache-
ment für mich, in einiger Zeit ganz unerträglich werden, wenn unsere
Gesellschaft fortführe, sich so inhuman gegen sie zu betragen. Deiner
Weißheit überlaße ich dieses alles.« Es war schon recht naiv, den alten
Freund um Vermittlung in einem Streit zwischen dessen Hauptkreuz im
Theater und der Familie Schiller zu bitten. Aber Goethe scheint in seinem
damaligen Sinn für Frieden und Ausgleich schon am nächsten Tag in dieser
Angelegenheit etwas unternommen zu haben; denn er will am Donnerstag
oder Freitag eine Leseprobe *bei sich zu Hause* halten, »wozu ja vielleicht Ihre
Frauenzimmer kämen, und man sonst noch einen Freund einlüde, damit,

---

127 Briefwechsel Carl August mit Goethe, Bd. 1, S. 309 f.

zugleich mit diesem Geschäft, eine gesellige Unterhaltung entstünde, an der es ohnehin mitunter bei uns gebricht« (an Schiller 28. 3. 1803). Goethe versucht also, auf möglichst zwanglose Weise, die Schauspieler mit der Familie Schiller zusammenzubringen. Ob auf diesem Wege die moralischen Bedenken der Familien Schiller/Wolzogen zu zerstreuen waren, erscheint mir zweifelhaft; denn auch Goethes parallele Bemühungen um eine gesellschaftliche Anerkennung der Christiane Vulpius waren nur im engsten Freundeskreis erfolgreich. Für die Lebensgemeinschaft zwischen Goethe und seinem Fürsten mag der gemeinsame schlechte Ruf bei der guten Gesellschaft der kleinen Residenzstadt ein gewisses Bindemittel gewesen sein. Die immer vornehmer werdende Mätresse allerdings distanziert sich in ihren Erinnerungen auch von dem *Hause* Goethe, in dem Christiane Vulpius (notgedrungen) vor allem mit Schauspielern verkehrte. Daß die spätere Frau von Heygendorf ernstlich daran dachte, Weimar zu verlassen, ist ganz unwahrscheinlich. Alle Klagen über ihre Stellung in der Gesellschaft waren nur ein Mittel auf dem Wege zur Nobilitierung. Der gutmütige Herzog freilich nahm die Klagen über ihre Ächtung durch den Schillerkreis ernst und verfolgte auch weiterhin den Plan, die Jagemann und ihren Bruder, den Maler, mit »Schillers« zusammenzubringen (vgl. die Briefe an Goethe vom 2. 1. und 4. 1. 1804).[128]

Den Hinweis auf eine gewisse (begrenzte) Kursänderung von Carl Augusts Geschmack gibt ein Brief an Goethe im April 1803.[129] Was ihm, nach dem Zeugnis verschiedener Briefe, am neuen deutschen Drama besonders mißfallen hatte, waren »die Jamben«, d.h. der Blankvers. Er war der Meinung, ohne die besondere Fähigkeit eines Goethe könnten Blankversdramen nicht den Wohlklang gewinnen, den er in erster Linie schätzte. Selbst Lessings *Nathan der Weise,* erst recht natürlich die Dramen des spröden Klassizisten Heinrich von Collin *(Regulus),* entsprachen dem Euphonieprinzip, das er wohl im Hinblick auf die *Reime* des Alexandrinerdramas forcierte, in keiner Weise. Doch jetzt, im April 1803, meldet sich plötzlich sein schlechtes Gewissen. Da Goethes Voltairebearbeitungen den Blankvers benützt hatten, wollte ein gewisser Privatgelehrter, Joseph Ludwig Stoll, Dieulafoys Lustspiel *Défiance et Malice* besser als Goethe, nämlich in Alexandrinern, übersetzen, und die Jagemann samt dem Regisseur Becker waren bereit, das Vorspiel unter dem Titel *Scherz und Ernst* aufzuführen; dies geschah auch am 11. Mai 1803. Carl August muß die Aufführung

---

128 Ebd. Bd. 1, S. 325 f.   129 Ebd. S. 313.

natürlich loben. Aber in dem erwähnten Brief gibt er zu, »daß *im lesen* diese Versart in unsrer Sprache an die Alongenperücken der Gottscheds und Consorten erinnert.« Das war immerhin ein kleines Zugeständnis Serenissimi an den deutsch-klassischen Dramenstil!

Weit mehr Eindruck machten dem an Preußen orientierten Kleinfürsten selbstverständlich die außergewöhnlichen Ehren, die Schiller auf seiner Berliner Reise (26. 4.–21. 5. 1804) erntete, nicht nur beim jugendlichen Publikum, das Spalier für ihn bildete, sondern auch am Berliner Hofe, nicht zuletzt bei der sittenstrengen Königin Luise. Auch die Presse beteiligte sich an dem Preise des Dramatikers, was Schiller in seinem Brief an Goethe vom 4. 4. 1804 mit Genugtuung feststellte. Alles war ganz anders als bei Goethes *Natürlicher Tochter*! Dazu mag auch die Kotzebue-Partei, die in Berlin ihr publizistisches Zentrum hatte, beigetragen haben. In Weimar war Kotzebues Versuch, Schiller auf Kosten Goethes zu feiern, gescheitert.

Das Angebot, mit einem Jahresgehalt von 3000 [!] Talern nach Berlin überzusiedeln, verlockte Schiller vielleicht zunächst ernstlich. Der König, dem Schiller ebenso wie der Königin Luise vorgestellt wurde, wäre ihm weiter entrückt gewesen als der schulmeisternde Kleinfürst in Weimar. Aber der Württemberger Schiller, dem in Weimar manches ärgerlich gewesen war, entdeckte in diesem Augenblick doch die Vorteile der kleinen Residenz: Auch ein ins Welthafte strebender Dramatiker braucht zur dichterischen Arbeit vor allem »Abgezogenheit und Stille«.[130] Die Schwierigkeit lag darin, daß Carl August, wie uns die Misere in Jena bereits gezeigt hat, finanziell nicht entfernt mit dem König von Preußen konkurrieren konnte. Wie sollte aber der kranke und nur auf sein Werk konzentrierte Dichter dazu geneigt sein, wie Loder oder Schütz in Preußen ein neues Leben zu beginnen? Schiller in Berlin? Goethe redete es ihm gewiß mit Leichtigkeit aus! Die Rechnung, die Schiller in dem Brief an Goethe vom 5. 6. 1804 aufstellt, ist so günstig für Weimar, daß man, im Widerspruch zur üblichen Lehrmeinung, von einer raschen Entscheidung für eine bescheidene Lösung sprechen darf: »Ich brauche jährlich 2000 Taler um mit Anstand hier zu leben, davon habe ich bisher über zwei Dritteile, zwischen 14- und 1500 Taler, mit meinen schriftstellerischen Einnahmen bestritten. 1000 Taler will ich also gern jährlich von dem Meinigen zusetzen, wenn ich nur auf 1000 Taler fixe Einnahme rechnen kann. Sollten es die Umstände nicht erlauben, meine bisherige Besoldung von 400 Talern sogleich auf 1000 zu

---

130 Nach Benno von Wiese: Friedrich Schiller. Stuttgart 1959, S. 780.

erhöhen, so hoffe ich von der gnädigen Gesinnung des Herzogs, daß er mir 800 für jetzt bewilligen und mir die Hoffnung geben werde, in einigen Jahren das 1000 voll zu machen.« Er bittet um Rat, ob er, »ohne den Vorwurf der Unbescheidenheit«, diese Forderung an den Herzog richten kann! So verhält sich ein Schriftsteller, der zwischen zwei Staaten und Städten ernstlich schwankt, *nicht*! Entsprechend schreibt der Herzog am 8. 6. an Schiller[131]: »Ich freue mich unendlich, Sie für immer den Unsrigen nennen zu können. Es würde mir recht angenehm sein, wenn meine [!] Idee realisiert würde, daß die Berliner dazu beitragen müßten, Ihren Zustand zu verbessern, ohne dem unsrigen dadurch zu schaden.« Carl August scheint schon am 6. 6. 1804 Schillers Forderung (400 Taler Zulage, später weitere 200) bewilligt zu haben, mit dem gleichzeitigen Rat, aus dem Berliner Angebot eine tüchtige Pension herauszuholen.[132] Die Formulierung von Carl Augusts Brief läßt vermuten, daß Schiller, wie es seine Art war, dem Herzog bereits eine *klare* Zusage gegeben hatte, ohne diese von der Berliner Pension abhängig zu machen. Dagegen konnte er, gerde bei diesem undiplomatischen Verhalten, hoffen, daß Carl August, stets patriarchalisch gesinnt, seine Fürsorgepflicht nicht versäumen und am Berliner Hof seine Bitte um eine Pension für Schiller kräftig unterstützen werde. Für einen Verwandten des Königshauses und einen preußischen General war dies keine unlösbare Aufgabe.

Daß Schiller in seiner Spätzeit auf den Hof von Weimar setzte, verrät auch das Festspiel *Die Huldigung der Künste*, das am 12. 11. 1804 anläßlich der Ankunft des Erbprinzen Carl Friedrich und seiner Gemahlin Maria Paulowna, einer russischen Großfürstin, aufgeführt wurde. Dem Erbprinzen hatte Schiller schon früher gehuldigt. Viel wichtiger war es in dieser Zeit freilich, die Spannungen, die zwischen dem Herzog und dem Dichter von *Kabale und Liebe* bestanden, zu mildern. Carl Augusts Brief an Goethe vom 17. 2. 1803 mit der Äußerung über seine angeblich anspruchslose Mätresse erinnert ein wenig an die Vorwürfe in den Dramen des bürgerlichen Klassenkampfes, die aus höfischer Sicht abzulehnen sind. Zur Versöhnung war besonders eine Arbeit geeignet, die bewies, daß Schiller gegen das klassische Drama der Franzosen – im Gegensatz zu Lessing! – *kein* Vorurteil hatte. Gegen die »Neufranzosen« durfte man die stärksten

---

131 Carl August von Weimar. Ein Leben in Briefen, hg v. H. Wahl. Weimar 1928, S. 99.
132 Briefwechsel Carl August mit Goethe, Bd. 1, S. 466. Anmerkung zu Nr. 319.

Vorurteile haben. Sie erscheinen nicht nur bei dem Fürsten, sondern auch bei den beiden deutschen Klassikern, sogar in ihren Urteilen über die damals Weimar besuchende und studierende Madame de Staël, die ja Napoleon höchst kritisch gegenüberstand. Die idealen Franzosen waren für Carl August die vorrevolutionären, besonders die klassischen, und so empfahl sich für den in Weimar Heimat suchenden Dichter zuallererst die Übersetzung eines Racine-Dramas. Die gesamte Verhandlungsführung Schillers trägt, besonders wegen der Berücksichtigung von Carl Augusts großzügigem Charakter, die Handschrift Goethes.

Die endgültige Gewinnung Schillers für Weimar war, wie der Neuaufbau einer *Allgemeinen Literaturzeitung* in Jena, eine Großtat Goethes zum Ruhme Weimar/Jenas. Die Erhebung des »alten« Weimarer Dichters zur Exzellenz (Sept. 1804) war gewiß auch ein Dank dafür, daß er den jüngeren, damals leistungsfähigeren Dichter, den sich Berlin aneignen wollte, neidlos neben sich in Weimar duldete. Beeindruckt von seinen (ihm unerreichbaren) Theatererfolgen, hatte Goethe schon lange vor Schillers Berliner Reise – sogar in übertriebener Selbstverleugnung – an ihn geschrieben (23. 1. 1804): »Bei allen diesen Unbilden habe ich den Trost, daß Ihre Arbeit nicht ganz unterbrochen worden, denn das ist das einzige von dem, was ich übersehe, das unersetzlich wäre; das wenige, das ich zu tun habe, kann noch allenfalls unterbleiben. Halten Sie sich ja stille, bis Sie wieder zur förmlichen Tätigkeit gelangen.« Eine Selbstlosigkeit dieses Ausmaßes ist, auch bei lebhaften Altersgefühlen, alles andere als selbstverständlich in der literarischen Zunft. Sie ist das Zeichen höchster Achtung und ehrlicher Freundschaft. Durch das kollegiale Verhalten Goethes hatte sich die gefährliche Berufung Schillers nach Berlin in einen Triumph für Carl August verwandelt. Die Rolle, die Schillers Gesundheitszustand bei seiner Entscheidung gespielt hatte, sah man im besten Falle später.

Es entsprach Schillers Charakter, daß er über der Spekulation auf die Hilfe des Fürsten in Berlin seine alte Gönnerin, die Herzogin Luise, nicht vergaß. Racines *Phädra* in Schillers Übersetzung wurde am 30. 1. 1805, d. h. an ihrem 48. Geburtstag aufgeführt. Trotzdem verstand der kluge Fürst natürlich sehr wohl das Versöhnungszeichen, das ihm sein zweiter großer Dichter gab. Er las die Übersetzung, dann das Original, dann verglich er (angeblich) wie ein Philologe, beides miteinander und das Ergebnis war: »Ihr Meisterwerk«. Racine würde der Übersetzung seinen ganzen Beifall geben. »Obendrein haben Sie ein sehr verdienstliches Werk zustande gebracht, dem deutschen Sinne das Vorbild der vortrefflichsten französischen

Dichtung begreiflich zu machen. Ich wünschte, daß die Aufführung des Stückes nur leidlich vonstatten gehe, alsdann wird niemand ungelabt aus dem Schauspiele gehen. Nochmals meinen wärmsten Dank.« Nach der Aufführung bat ihn Schiller, wie es der fürstliche Schulmeister wünschte, um Verbesserungsvorschläge, und Carl August schickte sie ihm am 5. 2. 1805 mit der bescheidenen Bitte um Nachsicht und mit neuem Lob: Schiller sei ein »Meister« in »der sogenannten freien Versart«. Dies sei schwieriger als der Alexandriner, wo man sich auf »Notwendigkeit des Reimes« berufen könne. »Die deutsche Sprache sanft klingen zu machen, ist gewiß recht schwer; sie tönt gar zu häufig wie Hagel, der an die Fenster schlägt. [...] Sie haben diese Sprache so duktil gemacht, daß unter Ihren Händen die übrigen Unebenheiten noch verschwinden werden.«[133]

Mit dem althumanistischen Vorurteil gegen die harte deutsche Sprache hat sich vor allem Wieland, Carl Augusts früherer Lehrer, herumgeschlagen, um es zu überwinden. Das Euphonieprinzip wird vom Dichter des *Oberon* stark betont. Die Übernahme der ottava rima und des vers libre sind u. a. Wielands Mittel, um die Ebenbürtigkeit der deutschen Sprache mit den antiken und mit den romanischen Sprachen nachzuweisen. Nicht ohne Erfolg! Auch für Goethe war der Kampf um Wohlklang noch eine wichtige Aufgabe, seit er am Hofe weilte, was vor allem *Iphigenie* und *Tasso* beweisen. Carl Augusts Vorurteile – trotz solcher Lehrer – beweisen nur die Macht der althumanistischen Tradition an den Höfen. Der Fürst war in politischer Hinsicht nationaler gesinnt als Wieland und Goethe. Das hatte er seit der frühen Aktivität für den Fürstenbund bewiesen; aber vor der Sprache machte sein Nationalgefühl noch immer halt, obwohl wir auch in dieser Beziehung einige Fortschritte erkennen konnten. Der Lernprozeß, der zur Anerkennung aller Sprachen als ein Geschenk Gottes oder der Natur führte, begann in Deutschland schon im 18. Jahrhundert (Klopstock, Hamann, Herder u. a.), wurde aber erst durch die Romantik vollendet. Carl Augusts Vorurteil gegen die eigene Sprache darf also so wenig als Zeichen seiner Unbildung gewertet werden wie sein unbeholfener Umgang mit der deutschen Sprache (Orthographie, Satzzeichen, Grammatik usw.). Er war eben in einer an Frankreich orientierten höfischen Umwelt erzogen worden. So erklärt sich wohl auch seine Lessing-Kritik.

---

133 Carl August von Weimar, hg. v. H. Wahl, S. 100 f. Datum des ersten Briefes unklar: Weihnachten? Neujahr?

Goethes gleichzeitige Äußerungen zu Schillers Tod (9. 5. 1805) sind spärlich. Er war zu Beginn des Jahres und dann gerade wieder im Mai viel krank. Er empfand auch kein Bedürfnis, sich mit Schillers Frau und ihrer Schwester auszusprechen (an Caroline von Wolzogen 12. 6. 1805): »Wie man sich nicht unmittelbar nach einer großen Kranckheit im Spiegel besehen soll; so vermeidet man billig den Anblick derer die mit uns gleich großen Verlust erlitten haben.« Eher findet man im Sterbemonat Mai banale Briefe an Eichstädt über Fragen der *Jenaischen Allgemeinen Literaturzeitung*, mit denen sich Goethe von der Trauer ablenken will. Man hat deshalb mit Vorliebe zu den wortreichen Ausführungen in den *Tag- und Jahresheften* 1805 gegriffen, die 1817 und später niedergeschrieben wurden[134] und sichtbar unter dem Eindruck des Versäumnisses der großartigen Schillerehrung stehen, welche die Nation erwartete. Goethe schiebt dabei seine Absicht in den Vordergrund, den *Demetrius* zu vollenden. Sie kann in dieser Zeit der Minderwertigkeitskomplexe in dichterischer Hinsicht wie auch der Alters- und der Hinfälligkeitsgefühle kaum von langer Dauer gewesen sein. Er hatte der Schauspielerin Becker, der er in *Euphrosyne* ein dichterisches Monument geschaffen hatte, auch ein bildkünstlerisches errichten lassen. Und naive Besucher, welche die komplizierte Lage in Weimar nicht kannten, fragten sicherlich: Warum kein Denkmal für Schiller? In solchen Fällen konnte er auf das Traumbild eines gemeinsamen Demetrius hinweisen. Goethe spricht von »mancherlei Hindernisse[n]«, die es für eine Schillerehrung gab, und man wird dabei an die mächtige Mätresse denken müssen, die sich für ihre gesellschaftliche Isolierung an der Familie Schiller rächen wollte. Auch Goethes Verhältnis zu ihr wurde immer explosiver, je mehr sie in dem von Schiller *und* Goethe verlassenen Theater dominierte. »Nun war mir Schiller eigentlich erst entrissen, sein Umgang erst versagt. Meiner künstlerischen Einbildungskraft war verboten sich mit dem Katafalk zu beschäftigen, den ich ihm aufzurichten gedachte […] sie wendete sich nun und folgte dem Leichnam in die Gruft, die ihn gepränglos eingeschlossen hatte. Nun fing er mir erst an zu verwesen; unleidlicher Schmerz ergriff mich, und da mich körperliche Leiden von jeglicher Gesellschaft trennten, so war ich in traurigster Einsamkeit befangen.«[135] Der viele Jahre später verfaßte Gefühlserguß Goethes spiegelt nicht nur die Trauer von

---

134 Datierung nach W. A. I. Abt. Bd. 35, S. 279.
135 Ebd. S. 192f.

Schillers Todesjahr, sondern auch die Bitterkeit des großen alten Mannes
in der folgenden Theaterzeit unter dem Szepter der immer arroganteren
Mätresse wider. Im Jahre 1805 machte ihn der Schmerz eher schweigsam,
was sein Inneres betraf. Was tatsächlich durch menschliche Bosheit nicht
zustande kam, war wohl das kleine Festspiel mit dem Titel *Schillers Totenfeier*, in dem Goethe dem großen Freunde wohl im Stile der höfischen
Fürstenehrungen gehuldigt hatte.[136] Hier hätte er möglicherweise schon
den späteren bürgerlichen Weg der Erhebung großer Dichter zu Dichterfürsten beschritten.

Goethe wußte zugleich, daß durch Schikanen Schillers Andenken nicht
zu zerstören war. So verfuhr er, wie schon beim Verbot der *Jungfrau von
Orleans*: Er wich mit seiner Schillerfeier in das Sommertheater in Lauchstädt aus, um die Residenz zu beschämen. Er deutet in den *Tag- und Jahresheften* auch den damaligen »leidenschaftlichen Sturm« in der eigenen Seele
an, d. h. im Klartext: seinen Zorn, seine Empörung. Schon am 1. 6. 1805 lud
er Freund Zelter dorthin auf den Juli ein, damit er den musikalischen Teil
der Aufführung von Schillers *Lied von der Glocke* übernehme. Er wählte
wohl mit Absicht den bürgerlichsten, den populärsten Teil von Schillers
Werk, *die* Dichtung, die die esoterischen Frühromantiker verspottet hatten.
Die Feier war, ganz im Stile Schillers, eine klare Demonstration der Tatsache, daß die Dichter nicht mehr von den Höfen, sondern die Höfe von den
Dichtern abhängig sind –, wenn sie vor der Nation bestehen wollen. Goethes *Epilog zu Schillers Glocke*, der für die Lauchstädter Vorstellung
(10. 8. 1805) gedichtet und nach den Freiheitskriegen am 10. 5. 1815[137] in
etwas veränderter Form wiederholt wurde, ein Grundstein der Schillerver-
ehrung im 19. Jahrhundert, erwähnt wohl mit Absicht in der ersten Strophe
nur »das junge Fürstenpaar«, das Schiller in seinem letzten Lebensjahr
durch seine *Huldigung der Künste* begrüßt hatte, und die zweite Strophe
betont zweimal nicht Weimar, sondern »die Welt«, die diesen Verlust erlitt.
So gewinnt der Refrain »Denn er war unser!« die weiteste Bedeutung, und
er steigert sich zum mächtigen Imperativ:

> »So feiert *ihn*! Denn was dem Mann das Leben
> Nur halb erteilt, soll ganz die Nachwelt geben.«

---

136 Zum *Plan* vgl. W. A. I. Abt. Bd. 16, S. 561 ff.
137 Wortlaut in der Hamburger Ausgabe Bd. 1, S. 256–259.

Goethe bestätigt auch, in der Mitte des Gedichts, Schillers Lebensopfer für die Kunst, auf das wir hier wiederholt hindeuteten; aber er vermeidet dabei streng larmoyante Töne:

> Und manches tiefe Werk hat, reichgestaltig,
> Den Wert der Kunst, des Künstlers Wert erhöht.
> Er wendete die Blüte höchsten Strebens,
> Das Leben selbst, an dieses Bild des Lebens.

Goethe mußte es freilich wenig später erleben, daß »das junge Fürstenpaar«, das mit geehrt wurde, nach dem Gesetz des Generationswechsels, von Schillers Nachfolger auf Ifflands Theater, Zacharias Werner, und seinem mystischen *Martin Luther* noch stärker beeindruckt wurde als von Schiller. Nach einem Besuch in Tiefurt, wo Anna Amalia in der schönen Jahreszeit residierte, notierte Goethe resigniert in seinem Tagebuch (9. 9. 1806): »Kam gegen Abend der Erbprinz mit seiner Gemahlin [...] War von dem Ifflandischen Dr. Luther, und was sonst die Zeit mit sich bringt, viel die Rede.«

Die Zeit – das war nicht nur die Religion, sondern auch der Krieg. Beide geschichtlichen Phänomene gingen infolge der Invasion der Franzosen und der Reaktionen der Romantiker ein immer engeres Bündnis miteinander ein. Während der Rückreise von Karlsbad, einen Monat früher (Tagebuch 6. und 7. 8. 1806), hatte sich Goethe noch recht leichtfertig über die Veränderungen, die die Zeit mit sich brachte, geäußert: »Nachricht von der Erklärung des rheinischen Bundes und dem Protectorat. Reflexionen und Discussionen. Gutes Abendessen. Nachricht von einem Balle den nächsten Sonnabend [...] Zwiespalt des Bedienten und Kutschers auf dem Bocke, welcher uns mehr in Leidenschaft versetzte als die Spaltung des römischen Reichs.« Diese Worte sind noch ganz im Stil des Ancien régime gehalten! Nach dem Krieg schreibt Goethe in den *Tag- und Jahresheften* 1806 in cinem ganz andern Ton über die gleiche Zeit[138]: »Allein kaum war man zu Hause, als man das bedrohende Gewitter wirklich heranrollen sah, die entschiedenste Kriegserklärung durch Heranmarsch unübersehlicher Truppen.« Graf Haugwitz, »früher als thätiger und gefälliger Minister [Preußens] anerkannt«, war »jetzt der ganzen Welt verhaßt, da er den Unwillen der Deutschen durch abgedrungene [!] Hinneigung zu dem fran-

---

138 W. A. I. Theil. Bd. 35, S. 269.

zösischen Übergewicht auf sich geladen. – Die Preußen fahren fort Erfurt zu befestigen; auch unser Fürst als preußischer General, bereitet sich zum Abzuge. Welche sorgenvolle Verhandlungen ich mit meinem treuen und ewig unvergeßlichen Geschäftsfreunde dem Staatsminister von Voigt damals gewechselt, möchte schwer auszusprechen sein; eben so wenig die prägnante Unterhaltung mit meinem Fürsten im Hauptquartier Niederroßla.« »Prägnant« heißt im diplomatischen Stile Goethes wohl, daß man verschiedener Meinung war –, wie meistens in politischen und militärischen Fragen.

Ein ganz falsches Bild von Goethe, vom Genie überhaupt, entstünde freilich, wenn man annähme, Goethe sei in der Zeit zwischen Schillers Tod (Mai 1805) und der Schlacht von Jena und Auerstädt (Okt. 1806) dichterisch unfruchtbar gewesen. Eher ist von einer Neugeburt des Dichters durch Schmerz, Krankheit, Zorn und nicht zuletzt auch durch die Entfremdung vom Theater zu sprechen. Schon am 13. 4. 1806 schrieb er in sein Tagebuch: »Schluß von Fausts 1. Theil«. Jetzt endlich konnte er den langjährigen Wunsch Schillers *und* der Romantiker wahr machen. Wir begnügen uns mit dieser fragmentarischen Feststellung; denn mit Carl August hat dieser allzuspäte Abfall von der Tradition des französischen Klassizismus höchstens in einem negativen Sinne etwas zu tun. Unser Thema jedoch verlangt von uns nun, daß wir den Fürsten wieder einmal direkter, in seinem eigentlichen Ehrgeiz, der nur am Rande den Musenhof betraf, zu Gesicht bekommen.

Blicke in Carl Augusts politischen Briefwechsel vor 1806. Weimars Lage nach der Schlacht von Jena und Auerstädt

Wir erinnern uns, daß Carl August nach dem Tode Josephs II., der Preußen schwer zu schaffen gemacht hatte, wofür sich Friedrich Wilhelm II. rächen wollte, gemeinsam mit Kursachsen erfolgreich für den Frieden zwischen Preußen und Österreich eintrat. Ebenso war er nach dem Basler Frieden zwischen Frankreich und Preußen kein Scharfmacher, sondern er überredete den reichstreuen Kurfürsten von Sachsen, sich mit allen sächsischen Ländern dem preußischen Frieden anzuschließen, weil ohne die Militärmacht Preußens vorläufig ein erfolgreicher Widerstand Österreichs gegen Frankreich nicht zu erwarten war. Carl August war friedlich gesinnt; aber er wußte auch, daß Neutralität in bestimmten Lagen nicht nur feige, sondern lebensgefährlich für einen Staat sein kann. Und dies war im Jahre 1799 der Fall, als sich Österreich, England, Rußland und einige schwächere Staaten zum zweiten Koalitionskrieg gegen Frankreich zusammenschlossen. König in Preußen war seit 1797 Friedrich Wilhelm III., der schon 1799 von Carl August, aufgrund seiner Informationen aus Berlin, schonungslos als unfähig zum Königtum charakterisiert wurde. Es gibt eine differenziertere Charakteristik dieses preußischen Königs, die ebenfalls der Herzog von Weimar verfaßt hat.[139] Hier führt Carl August die Kriegsscheu des Königs auf die Erlebnisse in der Campagne gegen Frankreich im Jahr 1792 zurück. Da sei er mißtrauisch gegen die Fähigkeiten seiner Generale geworden. Auch der Feldzug in Polen habe wegen der Führungsfehler viel Blut gekostet. Aufgrund dieser Erfahrungen und mit leeren Kassen habe Preußen den Frieden von Basel geschlossen. Noch beim Regierungsantritt Friedrich Wilhelms III. sei der preußische Staat verschuldet gewesen. Frankreich mit seinem Willen zur Weltherrschaft sei von Friedrich Wilhelm III. völlig falsch gesehen worden. Er habe gehofft, Napoleon werde »Gerührt von der Sanftmut Preussens«, dieses Land verschonen. Er habe es nicht fertig gebracht, sich den untätigen Minister Haugwitz vom Halse zu schaffen. Auch die alten Heerführer habe er nicht durch jüngere ersetzt. 1806 sei der Herzog von Braunschweig 72 und Möllendorf 84 Jahre alt gewesen. 1805 habe sich der preußische König dem Kriegsschauplatz nur zögernd genähert. Im gleichen Jahr, nach Napoleons Sieg bei Austerlitz, habe Friedrich Wilhelm III. Hannover besetzt und sich dadurch auch noch mit England entzweit. Carl Augusts Charakteristik – wir fragen nicht, ob sie in jeder Hinsicht richtig ist – beweist, daß der Fürst Weitblick besaß und persönliche, politische, militärische Probleme zusammensehen konnte. Am 2. 3. 1799 fordert er seinen Verwandten Ferdinand von Braunschweig, den immer noch anerkannten preußischen Heerführer, auf, für Verhandlungen zwischen Preußen und Österreich zu sorgen, sowie die Zustände im preußi-

---

139 Politischer Briefwechsel des Herzogs und Großherzogs Carl August von Weimar, hg. v. W. Andreas, bearb. v. W. Tümmler. Bd. 2, 1791–1807. Stuttgart 1958, S. 617 ff. Dort findet man auch die andern in diesem Abschnitt benutzten Briefe, nicht nur die des Herzogs.

schen Heer zu verbessern. Am 5. 3. ermahnt er Haugwitz eindringlich, im kommenden Krieg dafür zu sorgen, daß Preußen Österreich unterstütze. Carl August scheint damit einen gewissen Erfolg gehabt zu haben; denn in dem Brief an Bechtolsheim vom 17. 8. 1799 behauptet er, Ferdinand von Braunschweig, Haugwitz und General Kökritz, ein Vertreter des Königs, hätten diesem ganz im Sinne Carl Augusts zugeredet. Aber der König könne sich nicht entschließen. 1801 betrauert der Herzog »in Sack und Aschen« den nachteiligen Waffenstillstand, den Österreich mit Frankreich schließen mußte. Die Königin Luise von Preußen nennt, moralisch wertend, Carl August »ein sehr schwaches Fürstenkind«, er krieche vor dem russischen General der Kavallerie von Meyendorff und verkehre sogar mit dem Mörder des Zaren Paul (an Georg von Mecklenburg 2. 6. 1801). Richtig daran ist, daß Carl August frühzeitig die Bedeutung Englands und Rußlands für die Niederringung der in Mitteleuropa siegreich vordringenden Franzosen erkannte. Die Vermählung der Zarenschwester Maria Paulowna mit dem Weimarer Erbprinzen Carl Friedrich (1804) belegt seinen strategischen Weitblick besonders deutlich. Das Vertrauen auf Rußland brachte ihn allerdings auch in manche Gefahr. Mit dieser richtigen Beurteilung der Lage unterschied sich Serenissimus jedoch völlig von seinen Geheimräten Voigt und Goethe, die 1806 *gemeinsam* die Bedeutung von Jena und Auerstedt für die Zukunft Europas überschätzten.

Der Realismus Carl Augusts zeigte sich auch in wirtschaftlicher Hinsicht. Als englische und französische Getreideaufkäufer die deutschen 1802 überboten, entstand in Norddeutschland eine verhängnisvolle Teuerung in Getreidewaren. Carl August verfaßte eine Denkschrift, in der er als Gegenmaßnahme ein staatliches Monopol für den Weizenhandel zu Wasser forderte. Selbstverständlich dachte er dabei an ein preußisches Gesetz, und Geheimerat Voigt, lange schon der erste Mann in Weimar, übernahm es, das Schriftstück an Beyme in Berlin zu schicken. Er tat es in Begleitung eines für den Herzog schmeichelhaften, wenn auch, nach seiner Art, etwas ironischen Briefes (7. 2. 1803): »Euer Hochwohlgeboren können kaum glauben, mit welchen oft scharfsinnigen Ideen [Carl August] die Prüfung und das Nachdenken seiner Räte beschäftigt. Es ist daher, so klein auch unsre politische Existenz ist, oft schwer, ihm gleich zu arbeiten, und es gehört viele Anstrengung dazu.« Beyme ist der preußische Politiker, der Schiller nach Berlin ziehen wollte. Carl August rechnet ihn in der oben erwähnten Charakteristik Friedrich Wilhelms III. zu den wenigen Männern unter Haugwitz, die etwas taugen. Es geht bei solchen Vorschlägen des Kleinfür-

sten nicht nur um eine einzelne Denkschrift, sondern wie in der Fürstenbundzeit, um den Versuch, politisch in Berlin Fuß zu fassen. Darüber vergißt er freilich die eigene Hausmacht keineswegs. Blankenhain und vor
allem das durch die Säkularisation verfügbar gewordene, früher kurmainzi-
sche Erfurt erscheinen immer wieder als Ziele des ehrgeizigen Herzogs.
Gewiß, er fällt damit dem König zur Last. Aber als im September 1805 die
Russen die Neutralität Preußens nicht mehr gelten lassen wollen und eine
Entscheidung fordern, erkennt er klar den bevorstehenden Krieg (an Kurfürst Friedrich August von Sachsen 9. 9. 1805). Er hofft, daß man *jetzt* in
Berlin nicht mehr ausweicht. Aber Hardenberg – auch er ist schon mitverantwortlich! – läßt ihm sagen, eine feindliche Absicht der Franzosen sei
nicht zu erkennen. Statt endlich die Hauptgefahr zu erfassen, beschließt
Preußen die Mobilmachung gegen Rußland! (Voigt junior an Carl August
28. 9. 1805). Carl August wird bei dieser Aktion nicht berücksichtigt. Man
mißtraut ihm wegen seiner russischen Beziehungen. Es kommt sogar so
weit mit dem preußischen General und Verwandten des Königs, daß man
alle Briefe in seinem Besitz beschlagnahmt, die militärische oder politische
Dinge betreffen, darunter Briefe Friedrichs des Großen, einen Teil seiner
Erbschaft. Als er sich beim König darüber beschwert, antwortet ihm dieser
am 5. 6. 1806, das sei so üblich »bei in meiner Armee gestandenen Personen.« Er wird also behandelt, als ob er zum zweitenmal den preußischen
Militärdienst verlassen habe. Jetzt lenkt Carl August ein: er versichert den
König seiner »unbegrenzten Verehrung und getreuen Anhänglichkeit« (an
Friedrich Wilhelm III. 31. 8. 1806). Der königliche Dilettant nimmt guther-
zig die Unterwerfung an und bietet ihm ein Commando bei der Hauptar-
mee an, die sich bei Halle versammelt. Aber der Ehrgeiz des Herzogs von
Weimar ist, wie wir schon wissen, nur sehr begrenzt ein solcher militärischer Art. Carl August antwortet *nicht*, sondern er schreibt am 12. 9. 1806
an seinen Freund Franz von Dessau, er wolle abwarten, ob sich in Preußen
wirklich etwas *verändert*. Zum Schluß des Briefes gibt er aber zu – vielleicht
zum Weitersagen! –, daß ihm »die Anstellung mehr bei der Person des
Königs sehr wünschenswert« wäre. Das heißt doch wohl, daß er zu einem
Berater des Königs aufsteigen wollte, um Preußen auf den richtigen Weg zu
bringen. Dieser Wunsch – das ist psychologisch gut zu verstehen – wurde
dem eigenwilligen Fürsten nicht erfüllt. Die Zeit vernünftiger Entscheidungen war verpaßt. So geriet Carl August in den Krieg, weil er, um
der Ehre willen, aus dem in den Abgrund rasenden Wagen nicht absprin-
gen konnte. Ob ihn Goethe in seiner letzten Unterhaltung vor der Schlacht

davon abhalten wollte? Der ganze Vorgang zeigt die Begabung des Herzogs, aber auch die Schwierigkeit für die Großmächte, solche Kleinfürsten, wie andere Generale, in der Armee zu integrieren. Ein General im normalen Sinn hatte und hat nicht die politische Bewegungsfreiheit, die sich der Herzog von Weimar aufgrund seines fürstlichen Ranges und seiner Verwandtschaft mit dem preußischen Königshaus zu verschaffen wußte.

Carl Augusts Verschwinden nach der Schlacht (14. 10. 1806) brachte den Conseil und die Herzogin Luise in große Schwierigkeiten; denn Napoleon forderte bei einer Audienz, die er den Geheimräten Voigt und Wolzogen gab, die Rückkehr des Herzogs und des Weimarer Bataillons (Aufzeichnung Voigts vom 16. 10. 1806). Der Herzog von Weimar wußte genau, daß seine Herrschaft auf dem Spiele stand. Aber noch kämpften Teile des preußischen Heeres und die Russen weiter gegen Napoleon (Frieden von Tilsit 7. und 9. Juli 1807). Er wollte also abwarten. Auch wußte er, daß im Falle von Napoleons Sieg nur eine vollständige Kapitulation möglich war, und damit hatte er es nicht eilig. Immerhin schrieb er kurz nach der Niederlage (am 27. 10. 1806) einen für Napoleon bestimmten Brief an die Herzogin Luise, in dem er sich wahrheitsgemäß rechtfertigte: Er habe den König von Preußen um seine Entlassung gebeten. Sie wisse, daß er schon länger im Konflikt mit Preußen lebe. Schon im Sommer hätte er die preußische Armee verlassen, wenn nicht die Ehrengesetze ihn gezwungen hätten, ihr treu zu bleiben. Er vertraue auf des Kaisers Verständnis für die Soldatenehre. Napoleon, den die tapfere Herzogin schon nach der Schlacht beeindruckt hatte, antwortete ihr ritterlich (5. 11. 1806): Carl August solle die Lektion wenigstens lernen; denn er hätte sich ja auch zurückhaltend, wie der Herzog von Gotha, verhalten können, den Herzog von Braunschweig habe er entlassen, obwohl er kein Kontingent gestellt habe. »Tout ce que j'ai fait pour le Duc est uniquement à votre consideration«. Es ist ein galanter Schluß. Doch steht dahinter wohl auch die Rücksicht auf die südwestdeutsche Verwandtschaft der Herzogin. Die Franzosen waren über die Rheinbundstaaten durch den General Rapp genau informiert. Dagegen findet man bei ihnen zunächst nicht die geringste Beachtung der großen Kultur von Weimar/Jena.

Die Geheimeräte erfuhren bald, daß freundliche Briefe des Kaisers nicht allzuviel bedeuteten. Am 7. 11. 1806, zwei Tage nach Napoleons Brief, erhielten sie schon die Rechnung: An Kontributionen sind 2 200 000 francs zu zahlen, und zwar sofort. Diese Nachricht scheint die Herren wirklichen Geheimräte in große Aufregung versetzt zu haben. Goethe ist wie Voigt und Wolzogen für eine Reise des Erbprinzen zu Napoleon; denn die »Erhaltung, ja […] Erhöhung des fürstlichen Hauses« sei ohne jeden Zweifel das Wichtigste [!]. Der Erbprinz ist mit einigen Hemmungen gegenüber Vater und Mutter bereit, zu reisen (9. 11. 1806). Das bedeutet wohl: Die Absetzung des immer noch nicht zurückgekehrten, eigenwilligen Herzogs wird in Kauf genommen, wenn nur das Fürstenhaus und das Land Sachsen-Weimar erhalten bleibt. Doch noch am gleichen Tage (9. 11. 1806) schreibt Voigt an Müller, den Gesandten Weimars in Berlin: Der Erbprinz sei aus gesundheitlichen Gründen nicht reisefähig und der Herzogin widerstrebe es, »an die kaiserlichen Herren Ministers oder Generale zu schreiben«. Die Herzogin Luise hat also nicht nur Napoleon gegenüber Würde bewahrt; sie bremste auch voreilige Beschlüsse des ängstlichen Conseils und ihres Sohnes, wozu wahrscheinlich ein größerer Mut gehörte. An Müller schreibt sie am 18. 11. 1806, sie danke ihm für seinen Eifer, er solle sich an den Erbgroßherzog von Baden halten [ihren Schwager], auch hoffe sie auf die Aktivität ihres Gatten. Am gleichen Tag äußert sich der ungeduldige Müller, der spätere Kanzler von Weimar, aus Berlin sehr ärgerlich über das Ausbleiben Carl Augusts, des Erbprinzen und Maria Paulownas. Aber wenig später setzt die diplomatische Tätigkeit Carl Augusts und seiner Gattin ein. Am 24. 11. dankt der Herzog dem General Rapp, der wohl im Augenblick der wichtigste Verbindungsmann zur französischen Diplomatie war. Am 26. 11. schreibt Carl August an Voigt, er habe den Kaiser noch nicht gesehen; aber er verliere darum nicht den Mut, und am 30. 11. 1806 bittet die Herzogin Luise den Kaiser selbst um Verzeihung und Milde (rémission): »votre coeur, si grand si magnanime aura pitié des malheurs.« Dieser Brief, der die Kontributionen mit einbezog, scheint vom Kaiser nicht beantwortet worden zu sein. Doch gab er schon am 12. 12. 1806 dem General Duvoc die Vollmacht zum Abschluß des Friedens. Im Brief an Duvoc am 13. 12. macht Müller endlich auch die wissenschaftlichen und literarischen Leistungen des armen und kleinen Landes geltend und er beziffert seine jährlichen Einnahmen auf ganze 150 000 francs, um das Mißverhältnis zur geforderten Kontribution anzudeuten. In der Urkunde des Friedens von Posen vom 15./16. 12., der für alle kleinen sächsischen Länder gilt, steht bei der Aufzählung der Kontingente Sachsen-Weimar mit 800 Mann an erster Stelle, Sachsen-Gotha muß, trotz seines Wohlverhaltens, 1100 Mann stellen, insgesamt sollen die sächsischen Kleinfürsten ein Regiment mit 2800 Mann aufbieten und sich dem Rheinbund anschließen. Am härtesten war die Bestimmung, daß der Rest der Kontribution in drei Monaten bezahlt werden muß. Aber im ganzen war Carl Augusts und Luises Politik der Zurückhaltung und der Vermeidung von Übereifer richtig gewesen. Auch das Zusammengehen mit den anderen sächsischen Fürsten entsprach einem älteren bewährten Prinzip. Carl Augusts Sünden und die Gedanken aller dieser Kleinfürsten zusammen wogen im Rahmen von Napoleons Großmachtpolitik *wenig*. Das sah der Herzog klarer als seine verschüchterten Geheimen Räte.

Im gleichen Monat (Dezember 1806) schrieb Maria Paulowna an Carl August, die Zarenfamilie verlange von ihr die Rückkehr nach Rußland, von Rußland sei *stärkster* Widerstand gegen Napoleon zu erwarten; Carl August solle sich nach wie vor gut mit Rußland stellen. Wie kleinmütig Weimars Conseil auch nach diesem Friedensschluß war, läßt Voigts Brief an Müller vom 10. 1. 1807 erkennen. Er schlägt ein Napoleondenkmal bei Jena vor, »denn bei Jena ist die Herrschaft über Europa entschieden worden«. Goethes Napoleonverehrung darf nicht isoliert gesehen werden. Das unbedingte Bedürfnis nach Ruhe scheint gerade die hochgebildeten und produktiven Geister in der Provinz zu solchen Illusionen verführt zu haben. Carl August schreibt fast gleichzeitig – oder kann es schon eine Antwort sein? –: »Mit der Herrschaft Frankreichs über Europa sieht es noch etwas zweideutig aus, denn die sogenannten Siege in Polen [...] sind nicht recht klar« (an Voigt 12. 1. 1807). Er hatte gewiß noch die stolzen Worte Maria Paulownas im Ohr und wußte, daß sie die Schwester des Zaren Alexanders I. war. Im gleichen Brief des Herzogs lasen die Geheimeräte, die Kontribution *müsse* bezahlt werden; auch gegen hohe Bestechungsgelder für den »Prinzen von Benevent« (Talleyrand) hatte er nur vorübergehend Bedenken. Aber um die Beschaffung des Geldes kümmerte er sich wenig. Die finanziellen Sorgen Voigts – auch diese Last trug jetzt der erste Mann Sachsen-Weimars – sind sehr ernst zu nehmen. Man hoffte in dieser Hinsicht auf Erfolge des charmanten Erbprinzen, des Gatten Maria Paulownas. Man schickte ihn zur französischen Kaiserin, die damals in Mainz residierte, und er wurde auch freundlich empfangen; aber die Geldleute, auf die es weit mehr ankam, »die Bethmanns«, gaben ihm kein Darlehen, mit der Begründung, für eine so große Summe biete Sachsen-Weimar keine Sicherheit. Der für die Kontributionen zuständige Franzose war Daru, und der gute wirkliche Geheimrat Voigt hoffte auf seine Milde, weil er den Horaz übersetzt hatte (Voigt an Müller 15. 1. 1807). Aber es zeigte sich bald, daß sich der Verwalter von Napoleons Kriegskasse grundlegend von dem gutmütigen Horaz-Übersetzer Wieland in Weimar unterschied. Wir wollen Voigts Leiden nicht weiterverfolgen. Ende November 1807 schrieb er an Müller, die »Begebenheiten der Welt seien größer [...] als seine Gemütskräfte«, er sei »müde in der Übung seiner Pflichten«. Wir erschrekken: der erste Mann im Staate! Aber noch vor Jahresende hören wir die fröhliche Botschaft, auch er sei endlich nobilitiert worden. Danach war er wieder so eifrig wie eh und je!

Eine andere große Sorge der Geheimräte waren die leichtsinnigen politischen Äußerungen Carl Augusts in Karlsbad und Dresden. Sogar Wolzogen, den der Fürst nach Paris geschickt hatte, weil er mit Müller unzufrieden war, berichtete traurig über die Tatsache, daß die mangelnde Loyalität des Fürsten durch »kursächsische Personen« in Paris bekannt geworden sei: Der Besuch des Erbprinzen sei jetzt vielleicht besser als der des Herzogs selbst (an Voigt 14. 8. 1807). Carl August antwortete: Vielleicht schicke er den Erbprinzen. Aber: »Daß die Fürsten ABC-Z nach dem Teiche Bethesda laufen, sich dort vor der Welt prostituieren, ohne etwas Reelles auszurichten, das ist keine Regel, daß ein jeder auch so handle« (an Wolzogen 4. 9. 1807 aus Teplitz). Und einen Monat später schrieb er, auch eine Reise des Erbprinzen nach Paris sei nicht rätlich, mit Rücksicht auf dessen russische Gattin (an Wolzogen 4. 10. 1807). Er vermutete wohl, daß der Kaiser auf solche Klatschereien nicht allzuviel gab. Ihn selbst jedoch behandelte Carl August mit großer Vorsicht. Am 4. 12. 1806 lobte er, wie seine Gattin, Napoleons Großmütigkeit, mit der Bitte um Aufschub der Zahlung und eine Audienz. Am 15. 1. 1807 bat er um Empfang seines Abgesandten, er dankte dem Kaiser für den Frieden und seine Aufnahme in den Rheinbund. Er wollte seine Interessen gerne Napoleons hoher Weisheit anvertrauen usw. Napoleon antwortet darauf am 29. 1. 1807 gnädig. Am 7. 3. 1807 spricht der Fürst in einem Brief an Napoleon vom Abbruch seiner Reise zu ihm, weil er die Aufstellung seines Kontingents für wichtiger halte. Am 11. 4. 1807 teilt er ihm gar den Tod seiner Mutter Anna Amalia mit, worauf ihm Napoleon am 7. 7. seine Teilnahme ausspricht. Am 9. 7. 1807, als vom Fortgang des Krieges gegen Napoleon nichts mehr zu erwarten ist, beglückwünscht er den »invincible héros« zu seinen neuen Siegen, in der Hoffnung auf baldigen Frieden und mit dem Wunsch, dem Kaiser bald aufwarten zu können. Am 28. 7. 1807 gratuliert er seinem Helden zur siegreichen Rückkehr nach Paris – mit der Bitte, Carl Augusts Ansprüche auf Blankenhain und Erfurt [!] zu unterstützen. Wenige Tage vorher hatte er den Zaren Alexander I. gebeten, seiner Schwester, der Großfürstin Maria Paulowna, Erfurt zu verschaffen. Am 28. 11. 1807 beglückwünscht er Napoleon zur Heirat Jérômes. Man hat den Eindruck, daß es dem weltkundigen Kleinfürsten nur darum geht, einen normalen Briefverkehr mit dem Eroberer zu unterhalten und auf sich persönlich aufmerksam zu machen. Diesem Zweck dient im nächsten Jahr auch der Empfang seiner Dichter Wieland und Goethe in Erfurt. Schon als Schwiegervater der Zarenschwester Maria Paulowna kann er damit rechnen, daß er freundlich behandelt wird –, solange die Beziehungen zwischen Rußland und Frankreich freundlich sind. Er hat es nicht nötig, ängstlich auf jedes seiner Worte zu achten und in Paris zu antichambrieren. Freilich liegt an dieser Stelle auch der Gefahrenpunkt. Doch ist Carl August nicht der Mann, stets ängstlich darauf zu starren. Auch später gehört es zu seinem politischen Stil, Risiken auf sich zu nehmen.

Goethes neues Leben in der Abwesenheit des Herzogs. Briefliche Geständnisse und eine peinliche Mahnung

Nur wer ein ganz falsches Bild von Goethe hat, vom kontemplativen Genie überhaupt, kann erwarten, die Zeit nach der Schlacht von Jena und Auerstädt sei eine Gelegenheit zur Bewährung des sog. Staatsmanns Goethe gewesen. Selbstverständlich gab es Hilferufe aus Jena, das er früher so geliebt hatte. Knebel vor allem, der Goethe keineswegs in seiner Tiefe kannte, sah in ihm den Retter: »Was ist doch *ein Mann* werth! Wir fühlen es und wünschen ihn bald in Dir wieder zu sehen« (an Goethe 4. 11. 1806).[140] Einen Monat später jammert er gar (5. 12. 1806)[141]: »Es fehlt ein Heiland, der den todten Körper wecke; denn von selbst hat er keine Kraft sich zu beleben.« Goethe weiß, was Krieg bedeutet, daß in ihm nicht die großen Männer und die Wundertäter, sondern die Offiziere das Sagen haben. Und deshalb hält er sich an diese, je höher um so besser (an F.A. Wolf 3.11. 1806): »Ich habe erst den General Victor, dann die Marschälle Lannes und

---

140 Briefwechsel zwischen Goethe und Knebel (1774–1832). Theil 1. Leipzig 1851, S. 280.
141 Ebd. S. 282.

Augereaux im Hause gehabt, mit Adjutantur und Gefolge. Für 40 Personen Betten mußten in einer Nacht bereitet seyn und unser Tischzeug ward als Leinlaken aufgedeckt. Was daran alles hängt, können Sie sich leicht denken. Indessen ist unser Haus dadurch erhalten worden, und ob wir gleich manches gespendet und ausgetheilt haben; so können wir wohl von Verlust, aber nicht von Schaden sprechen.« Er weiß, daß in Jena in allen verfügbaren Räumen Verwundete liegen und daß es lächerlich ist, seine Oberaufsicht über die Museen und Bibliotheken gegen einen so elementaren Kriegsbedarf geltend zu machen. Deshalb tröstet er Knebel, indem er ihm Wein aus dem Vorrat des geflüchteten Kommandanten von Hendrich, den die Haushälterin treu verwahrte, kauft. Im übrigen ermahnt er ihn, für das Nächstliegende zu sorgen und ihm über die Nöte Jenas zu berichten, damit doch das eine oder andre zur Wiederherstellung der Ordnung getan werden kann. Die Hoffnung für seinen Amtsbereich und die Unvierstität Jena sieht er in seinem alten Bekannten Denon, »Generalinspector der kayserlichen Museen«. An ihn müsse die Universität einen Mann schicken und »ihn um Empfehlung an Maret […] bitten.« »Ein Bruder des Herrn Regierungsrath Müller, der hier ist und in dergleichen Geschäften sich nützlich und klug bewiesen hat, spricht gut französisch und hat viel Kopf und wäre vollkommen der Mann für Jena im gegenwärtigen Augenblick. Nur müßte man ihn drüben bezahlen; denn hier ist kaum Rath für die Stadt« (an Eichstädt 21. 10. 1806). Goethe sieht also sehr genau, wie schwierig es ist, im Krieg zivilen Zwecken zu dienen. Auch haben in finanzieller Hinsicht die Kontributionen den Vorrang. Deshalb vermeidet er einen Besuch Jenas, dessen Wünsche er doch nicht befriedigen könnte. Er sorgt sich um das Schicksal der Jenenser Freunde nach der Schlacht; das belegt sein Brief vom 18. 10. 1806. Aber zu einer Fortführung der Amtsgeschäfte hält er sich nur in einem sehr begrenzten Sinne verpflichtet. Zwei Tage nach der Schlacht entschuldigt er sich bei seinen Vorgesetzten in aller Form wegen Krankheit (an Geheimrat C. G. Voigt 16. 10. 1806): »In dem schrecklichen Augenblicke ergreift mich mein altes Übel. Entschuldigen Sie mein Außenbleiben.« Im November wiederholt er diese Klage über seine Gesundheit[142], während er in Briefen an Cotta (9. 12. 1806), an Schelling (31. 10. 1806) und an Carl August (Mitte Dezember 1806)[143] sich recht zufrieden über seine Gesundheit äußert. Die außergewöhnliche Situation,

---

142 W. A. Goethes Briefe. Bd. 19, S. 240.
143 Ebd. S. 248 f.

der Streß scheint seine gesundheitlichen Kräfte eher gestärkt als ge-
schädigt zu haben. Es sieht so aus, als ob er, im Einverständnis mit seinem
alten Freunde Voigt, diesem die Geschäfte im großen und ganzen überläßt;
denn es war im Vakuum der frühen Besatzungszeit wirklich nicht viel zu
verwalten, während Goethe nach der Schlacht einen geradezu panischen
Schrecken empfand, sein geistiges Eigentum zu verlieren, und sich vor
allem wegen der *Farbenlehre* Vorwürfe machte, weil er so lange mit der
Veröffentlichung gezögert hatte (an Cotta 24. 10. 1806): »In jener unglücklichen Nacht waren meine Papiere meine größte Sorge, und mit Recht.
Denn die Plünderer sind in andern Häusern sehr übel damit umgegangen
und haben alles wo nicht zerrissen, doch umhergestreut. Ich werde nach
dieser überstandenen Epoche um desto mehr eilen, meine Manuscripte in
Druck zu bringen. Die Tage des Zauderns sind vorbey, die bequemen
Stunden, in denen wir uns mit Hoffnung schmeichelten, unsre Versuche zu
vollenden, und was wir nur entworfen hatten, auszuführen.« Es geht ihm
darum, das, was er für seine wichtigste Lebensernte hält, gerade noch unter
Dach und Fach zu bringen. Auch in diesem Zusammenhang ist an seine
Altersängste zu erinnern,– die ja nach der durchschnittlichen Lebensdauer
um 1800 keineswegs unbegründet waren. Mit dem besten Gewissen von
der Welt schreibt er an Zelter (26. 12. 1806): »Durch die bösen Tage bin ich
wenigstens ohne großen Schaden durchgekommen. Es war nicht Noth,
mich der öffentlichen Angelegenheiten anzunehmen, indem sie durch
treffliche Männer genugsam besorgt wurden; und so konnt' ich in meiner
Klause verharren, und mein Innerstes bedenken.« Das hört sich sehr introvertiert an. Doch sind das »Innerste« des Genies nicht irgendwelche See-
lenblähungen, sondern das Werk, dem er sich rastlos widmet (an Cotta
9. 12. 1806): »Beyliegendes Verzeichniß enthält umständlicher, was gestern
den 8. December an Sie, mein werthester Herr Cotta, abgegangen. Die
zweite Lieferung kommt Ihnen also nunmehr zu Handen, und auch ein
Theil der dritten. Das übrige wird nun auch besorgt [...] Die Aushängebogen der vier ersten Bände langen nach und nach bey mir an [...] Die
Farbenlehre ist auch noch eine schwere Aufgabe, indem es grade der letzte
Entschluß ist, mit dem man so lange zaudert«.

Die verschiedenen freundlichen Äußerungen über die Herzogin Luise,
daß sie jetzt der Hort der Hoffnungen ist (an N. Meyer 20. 10. 1806), daß
sie den Kaiser empfangen hat (20. 10.), daß sie »an ihrem Posten« ist (an
Knebel 21. 10.), überhaupt die fortlaufenden Äußerungen an Knebel über
das fürstliche Haus z.B. »daß die Herzogin-Mutter und die Prinzeß und

also auch deine Fräulein Schwester« – sie war eine Hofdame – »glücklich zurückgekommen« sind (an Knebel 1. 11.), daß Prinz Bernhard wieder da ist und daß man von Carl August weiß, daß er noch in Berlin verweilt (an Knebel 13. 12. 1806), beweisen, daß er von Voigt fortlaufend über die Lage informiert wurde, nicht im üblen Sinne introvertiert war. Aber grundsätzlich widmete er sich in dieser Zeit der »Einsamkeit« (an C. G. Voigt November 1806).[144] Während der Anwesenheit des Herzogs war er immer sein Faktotum gewesen, nie zur Ruhe gekommen; deshalb war er so oft wie möglich nach Jena, Lauchstädt, Halle, Göttingen oder in die böhmischen Bäder geflohen. Jetzt gehörte er in einem gewissermaßen programmatischen Sinne dem Werk und sich selbst. Die Auflösung der alten feudalen Welt – das erkannte Goethe sofort – war eine große Chance für die Neuordnung seines eigenen Lebens. Christiane Vulpius hatte der Herzog – im Gegensatz zu den Schauspielerinnen, die zum Hofe gehörten – nie ernst genommen. Jetzt, während der Auflösung der alten Gesellschaft durch die napoleonische Eroberung, konnte Goethe nicht nur mehr oder weniger Duldung für seine Geliebte erzielen – in diesem Gesellschaftsspiel hatte er sich bis zum Überdruß geübt –, sondern er konnte sie, wenn er sich beeilte, heiraten, ohne auf ein fürstliches Veto zu stoßen. Gleich der nächste Brief, den er nach seiner förmlichen Krankmeldung beim Kollegen Voigt schrieb, war an den Oberkonsistorialrat Günther gerichtet (17. 10. 1806): »Dieser Tage und Nächte ist ein alter [!] Vorsatz bey mir zur Reife gekommen; ich will meine kleine Freundin, die so viel an mir gethan und auch diese Stunden der Prüfung mit mir durchlebte, völlig und bürgerlich anerkennen, als die Meine. – Sagen Sie mir würdiger geistlicher Herr und Vater wie es anzufangen ist, daß wir, sobald möglich [!], Sonntag, oder vorher getraut werden. Was sind deßhalb für Schritte zu thun? Könnten Sie die Handlung nicht selbst verrichten, ich wünschte daß sie in der Sakristey der Stadt Kirche geschähe. – Geben Sie dem Boten, wenn er Sie trifft gleich Antwort. Bitte!« Die alte Legende, daß Goethe Christiane heiratete, weil sie sich so tapfer gegenüber den siegreichen Franzosen verhielt, wird durch den Brief halbwegs bestätigt. Noch klarer ist jedoch, daß es sich um einen »alten Vorsatz« handelte und daß es der Bräutigam entsetzlich eilig hatte. Warum? Wir erinnern uns, daß die Herzoginnen, besonders die regierende, gegen Goethes Verhältnis und vor allem gegen seinen die gute Sitte von Weimar

144 Ebd. S. 239.

beleidigenden Bastard allerlei einzuwenden hatten. Carl August hätte bestimmt von der Heirat abgeraten, und seine Ratschläge ähnelten Befehlen. Bei der resoluten Herzogin Luise war Schlimmeres zu befürchten, besonders wenn der relativ hochgestellte Nachfolger Herders die Trauung nicht selbst vollzog. Daher die Bitte an den Oberkonsistorialrat, ihn nicht nur rasch, sondern persönlich zu trauen. Der Zivilist Goethe hatte von dem Mann, den er für den Besieger Europas, d. h. der »Welt«, hielt, gelernt, daß überraschende Geschwindigkeit meistens die Voraussetzung eines vollkommenen Sieges ist. So spielte er mit sichtlichem Vergnügen und mit neugestärkter Gesundheit das veni, vidi, vici der großen Feldherrn nach. Man muß, um den Ernst in der Sache zu verstehen, freilich bedenken, daß es sich nicht nur um eine bürgerliche Heiratskomödie, sondern um die offizielle Eheschließung einer nobilitierten Exzellenz und eines alten Freundes des regierenden Herzogs handelte. Der Augenblick der Heirat war freilich auch insofern gut gewählt, als, so kurz nach der Schlacht, noch keineswegs feststand, wer der künftige regierende Herzog von Sachsen-Weimar sein werde.

Als Goethe an Carl August in der Frage seiner Verheiratung schrieb (Mitte Dezember 1806)[145], redete er um die Sache noch herum, mit der ihm wohlvertrauten obscuritas der Rhetorik – ein Zeichen dafür, daß er Kritik von Durchlaucht befürchtete. Der letzte Satz dieser Passage ist eine Ermahnung zur Weisheit und Geduld, die nicht die starken Seiten des temperamentvollen Fürsten waren: »Geb uns allen der Himmel Jahre um diesen Gegenstand in den Sehewinckel zu bringen«. Ablenken soll den Herzog wohl auch das vielzitierte Geständnis, daß ihm »in den schrecklichsten Momenten« der Gedanke an den Verlust der Farbenlehre »und andrer Papiere das schmerzlichste« war. Wenn Goethe diesem Satz ein »Confiteor« hinzufügt, so liegt darin eine Abschwächung, das Zugständnis, daß ein »Tatengenius« Papiere nicht so ernst zu nehmen braucht wie ein Schriftsteller. Der Vorwurf der Donquichotterie sollte hier nicht erhoben werden; denn die »andern Papiere« können manches enthalten haben, ohne welches unsere Literatur ärmer wäre.

Im gleichen Brief erscheint schon in völliger Klarheit die Bitte um die

---

145 Ebd. S. 246 ff. Der Brief ist nur teilweise erhalten (vgl. Anm.) und fehlt in dem von Hans Wahl herausgegebenen Briefwechsel zwischen Carl August und Goethe noch.

förmliche, juristische Übereignung des Hauses am Frauenplan, das Carl August seinem Kriegskameraden nach den Feldzügen (1794) geschenkt hatte: »Sag ich es also geradezu! Um jene Wesen die mir so angelegen sind im Augenblicke auf irgend etwas anzuweisen hab ich nichts als das *Haus* das ich früher Ihrer vorsorglichen Güte verdancke und zu dessen Besitz mir im besorglichen Falle nur noch ein Letztes fehlt. Damals walteten Bedencklichkeiten ob, mir es eigenthümlich zuzuschreiben, sie sind schon durch die Zeit selbst ausgelöscht [...] Dies ist also meine Bitte daß Sie mir das Gegebene geben, wofür ich mich doppelt und dreyfach danckbar zu erweisen hoffe«. Wir wissen bereits, woher die »Bedencklichkeiten« stammten, und das Hauptargument der fürstlichen Frauen war gewiß die Tatsache, daß Goethe mit keiner legitimen Gattin zusammenlebte. Die amtliche Beurkundung des Hausgeschenkes und die offizielle Heirat Goethes scheinen also in einem engen Zusammenhang zu stehen. Goethe schrieb schon in diesem Brief: »es bedarf nur Ein Wort an Geh. R. Voigt um die Sache selbst [...] ganz in der Stille abzuthun.« Das wäre ihm ein neuer Freundschaftsbeweis gewesen! Aber der Fürst war kein Romantiker, der das Dunkle liebte. So mußte ihm Goethe im nächsten Brief die volle Wahrheit sagen, wenn er auch nicht das Haus, sondern seinen Sohn August in den Vordergrund schob (an Carl August 25. 12. 1806): August »läßt sich noch immer gut an und ich konnte mir Ew. Durchl[aucht] Einwilligung [!] aus der Ferne versprechen als ich, in den unsichersten Augenblicken, durch ein gesetzliches Band, ihm Vater und Mutter gab, wie er es lange verdient hatte. Wenn alle Bande sich auflösen wird man zu den häuslichen zurückgewiesen, und überhaupt mag man jetzt nur gerne nach innen sehen.« Hier erscheint Goethes damaliges Programm in voller Klarheit. Aber der Schluß des Briefes ist keineswegs häuslicher, sondern ganz und gar höfischer Art: Hoffnung, daß der Herzog zurückkehrt (»Nur von diesem Augenblick werden wir die Epoche unsrer Wiederherstellung datiren«). Versicherung, daß die »Spuren des Übels geringer« sind, als man nach der Schlacht erwartete, und vor allem die Erinnerung an die alte Zusammengehörigkeit Goethes und Carl Augusts. In dem »wenn Sie uns bleiben« des letzten Satzes konnte der Herzog freilich noch etwas von der alten Ängstlichkeit der Herren Geheimräte hören, die ihm gewiß nicht verborgen geblieben war.

Bemerkenswert in dem Brief an den Herzog vom 25. 12. ist noch, daß Goethe ihm am Geburtstag von Caroline Jagemanns Sohn Carl Wolfgang schreibt und ihn sogar mit einem Lob des »kleinen Ritters« beginnt, was ein Hinweis auf die von Carl August beabsichtigte Nobilitierung sein mag;

sie erfolgte schon im Jahre 1809.[146] Jedenfalls bringt er durch diesen Glückwunsch zum Ausdruck, daß sich durch seine eigene Ehe nichts an seinem Verständnis für Carl Augusts zweite Familie geändert hat und ebensowenig an seinem Bestreben, der talentierten Geliebten des Fürsten als Theaterdirektor gerecht zu werden. Im Schreiben vom 12. 1. 1807[147] dankt der Herzog verhältnismäßig ausführlich für Goethes Glückwunsch, da dieser nach den dienstlichen Reibereien zwischen dem Star und dem Direktor nicht mehr selbstverständlich ist. Carl August nimmt Goethes guten Willen mit Genugtuung zur Kenntnis. Aber die Genehmigung von Goethes Heirat und von seinem juristisch fundierten Hauserwerb, den der gleiche Brief enthält, ist verhältnismäßig kühl. Die Anrede »mein lieber alter Freund« ist nicht allzu ernstzunehmen; denn es handelt sich dabei schon um eine halbamtliche Bezeichnung. Schwerer wiegt die Entschuldigung für die Kürze seines Briefes und diese selbst: »Du bist also wohl, heiter, thätig und voll neuen Muthes, dein Hauswesen ist berichtigt und das sind lauter gute erfreuliche Dinge; genieße lange diese angenehme Lage! Daß Dein Hauß ganz dein eigen sey, das habe ich Voigten aufgetragen zu besorgen [...] Ehestens schreibe ich dir wieder.« Der Herzog schrieb erst Ende März wieder, in völlig andern Angelegenheiten. Und Goethe fühlte wohl sogleich, daß Carl August über seine Vermählung mit einem so gewöhnlichen Weibe keineswegs beglückt war. Im Dankbrief des Dichters vom 15. 1. findet sich ein Zusatz, der das Unbehagen auf beiden Seiten zum Ausdruck bringt: »Gesteh ich's nur, schon manches Blatt hatte ich an Ew. Durchlaucht geschrieben und es jederzeit wieder vernichtet aus Furcht einer unangenehmen Berührung«. Dies bedeutet wohl, daß er sich gegenüber dem Fürsten unmöglich so schlicht zu seiner Gattin bekennen könnte, wie in dem Brief an den Oberkonsistorialrat Günther. Mit dieser unerwünschten Ehe hatte er die dem Hofmann gesetzten Grenzen endgültig überschritten.

In einer solchen Lage muß es schon als ein toleranter Akt des Hofes gesehen werden, wenn die Beziehungen wenigstens in *alter* Weise weitergeführt wurden. Am 29. 1. 1807 kam der Herzog nach Weimar zurück (Goethes Tagebuch). Der Dichter entschuldigte sich sogleich, daß er wegen seiner »Übel« ihn »nicht unter den ersten« begrüßen könne, benutzte aber die Gelegenheit, ihn seiner »ewig treuen Gesinnungen« zu versichern. Am 30. 1. schrieb er an die Herzogin Luise einen Geburtstagsglückwunsch, der

---

146 Briefwechsel Carl August mit Goethe, Bd. 1, S. 473 (= Anm. zu Nr. 345).
147 Ebd. Bd. 2, S. 1.

auch anderes enthalten haben kann (offenbar nicht erhalten). Er hatte den Erfolg, daß er am 31.1. mit ihr und dem Erbprinzen frühstücken durfte (Tagebuch). Von Christiane wurde dabei wohl kaum gesprochen; aber er war damit von der grimmigsten Feindin seiner wilden, vielleicht auch seiner legitimen Ehe wieder akzeptiert. Frau von Goethe hatte am gleichen Tage eine Jenenser Einladung, die uns heute interessanter scheint: »Mittags speisten Frommann, Hegel und Seebeck mit uns« (Tagebuch): »Seebecks gesteigerte Versuche« erwähnt Goethe in den *Tag- und Jahresheften* 1806 dankbar als eine Hilfe für seine Farbenlehre.«[148] Der Verleger Frommann war einer der wenigen Freunde aus der guten alten Zeit in Jena. Der 36jährige a. o. Professor Hegel hatte sich, nach dem Maßstab idealistischer Philosophen, verhältnismäßig bescheiden betragen und geduldig an seiner epochemachenden *Phänomenologie des Geistes* (1807) gearbeitet, weshalb er von Goethe schon lange mit Aufmerksamkeit beobachtet wurde. Im Juni 1806 verschaffte er ihm, trotz Carl Augusts Abneigung gegen Philosophen, wenigstens eine Besoldung von 100 Talern.[149] In der schlimmsten Zeit nach der Schlacht ermächtigte er Knebel, Hegel auf seine Kosten zu unterstützen (an Knebel 24. 10. 1806). Goethe verhielt sich, wie man sieht, höchst »empirisch«. In einem Brief an Schelling (23. 2. 1807), der sich wohl auf diesen Besuch vom 31. 1. bei Goethe bezieht, wirft Hegel ganz im Stile des dogmatischen deutschen Idealismus dem Verfasser der *Farbenlehre* »Haß gegen den Gedanken«, also Empirismus vor; aber er bestätigt die von uns beobachteten Untergangsgefühle, ohne die man das Genie in diesen Übergangsjahren zum hohen Alter nicht verstehen kann: »Er scheint überhaupt sein Haus bestellen und seine zeitlichen Angelegenheiten in Richtigkeit bringen zu wollen.«[150]

---

148 W. A. Bd. 35, S. 259.
149 W. A. Goethes Briefe. Bd. 19, S. 504. Anm. zu Nr. 5213.
150 Goethes Gespräche, hg. v. Wolfgang Herwig. Bd. 2, Zürich und Stuttgart 1969, S. 188.

ERTRÄGLICHE FREMDHERRSCHAFT MIT HILFE BRAVER GEHEIMRÄTE UND DURCH DAS GLÜCK VON DREI VERSCHIEDENARTIGEN KAISERLICHEN BEZIEHUNGEN (1807–1813)

Die Uraufführung des Tasso und der für Goethe unheimliche »neudeutsche« Geist der stärksten jungen Dramatiker

Am 16. Februar 1807, nicht allzulange nach der Rückkehr des Herzogs (29. 1. 1807), fand die Uraufführung von Goethes *Torquato Tasso* in Weimar statt. Das Hoftheater gelangte, wie Goethe in den Tag- und Jahresheften 1807 rückblickend schreibt, »zu einem neuen Glanz, durch eine freundliche den innigsten Frieden herstellende Kunsterscheinung«. Man darf diese Stelle auf den inneren Frieden am Hofe von Weimar beziehen; denn wenn Goethe im gleichen Zusammenhange schreibt, er habe bis dahin die Aufführung »hartnäckig als unmöglich abgewiesen«, so ist dabei nicht nur an die bis heute feststellbaren theatralischen Schwierigkeiten einer Tasso-Aufführung zu denken, sondern auch an den Widerstand des Herzogs. Inzwischen war die Eigengesetzlichkeit des Genies Goethe der ganzen Hofgesellschaft so deutlich geworden, daß es keinen Sinn mehr hatte, die in Goethes *Tasso* zum erstenmal offen zutage tretende Spannung zwischen einem modernen Genie und einer Hofgesellschaft zu vertuschen. Nur die offene Darstellung der notwendigen Konflikte konnte den Frieden wiederherstellen, nicht gerade den »innigsten«, wie Goethe beschönigend schreibt, aber einen erträglichen. Unwahrscheinlich ist in Goethes nachträglichem Bericht, daß die Initiative zu der längst fälligen Uraufführung von der »freundlichen Zudringlichkeit« der Schauspieler ausging. Ein höfischer Hintergrund ist wahrscheinlich. Drei Jahre später (3. 2. 1810) bestellte Carl August eine Tasso-Aufführung bei Goethe mit den Worten: »Die [mecklenburgischen] Prinzen wünschen sehr Deinen Tasso spielen zu sehen.«[1] Hinter dieser Bitte stand bestimmt die Verlobte des Erbprinzen von Mecklenburg, die Prinzessin Caroline von Weimar; denn sie war eine verständnisvolle, wahrscheinlich die innigste Verehrerin des Dichters Goethe am Hof von Weimar. Vielleicht machte sie schon drei Jahre früher auf Goethes *Tasso* aufmerksam. Vor allem aber ist zu beachten, daß die Uraufführung des *Tasso* am Geburtstag der Großfürstin Maria Paulowna stattfand, die als reiche Schwester des Zaren und liebenswürdige Russin großen Einfluß am Hof besaß. Goethe gehörte zu den eifrigsten Verehrern der »kaiserlichen Hoheit«, so daß sie gewiß gerne einen alten Traum Goethes in ihren Geburtstagswunsch verwandelte. »So müssen wir es durch die Damen machen«, empfiehlt der Sekretär schon in der bekanntlich lange nicht veröffentlichten *Theatralischen Sendung*[2], und Goethe hielt sich mit Vorliebe an diese uralte Empfehlung der Feudalgesellschaft, wobei zu beachten ist, daß es sich bei dem Genie nicht nur um eine Technik, sondern um eine Art Grundhaltung handelte. Je eckiger und militärischer Carl August wurde, um so enger schloß sich Goethe an die Frauen des Hofs an. Auch Charlotte von Stein, noch immer Hofdame, war ihm damals erneut eine Freundin, die das komplizierte Genie den fürstlichen Frauen verständlicher machte. Ein Jahr später fühlte sich Goethe am Geburtstag der Großfürstin nicht wohl oder er wollte sich aus andern Gründen der *großen* Geburtstagsgesellschaft unauffällig entziehen. In solchen Fällen genügte ein kleiner Brief an Charlotte, die alte Freundin: »Möchten sie wohl gelegentlich bey der Erbprinzessin Hoheit ein entschuldigendes Wort ein Wort der Anhänglichkeit für mich verwenden?« (an Charlotte v. Stein 16. 2. 1808). Goethe konnte es sich damals schon leisten, Repräsentationspflichten zu versäumen, weil die fürstlichen Frauen eine tiefere Verbindung gegenseitiger Verehrung mit dem Dichter verband.

Dem Tagebuch ist zu entnehmen, daß Carl August erst am Tage nach der Aufführung von einem kurzen Besuch aus Berlin zurückkam; wahrscheinlich vermied er absichtlich die ausdrückliche Billigung der ihm unsympa-

---

1 Briefwechsel Carl August mit Goethe, hg. v. Hans Wahl. Bd. 2. Neudruck Bern 1971, S. 36.
2 Wilhelm Meisters theatralische Sendung. 1. Ausgabe von Harry Maync. Stuttgart und Berlin 1911, S. 301.

thischen Aufführung. Doch ist anzunehmen, daß der »innigste Friede« am Hofe den Herzog und seine Nebenfrau einschloß; denn am Tage nach seiner Ankunft (Tgb. 18. 2. 1807) besuchte Goethe Durchlaucht und einige Tage später (Tgb. 21. 2.) die Jagemann, ohne deren Genehmigung und Mitwirkung die Tasso-Aufführung nicht möglich gewesen wär. Es ist an dieser Stelle zu betonen, daß Goethe die Mätresse im gesellschaftlichen Sinne keineswegs vernachlässigte, daß er Besuche mit ihr wechselte, später wohl regelmäßig den Einladungen zu den Soupers der Frau von Heygendorf folgte. Der erfahrene Hofmann versuchte gewiß auch ihr gegenüber, den angenehmen Frauenliebling zu spielen und die unvermeidlichen Reibungen am Arbeitsplatz Hoftheater nach Möglichkeit abzumildern. Aber die Vorstellungen des Hoftheaterdirektors und der erprobten Schauspielerin waren zu verschieden, als daß sie durch höfische Diplomatie hätten versöhnt werden können.

Man kann Goethe in mancher Beziehung eine Verkennung der historischen Situation vorwerfen. Diese stand, trotz gegenteiliger Experimente, schon im Zeichen der Spezialisierung, des Pluralismus. Am 19. November 1807 schreibt er an Frau von Stein aus seiner »tiefen Einsamkeit und Stille«: »Die Gegenwart stimmt selten zum Gegenwärtigen. Was neben einander existirt, scheint nur zum Streite berufen zu seyn. Für einen Autor ist es daher eine tröstliche Aussicht, daß alle Tage neue künftige Leser geboren werden«. Selbst bei Goethes Kleistkritik, in der ein besonders unglücklicher Zusammenstoß von zwei Generationen und Charakteren zu sehen ist, darf man die Untertöne über den Obertönen nicht ganz übersehen. Goethes »betrübter« Brief an Kleist über die *Penthesilea* vom 1. 2. 1808 rechnet Kleist unter die »junge[n] Männer von Geist und Talent«. Der Alte bedauert nur, daß die Jungen die Bedürfnisse des Theaters mißachten, und im Schluß erscheint ganz offen der subjektive Charakter seines Werturteils: »Dergleichen Dinge lassen sich freylich […] gefälliger sagen. Ich bin jetzt schon zufrieden, wenn ich nur etwas vom Herzen habe.« Wo das Wilde erscheint, kann der Humanist das Genie nicht mehr erkennen oder jedenfalls anerkennen. In dem Brief an Adam Müller, der dem Theaterdirektor die Dramen seines Freundes Kleist empfiehlt, findet Goethe noch deutlichere Worte der Wertschätzung, ehe er zur (ungerechten) theatralischen Kritik fortschreitet: »Der zerbrochene Krug hat außerordentliche Verdienste, und die ganze Darstellung dringt sich mit gewaltsamer Gegenwart auf. […] Zum Richter Adam haben wir einen vollkommen passenden Schauspieler, und auf diese Rolle kommt es vorzüglich an.« Man pflegt dem

Theaterdirektor Goethe die Schuld am Mißerfolg des Lustspiels zu geben. Wir wissen aber, daß der Regisseur Genast das Lustspiel schätzte und dem Publikum Verständnislosigkeit vorwarf. Wir brauchen nur an Carl Augusts Vorwürfe wegen der Veröffentlichung der *Römischen Elegien* zurückzudenken, um zu wissen, daß *offen* dargestellte Unmoral dem Gesetze einer vor allem von »edlen Frauen« getragenen Hofkultur widersprach.

Weniger Charakter als Heinrich von Kleist, mehr Anpassungsfähigkeit an das Hoftheater und an die sich mächtig ausbreitende Flut der religiösen Restauration besaß Zacharias Werner. Wir wissen schon, daß er mit seinem Lutherdrama das Interesse des Erbprinzen und seiner Gattin erregte. Die Jagemann stellt in ihren *Erinnerungen* fest, daß Werner »nach Schillers Tod für dessen berufene Nachfolger« galt und später nur durch seine Konversion alles Ansehen in Weimar verlor.[3] Es herrschen, wie man sieht, handfeste Maßstäbe am Hoftheater, und wer meint, heute triumphiere immer der künstlerische oder theatralische Wert, täuscht sich bekanntlich gründlich. Goethe war zunächst in einer außerordentlich schwierigen Situation, was Zacharias Werner betraf, deshalb vor allem, weil die fürstlichen Frauen, die seine Hauptstütze waren, lange Zeit mit dem Romantiker sympathisierten. An F. H. Jacobi schrieb Goethe am 11. 1. 1808: »Es kommt mir, einem alten Heiden, ganz wunderlich vor, das Kreuz auf meinem eignen Grund und Boden aufgepflanzt zu sehen, und Christi Blut und Wunden poetisch predigen zu hören, ohne daß es mir gerade zuwider ist. Wir sind dieses doch dem höheren Standpunct schuldig, auf den uns die Philosophie gehoben hat.« Die idealistische Philosophie ist natürlich gemeint, welche von einer Religion jenseits der »positiven« Religionen träumte. Von dieser »*allgemeinen*« Religion machte der Dichter nicht nur zu diplomatischen Zwekken, sondern auch an zentralen Punkten seiner späten Dichtung Gebrauch *(Westöstlicher Divan, Faust II)*. Zacharias Werner freilich erschien dem Dichter schon lange vor seiner Konversion als ein zweifelhafter Charakter. Es war wohl kein Zufall, daß ihm der aufgeklärte alte Freund Jacobi gerade in der Zeit von Werners höchstem Ansehen in Weimar den *Satyros*, das Drama vom falschen Propheten, wieder sandte. Goethe zeigte sich über »Dieses Document der göttlichen Frechheit unserer Jugendjahre« höchst erfreut; denn er hielt es »für ganz verloren« (an F. H. Jacobi 11. 1. 1808).

---

3 Goethe Gespräche, hg. v. Wolfang Herwig, Bd. 2. Zürich und Stuttgart 1969, S. 616.

In dem langen, für Goethes damalige weltanschauliche Lage besonders aufschlußreichen Brief an Jacobi vom 7. März 1808 verteidigt er zunächst die »sogenannten dunklen Jahrhunderte« gegen Aufklärer vom Schlage Jacobis, ohne deshalb den »Hercules« Friedrich Schlegel, den Begründer der nazarenischen Kunstbewegung und den »Cäsar« des historischen Augenblicks mit seinem Spott zu verschonen. Als »letzter Heide« fühlt er sich durch das überraschende Lob diesr tonangebenden Herren anerkannt. Von Schelling distanziert er sich im gleichen Briefe kaum, obwohl er zu Jacobis Kritikern gehörte. Zacharias Werner erklärt Goethe zunächst ganz historisch aus »dem modernen Christenwesen«: »Daß die deutsche Dichtkunst diese Richtung nahm, war unaufhaltsam; und wenn etwas daran zu tadeln ist [!], so tragen die Philosophen auch ein Theil der Schuld. Die gemeinen Stoffe, die das Talent gewöhnlich ergreift, um sie zu behandeln, waren erschöpft, und verächtlich gemacht. Schiller hatte sich noch an das Edle gehalten; um ihn zu überbieten mußte man nach dem Heiligen greifen, das in der ideellen Philosophie gleich bey der Hand lag.« Wenn Jacobi das »verkuppeln des Heiligen mit dem Schönen« ablehnt, so verargt es ihm Goethe »gar nicht […]: denn es entsteht daraus, wie uns selbst die Wernerschen Sachen den Beweis geben, eine lüsterne Redouten- und Halb-Bordellwirtschaft, die nach und nach noch schlimmer werden wird.« Goethe findet es auch »folgerecht«, daß ein solcher Dichter »seine Person geliebt, verehrt haben will, und sich deshalb zu einer Art von Lehrer und Propheten aufwirft«. Und »Spaß« macht es sogar, »wenn ich sehe, wie er die Weiblein mit leidlich ausgedachten und artig aufgestutzten Theorieen von Liebe […] zu berücken weiß«. Die Männer gewinnt er mit Hilfe von »Mönchs- und Rittergarden«. Und all dem leistet Goethe »Vorschub […] um einen so vorzüglichen Mann zu fördern und die Menschen dabey glücklich zu machen.« Bis zu dieser Stelle bleibt der Theaterdirektor Weimars ganz der alles verstehende Historiker und der ironische Maître de plaisir des Hofes. Doch jetzt folgt die Anklage des Dichters, der redlichen Mannes am Hofe, der sich an seinen wenig erfolgreichen *Groß-Cophta* erinnert: »Was haben sie sich nicht von mir abgewendet und mich gescholten, als ich ihnen die platten Resultate, worauf das Cophtische Wesen zuletzt doch führen muß, in einer lustigen Comödie vor Augen stellte. Wie hätten sie mich dagegen nicht angefreundet und geliebt, wenn ich mir hätte die Mühe geben wollen, ein Schelm oder Halbschelm zu seyn und sie zum besten zu haben.« Es ist ein ungewöhnlich ehrlicher Brief, wie ihn der Hofmann nur an alte Freunde schreiben darf. Sein Trost ist in dieser Zeit immer wieder

der gleiche: die Sicherheit seiner eigenen Überzeitlichkeit. Werner »ist ein Sohn der Zeit und muß mit ihr leben und untergehen«.

Carl August war zufrieden, wenn das Theater bereichert wurde, wenn die Jagemann gute Rollen hatte und die fürstlichen Frauen ihre theatralischen Freuden erlebten, wie in Werners *Wanda*, oder sich mit Effektstücken unterhalten ließen wie im *Vierundzwangzigsten Februar*, an dessen Entstehung Goethe nicht unschuldig war, der sich aber lange im Repertoire hielt und auch von auswärts angefordert wurde. An *einem* Punkte berührte sich Carl August mit Goethe. Werners »artig« aufgemachte Libido machte beiden Spaß; sie bereichert den Anekdotenschatz des Fürsten, der noch in mancherlei Beziehung im Rokoko wurzelte. Geschichten dieser Art störten freilich seine Freundschaft mit seinem bedeutendsten politischen Gesinnungsgenossen ein wenig, dem Freiherrn vom Stein.

An *einem* Punkt bewegte sich Goethe ganz auf den Bahnen der Romantik, aber es ist kein Zufall, daß es sich dabei um die damals so genannte »alte Romantik« handelte; denn diese berührte sich in der Bemühung um eine feste Form mit Goethes Kunstanschauung. Dies gilt jedenfalls für Calderón. Diesen Theaterdichter spielte Goethe in dem schon erwähnten Penthesilea-brief gegen das junge Talent aus. Goethe war sehr stolz auf die Inszenierung des *Standhaften Prinzen*, der in dem von A. W. Schlegel übersetzten, von Goethe bearbeiteten Text einen gewissen Erfolg hatte und bei passenden Gelegenheiten immer wieder gespielt wurde. Die Hof- und Barocktradition, in der das Weimarische Theater stand, wird an dieser Stelle besonders spürbar. Auch Zacharias Werner stand, im Unterschied zu Heinrich von Kleist, in diesem historischen Zusammenhang.

Gattungsgeschichtlich gesehen begleitet die Wiederbelebung des Oratoriums die vor allem von den Frauen getragene religiöse Restauration. Goethe mußte es erleben, daß sein engster Freund Knebel an dieser Stelle eine literarische Chance für sich erspähte, um nicht ganz aus der kulturellen Öffentlichkeit zu verschwinden. Goethe gratulierte dem Freunde zu diesem unerwarteten Vorgehen, fand aber leicht eine Entschuldigung seiner Zurückhaltung: »Daß das Fest in der Kirche gegeben wird, macht die Sache für mich noch bedenklicher« (an Knebel 14. 3. 1807). Sogar in der Kirche war ihm eine geistliche Dichtung unsympathisch. Aber er wußte ja im Grunde, daß die Restauration »unaufhaltsam« war und auch die Theater eroberte. Deshalb verwunderte er sich kaum, als er vom Herzog am 24. 3. 1809 die entsprechende Weisung erhielt[4]: »Da es feine äusserliche Zucht ist, die CharWoche durch ein Oratorium zu feyern, so wünsche zur

Erinnerung an meine Jugend Frömmigkeit den Tod Jesu von Graun zu hören. Da das Orchester aus blutarmen Christen besteht, so könnte das Oratorium im Theater gehalten und die entrée zum besten des Orchesters eingenommen werden. Bey dieser Gelegenheit würde das Christentum unseres Publicums zu schätzen seyn.« Aus dem weiteren Inhalt des Briefes geht hervor, daß Werner damals erneut in Weimar eingetroffen war, um nach dem Fortschritt der Religion in diesem heidnischen Zentrum zu schauen. Die eigentliche Anregung zu der Veranstaltung dürfte aber von der Nebenfrau ausgegangen sein; denn Mätressen hatten ja von alters her die Aufgabe, das Gewissen der Fürsten zu schärfen und die soziale Wohlfahrt des Landes zu befördern. Der fürstliche Brief verrät bei näherer Prüfung, daß sich Carl August dem alten Freund gegenüber noch nicht zum Christentum bekennt. Aber im Abschätzen des Christentums im Publikum verbirgt sich der alte, uns schon bekannte Gedanke, daß nicht die Meinung der Elite, sondern die des Volks politisch wichtig ist.

Goethes Abschied von Anna Amalia und die regierende Herzogin als neue Zuflucht

An das Ende des aufgeklärten und musischen Absolutismus hatte schon am 10. 4. 1807 der Tod der Herzogin Anna Amalia erinnert. Sie war in drei Jahrzehnten die stärkste Stütze des stets bedrohten Friedens von Weimar gewesen. Sie hatte Wieland zum Lehrer ihres Sohnes berufen, und der Fürst hatte dieser Schule stets ein freundliches Andenken bewahrt; ja, man könnte wohl beweisen, daß seine literarische Bildung nur wenige Schritte über Wieland hinaus getan hat. Goethe trug dem ehrgeizigen Fürsten seit der Romantik den größeren Ruhm ein. Aber er war – nicht nur wegen seiner amtlichen Funktionen! – auch ein größeres Problem für den Fürsten. Es fällt auf, daß Goethe die Herzogin Mutter bis zuletzt häufig besuchte, zum Teil in der Begleitung des Geheimrats Voigt, der die Geschäfte führte,

---

4 Briefwechsel Carl August mit Goethe, hg. v. Hans Wahl. Bd. 2. S. 23.

– ein Zeichen dafür, daß Anna Amalia nie aufhörte, sich für das Ganze von Weimar verantwortlich zu fühlen. Die acht Besuche, die ich im Tagebuch während der drei letzten Monate Anna Amalias zähle, sind keine Krankenbesuche, sondern eher ein Hinweis darauf, daß Goethe dem Frieden von Weimar doch nicht so ganz traute. Für den Tod der Herzogin Mutter fand Goethe innigere Worte, als er je über den Titularfreund Carl August niedergeschrieben hat: »Gar bald nach Aufführung des Tasso, einer so reinen Darstellung zarter, geist- und liebevoller Hof- und Weltscenen, verließ Herzogin Amalie den für sie im tiefsten Grund erschütterten, ja zerstörten Vaterlandsboden, allen zur Trauer, mir zum besonderen Kummer. Ein eiliger Aufsatz, mehr in Geschäftsform als in höherem inneren Sinne abgefaßt, sollte nur Bekenntniß bleiben, wie viel mehr ihrem Andenken ich zu widmen verpflichtet sei« (*Tag- und Jahreshefte* 1807)[5] Der erwähnte »eilige Aufsatz« ist der wohlbedachte offizielle Nekrolog, der von allen Kanzeln des Herzogtums verlesen wurde. Er mußte natürlich einen objektiven und, was Goethe schwerer fiel, einen christlichen Charakter besitzen. Die Bedeutung Weimars »für das ganze deutsche Vaterland« wird nur flüchtig erwähnt. Dagegen wird Anna Amalias bis zuletzt vorbildliches Wesen stark betont: »Doch blieb sie noch immer sich selbst gleich, im Äußern ruhig, gefällig, anmuthig, theilnehmend und mittheilend, und niemand aus ihrer Umgebung konnte fürchten, sie so geschwind aufgelös't zu sehen.«[6] Für Goethe war es gewiß eine schwere Pflicht, sich in der höfischen und kirchlichen »Geschäftsform« zu halten. Das Wichtigste für unser Thema ist, daß er diese leicht abzuschiebende Pflicht *erfüllte*. Am Abend des Todestags besuchte er Prinzeß Caroline, gewiß eine symbolische Handlung. Von einer Teilnahme an der Beerdigung meldet das Tagebuch nichts.

»Night-Thoughts« liebte der Werther-Dichter ganz und gar nicht mehr. Die Überwindung der Schwermut, das Lob der Heiterkeit war eine seiner größten Lebensleistungen. Aber in der populären Singschule, die er wohl nach Zelters Vorbild betrieb, um auch musikalisch etwas zur Unterhaltung beizutragen, liebt man das Traurige. Ein altes katholisches Lied ist ihm lieber als ein weltschmerzliches. Auch hier die Zuflucht zur »alten Roman-

---

5 Goethes Werke. Weimarer Ausgabe Bd. 3, Theil 2, Weimar 1893, S. 5 f.
6 Ebd. S. 305 und 309. Der Nekrolog »zum feierlichen Andenken der Durchlauchtigsten Fürstin und Frau Anna Amalia« (1807) ist in W. A. I, Bd. 36, S. 300–310 vollständig zu finden.

tik«! Nur ist sie eben nicht so beliebt. Jeder der jungen Leute »dünkt sich behaglicher, wenn er [ein] *Solo* irgend ein lamentables Grablied oder ein jammesvolles Bedauern verlorner Liebe singt. Ich [...] verwünsche dabey die Matthissons, Salis, Tiedgen, und die sämmtliche Clerisey, die uns schwerfällige Deutsche sogar in Liedern über die Welt hinaus weist, aus der wir ohnehin geschwind hinauskommen«. Im Gegensatz dazu sind ihm die Lieder, die Zelter schickt, willkommen: »Gestern wurde das meiste davon unsern Fürstinnen vorgetragen, welche viel Vergnügen daran fanden« (an Zelter 22. 1. 1808). Die hohen Damen sind auch das Publikum, dem Goethe seine Werke vorliest: Die Herzogin Luise, die Großfürstin Maria Paulowna, die Prinzessin Caroline. Darin hat sich seit Anna Amalias Zeiten nicht viel geändert. Es muß schon der *Faust* sein, wenn Carl August einmal geruhen soll, dabei zu sein (Tagebuch 6. 11. 1807). Aus diesem Interesse der Frauen erklären sich die zahlreichen Widmungen für die Mitglieder der fürstlichen Familie.

Sogar die *Farbenlehre* ist der Herzogin Luise gewidmet. Die Widmung vom 1. Band trägt das Datum des 30. Januar 1808, eines Geburtstags der Fürstin, und arbeitet mit der üblichen feudalen Fiktion: Ohne die Aufmerksamkeit, welche die Durchlauchtigste Herzogin dem mündlichen Vortrag des Verfassers schenkte, hätte dieser sich »wohl schwerlich imstande gefunden«, sich »selbst manches klarzumachen [...]« und seine »Arbeit, wo nicht zu vollenden, doch wenigstens abzuschließen«. Näher kommt Goethe der Wahrheit, wenn er beteuert, daß ihm »ununterbrochen alles das mannigfaltige Gute vorschwebt«, das er »seit längerer Zeit und in den bedeutendsten Augenblicken« seines Lebens »mit und vor vielen andern« der regierenden Herzogin verdankt. Die Frau des Herzogs und der offizielle Vorgesetzte der herzoglichen Mätresse waren natürliche Verbündete, wie sich noch im gleichen Jahr zeigte. Bei den »bedeutendsten Augenblicken« seines Lebens mag das Genie an die Tolerierung seiner genehmigungspflichtigen, nach höfischen Maßstäben unmöglichen Heirat denken, vielleicht auch an eine stille Unterstützung der Tasso-Aufführung, die nach den gleichen Maßstäben indiskret erscheinen konnte, da der Herzog von Ferrara, ganz wie der Herzog von Weimar, einen erheblichen Druck auf seinen sensiblen Dichter ausübt. Die Vollendung der *Farbenlehre* verzögerte sich bis zum Jahre 1810, und Goethe fühlte zum Schluß das Bedürfnis, in einer biographischen »Konfession« zu berichten, wie er von der Dichtung, die ihm ohne weiteres zufiel, zur bildenden Kunst, der er sich eher theoretisch oder technisch nähern mußte, zur *Farbenlehre* kam. Es handelt sich in der Hauptsache um eine Anklage der Naturwissenschaftler, die einen Dichter für unfähig halten, in der Physik mitzusprechen, und im übrigen allesamt in den »Irrungen« weitergehen, die Newton angelegt hat. Als eine besondere Enttäuschung erscheint dabei Lichtenberg, mit dem er eine Zeitlang korrespondierte. Überall in den »wissenschaftlichen Gilden« fand er die gleiche »Beschränktheit«; »überall fand ich Unglauben an meinem Beruf zu dieser Sache«. Goethe führt demnach seine Erfolglosigkeit auf das schon überall herrschende Spezialisierungsprinzip zurück.

In dieser unermeßlichen Wüste der Verständnislosigkeit und der Ignorierung Goethes, der doch durch seinen höheren Sinn für alles zuständig zu sein glaubt, erscheinen als tröstliche Sterne der »Neigung und [des] Zutrauen[s]« einige Fürsten: »Der Herzog von Weimar, dem ich von jeher alle Bedingungen eines tätigen und frohen Lebens schuldig geworden«, der Herzog Ernst von Gotha, der ihm sein physikalisches Kabinett eröffnete, der Prinz August von Gotha, der ihm köstliche Prismen aus England verehrte und der Fürst Primas [von Dalberg], der einen Aufsatz Goethes mit Randbemerkungen von eigener Hand »begnadigte«, – »den ich noch als eine höchst schätzbare Erinnerung unter meinen Papieren verwahre«. Carl August wird also in eine Reihe mit andern, auch höheren Rheinbundfürsten gestellt – das ergibt sich aus Sachsen-Weimars Zugehörigkeit zum Rheinbund. Aber das ist noch nicht alles. Den Schluß der »Konfession« bildet eine erneute Lobeshymne für die tapfere Luise von Weimar. Dies Buch, das er während der Schlacht für wichtiger als alle anderen seiner unveröffentlichten Papiere hielt, wäre »unmöglich geworden, hätte nicht unsere verehrteste Herzogin, mitten unter dem Drang und Sturm gewaltsamer Umgebungen, auch mich in meinem Kreise nicht allein gesichert und beruhigt, sondern zugleich aufs höchste aufgemuntert […] Und so sei denn auch hier am Schlusse, wie schon am Anfange gesehen, die durch ihren Einfluß glücklich vollbrachte Arbeit dieser nicht genug zu verehrenden Fürstin gewidmet.«

Das Hoftheater als Angriffsfeld der Mätresse

Goethes enthusiastische Verehrung für die regierende Herzogin in dieser Zeit wird erst ganz verständlich, wenn man den Theaterstreit von Ende 1808 kennt. Die Theaterakten über den Streit[7] geben ein verhältnismäßig deutliches Bild von den Streitfragen, um die es eigentlich ging, während die Entlassung des von der Großfürstin und von Goethe begünstigten Sängers Morhard nur den äußeren Anlaß des Streites bildete. Morhard wollte an einem bestimmten Termin nicht singen, weil er heiser war. Dies wurde ihm von Carl August als »geflissentlicher Ungehorsam« ausgelegt; das ärztliche »Attestat«, das er beibrachte, befand Durchlaucht als »sehr zweideutig«.[8] Goethe wußte, daß hinter diesem altgewohnten Donnerschlag die Jagemann stand. Man wollte offenbar die nominelle Leitung des Hoftheaters dem berühmten Dichter weiterhin überlassen, um alles Aufsehen in der Öffentlichkeit zu vermeiden; aber der 59jährige Goethe fühlte sich noch stark genug, den Kampf mit der Jagemann zu gewinnen. So verbat er sich Eingriffe in seine Direktion, auch von Serenissimus selbst, und legte die Theaterleitung nieder. So hatte man sich die Entwicklung nicht vorgestellt. Nach dem Bericht von Pius Alexander Wolff an Blümner (28. 11. 1808) – er ist der zuverlässigste Zeuge unter den Schauspielern! – war der Herzog »sehr darüber frappiert«[9], und so kam es zu den langwierigen Verhandlungen über Voigt, Kirms u. a., welche die Theaterakten wiedergeben. Goethe betont zwar immer wieder, daß es keine richtigen Verhandlungen sind, weil man den Hauptpunkt (die Mätresse) beiseitelassen muß; aber man bemerkt doch, daß nicht nur die begünstigte Schauspielerin unzufrieden war, sondern auch der Herzog, der dem Genie, das ganze Monate abwesend war, nicht mehr die volle »Souveränität« über das Theater zugestehen wollte. Carl August verwarf auch die Trennung von Oper und Schauspiel, die Goethe vorschlug, wahrscheinlich mit Recht, denn die personelle Verzahnung der beiden Institutionen war in dem kleinen Theater allzu eng (Nebenrollen, Statisten, Dekorationen usw.) – ganz abgesehen

---

7 Goethes Briefe an Christian Gottlob von Voigt, hg. v. Otto Jahn. Leipzig 1868, S. 482 ff.
8 Ebd. S. 482 f.
9 Goethe in vertraulichen Briefen seiner Zeitgenossen Bd. 2. Berlin und Weimar 1979, S. 411.

von der anerkannten Doppelbegabung der Mätresse. Eine gewisse Einschränkung von Goethes Alleinherrschaft durch die herzogliche Familie entsprach der Tradition und konnte unmöglich abgelehnt werden. Auch die Einrichtung einer Theaterkommission mit dem Hofkammerrat Kirms und dem Regisseur Genast als Zentren war vernünftig. Man hätte nach den ermüdenden Verhandlungen – das war Voigts Vorschlag – die Streiterei wahrscheinlich abgebrochen und ohne Klärung weitergewurstelt, wenn nicht die herzogliche Familie in einer von Goethe gewiß erhofften Gestalt eingegriffen hätte. Goethes bester Schauspieler Pius Alexander Wolff berichtet darüber nicht ohne Genugtuung (an Blümner 28. 12. 1808)[10]: »Wie denn nun seine [Goethes] Gegner das Heft ganz in den Händen zu haben glaubten und sich über seinen Sturz schon laut zu freuen anfingen, trat unsre regierende Herzogin hervor, wie Karl Moor unter die Räuber, und befahl, daß dem Dichter Goethe jede seiner Bedingungen erfüllt werden sollte, und ihn selbst ersuchte sie mündlich, die Direktion zu behalten. Gestern abend wurde ihm die Beendigung der Sache und die Vollmacht schriftlich zugeschickt.«

Kirms hatte die Presse schon genau beobachtet und dem Herzog von einem scharfen Kurs gegen Goethe abgeraten. Außerdem hätte es am Hof den reinsten Aufruhr gegeben, wenn Carl August die von Maria Paulowna, Prinzeß Caroline und allen Hofdamen gestützte Intervention der tapferen Herzogin gegen die Machenschaften der Mätresse zunichte gemacht hätte. Trotzdem ist die traditionelle Legende von der »Intrigantin« Caroline Jagemann, die um diese Zeit zur Frau von Heygendorf avancierte, mit Vorsicht zu betrachten. Es war am Hoftheater in Weimar tatsächlich nicht alles so, wie es sein sollte, einfach deshalb, weil Goethe nie bereit war, sich auf irgendeine seiner Interessen oder Funktionen zu spezialisieren. Selbst Freund Wolff schreibt in der Fortsetzung des zuletzt zitierten Briefs[11]: »Da sich die Sache wieder so gemacht hat, ist unserm Theater sehr zu gratulieren. Denn Goethe war wirklich einige Nachlässigkeit vorzuwerfen, und ich bin überzeugt, daß er nun mit neuem Eifer sein Unternehmen beginnen wird.« Offenbar hielt auch er die Verwarnung Goethes für berechtigt: Theater-Spezialisten konnten darüber kaum verschiedener Meinung sein, so wenig wie die Physiker bei der Beurteilung der *Farbenlehre*. Goethes besonderes Unglück an dieser Stelle war, daß er es mit der Schülerin des bedeu-

---

10 Ebd. S. 417.
11 Ebd.

tendsten Theaterspezialisten der Zeit zu tun hatte. Der Maßstab der unbestrittenen *Könnerin* Caroline Jagemann war der Theaterdirektor Iffland, unter dem sie am Mannheimer Nationaltheater gearbeitet und der danach, als Berliner Hoftheaterdirektor, Schiller zum ersten Dramatiker Deutschlands erhoben hatte. Ifflands theatergeschichtliche Rolle als Dramatiker, Schauspieler, Theaterdirektor und sozialer Anwalt seiner Schauspieler ist unvergleichlich. Er war auch in Weimar der angesehenste Theatermann. Wir erinnern uns, daß ihn Carl August gerne als Theaterdirektor für Weimar gewonnen hätte und daß er wiederholt mit seinen Gastspielen die Residenz begeisterte.

Caroline Jagemann vergleicht in ihren *Erinnerungen* Weimars Hoftheater mit Ifflands Nationaltheater[12]: »Ich kam von einer Bühne, die nach Regeln geleitet wurde und auch darin zum Muster dienen konnte, daß der Ton der unter den Künstlern herrschte, anständig und fein war, während hier Willkür und Despotismus regierten. Das Personal war mit geringer Ausnahme von unglaublicher Roheit, der allgemeine Ton nicht viel von einer herumziehenden Truppe unterschieden. Wie ich früher schon sagte, gehörte es zu den Grundsätzen des Hofkammerrats, die Schauspieler durch Vorschüsse zu fesseln; die Abzüge versetzten dieselben in die drückendste Lage, und so mußte ich mit armen unzufriedenen Leuten und wenig bedeutenden Talenten [...] meine Aufgaben ausführen, daß mir alle Freude zu neuen Rollen verging. Diese Mängel schrieb ich dem Lenker des Theaters zu und war böse, daß er geschehen ließ, was so leicht besser gemacht werden konnte, auch, daß er für alle Nebendinge kein Interesse hatte, die dem Schauspieler gleichwohl wichtig sind.« Als Nebenfrau des Fürsten verlangte sie ein von dem Theaterdirektor stetig erzogenes und betreutes, feines Theaterpersonal, keine Bohemiens. Auf der gleichen Linie liegt die Feststellung, daß es ihr nicht einfiel, der Vulpius den Hof zu machen, um sich »wie das übrige Theaterpersonal bei Goethe dadurch zu insinuieren«. Goethes Geliebte habe, aus der Dürftigkeit in den Überfluß versetzt, wie eine »Bachantin« ausgesehen; und sie sollte den Ton bestimmen? »Sie war stets umgeben von dem obskuren Teil der weiblichen Talente, aus denen auch Goethe vorzugsweise seine Lieblinge wählte, Schauspieler schlossen sich ihr an, um gut zu leben und dankbare Rollen zu bekommen, und die Zusammenkünfte waren meist lärmender Natur. Der Mann, den sie so tief

---

12 Die Erinnerungen der Karoline Jagemann. Nebst zahlreichen unveröffentlichten Dokumenten, hg. v. Eduard von Bamberg. Dresden 1926, S. 98.

verehrte, sanktionierte diese Lebensweise, hatte ein Wohlgefallen daran.«[13] Die Spitzenschauspielerin tadelt auch, daß am Weimarer Theater Gastspiele auswärtiger Schauspieler und Weimarer Gastspiele auswärts normaler Weise verboten waren. Sie erkennt die Gründe: Abwerbung der guten, Entlarvung der mittelmäßigen Schauspieler beim Publikum. »Dadurch wurden den einheimischen Künstlern aber Selbsterkenntnis und Fortschritt erschwert.« »Die Herzogin Amalia war diejenige von den Fürstlichkeiten, die am wenigsten von dem damaligen Stande des Theaters befriedigt wurde.« Gewiß, es war ungerecht, die dürftig ausgestattete Provinzbühne Weimar mit den Theatern Ifflands in Mannheim oder Berlin zu vergleichen. Aber daß Carl August mit einem zünftigen Theaterdirektor, einem ständigen Trainer wie Erzieher der Mimen, besser gefahren wäre als mit einem Universalgenie, ist keine Frage. Der Fürst (nicht nur die Mätresse) hatte ebenso viel Ärger mit dem Theater wie Goethe!

Goethe gab sich, im Rahmen seiner vielen andern Aufgaben, Mühe, das Theater, das in Wirklichkeit mehrere Direktoren hatte, besser zusammenzuhalten. Aber die Reibereien hörten nicht auf. Das vergegenwärtigt wenige Jahre später recht anschaulich ein anderer Brief Goethes an Durchlaucht. Der Bassist Stromeyer war ein Liebling der Jagemann, und sie war, wie wir schon wissen, eine Gegnerin der Gastspielbeschränkungen. Carl August befiehlt der Theaterkommission, dem Sänger den erbetenen Urlaub zu bewilligen. Goethe verteidigt in einem Brief an den Herzog am 18. 2. 1812 die bestehende Vorschrift: »Was für eine Verwirrung, Zerstörung, ja Auflösung der Bühne daraus folge, hat die Erfahrung mehrerer Theater gelehrt, welche sich gegenwärtig vergebens über ein Übel beklagen das sie sich selbst zugezogen haben.« Eine Aufhebung der Vorschrift sei besonders wegen der Nähe von Leipzig gefährlich: »Es könnte dem Director Seconda nichts erwünschter seyn als ein gebildetes Theater wie das Weimarische an der Hand zu haben, und auf unsere Kosten seinen Winter zu schmücken und zu benutzen.« Aus diesem Grund habe die Theaterkommission »vollkommen Ursache«, dem Bassisten den Urlaub zu versagen. Goethe weiß aber genau, daß die Kommission damit beim Herzog nicht durchkommt. Er entschließt sich also, »unsere oft erprobte Willfährigkeit und Deferenz gegen höchste Wünsche und Befehle auch in diesem Falle zu zeigen«. So greift er auf den alten Gedanken zurück, Oper und Schauspiel voneinander zu trennen, wenigstens in diesem Fall, und den

---

13 Ebd. S. 96 f.

Sänger Stromeyer dem Hofmarschallamte zu unterstellen, statt der Theaterkommission: »Herzogl[iche] Commission käme dadurch außer aller Verantwortung und das höchst unangenehme Verhältniß zu einem Untergebenen, der kein Untergebener ist, würde dadurch beseitigt.« Goethe rettet also die ihm wichtig erscheinende Vorschrift mit einer rein formalen Lösung, die ihm erlaubt, als Direktor des *Schauspiels* das Gesicht zu wahren. Carl August antwortet auf das drei Seiten lange, hochdiplomatische Schreiben sehr kurz: »Ich stimme diesen Vorschlage gänzlich bey.«[14] So viel nur, um zu belegen, daß die Herzogin Luise zwischen Serenissimus und dem alten Theaterdirektor Goethe keinen ewigen Frieden gestiftet hatte. Am gleichen Tage (18. 2. 1812) liest man im Tagebuch Goethes nicht nur: »Verschiednes besorgt und arrangirt. Auf dem Hofamte«, sondern auch: »Nach Tische Rolle der Rosaura mit Dem. Engels.« Die Leitung des Theaters für traditionsgemäß ein sehr wichtiges höfisches Amt. Der fast dreiundsechzigjährige Dichter gab nicht auf!

Zum historischen Verständnis von Goethes Napoleonverehrung und seine persönliche Begegnung mit dem Eroberer

Es ist historisch nicht zu rechtfertigen, wenn man die Frage nach Goethes Verhältnis zu Napoleon außerhalb der geschichtlichen Zusammenhänge stellt. In einer Zeit, in der die französische Sprache noch die normale Hofsprache war und jeder Gebildete französisch lesen, schreiben und sprechen konnte, war es für die französische Propaganda leicht, den Sieg der napoleonischen Armee als einen Fortschritt der menschlichen Kultur darzustellen. Besonders in den Rheinbundstaaten, zu denen Sachsen Weimar gehörte, war es für die Publizisten leicht, die kulturelle Überlegenheit der Franzosen darzutun. Man hatte die gefürchtete Abhängigkeit von Preußen mit der von Frankreich vertauscht, das in innenpolitischer Hinsicht fortschrittlicher war als die deutschen Großmächte. Man braucht sich nur an den über die Herrschaft Napoleons hinausreichenden Napoleonkult der Liberalen, z.B. Heinrich Heines, zu erinnern, um zu wissen, daß der *Code*

---

14 Briefwechsel Carl August mit Goethe, Bd. 2. 1971, Anmerkungen S. 352.

Napoléon, auch abgesehen von der Emanzipation der Juden, als Vorbild weiterlebte. Julian Schmidt, der nationalliberale Programmatiker des deutschen Realismus, gibt selbstverständlich dem Freund des Freiherrn vom Stein, dem Fürsten Carl August, den Vorzug vor seinem Dichter. Aber er war sich des historischen Zusammenhangs noch voll bewußt; auch kannte der Realist die überzeitliche Problematik des Idealismus[15]: Goethe »spottete der Deutschen, wie Platon der Athener spottete. Er bewunderte den Corsen, wie Aristoteles den Macedonier bewunderte. Er theilte das Schicksal und die Thorheit einiger der Besten seiner eigenen Zeitgenossen. Wo Hegel stand, ebenda stand auch Goethe«. Hegel gab sogar, im Rheinbundstaat Bayern, eine französisch inspirierte Zeitung heraus[16], was man sich bei Goethe nicht vorstellen kann. Oder soll man sagen: der etablierte Geheimerat hatte es nicht so nötig wie der junge Gelehrte? Nein, Philosophen sind besonders anfällig für scheinbar realisierte »weltgeschichtliche Ideologien«. Wir erlebten es mit dem höchsten Erstaunen als junge Philologen bei dem schon lange berühmten Existentialisten Heidegger. Goethe hat im Gegensatz zum Empiristenjäger Hegel Anteil am Empirismus oder Pragmatismus; er *mußte* als Diener von »Durchlaucht« sich nach den Umständen richten. Dagegen hatten auch vom Idealismus geprägte Romantiker wie Steffens, Schelling, Tieck, die Brüder Schlegel und Jean Paul eine erhebliche Schwäche für den Sieger. Friedrich und A. W. Schlegel kauften in Berlin eine Büste Napoleons und nahmen sie nach Jena mit.[17] Es ist also nicht so, daß der deutsche Nationalismus sich gleichzeitig mit der Niederlage überall durchsetzte oder vielmehr nach Klopstock und dem Sturm und Drang neu erwachte. Steins Gesinnungsgenossen mußten nach der Erschießung Palms und erst recht nach der Entlassung des kühnen Ministers höllisch aufmerksam sein. Es ist eine genau treffende Bemerkung des politischen Weimar-Kenners Hans Tümmler, wenn er sagt, Carl August habe seinen Patriotismus wohl ganz gern »hinter der harmlosen Fassade seines braven Erstministers« versteckt.[18] Wir kennen schon die Ängstlichkeit und

---

15 Julian Schmidt: Weimar und Jena, Supplement zur 1. Aufl. der Geschichte der deutschen Nationalliteratur im 19. Jahrhundert. Leipzig, London, Paris 1855, S. 90.
16 Ebd. S. 92.
17 O. W. Johnston: Der Freiherr vom Stein und die patriotische Literatur, in: Internationales Archiv für Sozialgeschichte der deutschen Literatur. Bd. 9 (1984), S. 46.
18 Hans Tümmler: Napoleon und die Fremdherrschaft 1806–1814, in: H. T.: Goethe der Kollege. Sein Leben und Wirken mit Christian Gottlob v. Voigt. Köln, Wien 1970, S. 124.

den unerhörten Fleiß des leitenden Ministers Voigt, seine Sorgen mit seinem »Kollegen« Goethe und die freundschaftliche Unterordnung des Universalgenies unter den unentbehrlichen Spezialisten der Verwaltung.

Blickt man in Goethes Tagebuch während der beiden ersten Jahre nach Napoleons Sieg über die Preußen, so bemerkt man eine starke Konzentration auf seine nach Schillers Tod wieder erwachende dichterische Produktion. Sie gilt, abgesehen vom *Faust,* vor allem der Prosa (Novellen der *Wanderjahre, Wahlverwandtschaften*), während die *Pandora* eher dem Wunsche gilt, sich dem Wiener Musenalmanach *Prometheus* nicht zu versagen; sie bleibt nach der Belieferung dieses poetischen Organs Fragment. Goethes gewaltige dichterische Stimme soll auch in Wien ertönen, wo man noch auf Wieland schwört; denn in Franzensbrunn, Teplitz und Karlsbad trifft man vor allem die hohen Kreise des Habsburgerstaates. In den Morgenstunden dichtet das Genie. Sonst aber zeigt sich die Exzellenz in Böhmen als ein erstaunlich eifriges *geselliges* Talent. Auf Fürsten und Grafen, noch mehr auf Fürstinnen und Gräfinnen kommt es dem Genie während seiner langen Kurzeiten vor allem an. Hier in dieser großen internationalen Welt fühlt er sich am sichersten, am »behaglichsten«. Noch größer ist sein Interesse freilich, wenn der württembergische Graf Carl Friedrich von Reinhard erscheint; denn er steht in französischen Diensten. Er ist eine Informationsquelle ersten Ranges. Goethe weicht nicht von seiner Seite, auch wenn die Patrioten, die sich hier relativ frei bewegen können, die Nase über ihn rümpfen. Er hofft, durch den Deutschen Reinhard eine wichtige Verbindung zur Besatzungsmacht herzustellen. Er will auch seinerseits alles für ihn tun, hat doch sein *Tasso* (in der Leipziger Aufführung) ein »theilnehmendes Herz« an Reinhard gefunden; auf dieser Basis läßt sich eine Freundschaft erbauen. Mit seiner Hilfe lernt er den schon lange von Goethe bewunderten französischen Geist noch besser kennen. Montesquieu lieh er sich bei dem Grafen aus, und er erstaunt, wie zeitgemäß er noch immer ist (Goethe an Reinhard 28. 8. 1807). Der Kern von Goethes Interesse für Napoleon ist, daß er sich von ihm endlich den europäischen Frieden erhofft.

Der Geheimerat hat in einem langen Leben am Hofe gelernt, höchst vorsichtig zu sein. So wird man z. B. in dem *Vorspiel zur Eröffnung des Weimarischen Theaters am 19. 9. 1807 nach glücklicher Wiederversammlung der herzoglichen Familie* kaum ein Bekenntnis zu Napoleon erblicken können, obwohl die Kriegsgöttin, der Friede und die Majestät die Hauptpersonen sind. Das kleine Werk steht poetisch höher als die meisten anderen

Gelegenheitsdichtungen Goethes; aber der Dichter experimentiert hier bereits mit dem dunkeln Ton, der sich auch im zweiten Teil von *Faust* nützlich erweisen wird. Klar ist, daß der Dichter Partei für den Frieden nimmt. Vor einem förmlichen Bekenntnis zu Napoleon als dem Friedenskaiser schreckt Goethe vorläufig noch zurück. Absichtlich unorganisch erinnert er zum Schluß an das Vorbild der abgeschiedenen Herzogin Mutter Anna Amalia, die unsterblich ist:

> In Leid und Freuden bleibet Ihrer eingedenk,
> Genuß, Entbehrung, Hoffnung, Schmerz und Scheidetag
> Menschlich zu übernehmen, aber männlich auch!

Mehr riskierte Goethe außerhalb der höfischen Sphäre, als er nämlich, die von Johannes von Müller in der Akademie der Wissenschaften zu Berlin am Friedrichstag 1807 in französischer Sprache gehaltene Rede übersetzte und im *Morgenblatt* veröffentlichte. Friedrich der Große richtet seinen Blick vom Elysium aus befriedigt auf Napoleon, in dem er den Erben seines Genies erkennt. Der hier erscheinende Personalismus ist bezeichnend für Goethes damals noch recht wenig entwickeltes historisches Denken. Die Konzentration auf die einmaligen übermenschlichen Genies widerspricht der gleichzeitigen Entdeckung und Wiederentdeckung der überpersönlichen Mächte. Man kann sich leicht vorstellen, wie erschreckend diese Parallelisierung von Friedrich und Napoleon auf die junge deutsche Generation wirkte; denn sie war ja, »nach dem Vorbilde der Ahnen« zu einem bedeutenden Teile patriotisch und christlich. Und der sowohl unchristliche wie die deutsche Literatur verachtende große König von Preußen war für sie eines der schwierigsten Probleme – gerade für die Preußen unter ihnen. Für den Schweizer Johannes von Müller, für den schwäbischen Grafen Reinhard und den Frankfurter Goethe war die Parallelisierung von Friedrich dem Großen und Napoleon dem Großen nicht so befremdend. In Norddeutschland wirkte die Übersetzung gewiß überflüssig, taktlos. Was man in einer Akademie oder im Salon französisch sagen durfte, brauchte man nicht gleich an die große Glocke zu hängen. Ich glaube aber nicht, daß Goethes publizistischer Schritt der Grund für Napoleons Werben um ihn in Erfurt war.[19] Davon war in Goethes Gesprächen mit Napoleon nicht die

---

19 Diese Möglichkeit deutet der politische Historiker Hans Hausherr an: Goethes Anteil am politischen Geschehen, in: Goethe, N. F. des Jahrbuchs der Goethegesellschaft. Bd. 11, 1949, S. 181.

Rede, vielmehr von der Dichtung, die damals, nicht nur in Deutschland, noch eine ganz andere öffentliche Macht besaß als heute.

Es ist kaum denkbar, daß Goethe die Gründe Napoleons für den Fürstentag in Erfurt durchschaute. Besser sah Carl August den gar nicht so herrlichen Hintergrund der *Machtdemonstration*, von Talleyrand, der schon an der Seite des französischen Kaisers stand, gar nicht zu reden. Der Krieg in Spanien war sehr viel schwieriger, als der gegen Preußen gewesen war, und Österreich-Ungarn gab sich mit seiner Niederlage von 1805 keineswegs zufrieden, rüstete zum neuen Krieg. Der Kaiser von Österreich fehlte auf dem Fürstentag. Von dem ängstlichen Friedrich Wilhelm III. war nichts zu befürchten; aber die von Stein geführte patriotische Bewegung in Preußen war im propagandistischen Sinne gefährlich. Carl Augusts Verbindungsmann zu ihr war sein alter Kriegskamerad, der preußische Hauptmann von Müffling. Er war in der Zeit der Fremdherrschaft der vertrauteste Freund des Fürsten. Fichtes *Reden an die deutsche Nation* (1808) erwähnen wir nur; denn wir haben ihn schon in Jena als Ideologen und weltfremden Professor kennengelernt. Nach ihm mißtraute man in Weimar allen Philosophen; auch Goethe verhielt sich ablehnend. Und wenn heute ausländische Germanisten das hohe Alter des übertriebenen deutschen Nationalismus nachweisen wollen, so zitieren sie die verrücktesten Stellen aus Fichtes *Reden*. Es liegt im Wesen von Menschen ohne gesunde Vernunft, daß sie rasch die Fronten wechseln können, wenn die Stimmung eines Volkes sich verändert. Und dies war bei dem Halbjakobiner in Preußen der Fall. Doch ist Fichte nur ein besonders berühmt gewordenes Beispiel. Gegen den in Norddeutschland aufkeimenden Nationalismus mußte die napoleonische Propaganda etwas tun, und Sachsen, im weitesten Sinne (*mit* den sog. herzoglich-sächsischen Ländern), war das geeignete Zentrum der französischen Macht. Erfurt, zwischen den herzoglich-sächsischen Residenzen Gotha und Weimar gelegen und durch die Säkularisation (Mainzer Gebiet) herrenlos geworden, wurde während der Besatzungszeit zur französischen Festung ausgebaut. Thüringen und ganz Sachsen war zur Befestigung der geistigen Herrschaft über Deutschland geeignet; denn Sachsen war ein alter Feind Preußens, und die kleinen Herzogtümer Thüringens waren stets in einem direkten Sinne der Militärmacht Preußen ausgeliefert, wie wir schon wissen. Carl Augusts Betätigung als preußischer General kann als eine Flucht nach vorne angesehen werden. *Nach* den Freiheitskriegen hatte er viele Reibereien mit den preußischen Ministerien, und sein »Diener« Goethe warnte ihn von Anfang an vor den Preußen. Zeitweise haßte das Genie die preußische Hauptstadt auch als Sitz der Kotzebue-Partei und ihrer publizistischen Macht. Von Wieland war bekannt, daß er durch und durch Humanist und Europäer war. Um Goethe mußte man sich, wegen seiner patriotischen Anfänge (»Herderismus«, *Götz von Berlichingen*), und weil er noch in einem kräftigen Alter war, erst recht bemühen. Auch der hohen Stellung Goethes, der Exzellenz, gilt Napoleons Wort: »Vous êtes un homme«.

Noch wichtiger war im Augenblick des *Erfurter Fürstenkongresses* (Ende September und Anfang Oktober 1808) die Tatsache, daß in der gleichen kleinen Residenz Weimar, die Schwester des Zaren Alexander I., die Groß-fürstin Maria Paulowna residierte, betont unabhängig von Carl August, wenn auch geistig verbunden mit seiner Gattin Luise und verheiratet mit seinem unbedeutenden Sohne Carl Friedrich. Auf dem Wege nach Erfurt übernachtete der Zar selbstverständlich in Weimar: »Kam Kaiser Alexander zwischen 6 und 7« (Goethes Tgb. 25. 9. 1808). »Mittags bey Hofe. Große Tafel. Nachher durch den Erbprinzen dem Kaiser vorgestellt, der sich auf eine sehr freundliche Weise nach Wielanden erkundigte« (ebd. 26. 9.). »Derselbe fuhr […] nach 1 Uhr fort. Der französische Kaiser kam ihm bis Münchenholzhausen entgegen« (ebd. 27. 9.). Für Napoleon kam alles dar-auf an, den Zaren zum Freund zu gewinnen oder ihn wenigstens bei guter Laune zu erhalten, um den angriffslustigen Kaiser Franz I. zu isolieren. Und – man sollte es nicht glauben – das schlichte taktische Rezept hatte Erfolg, ähnlich wie 1805 bei den Preußen. Durch die alte Regel »divide et impera« und durch die Verblendung der geborenen Könige oder Kaiser, nicht einfach als strategisches Genie konnte der Revolutionskaiser eine Zeitlang für solche, die nicht durchblickten, als Herr von Europa erschei-nen. Und zu diesen gehörte Goethe. Der Herzog hatte schon 1807 in Karlsbad – abseits der rauschenden Gesellschaft, die man sonst genoß – einsame Gespräche mit Goethe geführt (Tgb. 24.–26. 6., 4. 7. und 7. 7.), wahrscheinlich um ihn für den Kurs der Patrioten zu gewinnen. Am 15. und 17. 9. des gleichen Jahres traf Goethe den Minister Stein bei der Herzogin Luise, die, wie wir schon wissen, eine kluge Politikerin war. Am 20. 10. 1807 wurde Goethe von Müffling über die Lage in Wien und Dres-den informiert, auch speziell über Adam Müller und Gentz. Müffling er-schien eine Zeitlang bei den Veranstaltungen von Goethes Singakademie. Der spätere preußische Feldmarschall wollte gewiß einen Sieg über Goe-thes blinden Glauben an den Friedenskaiser Napoleon erringen. Aber alle Mühe war vergeblich. Unter diesen Voraussetzungen hatte Napoleon es leicht, ihn zu seinem gläubigen Anhänger zu machen, ganz wie es Mahomet einst, nach Voltaires Darstellung, mit den Opfern seiner Kriege gemacht hatte. Interessant ist es, daß der französische Eroberer im Gespräch mit Goethe dieses Stück ablehnt: »Es ist kein gutes Stück, und [er] legte sehr umständlich auseinander wie unschicklich es sei, daß der Weltüberwinder von sich selbst eine so ungünstige Schilderung mache« (Goethe: *Unterredung mit Napoleon*).[20] Natürlich muß über Goethes berühmtestes Werk gesprochen werden, den *Werther*, den Napoleon, nach Goethes naiver Vermutung, »durch und durch mochte studirt haben«.[21] Goethe meinte sogar, der Kaiser habe »die tragische Bühne mit der größten Aufmerksamkeit gleich einem Criminalrichter betrachtet, und dabei das Abweichen des französischen Theaters von Natur und Wahrheit sehr tief empfunden«. Glaubhafter ist Napoleons Mißbilligung der Schicksalsdramen und der berühmt gewordene Ausspruch: »Die Politik ist das Schicksal«; denn in diesem Punkte stimmte Goethe kaum mit dem Machthaber überein. Napoleon fragte auch nach Goethes »Verhältnisse zu dem fürstlichen Hause, nach Herzogin Amalia, dem Fürsten, der Fürstin und sonst«. Die Antwort erfahren wir nicht. Dagegen bemerkt Goethe, daß ihm die Entfernung der deutschen Bildnisse durch die Besatzungsmacht wehe tat: »Hier hatte das Bild der Herzogin Amalia gehangen, im Redouten-Anzug eine schwarze Halbmaske in der Hand« (Auch ein Nekrolog.) Von irgendwelchen Berührungen von Genie zu Genie, wie sie der Goethekult erstaunlich eifrig tradierte, erfahren wir nichts. Die Nüchternheit einer derartigen Propagandaveranstaltung der Mächtigen kommt in Goethes Bericht klar zum Ausdruck, wenn auch nicht so klar wie bei Wieland. Man hat schon im letzten Jahrhundert, in dem die Germanistik der Historie noch enger verbunden war als heute, bemerkt, daß die Quellenkritik im Falle von Goethes Unterredung mit Napoleon äußerst schwierig ist; damals prüfte man auch einen Bericht Talleyrands, der Wielands Erscheinen bei den verschiedenen Festlichkeiten aufmerksam notiert.[22] Es gibt eine Äußerung Goethes, die den dunklen Keim jener zählebigen Legende von der »einzigen« Begegnung Goethes mit einem »ebenbürtigen Genie« bilden mag.[23] Es bedarf wohl keines Beweises mehr, daß solche Dramatisierungen Sumpfblüten eines

---

20 W. A. Bd. 36, Theil II, S. 272.
21 Ebd. S. 273, 274.
22 Ludwig Geiger: Aus Alt-Weimar. Berlin 1897, S. 122–147.
23 Z. B. Georg Brandes: Goethe 7.–16. Tausend. Berlin 1922, S. 595.

verkommenen Geniebegriffs sind, z. B. des nietzscheanischen Übermenschenmythos.

Interessant ist uns aber, wie sich Goethes napoleonische Donquichotterie in einem Brief an seinen nicht immer glücklichen Verleger äußerte (an Cotta 2. 12. 1808): Ich »kann […] sagen, daß mich noch niemals ein Höherer dergestalt aufgenommen, indem er mit besonderem Zutrauen mich, wenn ich mich des Ausdrucks bedienen darf, gleichsam gelten ließ, und nicht undeutlich ausdruckte, daß mein Wesen ihm gemäß sey«. Hier wird kein Superlativ gebraucht, sondern nur der Anspruch einer besonderen Nähe zu Napoleon erhoben. Goethes Brief ist noch während der Theaterkrise geschrieben, in der solche Ansprüche nahelagen. Auch bei Carl August darf man annehmen, daß er mit Goethe nach dem Erfurter Fürstentag besonders unzufrieden war. Er hatte das Genie mitgenommen, um mit ihm Staat zu machen – wie in Karlsbad oder in Teplitz; aber nun war der Star noch selbstbewußter als zuvor. Diese Reaktion mußte ihm kindisch erscheinen: sie *ist* auch die Kehrseite der von Schiller gerühmten »Naivität« Goethes. Carl August wußte als Fürst, wie leicht es ist, sich bei Leuten, auf deren Dienste man nicht direkt angewiesen ist, anzubiedern. Der Fürst mit den Donnerschlägen gegen seine »Diener« war bei den einfachen Leuten höchst beliebt. Auch die in den Quellen oft bezeugte Faszination des Dichters durch den Orden der Ehrenlegion mußte Durchlaucht enttäuschen; denn er kannte sehr viel genauer die Funktion, die solche Orden in der Feudalgesellschaft hatten. Goethe erhielt auch den russischen Annenorden, und er sah – wieder höchst naiv! – in den beiden Orden »ein Zeichen der Vereinigung zweyer so großen als entfernten Mächte« (an Cotta 2. 12. 1808): Er dachte eben, wie *unsere* Naiven erstens, zweitens und drittens an den Frieden, weil er so köstlich und eine Voraussetzung für die schöpferische Arbeit ist. Man wird darüber hinaus kaum übersehen können, daß bei Goethe eine Art sozialer Berauschung vorlag. Die bloße Anwesenheit kaiserlicher Personen scheint seine Seele in höhere Regionen versetzt zu haben; wir werden dafür weitere Beispiele kennenlernen. Auch dies Ungenügen am einfachen Fürsten war für Carl August keineswegs schmeichelhaft. Man mag daher in Goethes Begegnung mit Napoleon einen Anlaß zu dem wenig späteren Konflikt mit dem Fürsten in der schon geschilderten Morhard-Jagemann-Affäre erblicken.

Nicht vergessen wollen wir bei dieser Analyse von Goethes Naivität, daß seine Freunde noch viel begeisterter waren. Bei dem leitenden Minister Voigt, der Napoleon zum »Heiligen« Weimars machte, kann man noch

Diplomatie vermuten, denn die französische Polizei beobachtete ihn. Durchaus verläßlich in seinen Begeisterungen ist dagegen Goethes Urfreund Knebel. Er schrieb an Hegel, Napoleon habe »ganz unabhängig von seiner Größe und Macht« [!] »die Herzen aller Menschen und vorzüglich auch der verständigsten [...] gewonnen.« [...] »Man hat in seinen Gesichtszügen nebst einem gewissen Ausdruck von Melancholie [...] nicht nur die Züge des hohen Geistes, sondern eine wahre Güte des Gemütes bezeichnet gefunden [...] Kurz, man ist enthusiastisch für den großen Mann gesinnt.«[24] Wir wissen schon, daß Hegel sich als Rheinbundpublizist betätigte oder, um den Philosophen nicht zu vergessen, nach dem bekannten Hölderlinwort lebte: »Wer das Tiefste gedacht, liebt das Lebendigste.«

In seinem gedruckten und nicht zuletzt für den Hof bestimmten Bericht über seine Unterredung mit Napoleon sagt Goethe nichts von einer Einladung nach Paris durch den französischen Kaiser. Nach anderen Quellen hat er eine solche erhalten. Sicher ist nur, daß Goethe, im Gegensatz zu vielen andern Männern des Geistes und gleich seinem kecken Fürsten *nicht* in das kaiserliche Paris reiste. Für eine Einladung spricht, daß er nach dem Zeugnis des Tagebuchs sich bei deutschen Parisreisenden nach dem Empfang »Gelehrter« in Paris erkundigte. Goethe interessiert sich in dieser Zeit für die noch überlegene französische Naturwissenschaft, von der, mit Goethes Hilfe, der Jenenser Botaniker Voigt, dann, wie bekannt, Alexander von Humboldt und später Liebig profitierten. Wahrscheinlich erhoffte er sich von Alexander von Humboldt, seinem persönlichen Bekannten, eine Empfehlung in Paris, die aber, wie wir schon wissen von diesem zünftigeren Naturforscher nicht zu erwarten war. Daraus mag sich manche verstimmte oder wenigstens zweideutige Äußerung des späten Goethe über den noch heute als Symbol der deutschen Wissenschaft fungierenden Gelehrten erklären.[25] Auch die Rezensionen seines Buches *Zur Farbenlehre* (1810), das das Genie für eines seiner Hauptwerke hielt, verrieten ihm seine Einsamkeit als Naturforscher. Wie wenige ihn als *Dichter* in Paris ernstlich gekannt hätten, konnte er schon den Gesprächen mit der deutschfreundlichen Madame de Staël entnehmen. Kurz und gut, er ging nie nach Paris, weder um Napoleon zu huldigen noch nach dem Siege über ihn – wie Carl August.

24 Nach Hellmut von Maltzahn: Karl Ludwig von Knebel. Jena 1929, S. 200f.
25 Martin Möbius: Goethe und Alexander von Humboldt, in: Euphorion. Bd. 22 (1915), S. 732.

Manche Schlauberger nehmen ihm dies heute, im Zeitalter der populären Flugreisen, ungemein übel!

Goethes Vermittlung »altdeutscher« Texte in der Mittwochsgesellschaft und die Fortsetzung des innerhöfischen Streits

Es wäre ein völlig falsches Bild von Goethe, wenn man aus seinem Napoleonkult, überhaupt aus seiner Hochschätzung der Franzosen folgern würde, er habe sich gegen die »altdeutsche« Renaissance, die im romantischen Lager und bald auch in der Philologie, in der so genannten Germanistik, vor sich ging, gesperrt. Dies war schon deshalb unmöglich, weil die Frauen des Hofes, die so wichtig für ihn waren, am ebenso nationalen wie religiösen Ahnenkult der Romantik teilnahmen und weil sich die romantischen Schriftsteller nicht zuletzt an den jungen Goethe hielten, an den Dichter des *Götz von Berlichingen*, der in *Faust I* sich neu gemeldet hatte, und an den Lieder- und Balladendichter. So kam es auch, daß die »Altdeutschen« um diesen Dichter warben, indem sie ihm ihre Publikationen zusandten, und daß Goethe, wie immer zeitgemäß, vorläufig freundlich oder diplomatisch oder pädagogisch darauf reagierte; denn die altdeutsche Dichtung oder die an die ältere deutsche Lyrik angelehnte moderne Poesie war unvollkommen, aber wenigstens »gesund«, während Goethe Künstler wie Kleist und Runge zwar für hochbegabt und ihre Werke »zum rasendwerden schön«, für »diabolisch schön« hielt, aber ihren Einfluß auf das Publikum und auf die Künstler selbst, nicht nur aus Eigennutz, fürchtete. Man darf hier daran erinnern, daß in der englischen Romantik – ich weiß nicht, ob auch in der deutschen – die Drogen schon lange vor dem deutschen Expressionismus in die geistige Kultur hineinwirkten. Goethes Haltung war auf den ganzen, unversehrten Menschen bezogen und nicht so töricht und vergänglich, wie dies unkritische Verehrer der »modernen Klassiker« meinen. Die großen Dichter, die es aus fundamentalhistorischen Gründen, auch bei größter Begabung, nicht immer geben kann, grüßen sich über Jahrhunderte und Jahrtausende hinweg.

Schon 1807 sandte ihm Friedrich Heinrich von der Hagen das von ihm herausgegebene, in Berlin erschienene *Nibelungenlied*, und Goethe antwortete ihm am 18. 10. 1807 unerwartet freundlich: »Wie sehr ich dergleichen Arbeiten unserer Vorfahren schätze, brauche ich nicht erst auszusprechen da ich diese Neigung schon mehrmals durch Nachbildung gezeigt habe. Ja es wäre mir unangenehm, daß ich nicht mehr in diesem Fache gethan, wenn ich nicht eben erlebte, daß jüngere Freunde hier so wacker eingreifen.« Goethe erkannte sogleich, daß die Interpretation der »altertümlichen« Dichtung wissenschaftliche, philologische Arbeit erfordert. Auch der nüchterne Ausdruck »in diesem Fache« verrät, daß er von jeder altdeutschen Monomanie weit entfernt ist und über der altdeutschen Poesie die altgriechische nicht verrät. Eine öffentliche Sensation, die Voraussetzung wohl zu Hagens Geschenk, war schon Goethes Rezension von Arnims und Brentanos Sammlung »alter deutscher Lieder« *Des Knaben Wunderhorn* in seiner Hauszeitschrift gewesen (*Jenaische Allgemeine Literaturzeitung* vom 21./ 22. 1. 1806). In diesem Fall wehrte er von vornherein die wissenschaftliche Kritik ab, insofern die Verfasser es sich erlaubten, die alten Texte um der Wirkung willen zu verändern. Goethe kommt es in erster Linie auf die Anregung an, die diese Sammlung der deutschen Poesie geben kann, und er hat sich darin nicht getäuscht: »Würden dann diese Lieder nach und nach in ihrem eigenen Ton- und Klangelemente von Ohr zu Ohr, von Mund zu Mund getragen, kehrten sie allmählich belebt und verherrlicht zum Volke zurück, von dem sie zum Teil gewissermaßen ausgegangen, so könnte man sagen, das Büchlein habe seine Bestimmung erfüllt.« Er mag an eigene Lieder denken wie »Sah ein Knab ein Röslein stehn«, für die es keine Vorlage gibt, die nur im »Volkstone« geschrieben sind und damit in der Romantik und im Biedermeier produktive »Nachbildung« und weite Verbreitung fanden. Ein ehemaliger Jenenser Freund, der Theologieprofessor F. J. Niethammer, forderte ihn am 28. 6. 1808 im Auftrage der bayerischen Regierung auf, ein lyrisches Volksbuch für die Deutschen zusammenzustellen, um sie nach Preußens Niederlage an ihre Gemeinsamkeit zu erinnern. Dazu kam es nicht. Man sieht aber auch hier, daß die Rheinbundstaaten – zu ihnen gehörte auch das neue Königreich Bayern – keineswegs gewillt waren, unter Napoleons Herrschaft ihre Nationalität zu verleugnen.

Ebenso wichtig wie die deutsche Öffentlichkeit, dringlicher sogar wegen der Einstellung Carl Augusts, war es für Goethe, am Weimarer Hof zu beweisen, daß er der Renaissance des »deutschen Altertums« keineswegs feindlich gegenüberstand, sondern sie mit Eifer förderte. Das Mittel dazu war die ziemlich regelmäßig stattfindende Mittwochsgesellschaft, an der die Damen des Hofes und des gebildeten Bürgertums, zum Teil auch Mitglieder der fürstlichen Familie, teilnahmen. In diesem Kreis wurde – man kann nur staunen – das Nibelungenlied ziemlich vollständig gelesen, trotz der Sprachschwierigkeiten; denn Karl Simrocks Übersetzung erschien erst 1827. Selbstverständlich bereitete sich Goethe sorgfältig vor, um den Damen beim Verständnis des Textes behilflich zu sein; er entwarf sogar eine geographische Karte, um den historischen Hintergrund der Nibelungensage anzudeuten. Der erste Eintrag im Tagebuch findet sich am 9. 11. 1808, d. h. mitten in dem schon erzählten Theaterstreit mit Carl August und der Jagemann: »Besuch von den Damen. Die Nibelungen von Anfang bis zum fünften Abenteuer.« Die letzte Erwähnung findet man am 11. 1. 1809: »Früh die Damen. Beschluß der Nibelungen. Anfang des Fierabras.« Zu diesem Zeitpunkt hatte die Herzogin Luise schon in den Streit eingegriffen; aber es war immer noch dicke Luft, weil der machtliebende Herzog verständlicherweise schwer an seiner Niederlage litt; denn sie erinnerte allzudeutlich an seine schwache moralische Position am Hofe und bei der deutschen Jugend, die im Namen des verklärten deutschen Altertums, die Treue und jede Art von Biederkeit zu *den* deutschen Tugenden erhob. Es ist charakteristisch für Goethes Altersironie, wenn er gerade das Epos mit dem urdeutschen, blutigen und wie er gelegentlich auch sagte »barbarischen« Streit parallel zum Theaterstreit vorlas und kommentierte. Schwerlich wollte er damit an eine mögliche humanere Beilegung von Streitigkeiten erinnern. Aber dem Herzog gefielen solche Späße kaum – auch wenn sie nur daran erinnern sollten, daß Goethe, seiner ganzen Vergangenheit nach, geistig der nationalen Tradition näher stand als der französisch-höfisch erzogene Fürst.

Am 13. 1. 1809, zwei Tage nach der Beendigung des Nibelungenlieds, unterhielt sich Goethe mit dem »Antiquarius Arendt, der von Bremen kam«, über die »Runenschriften und nordischen Alterthümer«. Am 18. 1. fand ein »Vortrag des Dr. Arendt von nordischen Gegenden, Litteratur und Schrift« für die Damen der Mittwochsgesellschaft statt. Auf diese Weise benutzte Goethe seine Besucher immer wieder als Gastredner, und die Kunde davon ging durch die Redner selbst durch ganz Deutschland; denn es war eine große Ehre. Der schon angefangene *Fierebras* war ein Volksbuch aus dem 16. Jahrhundert von einem heidnischen Riesen, den Goethe möglicherweise wählte, um auf seinen eigenen Ruf als »alter Heide« humoristisch anzuspielen. Die Sage stammte aus einer Neuerscheinung, die Goethe wohl als Dank für seinen Brief an Hagen erhalten hatte (*Buch der Liebe*, hg.

F.H. v. d. Hagen und J.G. Büsching 1809). Der Riese Fierebras unterhielt die Damen bis zum 22. 2. 1809. Dann hielt es Goethe für gut, von der altdeutschen Literatur abzurücken. Am 1. 3. las er Calderons *Blume und Schärpe*. Doch verließ er damit den Kreis dessen, was man damals für »romantisch« hielt, keineswegs, und am 7. 3. kehrte er zum »Altdeutschen« zurück, indem er den Damen der Mittwochsgesellschaft Dürers Handzeichnungen kommentierte. Am 2. 4. lesen wir im Tagebuch: »Bey Durchlaucht dem Herzog die Albrecht Dürers vorgezeigt«, wahrscheinlich auch die Handzeichnungen. Goethe vermied es also taktvoll, Serenissimus vom altdeutschen Unterricht auszuschließen, – soweit er ihn überhaupt für Musisches interessieren konnte. Aber die Damen dominierten. *Tristan und Isolde* liest der Dichter an einem einzigen Tag allein (4. 6. 1809). Aber das Tagebuch zeigt während des ganzen Jahres 1809 Eintragungen, die sein Interesse für altdeutsche und nordische Altertümer zeigen oder wenigstens seinen Willen, auf diesem Gebiet mit dem Geist der Zeit zu gehen. Am 12. Dezember 1809 erschien Wilhelm Grimm, angemeldet von Arnim. Vielleicht hatte auch ihn die *Wunderhorn*-Rezension Goethes dazu ermutigt. Am 16. 12. notiert Goethe: »Schottische Balladen von Grimm erhalten.« Wilhelm Grimm blieb länger in Weimar, was er ohne die Ermunterung Goethes kaum getan hätte; er war auch ein literarisches Talent und hätte gewiß gerne den alten, geliebten *Götz von Berlichingen* im Hoftheater gesehen. Aber Goethe, dem es öfters an historischer Selbsterkenntnis fehlte, bewirtete ihn mit der gedehnten Altersfassung, die, soviel ich sehe, allgemein bedauert wurde und wird: »Mittags Grimm [...] Im Theater erster [!] Theil von Götz von Berlichingen« (Tgb. 23. 12. 1809). Man kann an dieser Stelle wieder fragen, ob die Mätresse so ganz im Unrecht war. Doch interessanter in unserem Zusammenhang ist die Tatsache, daß die Germanistik den spektakulären und bekannteren Auftritt Sulpiz Boisserées am Weimarer Hofe vorbereitete.

An dieser Stelle noch ein Wort zu dem Jahre 1809, das auf den Theaterstreit folgte und in dichterischer Hinsicht ein fruchtbares, biographisch aber, wie es scheint, ein schweres Jahr für Goethe und die fürstlichen Frauen gewesen ist. Während sonst durch die Vorbereitung und die Feier zum Geburtstag der Herzogin Luise (30. 1.) diese Jahreszeit gesellschaftlich reich bewegt war, scheint man diesmal keine Lust zum Feiern gehabt zu haben. Auch am 16. Februar, dem Geburtstag der Großfürstin, findet man keinen Eintrag im Tagebuch. Diese ungewöhnlich öden Winterwochen sind wohl so zu erklären, daß Carl August das Eingreifen Herzogin Luises in den Theaterstreit zwar nicht verhindert hatte, aber so übelgelaunt war, daß es den fürstlichen Frauen rätlich erschien, auf öffentliche Geburtstagsfeiern zu verzichten. Als einen gewissen Ausgleich dafür kann man eine von Goethe mit Hilfe Falks, Genasts, Bertuchs, der Frau Hofmarschall Egloffstein u.a. organisierte Redoute betrachten, die am 3.2. stattfand. Erst am 19.2.1809 finden wir einen Spaziergang Carl Augusts mit Goethe verzeichnet. Aber es wird wohl eher eine Beschwerde- als eine Versöhnungsgelegenheit gewesen sein; denn es gibt ein auf den 25.2.1809 datiertes offizielles Schreiben Goethes an den Herzog, in dem er im Namen der Hof-Theater-Commission den Konzertmeister Destouches wegen eines Verstoßes gegen die von Durchlaucht selbst erlassenen Disziplinvorschriften anklagt. Zuständig für die Beurlaubung von Mitgliedern der Kapelle ist die Hofmarschall-Canzley und die fürstliche Theatercommission. Von diesen Instanzen hat der jüngere Eberwein einen Fortbildungsurlaub nach Berlin erhalten. »Was also den Concertmeister Destouches [hatte] veranlassen können, einer wohlbedachten und sehr zweckmäßigen Beurlaubung des jüngern Eberwein [...], sich auf die heftigste und unanständigste Weise zu widersetzen, lassen wir ununtersucht. So viel aber können wir nicht verhehlen, daß Herzogliche Commission sich Vorwürfe macht, diejenigen Corrections-Mittel gegen ihn nicht angewendet zu haben, die ihr in den Händen liegen, wenn Untergebene sich auf eine so auffallende Weise vergessen.«[26] Es war zu vermuten, daß die Mätresse den Konzertmeister veranlaßt hatte, den Urlaub Eberweins abzulehnen, um Goethes Machtlosigkeit erneut unter Beweis zu stellen. Eberwein ist zwar, gestützt auf die offizielle Beurlaubung, abgereist; aber die jetzt fällige Bestrafung des Konzertmeisters wegen des Eingreifens in die Befugnisse von zwei Hofämtern erscheint unmöglich, weil hinter der Jagemann der Herzog steht. Dabei ist Serenissimus *die* Autorität gewesen, welche die frühere, eher personalistische Struktur des Hoftheaters zerstört und eine bürokratische Ordnung geschaffen hat, um die Disziplin des Theaters zu verbessern: Goethe zählt wie in einem juristischen Schreiben alle die Vorschriften auf, die den Dienstweg regeln. Nun zeigt sich aber, daß nicht nur der Fürst, sondern auch Freunde der Jagemann gegen die Vorschriften verstoßen können, ohne den vorgesehenen »Corrections-Mitteln« unterworfen zu werden. Goethe will sich künftig nur dadurch helfen, daß er den Konzertmeister wie den Regisseur Genast verpflichtet, bei den Sessionen der Theaterkom-

---

26 Briefwechsel Carl August mit Goethe, Bd. 2, S. 21f.

mission ständig anwesend zu sein, um ihre Beschlüsse mitzutragen. Der Versuch, die Beurlaubung Eberweins zu verhindern, richtete sich nicht nur gegen Goethes Amtsbefugnisse, sondern auch gegen den von ihm persönlich geleiteten Musikkreis, in dem Eberwein eine große Rolle spielte und der der Jagemann vielleicht ein Dorn im Auge war. Carl August konnte, um seine Autorität zu wahren, schlechterdings nicht umhin, der Theaterkommission recht zu geben. Er tat dies aber nicht in einer förmlichen Antwort an Goethe, sondern durch eine kurze Zustimmung zu Goethes überaus mildem Vorschlag in einer Randbemerkung.[27] Von Anwendung der »vorgesehenen Correctionsmittel« war in Carl Augusts Randbemerkung nicht die Rede, was Goethe den fürstlichen Frauen gewiß mitteilte. Die Beziehung zwischen dem geplagten Genie und dem ebenso geplagten Mann zweier Frauen blieb normal. Aber die Fürstinnen scheinen sich damit nicht zufrieden gegeben zu haben. Die Streitereien zogen sich bis in den November hin.

1809 war auch insofern ein schweres Jahr für Goethe, als der Urlaub fern von Weimar im geliebten Böhmen, sein eigentliches Lebenselixier in diesen Jahren, wegen des österreichisch-französischen Krieges ausfiel. Österreich-Ungarn war der hartnäckigste Feind Napoleons. Erzherzog Karl brachte dem französischen Kaiser die erste große Niederlage bei und zerstörte insofern die Vorstellung von der Unbesiegbarkeit des Diktators, was kriegspsychologisch höchst wichtig ist. Man mag dies mit der erfolgreichen Verteidigung Moskaus gegen die deutschen Truppen im Dezember 1941 vergleichen; sie war im Bewußtsein vieler deutscher Offiziere die Wende, nicht erst Stalingrad. Napoleons Siege gingen weiter als die Hitlers; aber es ist kein Zufall, daß im Anschluß an diesen Krieg die Aufstände in Tirol und in Norddeutschland den ersten Willen zum aktiven nationalen Widerstand auf deutschem Sprachgebiet bekunden. Goethes Glaube an den Friedenskaiser Napoleon wurde nur oberflächlich bestätigt; denn die Folgen der Unterwerfung des Rheinbunds unter die Franzosen offenbarten sich für den Hof und die Bevölkerung von Sachsen-Weimar schon damals überaus deutlich. Das weimarische Kontingent war bei Sterzing in eine Falle der Tiroler geraten und fast vollständig vernichtet worden. Goethe registriert das fatale Ereignis in seinem Tagebuch vom 30. 8. 1809 so: »Oberstlieutenant von Hendrich. Nachrichten von dem Schicksal unsres Contingents in Tyrol. Gegen Lichtenhain allein spatzieren«.

Goethe hielt sich 2½ Monate (23. 7.–7. 10. 1809) lang in Jena auf, wie

---

27 Ebd., Anmerkungen S. 336.

immer an vielerlei arbeitend, vor allem aber mit dem Ziel, *Die Wahlver-wandtschaften* zu vollenden, das er erreicht hat. Carl August erschien mehr-mals in Jena, teils um zu inspirieren, teils um zu jagen. Er scheint aber in dieser Zeit das Gespräch mit dem Dichter nicht gesucht zu haben. Um so auffallender ist, daß zwei Tage nach der bösen Nachricht aus Tirol die ganze fürstliche Familie, »mit dem Hofe«, in Jena erschien (Tgb. 1. 9. 1809). Vielleicht war ein guter Geist auf den Gedanken gekommen, in einem Augenblick Versöhnung zu feiern, da man nicht mehr zu diskutie-ren, sondern nur noch zu klagen hatte. Frühstück im botanischen Garten, Besichtigung des osteologischen Kabinetts, Essen im mineralogischen. Dann in der von dem gelehrten Sonderling Büttner erworbenen Biblio-thek. Auffallend ist nur, daß »die Herzogin […] mit der Hoheit über die Kamsdorfer Brücke gegen Wöllnitz« fährt. Sie scheinen vom Familien- und Hoffest nicht viel zu erwarten. Eher hoffen sie auf klare Entschlüsse des Herzogs im Theaterstreit. Aber abends trifft man sich »im Griesbachischen Garten, von wo aus die Herrschaften auch wieder wegfuhren«. Interessan-ter war gewiß der Spaziergang Goethes mit Carl August und Müffling am 22. 10., in Weimar nach Goethes Rückkehr; denn wo Müffling ist, da ist der Krieg und die Politik. Aber Goethe wollte, wie es scheint, nur gutes Wetter beim Fürsten machen; denn für den folgenden Tag finden wir den überra-schenden Eintrag: »War meine Frau bey Frau von Heygendorf« [ehemals Caroline Jagemann] (Tgb. 23. 10. 1809). Hier war wieder eine gute Seele, die Frieden stiften und ihren Mann vom Alpdruck der ständigen Theater-querelen erlösen wollte. Die kluge Mätresse machte keinen Fehler; sie erwiderte den Besuch am 15. 11. Und Goethe besuchte Frau von Heygen-dorf schließlich wenige Tage später nach dem Theater (Tgb. 18. 11.).

In diesen Tagen muß die Entscheidung in der Sache Destouches gefallen sein; denn Goethe schreibt an den Herzog (»etwa 20. November« 1809) von »einige[n] höchste[n] Aufträgen«, über die er jetzt »unterthänigsten Bericht« abstatten will. Die Stelle Destouches' ist durch den Musikdirektor Joh. Eberhard Müller, Kantor in Leipzig, auf Wunsch der Großfürstin und Erbprinzessin Maria Paulowna besetzt worden.[28] Goethe empfiehlt in sei-nem Brief an Carl August ausdrücklich, »daß die von Ihrer der Frau Groß-fürstin Erbprinzeß kaiserl. Hoheit auszustellende Versicherung der Con-formität wegen gleichfalls in Ew. Durchlaucht geheimen Canzlei concipirt und mundirt und dortigerseits vollzogen werden«. Man sieht: Diesmal hat

---

28 Ebd., Anmerkungen S. 338 zu Nr. 388.

die Schwester des Zaren im Theaterstreit die Führung ergriffen. Die russische Großfürstin ist radikaler als Goethe: sie forderte eine Absetzung des ungehorsamen Konzertmeisters, und der Politiker Carl August konnte hier noch weniger widerstehen als bei seiner Gattin; denn alle Hoffnungen Europas beruhten in dieser Zeit auf dem durch den Freiherrn vom Stein beratenen Zaren Alexander. Zu beachten ist auch, daß die kaiserliche Hoheit wiederholt dem armen und von den Franzosen bedrückten Sachsen-Weimar finanziell zu Hilfe kam, besonders in kultureller Hinsicht, über Goethes »Oberaufsicht«.

Wie immer im Streit der Großen erschien es als das einfachste Mittel, auf Kosten der Kleinen die Ordnung wiederherzustellen. Goethe setzt den erwähnten Brief an den Herzog mit Worten fort, die sein Mitleid mit dem Opfer der Mätresse erkennen lassen: »Nach Erledigung des Vorstehenden wurde nunmehr dem Concertmeister Destouches die befohlene Eröffnung gethan, welcher freylich darüber höchst betroffen und wegen dem Verhältniß des ihm zugestandenen Pensions*quanti* zu seiner bisherigen Einnahme äußerst betrübt war.« Goethe hat sich in der Frage der Abfindung des Abgesetzten sehr korrekt, ja fast freundschaftlich verhalten, indem er den Herzog an seine früheren Versprechungen erinnerte und auch gegen den Titel eines Kapellmeisters, den Destouches wünschte, sowie gegen ein empfehlendes »Abschiedsdecret« nichts einzuwenden hatte (an Carl August 28. und 30. 11. 1809). Vielleicht war dem Genie die Zuspitzung des Streits durch die fürstlichen Frauen gar nicht angenehm, weil sie sein Verhältnis zum Fürsten und zur Starschauspielerin belastete. Jedenfalls fehlt in seinen Äußerungen jedes Triumphgefühl. An den Plänen der Frau von Heygendorf änderte Goethes freundliche Behandlung ihres Günstlings nichts; denn dieser war ja nur vorgeschickt worden, um ihre Macht zu erproben. Auch Goethes persönliche Bitte um Frieden und Versöhnung beeindruckte sie kaum; denn der 28 Jahre ältere berühmte Mann mit seinem Anspruch, alles zu können und zu verstehen, war eine *Last* für dieses unbestritten starke Theatertalent. Der Mißerfolg der *Farbenlehre* (1810) bewies ihr und dem Herzog wenig später, daß der Zweifel an Goethes Universalgenie sich mannigfach begründen ließ. Dies galt auch für das Gebiet der Musik, dem sie sich als Sängerin enger verbunden fühlte. Die Jahre des Theaerdirektors Goethe waren gezählt. Ein weniger ausgreifender, weniger nach gesellschaftlichem Einfluß begieriger Dichter hätte schon damals, mit 60 Jahren, das undankbare Amt als Theaterdirektor aufgegeben. Freilich hatte er von jeher die Nur-Dichter, Genies wie Hölderlin, Kleist und Jean Paul wegen ihrer Weltfremdheit gering geschätzt. Er sah eine geheime Beziehung zwischen dem Weltmann und dem Genie. Die künstlerische Leitung des Hoftheaters führte er bis zum bitteren Ende weiter, obwohl er prinzipiell die Entsagung als Charakterstärke anerkannte. Da ich annehme, daß jedem Leser die Plagen des Theaterdirektors Goethe schon jetzt klar genug geworden sind, auch die Gründe dafür, die in Goethe selbst liegen, soll dieser Bereich in den folgenden Jahren ausgespart werden und später nur noch über Goethes Entlassung aus dieser Funktion (1817) berichtet werden.

Carl Augusts und Goethes gemeinsame österreichisch-kaiserliche Begegnungen mit politischem und geistespolitischem Hintergrund in Böhmen

Wenn man Carl Augusts unklares und schwankendes Verhalten gegenüber dem Theaterdirektor Goethe verstehen will, muß man wissen, daß er nach dem Erfurter Kongreß große Sorgen hatte und das Hoftheater für ihn nur eine Nebensache war. Die von den Franzosen verlangte Entlassung des Freiherrn vom Stein als preußischem Minister und die Konfiszierung seiner Besitzungen im Rheinbundgebiet erneuerten und verstärkten die alten Befürchtungen um sein eigenes Schicksal. Weimar lag an einer wichtigen Etappenstraße der Franzosen. Die fortwährenden Truppendurchzüge und die Dienstleistungen für den Bau der Festung Erfurt belasteten das Land. Auch erwarteten die Franzosen mit großer Selbstverständlichkeit, daß das vernichtete herzoglich-sächsische Regiment neu aufgestellt werde. Marschall Davoût, der Kommandant in Erfurt, ließ den Herzog beobachten und ihn seine Unzufriedenheit spüren. Man dichtete ihm sogar Verbindungen zur aufständischen Junta in Spanien an, was er als Zeichen der beabsichtigten Absetzung verstand. Er klagte der Großfürstin Maria Paulowna sein Leid, bat sie sogar um ein großes russisches Darlehen, vielleicht um sich von jedem Verdacht der Sabotage freikaufen zu können. Die Franzosen behaupten, Norddeutschland wolle meutern und den Herzog von Weimar an seine Spitze stellen, was doch wohl bedeutet, daß man Gründe gegen ihn sucht. Er befürchtet, daß österreichische Siege die Lage seines Landes und seiner Person noch stärker gefährden würden.[29] Carl August nimmt in der Phantasie, klug wie er ist, die künftige schwierige Lage seines Landes zwischen den Fronten vorweg; aber er überschätzt wohl seine Bedeutung und die des Kommandanten von Erfurt. Trotzdem gibt es keinen Zweifel, daß das Land unter der Unfreiheit und der materiellen Belastung leidet und daß sich dadurch der Unwillen gegen den französischen Marschall in Erfurt steigert. Die Herzogin Luise spricht sich noch viel offener aus – in der üblichen französischen Hofsprache: Wir leben in Zeiten der Sklaverei, wir werden in die Zeiten der Barbarei zurückkehren.

Sie macht aus ihrer Bewunderung für die Spanier kein Geheimnis, »pour cette nation qui avait encore de l'énergie«[30]. Sie muß aber mit großem Kummer feststellen, daß Prinz Bernhard, ihr 17jähriger Sohn, auf der Seite der Franzosen kämpft.[31] Er hatte an Napoleons Sieg über die Österreicher bei Wagram teilgenommen und dafür vom Kaiser den Orden der Ehrenlegion erhalten. Carl August wurde durch diese Ehrung seines Hauses von mancher Sorge befreit. Die Schlacht gab ihm Gelegenheit, die uns schon bekannte Briefdiplomatie wieder aufzunehmen und direkt an Napoleon zu schreiben (6. 11. 1809)[32]: er sei sehr gücklich über die Siege des Kaisers und die Ruhe, die dadurch den Staaten des Rheinbundes und ganz Europa geschenkt sei. Er sagt wohl im Ernst, die Ruhe sei für diese Staaten sehr nötig. Er bittet wie üblich, auch um Schutz für seine Länder und seine Familie. Das folgende, friedlichere Jahr gab ihm erneut einen Anlaß zu einem diplomatischen Brief an den französischen Kaiser (26. 11. 1810).[33] Drei Pulverwagen der Franzosen waren in Eisenach explodiert, mit erheblichen materiellen Verlusten und solchen an Menschen. Die Franzosen leisteten Schadenersatz, und Carl August dankte dafür, ohne zu vergessen, daß diese schon Jena wegen der Kriegsschäden reichlich beschenkt hatten. Der Herzog verwendet, wie es sich bei Romanen gehört, sehr viel Rhetorik in seinem Dankbrief. Doch sind beide Geschenke auch im sachlichen Sinne interessant. Die französische Besetzung ist, wie jede Besetzung, hart. Doch

---

29 Briefe an Maria Paulowna vom 3. 1., 5. 1., 17. 2., 21. 2. 1809, in: Politischer Briefwechsel Carl Augusts von Weimar, Bd. 3. Göttingen 1973, S. 106 f., 118 f.
30 Ebd. S. 116 f.
31 Ebd. S. 125.
32 Ebd. S. 128.
33 Ebd. S. 135.

ist sie auch psychologisch sehr wendig, insofern sie an bestimmten Punkten großzügigen Schadenersatz gewährt.

Im gleichen Jahre 1810 scheint sich auch das Verhältnis zwischen dem Genie und dem Fürsten wieder entspannt zu haben; ja, es kam zu einer neuen Runde freundschaftlichen Zusammenseins, wozu, keineswegs zufällig, die böhmischen Bäder die beste Gelegenheit boten. Schon am 9. 5. 1810 schreibt Goethe an den Herzog: »Ich bin auf das lebhafteste danckbar für die huldreiche Condescendenz und erbitte mir zugleich die Erlaubniß diesmal in Töplitz aufwarten zu dürfen.« Und der Herzog verabschiedet Goethe schon am 10. 5. mit den Worten: »Das beste Gedeyhen dir wünschend, erwarte ich dich auf den Kampfplatz in Töplitz.« Goethe ist schon am 19. 5. in Karlsbad, und er schreibt Briefe an den Herzog, die so ausführlich sind, daß er ihnen zweimal den Titel »Nachrichten von Carlsbad« gibt. Ob er wohl wußte, daß in diesem Sommer Maria Ludovica, die Kaiserin von Österreich, Karlsbad besuchen will? Dies jedenfalls, die zweite faszinierende Nähe einer kaiserlichen Majestät, ist der Höhepunkt seines Karlsbader Aufenthalts und seiner Berichte. Am 6. Juni war es so weit. »Gegen 2 Uhr fuhr sie unter Läutung der Glocken und Abfeuerung von Böllern in Carlsbad ein. Das Gedränge von der Brücke bis auf den Markt war sehr groß. Die Schützen-Compagnie umgab den Wagen, und die Obrigkeiten standen zu ihrem Empfang bereit. Vier und zwanzig weißgekleidete, mit Kränzen gezierte Mädchen machten Spalier im Hause und auf der Treppe, und überreichten ein Gedicht« (an Carl August 10. 6. 1810). Das Gedicht war von Goethe. Er war von offizieller Seite dazu aufgefordert worden. Natürlich wurde es auch gedruckt – in Quart (Tgb. 7. 7. 1810). Wir begnügen uns mit den zwei letzten Strophen des Gedichts.

Der Kaiserin Ankunft

Sie, die Tausenden gehöret,
Sie erwählt euch, Sie ist euer!
Ihr umgebt sie unverwehret;
Gnädig gönnt Sie dieser Feier
Mutterblicke hold und mild
Dränget euch ihr jungen Schaaren!
Dem, der früh solch Glück erfahren,
Wächst an Glanz, von Jahr zu Jahren,
Der Erinn'rung Himmelsbild.

Was in segensreicher Enge
Diese Kaiserstadt umwallet,
Was in fröhlichem Gedränge
Seit Jahrhunderten erschallet,
Werde diesem Tag zu Theil!
Alles Wohl, das hier gequollen,
Alle Lust, die hier erschollen,
Ruft herab, mit feuervollen
Segenswünschen, Ihr zum Heil!

Auch das ist Goethe. Es war ihm ernst mit der Tradition von »Jahrhunder-
ten«, und wenn er das für Wien gebräuchliche Wort Kaiserstadt in diesem
Augenblick auf Karlsbad anwendet, so bekennt er sich durchaus zu dem
»Personalismus«, der die Monarchie begründet und der ihn auch geduldig
53 Jahre an der Seite seines nicht immer gnädigen Fürsten ausharren ließ.
Goethes Begeisterung war so groß, daß er auch *Der Kaiserin Becher* andich-
tete. Als die Bürgerschaft einen Platz ihr widmete, dichtete er *Der Kaiserin
Platz.* Im ausführlichsten Gedicht wurde *Der Kaiserin Abschied* gefeiert. Das
Tagebuch verzeichnet getreulich, wie er der Kaiserin vorgestellt wird, wie
er mit ihr spricht, wie er mit Angehörigen des Hochadels der Kaiserin
begegnet. Auch das Verfassen und Abschreiben der Gedichte findet man
genau verzeichnet, und schließlich liest man (Tgb. 25. 6. 1810): »Vollendung und Einband der Abschrift der Gedichte für die Kaiserin«. Goethe
fühlte sich offenbar durch diese Gedichte unter die Fürsten und Grafen
aufgenommen.

Es ist nicht ausgeschlossen, daß Carl August die Idee hatte, die an sich
ärgerlichen, monatelangen Aufenthalte Goethes in den böhmischen Bädern dadurch für sein Land und sein Haus nützlich zu machen, daß, mit
Hilfe des erfahrenen Hofdichters, eine Beziehung zu *der* Großmacht hergestellt wurde, die sich gegenüber Napoleon am entschlossensten und konse-
quentesten »patriotisch« verhielt. Der Gedanke dazu kann ihm zu Anfang
des Jahres 1810, durch den für Goethe keineswegs selbstverständlichen
Maskenzug zum Geburtstag der Herzogin Luise (30. 1.) mit dem Titel *Die
romantische Poesie* gekommen sein. Goethe benutzte hier seine Studien in
der »alten Romantik«, d.h. in der mittelalterbezogenen frühen Germanistik. Neben den traditionellen Allegorien Frühling, Sommer, Herbst
und Winter sowie Treue, Liebe, Recht und Ehre treten hier auch Helden

des Nibelungenlieds und anderer Spielmannsepen (Brunhild, Siegfried, Rother) und, besonders betont, der Minnesinger und der Heldendichter auf:

> Ja selbst das Große schwindet gleich den Schatten,
> Und öde wird der thatenvollste Raum;
> Drum soll die That sich mit den Worten gatten:
> Ein solcher Zweig, gepflanzt, er wird zum Baum;
> Lustwälder ziehn sich über grüne Matten,
> So blüht er fort, der schöne Lebenstraum.
> Was Eure hohen Väter, Ihr nach Ihnen,
> An uns gethan, es soll für ewig grünen!

An diesen Maskenzug *Romantische Poesie* schloß sich am Geburtstag der Großfürstin Maria Paulowna noch ein aktuellerer an: *Maskenzug russischer Nationen.* Goethe wollte gewiß nur die Großfürstin feiern. Aber der Herzog wußte wahrscheinlich schon, daß damit das Schlüsselwort des ersehnten Freiheitskampfes gefallen war. *Sie* waren ausschlaggebend: die russischen und die österreichischen Nationen. Daran arbeitete bereits der rauhe, aber geniale Freund Carl Augusts, der Freiherr vom Stein. Warum sollte Weimars Dichter nicht auch den hohen Frauen Österreichs huldigen? Der Herzog täuschte sich völlig, wenn er davon träumte, auf diese Weise, mit Hilfe der Frauen, Goethe ins Lager der Patrioten hinüberzuziehen. Goethes Verhältnis zu den von ihm verehrten Majestäten war tiefinnerlich. Mit der Politik oder gar mit dem Krieg hatte seine Begeisterung erst ganz entfernt zu tun: Der Friede erschien ihm als eine unantastbare Größe.

Carl August schrieb dem Dichter am 13. 7. 1810 aus Teplitz: »Der Kayserinn bin ich am Dienstag in Pillniz vorgestellt worden. Ich kan nicht läugnen, daß ihre ausgezeichnete geistreiche Liebenswürdigkeit mich frappirt hat. Sie sagte mir viel schönes auf deine Rechnung. Wir erwarten sie morgen vormittag hier. Der Himmel erhalte sie lange während dieser Badecur bey uns, und noch länger hintendrein auf der Welt!«[35] Das Zusammentreffen des Herzogs mit der Kaiserin war kaum ein Zufall: es sollte die von Goethe halbamtlich angeknüpfte Verbindung befestigen, ohne Goethe auszuschließen. Aber der Herzog erinnerte ihn am 13. 7. und 20. 7. vergeblich

---

35 Briefwechsel Carl August mit Goethe, Bd. 2, S. 56f.

an die Verabredung auf dem »Kampfplatz« in Teplitz. Für Goethe ist die Beziehung zur Kaiserin kein diplomatischer Kampfplatz, sondern ein Heiligtum. Am 22. Juli entschuldigt er sich mit einem gesundheitlichen Rückfall. Es braucht keine Ausrede zu sein. Eine derartige psychosomatische Reaktion auf das Erlebnis der Kaiserin ist im Rahmen von Goethes empfindlicher Seelenverfassung glaubhaft. Am 31. 7. schreibt ihm der Herzog: »Gestern morgen habe ich in Eisenberg von unserer Kayserinn Abschied genommen, wohin ich sie noch begleitete. Der Himmel erhalte Sie!« Am 2. 8. notiert Goethe im Tagebuch: »Anstalten zur Abreise«. Aber da ist die Herzogin von Curland, die Prinzeß von Hohenzollern, und abends ist er in dieser Zeit regelmäßig bei Frau von Eybenberg. Auch auf der Reise läßt er sich Zeit (Besuch bei der Gräfin Czernin, mineralogische Studien). Am 6. 8. ist er in »Teplitz und gleich bei Durchlaucht« (Tagebuch). Oft wird er den Herzog nicht allein gesehen haben. Normalerweise ist er bei der Mittagstafel des Herzogs, meist in großer Gesellschaft. Es ist die Regel, es gehört sich so, daß er dort speist, auch wenn der Herzog nicht anwesend ist (Tgb. 11. 8., 15. 8.). In Carl Augusts Gespräche mit den Patrioten wird er kaum einbezogen worden sein. Zelter bewahrt Goethe vor allzuviel Hof; auch Riemer ist da. Sogar Frau von Eybenberg hat sich in Teplitz eingefunden. In ihrer Gesellschaft sieht er den wichtigen Friedrich von Gentz, mit dem er schon in gelegentlichem Briefwechsel steht, den Vertrauten Metternichs, der wenig später eine bedeutende Rolle an der Seite des österreichischen Staatskanzlers spielen wird. Im ganzen aber liebte Goethe derartige Kuraufenthalte in der Nähe von Serenissimus wenig: sie sind anstrengend!

Eine große Sache dagegen ist es, wenn er mit Hilfe seines Fürsten in der Nähe der Kaiserin Maria Ludovica leben kann, wenn er sie wiedersehen darf, und dies war im Sommer 1812 der Fall. Am 8. 7. 1812 schrieb ihm Carl August aus Teplitz[36]: »Seit gestern […] bin ich hier; die Kayserinn seit 6 Tagen. Sie wohnt im Herrnhause. Niemand wie Graf und Gräfin Althan und Graf Odonel begleiten sie. Lichnofsky ist gestern angelangt und ist wieder zum Vorleser bestimmt. Sonsten ist niemand, der zur Gesellschaft dienen könnte, hier. Das Bad ist sehr leer: ich wohne in den Zimmern des K[önigs] von Holland im goldnen Schiff und bin ganz alleine. Die Kayserinn scheint sehr zu wünschen, daß du her kömst; wenn du ihr vorliessest, würdest du ihr viele Freude machen. Lichnofsky und Althan schreyen beyde nach dir. Komm doch balde. Leb wohl. C.A.« Carl August kennt

---

36 Briefwechsel Carl August mit Goethe, Bd. 2, S. 88.

seinen Dichter. Er betont die durch Napoleons Feldzug nach Rußland entstandene Einsamkeit im Kurort, muß freilich in der Nachschrift noch zwei große Herren ergänzen. Mit der dem Fürsten eigenen komischen Übertreibung bringt er zum Ausdruck, daß man den Dichter braucht. Sein Ruf ist diesmal erfolgreich. Goethe verläßt sein geliebtes Karlsbad und die Arbeit an *Dichtung und Wahrheit* und wird am 14. 7. von Carl August und andern Fürsten in Teplitz empfangen. Für den 15. 7. meldet das Tagebuch: »Um 9 Uhr zu Ihro Maj[estät] Mittags zur Tafel Mit dem Hofe nach dem Clarischen Parck.« Fast jeden Tag darf er nun bei der Kaiserin sein. »Früh bey Ihro Maj.[estät]« (16. 7.), »Bey Ihro Majestät im Garten« (17. 7.), »Mittag bey Ihro Maj[estät]« (18. 7.). »In dem Gartentempel der Kayserinn vorgelesen. Elegien II. besonders gut aufgenommen.« (20. 7.). »In dem Gartensaale vorgelesen aus Pandora« (21. 7.). Und so weiter. Dann kommt die Kaiserin auf die Idee, dem Dichter eine poetische Aufgabe zu stellen (28. 7.). Vielleicht braucht sie mehr Ruhe und Zeit für sich. Doch da täuscht sie sich. Goethe ist ein fixer Hofdichter. »Das kleine Stück dictirt« (30. 7.). Es handelt sich um das nur wenigen Spezialisten bekannte Lustspiel in einem Akt *Die Wette*. Aber nun soll das Stück auch noch von Liebhabern aufgeführt werden: »Nicht gebadet. Die Rolle« (4. 8.). »Die Rolle mit dem Souffleur durchgegangen« (5. 8.). »Rolle« (6. 8.). »Meist im Bette« (7. 8.). »Brief im Bette dictirt« (8. 8.). Nun flehten die Damen den schwer angeschlagenen Dichter an, sich doch zu schonen und auf die Aufführung zu verzichten. Militärische Nachrichten von Napoleons Erfolgen kamen dieser Bitte zu Hilfe (9. 8.). »Majestät nicht wohl. $2\frac{1}{4}$ fuhr die Kayserinn ab. Blieb für mich« (10. 8.). »Brief an Durchlaucht den Herzog zurückgelassen« (11. 8.). Der Brief scheint nicht erhalten zu sein; aber nette Worte des Herzogs an seinen Dichter vom 11. 8.[37]: »Um 5 Uhr fuhr sie ab. Begleiten Sie ewig die besten Einflüsse; sie [ist] ein seltenes liebenswürdiges Wesen! Sie läßt dich sehr schön und gratiös grüßen [...] Laß dir deine Gesundheit in die Ordnung kommen und lebe wohl. C. A.«

Goethe hat in diesem Jahre 1812 drei Gedichte für kaiserliche Personen geschrieben. Die Etikette verbot es wohl, die Gemahlin des österreichischen Kaisers so einseitig zu verherrlichen, wie es Goethe 1810 getan hatte. Er blieb trotz der Empfindungen für die Kaiserin, die in seinen privaten

---

37 Ebd. Bd. 2, S. 88f. Düntzer (Goethe und Carl August. Leipzig 1888, S. 659) datiert den Brief auf den Sommer 1811. Ich schließe mich der Datierung von Hans Wahl an, weil der Gruß 1811 schlecht motiviert wäre.

Briefen zum Ausdruck kommen, der Hofmann, der die Verbindung zu drei kaiserlichen Personen Habsburgs herzustellen hatte: Zur Kaiserin von Österreich, zum Kaiser Franz I. von Österreich und zur Tochter des österreichischen Kaisers, die Napoleon 1810 zu seiner Gattin gemacht hatte, um die volle kaiserliche Legitimität in Europa zu erlangen und zugleich den Rücken für den Feldzug gegen Rußland abzudecken.[38] Die beiden ersten Gedichte halten sich in dem panegyrischen Rahmen, den wir schon kennen. Das dritte Gedicht *Ihro der Kaiserin von Frankreich Majestät* ist das in politischer Hinsicht erstaunlichste und belegt zugleich die persönliche Verehrung Goethes für die Kaiserin von Österreich. Im dritten Gedicht interessiert nicht die Gemahlin Napoleons, sondern die Funktion, die sie erfüllt; sie ist »die holde Friedensbraut«. Die Millionen Franzosen sind durch sie

> Zum festen Leben abermals erwacht
> Ein jeder fühlt sein Herz gesichert schlagen,
> Und staunet nun; denn Alles ist vollbracht:
> Die holde Braut in lebensreichem Scheine –
> Was Tausende verwirrten, löst der Eine.

Die folgenden Verse sind der Verherrlichung Napoleons gewidmet:

> Worüber trüb Jahrhunderte gesonnen,
> Er übersieht's im hellsten Geisteslicht.

Ihm ist »Alles […] gelungen«, ihn hat »das Geschick zum Günstling auserwählt« usw. Dann kehrt das Gedicht zur österreichischen Gattin zurück, die dem französischen Kaiser durch einen Sohn das Reich sicherte. Durch diesen Sohn, den König von Rom, ist »abermal[s] das Schicksal einer Welt« vorherbestimmt: Vater und Sohn werden »mit milder Hand den Janustempel schließen«.

> Sie, die zum Vorzug einst als Braut gelanget
> Vermittlerin nach Götterart zu sein,
> Als Mutter, die, den Sohn im Arme, pranget,
> Befördre neuen dauernden Verein;

---

38 Die Tochter des österreichischen Kaisers hieß auch Maria Luise. Aus diesem Grunde vermied ich im vorstehenden Satz die Namen der beiden Kaiserinnen.

Sie kläre, wenn die Welt im Düstern banget,
Den Himmel auf, zu ew'gem Sonnenschein!
Uns sei durch sie dies letzte Glück beschieden –
Der Alles wollen kann, will auch den Frieden.

August Sauer bemerkt in seinem wichtigen Quellenwerk *Goethe und Öster-reich* mit Recht, daß diese merkwürdige Apotheose Napoleons als Friedens-kaiser »zum Verdruß vieler Zeitgenossen« geschrieben wurde.[39] Wenig später zeigte sich, daß der dämonische Eroberer, auch geschlagen, trotz der Verwandtschaft mit den Habsburgern für keinen vernünftigen Frieden zu haben war. Aber was Goethe in seinen Gedichten aus der patriotischen Gattin des Kaisers Franz und aus dem neuen Mahomet macht (so nannte Carl August den französischen Kaiser 1813) ist im Grunde das gleiche, nämlich das bloße Bild seiner Phantasie. Ein Mann der Tat wie Carl August konnte so viel Donquichotterie nur ironisch vermerken, mit einer erfunde-nen Anekdote, wie er sie liebte. An die Gräfin O'Donell, die Hofdame der Kaiserin, die Goethe und Carl August ebenso zu lieben vorgaben wie die Kaiserin – die beiden Frauenbilder gehen ineinander über – schreibt der Herzog von Weimar: »Goethe ist auch stumm, dicktirt aber an zwey Schrei-ber, die er sich hier von der Polizey geliehen hat seine Lebens- und Liebes-geschichte, und ist eben jezt an der Epoke wo er Ew. Excellenz – sah! er frägt mich dabey öfters um Rath ob er auch nicht zu viel dem Papiere anvertraue?, da predige ich ihm dann stets Vorsicht, Mäßigung und etwas Verschwiegenheit. Sein kranck werden vor dem Jahre hat er gar artig ein-zuwickeln gewust; jeder Leser fühlt die Ursache.«[40] Das ist gewiß der Ton, der am Wiener Hofe herrschte und die Österreicherinnen leichter erreichte als die *Pandora*. Am 28. 7. 1813 schreibt der Herzog aus Teplitz an die Gräfin, Goethe begleite ihn gerade zur Prinzessin Leopoldine: »Entre nous soit dit, il ne vous est pas fidèle, mais qui le seroit dans ce monde ci [...] Göthe et moi vous quittent pour deux yeux bleus.« Man sollte hier nicht von einer »kleinen Verleumdung« sprechen[41]; denn die Metaphysik der Untreue, der rokokohafte Vanitas-Gedanke erscheint ja ganz deutlich in dem französischen Zitat: Wer könnte überhaupt in dieser irdischen Welt treu sein? Carl August ist aufrichtiger als Goethe mit seinen empfindungs-

---

39 Goethe und Österreich. Teil 1, hg. v. August Sauer. Weimar 1902, S. XXXVIII. Schriften der Goethe-Gesellschaft Bd. 17.
40 Ebd. S. XLIII f.
41 Goethe und Gräfin O'Donell. Berlin 1884, S. 118–120.

reichen Versen und Briefen. Das Minnespiel mit der Kaiserin und ihrer Hofdame ist eine sublime Unterhaltung der alternden Kurgäste, – wenn auch nicht ohne politischen Hintergrund. Es darf behauptet werden, daß sich das Genie und sein Fürst vorher und nachher selten wieder so nahe gekommen sind wie in diesem vornehmen Minnedienst, in diesem »Arkadien«, wie Goethe einmal das böhmische Teplitz in diesem Zusammenhang nannte. Zumal in dem Sommer 1812, da Napoleons Heer, unterstützt von vielen deutschen Truppen, nach Moskau marschierte, befand man sich in einem historischen Vakuum, das idyllisch, freundschaftlich aufgefüllt werden konnte – weil politische Diskussionen sinnlos werden, wenn die Waffen so laut sprechen und ganz Europa sich im Schwebezustand befindet.

Als die Schlacht bei Leipzig geschlagen war und die alliierten Machthaber nach Frankfurt eilten, um die weiteren militärischen Maßnahmen zu beraten, schreibt die Kaiserin Maria Ludovica – offiziell latinisiert für Marie Luise – so herzlich an den Fürsten von Weimar, als dies eben einer Kaiserin möglich ist. Dagegen denkt sie bei der Erwähnung Goethes vor allem an den Dichter, und zwar in einer Weise, die ihm kaum gefiel. Er werde – das hoffte sie – das Lob von Deutschlands Rettern singen, besonders des Kaisers von Österreich, ihres Gemahls, der noch gern an seinen freundlichen Empfang in Weimar zurückdenke (20. 11. 1813).[42] Goethe hatte schon Anfang 1811 das übliche höfische Geschenk der österreichischen Kaiserin für seine vier Maria Ludovica-Gedichte von 1810 erhalten: eine »schöne goldene Dose [...] die in einem brillantenen Kranze den Namen Louise in sechs Buchstaben abgedruckt zeigte. Diese Dose war und blieb ihm das allerwerteste Angedenken«. Das ist Heinrich Düntzers Formulierung.[43] *Wäre es nicht möglich, daß auch Goethe von Österreich mehr erwartete als eine platonische Gunst der Kaiserin und die Dose*, das übliche Bestechungsgeschenk? Der Dichter dachte bestimmt nicht, wie vielleicht sein Fürst, an einen militärischen Rang der k. k. Armee. Vielleicht dachte er aber an die verhaßten, zeitweise von oben, aus Bildungsgründen, geförderten Nachdrucke seiner Werke in Österreich. Unter dem ersten Eindruck der Begegnung mit der Kaiserin in Teplitz verfaßt er einen überschwenglichen Brief an den Grafen Reinhard (13. 8. 1812), der der traditionellen germanistischen Vorstellung von Goethes unbegrenzter Liebesfähigkeit recht zu

---

42 Politischer Briefwechsel des Herzogs Carl August von Weimar. Bd. 3, hg. v. H. Tümmler. Göttingen 1973, S. 216.
43 Goethe und Karl August. Leipzig 1888, S. 656.

geben scheint: »Der Begriff [...] von dieser außerordentlichen Dame« sei
»ein reicher Gewinn für's ganze Leben.« Die Faszination durch die Kaiserin
soll nicht bestritten werden. Aber schon *einen* Tag nach dem Brief an Reinhard schrieb Goethe an Cotta einen ganz nüchternen Brief: »Bey meinem
Aufenthalt in Töplitz habe ich nicht versäumt, nach Ihrem Wunsch wegen
Verhinderung des Nachdrucks meiner Arbeiten zu sprechen. Man glaubt,
daß demselben einzig durch ein Kaiserlich Östreichisches Privilegium zu
begegnen sey, zu dessen Erlangung man mir kräftige Unterstützung zugesagt hat. Wie die Einleitung zu machen, werden Ew. Wohlgeb.[oren] bey
Ihrer Kenntniß der vorigen und gegenwärtigen Zeiten bestimmen können.«[44] Es folgt die Bitte um eine vollständige und »sehr elegante« Ausgabe. Buchhandelshistoriker haben nachgewiesen, daß auf diesem Wege
bedeutende Fortschritte im Kampf gegen den Nachdruck gemacht wurden,
nicht nur für Goethe und Cotta persönlich, sondern im Laufe der Zeit für
alle deutschen Autoren und Verleger.[45]

Die neuen Professoren in Jena, vorläufig noch harmlos, und Sulpiz Boisserées Empfang am Weimarer Hofe

Man kann leicht verstehen, daß in Goethes Leben durch seine langen
Arbeits- und Kuraufenthalte in Böhmen die alte Zufluchtsstätte Jena in den
Hintergrund trat. Es war ihm immer noch ein unwiderstehliches Bedürfnis,
ab und zu seinen Aufenthalt in der Residenz zu unterbrechen und ruhige
Tage in der Gesellschaft seines aufrichtigen Freundes Knebel zu verbringen. Aber die akademische Gesellschaft in Jena hatte ihm seit der Katastro-
phe von 1803 nicht mehr viel zu bieten. 1807 war Lorenz Oken berufen
worden. Tümmler nennt ihn mit Recht einen Wissenschaftler, der dem

---

44 Goethe und Cotta. Briefwechsel, hg. v. Dorothea Kuhn. Bd. 1, S. 244 (14. 8.
1812).
45 Herbert G. Göpfert: Goethe und Cotta, in: Buchhandelsgeschichte 2/10 (1981),
S. 545–558. Dort auch weitere Literaturangaben. Genaueres über die Gewährung
des Privilegs *für Goethe* gegen Nachdruck findet man weiter unten.

Morphologen Goethe »in mancher Beziehung geistesverwandt« war[46]; aber eben deshalb entstand ein Prioritätsstreit über die beiderseitigen Entdekkungen. Mir persönlich scheint, daß eher Goethe im Recht war, da er seine Gedanken mit Vorliebe zunächst in der Gesellschaft vortrug und es mit der Publikation nicht so eilig hatte, während Oken an Selbstüberschätzung litt und von Goethe schon lange vor der innenpolitischen Krise Weimars wegen seiner unbescheidenen Bücherwünsche getadelt und überhaupt ein »indiskreter Mensch« genannt wurde.[47] Er hatte im Charakter den weltfremden Ehrgeiz mit Fichte gemein und paßte daher auf die Dauer kaum ins maßvolle Weimar-Jena.

Man muß freilich bedenken, daß arme Universitäten wie Jena mit Menschen dieser Art häufig vorlieb nehmen mußten. Wenn die Kolleggelder so wichtig sind wie in Jena, entstehen Abhängigkeiten, die der Wissenschaft gefährlich sind: der Zwang, populäre Vorlesungen zu halten und durch Zeitschriften oder aktuelle Schriften etwas dazuzuverdienen. In dieser Lage war auch Heinrich Luden, der 1810, nach dem Tode des Schillerfeindes Christian G. Heinrich, das historische Ordinariat erhielt. Nach heutigen Begriffen war er eher Politikwissenschaftler als Historiker, und diese lieben es bekanntlich, praktisch in der Politik mitzumischen. Sein Vorbild als Autor war der von Goethe hochgeschätzte Johannes von Müller, der, wissenschaftsgeschichtlich gesehen, noch der *vor* Niebuhr und Ranke herrschenden rhetorischen Geschichtsschreibung, der so genannten »historischen Kunst« zuzurechnen ist. Diese nahm es mit den Quellen und der Quellenkritik noch nicht so genau, erlaubte sich sogar, nach antikem Vorbild, willkürliche Ergänzungen.[48] Methodisch gesehen war Luden für eine von Hofleuten (Voigt, Goethe) beherrschte Universität eine recht gute Erwerbung und nach seinen politischen Tendenzen paßte er in die nationalliberale Linie Carl Augusts. Aber mit diesem verstand er es auch 1819, vor der überlegenen Macht der Heiligen Allianz zurückzuweichen. Wir werden sehen, daß ihn Goethe, viel früher als die Weimarer Regierung, vor seinem politischen Abenteuer warnte. Seine späteren Berichte über die Gespräche mit Goethe verraten Respekt vor dem Genie und der Welterfahrung des Hofmanns.

---

46 Hans Tümmler: Gemeinsame Kulturbemühungen unter der Fremdherrschaft 1806–1815, in Hans Tümmler: Goethe der Kollege. Wien 1970, S. 137.
47 Ebd. S. 138.
48 F. Sengle: Biedermeierzeit Bd. 2. Stuttgart 1972, S. 295.

In dem vielseitigen Mediziner Dietrich Georg Kieser, der in Hufelands medizinischem Journal publizierte und 1812 aus Göttingen berufen wurde, glaubte Voigt einen Spitzenwissenschaftler gewonnen zu haben[49]; aber auch er stand unter den Bedingungen der armen Universität und wurde wie Oken und Luden vom politischen Zeitgeist stark berührt.

Der beste Forscher, der in dieser Zeit berufen wurde, scheint der von Carl August selbst »aus höchst eigener Bewegung« (Voigt an Goethe 11. 8. 1810) gewonnene Johann Wolfgang Döbereiner gewesen zu sein. Nach Göttlings Tode war Goethe vom Herzog wiederholt aufgefordert worden, für die Neubesetzung der chemischen Professur zu sorgen; aber er zögerte, aus Gründen, die hier nicht näher erörtert werden sollen. Döbereiner scheint ein zünftiger Naturwissenschaftler gewesen zu sein; das Universalgenie hätte ihn kaum gewählt, da ihn die Rezeption seiner *Farbenlehre* immer mißtrauischer gegenüber der vordringenden rein empirischen Wissenschaft machte. Aber Goethe verhielt sich loyal gegenüber dem von seinem Fürsten berufenen Wissenschaftler; er begann ihn sogar, nach dem Wunsche Carl Augusts, zu verwöhnen, damit er ja nicht abgeworben werde. Das Genie und sein Fürst lernten gemeinsam von dem jungen Fachmann. Er ging auf die verschiedensten Wünsche und Vorschläge Carl Augusts ein und gewann immer mehr Einfluß. Dem Dichter gefiel er gewiß dadurch, daß er die Wissenschaft sehr ernst nahm und ihm keine politischen Sorgen machte. Wir stehen in der Zeit, da Wilhelm von Humboldt die Friedrich-Wilhelm-Universität in Berlin gründete. Es war ihm wohl, auch während seiner Aufenthalte in Weimar-Jena, klargeworden, daß die großen Staaten die Förderung der Wissenschaften in die Hand nehmen müssen, überhaupt die Staaten aufgrund von Expertengutachten, nicht die Höfe mit ihren Liebhabereien und ihrem Günstlingswesen. Goethe hielt durch die tatkräftige Förderung Döbereiners seinen Anspruch auf die »Oberaufsicht« aufrecht; aber ihre Verengung auf die Bibliotheken und Museen war vorauszusehen, wie das Ende von Goethes Theaterdirektion.

So wird es verständlich, daß der Kölner Sulpiz Boisserée, ein Freund und Gönner Friedrich Schlegels, bei Goethe und am Weimarer Hofe Eingang fand. Rein chronologisch gesehen ist diese Rezeption der bildkünstlerischen Romantik nicht selbstverständlich; denn 1811 hatte Goethe bei Cotta Philipp Hackert veröffentlicht, die Biographie eines Malers, der ganz im 18. Jahrhundert verwurzelt war! Die Grundlage für das Vertrauen des

---

49 Hans Tümmler: Goethe der Kollege, S. 138.

Kölner-Dom-Erforschers war Goethes jugendlich enthusiastisches Lob für das Straßburger Münster; und an frühere Zeiten seiner Bildungsgeschichte ließ sich Goethe gern erinnern, weil so die Kontinuität seines Lebens nachgewiesen wurde, während manche Kritiker die Charakterlosigkeit seines Lebensweges entdecken zu können glaubten. Die uns bereits bekannte Vorbereitung Goethes auf diese neue mediävistische Studienphase bestand in seinem erstaunlich zeitgemäßen Lesen und Vorlesen des Nibelungenlieds und anderer mittelhochdeutscher Dichtungen. Das Unbefriedigende an diesem Studium war das nur halb verständliche ältere Deutsch gewesen. Die mittelalterliche Baukunst und Malerei war Goethe, dem Kenner der bildenden Kunst, unmittelbar zugänglich. Und: Die Boisserées waren echte Katholiken, keine sektiererischen Ideologen wie F. Schlegel oder Z. Werner, keine Opfer des Zeitgeistes. Die Konversion F. Schlegels begeisterte sie keineswegs, und der Neukatholik selbst hatte am 17. 8. 1808 den beiden Brüdern dafür gedankt, »daß sie gemeinschaftlich den neuen Journalartikel in Köln über mein Katholischwerden verhindert haben oder verhindern wollen«.[50] Sulpiz erzählt in seinem Brief vom 3. 5. 1811 an den Bruder Melchior Boisserée sehr hübsch, wie er von der Exzellenz »mit gepudertem Kopf, seine Ordensbänder am Rock [...] so steif und vornehm als möglich« empfangen wird. Der Kölner Großbürger hat sich aber vorgenommen, »der Vornehmigkeit eben so vornehm zu begegnen«. Goethes unwiderstehliche Lernbegierde tritt in Funktion, als er bemerkt, daß er es hier mit einem Forscher, keinem ideologischen Schwätzer zu tun hat. Er gibt zu, daß er noch kein Bild von Eyck gesehen hat, und so entwickelt sich ein Gespräch über die Maler zwischen Eyck und Dürer und über Dürers Zeitgenossen in den Niederlanden. »Endlich war von Reinhard die Rede, das Gespräch führte zu unserem gemeinschaftlichen Besitz von Apollinarisberg ›usw.‹ Das machte den alten Herrn freundlicher, das Lächeln wurde häufiger, er lud mich auf morgen zu Tisch; erinnerte mich noch zum Erbprinzen zu gehen, ich müßte den Herrschaften die Zeichnungen zeigen.«[51] Der Erbprinz ist der Gatte Maria Paulownas, die auch aus religiösen Gründen Interesse für die alte Kunst besaß. *Sie* sollte wohl den Hof über die Bedeutung seines Besuches informieren.

Am 6. 5. 1811 findet Boisserée Goethe bei der Betrachtung der Faust-

---

50 Sulpiz Boisserée: Briefwechsel/Tagebücher, Bd. 1. Faksimiledruck nach der Auflage von 1862, hg. v. Heinrich Klotz. Göttingen 1970, S. 56f.
51 Ebd. S. 111f.

Zeichnungen von Cornelius. Goethe lobt stärker, als Boisserée erwartete, und dieser benutzt die Gelegenheit, um Cornelius aus dem »schlechten Licht« zu rücken, »worein sich manche Nachahmer des Altdeutschen gesetzt« haben.[52] Boisserée, der Freund F. Schlegels, distanziert sich also bei Goethe klug von einem Teil der Nazarener. Gefährlich wird es, als das Gespräch auf Runge und die deutsche Philosophie führt und Goethe seinen kulturpolitischen Altersjammer anzustimmen beginnt. Boisserée erwidert, wieder mit großer Einfühlung, eben deshalb sei es nötig, »die alten Schätze der Bildung zu retten«. [...] »Das ist das rechte, sagte er, aber die Dinge so anzusehen, dazu gehört Charakter, denn zur Resignation gehört Charakter.«[53] Man trifft sich also in der Pflicht des Historikers. Der junge Romantiker täuscht sich natürlich, wenn er meint, er habe Goethe zur altdeutschen Kunst bekehrt (an Bertram 10. 5. 1811)[54]: »Alle Einwendungen des Alten gegen die eigene vaterländische Erfindung der gothischen Baukunst verstummen [...] Er brummte am Dienstag, als ich bei ihm mit den Zeichnungen allein war, wirklich zuweilen wie ein angeschossener Bär, man sah, wie er in sich kämpfte und mit sich zu Gericht ging, so Großes je verkannt zu haben.« Mit solchen Triumphgefühlen – sie erscheinen noch deutlicher im Tagebuch[55] – bleibt er doch Friedrich Schlegels Freund. Goethe wird der antiken Kunst nicht untreu (vgl. um diese Zeit den Aufsatz über *Myrons Kuh*). Es geht nur um eine Erweiterung des künstlerischen Kanons, um einen Schritt zum historischen Relativismus, – ohne freilich von der Unterscheidung zwischen guten und schlechten Meistern auch nur einen Schritt abzurücken. Der junge Bürger aus Köln kennt weder die inneren Verhältnisse des Hofes von Weimar noch die Diplomatie eines erfahrenen Höflings.

Am 15. 5. 1811 berichtet Sulpiz seinem Bruder über die von Goethe veranlaßte »große Ausstellung bei Hofe«. »Goethe in seiner Hofuniform half mir redlich zu dieser ganzen Einrichtung mit eigener Hand.« Uns interessiert hier nicht, was alles an Zeichnungen vom Kölner Dom und anderen Kathedralen ausgestellt wurde, sondern der (wenn auch unreife) Blick Boisserées auf die Persönlichkeiten des Weimarer Hofes; denn so ungenierte Darstellungen, wie sie der junge Patrizier und vermeintliche

---

52 Ebd. S. 113.
53 Ebd. S. 114f.
54 Ebd. S. 117.
55 Ebd. S. 118.

Besieger des alten Goethe gibt, findet man selten[56]: »Wir waren kaum mit unseren Anstalten fertig, als die Herzogin herein trat, sie hatte ein Frühstück zurichten und viele Personen dazu einladen lassen; da kamen nach und nach die Großfürstin, mehrere Damen und Herren vom Hofe, worunter sich auch Wieland fand, dem ich vorgestellt wurde; dann später der Herzog mit dem Herzog von Coburg, der Erbprinz und der Prinz von Coburg, etwa 25 bis 30 Personen [...] Ich mußte unaufhörlich Red und Antwort stehen [...] Die Herzogin, eine Prinzessin von Hessen-Darmstadt, zeigte sich als sehr verständige Frau, die nachdachte [...] Die Großfürstin, ein schönes, feines Wesen, äußerte allgemeine Belesenheit und pflichtmäßig ausgehaltene Trübsal der Bildung, ist aber dabei angenehm und geistreich. Der Herzog geberdete sich etwas stallmeistermäßig, wie er auch aussah, er ließ sich indessen die Sache angelegen seyn und fragte viel aber abgerissen durcheinander, gar nicht mit so viel Sinn wie die Frauen. Man sieht in seinem Wesen gleich die wohlbekannte preussische Militär-Genialität, mit allerlei europäischem Bildungswerk bunt verbrämt [...] Ich sah den alten Herrn, der steinern wie ein Medusenbild daneben stand und ließ die durchlauchtige Weisheit auf sich beruhen. Der Erbprinz [...] konnte vor so vielen Reden nicht recht zu Worte kommen.« Der alte Herr, der dem Gaste »wieder treulich einpacken half«, [...] »bemühte sich, mir und sich selber Rechenschaft zu geben, daß unsere Ausstellung Freude gemacht, und man alle Ursache hätte, mit den fürstlichen Personen zufrieden zu seyn, deren Bekanntschaft mir wirklich angenehm seyn müsse«. Boisserée stimmt höflich zu, aber man spürt der Äußerung über den preußischen General recht deutlich an, daß ein Rheinländer schreibt. Die Sprunghaftigkeit des Fürsten ist gut getroffen, auch sein robustes Aussehen. Aber von dem Manne, der mit der österreichischen Kaiserin und ihrer Hofdame im richtigen Tone umgehen kann und über den Kopf der Geheimeräte hinweg einen fähigen Naturwissenschaftler nach Jena beruft, bemerkt der junge Kunstkenner nichts. Selbstverständlich: es ist nur eine Pflichtübung für den Fürsten. Das Altdeutsche ist jetzt Mode, und die Damen des Hofes steigern sich alle in diese Mode hinein. Und wenn es sich um eine altdeutsche Kirche handelt, so muß man erst recht bei einer solchen Veranstaltung sich sehen lassen. Denn dieser Ahnenkult und dieses Christentum sind eine nützliche Strömung. Goethe hat allmählich gelernt, was jetzt zu tun ist – obwohl er leider den richtigen Patriotismus immer noch nicht

---

56 Ebd. S. 121f.

begriffen hat. Doch es war sehr klug, anläßlich eines Besuches der Coburger zu demonstrieren, daß Sachsen-Weimar die erste fürstliche Residenz in Thüringen und immer zeitgemäß ist. Der Fürst wußte gewiß auch, daß Boisserées Besuch bei den »alten Heiden« oder Erzprotestanten Sachsen-Weimars im katholischen Lager große Aufmerksamkeit erregte. Man konnte darin eine Entsprechung zu den beständigen Kuren der Weimaraner in den böhmischen Kurorten erblicken.

Der französische Gesandte Saint Aignan, Metternichs Brief und wieder Böhmen

Auch die französische Diplomatie mußte sich fragen, was Goethes und Carl Augusts Huldigungen für die österreichische Kaiserin, der man Napoleon-Feindschaft nachsagte, in den Jahren 1810 und 1811 bedeuteten. In diesem Zusammenhang ist die Entsendung eines hochgebildeten Gesandten, des Barons St. Aignan, nach Weimar zu verstehen. Er war auch für Gotha und das übrige Thüringen zuständig, hatte aber seine Residenz in Weimar. Dies war nach der französischen Version eine besondere Ehre. Der wahre Grund waren aber die widersprüchlichen Meldungen aus Erfurt, Kassel (Reinhard) usw. über die tatsächliche Einstellung Sachsen-Weimars. Carl August spielte das diplomatische Theater, das wir aus seinem Umgang mit Napoleon kennen. Der Gesandte Frankreichs wurde mit sechs Pferden zur Audienz am 9. 2. 1812 abgeholt und auch sonst mit aller Pracht empfangen. Persönlich war der Fürst dagegen ausgesprochen zurückhaltend, so daß St. Aignan kein klares Bild von ihm gewann. Aus diesem Grunde wohl machte er schon am 10. 2. eine Visite bei Goethe, die dieser frühzeitig erwiderte. St. Aignan hatte (von Erfurt?) ganz falsche Vorstellungen von dem Geheimen Rate Voigt, dem unermüdlichen Chef der Weimarer Regierung, mitgebracht. Er erkannte aber rasch die wahre Lage der Dinge. Der Unruhegeist in Weimar, ein Exponent der schon spürbar beginnenden preußischen Aufsässigkeit, ist der preußische Offizier Müffling. Er war Ende 1810 zum Geheimerat und zum Mitgliede des Conseil, d.h. der Regierung, ernannt worden. Voigt mußte ihn als eine Art Aufsichtsperson empfinden.[57]

57 H. Düntzer: Goethe und Carl August. Leipzig 1888, S. 655.

Unter seinem Einfluß verbarg der temperamentvolle Fürst nur mühsam seine wahre Gesinnung. Dagegen war die Loyalität Voigts, auf den praktisch das Verhalten Weimars gegenüber den französischen Forderungen ankam, und die seines Freundes Goethe nicht zu verkennen. In Ludwig Geigers Buch *Aus Alt-Weimar*[58] sind zahlreiche Belege dafür zu finden, daß Voigt bei allen Truppenzügen, diplomatischen Verhandlungen und Kriegszügen Napoleons an der Idee festhielt, das Ende aller dieser »Erschütterungen« sei eine neue friedliche Ordnung unter Napoleons genialer Führung. Noch am 31. 1. 1813, als der französische Kaiser längst aus Rußland geflohen ist, um von Paris aus den vorauszusehenden Kampf um Deutschland vorzubereiten, schreibt der brave humanistische Beamte Voigt, er glaube nicht, daß die Kosaken sich bis zur Elbe trauen: »Wir verlassen uns auf unsern hohen Protektor«.[59]

Schon drei Wochen nach der Ankunft des französischen Gesandten am 29. 2. 1812 finden wir in Goethes Tagebuch einen Eintrag: »Briefe von Gr[af] Metternich und Fürst Esterhazy.« Wir zitieren den Brief Metternichs und einen Teil von Goethes Antwort, weil wir an diesem Punkt die offizielle Voraussetzung erblicken für Carl Augusts Werben um Österreich, für die gnädige Herablassung der Kaiserin zum Genie wie auch zu seinem Fürsten im Juli/August 1812 und darüber hinaus die Vorbereitung auf Goethes spätere Metternichgefolgschaft, die ihm einen Halt gegen das nationalliberale Experiment Carl Augusts und seines Favoriten von Gersdorff nach 1815 gab. Metternich an Goethe, Wien 19. 2. 1812[60]: »Hochwohlgebohrner Herr! Die unter meiner Leitung stehende kaiserliche Akkademie der vereinigten bildenden Künste, hat Eure Excellenz in einer am zwölften d.M. gehaltenen feyerlichen Sitzung zu einem ihrer Ehren Mitglieder proklamirt. – Diese Wahl welche die Ackademie selbst ehrt, zu Hochdero Kenntniß zu bringen, noch ehe die Ausfertigung des Diploms durch den Präses möglich war, erachte ich als eine angenehme Pflicht. Möge dieser Beweis meiner aufrichtigen Verehrung Ew. Excellenz die persönlichen Gefühle bewähren mit welchen ich die Ehre habe zu sein, Euer Hochlwohlgebohren gehorsamer Diener Metternich.« Goethe an Metter-

---

58 L. Geiger: Aus Alt-Weimar. Berlin 1897, besonders das 8. Kapitel: Franzosenschwärmerei und deutsche Gesinnung (bis 1815).
59 Ebd. S. 197.
60 Goethe und Österreich, Teil 1, hg. v. August Sauer. Wien 1902, S. 191.

nich, Weimar 16. 3. 1812[61]: »Hochgebohrner Graf, Hochverehrter Herr, Daß
Ew. Excellenz, indem Hochdieselben den wichtigsten und dringendsten
Geschäften vorstehen, sich auch der Wissenschaften und Künste einsichtig
annehmen und sie zu hegen und zu fördern wissen, konnte mir selbst in
der Ferne nicht verborgen bleiben; vielmehr war ich davon schon längst
unterrichtet und erfreute mich im Stillen daran in Betrachtung des allge-
meinen Besten. – Nicht leicht hätte ich jedoch dencken können, daß ich das
Glück haben sollte, Ew. Excell[enz] auch für die Erstreckung jener hohen
Gunst auf meine Person, den gefühltesten Danck darzubringen.« Es folgen
freundliche Reflexionen über die Funktion einer Akademie, die man auf
Goethes schwierige Stellung an einem Hofe und auf seinen umstrittenen
Ruf in der literarischen Welt beziehen kann: »Dadurch wird denn jeder
Einzelne aufgemuntert und was menschliche Lässigkeit, ungünstige Umstände, böser Wille, wohl eingeschläfert, beengt, ja gelähmt haben könnten,
wieder angeregt und in Thätigkeit gesetzt.« Er hofft, daß die Ehrung »eine
neue Epoche« in seiner Leistung bezeichnen möge. »Wie ich nun hierin
Ew. Excell[enz] verehrliche Einwirkung nicht verkennen darf, nicht weniger die Selbsteigene Ankündigung dieser schönen Gabe gewiß zu würdigen verstehe; so darf ich nicht mit vielen Worten betheuren, wie werth mir
diese günstigen Rücksichten seyn müssen, die ich auf irgend eine Weise
thätig zu erwiedern im Stande zu seyn wünschte. – Mit der vollkommen-
sten Verehrung mich unterzeichnend Ew. Excell[enz] ganz gehorsamster
Diener J. W. v. Goethe.« Es ist nicht leicht, aus solchen spätbarocken Briefen
die Essenz herauszuholen. Deutlich ist aber, daß Goethe die Macht des
späteren Staatskanzlers bereits erkannt hat, und sich darüber freut, daß
gerade er »die vereinigten bildenden Künste« unter seine Obhut genommen hat. Er denkt dabei an den von ihm geleiteten Bund der »Weimarer
Kunstfreunde«, der so viel bescheidener ist. Das hindert ihn wenige Jahre
später nicht, seinem Freund Heinrich Meyer einen Aufsatz gegen die »Neu-
deutsche religios-patriotische Kunst« schreiben zu lassen; denn die Nazarener sind nur zu einem ganz kleinen Teil Österreicher und eher ein kaiser-
liches Prestigeobjekt in der Zeit des unheimlichen norddeutschen Nationalismus als ein Ausdruck Österreichs. Da die Schrift im Jahr des
Wartburgfestes (1817) erschien, war sie möglicherweise sogar einer der
Dienste, die Goethe am Schluß seines Briefes dem Leiter der österreichi-

---

61 Ebd. S. 192 f.

schen Politik in Aussicht gestellt hatte. Der Josephinismus war in Österreichs Adel und Beamtentum viel stärker und dauerhafter als der pietistische Katholizismus eines Friedrich Schlegel und Zacharias Werner. Das wußte Goethe, der sehr gesellige Kurgast von Teplitz und Karlsbad, genau. Von dort, von einem der musischen Grafen oder Fürsten, die Goethe in Karlsbad kennengelernt hatte, wird auch die Anregung zu dieser Ehrung ausgegangen sein. Immer nur an die Kaiserin zu denken, widerspricht Goethes ausgreifendem gesellschaftlichem Verkehr in dem böhmischen Kurort. Er erhielt viele Einladungen nach Wien, denen er aber so wenig folgte wie der nach Paris. Wenig später jedoch fand Goethes Wieland-Nekrolog, der am 12. 4. 1813 in Cottas Morgenblatt erschienen war, in Österreichs josephinischen Kreisen *und* bei der Kaiserin eine herzliche Aufnahme.

Vorläufig lag vor Weimar noch die schlimmste Zeit des Krieges; aber sie war nicht ohne Hoffnung, und sie brachte den Dichter, der den Frieden weit mehr als alle kaiserlichen Personen liebte, dem Herzog noch näher. Als Napoleon, nach seiner Niederlage in Rußland, incognito und unerkannt durch Weimar in seine Festung Erfurt geflohen war, schrieb Carl August dem immer noch hin und her schwankenden Dichter am 16. 12. 1812[62]: »Weißt du denn schon, daß St. Aignan beauftragt ist, dir vom Kayser der Nacht schöne Grüße zu bringen? So wirst du von Himmel und Hölle beliebäugelt.« Am 9. 12. hatte der Fürst ihm einen Brief der österreichischen Kaiserin geschickt, der wohl Grüße und Komplimente für den Dichter enthielt. Der kecke Herzog von Weimar hatte an die Kaiserin geschrieben, was offenbar schon ein beträchtliches Wagnis war. Goethe, der korrekte Hofmann, war nicht so kühn und konnte nur über die Gräfin O'Donell seiner unbegrenzten Verehrung für beide Damen Ausdruck geben, was eine besondere literarische Geschicklichkeit verlangte. Für den österreichisch-barocken Ehrenkodex mußte man, strenggenommen, mindestens ein Fürst sein, um als Verehrer der Kaiserin Erwähnung finden zu können. Der offizielle Bericht an die k. k. Polizei- und Zensurstelle in Wien über den Aufenthalt der Kaiserin in Teplitz während des Sommers 1812 erwähnt nur die Verehrung des Herzogs, und auch diese in einer höchst barocken Form: Ihre Majestät macht täglich Spazierfahrten, »woran der Herzog von Weimar jederzeit teilnimmt. Dieser ist von der Gnade Ihrer

---

62 Briefwechsel Carl August mit Goethe, Bd. 2, S. 96.

Majestät, womit ihn Allerhöchstdieselbe auszeichnet, so lebhaft durchdrungen, daß er mehrmals erklärt hat, er würde mit Vergnügen für diese göttliche Frau sein Leben wagen«. Goethe wird nur als Verfasser eines kleinen Gelegenheitsgedichtes zum Namenstage des Herzogs erwähnt. Carl August aber muß, als ihm die Kaiserin gratuliert, im amtlichen Bericht die Rolle spielen, die eher der Dichter gespielt hat. »Der Herzog war bis zu Tränen gerührt.«[63] So wollte es die Etikette. Es scheint, daß der Herzog während des Kuraufenthaltes, den er auch 1813 mit Goethe in Böhmen verbrachte, seine Beziehungen zu Österreich weiter ausdehnen wollte; denn er besuchte am 20. Juli den Hof des Kaisers Franz I. in Brandeis an der Elbe und blieb dort einige Zeit. Auch nahm er am 23. Juli eine Einladung zu einem Abendessen mit dem österreichischen Generalissimus Schwarzenberg im Teplitzer Schloß an.[64] Das Tagebuch Goethes gibt den Beleg, daß er *vor dieser Zeit* auffallend häufig mit dem Herzog zusammen war und ihn auch unter vier Augen sprach. So heißt es z.B. am 5.7.1813: »Abends 6 Uhr Durchl. der Herzog. Bey demselben mit Eichler, Bergien und Ambrosi [...] Bey Serenissimo bis nach 10 Uhr.« Wollte er den 56jährigen, keineswegs besonders gesunden Fürsten davon abhalten, erneut ein Kommando in der bevorstehenden Festung des Krieges zu übernehmen? Goethe hatte nie aufgehört, den Herzog vor seinen auswärtigen Ambitionen zu warnen, ihn an seine Pflichten als Landesfürst zu erinnern. Aber es war alles umsonst! Nach der Reise des Herzogs lesen wir aufgrund eines Zusammenseins mit dem Fürsten und der Fürstin Lichtenstein: »Untröstliches militarisch politisches Gespräch« (Tgb. 25.7.1813). Am 26.6.1813 hatte Metternich in Dresden Napoleon aufgesucht; aber es war ihm nicht gelungen, den Alliierten die Fortsetzung des Kriegs und dem machtbesessenen Eroberer das bittere Ende zu ersparen.[65]

63 Goethe in vertraulichen Briefen seiner Zeitgenossen, Bd. 2, S. 568.
64 Hermann Freiherr von Egloffstein: Carl August während des Krieges 1813. Berlin 1913, S. 70, 73.
65 Ebd. S. 52.

Die gemeinsame Ilmenau-Idylle vor der Schlacht von Leipzig und Goethes richtige Prognose für das national-liberale Experiment des »Altburschen«

Die Leidensgeschichte Sachsen-Weimars ergibt sich zum Teil aus der zwiespältigen Politik Carl Augusts. Wenn z.B. St. Aignan am 14. 3. 1813 seinen Instruktionen gemäß anordnet, daß die Herzöge von Sachsen (Thüringen) ihre Kontingente trotz der Verluste wieder auffüllen müssen, so gehorcht Carl August diensteifrig; aber Soldaten sind nicht so rasch auszubilden, daß sie voll einsatzfähig sind. Schon am 13. 4. ergibt sich die Abteilung Sachsen-Weimars unter Major von Lyncker der Husaren-Vorhut des preußisch-russischen Heeres. Carl August kann die sog. Kapitulation von Ruhla nicht anerkennen, weil dies zu einer französischen Strafaktion führen würde. Aber Major von Lyncker wußte gewiß, daß Carl August in diesem Augenblick keine sinnlose Aufopferung von Thüringern wünschte. Am 18. 4. bewirtet der Herzog preußische Offiziere an der Tafel. Aber schon einen Tag zuvor hatte die französische Avantgarde, ohne Widerstand zu finden, Erfurt erreicht, weshalb sich die Preußen wieder nach Jena zurückziehen mußten.[66] Die objektive Schwierigkeit Weimar-Jenas liegt also darin, daß es zwischen den Fronten liegt, mehrmals sogar. Nach den französischen Siegen bei Großgörschen und Bautzen gewinnt Napoleon wieder eine neue Autorität im Rheinbund, mit der Residenz in Dresden. Metternich vermittelt den Waffenstillstand von Poischwitz und benutzt ihn zu Verhandlungen. Aber es ist selbstverständlich – wir wissen es schon –: Machtmenschen von der Art Napoleons geben nicht auf und müssen vernichtet werden, was nach dem Wiedereintritt des kampferprobten Österreichs in den Krieg nur noch eine Frage der Zeit war; denn was nützen Hilfsvölker, wenn sie nicht mehr an die Unbesiegbarkeit des »Protektors« glauben und zum Feinde überlaufen.

Weimar-Jena war nicht nur durch die wechselnden Fronten bedroht, sondern auch dadurch, daß Lützows »partisans« – so werden sie in den französischen Quellen genannt – die Etappenstraße nach Dresden in Jena

---

66 Ausführlicher findet man die Ereignisse von Hermann Freiherr von Egloffstein erzählt: Carl August während des Krieges von 1813, S. 11–17.

bedrohten und Jenenser Universitätsangehörige sie unterstützten.[67] Man muß sich diese Rolle Jenas einprägen, wenn man das übersteigerte Selbstbewußtsein der Universitätsstadt in der Nachkriegszeit richtig sehen will. Napoleon hatte sich in einer dilettantischen Spionageaffäre von Weimarer Beamten, unter denen sich der Sohn des Geheimerats Voigt befand, noch einmal galant gegen Carl August und die Herzogin Luise erwiesen; aber der Herzog von Weimar hatte dafür einen folgenschweren Brief an Friedrich August, den jetzigen König von Sachsen, schreiben müssen, mit dem Befehl Napoleons, aus dem sicheren Böhmen in seine Hauptstadt Dresden zurückzukehren. Und wir wissen schon, daß der Weitblick und die Selbständigkeit dieses Fürsten sehr zu wünschen übrig ließ. Sein Gehorsam gegenüber dem Feinde der Nation gab später dem Freiherrn vom Stein den Vorwand, Sachsen für Preußen zu fordern.

Die Partisanen in Jena belasteten Sachsen-Weimars Schuldenkonto erneut. Carl August half sich unverzagt mit der uns bekannten Briefdiplomatie (Carl August an Napoleon 13. 6. 1813)[68]: Er gratuliert ihm zu seinem Wohlergehen und versichert ihn seiner tiefen Unterwerfung. Dann kommt er im Gegenangriff mit Bitten: Sachsen-Weimars Lasten seien absolut unerträglich. Ob man nicht durch eine Änderung der Nachschubwege seine Last erleichtern könne. Und zum Schluß erneut die Unterwerfung: »de V. M. I. et R. très humble, très obéissant et très soumis serviteur Charles Auguste.« Wenige Tage später, in einem Brief an den beschwerdeführenden Berthier, hat er die Vorwürfe wegen der Aufnahme von Partisanen beleidigt zurückgewiesen und, wie im Brief an Napoleon, eigene Bitten vorgetragen, Hausmachtwünsche, die wohl gleichzeitig den Glauben an Frankreichs Sieg belegen wie die Grundlagen zu Forderungen auf dem Nachkriegskongreß der Alliierten legen sollten. Man hat ihn wegen seiner Diplomatie getadelt. Es war aber sehr klug, nicht nur Vorwürfe zurückzuweisen, sondern als »Verbündeter« Forderungen zu stellen. Ein Politiker war der Herzog von Weimar zweifellos; und er ahmte auch Napoleons Ritterlichkeit nach, indem er einem gefangenen französischen Offizier, der sein Gast gewesen war, die Freiheit verschaffte.

Goethe packte auf der Rückreise aus Böhmen in Dresden aus, um das französische Schauspiel zu genießen. Er hatte auch mit dem Bühnenstar

---

67 Ebd. S. 40–43.
68 Der politische Briefwechsel des Herzogs Carl August, Bd. 3. Göttingen 1973, S. 187.

Talma Verkehr; aber hier an der Front, unter unzuverlässigen Verbündeten, gab es keinen Bedarf mehr für das kaiserliche Theater. So packte Goethe wieder ein. Die Kriegssignale konnte ein so guter Beobachter nicht übersehen: »Am Brühlischen Palais dem Kayser begegnet welcher von einem kleinen Gefolge begleitet die Schanzarbeiten besehen hatte« (Tagebuch 13. 8. 1813). Schanzarbeiten befiehlt man, wenn man sich verteidigen muß. Das wußte Goethe aus den Jahren 1792 und 1793. Napoleon bemerkte ihn bestimmt nicht. Das hätte Goethe im Tagebuch notiert. So nüchtern war Goethes Abschied von dem, »der alles wollen kann« (s. o. Gedicht von 1812). Tagebuch 15. 8.: »(Der Kayser reiste im Stillen ab) [...] Abends Abmarsch mehrerer Cavallerieregimenter«. Am 17. 8. reiste auch Goethe ab, und schon am 19. 8. war er wieder in Weimar. Es war zu erwarten, daß in Sachsen die Entscheidung über Napoleons Herrschaft in Deutschland fallen werde. Auch der Herzog war in Weimar, er wartete schon auf Siegesnachrichten. Aber eben deshalb vielleicht blieb er nicht in seiner Residenz, d. h. an einer französischen Rückzugstraße. Er zog sich nach Ilmenau zurück, nahm dort Bäder und machte Versuche mit seinem Lehrer und Freund Döbereiner. Die Zeitenwende, vor der man stand, erinnerte ihn wohl an die alte Zeit in Ilmenau, mit seinem Freund und damaligen Berater Goethe. Es hatte sich seither viel verändert, nicht nur in der großen Politik, sondern auch in den Machtverhältnissen Sachsen-Weimars. Carl August lud Goethe nach Ilmenau ein, auf dem Dienstwege über Voigt, um ihm die Absage zu erleichtern. Goethe sagte auch ab, unter Hinweis auf seine »geologica« (an Voigt 23. 8. 1813); denn er kam stets mit großen Steinsammlungen aus Böhmen zurück. Aber als er dann alles schön aufgeräumt hatte, dachte auch er an die unsicheren Verhältnisse und ging überraschend doch nach Ilmenau: Er bereute es nicht; denn der Herzog organisierte für den alten Freund ein hübsches volkstümliches Geburtstagsfest, wie er es von alters her geliebt hatte. Schon am 28. 8. erzählte Goethe seiner Frau von der ihn überraschenden Feier. Der Bergrat Voigt brachte ihm frühmorgens einen Kranz mit Glückauf. Nun wußte er schon, daß er dem Herzog entgegengehen mußte, der mit dem Prinzen Bernhard und sonstigem Gefolge kam. Als sie wieder in seinem Zimmer waren, kamen drei kleine Mädchen mit Sträußen und Gedichten. Nach dem Lesen der Gedichte »traten drey hübsche Mädchen herein, jede einen Krug haltend; sie rezitirten ihre Gedichte [...] gar hübsch und als die letzte mir den Kranz aufsetzte, küßte ich sie gar behaglich, und hohlte es bey den andern nach. – Bald hierauf kamen die Mütter und Grosmütter mit den Enckeln und kleinsten Kindern und brachten eine bekränzte Cartoffel Torte«, die sich Prinz Bernhard schmecken ließ. »Und so war unerwartet ein sehr artiges, manigfaltiges, wohlgemeyntes ja rührendes Fest entstanden, wo ich im Sürtout und ohne Halsbinde figurirte.« Am 30. 8. 1813 ergänzt Goethe die Festbeschreibung: Am Abend seines Geburtstags brachte der Stadtrat noch ein Ständchen. Und dann kommt das Wichtigste für den 64jährigen Hofmann, nämlich Ritte und Tänze wie einst in der Jugend: »Am 27. war ich sechs Stunden zu Pferde und sah bey dieser Gelegenheit einen großen und schönen Theil der Gegend. Am 29. ward wieder ausgeritten, in die Gebirge. Abend Ball auf dem sehr wohlgebauten Felsenkeller Saal wo ich Euch auch wohl hätte mögen herumspringen sehen. Das alles ist mir wohl bekommen.« [...] »Der Gedancke war höchst glücklich mich hierher zu dirigiren.«

Siegesmeldungen trafen nicht ein. Dafür die erste Nachricht von Napoleons Sieg bei Dresden (Tgb. 30. 8.).[69] So kehrte man wieder nach Weimar zurück, – um weiter zu feiern: Carl Augusts Geburtstag. »Im römischen Hause Glück zu wünschen. Mittag bey Tafel. Abends bey Fr[au] v[on] Heygend[orf]« (Tagebuch 3. 9. 1813). Der *innere* Friede war wieder einmal gesichert, obwohl man kaum über Politik sprechen konnte. Noch in den Dresdner Tagen hatte Goethe mit dem Gesandten von Sachsen-Weimar, dem Regierungsrat Peucer, gewettet, daß Napoleon am Ende doch der Sieger sein werde.[70] In einem Brief an Karl Ludwig von Knebel vom [5.] 9. gab Goethe den Ilmenauer Tagen eine Bedeutung, hinter der sein Bekenntnis zu einem kontinuierlichen, treuen, wenn auch keineswegs vollkommenen Leben steht: »In Ilmenau habe ich sieben sehr vergnügte Tage zugebracht und die Erinnerungen alter Zeit waren mir gar wohlthätig; sie ist lange genug vorbey, so daß nur das, was eigentlich fruchtbar in ihr lebte, für die Einbildungskraft übrig geblieben ist. Das Gute, was man beabsichtigte und leistete, ist in allen Hauptpuncten wohl erhalten und fortgesetzt worden.«

Mit der Schlacht bei Leipzig (18. 10. 1813) waren die Aufregungen für Weimar noch nicht vorüber. Es kamen Kosaken, die der Zar zum Schutze seiner Verwandten sandte, aber es kamen auch französische Reiter über den Ettersberg.[71] Erst am 23. Oktober 1813 war die Ruhe hergestellt. Goe-

---

69 Vgl. auch Egloffstein: Carl Augut während des Krieges 1813. S. 101.
70 H. Düntzer: Goethe und Carl August. 1888, S. 682.
71 Egloffstein: Carl Augut während des Krieges von 1813. S. 106–109.

the erhielt schon mitten in den Kämpfen einen persönlichen Wachposten, einen Kosaken, zu seinem Schutz. Er dankte dem Offizier, der dazu den Befehl gegeben hatte, mit einem recht aufrichtigen Gedicht.[72]

Herrn Oberstlieutenant von Bock

22. 10. 1813

Von allen Dingen die geschehn,
Wenn ich es redlich sagen sollte,
So war's Kosacken hier zu sehn,
Nicht eben was ich wünschen wollte
Doch als die heilig-große Fluth
Den Damm zerriß der uns verengte,
Und Well' auf Welle uns bedrängte,
War *dein* Kosak mir lieb und gut.

Das wenig bekannte Gedicht verrät die gemischten Gefühle des Humanisten oder auch Erzzivilisten Goethe sehr deutlich. Er begrüßt den Kosakenschutz persönlich; aber er hat keine Vorstellung von dem vulkanischen Charakter eines Befreiungskampfes. Können so wilde Völker über die Franzosen, die Goethe für die zivilisierteste Nation hält und die *als solche* Europa beherrscht, siegen? Das Wort von der »heilig-großen Fluth« könnte die Vorstellung von einem Dammbruch, einer plötzlichen Wandlung erwecken; dies ist aber nicht richtig. Nach Hanau, das unter dem Krieg gelitten hat, schreibt er noch mehrere Wochen danach (an v. Leonhard 16. 11. 13): »Wenn in der jetzigen Zeit eine den allgemeinen Wünschen so sehr gemäße Umwälzung uns bedrängt und theilweise vernichtet, so daß der Verstand sich vergebens angestrengt um auszusinnen wie hieraus eine neue Gestaltung der Dinge sich ergeben möchte; so kann nichts tröstender seyn als die Gegenwart solcher Personen, die auf den obersten Stufen des irdischen Daseyns, der höchsten Bildung theilhaft geworden, deren Eigenschaften uns die tröstliche Versicherung einflößen, daß Vernunft und Menschlichkeit die Oberhand behalten und ein klarer Sinn das vorübergehende Chaos bald wieder regeln werde.« Goethes Distanz zur »Umwälzung« ist deutlich, obwohl er sieht, daß sie den »allgemeinen Wünschen« entspricht. Der Volkswille ist kein Orientierungspunkt für ihn, sondern die

---

72 W.A. Abt. I, Bd. 4, S. 243.

»Bildung«, die den »obersten Stufen« der Gesellschaft vorbehalten bleibt. Nur sie verbürgt eine neue Ordnung, die auf »Vernunft und Menschlichkeit« begründet ist. Er hält, wie einst als Berater seines jungen Fürsten, an einem humanisierten, aufgeklärten Absolutismus fest. Nicht die »Umwälzung«, nicht die »Flut« ist »heilig«, wie er in seinem Kosakengedicht rein rhetorisch, in diplomatischer Anpassung an die Sprache der Patrioten, formuliert hat, sondern diese aristokratische Bildung ist der höchste Wert. Einen Brief an Knebel (24. 11. 1813), der zunächst für Knebels Sohn die Mitteilung enthält, daß Carl Augusts »Aufruf an die Freywilligen« bald veröffentlicht werden wird, setzt er – wieder mit klarer Distanzierung vom Willen des Volkes und der Jugend – mit der Verkündigung seines eigenen Programms fort: »Ich gehe in meinem Wesen so fort und suche zu erhalten, zu ordnen und zu begründen, im Gegensatz mit dem Lauf der Welt, und so suche ich auch noch außer dir Freunde der Wissenschaft und Kunst, die zu Hause bleiben, aufzufordern, daß sie das heilige Feuer, welches die nächste Generation so nöthig haben wird, und wäre es auch nur unter der Asche, erhalten mögen.« Die Freistellung seines eigenen Sohnes vom Waffendienst hat er mit heißen Wünschen, unter Einschaltung seines Freundes Voigt, vom Herzog ertrotzt. Der folgende Brief des Herzogs vom 29. 12. 1813 bedeutet, daß Durchlaucht August von Goethe mit dem Cammerrath Rühlmann nach Frankfurt ins Hauptquartier der Alliierten schickt, daß er ihn also vorläufig in seiner zivilen Beamtenstellung beläßt; aber Goethe muß dafür folgende für Carl Augusts politische Zukunft aufschlußreiche Belehrung in Kauf nehmen[73]: »Mein lieber Freund, es ist mir sehr lieb, daß dein August sich unter die Schaar der Freywilligen gemeldet hat; dieser Entschluß macht seinen [sic] guten Willen und Gesinnungen Ehre, und schüzt ihn in der Meinung seiner Mittbrüder. Er bleibt also in den Listen der Schaar verzeichnet, reise aber einen dieser Tage mit Rühlmann nach Franckfurth am Mayn, als Commandirter ab. Hintendrein wird sichs zeigen, wohin ihn sein eigner Wille führt, da das erste Gesetz der jetzigen Revolution ausspricht, denen jungen Leuten ihren Willen zu laßen.« Man beachte das eindeutige Wort Revolution, das den Dichter gewiß erschreckte! Der grimmige Feind der Französischen Revolution von einst billigt also die liberalistische Revolution der Jugend, weil sie jetzt in nationaler Gestalt erscheint. Goethe macht in seinem Antwortschreiben seine persönliche Lage und seine uns schon bekannte Sorge für die Nachkriegszeit gel-

---

73 Briefwechsel Carl August mit Goethe, Bd. 2, S. 103 f.

tend. Aber als treuer Diener seines Herrn muß er es akzeptieren, daß »Ihro oberste Übersicht jeden an seinen Platz zu stellen sich vorbehalte.«

Goethe war zu dieser Zeit schon längst damit beschäftigt, der nationalliberalen Flut der Jungen an einer Stelle entgegenzutreten, die, wie immer bedroht, noch immer in seinem Verantwortungsbereich lag. Freilich konnte er auf akademischem Boden, wegen der Haltung des Herzogs und seines jetzigen Hauptberaters, des Freiherrn von Gersdorff – Müffling trat wieder in preußische Dienste – nur noch Ratschläge geben, nicht befehlen. Er setzte seine Hoffnung auf den politisch-historischen Sinn des uns schon bekannten Professors Heinrich Luden. Schon am 11. 11. 1813 hatte ihm Knebel mitgeteilt, ein neues Zeitungsblatt sei geplant, nach dem Vorbild der *Gazette de France*, mit wissenschaftlichen und politischen Artikeln und mit Luden als Herausgeber; das finanzielle Motiv für den Jenenser Professor deutete er schon an.[74] Goethe erfaßte sogleich die Gefährlichkeit des Unternehmens. Der metaphysische Titel der Zeitschrift *Nemesis*, der so auffallend von dem nüchternen Titel des französischen Vorbilds absticht, gefiel dem Humanisten Goethe bestimmt besonders wenig, obwohl er griechisch war. Er erinnerte an die Herren Arndt und Jahn, die freilich, was üblich war, den gottgefälligen Kreuzzug gegen den satanischen Revolutionskaiser predigten. Goethe sagte dem Professor in dem bekannten Gespräch vom 13. 12. 1813 (nach Ludens Bericht)[75], er würde ihm von der Zeitschrift abgeraten haben, wenn er ihn vertraulich um seine Meinung gefragt hätte. Sein Rat wäre gewesen, die Politik auf sich beruhen zu lassen und zu seinen »gelehrten geschichtlichen Arbeiten zurück zu kehren«. Es sei töricht, sich »in die Zwiste der Könige zu mischen, in welchen doch niemals auf Ihre und meine Stimme gehört werden wird«. Luden fühlt sich, wie dies bei Angriffen auf die persönliche Bedeutung von Professoren stets der Fall ist, »auf das tiefste verletzt«. Luden nimmt sich zusammen und spricht vom traditionellen Egoismus des deutschen Michel, der »gerade jetzt« durch die Erhaltung des deutschen Volkes und die Proklamationen überwunden sei. Jetzt sei es die »heilige Pflicht eines jeden guten Menschen«, die »großen Tage des neuen Heiles« zu benutzen. Goethe vertraut ihm, nach einer längeren Pause, was er selbst so oft erfahren hat: »Sie mögen sich stellen, wie Sie wollen, so werden Sie auf dieser Bahn bald ermüden [...] Sie werden alles gegen sich haben, was groß und vornehm in

---

74 Briefwechsel Goethe und Knebel, Teil 2. Leipzig 1851, S. 107.
75 Goethes Gespräche, hg. v. Wolfgang Herwig, Bd. 2. Zürich 1969, S. 862–869.

der Welt ist, denn sie werden die Hütten vertreten gegen die Paläste und die Sache der Schwachen führen gegen die Hand der Starken [...]«. »Mit den Mächtigen und Großen [...] ist nicht gut Kirschen zu essen, Sie wissen aus welchen Gründen. Den Waffen derselben hat man nichts einzusetzen. – Da ich dieses alles ganz klar voraussehe, so bin ich allerdings bedenklich. Ich möchte unserm fürstlichen Hause, für welches auch Sie fromme Wünsche hegen, keine Unannehmlichkeit bereiten, ich möchte unser Gouvernement, das nicht über hunderttausend Bajonette zu verfügen hat, in keine verdrießlichen Verhandlungen verwickelt sehen; ich möchte von der Universität, deren Mitglied Sie sind, jeden Nachteil abwenden; ich denke endlich, warum sollte ich es nicht sagen, auch an meine Ruhe und Ihr Wohl.« Im folgenden wird Goethe, wie Luden behauptet, »immer bestimmter und schärfer und, ich möchte sagen, individueller [!]. Aber ich trage Bedenken nieder zu schreiben, was gesprochen worden ist.« Es ist möglich, daß das erregbare Genie seine höfische Maske für einen Augenblick ablegte und andeutete, wieviel Demütigungen er am Hofe von Weimar immer wieder zu ertragen hatte. Aber Ludens Schlußfolgerung, daß Goethe sich nur aus »schmerzlicher Resignation« von der nationalen Bewegung distanzierte, geht zu weit, wie wir bereits wissen. Ludens Behauptung erinnert an Boisserées Siegesgefühle. Die Feststellung, daß Goethe die Vergeblichkeit der nationalliberalen Bemühungen voraussieht, daß er seinem kleinen Lande »Unannehmlichkeiten«, »verdrießliche Verhandlungen« ersparen und auch der »Kunst und Wissenschaft« endlich Ruhe verschaffen will, ist glaubhaft und bezeichnet die große Bedeutung dieser Warnung. Er hatte die »Großen« mit den hunderttausend Bajonetten, die er dem idealistischen Professor so deutlich vor die Augen stellte, nach der Schlacht bei Leipzig zu einem guten Teil mit eigenen Augen gesehen, sie und ihre Berater, zuerst den Kaiser Alexander (Tgb. 24. 10. 1813), dann den Grafen Metternich, der ihm als Mitglied der k. k. Akademie besondere Aufmerksamkeit schenkte und dem er eine Gegenvisite machte, am Abend des Tages seinen alten Bekannten, den preußischen Minister W. v. Humboldt (Tgb. 26. 10.). Am 18. 10. kommt der englische Gesandte Jackson; er wird, wie vorher der österreichische Graf Coloredo mit seinem Gefolge, in Goethes Haus einquartiert. Mit solchen Gästen führt Goethe längere Gespräche. Am 29. 10. macht er beim preußischen Staatskanzler Hardenberg Visite, am 30. 10. sieht er ihn »bey Hofe«. Am 1. 11. der Prinz August von Preußen. Er bleibt längere Zeit, vielleicht in Erwartung des preußischen Generals Kleist und des Hauptquartiers. Es ist selbstverständlich, daß eine solche Reihe von

Machthabern des Staates und des Heeres einen Mann des Geistes darüber belehrt, wie wenig Einfluß er, genau genommen, auf die geschichtlichen Entscheidungen hat. Er weiß im Grunde besser, wie Geschichte gemacht wird, als der Historiker Luden. Auch die lange Erfahrung des Hofmanns, seine weltmännische Altersweisheit gibt dem Genie ein Recht, den 33jährigen Professor und Publizisten zu warnen. Es hilft im Augenblick nichts, weil Luden weiß, daß er so ziemlich auf der Linie des Fürsten steht; aber eine Fernwirkung mag das Gespräch mit dem alten Hofmann doch gehabt haben – als nämlich Luden endlich erkannte, daß Goethe die »Unannehmlichkeiten« richtig vorausgesehen hatte. Nach dem Gespräch mit Metternich am 26. 10. 1813 notierte Riemer als »Resultat« dieser Unterhaltung folgende Äußerung Goethes: »Geschmack ist ein Euphemismus. Deutsche haben keinen Geschmack, weil sie keinen Euphemismus haben und zu derb sind. Es kann keine Sprache euphemistisch sein und werden als die, in der man diplomatisiert.[76] In dem Ausspruch dürfte schon Bewunderung für Metternichs Diplomatensprache zum Ausdruck kommen!

Goethes dichterischer Beitrag zur Befreiung Deutschlands war nicht so sehr das von Iffland angeforderte Festspiel *Des Epimenides Erwachen,* mit dem etwas peinlichen, wohl kaum aufrichtigen Kompliment für die Patrioten, sondern der Neudruck von *Hermann und Dorothea.* Schon am 29. 10. 1813 schreibt Goethe recht geschäftsmäßig an Cotta, es wäre bestimmt von guter Wirkung, das Epos in »Taschenformat« abzudrucken und um »wohlfeilen Preis« zu verbreiten. Man sieht: Hier geht es dem Dichter nicht um die Eleganz, sondern um die weite Verbreitung der Dichtung. Wahrscheinlich machte ihn Humboldt, während seiner Durchreise in Weimar, auf diese überzeugende Art der Verteidigung aufmerksam. Erst als Goethe die Dichtung wiedergelesen und seine Angst vor einem langen Kriege halbwegs überwunden hatte – inzwischen waren die alliierten Heere schon in Frankreich – bittet er Eichstädt, den Herausgeber der *Jenaischen Allgemeinen Literaturzeitung,* um eine Rezension des Neudrucks (27. 1. 1814): »Man hat *Hermann und Dorothea* dem Zeitgeist auch als ein Opfer darbringen wollen. Ich kann es nicht mißbilligen; denn ich wundre mich selbst, da ich das Büchlein lange nicht angesehen, wie genau nach so großen Veränderungen der Sinn noch paßt und zutrifft.« Goethe hatte einst den Schluß des sonst idyllischen Epos hin und her überlegt und dann

---

76 F. W. Reimer: Mitteilungen über Goethe, hg. v. Arthur Pollmer. Leizpig 1921, S. 346.

einen gefunden, der wohl auch seinem Fürsten gefallen mußte. Denn er rechtfertigte die Wehrhaftigkeit mit klaren Worten. Das kam ihm jetzt zugute! Auch andere Hinweise auf Goethes endlich sich durchsetzende Friedenshoffnung gibt es im Briefwechsel. So schreibt er am 7.2.1814 an Cotta: »Als Winterarbeit habe ich Redaction und Revision meiner Werke vorgenommen. Ein vollständiges Exemplar soll parat liegen, wenn günstigere Umstände die Herausgabe fordern und erlauben.« Die im folgenden Absatz des gleichen Briefes vorgebrachte Beschwerde über das *Morgenblatt* bedeutet wohl, daß er schon festzustellen beginnt, daß die »großen Tage des neuen Heils« (Luden) für den Dichter Goethe auch Unheil bringen; denn – es ist ein historisches Gesetz! – die aufgeregten jungen Nationalliberalen können unmöglich begreifen, daß Goethe sich nicht auch aufregt: Wenn er ein wirklich großer Dichter wäre, wie z.B. Klopstock oder Arndt, dann würde er jetzt die patriotische Posaune blasen! Als Goethe sich im *Westöstlichen Divan* gar noch in den Orient flüchtete, gaben die Nationalisten alle Hoffnung für ihn auf. Daß diese goethefeindliche Publizistik auch in Weimar gelesen wurde, ist wahrscheinlich. Auf diesem Hintergrund ist ein zu dieser Zeit sehr selbstbewußt wirkendes Gedicht zu lesen:

> Ihr könnt mir immer ungescheut
> Wie Blüchern Denkmal setzen;
> Von Franzen hat er euch befreit,
> Ich von Philisternetzen.

Gemeint sind wohl die ungewöhnlichen Themen, an die Goethe sich wiederholt wagte (»kühn« ist ein sehr positiver Ausdruck in Goethes Wortschatz): Selbstmord, Ehe zu dritt (erste *Stella*-Fassung), ein selbstbewußter *Dichter* am Hof, Ehekrise durch junges Mädchen usw. Auch eine große Idylle mit wehrhaftem Schluß war, von Goethes selbst bezeugtem Vorbild (J.H. Voß) aus gesehen, recht gewagt; und eben diese Bereitschaft Hermanns, notfalls zu kämpfen, machte *Hermann und Dorothea* 1813/14 zu einer aktuellen Dichtung. 1945 hielt man sich dann an das Motiv der Vertriebenen. Kühne Dichtung bedeutete für Goethe nicht die Vorliebe für absonderliche Themen, für Schauriges, Abenteuerliches, Kriminelles oder gar Verrücktes, sondern die Orientierung an den Urthemen, an dem, was jenseits aller Konventionen immer wieder ähnlich zu geschehen pflegt, und zwar in einer Sprache, welche die Urmetaphern den gesuchten, »preziösen«, »geistreichen« Bildern vorzieht.

DIE ÜBERGANGSZEIT ZWISCHEN DER FRANZÖSISCHEN FREMDHERRSCHAFT UND DER NEUEN BEDRÄNGNIS SACHSEN-WEIMARS (1814–1816)

Schon mit der Wahl des Herrn von Müffling zu seinem Hauptberater und mit der Ernennung anderer geborener Adeliger zu seinen Beamten hatte sich Carl August innerlich von den aus dem gebildeten Bürgertum stammenden Geheimeräten Voigt und Goethe spürbar entfernt. Doch waren diese, wie der alte Wieland, ihm wegen ihrer Loyalität gegenüber den Franzosen ein nützliches Aushängeschild gewesen. Als der Erbfeind sich hinter den Rhein zurückgezogen hatte, gewann der altadelige Geist immer größere Macht über Carl August. Er mochte sich jetzt daran erinnern, wie wenig Friedrich der Große, den auch Sachsen-Weimar als Ahnherrn und Autorität der fürstlichen Familie verehrte, von der bürgerlichen Kultur und von den Bürgern als Staatsdienern gehalten hatte. War nicht von den Bürgern selbst, vor allem von den Germanisten, die Größe des ritterlichen Mittelalters wieder entdeckt worden und war nicht der Freiherr vom Stein der Held gewesen, der die napoleonische Fremdherrschaft am frühesten, entschiedensten und erfolgreichsten bekämpft hatte? Der Name Stein belegt schon, daß man sich diese Adelsrestauration im Geiste Carl Augusts nicht regressiv vorstellen darf. Im Gegenteil, der Adel und die kleinen Fürsten, die so oft von den Großmächten eingeschüchtert, ja bedrückt worden waren, schienen zur Vermittlung des durch den Absolutismus mechanisierten, unmenschlich gewordenen Staates in erster Linie berufen zu sein. Diese Konzeption entsprach nicht dem aufgeklärten Absolutismus der hochgebildeten Freunde Voigt und Goethe. Daher war eine allmähliche Entmachtung von Carl Augusts alten Beratern zu erwarten. Abgesehen von großartigen Reformen hatte der Herzog handfeste Ziele dynastischer Art im Auge. Um aber politisch etwas zu gelten und zu erreichen, mußte man einen deutlich sichtbaren Beitrag im Befreiungskrieg leisten. Man mußte dabei sein, wenn das Hauptquartier der großen Monarchen nicht mehr in Frankfurt, sondern in Paris war und die ersten Beratungen über die Zukunft Europas abgehalten wurden.

Carl August als General im niederländischen Feldzug und als Vice-Landesherr in Brüssel

Zunächst war also die Entfernung des Herzogs von Goethe und Voigt nur äußerlich. Aber Symbole kündigten schon die Nachkriegszeit an. Der einzige namhafte Besucher des Fürsten, der während des Krieges aus dem völlig verarmten Weimar nach Belgien reiste, war der in der Feudalhierarchie ranghöchste Höfling und neue Freund von Durchlaucht, Graf Edling. Bezeichnend ist auch, daß Carl Augusts Briefe an die Herzogin Luise die wichtigsten Informationen über seine Teilnahme am Feldzug enthalten. Er wußte, daß sich Voigt und Goethe nur für eines interessieren, für den vielleicht bald erreichten Frieden. Die geborene Fürstin dagegen war ein Partner, den der Fürst politisch-militärisch völlig ernst nehmen konnte. Goethes Brief an den Herzog vom 19. 2. 1814 ist ein ganz gewöhnlicher Rechenschaftsbericht zur »Oberaufsicht«. Er entschuldigt sich deshalb mit dem uns schon bekannten Gedanken, er wolle sich bemühen, in seinem »beschränkten Kreise das Herkömmliche lebendig zu erhalten [...], bis den Wissenschaften und Künsten ein neuer Frühling aufgehen möchte.«[1] Wenn der Herzog später seinem Wunsch Ausdruck gibt, Goethe möge ihn zum Wiener Kongreß begleiten, so geht dieser Vorschlag schonend über die Herzogin Luise; denn er weiß, daß Goethe die großen Städte und Höfe nicht liebt. Es müßte schon die österreichische Kaiserin sein, die ihn zum Besuch einlädt!

Man kann nicht behaupten, daß sich Carl August an der niederländischen Nebenfront um Heldenruhm bemühte. Er wußte von Müffling, der in den Stab Blüchers aufgerückt war, daß Preußens Heer durch Scharnhorst einen ganz anderen Charakter gewonnen hatte und daß der neue Berliner Stil höchst anstrengend ware. Den bewährten preußischen Generälen, die ihm unterstellt waren, machte er, gewiß in Erinnerung an Müfflings Warnung, klugerweise keine Schwierigkeiten, die ihn als Neuling in Scharnhorsts Taktik entlarvt hätten.

Ja, der Fürst besaß die Unbefangenheit, sogar an den Zaren Alexander I., der sein formeller Vorgesetzter war, zu schreiben, er beteilige sich am

---

1 Briefwechsel Carl August mit Goethe, hg. v. Hans Wahl. Neudruck Bern 1971. Bd. 2, S. 106 f.

Angriff auf Antwerpen »›als Volontär im Gefolge des Generals Bülow‹«.[2] Er gab seiner Bewunderung für die überlegen, ja »elegant« operierenden preußischen Truppen fast enthusiastisch Ausdruck. In ihrem Gefolge gelangte er rasch nach Brüssel. Er überließ die schwierige Aufgabe der Auffrischung der königlich-sächsischen Armee dem sächsischen General Thielmann; denn das Land war als Zentrum von Napoleons Macht, wie die herzoglich-sächsischen Länder, ausgeplündert und sein Gouverneur war ein russischer General in Vertretung des sächsischen Königs. Dieser hatte sich in seiner Treuherzigkeit nicht schnell genug den Alliierten angeschlossen. Carl August war also, genau besehen, zunächst ein Feldherr ohne Truppen; denn es dauerte recht lange, bis die königlich-sächsischen Kontingente in Belgien ankamen. Als seinen eigentlichen Vorgesetzten betrachtete Carl August Blücher, der mit der schlesischen Armee rasch auf Paris marschierte. Die Schwierigkeit war nur, daß auch die beiden ihm unterstellten kriegserfahrenen preußischen Generäle den Feldmarschall für ihren tatsächlichen Vorgesetzten hielten und nach Ruhm an seiner Seite dürsteten. Dem Kriegsplan entsprechend hätten die Divisionen Bülows und Borstels wohl die Nordflanke Blüchers decken sollen. So kam es zu unangenehmen Auseinandersetzungen zwischen Carl August und den preußischen Generälen, ja dem Feldmarschall selbst.

Genau besehen hatte man dem Herzog von Weimar eine sehr undankbare Aufgabe übertragen; denn der schwedische Kronprinz Karl Johann folgte nicht den Truppen Carl Augusts nach Belgien, wie dies dem Kriegsplan entsprach. Carl August schrieb dem Kronprinzen, dem früheren napoleonischen Marschall Bernadotte, immer wütendere Briefe. Seiner Gattin vertraute er sogar nicht ohne Befriedigung an, die Engländer, die an der Befreiung der Niederlande teilnahmen und Carl August finanziell unterstützten, hielten den ehemaligen Bernadotte für einen Jakobiner. Schließlich öffnete der angegriffene Kronprinz von Schweden dem Herzog und General die Augen: Die Alliierten hätten den Oberbefehl über die preußischen Divisionen, den Carl August innehatte, ursprünglich in aller Form ihm, Karl Johann, übertragen. Dann waren sie – so ist diese Panne wohl zu verstehen – mißtrauisch geworden und hatten ihre Pläne geändert. Man kann den Verdacht, daß der ehemalige Marschall Napoleons politische Ziele in Frankreich verfolgte, verstehen. Er bot damals dem Herzog von

---

2 Hermann Freiherr von Egloffstein: Carl August im niederländischen Feldzug 1814. Weimar 1927, S. 19. Schriften der Goethe-Gesellschaft. Bd. 40.

Weimar insgeheim die Herrschaft über Belgien an, um Zwietracht unter den Alliierten zu säen. Das Angebot wurde von Carl August umgehend an Blücher weitergeleitet. Es bestätigte den Verdacht der Alliierten.

Man versteht aber auch, daß der Kronprinz unter diesen Umständen die Pflichten eines Verbündeten nur zögernd erfüllte. Carl August schrieb an Blücher, er könne Belgien unmöglich preisgeben, ohne von Karl Johann abgelöst zu werden. Dazu kam, daß es dem Herzog von Weimar in Brüssel sichtlich gefiel. Er hatte sich dort behaglich als Vice-Landesherr niedergelassen, mit Hilfe der Notabeln eine Übergangsregierung errichtet, auch schon die Aufstellung eines eigenen belgischen Heeres veranlaßt und vor allem nicht vergessen, das reiche Land zur Versorgung der alliierten Heere heranzuziehen. Sehr zeitgemäß hatte er dafür gesorgt, daß in der belgischen Hauptstadt ein feierlicher Gottesdienst als Dank für die Befreiung stattfand. Bald war er für das Volk der »fromme Herzog«. Das alles hatte er in seinem eigenen Lande gelernt, das verstand er besser als den neuen militärischen Stil der Preußen. Carl August erkannte auch damals schon *richtig*, daß Belgien auf die Dauer nicht mit den Niederlanden zu vereinigen war – was die Engländer wollten und auf dem Wiener Kongreß für einige Zeit erreichten. Schließlich gelang es dem Herzog sogar, Blücher davon zu überzeugen, daß man Belgien mit seinen Vorräten nicht preisgeben dürfe: Die Franzosen in den Festungen seien höchst aktiv, jederzeit zu Unternehmungen außerhalb der Festung bereit, während seine sächsischen Truppen – General Thielmann hatte sie endlich herangeführt – keine Kriegserfahrung besäßen. Tatsächlich hatte der General Maison aus Lille den Fürsten und seinen General nach allen Regeln der Kriegskunst an der Nase herumgeführt. Blücher beließ dem Herzog bis auf weiteres eine preußische Division, die des Generals Borstel, verlangte aber dafür die »Berennung und Belagerung« der Festung Maubeuge (Blücher an Carl August 21. 3. 1814).[3] Die Sachsen machten sich sofort ans Werk, in einer Weise, die den preußischen Offizieren schwerlich imponierte. Wenig später konnte es der alte, rauhe Feldmarschall nicht unterlassen, seinen Brief mit einer taktischen Rüge des Generals Carl August zu beginnen. Erst dann hieß es im gleichen Brief Blüchers an Carl August (31. 3. 1814)[4]: »Ihre Majestäten haben heut Ihren Einzug in Paris gehalten; die Truppen sind schon auf der andern Seite nach Fontainebleau und Orleans hinaus defiliert; und der sehr

3 Ebd. S. 152.
4 Ebd. S. 156.

günstige Empfang, den wir gefunden, so wie die entschiedene Stimme für die Bourbons bürgen uns dafür, daß wir mit Zuversicht auf eine baldige Beendigung des ganzen Krieges hoffen können.«

Als die Kommandanten der Festungen Nachricht von Napoleons Niederlage erhalten und einen Waffenstillstand geschlossen hatten, übergab Carl August das Kommando über die sächsischen Truppen dem General Thielmann und eilte nach Paris. Es fiel ihm gewiß nicht schwer, die peinliche Lückenbüßerrolle, die er als Kaiserlich-russischer General der Kavallerie und Oberbefehlshaber des dritten deutschen Armeekorps gespielt hatte, mit der des Herzogs von Weimar, des Verwandten des Königs von Preußen und des Zaren von Rußland, zu vertauschen. Ein militärischer Spezialist ist im Recht, wenn er es blamabel findet, daß der General Carl August und sein Stab die Nähe von Maubeuge erst bemerkten, als sie das Feuer aus der Festung darauf aufmerksam machte. Aber man braucht deshalb nicht gleich »den Landsknecht in CA.« zu finden.[5] Richtig ist allerdings, daß er zu unruhig, zu ungeduldig war, um militärische Situationen klar zu erfassen und den richtigen Augenblick des Handelns zu finden.[6] Dieser Charakterfehler behinderte den General *und* den Politiker Carl August. Trotzdem bestätigt auch der niederländische Feldzug meine früher vertretene Meinung, daß die Begabung des Herzogs von Weimar eher politischer als militärischer Art war. General wäre er nie geworden, wenn er kein Fürst gewesen wäre. Der militärische Beruf Carl Augusts ist im Zusammenhang des Spätfeudalismus zu sehen und widerspricht nach der preußischen Heeresreform im Grunde schon dem neuen militärischen Spezialisierungsprinzip. Man schiebt verwandte Kleinfürsten, die dem preußischen König lästig fallen, ins Militär ab. Auch jüngere Prinzen, die keine Anwartschaft auf den Thron haben, suchen im Militärhandwerk Glück und Ehre. So erwarb sich Prinz Bernhard von Weimar in wenigen Schlachten Napoleons den Orden der Ehrenlegion. Später war er General in den vereinigten Niederlanden, wozu ihm gewiß auch das gute Andenken an die landesväterliche Rolle seines Vaters in Brüssel verhalf.

---

5 Georg Bahls, Major a.D.: Carl August von Weimar als Soldat. Berlin-Charlottenburg 1932, S. 155.
6 Ebd. S. 51.

Der Kleinfürst im Kreise der großen Monarchen (Paris und England)

Der Herzog von Sachsen-Weimar war vom 23. April bis 4. Juni 1814 in Paris. Dann schloß er sich dem Zaren und dem König von Preußen auf ihrer Reise nach England an.[7] Es ist selbstverständlich, daß der leidenschaftliche fürstliche Politiker versuchte, die Anwesenheit der großen Monarchen zu einer Verbesserung seiner Stellung im Staatensystem zu benutzen. Wenn der König von Sachsen, als besonders wichtiger und treuer Gefolgsmann Napoleons, abgesetzt wurde, so hatte Carl August nach dem komplizierten Erbrecht der Feudalzeit die Chance, als ältester Ernestiner den Thron des Königreichs zu besteigen. Ein (kleiner) Teil der sächsischen Stände arbeitete an einer solchen Lösung des Problems. Ob Carl August selbst sich solche Illusionen machte, ist nicht leicht festzustellen. Vielleicht verfuhr er auch nur nach der Taktik, viel zu verlangen, um etwas zu bekommen. Doch er mußte es in Paris erleben, daß man sich lange Zeit so gut wie gar nicht um ihn kümmerte; denn welche Erwartungen waren dem ehrgeizigen Herzog von Weimar *nicht* zuzutrauen? Die Monarchen wurden schon aus Sicherheitsgründen sorgfältig abgeschirmt. Sehr viel klarer als Blücher erkannte der politisch erfahrene Fürst die labile innenpolitische Lage Frankreichs: »Il y a encore beaucoup de Jacobins qui ne se desistent point de la republique […] il y a un bon nombre de regicides […]« (Carl August an Herzogin Luise 22. 5. 1814).[8] Carl August ist sehr unzufrieden mit dem Zaren, der nur an Polen denkt und, um möglichst viel von diesem Land zu bekommen, Preußen mit Sachsen entschädigen will. Er kennt Stein und Hardenberg; aber wenn er sie einmal – selten genug – sieht, so haben sie keine Zeit, um mit ihm zu sprechen. Ohne Freund Müffling wüßte er gar nichts, aber dieser kann nicht verhindern, daß die Interessen Weimars und Preußens einander entgegengesetzt sind. Der Zar, klagt Carl August, interessiert sich nicht einmal für die Wiedererstattung der Kunstschätze, welche die Franzosen gestohlen haben. Man kann sich gar nicht vorstellen, die dieser Kaiser Alexander die verdammten Franzosen umschmeichelt![9] End-

---

7 Egloffstein, Hermann Freiherr von: Carl August im niederländischen Feldzug 1814, S. 109.
8 Ebd. S. 177.
9 Ebd. S. 175 f.

lich, nach langem Hin und Her, gelang es ihm, den Zaren zu sprechen. Dieser sagte ihm, König von Sachsen könne er nicht werden, weil Preußen verstärkt werden müsse, um den Franzosen gewachsen zu sein. Carl August werde aber den Titel eines Großherzogs und *die* Teile Sachsens erhalten, die Preußen nicht unbedingt aus militärischen Gründen benötige (Carl August an Herzogin Luise 28. 5. 1814).[10] Es ist so ziemlich das, was nach langen Verhandlungen der Wiener Kongreß für Sachsen-Weimar beschloß.

Die erste große Leistung des Staatsmannes Metternich war es, daß er die Zustimmung zu dem Kongreßort Wien bei den andern Großmächten erreichte; denn die österreichische Kaiserstadt war unerhört teuer, und man brauchte bei den Kleinfürsten, die mit Gefolge in Wien anrückten, die Verhandlungen nur in die Länge zu ziehen, um das gewünschte Resultat zu erreichen. Es ist erstaunlich, daß der eigentliche Gründer der Heiligen Allianz, Alexander I., ursprünglich bereit war, die Rechte des Königs von Sachsen realpolitischen Zielen aufzuopfern. Kaiser Franz I. war nicht dazu bereit, als alter Beschützer Sachsens, vielleicht aber auch aufgrund von aufrichtigen legitimistischen Prinzipien. Als die Monarchen sich auseinanderdiskutiert hatten, durfte der kleine Herzog von Weimar auch den Kaiser von Österreich sehen. Er finde, sagt der Kaiser ganz offen, das Bestreben, den König von Sachsen zu entthronen, so infam, daß er sich schäme, darüber zu sprechen. Er werde sich dieser Aktion mit allen Kräften widersetzen.[11] Der Kleinfürst wußte jetzt, daß es schwere Kämpfe in Wien geben werde. Bei größerer Bescheidenheit hätte Carl August darüber hinaus schon in Paris erkennen können, wie wenig ein kleiner Fürst, ob nun Herzog oder Großherzog, im Spiel der Großmächte bedeutete. Er war zufrieden, dabei gewesen und in Paris vom Zaren einige Versprechungen erhalten zu haben. Gedanken über das Machtsystem, das vor allem Metternich mit großer Geduld aufzubauen begann, scheint sich der kluge und wagemutige, aber wenig besonnene Fürst kaum gemacht zu haben. Dagegen nahm er England, das damals modernste Land der Welt, in den nächsten Wochen begierig in sich auf. Aus London schreibt er am 8. Juli 1814 an die Herzogin Luise: »La masse de choses que j'ai vue est veritablement gigantesque.«[12]

---

10 Ebd. S. 180f.
11 Ebd. S. 184.
12 Ebd. S. 197.

Die Geheimeräte Goethe und Voigt verkennen die Situation nach dem Sieg

In seinem Brief vom 12. 5. 1814 berichtet Voigt seinem Freund Goethe – sie rückten als mitbesiegte Napoleonverehrer einander immer näher –, man mache sich in der Öffentlichkeit Weimars viele Gedanken darüber, wie man den zurückkehrenden siegreichen Landesherrn feiern solle. Die jungen Leute sprechen »von einer großen Illumination auf Rückkehr Serenissimi und mit ihm des Friedens«. Andere meinen, der Aufwand der verarmten Residenzstadt sei für »eine schnell vorübergehende Illumination« zu groß. Auch glaubt man, »dem großen Ereignis eines sichernden Friedens und aufgehobener Unterwürfigkeit [...] in Verbindung mit dem Ruhm des Herzogs und der Erhaltung seiner Lande, die 1806 besonders unsrer Fürstin zu danken war, eine Auszeichnung schuldig zu sein. Man möchte diese gern *bleibend* und nicht auf die Ausbrennung einiger Lampen etc. gründen.« »Man will wissen, daß Serenissimus vorlängst gesonnen gewesen, auf den schönen Platz im Stern einiges Monument oder Dekoration zu setzen. Man wünscht daher, zu Ehren des Herzogs einen massiven Obelisk dort errichten zu dürfen. Man will die Unkosten durch eine Subskription von etwa 2000 Tlr. aufbringen, man hat sich schon einen Entwurf zeichnen lassen.« Voigt hat einige Zweifel: artistisch beifallswürdig? Wird es dem Herzog recht sein? Muß der Träger der Ehrung nicht die Regierung sein, so daß »ein opus publicum« daraus wird. *Exzellenz Goethe* soll »als kompetenter Beurteiler die Güte haben, sich darüber auszusprechen«. Über »das Detail der Ausführung« wird Architekt Steiner Auskunft geben.[13] Wir fragen uns: steckt eine höhere Persönlichkeit hinter dem Projekt, z. B. der den Herzog vertretende Erbprinz? Oder möchten einfach die Patrioten, die in solcher Zeit die Mehrheit bilden, die Befreiung, den Sieg, den patriotischen Herzog verewigen? Goethe scheint sich solche Fragen nicht gestellt zu haben, sondern diese heikle Angelegenheit als eine bloße Sache seiner Oberaufsicht gesehen und deshalb rasch erledigt zu haben. In der Beilage zu seinem Brief vom 13. 5. 1814, vor seiner Abfahrt nach Berka, will er angeblich ein Pro und Contra »in der Eile« geltend machen. Aber für das

---

13 Goethes Briefwechsel mit Christian Gottlob Voigt, hg. v. Hans Tümmler. Bd. IV. Weimar 1962, S. 104 f.

Pro fällt ihm nur die Behauptung ein, »daß die eigentliche Freude keine Form verlangt. Wie nun also neulich die Menschen ohne Ziel und Maß schießen konnten, so wäre es vielleicht nicht übel, wenn man einen jeden nach seiner Art leuchten ließe.« Diesem schlecht gelaunten Pro steht ein klares Contra gegenüber: Durchlaucht will nichts Fremdes, auch wohlgemeintes in Ihren Anlagen; dann »bin ich wegen eines Obeliskes eigentlich ein zu perhorreszierender Votant, weil ich alle Obelisken von jeher verwünscht habe, die nicht aus *einem* Granitstück gehauen waren«. Schließlich: Er könnte ein solches Opus publicum, »wie vieles andere, geschehen lassen, [...] aber Freude, Beifall und Teilnahme könnte ich demselben nicht schenken«. Im Begleitbrief zu dieser Beilage schreibt Goethe, er »wage« [!], die »vertrauliche Eröffnung« abzuschicken. Er weiß also, daß sein Nein Anstoß erregen kann! Deshalb fügt er einen Gedanken hinzu, der die epochale nationale Siegesfeier zu einem normalen fürstlichen Feste macht, wofür die Patrioten und Carl August selbst gewiß kein Verständnis gehabt hätten. Es sei schon öfters vorgekommen, daß Fürsten an der Stelle von Festen oder Denkmalen eine «milde Stiftung« gewünscht hätten. Er denke an eine Vermehrung des Waisenhaus-Fonds. Ob die »weimarischen Bürger nicht auf diesen Gegenstand zu lenken« seien.[14]

Voigt geht in seinem Brief vom 21. 5. auf diese Angelegenheit nicht ein. Er hielt sie wohl durch Goethes negatives Votum für erledigt. Doch beweist dieser neue Brief Voigts noch deutlicher, daß die alten Geheimeräte die Lage nicht erfaßten, weil sie von der üblichen Siegermentalität keine Ahnung hatten und weil sie noch nicht bemerkten, was die Zwischenschaltung des Grafen Edling zwischen den Fürsten und seine früheren Berater bedeutete. Voigt regt sich darüber auf, daß ihm gegenüber der Graf, der, wie wir bereits wissen, den Herzog besucht hatte, Carl Augusts Reise nach England nicht erwähnt: »Graf Edling muß Ursachen haben, warum er *mir* davon nichts geschrieben. Eigentlich sollte der Conseil wissen, wo sein Fürst sich befindet.« Der Conseil wußte es, denn die Herzogin hätte den leitenden Geheimrat unterrichtet. Voigt ärgerte sich nur darüber, daß Carl August und der Graf Geheimnisse miteinander hatten. Noch deutlicher zeigt sich Voigts Überschätzung seiner eigenen traditionellen Macht, wenn er im gleichen Briefe schreibt: »Gegen die Vernichtung des Königl. sächsischen Staats haben wir allerlei Vorstellungen bearbeitet und in die gehöri-

---

14 Ebd. S. 106 f.

gen hohen Hände gebracht.«[15] Während also der Fürst in Paris sein diplomatisches Spiel betrieb, intrigierte der Chef seiner Regierung gegen dessen höchstes Ziel, die sächsische Königswürde. Er unterstützte mit seinem Votum wohl Maria Paulowna, von der wir wissen, daß sie, im Gegensatz zu ihrem kaiserlichen Bruder, *gegen* die Absetzung des Königs von Sachsen war. Wenn Carl August von dieser Treulosigkeit erfuhr, so wurde er in seiner ohnehin schon erkennbaren Meinung bestärkt, daß er seine eigene Politik nur mit Hilfe jüngerer Vertrauensleute machen konnte.

Mit dem von Goethe abgelehnten Obelisken oder Feuerwerk und mit der von ihm nicht erkannten Mentalität der Sieger hängt zweifellos die peinliche Tatsache zusammen, daß ein Freiherr von Werthern-Wiehe (Jahrgang 1790) Goethes Sohn August forderte, weil er in Uniform aufgetreten war. Wer auf den Gedanken dieser militärischen Anmaßung gekommen war, ist unbekannt. Nach der offiziellen Version hatte der Erbprinz Carl Friedrich, dem August beigegeben war, den Befehl dazu erteilt, und so gelang es leicht, Goethes Sohn vor einer Blamage oder gar Verwundung zu bewahren.[16] Doch ist das Auftreten dieses Patrioten ein Alarmsignal für die Position Voigts und Goethes. Auch ist es bemerkenswert, daß die Herausforderung von einem Angehörigen des Geburtsadels erging. Voigt schreibt am 30. 5. 1814 dem Freunde ins Bad, daß er mit den Herren von Gersdorff und von Müller über die Forderung delibriert hat und man entschlossen ist, das Duell notfalls mit Gewalt zu verhindern; aber der Brief belegt auch, daß der angeblich beleidigte Freiherr und Offizier Aufsehen erregt hat, was wohl die Hauptabsicht war. Es handle sich, schreibt Voigt, nicht nur, wie bei einem Studentenduell um einen Verstoß gegen die »Gesetzlichkeit«: »In dem vorliegenden Fall kommt dazu, daß die öffentliche Meinung den Anstrich eines Patriotismus' sich zueignet.«[17] Voigt drückt sich vorsichtig aus, um Goethes »ruhigen Aufenthalt« im Bade nicht zu stören. Aber es ist offensichtlich, daß sich die Forderung auch gegen den Dichter richtete, der dem Sohn nicht erlaubt hatte, mit den Freiwilligen ins Feld zu ziehen. Man darf annehmen, daß Goethe den damals in Weimar erlittenen Autoritätsverlust stark empfand. Schon damals wurde ihm wohl klar, daß der Patriotismus eine Macht war, wiewohl eine Macht des »Tages«, mit der er sich arrangieren mußte.

15 Ebd. S. 108.
16 Ebd. Anm. zu Nr. 82, S. 472.
17 Ebd. S. 110.

Am 14. 6. 1814 teilte Voigt dem Badegast mit, der Herzog komme Mitte Julius zurück.[18] Schon am nächsten Tage antwortete Goethe, er komme in den nächsten Tagen nach Weimar, »da ich denn nicht verfehlen werde, sogleich aufzuwarten, mir über manches Rat und Belehrung zu erbitten und über anderes meine unmaßgeblichen Gedanken zu eröffnen«.[19] Schon unter dem 18. 6. 1814 lesen wir im Tagebuch: »Um 6 Uhr nach Weimar. Anmeldungen. Bey der Prinzeß Caroline. Bey der Herzogin. Bey der Hoheit [Maria Paulowna]. Mittags Riemer. Geheimer Rath von Müller und Bürgermeister Kuhn wegen des Herzogs Empfang.« Goethe hat jetzt begriffen, daß der Sieger würdig empfangen werden muß! Es fällt auf, daß das Genie sogar ungewöhnlich eifrig in dieser zunächst bagatellisierten äußerlichen Angelegenheit ist. Das Tagebuch meldet alle möglichen Gespräche und Sitzungen, die den Empfang des Herzogs betreffen. Es gibt sogar eine Publikation des Carl August-Biographen Willy Andreas mit den verschiedenen Denkschriften, die Goethes verspäteten Höflingseifer dokumentieren.[20] Er dient hier ganz dem verachteten »Tage«, ja sogar gelegentlich (am 19. 6.), um einen schönen Schluß zu finden, wenig geschmackvoll, der Mode der geistlichen Restauration: »Ja, wenn Erfurt auf den Leichnam des Herrn schon wieder Gäste versammlet [Fronleichnamsfest], so müßte es nicht gut seyn, wenn wir durch die lebendige Person unseres Herrn nicht auch eine Messe versammleten, die ihm Ehre und Freude macht.«[21] Carl August hatte seiner Gattin ironisch geschrieben, er müsse in Brüssel den Frommen spielen. Bei der zitierten Sakralisierung hätte er gewiß, wie so oft, über den Einfall seines Dichters gelacht.

Man erfährt in der geräumigen Publikation von Andreas alles mögliche, nur keine Erklärung dafür, warum Serenissimus nicht Mitte Juli, wie z.B. der Zar Alexander (nach Goethes Tagebuch am 15. 7.), sondern *sehr* verspätet (am 1. September) in Weimar einzog. Es ist nicht richtig, daß Carl August »noch geraume Zeit in Holland« verweilte.[22] Von seinen Aufenthaltsorten wird noch zu sprechen sein. Wahrscheinlich erscheint mir, daß die Patrioten dem Herzog Nachricht von Voigts und Goethes unpatriotischem, ja illoyalem Verhalten gegeben hatten, und daß er den zwei alten

18 Ebd. S. 112.
19 Ebd. S. 113.
20 Herzog Karl Augusts Heimkehr aus dem Befreiungskrieg. Jahrbuch der Goethe-ges. Bd. 20 (1934), S. 114–144.
21 Ebd. S. 120.
22 Ebd. S. 134.

»Dienern« deutlich seine Ungnade vor Augen führen wollte. So mußten die Kränze für Carl August im Juli 1814 verwelken! Schon am 15. Juli durchschaute Knebel, der Goethes Gesinnungen genau kannte, die Lage und tröstete den Freund, was er sicherlich nötig hatte: »Die Anstalten in Weimar, von denen ich so viel habe rühmen hören, werden durch die verspätete Rückkunft des Herzogs ohne Zweifel verloren gehen. Auch hier wird der gute Wille für die Sache sprechen müssen. – Wir freuen uns nur Deines guten Wohlseins, und wünschen, daß Du Deine Kräfte nicht zu sehr anstrengen mögest, um uns noch lange – lange in den trüben Zeiten [!] ein erfreuliches Licht zu geben.«[23] Am 24. Juli 1814 teilte Voigt dem Freund mit, der Herzog nehme in Aachen die Bäder und er schlug ihm vor, dasselbe zu tun.[24] Voigt äußerte sich höchst lakonisch. Aber Goethe verstand: Es galt, den Fehler zu korrigieren und dem Herzog untertänig entgegenzukommen.

Ehe wir über Goethes Zusammenkunft mit dem Sieger berichten, sollen die Verse, die er zu seiner Ankunft geschrieben hatte, kurz ins Auge gefaßt werden.[25] Sie waren nur Teil einer großen Sammlung von weimarischen Gedichten, die Goethe zusammengebracht und wohl – wie meistens in solchen Fällen – redigiert hatte. Sie sollten wohl ein literarischer Ersatz für das von Goethe abgelehnte Monument sein. Das erste Gedicht Goethes spricht von den vielen lauten Stimmen und von dem, was mehr ist als alle Lieder, von den Taten des Herzogs. Das zweite Gedicht erwähnt die vielen Pflanzen, die dem Fürsten »angehören«, wobei zunächst die Sonnenblume erwähnt wird, die, wie der Dichter, sich gern zur Sonne, dem bekannten Symbol des Herrschers, wendet. Dagegen erscheinen in den Veilchen wieder die vielen, die dem Fürsten gefallen wollen und seine Gunst erbitten. Das dritte Gedicht ist ein »Familiengemälde« von den fürstlichen Angehörigen im Schloß, ein Bild, das eigentlich Rubens' Hand malen sollte. Diese drei Gedichte arbeiten mit den traditionellen Mitteln der Panegyrik. Im letzten Gedicht dagegen erlaubt sich der Dichter eine Ermahnung – wie einst in *Ilmenau,* nur viel epigrammatischer:

---

23 Briefwechsel zwischen Goethe und Knebel. Bd. II. Leipzig 1851, S. 155 f.
24 Goethes Briefwechsel mit Voigt. Bd. IV, S. 120.
25 Weimarer Ausgabe. I. Abt. Bd. 4, S. 245 f.

Wielands Haus
Der du frühe schon das Große wolltest,
Wie ich dich so jung und kühn gesehn,
Hast es nun gethan so wie du solltest,
Und für uns, für alle war's geschehn.
　　Gebe das Geschick
　　Erst- und letztes Glück:
Dich dir selbst des Friedens zu ergehn.

Gemeint ist die Befriedigung der inneren Unruhe, die der Dichter in Carl Augusts Gemüt wie in sich selbst nur allzugut kennt. Es ist wohl eine Warnung vor weiteren Taten, die dem Lande nur Zwist und Unfrieden bringen. Was Goethe früher dem Professor Luden deutlich gesagt hatte, das deutet er jetzt dem Fürsten, von dem Weimars Schicksal abhängt, vorsichtig an. »Wielands Haus« ist ein merkwürdiger Titel. Zum Verständnis muß man wissen, daß der im Vorjahr gestorbene Wieland Carl Augusts Lehrer gewesen war und daß Goethes Logenrede zu Wielands Andenken überall in der höfischen Welt Zustimmung gefunden hatte. Wahrscheinlich erscheint mir auch, daß Wielands Dichtungen dem Fürsten verständlicher waren als die Goethes, und sicher ist, daß Wieland als Persönlichkeit hervorragend zum Vorbild eines zufriedenen Menschen geeignet war. Das Wort Haus deutet mit großer Klarheit an, daß sich Goethe keinen »dynamischen« waghalsigen, sondern einen biedermeierlichen Fürsten für die Friedenszeit wünschte. Wenn Carl August überhaupt den etwas dunkeln Versen seines einstigen Beraters Beachtung schenkte, so muß er gedacht haben: ›Er hat keine Ahnung von mir‹. Ein Bürger bleibt ein Bürger: Die Nobilitierung, die Orden, das Genie, der Dichterruhm ändern daran nichts.

Goethes Zusammentreffen mit Carl August in Wiesbaden und sein langer Urlaub in der fränkischen Heimat

Goethe fuhr schon am 25. Juli 1814 in westlicher Richtung, also dem Fürsten entgegen, über Frankfurt nach Wiesbaden, aber nicht nach Aachen. Heinrich Düntzer sieht dies Ereignis so: »Das schwache Berkaische Schwefelbad hatte Goethe nicht genügt; die Ärzte drangen wieder auf den Besuch von Karlsbad und Teplitz, aber ihn trieb es nach dem wiedergewonnenen Rheine.«[26] Am 2. 8. 1814 schrieb Goethe in Wiesbaden einen Brief an den Herzog in Aachen, der verloren ist, weil er wohl, nach dem Grundsatz: Angriff ist die beste Verteidigung, eine vorsichtige Lektion über Fürstenpflichten enthielt, die der Fürst nicht der kritischen Nachwelt überliefern wollte. Am 2. Februar 1814 hatte ihm Serenissimus, noch in Weimar, geschrieben, sein Sohn – der Erbprinz ist gemeint – werde Herrn August »als Ordonnanz bey sich behalten; in so ferne es den Jünglinge beliebe hier zu bleiben«.[27] Es ist Carl Augusts zweite Belehrung Goethes über die nationale Freiheit der Jugend, und der patriarchalische Dichter empfand gewiß den Vorwurf erneut – zumal da er aus dem Felde keinen einzigen Brief von dem Herzog erhalten zu haben scheint. Jetzt in dem Brief vom 6. August aus Aachen nahm Serenissimus Goethes Einladung zu einem Wiedersehen am Rhein ohne weiteres an, dankte auch kurz für Goethes Beitrag zu der Sammlung *Willkommen*, die ihm Voigt nach Aachen gesandt hatte – ohne freilich weiter darauf einzugehen. Den Hauptinhalt des Briefes bildet eine Beschreibung von Englands Vorzügen und Nachteilen in hyperbolischer Weise[28]: »Das dortige Clima ist wohl eines der fruchtbarsten in der Welt.« »Was Mechanic betrifft, da ist England das wahre Paradieß dieser Wissenschaft.« Ich sage »nicht zu viel [...], wenn ich vermuthe, mehr wie tausend solcher Feuerschlünde zu gleicher Zeit rauchen gesehn zu haben. Die Sonne wird davon meilenweit verdunckelt«. Die damals übliche poetisch-deutsche Geringschätzung der häßlichen Industrie – sogar bei Heine! – *fehlt*, weil der ehrgeizige Fürst die Nützlichkeit der technischen Entwicklung sicher schon erkennt. Auch der Schluß ist bewußt sachlich: »Ich gehe von hier über Coblenz gerade nach Mayntz, um mich dorten umzusehn; ich werde dich dahin einladen.« Goethe bekundete gewiß seine Freude über das Eingehen des Herzogs auf seinen Vorschlag, einander zu treffen. Doch ist auch dieser Brief nicht erhalten. Carl Augusts Antwort ist inhaltlich und stilistisch etwas freundlicher (16. 8. 1814)[29]: Er kommt am 23. abends nach Wiesbaden, um »Visiten beym M[inister] von Stein in

---

26 Düntzer, Heinrich: Goethe und Karl August. Leipzig 1888, S. 698 f.
27 Briefwechsel Carl August mit Goethe, Bd. 2, S. 106.
28 Ebd. S. 111 f.
29 Ebd. S. 112.

Naßau, in Schlangenbad etc. zu machen. Sehr freue ich mich dich wieder zu sehn. Leb wohl.«

Die Tag- und Jahreshefte 1814 sagen kein Wort über diese wichtige Zusammenkunft. Nur die Vorbereitungen zur Ankunft des Herzogs in Weimar werden erwähnt. Es soll wohl an die Härte des Herzogs bei dieser Gelegenheit erinnert werden. Dagegen betont der Schlußsatz zu diesem peinlichen Jahr 1814 etwas für Goethe keineswegs Selbstverständliches: »Von öffentlichen Ereignissen bemerke ich die Einnahme von Paris, und daß ich der ersten Feier des achtzehnten Octobers [Schlacht von Leipzig] in Frankfurt beiwohnte.«[30] In der Hauptsache berichtet hier Goethe über seine zahlreichen theatralischen Bemühungen, über das Interesse des Fürsten Radziwill an einer Aufführung seines *Faust*, über die Einladung zu einem Friedensfestspiel in Berlin durch Iffland, über die Gastspiele des Weimarer Hoftheaters in Halle, über die »höchst bedeutende Vorstellung« seines Monodrams *Prosperina* mit Eberweins Composition und mit Madame Wolff als Sprecherin. Die Aufführung von Müllners *Schuld* sieht er als Vorschule zu den Vorstellungen von *Romeo und Julia, Egmont, Wallensteins Lager* und *Tod.* Sogar seine vergeblichen dramaturgischen Bemühungen um die Schauspiele von Fouqué, Arnim, Tieck und Brentano – gab es so etwas überhaupt? – vergißt er nicht zu erwähnen. Er will damit wohl sagen, daß er nicht allein an der von manchen beklagten Verschlechterung des Weimarer Hoftheaters in diesen Jahren die Schuld trug, daß die Romantik kein der Klassik ebenbürtiges Drama hervorbrachte. Man spürt den lang anhaltenden Groll über die Behandlung als Theaterdirektor; er belegt zugleich die Unentbehrlichkeit von Goethes Tagebuch.[31]

In diesem ist nämlich vermerkt, daß Carl August den versprochenen Termin erstaunlich gut einhielt, angemeldet von seinem Sekretär Vogel am 23. 8. nach Wiesbaden kam und zu einer gründlichen Aussprache bereit war: »Mit Serenissimo bis tief in die Nacht.« Am 24. 8. kam der Herzog in den Cursaal, wo Goethe mit dem Weimarer Hofarzt Stark und mit Zelter saß. »In der Gesellsch. bis Nachts.« Am 25. 8. ist der erste Eintrag: »Mit

---

30 W. A. Abt. I. Bd. 36, S. 90.
31 Die Notiz scheint, auch abgesehen vom Auslassen der wichtigen Aussprache mit Carl August, nicht ganz zuverlässig zu sein. Nach der zuverlässigen Zeittafel von Nicolai fand die Aufführung der *Proserpina* nicht 1814, sondern am 4. 2. 1815 statt. Das Tagebuch verzeichnet die Hauptprobe am 3. 2., die Wiederholung am 6. 2. 15, was Nicolais Datierung bestätigt.

Serenissimo«, was wohl (nach der ursprünglichen Weimarer Sitte!) hieß, daß Goethe den Fürsten morgens als erster begrüßte. So war es auch am 26. 8., dem letzten Tag der Begegnung. Goethe konnte dem Herzog noch Briefe von Weimar überreichen. Die Organisation klappte diesmal hervorragend.

Der Herzog zog am 1. 9. 1814 ohne Goethe in Weimar ein; aber man hatte endlich wieder einmal Frieden miteinander geschlossen. Goethe konnte dem Fürsten wahrheitsgemäß versichern, daß er die nationale Belange, die Stein vertrat, mit vertreten werde, soweit er dies verantworten könne. Und der Fürst verzieh, nicht ohne Bedauern, dem Divan-Dichter wohl, daß er ihn nicht zum Wiener Kongreß mitnehmen konnte, um mit ihm Staat zu machen; denn so viel wußte Serenissimus schon von den *poetischen* Berauschungen des Genies und ihrer Unausweichlichkeit. Vielleicht vertraute er seinem alten Berater auch etwas von seinen politischen Plänen an; denn so ahnungslos wie im Frühjahr 1814 sind Voigt und Goethe später nicht mehr gewesen. Der Ersatz, den Goethe an seiner Stelle für den Wiener Kongreß vermittelte, der Staatsrechtler Prof. Sartorius aus Göttingen, erfüllte freilich Carl Augusts Erwartungen nicht; denn es ging auf dem Wiener Kongreß, der die französischen Säkularisationen und die von Napoleon geschaffenen Rheinbundstaaten anerkannte, nicht um das alte Recht, von dem die ehemaligen geistlichen Fürsten, die Reichsritter usw. träumten, sondern es ging um konkrete Politik, um den Ausgleich der Ansprüche, welche die Großmächte für sich stellten. Auch das Schicksal Sachsen-Weimars war nur das Ergebnis der Vereinbarungen, die Rußland, Österreich-Ungarn, Preußen und England miteinander erzielten. Sogar das nach wie vor gefürchtete, jetzt wieder bourbonische Frankreich hatte in der Diplomatie mehr zu bedeuten als die ehemaligen Rheinbundfürsten, zu denen Carl August gehörte.

Goethe hatte kein Verlangen nach Weimar. Im Gegenteil, er benützte die Abwesenheit des Fürsten und seines Gefolges in Wien zu einem überlangen Urlaub am Rhein, Main und Neckar, wofür gewiß nicht in erster Linie irgendwelche patriotischen Gefühle, sondern eine neu erwachte Liebe zur alten fränkischen Heimat die erste Ursache war. Auf dieser Grundlage konnte er sogar dem durch die »Altdeutschen« neu erweckten Katholizismus seine liebenswürdigste Seite abgewinnen. Ich spreche von der interessanten Wallfahrt zu der St. Rochus-Kapelle bei Bingen, die er am 16. 8. 1814 mit andern Kurgästen erlebte und die ihn so beeindruckte, daß er immer wieder auf dieses Erlebnis zurückkam und mit großer Sorgfalt zu dem volkstümlich-anmutigen Genrebild *Sanct Rochus-Fest zu Bingen* getaltete.[32] Man mag sich darüber wundern, daß dem Dichter gleichzeitig der Islam und der Katholizismus ehrwürdig erschien. Was sie gemeinsam haben, ist »das Alte«, das Fremde, das Heilige, das Humanisten gerade auch in religiösen Traditionen erfahren können. Das *St. Rochusfest* erschien erst, gleichzeitig mit Meyers Aufsatz über *Neudeutsche religios-patriotische Kunst*, im zweiten Heft von *Kunst und Altertum* (1817). Goethe hatte diese polemische Arbeit gegen die Nazarener gewünscht und gewiß auch wie so viele Arbeiten seiner Freunde redigiert. In der Zusammenstellung der beiden Aufsätze lag kein Widerspruch; denn die nazarenische Malerei, die von Meyer angegriffen wurde, war keine volkstümliche Tradition, kein ehrwürdiges Geschenk der mythischen Frühe, sondern eine ausgeklügelte Konzeption, die auf den problematischen Konvertiten Friedrich Schlegel zurückging. So wie der in Weimar gescheiterte Zacharias Werner in der Zeit des Wiener Kongresses die modische geistliche Restauration predigend vertrat und zu einer Art Sensation für die zahlreichen Fremden, nicht zuletzt für die Protestanten, machte, so war auch die Theorie Friedrich Schlegels, die Kunst *vor* Raffael sei frömmer und besser als die spätere gewesen, nichts als ein »interessanter« Einfall, ein Hirngespinst, eine Ideologie.

Man kann Goethes *St. Rochusfest* auch so interpretieren, daß der Dichter versuchte, das, was die damalige Zeit wahrhaft erschloß, in sich aufzunehmen, und dies war die geschichtliche Tiefe Europas. So erklärt es sich auch, daß Goethe in Frankfurt nicht nur die berühmte Bekanntschaft mit Marianne Jung, der späteren Frau von Willemer, machte und viel mit seinen alten Frankfurter Freunden zusammen war, sondern auch seine kunsthistorischen Studien mit Sulpiz Boisserée weitertrieb. Besonders die Zeit, da er in Heidelberg Boisserées Gemäldesammlungen studierte und sich erneut für die Risse des Kölner Doms interessierte, bezeugt seinen intensiven Versuch, die ältere Kunst immer gründlicher zu verstehen.

---

32 Vgl.: an Zelter 7. 11. 1816, W.A. Briefe Bd. 27, S. 223: »Das Rochusfest, abermals durchgearbeitet u. nochmals abgeschrieben, hat an Bestimmtheit u. Glanz gewonnen«.

Das freundliche Ende des Jahres 1814
in der Wahlheimat

Erst am 27. Oktober 1814 war Goethe wieder in seiner Wahlheimat Weimar. Am 9. November schrieb er seinem Freund Knebel, der größte Vorteil,
den ihm die letzte Reise gebracht, sei wohl die »Duldsamkeit« gewesen:
»Überzeugung, Sitte, Gewohnheit, Liebhaberey, Religion, alles erschien
mir durchaus den Personen gemäß, die sich gegen mich äußerten, und so
habe ich es auch in Ansehung des Geschmacks gefunden.« Es ist die Toleranz, zu der nicht zuletzt das Reisen und das Studium der Geschichte
erziehen. Aber amtliche Tätigkeiten erfordern Entscheidungen, und da ist
es immer wieder Christian Gottlob Voigt gewesen, auf dessen Hilfe der
Dichter angewiesen war. Wenn z.B. ein Angestellter im Bereich seiner Verantwortung (Museen, Bibliothek usw.) sich darüber beschwert, daß er bei
einer Stellenbesetzung übergangen worden ist, so kann Goethe nur »im
allgemeinen etwas erwidern«. Er schreibt aber an Voigt (19. 11. 1814):
»Ew. Exzellenz vollkommen Umsicht und Wohlwollen empfehle diese Angelegenheit dringend. Mir sind die Mittel und Wege nicht bekannt, wie hier
etwas Gutes für die Menschen und die Sache zu erreichen. Nur wer immer
wirkt, vermag zu wirken. Zutrauend G.«[33] Schon am 22. 11. hat Voigt diese
Angelegenheit erledigt. Die Grundlage für dieses selbstlose Verhalten war
Voigts Einsicht in die Unvergänglichkeit aller seiner eigenen unzähligen
Bemühungen. Goethe dankt in den letzten Jahren des Staatsmanns immer
wieder in einer Weise, die doch auch diesen Staatsdiener, tiefer gesehen,
so unvergänglich gemacht hat wie Marianne von Willemer, z.B. am
23. 12. 1814: »An dem heutigen frohen und heiteren Tage kann ich nicht
sowohl sagen, daß Ew. Exzellenz Leben und Gesundheit wünsche, als daß
ich beides als notwendige Bedingungen meines eignen Daseins voraus-
setze und bis ans Ende meines Lebens diese Versicherung zu wiederholen
wünsche.«[34] Kühler ist selbstverständlich der Brief, den Goethe zu Neujahr
an den Herzog schrieb[35], aber die Gelassenheit, die Toleranz, die er sich
während seiner langen Abwesenheit erwarb, ist auch hier zu spüren. Die

---

33 Goethes Briefwechsel mit Voigt. Bd. IV, S. 121.
34 Ebd. S. 126.
35 Briefwechsel Carl August mit Goethe. Bd. II, S. 112 ff. 27. 12. 1814.

Streitereien unter den Professoren in Jena und unter den Schauspielern am Weimarer Hoftheater setzt er einander gleich, nimmt er wenig ernst.

Von den üblen Folgen seiner Toleranz, von dem Triumphieren der romantischen Jugend über die endliche Bekehrung des »Heidenkönigs«[36], an dem Sulpiz Boisserée nicht ganz unschuldig war[37], hat Goethe wahrscheinlich nichts gehört. Er ist in dieser Zeit immer wieder im Kreise der Herzogin, etwa um aus seiner *Italienischen Reise* vorzulesen. Er war nach der Rückkehr überhaupt auffallend häufig bei »Serenissima« (vgl. Goethes Tagebuch), was wohl auch politsch zu verstehen ist; denn er wußte, daß der Herzog in politischer Beziehung seine Gattin hochschätzte. Zum Hauptberater Carl Augusts entwickelte sich freilich, wegen seiner Intelligenz und Bewährung auf dem Wiener Kongreß, immer mehr der Freiherr Ernst August von Gersdorff, der Jüngste im Conseil, nur wenig über dreißig Jahre alt. Wir wissen bereits, wie hoch der Herzog neuerdings den Geburtsadel und den zeitgemäßen Patriotismus der Jugend schätzte. Die Frage war nur, ob junge Beamte die höchst komplizierte Situation im Deutschen Bunde, in ganz Europa überblicken konnten und ob sie einem so hervorragenden Diplomaten wie dem österreichischen Staatskanzler Metternich gewachsen waren.

Zur Beurteilung der frühen Restaurationszeit

Da an dieser Stelle schwierige, immer noch aktuelle politische Wertungsprobleme auftauchen, will ich, aus meiner Sicht, verdeutlichen, warum es kaum rätlich ist, die Weimarer Politik der frühesten Restaurationszeit aus einem der traditionellen Wertungsgesichtspunkte, d. h. aus der Sicht der Gegenwart darzustellen. Anläßlich meiner *Biedermeierzeit* (1971, 1972, 1980) erhielt ich von etlichen progressiven Kollegen, besonders alten Kommunisten, manchen Vorwurf, weil ich unter den verschiedenen Richtungen der Zeit auch die restaurativen ernst nahm. Ich erinnere mich, daß Walter

---

36 Goethe in vertraulichen Briefen seiner Zeitgenossen, hg. v. Wilhelm Bode. Bd. II. Berlin und Weimar 1979, S. 621.
37 Ebd. S. 615.

Dietze mich besonders deutlich ex cathedra socialistica verdammte. Vornehmer waren die Nadelstiche aus dem angelsächsischen Sprachbereich, die meine gelegentlichen Hinweise auf die Unzulänglichkeit des orthodoxen Liberalismus überraschend fanden. Heute, da regressive Grüne sich für besonders fortschrittlich halten, marxistische Führer an der Weltrevolution zweifeln und politische Theologen sich revolutionärer als manche Sozialisten gebärden, wird man leichter erkennen, daß das alte Schema progressiv/regressiv für eine besonnene Geschichtsschreibung wenig tauglich ist. Besonders das im 19. und 20. Jahrhundert so dynamische Phänomen des Nationalismus läßt leicht erkennen, daß ein und dieselbe Erscheinung sehr verschiedene Funktionen haben kann. Wo eine europäische Ordnung wiederhergestellt werden soll, wie nach dem Ausufern des französischen Nationalismus, hat der deutsche Nationalismus eine progressive Funktion im zwanglosen Bunde mit dem Liberalismus. Dagegen kann der Nationalismus eine regressive Funktion haben, wenn man ein halbwegs freies Europa mit halbwegs freien Nationen wieder aufzubauen versucht.

Die Burschenschaft, die sich 1815–1818 unter der Schutzherrschaft Carl Augusts zunächst in Jena bildete, zugleich sich aber nach Gießen, Heidelberg, Tübingen usw. ausbreitete, war nicht national im Sinne des Bismarck-Reichs. Sie übernahm nicht zufällig ihre Farben Schwarz Rot Gold von Lützows *Partisanen*, deren Tätigkeit wir bereits begegneten. Sie hatte, nicht zuletzt durch die junge Germanistik, die pangermanische Orientierung, die noch in der Politik des Hitlerreiches, durch die falsche Einschätzung Englands, eine viel verhängnisvollere Rolle spielte, als man heute zu wissen pflegt. Goethe ärgerte sich schon darüber, daß man in der Kunstgeschichte die bildende Kunst der Holländer als »deutsch« ansprach; der Begriff des Germanischen blieb ihm, soviel ich sehe, fremd, obwohl ihn ja schon Herder unter dem Begriff des Nordischen kannte oder doch vorbereitete. Der Nationalismus der Burschenschaft war auch insofern nicht vernünftig, als er an der protestantischen Religion statt an der Sprache orientiert war. Das Wartburgfest vom 18. Oktober 1817 warf die Leipziger Schlacht vom 18. 10. 1813 und die Reformation vom 31. 10. 1517 zu einem wüsten christlich-deutschen Brei zusammen. Schon damals feierte der »deutsche Gott« seine Auferstehung. Nur Deutsche und Christen konnten Burschenschafter werden, womit die Juden ausgeschlossen waren.[38] Alle diese Eigen-

---

38 Zu diesen Fragen vgl. neuerdings Rainer Koch: Deutsche Geschichte 1815–1848. Stuttgart 1985, S. 87 f.

schaften, die in die Zukunft weisen, werden, soviel ich sehe, in der Weimarer und Jenenser Diskussion zur Burschenschaft kaum erkannt. Man sah nur den sittlichen Fortschritt gegenüber den »rohen« Landsmannschaften, die der Regierung in Weimar so viel Sorge gemacht hatten. Noch Franz Schnabel betont diesen Fortschritt, der nicht zu leugnen ist. Nur darf man nicht vergessen – wir sehen es bis heute in Indien und im vorderen Orient –, daß auch auf dem Boden der Religion die Gewalttat blühen kann, die für die Gesellschaft oft gefährlicher ist als das altmodische Duellwesen und die liederliche Lebensweise der Oberschicht. Man kann heute kaum leugnen, daß in dieser Studentenrevolte der Geist der Französischen Revolution »umfunktioniert« wurde, nicht anders als in Scharnhorsts Heeresreform und in der Erhebung des Volkes zum Kampf gegen die Fremdherrschaft. Auch an den Puritanismus Englands (17. Jahrhundert) und der Vereinigten Staaten darf man denken, um zu erkennen, daß eine religiös begründete Sittlichkeit keine Garantie gegen Gewalttaten bildet.

Carl August und seine Berater scheinen aber der Meinung gewesen zu sein, daß deutsche Nationalisten etwas ganz anderes sind als französische oder englische. Er berücksichtigte auch zu wenig, daß die Burschenschaft nur eine Minderheit unter den Studenten umfaßte und daß die Landsmannschaften im partikularistischen Deutschland eine sehr solide, »natürliche« Grundlage hatten, während die Studenten, die von »ganz Deutschland« schwärmten, damals auf einer rein ideologischen, phantastischen Basis operierten. Sie hatten auch, ähnlich wie die Studentenrevolution von 1968, nur wenige Professoren an ihrer Seite, die für ihre utopischen Ziele eintraten. Es waren in Jena freilich auch handfeste Gründe, die zum Anschluß an die Studenten führten, weil nämlich die Professoren dort zu einem guten Teil von der Anziehungskraft ihrer gebührenpflichtigen Vorlesungen lebten und den Studenten durch ihren nationalen Liberalismus imponieren wollten. Auch das Zubrot, das die Publizistik abwarf, war oft ein vitales Bedürfnis, besonders für spekulative Geister wie Oken oder Geisteswissenschaftler wie Luden. Von dem gutgestellten Chemiker Döbereiner hört man im Zusammenhang mit der Studentenrevolution kein Wort. Wir kennen die verhängnisvollen Folgen der Jenenser Armut schon aus der frühidealistischen Zeit. An dieser Stelle allerdings setzte die Diskussion schon kräftig ein. Ob Pressefreiheit zugleich »Preßfrechheit« sein dürfe, war sofort heftig umstritten; sie führte auch zu auswärtigen Beschwerden, die man nicht ignorieren konnte. Außerdem wurde schon recht deutlich die Frage diskutiert, wie weit die akademische Freiheit reiche, ob also keinerlei

Rücksicht auf den staatlichen Dienstherrn zu nehmen sei. Von den oben berührten politischen Spätfolgen des Nationalismus (Terrorismus, Pangermanismus, Antisemitismus) konnte man in einem relativ humanen Lande wie Sachsen-Weimar noch kaum etwas ahnen. Trotzdem sollte man die nationalliberale Bewegung dieser Zeit nicht mit dem Nationalliberalismus des Bismarckreiches verwechseln. Eine Studentenbewegung läßt sich nie mit einer ausgereiften Partei vergleichen, und auch *die* Professoren, die sie leiten wollen, pflegen die Mentalität einer revolutionären Jugend und die Machtfragen falsch einzuschätzen.

Die Metternichsche Restauration wurde völlig verkannt, solange die kleindeutsche Perspektive in der Weimar-Forschung dominierte. Bei Heinrich Düntzer ist Metternich »der Verräter«, weil er Preußens Versuch, ganz Sachsen zu schlucken, widerstand.[39] Ohne den europäischen Gesichtspunkt konnte man der Rolle Österreichs nicht gerecht werden. Es galt ja nicht nur, die Exzesse der Revolution zu beseitigen, sondern den durch Napoleons Eroberungskriege zerstörten europäischen Frieden möglichst dauerhaft wiederherzustellen. Als Preußen und Rußland Ende 1814 Österreich mit Krieg bedrohten, um die zwischen ihnen verabredete Annexion Sachsens durch Preußen durchzusetzen, trat England mit großer Entschiedenheit an die Seite des restaurativen Österreich, um das Prinzip des europäischen Gleichgewichts wiederherzustellen. Man sieht an diesem Beispiel die Dominanz der europäischen Politik, die zugleich eine Friedenspolitik war. Und was der durch die lange Kriegszeit erschöpfte und verarmte Kontinent am meisten brauchte, war ja auch nicht eine neue Dynamik, sondern der Friede. Selbst Golo Mann, der stark an der amerikanischen Verfassung orientiert ist, wird der Leistung des Wiener Kongresses unter dem Gesichtspunkt einer »Zusammenarbeit vieler divergierender Willenszentren« gerecht: »Nie wird man, in diesem Sinn, das Werk der Friedensmacher von 1814/15 genügend bewundern können.«[40] Er betont sehr stark die Kontinuität, die »Modifikation des von Napoleon Geschaffenen«. Doch zeigt er wenig Sinn für die Last der Fremdherrschaft, wenn er meint: »Die kleineren deutschen Staaten blieben in ihren Grenzen wie im Stil ihrer Regierung und Verwaltung [!] wesentlich das, wozu Napoleon sie gemacht hatte.«[41] Golo Mann

---

39 Düntzer, Heinrich: Goethe und Karl August. Bd. III. 1888, S. 702.
40 Propyläen Weltgeschichte. Eine Universalgeschichte. Hg. v. Golo Mann. Bd. 8: Das neunzehnte Jahrhundert. Berlin/Frankfurt/Wien 1960, S. 372.
41 Ebd. S. 375.

unterschätzt die nationale Bedeutung der Klein- und Mittelstaaten. Thomas Nipperdey ist gewiß besser informiert, wenn er sagt[42]: »Zumeist verbanden sich in der Nationalbewegung staatliches oder regionales Sonderbewußtsein und Gemeinbewußtsein, die Deutschen empfanden sich als ›Stämme‹, ihre Eintracht, ihr Brudersinn war Voraussetzung der Nation.« Auch die konstitutionelle Monarchie, die sich gerade in den kleineren Staaten durchsetzte, verdient nicht die ironischen Metaphern, mit denen sie von Golo Mann bedacht wird![43] Ist nicht auch die Präsidialverfassung der Vereinigten Staaten ein Kompromiß zwischen Monarchie und Demokratie, der orthodoxe Liberale an ihnen irre machen kann?

Hier ist an die neueren Forschungen zu erinnern, die sich gegen die liberalistische und sozialistische Vorstellung richten, mit der Französischen Revolution sei der Monarchie und den Höfen der eigentliche Lebensboden entzogen worden. Es verrät gewiß viel konservative Weisheit, daß man von der Revolution und vom napoleonischen System viele Reformen übernahm, die sich bewährt hatten. Aber auch der Adel und die Monarchien hatten sich in der Notzeit bewährt, und es ist selbstverständlich, daß sie dadurch nicht nur ein neues Selbstbewußtsein gewannen, sondern auch eine neue Autorität im Volke. Ohne das Prinzip der Restauration kann man in allen Jahrhunderten keine vorurteilsfreie Geschichte darstellen, schon deshalb, weil es ein Märchen, ein Aberglaube ist, das Neue sei immer besser als das Alte. Rückgriffe auf das Bewährte und auch ganz schlicht auf das Alte hat es nach Krisenzeiten immer wieder gegeben. Man denke an die Gegenreformation! Altes und Neues besteht zu allen Zeiten nebeneinander, und gerade dem 19. Jahrhundert kann man ohne die in Deutschland unterentwickelte Traditionsforschung nicht gerecht werden. Karl Ferdinand Werner ist darüber hinaus wohl im Recht, wenn er feststellt: »Man kommt immer mehr davon ab, ›mittelalterliche‹ Geschichte zu betreiben, ohne eindringende Beschäftigung mit der Spätantike, ›neue‹ Geschichte zu betreiben, ohne die ›spätmittelalterliche‹ als Basis zu betrachten – man wird endlich ›neueste‹ Geschichte nicht mehr betreiben, ohne die vorhergehenden Jahrhunderte voll einzubeziehen in die Einschätzung und Be-

---

42 Der deutsche Föderalismus zwischen 1815 und 1866 im Rückblick, in: Stamm und Reich. Stamm und Nation. Festgabe für Max Spindler. Bd. III. München 1984, S. 7.
43 Propyläen Weltgeschichte. Bd. 8, S. 381.

wertung der Phänomene.«[44] In diesen Worten liegt eine grundlegende und berechtigte Kritik der heutigen Geschichtsschreibung, die eine langwierige Umorientierung notwendig macht; es ist zwar ein Programm, das schwer zu verwirklichen ist. Aber es kann vielleicht dazu helfen, den Abstand Goethes von den ephemeren Ereignissen, mit denen wir es im folgenden zu tun haben, besser zu verstehen.

Fürstendienst und Theaterpublizistik in einer für Goethe kritischen Zeit

Im Januar 1815 hat Voigt noch immer Sorge um die Existenz des König-reichs Sachsen.[45] Goethe geht in seinem Antwortbrief vom 10. 1. nicht darauf ein: »Verzeihen Sie, verehrter Freund, daß ich zu einer Zeit, wo der nächste Osten [Wien] uns durch sein Schweigen beunruhigt, aus dem fer-nen Orient einige Unterhaltung herhole und davon etwas mitteile. Sie sind ja ohnehin wunderliche Vorträge gewohnt. Und mir scheint es, als wenn die Luft dorther mit Rosenduft und Ambrageruch geschwängert wäre.« Goethe fällt es leichter anzuerkennen, daß der Herzog mit seinen neuen Beratern in Wien vollkommen selbständig Politik macht, da er in seiner dichteri-schen Divan-Welt lebt und der Abschied von der großen Politik nichts Neues für ihn ist. In seinem Brief an Goethe vom 16. 1. 1815[46] orientiert der Herzog in keiner Weise über die politischen Streitpunkte, die es auf dem Kongreß anzufechten gilt, sondern er macht – vielleicht um Goethe zu loben – das Wiener Theater schlecht: Und »der Gesang ist auch mittelmä-ßig bestellt, leider ist hier das Mittelmäßigste von allen menschlichen be-ginnen der Congreß [...] An Langweiligkeit lassen es die Herren nicht fehlen, und deßwegen muß man hier eine Gedulterziehung aushalten, die einen das bißchen Leben ganz verleidet.« Auch das windige und »unbe-

---

44 Hof, Kultur und Politik im 19. Jahrhundert, Akten des 18. Deutsch-Französi-schen Historikerkolloqiums Darmstadt vom 27.–30. September 1982, hg. v. K. F. Werner. Bonn 1985, S. 13. Fast alle Referate des Kolloquiums verdienen Beach-tung.
45 Goethes Briefwechsel mit Voigt. Bd. IV, S. 128 f., [9. 1. 1815].
46 Briefwechsel Carl August mit Goethe. Bd. II. Bern 1971, S. 114–116.

ständige Clima« der Kaiserstadt tadelt der Fürst. Nur die großen Sammlungen Wiens imponieren ihm und die »viele[n] bedeutende[n] Menschen [...], denen es sehr ernst um ihre Gegenstände ist; die Erzherzöge [!] sind an der Spitze dieses Haufens«. »Nur fehlt es an den Binde Knoten«, an der geistigen Ganzheit, auf die Weimar so stolz ist. »Der Mangel an guten Buchhändlern« und an den Abenden das übermäßige Interesse an »Weiblicher Gesellschaft« sei die »Haupt-Ursache« dafür. Der Anlaß des Briefes erscheint gleich an seinem Anfang: »Die Kayserinn hat mir aufgetragen, dir viel schönes von ihr zu sagen.« Carl August schickte dem Dichter auch eine biographische Skizze über den Fürsten von Ligne, der als Feldmarschall und Inhaber aller möglichen k.k. Auszeichnungen ein Salonlöwe in den böhmischen Bädern gewesen und, von Carl August und Goethe betrauert, vor kurzem gestorben war. Goethe erhielt den Auftrag, dem Verfasser der kleinen Biographie, dem Grafen Moritz O'Donell, »ein paar Zeilen Lobes« zu schreiben und den Brief an Carl Augusts Adresse zu schicken. Diese fürstliche Bitte führt zu Goethes Versuch, eine höchst merkwürdige, eigentlich unmögliche Totenfeier mit Gesang zu dichten: *Requiem dem frohesten Manne des Jahrhunderts*.[47] Die Heiterkeit, die er an diesem Weltmann bewundert hatte, war für Goethe einer seiner höchsten Lebenswerte. So fand er sich »auf's wunderbarste angeregt«, eine Dichtung statt des verlangten Briefes zu verfassen (an Carl August 29. 1. 1815). Es ging aber wie bei der *Pandora* und vielen andern Versuchen Goethes: Die Dichtung blieb Fragment. Dagegen schrieb er im gleichen Brief für die österreichische Kaiserin eine Art Prosagedicht, wohl in der Hoffnung, der Herzog werde es der von seinem Dichter angehimmelten Majestät vorlesen: »Im Orient, wo ich mich jetzt gewöhnlich aufhalte wird es schon für das höchste Glück geachtet, wenn von irgend einem demüthigen Knecht, vor dem Angesichte der Herrinn gesprochen wird und Sie es auch nur geschehen läßt. Zu wie vielen Kniebeugungen würde derjenige hingerissen werden, dessen Sie selbst erwähnte! Möchte ich doch allerhöchsten Ortes nur manchmal nahmenweise erscheinen dürfen!« Das Stilbeispiel läßt erkennen, daß auch der von Goethe kultivierte und dann von Rückert, Platen usw. nachgeahmte Orientalismus dazu beitrug, die Barocktradition und damit den Feudalismus neu zu stärken. An der Heiligkeit der fürstlichen Person werden auch die von Carl August und dem Freiherrn von Gersdorff beabsichtigten Reformen nichts ändern!

---

47 W.A. Abt. I. Bd. 16, S. 383–389.

Dies wußte Goethe und darauf setzte er, weil er seinen Fürsten schon seit 40 Jahren kannte. Das Glückwunschschreiben zur Erhebung seines Fürsten zum Großherzog sei vollständig zitiert, um den Widerspruch, der in Carl Augusts konstitutionellen Versuchen von Anfang an lag, durch ein Symbol anzudeuten (Goethe an Carl August 22. 4. 1815): »Durchlauchtigster Grosherzog, gnädigster Herr, Sie haben, verehrtester und geliebtester Fürst, von Jugend an, durch Hoheit des Geistes und der Gesinnung, Sich Vorzüge zu erwerben gewußt, welche über alle andern erhaben sind, ja von Geburt und Glück, als von Folien, nicht Wesenheit, sondern nur einen lebhafteren Glanz gewinnen. – Ereignet sich's nun, daß Höchstdenenselben, für so vielfaches, redliches inneres Bemühen, auch von außen ein gebührendes Beywort ertheilt wird; so benutzen wir mit Freude, wenn die Hof- und Canzleysprache uns nunmehr erlaubt dasjenige als ein Anerkanntes auszusprechen, was sonst bey aller Wahrheit als Schmeicheley hätte erscheinen können. – Ew. Königl. Hoheit haben bisher den kleinen Kreis bis in's Unendliche erweitert, indem Sie in einem jeden einzelnen der Ihrigen eine gemäße Thätigkeit zu erregen und zu begünstigen gewußt. Möge Höchstdenenselben eine lange Reihe von Jahren gegönnt seyn, um, in einem ausgebreiteren Wirkungskreise eben diese Wohlthat fortzusetzen. – Erlauben Höchstdieselben mir fernerhin davon als freudiger Zeuge zu verharren, ja, in dem kleinen Bezirk, der meiner Thätigkeit angewiesen bleibt, redlich mitzuwirken, so werden auch meine spätern Tage, wie die bisherigen, die ich in Ihrer Nähe und durch Ihre Gunst und Einfluß genutzt und genossen, nicht ohne Wirkung und Frohsinn verfließen.«

Die Angriffe auf den Feudalismus hatten schon lange die Erblichkeit als einen Grundfehler der Monarchie erscheinen lassen. Daher ist es eine Hauptaufgabe der späten Panegyrik, die fürstliche Geburt eines Herrschers als Zufall oder wie es hier heißt als bloße »Folie« erscheinen zu lassen. Der nächste Absatz bringt die neue offizielle Anrede des Großherzogs (»Königl. Hoheit«). Ein Anfänger hätte sie sogleich benützt. »Königlich« ist nur ein Titel für den Kleinfürsten. Doch eben an dieser heiklen Stelle erinnert Goethe daran, daß er schon seit langer Zeit vom guten Sinn der »Canzleysprache« überzeugt war und sie rechtfertigte. Wenn der Herzog jetzt zum Großherzog avancierte, so bedarf man der Schmeichelei, daß er ein großer Herzog ist, nicht mehr. Die »Wahrheit« der Aussage zu beteuern, gehört zu den Formeln der Fürstenpanegyrik wie die Rede von seiner fürstlichen Natur. Da der Fürst »bisher« schon den »kleinen Kreis« seiner Herrschaft »ins Unendliche erweitert« hat, durch sein besonderes Talent der Menschenführung, bedeutet es nicht viel, wenn er jetzt in einem »ausgebreiteten Wirkungskreise« den Untertanen die gleiche Wohltat erweist. Goethe und Voigt spotten in ihrem Briefwechsel gern über den Zuwachs an »Seelen«, der jetzt in Wien für Sachsen-Weimar ausgehandelt wird; denn das vergrößerte Land bleibt doch ein von Preußen abhängiger Kleinstaat. Die Weimarer Verhandlungsführer garantierten den Preußen sogar ausdrücklich das Durchmarschrecht, um die Genehmigung der preußischen Generalität für einzelne Landgewinne zu erreichen. Der letzte Abschnitt spricht von Goethes eigenem »kleinen Bezirk«, um den organischen Aufbau der Heiligen Allianz anzudeuten und den Kleinfürsten zur Demut zu ermahnen. Dabei setzt er voraus, daß ihm, dem »Diener«, sein »kleiner Bezirk [...] angewiesen bleibt«. Tatsächlich ist es eine Bitte; denn solche Briefe wie auch seine gelegentlich hektische Amtstätigkeit beweisen, daß Goethe nicht sicher war, ob Freund Voigt bei der Neuordnung des Landes den Status quo für Goethe werde erreichen können.

Der neue Günstling Carl Augusts war dem auf Weisheit und Ruhe bedachten Dichter nicht geheuer. Auch wußte er wohl schon, daß er nicht nur ein Neupreuße war, sondern auch eine Einigung Deutschlands nur von Preußen erwartete. Auch die pietistische Prägung des Freiherrn, seine herrnhutische Erziehung, dürfte Goethe wenig geschätzt haben: Man erinnert sich an Goethes Äußerungen über Jean Paul und Hölderlin. Ende März 1815 schreibt Goethe an Voigt[48]: »Ist es wohl das Betragen eines gewandten Ministers, eine Sache, die er befördern will, in dem Augenblicke seinem Fürsten vorzulegen, wenn er ihn gegen sich erzürnt weiß? Ich halte dies für die erste Spitzbüberei, die je in diplomaticis begangen worden. Gersdorffs Hast, Leidenschaft pp. gefällt mir nicht, wie will man da seine Zwecke verfolgen? Ich fürchte, die armen Seelen werden im preußischen Fegefeuer noch lange schmoren. – Verzeihung meiner katarrhalischen Hypochondrie.« Voigt spricht in seiner Antwort auch von dem »großen Diplomatiker«, der die Sache Weimars in Wien führt; aber er äußert sich im folgenden vorsichtiger.[49] Er weiß besser als Goethe, welche Fehler man machen kann, wenn man im Wirbel historischer Ereignisse steht; denn Napoleon ist vor kurzem gelandet, und der Krieg beginnt von neuem. Vielleicht bedenkt er auch – noch 6 Jahre älter als Goethe –, daß man als Dreißiger kein so alter Fuchs sein kann wie die Geheimräte Voigt (71) und Goethe (65).

---

48 Goethes Briefwechsel mit Voigt. Bd. IV, S. 145.
49 Ebd. S. 145 f., vgl. Ende März 1815.

Es wäre naiv zu glauben, Goethes panegyrische Verherrlichung des neuen Großherzogs sei ein Freundschaftszeichen. Für uns ist heute die systematische Umschichtung der Weimarer Beamtenhierarchie zugunsten des Geburtsadels leicht nachweisbar. Sie geht in die Zeit der Fremdherrschaft zurück, in der sich die ehemaligen Bürger Goethe und Voigt von Napoleons Glanz und seinen Anleihen bei der Revolution hatten blenden lassen. Von der Freundschaft mit dem Freiherrn Carl Ferdinand von Müffling, dem späteren preußischen Feldmarschall, war in unserm Bericht schon wiederholt die Rede. In Weimar hatte er in der Zeit der Erniedrigung und der vorläufigen Reform (1809) die wichtige Rolle eines Vizepräsidenten des Landschaftskollegiums inne. Der Fürst war mit dem adeligen Gesinnungsgenossen so zufrieden, daß er 1810 dem Freiherrn Carl Wilhelm von Fritsch, 1811 den uns bekannten Freiherrn von Gersdorff und 1812 den Grafen Albert Cajetan von Edling ins Geheime Consilium aufnahm, das noch immer die Regierung von Sachsen-Weimar bildete. Die Erhebung von Gersdorffs und seines älteren, auch besonneneren Kollegen von Fritsch zu Geheimräten und Exzellenzen machte den älteren Geheimräten und Exzellenzen vollends ganz klar, daß eine, wie immer rücksichtsvolle, Entmachtung durch den Geburtsadel und die Generation der Dreißiger und Vierziger geplant war.[50] Dem hochadligen Grafen Edling verdankt Carl August Petersburger Beziehungen, er hatte in Wien die Funktion, das soziale Prestige des Fürsten zu heben; denn am Kaiserhofe fing die gesellschaftliche Geltung erst beim Grafen an. In Weimar war Edling Hofmarschall und damit auch für das Theater verantwortlich. Grafen waren jedem anspruchsvollen Hof unentbehrlich geworden! Der berühmte Erneuerer des Burgtheaters, Joseph Schreyvogel, war bekanntlich nur Sekretär eines offiziell verantwortlichen Grafen. Drohte dem Direktor des Weimarer Hoftheaters das gleiche Schicksal?

Goethe wußte nicht alles, was wir hinterher als Historiker wissen. Aber er erkannte gewiß, daß seine nach feudalen Begriffen höchst wichtige Stellung als Theaterdirektor am meisten gefährdet war. Es ist verständlich, daß er vor allem durch seinen literarischen Ruhm, auf publizistischem Weg, und durch seine auswärtigen Beziehungen seine Stellung zu festigen ver-

---

50 Biographisches und die Daten zu meiner sozial- und generationspolitischen Interpretation entnehme ich Hans Tümmlers bahnbrechender Schrift: Ernst August von Gersdorff, Weimars Reformminister der Goethezeit. Köln 1980, besonders S. 15 ff.

suchte; denn ein Theatermann in dem elementaren Sinne eines Iffland war er nun einmal nicht. 1813 hatte er noch einen Aufsatz geschrieben, der im Hinblick auf Gottscheds Philistrosität und Lessings Kampf mit der Geistlichkeit, ja sogar wegen der höheren sittlichen Ansichten im deutschen Publikum ein ganz trostloses Bild von den Chancen des deutschen Theaters gab. Dieser frühere Aufsatz *(Deutsches Theater)* kommt zu dem Schluß, »daß es gar kein deutsches Theater geben werde, noch geben könne«.[51] Der Stoßseufzer kam ihm aus dem Herzen, doch war er für eine publizistische Verwendung keineswegs geeignet. Jetzt aber im Jahre 1815 paßte Goethe sich auf immer neue Weise an den keineswegs einheitlichen, sondern recht diffusen Zeitgeist an. Anspruchsvoll war noch die Aufführung des Calderon-Dramas *Die große Zenobia* (in der Übersetzung von Gries) am Geburtstag der verehrten Herzogin Luise (30. 1. 1815). Wie im Jahre 1814, so bereicherte er auch in den ersten Monaten des Jahres 1815 ihren Kreis durch Vorlesen und manche andere Belehrung. Überraschend, aber in unserem Zusammenhang verständlich, ist die Aufführung der Proserpina, deren frühere Einbeziehung in den Triumph der Empfindsamkeit er jetzt bedauert, am 4. 2. 1815. Die Aufführung des Monodramas war natürlich nur mit der Hilfe der Musik, als Melodram, und mit Frau Amalie Wolff als Sprecherin zu wagen. In einem Aufsatz für das *Morgenblatt*, das Cottas Autor stets zugänglich war, berichtet er über die günstige Aufnahme der Vorstellung durch das Publikum und einige Tageblätter. Ja, er will mit seinem Aufsatz anderen Direktionen die Dichtung empfehlen und gibt zu diesem Zweck eine ausführliche Beschreibung der Aufführung.[52] Ob die Direktionen den Ratschlag befolgten? Die Nachwelt jedenfalls in Gestalt der Hamburger Ausgabe publizierte die *Proserpina* für sich allein. Als ein noch anspruchsvollerer »magister germaniae« erscheint Goethe in dem Aufsatz *Über das deutsche Theater*[53]: »nur auf ein Repertorium, welches ältere Stücke enthält, kann sich eine Nationalbühne gründen.« Er verteidigt ausdrücklich »öffentliche Mitteilungen« der Theaterdirektoren und verspricht bei günstiger Aufnahme »mit ähnlichen Äußerungen nach und nach hervorzutreten«. Er berichtet im folgenden über Schillers Läuterung zum Theaterdichter, billigt auch Lessing mit einigen Einschränkungen, dann mustert er die eigenen Werke unter theatralischen

---

51 W. A. Abt. I. Bd. 40, S. 177.
52 Morgenblatt 8. 6. 1815, W. A. Abt. I. Bd. 40, S. 106–118.
53 Ebd. 10. und 11. 4. 1815, W. A. Abt. I. Bd. 40, S. 86–105.

Gesichtspunkten. *Iphigenie* und *Tasso* werden nur kurz berührt; beide Stücke brauchen vorzügliche Schauspielerinnen. *Stella* verteidigt er in Schillers verkürzter und tragischer Fassung. Weniger einverstanden ist er mit Schillers *Egmont*-Bearbeitung. Die vom Weimarer Publikum geforderte Erscheinung Klärchens zum Schluß der Tragödie verteidigt er gegen Schiller. *Die Laune des Verliebten* und *Die Mitschuldigen* gehören, wieder aufgrund seiner Weimarer Erfahrungen, zum bewährten Repertoire. Es ist alles in allem ein ganz persönlicher und auf die Vergangenheit bezogener Überblick.

Es wird in diesem Jahre 1815 überhaupt deutlich, daß Goethe eine kräftige publizistische Verteidigung Weimars beabsichtigt. Als Eichstädt in der Jenaer Allgemeinen Literaturzeitung eine freundliche Rezension von Zacharias Werners *Kunegunde* und Hoffmanns *Fantasiestücken* bringt, bittet er ihn, die Zeitschrift Weimar/Jenas von solchen »Einflüssen«, wenn irgend möglich, freizuhalten (10. 3. 1815).[54] Noch erstaunlicher ist Frau Schillers Brief an Cotta vom 3. 3. 15[55], mit der Bitte, ins *Morgenblatt* »nichts aufzunehmen, was man Ihnen zusendet, was nicht von Goethe kommt«. Als einen Fortschritt mag man dabei ansprechen, daß die Bedeutung des Publikums immer entschiedener erkannt wird. Diese Linie verfolgte er ja auch als Theaterdirektor. Nach einer Information in Conradys Goethe-Biographie stand Kotzebue, während Goethes Intendanz an 638 Abenden auf dem Spielplan.[56] Goethe *konnte* auf seinen Feind, mit Rücksicht auf die Finanzen des armen Landes nicht verzichten. Wenig bekannt ist jedoch, daß er, wieder im Jahre 1815, einen Aufsatz schrieb, der noch bedeutender ist als die bisher erwähnten publizistischen Bemühungen, weil er eine zusammenfassende Darstellung seines Verhältnisses zu Kotzebue bringt.[57] Ohne Beschönigung spricht er aus, daß, neben andern, »sich Einer besonders zum Geschäft macht, auf jede Art und Weise meinem Talent, meiner Thätigkeit, meinem Glück entgegenzutreten«. Goethe unterschlägt nicht, daß Weimar Kotzebues Geburtsort ist und daß er eine Schwester hat, »die sich als Gattin und Mutter immer verehrungswerth gezeigt« hat. Als Schriftsteller könne man dem Rivalen Kotzebue »Verdienst und Talent

---

54 W. A. Briefe. Bd. 25, S. 226.
55 Goethe in vertraulichen Briefen seiner Zeitgenossen, hg. v. W. Bode. Bd. 2, S. 625.
56 Karl Otto Conrady: Goethe. Bd. 2. Königstein/Ts. 1985, S. 294 f.
57 Titel *Kotzebue*. W. A. Abt. I, Bd. 36, S. 280–283.

nicht absprechen«. Als Theaterleiter habe er, Goethe, sogar »alle Ursache«, sich »seiner Wirkungen zu freuen und zu wünschen, daß er sie noch lange fortsetzen möge«. Ein guter Haushälter habe »sich auch des Widerwärtigen vortheilhaft zu bedienen«. So weit wird man dem Aufsatz eine gewisse Gerechtigkeit nicht absprechen. Dagegen kann man den Schluß des Aufsatzes gehässig und, im Hinblick auf Kotzebues Schicksal, sogar verhängnisvoll finden: »Kotzebue hatte bei seinem ausgezeichneten Talent in seinem Wesen [!] eine gewisse Nullität, die [...] ihn quälte und nöthigte, das Treffliche herunter zu setzen damit er selber trefflich scheinen möchte.« Hier wird die Rollenverteilung zwischen dem poetischen Genie und dem unentbehrlichen Theaterdichter wieder völlig aufgehoben und der später herrschende Mythos von Weimar und seinen im Grunde nichtigen Gegnern bewußt geschaffen. Zur Entschuldigung wird man sagen, daß es Goethe heftig geschmerzt hatte, als der König von Preußen nach dem Kriege nicht mit *Epimenides Erwachen*, wie von Iffland vorgesehen, sondern mit Hilfe des unvermeidlichen Unterhalters Kotzebue empfangen worden war.

Zu dieser Entschuldigung des Dichters paßt eine Vorstellung, die tief in der späten Barocktradition begründet ist und in dem Aufsatz *Theater*, wiederum 1815, klar zum Ausdruck kommt: Nach einem Blick auf die empirische Seite des Theaters weist Goethe dem Theater die höchste Stelle innerhalb der Kultur zu. Ich kann nur den Anfang dieser ausführlichen Lobpreisung zitieren, die auch bei Goethes Entlassung als Theaterdirektor, zwei Jahre später, nicht vergessen werden sollte: »Von der ideellen Seite steht das Theater sehr hoch, so daß ihm fast nichts was der Mensch durch Genie, Geist, Talent, Technik und Übung hervorbringt, gleichgestellt werden kann«, usw.[58] Ein Brief Goethes vom Frühjahr 1815 verrät freilich schon mit voller Deutlichkeit, daß die außergewöhnlich lebhafte Beschäftigung mit dem Theater in dieser Zeit bereits ein Rückzugsgefecht ist: Der Theaterdirektor muß die Entlassung des Schauspielerpaares Lortzing unterschreiben, die er in keiner Weise billigt[59]: »Ich weiß nicht welch ein dictatorischer Geist uns auf einmal ergriffen hat; ich werde mich demselben gewiß nicht entgegensetzen, weil daraus auf's neue Vorwürfe für künftige Jahre sich für mich entfalten können« (an Kirms 31. 3. 1815). Die Feier *Zu Schillers und Ifflands Andenken* am 10. 5. 1815 darf schon als eine Art

---

58 W. A. Abt. I. Bd. 36, S. 278 f.
59 W. A. Briefe. Bd. 25, S. 244–246.

Nekrolog auf das große bürgerliche Theater des 18. Jahrhunderts gesehen werden. Die zwei Abgeschiedenen waren »vortreffliche Männer, welchen das deutsche Theater unendlich viel verdankt, deren bedeutende Verdienste noch dadurch erhöht werden, daß sie von Jugend auf in dem besten Vernehmen eine Kunst gefördert, zu der sie geboren waren.« Das war im *Morgenblatt* am 26. 6. 1815 zu lesen.[60]

Goethe setzte später seine Hoffnung auf Ifflands Nachfolger am Berliner Nationaltheater. Es war der ihm persönlich bekannte, ihn auf seine Art verehrende Graf Brühl. Goethe hoffte, mit Hilfe des Berliner Theaterdirektors seine Stellung am deutschen Theater zu heben und vor allem eine Aufführung seines *Faust* verwirklichen zu können.[61] Aber das Verhältnis begann mit der typisch feudalen Tragikomödie, wie sie Goethe so oft erlebt hatte: Goethes beste Freunde am Weimarer Theater, das Ehepaar Wolff, ausgezeichnete Schauspieler aus seiner Schule, wurden ans Nationaltheater in Berlin berufen. Weimar konnte – wir wissen es aus Schillers Biographie – mit Berlin unmöglich konkurrieren. Auch lag es sicher nicht im Interesse des Grafen Edling, der, in Goethes langer Abwesenheit, die Verhandlungen führte, es mit dem Theatergrafen in Berlin zu verderben. Die finanzielle Lage war nach dem Kriege noch schlechter als in der Zeit von Schillers Berufung nach Berlin. In Goethes Tagebuch (19. 5. 1815) finden wir den Eintrag: »*Die Herzoginn schenckte ihre Juwelen dem Lande.*« Darauf konnte man sich auch später im Jahr bei allen Verhandlungen berufen. Düntzer beschuldigt Kirms und Genast[62], als ob man einen untergeordneten Beamten und einen Regisseur in einer solchen Hauptfrage des Weimarer Theaters verantwortlich machen könnte! Viel näher liegt die Konkurrentin der beiden Spitzenschauspieler, die Mätresse. Man braucht aber m. E. gar keinen Sündenbock; denn das Ehepaar Wolff hatte ja bei der Entlassung Lortzings und seiner Frau gesehen, daß ihr Freund Goethe als Theaterdirektor praktisch schon entmachtet war. Herr und Frau Wolff waren, im Unterschied zu Schiller zur Zeit seiner Berufung nach Berlin, bei guter Gesundheit, auf der Höhe ihres Lebens. Warum sollten sie also in der damaligen Verwirrung der kleinen Residenz und ohne Goethes Hilfe wei-

---

60 W. A. Abt. I. Bd. 40, S. 119–121.
61 Vgl. Goethes Briefwechsel mit dem Grafen Karl von Brühl, in: Ifflands Briefwechsel mit Schiller, Goethe, Kleist, Tieck u. a., hg. v. Curt Müller. Leipzig 1910.
62 Heinrich Düntzer: Goethe und Karl August. III. 1888, S. 712.

tere Einschränkungen auf sich nehmen? Es fiel ihnen gewiß nicht allzu schwer, in den größeren Verhältnissen der preußischen Hauptstadt und im Kreise begabterer Kollegen, z. B. Devrients, ein neues Leben zu beginnen.

Als der Herzog vom Wiener Kongreß am 8. Juni 1815 zurückkehrte, war Goethe wieder zu einem langen Aufenthalt am Rhein, Main und Neckar abgefahren (am 24. 5.). Aber der rastlos Tätige hatte es nicht versäumt, die Rückkehr des Großherzogs in einem Finale zu der von Carl August geschätzten Oper *Johann von Paris* zu feiern: *Bei Rückkehr Ihro Königl. Hoheit des Großherzogs von Wien.*[63] Man muß sich diese öffentliche Panegyrik gesungen vorstellen. Der Schlußchor fügt etwas mühsam die drei Größen zusammen, die man in diesem historischen Augenblick feiern *mußte*:

> Gotte! Der uns gnädig erhört,
> Preis in Ewigkeit.
> Dem Fürsten der sich und uns erhöht,
> Heil zur längsten Lebenszeit.
> Beide verehrt in allen Landen!
> Freiheit ist auf ewig erstanden.

Carl August verbat sich allen Empfang – wollte er so den neuen konstitutionellen Kurs demonstrieren? Oder mißfiel ihm, daß Goethe bei seinem Empfang erneut fehlte? Dieser schrieb an Kirms etwas resigniert, doch ganz als treuer Diener seines Herrn, man habe gewußt, daß der Fürst »nichts Aufgeblasenes liebt« und deshalb etwas »leicht Vorübergehendes« versucht. »Wird auch ein solches, in höherer Betrachtung, abgelehnt; so haben wir diese zu verehren und uns zu fügen« (17. 6. 1815). Goethe ließ sich auch durch die »Zufriedenheit Ihro Hoheit mit der Theaterveränderung« trösten. Gemeint waren die Schöpfungen des neuen Dekorationsmalers Beuther, die Goethe hochschätzte und von denen er sich einen großen Erfolg beim Hof wie auch im Publikum versprach.

---

63 W. A. Abt. I. Bd. 13/I, S. 127–131, Kommentar: ebd. Bd. 13/II, S. 207 ff.

Ehrungen und ehrenvolle Bekanntschaften Goethes mit berühmten Preußen und Österreichern. Intensivierung des Eintretens für altdeutsche Kunst

Goethe wußte sehr gut, daß er bei den Patrioten und Altdeutschen leichter Ruhm erwerben konnte als beim Großherzog, der sich ganz auf die von ihm geplanten politischen Veränderungen in seinem Lande konzentrierte und sich vom Vorbild seiner Mutter, der Schöpferin des »Weimarer Musenhofes«, immer weiter entfernte. Daher war es ein großes Geschenk für Goethe, daß er kurz vor seiner langen Sommerreise am 19. 5. 1815 eine Aufforderung der mecklenburgischen Stände erhielt, an den Beratungen über ein Blücher-Denkmal mitzuwirken, das in Rostock, der Geburtsstadt des Feldmarschalls, errichtet werden sollte. Die Frage, wie man dabei gerade auf den ehemaligen Napoleonverehrer Goethe verfiel, beantwortet der Dichter selbst in seinem Aufsatz *Blüchers Denkmal.*[64] Seine alte Verehrerin, ja Freundin aus dem Weimarer Fürstenhause, Caroline, jetzt Erbgroßherzogin von Mecklenburg – Goethe verleiht ihr das Beiwort »höchstgebildet« –, hatte »lebhaften Anteil an diesem Vorhaben« genommen und »die Mitarbeit der Weimarer Kunstfreunde« gewünscht. Die Ausführung wurde Schadow in Berlin übertragen. Goethe beurteilte verschiedene Modelle und verfaßte die lapidare Inschrift:

> *Dem Fürsten Blücher von Wahlstadt die Seinen*
> In Harren und Krieg,
> In Sturz und Sieg
> Bewußt und groß!
> So riß er uns
> Von Feinden los

Es ist zu betonen, daß sich Goethe in dieser patriotischen Angelegenheit in keiner Weise aufgedrängt hatte; er verdankte sie ganz der alten Verehrung von Carl Augusts Tochter. Aber dieser Auftrag festigte seine Stellung am

---

64 W.A. Abt. I. Bd. 49/II, S. 76f.

Hofe gewiß stärker als alle seine publizistischen und praktischen Bemühungen für das Hoftheater in Weimar während des Krisenjahrs 1815.

Als Goethe nach Wiesbaden reiste, wußte er wirklich kaum, daß nicht weit davon entfernt, im Schloß Biebrich, der österreichische Generalstab lag. Der Krieg war ja nach Napoleons Rückkehr wieder im Gange; aber Goethe badete fleißig. Das gehörte sich für einen Kurgast, der, wie er an Carl August berichtet hatte, auf »ein gnädigstes Geheiß Ihro Frau Gemahlin, Königl. Hoheit«, ins Bad gefahren war.[65] Hier erscheint die freundliche Seite des Hoflebens. Die Emanzipation der Frauen begann bei den Fürstinnen. Ob der Großherzog freilich diesen zweiten verpaßten Empfang entschuldigte? An Christiane schrieb Goethe kurz nach seiner Ankunft begeistert über einen Ausblick von einer Höhe auf die Rheinlandschaft und fügt hinzu, was wir leicht verstehen: »Dies zu erfahren war mir sehr nötig« (27. 5. 1815). Am 17. 6. kommen wir dem Krieg schon etwas näher: »Sähe ich Sonntags in Biebrich nicht Östreicher und Preußen; so wüßte ich gar nicht daß Krieg bevorsteht und glaubte den Zeitungen kaum […] In Biebrich habe ich den Erzherzog Carl gesprochen, der sich sehr freundlich und gnädig erwies« (An Christiane). Nach dem Tagebuch sah er ihn am 11. 6., und schon am 12. und 13. 6. studiert er ein Geschenk des österreichischen Heerführers: *Grundsätze der Strategie, erläutert durch die Darstellung des Feldzugs von 1796 in Deutschland*, 3 Bände (Wien 1814).[66] Er sieht öfters Offiziere und ist als Hofmann stets bestrebt, über alles einigermaßen informiert zu sein. Für den 21. 6. meldet das Tagebuch schon *Nachricht des Siegs* und für den 22. 6. *Bericht von der Schlacht.* Auch das übliche dicke Ende der Siege notiert er: »Nachricht von dem Verluste der Nassauer« (23. 6.) Die Wiederherstellung des Friedens muß aber für Goethe eine große Erleichterung gewesen sein; denn nach Napoleons Landung hatte er allerlei düstere Ahnungen geäußert.

Wichtiger für uns ist der Besuch Goethes in Nassau bei Freiherr vom Stein am 24. 7. 1815 und die Rheinfahrt mit ihm nach Köln am 25. 7.. Goethe hatte schon 1814 in Wiesbaden mit ihm verkehrt und war jetzt freundlich eingeladen worden. Das Tagebuch wird hier unklar. Es diente zu seinen Reiseberichten nach und in Weimar, und er wollte sich wohl der angesehenen Bekanntschaft nicht rühmen; denn er wußte, daß die Nach-

---

65 [Mitte] Mai 1815. Briefwechsel Carl August mit Goethe. Bd. II, S. 118.
66 Titel nach W. A. Abt. III. Goethes Tagebücher Bd. 5, S. 372.

richt dieser für alle Patrioten erstaunlichen oder gar ärgerlichen Begegnung, auch ohne seine Mitwirkung, durch ganz Deutschland die Runde machen würde. Die Ursache für seine Zurückhaltung kann auch sein, daß das Verhältnis zwischen seinem Fürsten und dem berühmten Minister, trotz ähnlicher patriotischer Gesinnung, nicht immer gut war, aus menschlichen, vor allem aus moralischen Gründen. Übrigens läßt sich andern Quellen entnehmen, daß auch Goethe eine gewisse Zurückhaltung gegenüber dem nationalbewußten Politiker übte. Der Rechtshistoriker Karl Friedrich Eichhorn, einer der Mitbegründer der deutsch-historischen Schule, schreibt am 15. 8. 1815 aus Paris an seine Frau[67]: »In Köln war ich […] mit Stein und Goethe zusammen im Dom. Arndt hatte uns auch begleitet.« Ein alter Geistlicher, der die Besucher vor dem Bilde einer Anbetung der Maria stehen sah, freute sich darüber, »den größten Dichter und den größten Staatsmann« bei Köln begrüßen zu können. »Den Abend brachte ich mit Arndt bei Stein zu. Goethe hatte sich in sein Zimmer nebenbei zurückgezogen und schrieb, wie er nach Steins Versicherung jeden Abend ihrer gemeinschaftlichen Reise getan, vermutlich sammelnd zu einer Fortsetzung ›Aus meinem Leben‹«. Goethe machte sich wohl Notizen zur Beschreibung dieser Reisen. Vor allem aber hatte er keine Lust, den Abend im Gespräch mit den Patrioten zu verbringen und die Rolle des geistigen Außenseiters zu spielen. Er war, wie schon in der Zeit der Fremdherrschaft, historisch an der altdeutschen Kultur, an den alten Gemälden und an der gotischen Baukunst, interessiert, während diese für die Patrioten zugleich ein Mittel zu politischen Zwecken war.

Es fällt auf, daß Goethe auch in dem erwähnten Reisebericht (»Kunst und Altertum am Rhein und Main«) Stein als Reisebegleiter *nicht* erwähnt, während er seinem alten Freunde Sulpiz Boisserée gleich am Anfang der Reisebeschreibung die Freude macht, die Leistung der Kölner bei Kauf und Erhaltung der alten Kunst zu rühmen: »Mehrere Personen in Cöln fühlten sich […] veranlaßt, dergleichen zu retten und zusammenzuhalten. Die Herren Boisserée, Gebrüder, und Bertram stellten mit Neigung, Kenntniß, Ausdauer, Aufwand und Glück eine Reihe solcher Bilder als unterrichtenden Kunstschatz zusammen, welcher, gegenwärtig in Heidelberg befindlich, in Cöln ungern vermißt wird. Hier am Orte jedoch besitzen die Herren Wallraf, Lieversberg, Fochem, nebst anderen Personen, höchst

---

67 Goethe in vertraulichen Briefen, Bd. II, 1979, S. 629 f.

schätzbare Werke dieser Art.«[68] Daß man die Schätze im neupreußischen Köln »ungern vermißt«, mag im Auftrag Steins gesagt sein. Goethe hat Sulpiz Boisserée, dem es im freien Frankfurt gut gefiel, auch sonst geraten, nach Köln zurückzukehren, weil man die Kunstförderung von monarchischen Staaten am sichersten erwarten könne. Im ganzen aber standen sich der Freiherr vom Stein und der großherzogliche Hofmann wohl als ziemlich selbständige Größen gegenüber, wie dies bei Genies der Fall zu sein pflegt. Der oben erwähnte Kunstsammler Fochem ist stolz darauf, daß Stein und Goethe 24 Stunden länger als beabsichtigt geblieben sind und auch ihm in Begleitung Wallrafs und des Malers Fuchs »einen anderthalbstündigen Besuch geschenkt« haben: »Ich äußerte sehr lebhaft, es sei mein Stolz und mein Glück, zwei Männer zu besitzen, von denen ich mit einem der berühmtesten Klassiker sagen dürfte: Unus sufficit orbi – ein Kompliment, welches Goethe fast außer sich brachte. Dieser letzte ist zwar ein schon alter, aber gesetzter, fester, sinniger, sublimer Mann« (Fochem an Groote 27. 7. 1815).[69] Der Dichter war gewiß dafür dankbar, in dieser Weise als eine Größe für die ganze Welt neben den berühmten Staatsmann gestellt zu werden.

Nach dem Tagebuch besuchte Goethe auf der Rückreise wieder Steins Familie und wohnte bei ihr (29.–31. 7. 1815). Am 29. ist »Abends Thee bey Fr[au] v. Stein«; unter den Personen steht an erster Stelle »Görres und Frau«. Man sieht: er gewinnt durch Stein Kontakt mit den geistigen Helden des Freiheitskrieges. So wundern wir uns nicht, daß es im vertrauten Familienkreise auch zu Diskussionen kommt. Tagebuch 30. 7.: »*In Nassau. Im Garten mit Hrn v. Stein und den Damen. Gesprochen und contradicirt.*« Man kann sicher sein, daß Goethe in der Gegenwart von Damen seinen humanistischen Widerspruch höchst behutsam formulierte. Am gleichen Tag sah er beim Tee der Frau von Stein den Präsidenten von Motz.

Am ersten Tag nach der Rückkehr von der Kölner Reise erhielt Goethe den längst angekündigten österreichisch-kaiserlichen Leopoldsorden »zum Nachtisch« aus der Hand des Herrn von Hügel (Tagebuch 1. 8. 1815). Die saloppe Ausdrucksweise darf nicht darüber hinwegtäuschen, daß diese erneute Ehrung durch die erste deutsche Großmacht ein bedeutendes Geschenk für den alternden Hofmann war. Dies belegt Goethes großer Brief

---

68 W. A. Abt. I. Bd. 34/I, S. 73.
69 Goethe in vertraulichen Briefen, Bd. II, 1979, S. 628.

an den Fürsten Metternich vom 4. 8.[70] Er dankt für die »ehrenvollen Zeilen« des Staatskanzlers und erinnert daran, daß dieser »schon öfter [...] fördernder Schutzgeist« des Dichters war: durch die Ehre, Mitglied der Kayserlich-Königlichen Academie der Künste zu sein und durch Metternichs »persönliche Gegenwart« in Weimar nach der Schlacht bei Leipzig. Er habe dem Dichter damals »die Wissenschafts- und Kunstfreunden so wünschenswerte Ruhe« wiedergegeben. Zum Schluß erwähnt er die eigene Aufmerksamkeit auf die Kunstschätze am Rhein und Main und hofft auf die Erlaubnis, seine ausgereiften Entwürfe dem Fürsten »zu gnädiger Prüfung und Begünstigung« vorlegen zu dürfen. Spricht er den Rheinländer Metternich an? Erwartet er ein österreichisches Interesse für die alten Kunstschätze, wenn Preußen die Kunstsammler enttäuschen sollte? Tatsächlich hat ja dann Bayern, das zu seinem Kummer machtpolitisch mit Preußen und Österreich-Ungarn nicht konkurrieren konnte, seit Ludwig I. in der Förderung der Künste eine Art Kompensation der Großmachtpolitik gefunden. Diese Kulturpolitik führte auch zum Kauf von Boisserées Kunstschätzen.[71]

Schon in seinen Briefen vom 27. 7. 1815 hatte der Großherzog dem Dichter zum Leopoldsorden gratuliert und hinzugefügt: »Schon seit einen Jahre war er mir versprochen worden.«[72] Er wollte nach der Kur in Baden-Baden nach Mainz kommen und dem Erzherzog [Carl] aufwarten. Er legt ein Schreiben an diesen Fürsten in den Brief an Goethe ein. In der Antwort vom 8. 8.[73] fällt auf, daß Goethe dem Großherzog für die erwähnte Hilfe bei der Ordensbeschaffung *nicht* dankt. Er gibt nur einen Reisebericht, in dem

---

70 W. A. Abt. IV. Bd. 26, S. 54–56.
Man hört es nicht ungern, wenn ein österreichischer Autor Goethes Abstand von Preußen betont und Goethe in die Nähe des völkerverbindenden Alt-Österreich rückt (Roman Roček: Goethe, nachsommerlich, in: Literatur und Kritik. Sept./Oktober 1982, H. 167/168, S. 29–44). Aber man wundert sich, wenn dabei alle *konkreten* Beziehungen des Dichters zu österreichischen Persönlichkeiten in Karlsbad und Teplitz, nicht zuletzt zur österreichischen Kaiserin Maria Ludovica, und die offiziellen österreichischen Ehrungen, aus denen sich ein ehrfürchtiger Briefwechsel Goethes mit Metternich ergab, beiseite gelassen werden. Ist August Sauers repräsentatives Quellenwerk *Goethe und Österreich* (Schriften der Goethegesellschaft Bd. 17 und 18, Weimar 1902 und 1904) im literarischen (außerwissenschaftlichen) Österreich schon vergessen?
71 Karl-Heinz Fallbacher: Literarische Kultur in München zur Zeit Ludwigs I. und Maximilians II., München 1992.
72 Briefwechsel Carl August mit Goethe, Bd. II, 1971, S. 121.
73 Ebd. S. 121–124.

er, wie im Tagebuch, die beiden Besuche bei Stein erwähnt, die gemeinsame Reise mit ihm nach Köln aber unterschlägt. Zum 1. 8. schreibt Goethe dort: »Herr von Hügel überreichte mir, im Cursaal, nach Tische den Orden. Ew. Hoheit Brief erfreute mich gleich darauf.« Zum 4. 8. vermerkt dieser Reisebericht: »Fürsten Metternich gedanckt. Durch Hügelische Staffete befördert.« Er erwähnt auch seine Einladung zum »Großen Hoffest« in Biebrich mit dem Erzherzog und der Prinzeß Braut. »Die Höchsten Personen Ew. Hoheit sich bestens und verbindlichst empfehlend. Erzherzog Carl, beyliegendes Schreiben einhändigend«. Zum Schluß dieses ausgesprochen kühlen Berichts entschuldigt er »vorstehendes Eilige« und bekundet »die herzlichste Theilnahme an allem was Gutes Glückliches Höchstdenenselben begegnen kann«.

Im Frankfurter Geburtstagsbrief an den Großherzog (3. 9. 1815) – wohl in der Gerbermühle geschrieben – versucht Goethe, das in der großen Welt Versäumte durch einen höchst persönlichen Eingang wiedergutzumachen: »Gedencke ich der vielen Jahre, die ich das Glück habe Höchstdenenselben anzugehören und der unendlichen Abwechslung der äußeren und inneren Welt; so bekräftigt sich mir aufs Neue jene alte Wahrheit: daß nichts dauerhaft sey als ächte Neigung Anerkennung und Ergebenheit, mit solchen Gesinnungen ich die Hoffnung nähre, Höchstdieselben bald glücklich wiederzusehen.« Im weiteren Verlauf des Briefes erwähnt er seine Besichtigungen, gemeinsam mit Boisserée seine Arbeit an dem »Aufsatz über Kunst und Alterthum dieser Gegenden«; auch folgt jetzt die konkrete, »dringende Bitte [...]: die Boisséeesche Sammlung in Heidelberg nicht vorbey zu gehn«. Vielleicht sollte diese Ehrung durch den Großherzog ein Ersatz dafür sein, daß der Dichter Sulpiz Boisserée *nicht* in Weimar haben wollte, wohin der, trotz diplomatischer Begabung, doch ein wenig aufdringliche junge Mann unbedingt kommen wollte. Goethe sagte dem jungen Freund: Boisserée würde bloß auf ihn reduziert sein und das sei zu wenig, weil er ihn nicht häufig in vertraulicher Ruhe sehen könne.[74] Der Hofmann dachte an die Dienstgeschäfte, die ihn nach Zeiten langer Abwesenheit bedrängen würden, noch mehr vielleicht an das Mißverständnis, das in einer Zeit vieler Konversionen aus dieser Freundschaft mit dem »altdeutschen« Katholiken entstehen mußte. In Frankfurt behandelt Goethe den Kölner sehr freundlich, er nimmt ihn auch zu Willemers mit; und eben dem jungen, etwas kecken Sulpiz verdanken wir ein Bild Marianne von Willemers, das

---

74 Sulpiz Boisserée: Briefwechsel / Tagebücher. Bd. I. Neudruck 1970, S. 276.

höchst farbig ist und aus dem wir zitieren wollen, da manche Goetheverehrer diese junge Frau doch in unserem Buch vermissen könnten[75]: »Abends Gesang. Marianne singt wieder *der Gott und die Bajadere*. Goethe wollte dieß anfangs nicht; es bezog sich dieses auf ein Gespräch, das ich kurz vorher mit ihm geführt, daß es fast ihre eigene Geschichte sey, so daß er wünschte, sie sollte es nimmer singen. Nachher singt sie hübsche Volkslieder; dann aus *Don Juan* gieb mir die Hand mein Leben, als Arie. Goethe nennt sie einen kleinen Don Juan; wirklich war ihr Gesang so verführerisch gewesen, daß wir alle in lautes Lachen ausbrachen und sie, den Kopf in die Noten versteckt, sich nicht erholen konnte.« Man liest in der Goetheforschung manches über Marianne, was nicht sie selbst, sondern Suleika ist. Dem Dichter ist alles erlaubt, dem Biographen wenig. Deshalb sollte auch der Goetheverehrer solche lebenswahren Erzählungen gestatten. Gerade sie bezeugen die Verwandlungskraft des Dichters.

Goethes Ängste und sein Dank für die Fortdauer der fürstlichen Gnade im neuen Staat

In Heidelberg, wenige Tage nach dieser Szene, schreibt Goethe einen galanten Brief an eine andere betörende Schauspielerin und Sängerin, die für den Dichter in diesem Augenblick freilich keine Venus oder Circe, sondern eher eine Parze oder wenigstens eine Art Hexe war (an Caroline von Heygendorf 24. 9. 1815): »Als ich heut, am herrlichsten Morgen, vom Schloß hinüber nach Manheim sah, dachte ich nicht daß mir von daher sogleich das freundlichste kommen würde. Seyn Sie freundlichst auch dagegen gegrüßt. Unsern theuren Fürsten erwarte stündlich, die Boiseréesche Sammlung hat sich brautmäßig geschmückt, bey der Freude des Wiedersehens des Verehrtesten soll mirs der wünschenswertheste Befehl seyn Ihn zu Ihnen zu begleiten. Der schönen lieben Gevatterinn und Freundinn Heil und Heiterkeit.« Vielleicht hoffte Goethe noch in der Berufungssache Wolff eine Wende herbeizuführen. Jedenfalls wußte er, daß Carl Augusts Bild von seinem Hoftheater vor allem durch die selbstgewählte Nebenfrau be-

---

75 Ebd. S. 280 f.

stimmt wurde, und uns ist schon bekannt, wie sehr Goethes Herz an der repräsentativen Stellung eines Hoftheaterdirektors hing.

Schon am 23. 9. hatte Goethe den Herzog erwartet. Er kam erst am 29. 9. und besichtigte die Turmrisse, die in Goethes Zimmer aufgehängt waren. Am 30. 9. ging der Dichter mit dem Herzog nach Mannheim.[76] Er begleitete ihn offenbar zu Admiral Ginckel. Er spricht aber von einem angenehmen Abend mit Besichtigung von Schmuckstücken, was sich auf die Familie des Admirals beziehen mag (Tagebuch 30. 9.). Am 1. 10. 1815 frühstückte Goethe, wie es scheint, mit Serenissimus bei Frau von Heygendorf (Tagebuch). An diesem Tag dürfte er einen weiteren Befehl vom Großherzog bekommen haben; denn Goethe schreibt am 1. 10. an Voigt: »Ich, nach Heidelberg zurückgekehrt, werde, auf höchsten Befehl, Carlsruh besuchen, alsdann in Franckf[urt] mit unserm theuren Fürsten wieder zusammen treffen.« Er fühlt sich dadurch offensichtlich geehrt; denn er erinnert sich daran, daß er »vor vierzig Jahren, gerade in diesem Monat, durch eine Kalbische Staffete von Heidelberg nach Weimar gerufen wurde«. Er fügt hinzu: »Welche ein Glück, nach so unendlichen Ereignissen, immer noch in gleichem Verhältniß zu stehen.« In den folgenden Tagen muß Goethe plötzlich aus dieser behaglichen Stimmung gerissen worden sein; aber es ist nicht ganz klar, *warum* ihn zu diesem Zeitpunkt eine Depression überwältigte. Hoffte er auf ein Zusammentreffen mit dem Herzog in Karlsruhe? Das Zusammentreffen mit dem alten Freunde Jung-Stilling war enttäuschend. Aber Boisserée war ein treuer Begleiter und der Baudirektor Weinbrenner, der berühmte Architekt von Karlsruhe, erwies ihm jede Ehre. Noch am Abend des 4. 10., nach einem Zusammentreffen mit Hebel, dessen literarisches Alemannisch er gegen eine norddeutsche Dame zu verteidigen hatte, ist er munter: »Als ich [Boisserée] zu Goethe zurück kam um halb zehn Uhr, fand ich Musik vor seinen Fenstern. Er ging vergnügt im Dunkeln in seinem Zimmer spazieren.«[77] Für Beweise seines Ruhms war Goethe stets dankbar. So hatte z.B. die von Goethe begeisterte Rahel auf sehr merkwürdige Weise erreicht, daß Goethe sie am 8. 9. 1815 in Frankfurt besuchte.[78]

Das eine war der Weltruhm, das andere die enge höfische Lage in Weimar. Zu seinen Weimarer Verhältnissen machte Goethe auf der Rückreise

---

76 Ebd. S. 284.
77 Ebd. S. 288.
78 Goethe in vertraulichen Briefen, Bd. II, 1979, S. 631–635.

von Karlsruhe nach Heidelberg dem aufmerksamen Freunde Boisserée einige Geständnisse[79]: »Er lasse sich [...] leicht bestimmen, und vom Herzog gern, denn der bestimme ihn immer zu etwas Gutem und Glücklichem; aber einige Personen seyen, die einen ganz unheilbringenden Einfluß auf ihn hätten.« Boisserée spricht von Aberglauben, Goethe besteht auf der »Ehrfurcht vor der uns umgebenden geheimnißvollen Macht«. »So kamen wir müde, gereizt, halb ahndungsvoll, halb schläferig, im schönsten Sternenlicht, bei scharfer Kälte nach Heidelberg. Goethe fand Briefe von Mannheim. – Freitag den 6. [10.] morgens will Goethe plötzlich fort, er sagte mir: ich mache mein Testament. Wir bereden ihn mit großer Mühe [...] übermorgen zu reisen. Die Jagemann hat ihn mit den andern Damen gedrängt, er soll nach Mannheim kommen, zu Tableaux und Attitüden. Er fürchtet den Herzog.« Gemeint ist wohl, daß ihn die Jagemann, nicht ohne Erlaubnis des Fürsten, in Liebesgeschichten verwickeln will, die ihm sein moralisches Ansehen und damit den einzigen zuverlässigen Rückhalt in Weimar, nämlich die Unterstützung der fürstlichen Frauen, der Hofdamen, Frau Schillers usw. rauben würden. Die Jagemann hat seinem galanten Brief die erotische Reizbarkeit des reisenden Goethe – nicht ganz zu Unrecht – angemerkt und darauf vielleicht ihre Intrige aufgebaut. Goethe weiß sehr gut, wie so etwas von Theaterdamen eingefädelt wird, und die Mätresse weiß, daß Goethe sich in Weimar gegenüber den Schauspielerinnen prinzipiell korrekt verhält. »Er fürchtet [!] den Herzog«, d.h. seine Absichten mit ihm, dem Genie.

Deshalb kann er unmöglich zu seinem Fürsten nach Frankfurt, worauf er sich gefreut hatte. Er schreibt am 6. 10. 1815 mehrere Entschuldigungsbriefe: einen an Frau von Heygendorf (nach dem Tagebuch), der offenbar nicht erhalten ist, einen sehr herzlichen an die »liebe Rosette« Städel in Frankfurt, einen freundschaftlichen an Willemer mit »herzlichem Dank für alles Gute und Liebe«, der nicht der rechte wäre, »wenn er nicht eine Schmerzensform annähme. Das werden Sie, Herzenskündiger, zu vermitteln wissen. Wie denn billig diese Worte an die zwey gerichtet sind, die man beneidenswerth glücklich verbunden sieht«. Der notwendige Brief an den Großherzog fällt ihm schwerer. Nach dem Tagebuch wurde er auch am 6. 10. geschrieben. Der Brief trägt aber das Datum des 8. 10. War es eine Zweitfassung? Goethe berichtet, dankbar dafür, daß ihn der Fürst nach Karlsruhe dirigiert hatte, über die einzelnen Ereignisse in der badischen

---

79 Sulpiz Boisserée: Briefwechsel, Bd. I, Neudruck 1970, S. 288 f.

Residenz. Der verwandte Hof bleibt aus dem Spiele. Aber der botanische Garten, Weinbrenners Führung »in seinen Wercken« und das artige Ständchen, das ihm die Museumsgesellschaft brachte, werden erwähnt. Kein Wort natürlich über die Einladung der Damen nach Mannheim! Dann die Entschuldigung: Er *muß* über Würzburg nach Hause. »Eigentlich ist es derselbige Dämon, der aus Herrn v. Steins Munde mich zu einem Aufsatz über Alterthum, Kunst, ja Wissenschaft in den Rhein- und Mayngegenden verführte. Dieser, wenn er wircken soll, muß diesen Augenblick hervortreten, wo so vieles in Bewegung ist [!] [...] Herr v. Stein, dem ich sogleich ein Exemplar sende, bitte mich bestens zu empfehlen, ich hoffe er wird abermals meine Bestimmbarkeit billigen.« Zum Schluß wünscht er dem Fürsten, die Tage »am prächtigen Rhein, frölich [zu] genießen [...] und [...] wohlwollend zurück[zu]kehren«. Den einzigen sanften Vorwurf enthält das vorletzte Wort des Zitats. Als Ersatz für Goethes Führung durch die Heimatstadt erhält Carl August eine Liste der »Franckfurter Kunstmerckwürdigkeiten«.

Boisserée findet Goethe am 7. 10 »unruhig«, eine Krankheit fürchtend. »Ich biete mich ihm zur Begleitung an, und bereite mich vor, ihm bis Weimar zu folgen.« Aber der junge Mann erreicht dieses Ziel auch mit Hilfe von Goethes Depression nicht: »Im Wagen erholt sich der Alte allmählig. Die Sicherheit nicht mehr vom Herzog oder der Jagemann erreicht zu werden, beruhigt ihn sichtbar.« Sie sprechen darüber und über deutsche Politik überhaupt. Goethe ist für die ständische Verfassung: wenn die Fürsten »halbwegs [...] den gerechten Wünschen entgegen kommen«, ist »keine Umwälzung zu befürchten«. »Die heftigen Volksmänner seyen nichts weniger als beliebt. Aristokratismus im *eigentlichen Sinne* sey das einzige und rechte.« Goethe hat also gegen eine *gewisse* Einschränkung des fürstlichen Absolutismus nichts einzuwenden! In Würzburg scheint Goethe den eifrigen Freund entlassen zu haben. Boisserée läßt ihn »mit den frömmsten Wünschen nach Weimar abreisen. – Ich gehe in den Dom. Gebet.«[80] Zweifellos hielt der junge Mann den alten Dichter für gefährdeter als er war. Aber es gab immer wieder solche gefährlichen Krisen in Goethes Lebensgemeinschaft mit Carl August. Die Angst des Dichters in diesem Augenblick ist *glaubhaft*, denn Goethe wußte wahrscheinlich, daß eine große Veränderung des Staatswesens in Weimar bevorstand.

Nach der Rückkehr in die Wahlheimat am 11. 10. 1815 lesen wir im

---

80 Ebd. S. 289–291.

Tagebuch (12. 10.): »Eingeordnet und das Vorgefundene durchgesehen, Kunst und Alterthum anzufangen.« Neben den Besuchen bei der Erbgroßherzogin, beim Erbgroßherzog, beim Hofamt, beim Geh. Rat Voigt und nach flüchtigen Kontrollgängen beim Regisseur Genast sowie in Meyers Zeichenschule wird nun die Abfassung von *Kunst und Altertum* [...] das Hauptgeschäft: Vom 12. 10. bis zum 22. 10. steht es im Tagebuch an erster Stelle. Auch zu Ende des Monats und Anfang November erscheint *Kunst und Altertum* immer wieder als Morgenarbeit, d. h. nach Goethes Schaffensprinzipien als erstrangiges Geschäft. Dann wird er durch höfische Anläße (Besuch der Kaiserin von Rußland), Theaterangelegenheiten und vor allem durch Aufgaben der »Oberaufsicht« erheblich gestört. Goethe muß in dieser Hinsicht, mit Rücksicht auf die bevorstehende organisatorische Änderung, auch *lokalen* Eifer zeigen. Von 19. bis 24. 11. und von 7. bis 14. 12. ist er in Jena, dem Hauptort seiner musealen, bibliothekarischen und akademischen Pflichten. Besonders auffallend ist dabei ein gemeinsamer Besuch des Großherzogs und des Grafen Edling bei Goethe in Jena am 9. 12.; er soll wohl nicht nur das etwas schwierige Verhältnis zwischen Goethe und dem Hofmarschall verbessern, sondern auch eine Prüfung sein, – ob nämlich der Dichter mit europäischem Ruhm die neu beschlossene Feudalhierarchie akzeptiert. Durch diese höfischen und dienstlichen Störungen verzögert sich der Abschluß von *Kunst und Altertum am Rhein und Main* bis Januar 1816. Die Schrift erschien als erstes Heft der Zeitschrift *Kunst und Altertum* der Weimarer Kunstfreunde.[81]

Die Auftragsarbeit für den Freiherrn vom Stein ist – wir hörten diese Feststellung Goethes bereits – eine Produktion für den »Augenblick«, die alle *die* enttäuscht und enttäuschte, die Goethes Fähigkeit, in den *verschiedensten* Qualitätsstufen zu schreiben – auch eine Folge seines Universalprinzips –, nicht kennen und mehr als eine flüchtige Bestandsaufnahme der Kunstschätze am Rhein, Main und Neckar, mit Würdigung der Besitzer und Kennzeichnung der allgemeinen Verhältnisse erwarten. Goethe gibt auch Ratschläge, welche Tätigkeiten weiter zu empfehlen sind. Der Bericht erinnert sehr stark an die Aufsätze und Voten, die Goethe im Rahmen seiner Oberaufsicht, überhaupt seiner dienstlichen Tätigkeit, verfaßte. Nur daß er jetzt eben über mehrere Orte (Köln, Bonn, Neuwied, Koblenz, Mainz, Biebrich, Wiesbaden, Frankfurt, Offenbach, Hanau, Aschaffenburg, Darmstadt, Heidelberg) mit sehr verschiedener Ausführlichkeit und Kenntnis refe-

---

81 W. A. Abt. I. Bd. 34/I, S. 69–200.

riert und sich, nicht sehr streng, auf die Kunstschätze spezialisiert. Er wollte den Städten, besonders seiner Heimatstadt Frankfurt, aufgrund seiner langen Verwaltungserfahrung in Museen und als bewährter Privatsammler Anregungen geben und vor allem den Kunstreisenden eine Art Führer am Rhein, Main und Neckar sein. Diese Funktion erfüllt die Schrift; sie ist, wie Goethes Theateraufsätze im gleichen Jahr, als Publizistik zu bewerten. Auch der diplomatische Zweck, den der frühere Napoleonverehrer durch seine Verbindung mit dem Freiherrn vom Stein verfolgte, ist verzeihlich. Er wollte daran erinnern – Sulpiz Boisserée betonte dies sehr stark –, daß er schon als Student das Straßburger Münster verherrlicht und auch kerndeutsche Gestalten wie Hans Sachs und Götz von Berlichingen ans Licht der deutschen Öffentlichkeit gestellt hatte.

Daß Dorothea Schlegel böse Briefe über das Werk schrieb, versteht sich; denn Goethe hatte, statt des Meisters Friedrich Schlegel, die Schüler gerühmt, die Brüder Boisserée und Bertram. Sie entdeckte sogar den »Pferdefuß des in einen Menschen verkappten Teufels« in der Schrift; kurz und gut: »Das ganze ist Lug und Trug.«[82] Weiter führt der Brief Wilhelm von Humboldts vom 25. 6. 1816 an seine Frau.[83] Auch er findet das Buch Goethes »ungeheuer leer und seiner [Goethes] auf keine Weise würdig«, führt aber die oberflächliche Arbeit, im Anschluß an Schlossers, Goethes Verwandte in Frankfurt, auf die beengte finanzielle Lage des Hofmanns zurück. Schlossers *übertriebene* Auskunft mag sich auf einen Plan des Freiherrn vom Stein beziehen, über den Humboldt im gleichen Brief berichtet: »Man hatte [!] hier [in Frankfurt] einen Plan, und Stein interessierte sich sehr dafür, ihm [Goethe] ein Gut am Rhein zu kaufen und zu schenken.« Humboldt lehnt eine »Bettelei« für Goethe ab, und es ist auch klar, daß die nationalen Scharfmacher in Preußen aufsässig geworden wären, wenn die Nation ausgerechnet den alten Napoleonverehrer in dieser Weise hätte bedenken wollen. Der Frankfurt-Abschnitt in *Kunst und Altertum* läßt es nicht ganz unmöglich erscheinen, daß Goethe zur Erhöhung seines gesamtdeutschen Ruhms den Plänen der Verwandten, der Freunde und Steins nicht *eindeutig* widerstand, und das mußte den Großherzog verstimmen; denn Goethe war, gemessen an Sachsen-Weimars finanziellen Möglichkeiten, stets ein Spitzenverdiener gewesen. So mag sich die Spannung des Herbstes 1815 erklären und schließlich Goethes auffallendes Bekennt-

---

82 Goethe in vertraulichen Briefen, Bd. II,1979, S. 654.
83 Ebd. S. 652f.

nis *gegen* eine Weltrolle und *zugunsten* Weimars im Brief an Voigt vom
1. 10. 1815: »Wie aber die Welt gespalten und in die kleinsten Bißlein
zerrissen ist, erfährt man zu Wunder und Schrecken, wenn man unter
fremden Menschen viel hin und her wandelt. Möge ich doch bald wieder in
dem engeren Kreise anlangen.« Der Brief schließt mit untertänigsten Emp-
fehlungen für die königlichen Hoheiten und verbindlichsten Grüßen an
den Grafen Edling. Der treue Voigt, als Chef der Regierung, wußte genau,
welche Briefe zum Weitergeben oder -schicken bestimmt waren und welche
nicht.

Man kann den Weimar-Historikern nicht vorwerfen, daß sie den Gewinn
an Gebiet und an »Seelen« oder die vom Zaren veranlaßte Erhöhung des
Herzogs zum Großherzog überschätzen. Doch sei die Vergrößerung mit
Hilfe der Zahlen von Hans Tümmler verdeutlicht. Die Bevölkerung wuchs
von 112 000 auf 190 000 Einwohner, d.h. auf den heutigen Stand einer
kleineren Großstadt. Der Raumgewinn, ursprünglich 36 Quadratmeilen,
blieb ebenso unter einer Verdoppelung. Die Arrondierung wurde auch
nicht in dem Grade erreicht, wie man es gewünscht hatte. Unter den drei
Teilen, Weimar, Eisenach, Neustadt, wurde Eisenach das am ehesten in sich
geschlossene Gebiet. Die Rittergüter wurden durch den Gewinn Neustadts
vermehrt[84], was der politischen Linie des Großherzogs keineswegs widersprach. Tümmler zitiert Carl August, der an Freund Müffling schreibt, er
habe das seltene Glück erlebt, »alles mir versprochene erlangt zu haben,
selbst einige Seelen darüber, während viele andere Dämonen noch immer
vergebens nach armen Seelen schnappen«.[85] Der »Zug von Frivolität«, den
der Carl August-Biograph an einer andern Stelle mit Recht auf Carl Augusts Verwurzelung im Ancien régime zurückführt[86], erscheint mir im vorliegenden Fall sympathisch, weil er die außenpolitische Bescheidenheit
bezeugt, die man auf innenpolitischem Gebiet beim Großherzog in der
folgenden Zeit vermissen mag.

Die Neuordnung vom 1. 12. 1815, die den Geheimen Conseil durch ein
Staatsministerium ersetzte, war ein Schritt zum modernen Staat mit allen
seinen Vor- und Nachteilen. Man merkt es sogleich in Goethes Briefwechsel
mit Voigt und im Tagebuch, wie das Genie plötzlich, viel stärker als früher,
mit dem Problem der Führung von Akten und mit einem viel um-

---

84 Hans Tümmler: Carl August von Weimar. Stuttgart 1978, S. 256.
85 Ebd. S. 257.
86 Ebd. S. 248.

ständlicheren Verrechnungswesen belastet wird. Daher war es weise vom
Fürsten gedacht, Goethe nicht einem Ministerium zu unterstellen oder ihm
gar in seinem Alter noch die Führung eines Ministeriums zu übertragen,
sondern ihn mit dem Titel eines Ministers direkt dem Fürsten verantwortlich zu machen. Wer Goethe zum »Staatsmann« macht, findet diese Stellung
merkwürdig oder gar des Genies unwürdig. Aber die Aufrechterhaltung
des feudalen Personalismus in diesem Ausnahmefall verrät die Menschenkenntnis des Fürsten. Voigt selbst, ein Bürokrat ersten Ranges, war etwas
ängstlich, ob das Genie die mühsam gefundene Lösung akzeptieren werde;
denn er schrieb am 30. 11. 1815 entschuldigend[87]: »Zu einem eigenen Departement des Staatsministeriums wollten sich Ihro Königliche Hoheit
wegen der Kunst- und wissenschaftlichen Anstalten deswegen nicht entschließen, weil nicht von allgemeiner Landesanstalt, sondern von partiku-
laren Instituten die Rede sei.« Goethe antwortet jedoch fast begeistert, ein
Beweis für die von mir übernommene Hypothese Boisserées, daß das Genie
– aus welchen Gründen immer – sich in Heidelberg nicht nur vor Frau
von Heygendorf, sondern auch vor dem Fürsten *fürchtete*. Er hat das Jahr
spätestens seit der Entlassung des Schauspielerpaars Lortzing, die er *gegen
seinen Willen* unterschreiben mußte, in Sorgen verbracht und wußte, daß
seine gesamtdeutsche und europäische Geltung, so sehr er sie ins Licht zu
rücken versuchte, bei einem ganz auf die Reform seines kleinen Landes
konzentrierten Fürsten nur wenig bedeuten würde. Deshalb wurde er
durch die von Voigt mitgetragene Entscheidung des Fürsten nicht nur
erleichtert, sondern von böser Angst um seine Zukunft befreit. Goethe an
Voigt am 30. 11. 1815[88]: »In der reinsten Überzeugung, daß bei dem neuen
großen Vorhaben auch für mich vollkommen gesorgt sein würde, habe
bisher zu allem, was ich vernommen, beruhigt geschwiegen und nur gestern, bei zufälligem Anlaß, gegen Ew. Exzellenz meine Ansichten und
Hoffnungen ausgedrückt. – Das gütige und beschleunigte Billet gibt mir
das höchst angenehme Gefühl, daß diese Angelegenheit, besser als ich sie
je hätte fassen können, am heutigen Morgen so gründlich durchdacht und,
zu meinen Gunsten, so gnädig entschieden worden, als ich nur hätte wünschen dürfen. Möchten Sie meinen gefühltesten, aufrichtigsten Dank Ihro
Königl. Hoheit, mich abermals geneigtest vertretend, baldigst vorläufig
darbringen [...] – Mit den Jahren immer zunehmend an Vertrauen und

---

87 Goethes Briefwechsel mit Voigt. Bd. IV, 1962, S. 174.
88 Ebd. S. 175.

Anhänglichkeit treu verbunden und ergeben Goethe.« Im Brief vom 1. 12. spricht Voigt nochmals von seiner gestrigen Sorge, etwas »verabsäumt« zu haben, »da *mir* die ganze Operation [...] keine Freude macht [...] Ich fürchte noch manche curas posteriores.«[89]

Die Sorgen des bisherigen Leiters der Gesamtregierung sind verständlich. Er blieb zwar Präsident des Ministeriums, weil die gewaltige Arbeitskraft des Aufsteigers den Cavalieren unentbehrlich war. Er blieb auch für die Universität und, mindestens formell, für die Angelegenheiten des Deutschen Bundes zuständig. Aber in der Frage der Neuordnung selbst war der Freiherr von Gersdorff führend gewesen. Auch der Herrnhuter war eine überdurchschnittliche Arbeitskraft. Deshalb war ihm als Minister die Kirche, die Schule und vor allem, wie einst Goethe, die fürstliche Kammer anvertraut worden. Aber Voigt wußte gewiß, daß mit der Regierungsreform das innenpolitische Programm Gersdorffs und Carl Augusts noch nicht realisiert war. Minister von Fritsch war für die Justiz, das Steuerwesen, das Militär zuständig und Graf Edling wurde der Minister für den Hof und die auswärtige Politik.[90] Durch diese relativ selbständigen Ressorts wurde der 71jährige Voigt gebührend entlastet. Stärker empfand der Staatsmann wohl, daß er die Initiative für die künftige Gesamtpolitik Weimars verlor und vom jungen Vertrauten des Landesherrn ein allzu weltfremder Kurs zu erwarten war, mit schwer zu korrigierenden Pannen.

Goethe hatte weniger Macht zu verlieren und konzentrierte sich, wie schon seit langer Zeit, als Dichter mehr auf seine persönliche, nachgeordnete Stellung. Nach seiner Ernennung zum »Staatsminister« am 12. 12. 1815 – man muß diesen jetzt allgemein verbindlichen Titel auf den früher allein gebräuchlichen *feudalen* Begriff »Geheimrat« beziehen, um ihn richtig zu verstehen – bezeichnete Goethe sein künftiges Amt, wie er es sich vorstellte (an Voigt 15. 12. 1815)[91]: Er nimmt an, daß er wie bisher im Adreßkalender [aus Gründen der Anciennität] an erster Stelle aufgeführt wird. Diese Bitte wurde ihm erfüllt. Dagegen war es aus traditionell-höfischen Gründen zu viel verlangt, wenn er mit seiner kulturellen Funktion gleich nach dem Hofmarschallamt aufgeführt werden wollte. Er begründete es damit, daß das Hofamt für das Theater mitverantwortlich war. Vielleicht

89 Ebd. S. 176.
90 Hans Tümmler: Carl August von Weimar, 1978, S. 259 f.
91 Goethes Briefwechsel mit Voigt. Bd. IV, S. 177 f.

hatte diese traditionslose Forderung nur den Sinn, den Anspruch auf die Stellung eines Hoftheaterdirektors festzuhalten. Dagegen war gegen die (neue!) Gesamtbezeichnung seines Amtes nichts einzuwenden, weil sie genau dem bisherigen Status entsprach: »Oberaufsicht über die unmittelbaren Anstalten für Wissenschaft und Kunst in Weimar und Jena.« Das Wort »unmittelbar« interpretiert er so: »Geschäfte als von Ihro Höchsten Person ausgehend«. Doch wollte Goethe trotz der Anerkennung dieser Fürst-Unmittelbarkeit auf Voigts »stete Teilnahme« an seinen Amtsgeschäften nicht verzichten. Carl August genehmigte diesen der alten Zusammenarbeit Voigts mit Goethe entsprechenden Wunsch, und so entstand der von Goethe gewollte höchst individuelle Charakter seiner Position.[92]

Die Beilage zum Brief an Voigt vom 19. 12.[93] ist in dieser Beziehung von größter Wichtigkeit. Doch stellte sie ein Wagnis dar, insofern man aus ihr folgern konnte, daß ein alter Mann mit so vielen auswärtigen Beziehungen kaum mehr imstande sei, noch irgendein Amt in Weimar/Jena zu verwalten. Aus diesem Grund vermerkt Goethe im Hauptbrief, daß er die Blätter für Voigt schreibt. Die Notwendigkeit einer Mittelsperson zum Fürsten wird an dieser Stelle besonders deutlich. Voigt konnte beim Vortrag für den Großherzog aus dieser Information auswählen, was er im Augenblick, je nach der stark wechselnden fürstlichen Stimmung, für günstig hielt. Goethe gibt, in der erwähnten Beilage, zu, daß Voigt, überhäuft mit Geschäften, und er selbst wegen seiner wiederholten gesundheitlich bedingten »Sommerabwesenheiten« die Geschäfte der Oberaufsicht nicht allein führen konnten, sondern »seit beinahe zwei Jahren« Goethes Sohn, den Kammerjunker und Kammerassessor, beauftragt hatte, »an unserer Statt jenen Geschäften die nötige Aufmerksamkeit zuzuwenden«, was die beiliegenden Aktenfaszikel und unsere Kommissionsakten beweisen. Sohn August kennt das Personal, »die Vorgesetzten und Lokal-Aufseher« teils als frühere Lehrer, teils als Kommilitonen. Er ist auch Mitglied der Herzoglichen Kammer, auf die Museen und alle andern Lokaleinrichtungen öfters angewiesen sind. Zu seiner Unterstützung erbittet sich Goethe ferner den Bibliotheksakzessisten Kräuter und den aus dem Felde heimkehrenden John als Kopisten. Auf diese Weise könnte »ein Ganzes gebildet« werden, »welches die Übersicht des Bestehenden jeden Augenblick möglich machte«. Goethe fordert *viel*: Es war die Art, wie Grafen im Feudalstaat ihr

---

92 Ebd. Anmerkungen, S. 499f.
93 Ebd. S. 179ff.

Amt zu führen pflegten. Deshalb muß er sich gegen den Vorwurf der »Anmaßung« wehren: »Weimar hat den Ruhm einer wissenschaftlichen und kunstreichen Bildung über Deutschland, ja über Europa verbreitet.« Früher waren Wieland, Herder, Schiller an seiner Seite. »Mir Überbliebenen, ob ich gleich an solchen Anforderungen und Aufträgen selbst schon hinreichend fortlitt, ist ein großer Teil jener nicht einträglichen Erbschaften zugefallen.« Man braucht nicht einmal die Werke, sondern die Briefe Goethes (in der Weimarer Ausgabe 50 Bände) zu kennen, um zu wissen, daß er endlich, deutlich genug, seine Überlastung eingesteht. Er erwähnt noch die Kunstausstellungen, die Einrichtung der Weimarer Kunstfreunde, seine Verantwortung in der *Jenaischen Allgemeinen Literaturzeitung.* Dies alles hat zu einem Briefwechsel mit einer Menge von Gelehrten, Künstlern und Dichtern geführt. Zum Schluß erwähnt er noch, für Carl August persönlich, die aktuellen Aufträge: die Mitarbeit am Blücher-Denkmal im Auftrag der Erbgroßherzogin von Mecklenburg und die Schrift über *Kunst- und Altertum in den Rhein- und Maingegenden,* von welcher der Staatsminister von Schuckmann schon »den die preußischen Staaten betreffenden Teil« erhielt. »In diesen beiden so wie in den unzählbaren vorhergehenden Fällen werde ich mich mit der Ehre zu begnügen haben, gegen das liebe deutsche Vaterland als Fakultät und Ordinarius um Gotteswillen mich einwirkend zu verhalten. – Da ich mich nun in solchen Verhältnissen wohl nicht mit Unrecht als öffentliche Person ansehen darf, so wird mir nicht verargt werden, wenn ich einige Erleichterung von Staatswegen in bescheiden gebetener Maße mir schmeicheln darf.«[94]

Der Großherzog verkehrt am Ende dieses Jahrs höchst amtlich, d.h. detailliert mit Goethe. Sein Wunsch von Sylvester 1815, »das Bild Wielands, von Lorzing sehr vortrefflich gezeichnet« zu kaufen und seiner Bibliothek zu stiften – Goethe soll den Ankauf vermitteln –[95] läßt verschiedene Deutungen zu. Der Dichter läßt sich durch diese fürstliche Zurückhaltung nicht davon abhalten, in seinem Neujahrsbrief 1816 seiner Dankbarkeit für die

---

94 Da mich das Eingehen auf die einzelnen »Anstalten« der »Oberaufsicht« vom Hauptwege meiner sozialgeschichtlichen und biographischen Darstellung abführen würde, erwähne ich an dieser Stelle eine besonders kundige und dabei knappe Information über die Goethe besonders am Herzen liegenden naturwissenschaftlichen Institute bzw. Museen: Irmtraut Schmid, Die Oberaufsicht über die naturwissenschaftlichen Institute an der Universität Jena unter Goethes Leitung, in: Impulse, Folge 4. Berlin und Weimar 1982, S. 148–193.
95 Briefwechsel Carl August mit Goethe. Bd. II, S. 133.

Fortdauer von Carl Augusts Gnade durch besonders feierliche Glückwünsche für die herzogliche Familie Ausdruck zu verleihen. Die religiöse Färbung des Schlusses deutet an, daß der Brief auch an die fürstlichen Damen gerichtet ist[96]: »Ew. Königlichen Hoheit meine treusten Wünsche an diesem Tage darzubringen, giebt mir ein feyerlicheres Gefühl als jemals. Denn ich bedenke, daß so lange Jahre her, jeder aufrichtige heiße Wunsch nur als ein leerer Schall gegolten, indem wir die höchsten Personen, denen wir so viel schuldig sind, von einem bösen Geschick anhaltend und wiederholt gedruckt sahen, so daß alle Hoffnung verschwand, sie jemals belohnt zu sehen, für so viel Gutes das sie andern erzeigten. – Nun aber ist es wirklich seit vielen Jahren das erstemal daß die Erfüllung dem Wunsche vorausgeht, und wir Ew. Königl. Hoheit erhabnes Haus auf eine Weise beglückt wissen, die zwar nicht dem Verdienste gleich gehalten, aber doch als eine Anerkennung von Seiten der himmlischen Wesen betrachtet werden darf.« Der Großherzog dankt ihm gutmütig und etwas ungeschickt für den sorgfältig formulierten Brief: dieser sei »sehr geistreich und galant«. Auch bemüht er sich, dem Dichter, dessen europäischen Anspruch bestätigend, durch die Mitteilung zu schmeicheln, die Herzogin von York habe bei ihm die komplette Sammlung von Goethes Werken bestellt. Ein schlichtes, freundliches Wort wäre dem Dichter nach diesem aufregenden Jahr gewiß lieber gewesen. Aber der Friede war vorläufig wiederhergestellt.

Höfische Feiern und akademische Probleme

Am 17. 1. 1816 erreichte die Nachricht vom Tode der Tochter Carl Augusts, Carolines, der Erbprinzessin von Mecklenburg, den Weimarer Hof. Zu andern Zeiten hätte diese Nachricht eine längere Trauer nach sich gezogen. Der Jahresanfang war in gesellschaftlicher Hinsicht stets hektisch gewesen. Doch nun kamen noch die Nachkriegsveranstaltungen hinzu: allerlei »Friedensfeste«, in denen sich »Kirchengesänge« und »Freiheitsjauchzen« mischten (Knebel an Goethe 1. 2. 1816)[97], die Vorbereitung der Verfassung und Goethes Inszenierung seines *Epimenides* in Weimar. Der einzige liebe-

---

96 Ebd. S. 134.
97 Briefwechsel zwischen Goethe und Knebel. Bd. II. Leipzig 1851, S. 185.

volle Nekrolog für die geborene Prinzessin von Weimar, den ich kenne, findet sich in dem erwähnten Brief Knebels an Goethe.[98] Goethes Gedicht für die Trauerloge *Der unvergeßlichen Prinzessin Caroline von Weimar Eisenach vermählten Erbprinzessin von Mecklenburg Schwerin gewidmet*[99] ist kein Trauergedicht im üblichen Sinn, es enthält sich jeder persönlichen Huldigung oder gar Erinnerung und spricht in einem tiefgründigen, aber ganz objektiven Stil von der allgemeinen Vergänglichkeit der Menschen und von der Verbundenheit der Lebenden mit den »geliebten Ewigen«. Freilich besagt dieses verschlüsselte öffentliche Gedicht nichts über Goethes inneres Verhältnis zu der Toten, die innerhalb der fürstlichen Familie seiner Dichtung am nächsten gestanden war und wohl auch vom *Tasso* und der Fortdauer seiner Tasso-Existenz am ehesten eine Ahnung gehabt hatte.

Sehr im Unterschied zu diesem diskreten Trauergedicht steht Goethes Rede *Bei feierlicher Einweihung und ersten Austheilung des weißen Falkenordens vom 30. 1. 1816*[100] ganz im Zeichen der traditionellen Panegyrik. Goethe bestätigte die Gültigkeit dieser begeisterten Ehrung des Großherzogs *nicht* durch die Aufnahme des Textes in die Ausgabe letzter Hand.[101] Er verleiht hier seinem Fürsten den »Ehrennamen des Mittheilenden«, weil »Höchstdieselben mehr für andere als für sich selbst gelebt, für andere gewirkt, gestritten und keinen Genuß gekannt, als zu dessen Theilnahme zahlreiche Gäste eingeladen wurden«. Es handelte sich bei diesem Fest um die Erneuerung eines alten Weimarischen Ordens und damit um die Bekräftigung der höfischen Tradition inmitten erheblicher staatlicher Veränderungen. Voigt hatte das Großkreuz dieses Ordens schon am 23. 12. 1815 bekommen. Dieselben Auszeichnungen erhielten jetzt die Minister und Geheimen Räte von Goethe und von Fritsch.[102] Gersdorff erschien wohl noch zu jung für einen Verdienstorden. Edling gab am Abend des Festtages einen großen Empfang (Goethes Tagebuch 30. 1. 1816). Das hieß wohl, daß ein Graf eines solchen Ordens nicht bedürfe. Ein Zweck der Feier war es wohl auch, einen verdienten Kriegskameraden des Fürsten, den Generalmajor von Egloffstein, zu ehren, der bei der Neuordnung des Staates nicht ganz auf seine Rechnung gekommen war. Der Großherzog wußte genau, daß man sich in Preußen über einen »Kriegsminister« von Sachsen-Weimar

---

98 Ebd. S. 184.
99 W. A. Abt. I. Bd. 3, S. 65.
100 Ebd. Bd. 36, S. 375–378.
101 Ebd. S. 381.
102 Goethes Briefwechsel mit Voigt. Bd. IV, S. 503 f. (Anmerkungen).

lustig gemacht hätte. Es galt nach Goethes Worten »allen in dem Winkel des Herzens noch allenfalls verborgenen Mißmuth aufzulösen und die ganze Kraft der Menschen, die sich bisher im Unglauben verzehrte, an neue lebendige Thätigkeit sogleich heranzuwenden«. »In einer neuen fröhlichen Schöpfung« soll sich Weimar fortan bewegen. Daß diese letzten Endes politische Aktion, diese Ehrung verdienter Männer ausgerechnet auf den Geburtstag der Großherzogin Luise verlegt worden war, hatte gewiß manchen Widerspruch erregt, zumal bei den Hofdamen. Aber Goethe rechtfertigt in der glücklichen Stimmung, in der er sich damals noch befand, auch diese traditionslose Entscheidung: »Und so dürfen wir denn schließlich den hohen Sinn unseres Fürsten nicht verkennen, daß er zu dieser Feier den friedlichsten Tag gewählt, als einen, der uns schon so lange heilig ist und welchem seit so vielen Jahren die Künste ihren mannigfaltigsten Schmuck, so viel sie nur vermochten, anzueignen und zu widmen suchten. Heute wendet sich diese Zierde gegen uns.« Aber »die ernsten Betrachtungen«, die diese Änderung hervorrufen, können »doch nur immer dorthin führen [...], daß wir mehr als jemals auf Blick und Wink des Herrn zu achten haben, dessen Absichten ganz und gar auf unser Wohl gerichtet sind«.

Schon am Tage nach der Feier (31. 1. 1816) beklagt sich Voigt darüber[103], daß er (der Kanzler des Ordens!) erst kurz vorher durch den Grafen Edling den Tag der Feier erfuhr und deshalb seine Jamben rasch in den Kanzleistil übersetzen mußte. Der Name Edling zerstörte die glückliche Stimmung Goethes sehr rasch. Offenbar nahm er an, der Graf, als Hofmarschall, wolle die Festreden herausgeben und damit den literarischen Vorrang des Dichters antasten. Jedenfalls bat er Freund Voigt noch am gleichen Tag, *ihm* seinen Beitrag zu »überlassen. Diese bedeutende Erscheinung nach außen will ich zu regeln suchen. Meine Rede, sie sei was sie sei, geb ich nicht her, als wenn man mir die Redaktion und Revision der Druckschrift überläßt. Der Moment ist zu wichtig, als daß man ihn den Zufälligkeiten der Industrie überließe. Von Herzen angeeignet Goethe.«[104] Am gleichen Tage schrieb er dem Großherzog einen Brief, ohne diese Prestigeangelegenheit zu erwähnen; denn es kam ihm ja vor allem darauf an, daß der Graf die Reden nicht herausgab, und er wußte, daß eine solche Festredensammlung ohne Goethes Namen für den Buchhandel keinen Reiz hatte. An den Weimarer Verleger Bertuch, den Voigt sogleich informiert hatte, schrieb Goe-

---

103 Goethes Briefwechsel mit Voigt. Bd. IV, 1962, S. 192.
104 Ebd. S. 193.

the am 1. 2., »ohne ausdrückliche Anordnung Serenissimi und Veranlassung von Seiten seines Staatsraths« wollte er seine Rede nicht drucken
lassen; er sei aber bereit, die »sämmtlichen Piècen« herauszugeben und »zu
dem ganzen Drama, in welchem ich eine Rolle mitspiele, meine Gedanken
zu sagen«. Man kann sicher sein, daß Bertuch, ein tüchtiger Geschäftsmann,
den Großherzog informierte. Doch konnte Carl August den Rangstreit,
nach der von ihm selbst neuerrichteten Beamtenhierarchie, unmöglich zugunsten Goethes entscheiden. So blieben sämtliche Festreden ungedruckt.
Der deutschen Literatur erwuchs daraus kein Schaden. Doch dem Genie
war damit schon jetzt klar, wie wenig sein Ministertitel und seine »Oberaufsicht« in der neuen höfischen Rangordnung bedeuteten.

Man kann nicht sagen, daß Goethes Eifer infolge dieser nur halb gelungenen Selbstbehauptung nachließ. Seine nächste Hoffnung richtete sich
auf die *Epimenides*-Aufführung in Weimar (7. 2. 1816); in Berlin war sie
einigermaßen gelungen. Es scheint aber, daß ihm eben diese Vorstellung
zum Verhängnis wurde, auch insofern, als sie ihn als Theaterdirektor entmutigte und seinen Eifer stärker auf die Universität und auf die andern
Aufgaben der Oberaufsicht lenkte. Der Übersetzer Gries, der Goethe
schätzte und von diesem seit langer Zeit ebenso geschätzt wurde, schrieb
am 8. 3. 16 an seinen Freund Abeken[105]: »Goethes *Epimenides* machte auf
dem Theater eine langweilige Erscheinung. Ich habe nie ein Stück gesehen,
das mit so großen Zurüstungen so wenig ausrichtete. Darüber ist nur *eine*
Stimme. Aber freilich ist auch die Musik sehr mittelmäßig [vom Berliner
Kapellmeister Anselm Weber], und die Ballette, die Kavallerie, die in Berlin
das Stück auf den Beinen hielten, fehlten natürlich in Weimar ganz.« Selbst
Knebel, der Goethes Dichtung sonst immer sehr hoch schätzte, äußerte sich
in diesem Fall zurückhaltend (an Charlotte Schiller 16. 2. 1816).[106] Leichter als Goethes Hoffnungen auf einen Epimenides-Erfolg kann man seine
Vorbehalte gegen eine Berufung Schellings nach Jena verstehen, wenn
man sie im Rahmen der geistlichen Restauration sieht, wie sie in Zelters
Briefen aus Berlin zutage tritt. Während Goethe die Weimarer Calderon-
Aufführungen abbricht, weil sie jetzt möglicherweise konfessionell statt
künstlerisch aufgefaßt werden könnten, wird der *Standhafte Prinz* gleichzeitig zu Berlin im »übervollen Haus dankbar« aufgenommen (Zelter an Goe-

---

105 Goethe in vertraulichen Briefen, Bd. II, 1979, S. 646.
106 Ebd. S. 645.

the 20. 10. 16).[107] Darin lag auch ein Lob für Goethe; denn in Weimar war das Stück zuerst aufgeführt worden, und jetzt spielten in Berlin neben Devrient seine Schüler Wolff und Frau mit Erfolg Calderons Drama mit. Was aber mag sich Goethe gedacht haben, wenn im November 1816 Zelter, anläßlich seines Plans einer Kantate zum Reformationsfest 1817, sich an die Beerdigung der Königin Luise (1810) erinnert[108]: »Auf den Tod unserer Königin wurde auf dem hiesigen Theater eine katholische Totenmesse mit allem kirchlichen Pomp aufgeführt, damit doch nur etwas geschahe [!] denn unsere protestantische Kirchen lassen sich gar nicht ohne Ärger ansehn.« Zelter hat also die Absicht, mit Hilfe der Musik den Protestantismus konkurrenzfähig zu machen! Goethe will im Text der Kantate die Leitung Luthers stark hervorgehoben haben, ohne den »wohldenkenden Katholiken« auszuschließen (an Zelter 14. 11. 16).[109] Man versteht aber, daß der Dichter sich schließlich von der Mitarbeit an Zelters Projekt zurückzog; denn eine derartige Konkurrenz mit dem Katholizismus war ihm gewiß nicht sehr erwünscht. Zelter war – *dies* ist sein geschichtliches Verdienst! – ein höchst populärer Musiker!

Liest man unter dem hier erschlossenen Gesichtspunkt der geistlichen Restauration Goethes dienstliches Schreiben an Voigt vom 27. 2. 1816[110], so versteht man es besser als die Goetheforscher, die es vom rein akademischen Standpunkt aus kritisierten. Durch den nationalistischen Mißbrauch der Reformation, durch die katholisierende Tendenz der Romantik und wahrscheinlich auch durch das politisch-diplomatische Übergewicht Österreichs seit dem Wiener Kongreß war das konfessionelle Gleichgewicht in Deutschland tatsächlich gefährdet. Goethe war kein Protestant im engen Sinne, aber der gewissenhafte Diener eines protestantischen Staates. Man konnte nach den Konversionen Friedrich Schlegels, Zacharias Werners und vieler anderer Intellektueller ganz im Ernst fragen: »Weiß man denn ob er [Schelling] *katholisch* ist? [...] Hätte er seine Stelle angetreten, selbst jetzt noch Protestant und er ging zur katholischen Confession über, was könnte man dann thun [...]?« Goethe erinnert an Fichte, »den wir mit ähnlicher Kühnheit, als jetzt obwaltet, eingesetzt, doch zuletzt nicht halten konnten« – aus *politischen* Gründen, ist gemeint. Goethe bittet Voigt »von Vorstehen-

---

107 Briefwechsel zwischen Goethe und Zelter, hg. v. Max Hecker. Bd. I. Bern 1970, S. 515.
108 Ebd. S. 521.
109 Ebd. S. 533.
110 W. A. Briefe. Abt. IV, Bd. 26, S. 275–280.

dem einsichtigen Gebrauch [zu] machen«, bekennt aber dem Freunde persönlich offen seine Abneigung gegen die »mystische« Aneignung des Katholizismus, wie sie durch die Romantik und Restauration zu einer ernsten Gefahr geworden war. In der Frage von Schellings Berufung gab es zwei Parteien, und der Großherzog entschied sich in *diesem* Fall für die von Goethe vertretene, – auch *er* in Erinnerung an »jene verdrußvollen Zeiten [...], wo Fichte und Consorten, durch Ideen, die Jugend in Jena [...] confus machten«.[111]

Weniger wichtig als der Verzicht auf Schelling ist der akademische Streit um den Professor Eichstädt, der als Herausgeber der Jenaer Allgemeinen Literaturzeitung in der Universität eine gewisse Machtstellung besaß, dadurch vor allem, daß er die eigenen Kollegen rezensieren ließ und sich auf die Gunst von Voigt stützen konnte. Der akademische Lärm wurde so groß, daß sich der Großherzog bereit erklärte, dem Professor für die Redaktion der *Jenaischen Allgemeinen Literaturzeitung* allein ein Gehalt zu zahlen. Diese Lösung gefiel dem ehrgeizigen Gelehrten nicht; auch Voigt und Goethe widersprachen der Herauslösung der Literaturzeitung aus der Universität. Für Goethe war der Streit wegen seiner Freundschaft mit Voigt ein Problem, und es bedurfte des fürstlichen Eingreifens, um Frieden zu stiften. Ganz im Sinne von Goethe war Carl Augusts Wunsch, d.h. Befehl, »kein Buch, welches unter den [!] Nahmen eines Jenaischen Professors gedruckt wird, in der Jen. Litt. Zeit. zu recensiren«.[112] Nicht ebenso einleuchtend war der Gedanke des Großherzogs, eine Art Akademie aus den wenigen Jenenser Professoren zu bilden: alle Vierteljahre sollte »unter dem Vorsitz der Oberaufsicht, eine Zusammenkunft gehalten werden«. Auch war der Großherzog bereit, »eine Auswahl des wichtigsten unter der Form eines Journals in zwanglosen Heften eigens zu begünstigen«.[113] Eine Akademie der Wissenschaften pflegt eine Auswahl aus einer größeren Zahl im Lande ansässiger und auswärtiger Professoren zu sein. In Jena wäre fast eine Identität von Universität und Akademie, ein neuer Streitpunkt und, mit dem »Journal«, eine unnötige Konkurrenz der *Jenaischen Allgemeinen Literaturzeitung* entstanden. So war es nicht schwierig, den allzu großartigen fürstlichen Plan wieder ad acta zu legen. Goethe ver-

---

111 Goethe. Amtliche Schriften. Bd. 2, 2. Halbband. Weimar 1970, S. 927.
112 Ebd. S. 906–917. Zitat S. 917.
113 Vgl. die Beilage zu Goethes Brief an Carl August vom 23. 3. 1816, die der Entwurf für den Brief an die Professoren war. Briefwechsel Carl August mit Goethe. Bd. II. 1971, S. 146 f.

merkte, daß von den Professoren »jeder einzeln sein Geschäft treffl. verrichtet, sich aber nicht leicht mit andern verträgt«. Die Aufgabe der Oberaufsicht wird daher, nach wie vor, darin bestehen, die Geschäfte mit den »einzelnen« Institutsleitern zu besprechen.[114] Goethe wußte sehr wohl, daß ihn der Aufbau und die Leitung des neuen akademischen Gremiums überfordert hätten.

Das Tagebuch belegt, daß Goethe im Frühjahr 1816 höfisch und geschäftlich stark in Anspruch genommen wurde. Zur Vergegenwärtigung dieses sich steigernden Vielerlei nur einige Beispiele. »War große Gesellschaft beym Grafen Edling« (12. 3.) »Aufsatz wegen der Communication mit dem Ober-Consistorium: die Verbindung des Zeichen Instituts mit dem Gymnasio betreffend« (13. 3.). »Zwey Communicate, 1. an die Cammer, 2. an das Ober Consistorium [...] Brief an Döbereiner, chymische Fragen enthaltend« (17. 3.). »Redaction der naturhistorischen Papiere eingeleitet: Infusionsthiere [...] Abdrücke der Wiener Gemmen« (18. 3.). »Brief *an Ehrmann* nach Frankfurt. Brief an Varnhagen von Ense, ebendahin. [...] Bey Zeiten in Belvedere wo Serenissimus anlangten« (20. 3.). »Beschäftigung mit der Rechnung [...] Zu Serenissimo wegen der neuen Acquisition und Baue für die wissenschaftlichen Anstalten. [...] Zu dem Erbgroßherzog von Mecklenburg« (21. 3.). »Promemoria wegen einer Jenaischen vierteljährlichen wissenschaftlichen Zusammenkunft [...] Hofrath Meyer. Über die neuen Einrichtungen der Zeichenschule« (22. 3.). »Graf Edling wegen der Huldigungsfeyerlichkeit. Mittag Hofadvokat Büttner. Autorisation von Theaterquittungen. [...] Abends Wolffs letztes Spiel: Romeo und Julia« (23. 3.). »Aufgewärmt, vieles geordnet und bey Seite geschafft. Staatsrath Struve« (1. 4.). »Acten neuer Organisation der Museen. Concepte durch August« (2. 4.). »*Aufgehäufte Geschäfte in Ordnung gebracht.* Wieder ziemlich wohl. [...] J. K. H. Prinz Bernhard« (5. 4.). »Allerley Geschäfte und Expeditionen. Communicat an die Cammer. [...] Erlaß *an Rentamtmann Kühn* nach Jena« (6. 4.). »Gutachten wegen der Restauration. [...] Vorbereitung zum Huldigungsfest. Gegen 12 Uhr am Hof. Huldigung« (7. 4.).

Die Huldigung der neugewonnenen Gebiete war ein großes Fest wie die Feier zur Neustiftung des Ordens der weißen Falken und wieder eine Gelegenheit zum Austragen von Prestigefragen. Der Sohn Charlotte von

---

114 Vgl. S. 390. Schluß der Anmerkung zu Nr. 325.
115 Goethe in vertraulichen Briefen, Bd. II, 1979, S. 647 f.

Steins macht sich darüber lustig (Karl von Stein an seinen Bruder Friedrich Mitte April 1816[115]): »Daß auch gescheite Leute in diese Misères einigen Wert legen können, wo sie keinen haben, bewiesen Goethe und Voigt, welche sich um den ersten Platz am Thron des Großherzogs von Weimar stritten. Voigt hat behauptet, er führe das Staatsruder; aber Goethe hat ihn weggerudert durch die Anciennetät, was übrigens, da mehrere auf diesen Throntreppen herumstanden und herumtrappelten, niemanden, der nicht den vorhergegangenen Disput wüßte, amüsiert oder aufmerksam gemacht haben würde. Voigt führt deswegen doch nach wie vor das Staatsruder, und Goethe flankiert auf dem Pegasus drum herum.« Die Hofdame, Steins Mutter, hat etwas von dem Prestigestreit gehört, der bei diesen Freunden bestimmt nicht heftig war. Aber so einfach, wie der junge Mann die Sache sieht, geht es am Weimarer Hof nicht zu. Voigt ist Präsident des Ministeriums; aber wie weit er tatsächlich noch das Staatsruder führt, ist in diesem historischen Augenblick zum Problem geworden. Und wenn der gealterte Goethe nur einen Platz auf dem Pegasus beanspruchen wollte, wäre alles viel einfacher für Serenissimus und den Hof von Weimar. Voigt arbeitet, wie nur ein ehemaliger Bürger arbeiten kann, unentwegt, und auch Goethe hängt an der Macht und ist zeitenweise sehr fleißig. Deshalb müssen die beiden alten Herren symbolisch zum Ausdruck bringen, daß sie beide noch ganz in der Nähe des Großherzogs stehen.

Die Verfassung vom Mai 1816 und die sogleich einsetzende »Preß-Anarchie«

Überlegungen wegen einer Verfassung waren schon seit längerer Zeit im Gange. In seiner Denkschrift an Carl August (Frankfurt 19. 10. 1815)[116] stellt Gersdorff fest, jetzt sei eine Vermehrung der landständischen Rechte von 1809 durch zeitgemäße Reformen angebracht. Verfassungen seien ein Mittel der Sicherung des Staates gegen schlechte Staatsdiener. Alle Hauptklassen der Staatsbürger müßten unter den Abgeordneten vertreten sein.

---

116 Politischer Briefwechsel des Herzogs und Großherzogs Carl August von Weimar. Hg. v. Hans Tümmler. Bd. 3. Von der Rheinbundzeit bis zum Ende der Regierung 1808–1828. Göttingen 1973, S. 331 ff.

Fritsch ist im Ganzen einverstanden, empfiehlt aber eine »sehr vorsichtige Fassung« des Patents, »damit nicht gleichsam eine Opposition, ein Krieg als in der Sache liegend gebildet werde, wo gemeinschaftliches Streben nach einem Zweck, Wohlfahrt des Landes, vorherrschen sollte.«[117] Carl Augusts Dekret vom 30. 1. 1816[118] verordnet ganz im Sinne Gersdorffs »Die Bildung [...] einer ständischen Beratungsversammlung zur Entwerfung der Landesverfassungsurkunde«. Diese Versammlung zur Beratung der Verfassung wird am 7. 4. 16, im Anschluß an die Huldigungsfeier, als »zweite feierliche Handlung« eröffnet. Das Verzeichnis der Deputierten ist, was die Entstehung einer »Opposition« oder gar eines »Kriegs« betrifft, völlig beruhigend.[119] Es sind durchaus Würdenträger aus den alten und neuen Gebietsteilen: Landräte, Professoren, Legationsräte, Bürgermeister, Justizräte, Stabsoffiziere, Kammerherren, Gutsbesitzer, Amtsräte, Landvögte usw. Nachdem man einmal so weit war, entstand unter den Honoratioren das natürliche Bedürfnis nach einer Bedenkzeit. Gersdorff jedoch wandte sich in seinem Votum vom 21. 4. entschieden gegen eine Pause[120]: sie wäre eine Gefahr für die ganze deutsche Verfassungsbewegung! »*Es gelte jetzt*, vor dem ganzen aufmerksamen Deutschland den Beweis zu führen, daß [...] einträchtiges Wollen eines der edelsten Fürsten Deutschlands und eines seiner würdigen deutschen Volkes [!] bald das Werk einer für Fürsten und Untertanen gleich rühmlichen Verfassung habe zu vollenden gewußt.« Die Verhandlungen gingen also weiter. Es wurde beschlossen, die Städte und Landbewohner als besondere Klassen neben den Gutsbesitzern einzurichten. Doch sollten die Deputierten sich als Vertreter aller Klassen und aller Landesteile verstehen. Die Redaktion des Entwurfs wurde dem akademischen Abgeordneten, Hofrat und Professor Schweitzer übertragen. Der Entwurf ging schon am 28. 4. 1816 an Carl August.[121] In diesem Augenblicke fühlte sich der alte Minister Voigt, obwohl doch eigentlich Präsident des Ministeriums, überflüssig. Warum sollte er immer mit dem Kopfe nikken, wenn doch alles nach dem Willen der Jüngeren, zumal des jüngsten Ministers ging? Trotzdem formuliert er sein Ausscheiden aus der Verfassungskommission ohne Bitterkeit. Voigt an Fritsch am 30. 4. 1816[122]: »Ich

---

117 Ebd. S. 337.
118 Ebd. S. 342.
119 Ebd. S. 360 f.
120 Ebd. S. 364.
121 Ebd. S. 365 ff.
122 Ebd. S. 368.

übergebe Ew. Exz. den kommissarischen Bericht über den Entwurf der neuen Landesverfassung zu gefälligem Vortrage [beim Großherzog], da ich selbst mit dem Ganzen und Einzelnen nicht so vertraut bin wie Euer Exzellenz und meine Anhänglichkeit an das Alte nicht auf dem Platze oder auch unzeitig sein möchte. Die Hauptsachen sind vorläufig schon entschieden worden. Die Bearbeitung selbst verdient gewiß alles Lob und den eifrigen Wunsch, daß alles zu Zufriedenheit des Landesherrn und zur Wohlfahrt des Vaterlandes gereichen möge.« Auch im Briefwechsel zwischen Goethe und Voigt wird die Verfassung in keiner Weise dramatisiert. Man unterhielt sich über die Besetzung des philosophischen Lehrstuhls, bei dem Fries, ein Anhänger der älteren Aufklärung, auf Goethes Wunsch das Rennen machte. Merkwürdigerweise stand er, aufgrund seiner persönlichen Vergangenheit, auch dem Minister Gersdorff nahe. Schwieriger war die Besetzung des orientalistischen Lehrstuhls, bei dem Eichstädt, wenn auch vergeblich, persönliche Wünsche äußerte. Die Alten wollten von Wissenschaft und Kunst retten, was zu retten war, während man die Verfassung wie ein Schicksal betrachtete, bei dem abzuwarten ist, was es bringt: Sie wurde schon am *5. 5. 1816* veröffentlicht, unter dem Titel *Grundgesetz über die Landständische Verfassung des Großherzogtums Sachsen-Weimar-Eisenach.*[123]

Der für Verfassungsfragen besonders zuständige Fritz Hartung erfaßt den Geist der weimarischen Regierung unter dem Begriff eines »autokratischen Liberalismus«, der auch den Großherzog selbst bezeichne.[124] Der Verfassungshistoriker betont Carl Augusts Distanzierung von Gersdorffs ursprünglichem Entwurf, der an die französische Charte von 1814 erinnere. Der Großherzog entfernte sich mit Fritsch von Gersdorffs theoretischer Konstruktion.[125] Der Landtag, meint Hartung, war eher eine wirtschaftliche und soziale Interessenvertretung als eine liberale Opposition zum Feudalismus. Das Grundgesetz Weimars sei »nichts schlechthin Neues« gewesen, abgesehen von der Einfügung des Bauernstandes in den Landtag.[126] Die Erkenntnis, daß es schon früher (seit 1814) deutsche Verfassungen gab, wischt Hartung mit der gut weimarischen Behauptung beiseite [!]: »All diese früheren Verfassungen sind zunächst nicht lebendig

---

123 Ebd. S. 373–389.
124 Fritz Hartung: Das Großherzogtum Sachsen unter der Regierung Carl Augusts. Weimar 1923, S. 319.
125 Ebd. S. 295.
126 Ebd. S. 304 f.

geworden.« »Wegen des Geistes, der die gesamte Regierungstätigkeit Carl
Augusts bisher bestimmt hatte«, bleibe der Mythos von der Weimarer Verfassung als der ersten in Deutschland wahr.[127] Man erinnert sich an die
Weimarer Republik von 1923. Konnte man dem burschenschaftlichen Carl-
August-Mythos widersprechen, nachdem sich die vor kurzem entstandene
deutsche Republik auf den Geist von Weimar berufen hatte? Wir haben beobachtet und werden weiter sehen, daß sich Carl August in dieser Zeit ganz
entschieden vom Geiste des klassischen Weimars und Goethes entfernte.

Die Verfassung und die von ihr eingesetzten Abgeordneten tragen nicht
die Schuld für die gefährliche Krise, in die Weimar schon zu Ende des
Jahres 1816 geriet, sondern der Mißbrauch der Pressefreiheit und die
Unfähigkeit der Regierung, sich rechtzeitig auf ein Pressegesetz zu einigen.
Der Punkt, an dem die Weichen falsch gestellt wurden, läßt sich ziemlich
genau bezeichnen. Gersdorff selbst machte sich schon im September 1816
Gedanken über die zu schützenden Größen: Religion, Sitte, Landesherr
und mächtigere Landesstaaten. Dabei vertritt er freilich den formalen Gesichtspunkt, daß kein Verbrechen »ohne existentes strafandrohendes Gesetz« bestraft werden darf.[128] Dementsprechend erteilte Voigt im Auftrag
des Großherzogs schon am 17. 9. dem Professor Martin in Jena den Auftrag, ein Gesetz gegen den Mißbrauch der Presse auszuarbeiten.[129] Der
Entwurf war nach gründlicher Überlegung Anfang Dezember 1816 fertig[130]
und unterscheidet sich insofern vorteilhaft von Gersdorffs preußischem
Denken, als er moralisch fundiert ist und Machtfragen höchstens indirekt
berücksichtigt. Der Journalist wird verpflichtet, keine Grundsätze zu empfehlen, »durch welche Un- oder Aberglauben oder Verbrechen oder bloße
Verletzungen der Moralpflichten gerechtfertigt würden«. Als die erste
Pflicht der politischen Schriftstellerei wird die Wahrhaftigkeit aufgestellt.
Als Strafen nennt Martin »Entziehung der Preßfreiheit, Freiheits- und
Geldstrafen«.[131] Dieser Entwurf wurde nicht akzeptiert!! Als Grund dafür
vermutet Hartung die Tatsache, daß den Schriftstellern die Möglichkeit
einer freiwilligen Zensur bei der Landesdirektion angeboten wurde, um
sich vor Strafe zu schützen. Dagegen ist zu sagen, daß man ja den entsprechenden Absatz hätte streichen können. Statt dessen wurde nach langen

---

127 Ebd. S. 306 f.
128 Politischer Briefwechsel Carl Augusts. Bd. 3, S. 395.
129 Ebd. S. 397. Martins Entwurf fehlt leider in der Dokumentation.
130 Fritz Hartung: Das Großherzogtum Sachsen, S. 323.
131 Inhalt von Martins Entwurf nach Hartung, S. 323.

Diskussionen am 3. 5. 1817 unter Gersdorffs Einfluß im Regierungsblatt lediglich mitgeteilt, daß man gegen Beleidigung fremder Fürsten [!] unter Ausschluß des Rechtswegs vorgehen dürfe. Hartung nennt dies Ergebnis mit Recht »sehr dürftig«.[132]

Hier setzte sich bereits ein realpolitisches Denken durch, ein Abrücken von dem, was wir heute, nicht immer mit Verständnis, Biedermeier nennen, d. h. von allen allgemein verbindlichen Werten der christlichen oder humanistischen Tradition. In Gersdorffs Denkschrift vom 26. 1. 1817[133] beobachten wir eine entschiedene Verachtung des Deutschen Bundes und ein klares Bekenntnis zu einem Deutschland unter dem »Bundeshaupt« Preußen. Gersdorff zählt zu diesem Zweck 13 überwiegend protestantische Staaten mit 19 500 000 »Deutschen und Deutschgenossen« auf. Man vermißt dabei den zuerst vorbildlich protestantischen, dann führend-aufgeklärten Kulturstaat Sachsen, auf dessen Grundlage auch Sachsen-Weimar literaturgeographisch sowie nach der Bezeichnung und nach dem dynastischen Empfinden der Bevölkerungsmehrheit zu sehen ist. Der junge Gersdorff ist anderer Meinung: »Das Königreich Sachsen muß ganz dem österreichischen System preisgegeben werden. Es ist zu erobern, nie zu gewinnen.« Man verstehe mich recht: Ich bin kein Feind der preußischen Reichsgründung; ja, ich bedauere tief die leichtfertige und verbrecherische Zerstörung des Deutschen Reichs durch den Krieg Hitlers und seiner Clique. Wenn jedoch ein als Staatsmann gefeierter Minister Carl Augusts so kurz nach der Wiederherstellung des europäischen Gleichgewichts und der Gründung des Deutschen Bundes so militante Gedanken ausspricht, dann ist er als anachronistischer Ideologe und als Feind des von allen Deutschen auch damals tief geliebten Friedens anzusprechen. Bei Carl August, den er durch seinen jugendlichen Elan faszinierte, wird die Grenze deutlich, auf die wir immer wieder stießen: Er war ein Politiker mit Talent; aber es fehlte ihm im entscheidenden Moment, hier spätestens bei der Meinungsbildung über Martins Entwurf zu einem Pressegesetz, die Besonnenheit. Der Ehrgeiz, an der Spitze aller deutscher Fürsten zu stehen, den Gersdorff bewußt nährte, riß Carl August mit sich fort.

Als ein Versuch zur Mäßigung ist es zu sehen, daß der Großherzog anläßlich von Okens Pressemißbrauch in der *Isis* das berühmte und berüch-

---

132 Ebd. S. 324.
133 Politischer Briefwechsel Carl Augusts. Bd. 3, S. 406 f

tigte Gutachten Goethes anforderte (5. 10. 1816)[134]: Goethe erhebt den
Vorwurf, daß die *Isis* nicht schon bei Erscheinen der programmatischen
Ankündigung polizeilich verboten wurde, und er leugnet, daß es sich um
eine Gerichtssache handeln kann, daß also auch jetzt nur ein Verbot des
Blattes angebracht ist. Er warnt als Kenner der literarischen Waffen davor,
Oken vorzuladen oder zum Angeklagten vor einem Gericht zu machen;
denn jeder derartige Schritt würde ihm neuen publizistischen Stoff liefern:
»Die Form ist wild, frech, ohne Rücksicht auf irgend ein Verhältniß, ohne
Geschmack in der Darstellung: wie soll diese Form sich vernünftig gestalten? – Und giebt es denn eine Gränze des Wahnsinns, der Unbescheiden-
heit, der Verwegenheit? Sie und ihre Geschwister und ihre Verwandte sind,
ihrer Natur nach, unbedingt, nicht zu belehren und nicht zu bändigen.« Die
Erkenntnis vom »partiellen Wahnsinn« Okens ist nicht ad hoc erfunden,
sondern das Ergebnis eines langjährigen Umgangs mit dem romantischen
Gelehrten. So hat Oken sich z. B. an die Regeln der Bibliotheksbenutzung
nicht gehalten, sondern fand es genial, Sonderrechte für sich zu fordern. Da
Goethe selbst als junger Mann die Anarchie in sich überwinden mußte, war
er zuständig für eine solche Analyse. Er rechtfertigt bei der Behandlung der
»Preß-Anarchie« eine »weise und kräftige Dictatur«, »bis eine gesetzliche
Censur wiederhergestellt ist«. Die letzte Forderung war für Carl August
unannehmbar, da sie der Verfassung widersprach. Doch neigt im ganzen
Brief Goethes Stil zum Extremen, so daß man nicht sicher behaupten kann,
ein Pressegesetz hätte ihm in der Sache genügt. Er dürfte die Verhandlungen darüber nicht gekannt haben. Klar ist nur, daß ihm alle Formen der
Anarchie unerträglich geworden waren – auch in der Literatur, und nicht
zuletzt bei begabten Autoren. Es ging ihm um die Aufrechterhaltung der
vernünftigen und in diesem Sinne humanen Kultur, in der er groß geworden war. Übrigens wird über Goethes ausführlichem und hochfliegendem
Brief leider oft das praktischere Votum Voigts vom 12. 10. 1816 übersehen[135]: Man solle den Druck der Isis im Lande verbieten, sonst aber den Autor gewähren lassen: eine Besoldungszulage – offenbar gab es auch diesen
Vorschlag! – sei dann nicht nötig, und die Schande sei so vom Lande wie
von der Universität abgewendet. »Zugleich erhält die Welt einen Beweis,
daß es wirklich eine Polizei im Großherzogtum Weimar-Eisenach gibt.«

---

134 W. A. Briefe. Bd. 27. S. 184–193. Briefwechsel Carl August mit Goethe, Bd. II,
S. 165 ff.
135 Politischer Briefwechsel Carl Augusts. Bd. 3, S. 402.

Die politischen Schwierigkeiten ergeben sich in fortgeschrittenen Zivilisationen mit Notwendigkeit daraus, daß die junge Generation keine Vorstellung von der unerhörten Kompliziertheit der Zivilisation besitzt, zu deren Mitgestaltung sie naturgemäß berufen ist. Gersdorff wußte als Teilnehmer am Wiener Kongreß, was er tat. So konnte er über die »Preßfrechheit« – ein Schlagwort der Konservativen – wenigstens nachdenken. Aber was wußten Publizisten wie Oken, Ludwig Wieland, Luden oder gar die Studenten, die sie beeinflußten, von dem, was Europa und Metternichs Deutschen Bund im Gleichgewicht hielt? Es ist das Problem, das mit dem Fortschreiten der Zivilisation immer aktueller werden wird.

Der beste Kenner der öffentlichen Verhältnisse Weimars war damals der Staatsminister von Voigt, der Präsident des Ministeriums; ihm widmete Goethe zu seinem fünfzigjährlichen Dienstjubiläum am 27. 9. 1816 – Voigt verbrachte den Tag bescheiden in seinem Heimatort Allstedt! – ein Gedicht, das ein gültiges Denkmal für die Freundschaft Voigts und Goethes, überhaupt für die alte Generation des damaligen Weimar geblieben ist.[136] Die beiden ersten Strophen geben einen Rückblick auf die gemeinsame geschäftliche Tätigkeit, die im Bergwerkswesen Ilmenaus begann. Doch schon die zweite Strophe endet mit einem Bekenntnis zur »Vorwelt«, zu »den ewig teuren Geistern,/ den stets beredten, unerreichten Meistern«. Die dritte Strophe feiert die große Zeit um 1800.

> Der Männer Tiefsinn, Frauengeist und -sitte,
> Und Wissenschaft und Kunst und alle Gnaden
> Des Musengottes, reich, in unsrer Mitte.

Noch aus Anlaß von Ifflands Tod (1814) hatte Goethe, wie wir sahen, auf dem Theater auch Schiller gefeiert. Dieses »Paradies« zerschmetterte der Krieg. Die dritte und letzte Strophe ist, auch in politischer Hinsicht, eine programmatische Erklärung:

> Nun aber Friede tröstend wiederkehret,
> Kehrt unser Sinn sich treulich nach dem Alten,
> Zu bauen auf, was Kampf und Zug zerstöret,
> Zu sichern, wie's ein guter Geist erhalten. –

---

136 Es ist daher auch in die Hamburger Ausgabe von Erich Trunz aufgenommen worden (Bd. I, S. 344).

Verwirrend ist's, wenn man die Menge höret:
Denn jeder will nach eignem Willen schalten;
Beharren wir zusamt in gleichem Sinne,
Das rechn' ich uns zum köstlichsten Gewinne.

Man beachte wohl: Das »Alte« ist nicht nur die Kunst. Heines oft wiederhol-
tes Wort von der »Kunstperiode« ist einseitig, ja geradezu falsch. Es geht
dem alten Dichter um die gesamte Kultur, die der aufgeklärte Absolutismus
aufbaute und die *einen* ihrer Höhepunkte in Weimar besaß. Es war eine
aristokratische Kultur, gewiß; und es gibt sie immer noch, wenn man sie
nicht zerstört. Nicht nur der »Tiefsinn« der Männer, die »Wissenschaft«, die
Philosophie, sondern auch der umfassendere, die Sittlichkeit einschlie-
ßende Geist der Frauen prägte sie. Wird die Demokratie eine vergleichbare
Ordnung schaffen können?

»Anhaltende Beschäftigung ist nunmehr meine einzige Zuflucht«

Es wäre allzu spezialistisch, wenn man Goethes organisatorisches Engage-
ment und seine politische Unterstützung des noch älteren Präsidenten des
Ministeriums ohne seine persönliche Belastung würdigen wollte. Am
6. 6. 1816 starb seine Frau. Die fürstliche Familie scheint das Ereignis kaum
beachtet zu haben, denn Goethes Ehe war ja nicht auf dem vorgeschriebe-
nen Wege vorher beantragt und genehmigt worden. Das Tagebuch verzeichnet am Sterbetag der Frau den »festlichen Einzug der Prinzessin Ida
und Bernhards [...] Abends brillante Illumination der Stadt«, zugleich
freilich den Besuch der Freunde Meyer und Riemer bei Goethe. Auch
Knebel und Voigt erscheinen selbstverständlich bald, von der übrigen
Prominenz offenbar nur der Minister von Fritsch, der maßvolle Reformer,
und Graf und Gräfin Marschall (Tagebuch 9. 6.). Goethe stürzte sich in das
Schreiben von Briefen und in die Arbeit am Werk oder in amtliche Aufgaben. Aber so gut wie alle Zeugnisse in dem zweiten Bande von *Goethe in
vertraulichen Briefen* stimmen darin überein, daß ihn der Tod der Frau
schwer getroffen hat. Wenn der Versuch vom 20. 7., mit Meyer nach Süd-
deutschland zu entfliehen, infolge eines Wagenunglücks (Achsenbruch)

mißlang und Goethe dann diese ihm durch die Vorjahre am Herzen liegende Reise völlig aufgab, so braucht man bei dieser Entscheidung Goethes Aberglauben nicht zu bemühen. Freund Meyer war verletzt worden; er
konnte ihn nicht verlassen. Auch mag die »Sitte« ihm durch den Unfall zum
Bewußtsein gekommen sein, daß es nämlich nicht in Ordnung war, die
Trauerzeit so zu beginnen. Während des ganzen Jahres lesen wir im Briefwechsel Äußerungen wie die an den Geheimrat von Willemer am
6. 10. 1816[137]: »Nur soviel kann ich meinen werthen Freunden, die mir das
Beste wünschen, versichern, daß nur ununterbrochene Thätigkeit nach
innen und außen mich lebendig erhält.«

Carl Augusts Briefe enthalten keine Antwort auf Goethes großen Brief
gegen die »Preß-Anarchie«; sie halten sich im gewöhnlichen Rahmen der
Oberaufsicht über die unmittelbaren Anstalten. Der Großherzog hat den
Professor Renner nach Jena für »die Thier Arzney Wissenschaft« berufen,
auf Weimars Kosten »ohne Concurrenz der Mitterhalter der Universität«.
Er unterstellt ihn mit diesem Schreiben Goethes »Behörde«. Mit der Frage
»eines Locals« beschäftigt sich der Mediziner Geheimrath Stark (an Goethe
21. 10. 1816).[138] Der nächste Brief erwähnt »Bibel Gesellschaften«, für die
sich die Großherzogin Luise interessiert. Eichstädt soll »Bibel Übersetz-
zungen in wunderbahren Sprachen« beschaffen (an Goethe 30. 10. 16).[139]
Andere Briefe befassen sich mit den Schriften und Versuchen von Carl
Augusts Lieblingsprofessor Döbereiner[140], mit dem Problem, was man dem
Kaiserlichen Museum in Wien schenken kann[141], oder mit dem Auftrag, dem
Erzherzog Johann das versprochene Stück Coelestin zu Weihnachten zu
schicken.[142] Solche Befehle halten den Alten in Bewegung und geben ihm
zu verstehen, daß seine Meinung über wichtigere Fragen nur ausnahms-
weise die Regierung interessiert. Es ist möglich, daß sich das Genie damit
nicht zufrieden gab und von sich aus das Gespräch mit dem Großherzog
suchte: »Serenissimus nach Tafel. Graf Edling« (Tgb. 11. 6.). »Bei Serenissimo« (Tgb. 14. 6.), »Bey Serenissimo Session wegen des neuen Baues«
(Tgb. 11. 9.), »Um 10 Uhr zum Großherzog, bis 12.« (Tgb. 24. 11.).

---

137 W. A. Briefe. Bd. 27, S. 194 f., vgl. auch ebda. S. 198: »Anhaltende Beschäftigung
ist nunmehr meine einzige Zuflucht« (an S. Boisserée 13. 10. 1816).
138 Briefwechsel Carl August mit Goethe. Bd. II. 1971, S. 172.
139 Ebd.
140 Ebd. S. 174, 176, 177.
141 Ebd. S. 175.
142 Ebd. S. 176.

Auch wenn es sich zunächst um Fragen der Oberaufsicht handelt, gibt sich manchmal die Gelegenheit zu einem Gespräch allgemeineren und politischen Inhalts. Wichtig dürften dem Dichter besonders solche gewesen sein, die seinen Einfluß außerhalb Weimars bewiesen: »Vortrag an Serenissimum über eine zu organisierende Gesellschaft für deutsche Geschichte und Literatur« (Tgb. 30. 9. 16). Es handelte sich um die Initiative des Freiherrn vom Stein, die zur Quellensammlung der *Monumenta* führte und heute noch im Gange ist. Goethe interessierte sich nicht besonders für diese patriotische Einrichtung.[143] Er delegierte den Auftrag an die Brüder Grimm und an Sulpiz Boisserée, glaubte wohl, auf diesem Gebiet mit dem ersten Heft von *Kunst und Altertum* vorläufig genug getan zu haben. Aber gegenüber dem Großherzog war die Erwähnung solcher Aufträge nützlich.

Dies gilt am Ende des Jahres auch für die Anfrage seines mehr oder weniger einflußreichen Frankfurter Bekannten Gerning, ob grundsätzlich eine Teilnahme der freien Städte, vor allem Frankfurts, am Oberappellationsgericht der herzoglich sächsischen Staaten in Jena erwünscht sei. Man kann sicher sein, daß Goethe seine Antwort nicht ohne Rückfrage bei Voigt und Carl August verfaßte (an Gerning 31. 12. 1816): Sachsen-Weimar erklärte sich einverstanden mit diesem Plan, schlug sogar vor, die freien Städte sollten »eigne Beysitzer zu diesem Gericht anstellen«. Goethe kannte wohl den begrenzten Einfluß des Frankfurters. Wichtiger erschien ihm gewiß der Schluß des Briefs, der dem Ehrgeiz Carl Augusts, ein Vorbild für ganz Deutschland zu werden, schmeichelte: »Vornehmlich würden die vaterländischen liberalen Gesinnungen des Großherzogs einem Gericht, was er hauptsächlich errichtet und beschützt, das verdienteste Zutrauen zuziehen können. Ja es wird gleichsam ein Mittelpunkt für Recht und Gerechtigkeit dadurch in Deutschland entstehen und benutzt werden können«.[144] Für die Ratsherren Frankfurts, so wie er sie kannte, hätte Goethe den Fürsten eher im Hintergrund gelassen. Dieser Schluß war das übliche Neujahrsgeschenk für Carl August. Er wußte, daß seine Werke, obwohl sie der Dichter mit der üblichen Panegyrik verzierte (an Carl August 1. 1. 1817), den Fürsten weit weniger interessierten. Er sandte sie durch den Sohn August an Serenissimum (Tgb. 1. 1. 1817). Fast rührend

---

143 Vgl. den Brief an Voigt vom 26. 8. 1816. W. A. Briefe Bd. 27, S. 146: »Auch hier ist wunderbar zu sehen, wie der patriotische Enthusiasmus über Zweck und Mittel verblendet.« Doch will er näher wissen, »was die Zeit fordert«.
144 W. A. Briefe. Bd. 27, S. 299.

erscheint uns heute die Bemühung des großen Dichters, den neu erschienenen Bänden seiner Werke wenigstens am Geburtstag der Großherzogin Luise freundliche Aufmerksamkeit zu verschaffen. Er schickt die acht Bände einem Leipziger Freunde und Weimarischen Hofrat mit der Bitte, sie »auf das zierlichste, wo nicht auf das prächtigste binden [...] zu lassen« und ihn termingerecht zum 30. 1. 1817 zu übersenden (an Rochlitz 27. 12. 1816). Goethe ahnte kaum, daß ihm der nächste Schlag in seinem eigenen Tätigkeitsbereich treffen werde. Vom Hoftheater schreibt er damals: »Ich behandle es blos als Geschäft«; er hofft auf den nächsten Winter. Da werden sie ihn wieder loben. Er weiß aber durchaus, daß »sie jetzt [!] verzweifeln!« (an Zelter 7. 11. 1816).[145]

---

145 Ebd. S. 222.

GOETHES DEMÜTIGUNG UND SEIN WIEDERAUFSTIEG DURCH DIE BESTÄTIGUNG SEINER PESSIMISTISCHEN PROGNOSE FÜR CARL AUGUSTS POLITISCHES ABENTEUER (1817–1820)

Die Entlassung als Theaterdirektor

Man wird kaum nachweisen können, daß Goethes Degradierung, die Reduzierung seiner Funktionen auf die Oberaufsicht, besonders auf die Bibliotheksreform, politisch begründet war. Sicher aber ist, daß Goethes und Voigts beharrlicher Widerstand gegen Carl Augusts politischen Alleingang, insbesondere die Verurteilung der Pressefreiheit ohne Pressegesetz, die Opposition gegen die alten Minister verstärkte. Carl August mußte sich persönlich getroffen fühlen, wenn man seinen von Minister von Gersdorff geschürten Ehrgeiz, Vorreiter der deutschen Freiheit und Einheit zu sein, mehr oder weniger deutlich als einen naiven, wirklichkeitsfremden Traum behandelte. In dieser Atmosphäre konnte die Nebenfrau den zu raschen Entschlüssen neigenden Fürsten wahrscheinlich leicht dazu überreden, den längst umstrittenen Theaterintendanten abzusetzen.

Zur Adelsrestauration gehörte, daß ein Graf die Verantwortung für ein Hoftheater trug. Bekannt ist, daß Joseph Schreyvogel, der berühmte Reformator des Wiener Burgtheaters, diese Funktion als schlichter »Sekretär« eines hochgeborenen Intendanten ausübte. Der Nachfolger des großen Bürgers Iffland am »Nationaltheater« von Berlin war der brave, mit Goethe befreundete und am Klassizismus orientierte Graf Brühl. Vielleicht hat die Tatsache, daß Graf Edling 1814 zur Weimarer Hoftheaterkommission trat und diese entsprechend 1816 zur Hoftheater-Intendanz erhoben wurde[1],

---

1 Julius Wahle: Das Weimarer Hoftheater unter Goethes Leitung. Weimar 1892, S. 324.

in Carl Augusts Augen zu dem Entschluß beigetragen, sich von dem nicht völlig unterzuordnenden, unangenehm-berühmten Genie zu trennen. Doch ist mir nichts von besonderen Aktivitäten des Grafen selbst auf dem Gebiet des Theaters bekannt. Noch weniger teilte er Carl Augusts politisches Ressentiment gegen den alten Dichter, der sich im Zeitalter der Preßfreiheit und des Nationalismus nicht mehr zurechtfand. Goethe konnte völlig ungehindert an die Reform des Theaters gehen, das, wie wir schon wissen, allgemein für verbesserungsbedürftig gehalten wurde. Doch kann man sich fragen, ob der Eifer, mit dem er zu Werke ging[2], richtig angewandt war.

Die Aufführung von Kotzebues *Schutzgeist* entsprach gewiß dem Willen des weiblichen Hofes, der bisher seine beste Stütze gewesen war. Merkwürdig ist es jedoch, wenn er, als hauptverantwortlicher Intendant, viel Zeit an die Bearbeitung von Kotzebue-Stücken rückt und wenn er sogar eine Art Ehrenrettung für seinen alten Feind in Aussicht stellt. Wir wollen mit Rücksicht auf das Schicksal, das Kotzebue bevorstand – er gilt ja auch als Prügelknabe von Klassik und Romantik – diese Stelle ausführlich zitieren (an Knebel 17. 3. 1817): »Nun hab ich nach dem Schutzgeiste gleichfalls ein Kotzebuisches kleines Stück für unser Theater eingerichtet *[Die Bestohlenen]*, was ich mit mehrern zu thun Willens bin, weil alles darauf ankommt, daß unser Repertorium wieder vollständig, ja reich werde; hernach macht mir das Geschäft eigentlich nur noch wenig zu schaffen [!]. Indem ich nun diese Exercitien eines vorzüglichen, aber schluderhaften Talents corrigiere, lern ich [es] immer mehr kennen und will einmal zur heiteren Stunde zu eigner und der Freunde Satisfaction meine Gedanken ordnen und schriftlich aufsetzen. Es ist wohl der Mühe werth den Widerstreit, in welchem er mit sich selbst, mit der Kunst und dem Publicum sein Leben zubringt, klar auszusprechen und ihm selbst, so wie denen, denen er gefällt oder mißfällt, *Gerechtigkeit widerfahren zu lassen*. Denn er bleibt in der Theatergeschichte immer ein höchst bedeutendes Meteor.«

Knebel stand mit Frau von Schiller sowie mit Frau von Stein im Briefwechsel, und dem engen Freunde ist dies Bekenntnis wohl zum Weitersagen oder Weiterschreiben anvertraut. Denn im gleichen Brief wird die »Bombe« angekündigt, die demnächst im »zweyten Rhein- und Maynheft« (*Kunst und Altertum*) auftauchen und »in den Kreis der Nazarenischen Künstler hinein plumpen« wird. Der von Heinrich Meyer auf Goethes

---

2 Ebd. S. 325.

Wunsch verfaßte und sicherlich von dem Dichter gründlich redigierte Aufsatz *Neu-deutsche religios-patriotische Kunst* war eine Herausforderung der geistlichen Restauration und höchstwahrscheinlich auch der frommen fürstlichen Frauen in Weimar, zumal der allen »unnötigen« Händeln abholden Großherzogin. Es entspricht völlig der manchmal höchst geistvollen Diplomatie Goethes, wenn er diesen Angriff auf eine tatsächlich problematische Ausgeburt der Spätromantik durch eine begrenzte Rechtfertigung *des* Mannes balancieren wollte, der, trotz oder auch wegen seines abenteuerlichen Charakters, während der napoleonischen Zeit ins russisch beherrschte Baltikum ausgewichen war, literarisch den Krieg gegen Napoleon mitgeführt hatte und nun als eine Art Mit-Sieger das Vertrauen des Zaren, d. h. des Bruders von Maria Paulowna, genoß.[3]

Goethe stand ungefähr im Alter eines heutigen Emeritus, als er entlassen wurde. Diese Tatsache hat die Germanisten dazu verführt, die Bedeutung, die diese Entlassung für Goethe selbst besaß, zu unterschätzen. Wie wenig der 67jährige Dichter den Eindruck eines hinfälligen Greises machte, belegt Carl Augusts Plan, ihn zum Kurator der überaus unruhigen Universität Jena zu machen und so auf die eleganteste Weise den Wunsch der Mätresse zu erfüllen. Sein Angebot war in Carl Augusts Augen gut zu begründen: Wenn Goethe schon so oft den Hof mied und sich oft den ganzen Sommer im akademischen Jena aufhielt, warum sollte er dann nicht sein Hauptarbeitsgebiet in der bürgerlichen Stadt finden? Die Lösung hätte für den Großherzog den Vorteil gehabt, daß der Dichter, der immer mehr eine *europäische* Bedeutung gewann, die Hauptverantwortung bei den vorauszusehenden Studentenunruhen getragen hätte. Im Grunde war es ein tückischer Köder, der die vitalen Schwächen des alternden Genies noch deutlicher offenbart hätte als die Theaterintendanz. Aber Goethe war klug genug, nicht anzubeißen (Goethe an Carl August 18. 2. 1817): »Die bisherige Oberaufsicht werde mit Vergnügen pflichtmäßig fortsetzen, in ein

---

3 Die Briefpublikation von Bernd Maurach: Briefwechsel zwischen August von Kotzebue und Carl August Böttiger (Bern 1987) belegt sowohl den literarischen Krieg gegen Goethe, den Kotzebue, trotz Böttigers Warnungen, hartnäckig führte, obwohl seine Mutter in Weimar lebte, wie auch seine literarische Verfemung in Deutschland und sein Ausweichen ins Baltikum, wo er zunächst, kraft seines Reichtums, als Grundbesitzer, dann aber auch wieder als Theaterdichter und Publizist lebte. Als wenig erfolgreicher Theaterdichter erkannte Goethe im Alter Kotzebues elementare Begabung auf diesem Gebiet. Doch wurde diese Annäherung gewiß auch durch den (wie immer verschiedenen!) *Konservativismus* Kotzebues bewirkt!

näheres Verhältniß zur Academie darf ich mich nicht wagen und bin Ew. Königl. Hoheit meine mit vielen Gründen zu unterstützende Bedencklichkeit aufs baldigste vorzulegen schuldig um ferneren Entschluß nicht aufzuhalten. Meine Danckbarkeit für ein so ehrenvolles Vertrauen wünsche in dem bisher mir eröffneten Felde beweisen zu können. Ewig anhänglich unterthänigst Goethe.« Auch wenn man von Goethes Alter absieht, gibt es eine Tatsache, die es dem Dichter schwer machte, allen Anforderungen eines Theaterdirektors zu entsprechen. Und diese bestätigt im Grund das Argument von Carl Augusts Nebenfrau: Wer in solchen Institutionen führen will, muß alles, was geschieht, übersehen und zu diesem Grund fast immer anwesend sein. *Das aber erlaubte Goethes Ehrgeiz, ein Universalgenie zu sein, zu keiner Zeit und in keiner Tätigkeit!*

Die Art, wie Goethe das Theater von Weimar reformieren wollte, kann jedem Goetheforscher sein Brief an den Theaterbeamten Kirms vom 11. 3. 1817 vergegenwärtigen, wobei besonders die Beilage zu beachten ist.[4] Es sind vor allem Ordnungsfragen, die Goethe im Auge hat, weil Künstler am leichtesten gegen feste Ordnungen verstoßen. Es ist schon viel, wenn wir in der Nummer 8 der 19 Vorschriften lesen: »Bey neuen und Hauptstücken wird die Intendanz selbst Leseprobe halten und sich überzeugen, daß der Sinn der Rollen vollkommen gefaßt worden. Das Gleiche gilt von Theaterproben, da denn das Kommen und Gehen, Stellen, Bewegen, Gruppiren, theils wie routinirte Schauspieler das Rechte leisten [!] genehmigt, theils in besonderen Fällen angegeben und festgesetzt wird.« Im folgenden Satz erscheint schon die das »Universalgenie« notwendig bezeichnende Neigung, einen Teil der Aufgabe an untergeordnete Personen abzugeben, in diesem Fall an den »Tanzmeister […], weil die Intendanz nicht jedem einzelnen Schauspieler ihre Wünsche bey öffentlicher Erscheinung mittheilen kann, wohl aber im Ganzen [!] einem Manne dessen Metier es ist, in allem was man Tragen des Körpers nennt andere zu unterrichten«. Im Abschnitt »Oper« (Nr. 11 ff.) fällt auf, daß die »sorgfältige Prüfung« des eingereichten Stücks, im Gegensatz zum Schauspiel, nicht vorgeschrieben wird: »Ein Höchster Befehl, der Wunsch des Publikums, die Überzeugung der Intendanz, eine Veranlassung von Seiten des Capellmeisters, ja der Sänger selbst, eins wie das andere wird berücksichtigt.« Mit solcher Toleranz trägt Goethe der Tatsache Rechnung, daß der musikalische Teil des Hoftheaters am stärksten unter dem Einfluß des Fürsten und

---

4 W. A. IV. Abt. Bd. 28, S. 10–18.

seiner Nebenfrau stand. Doch erscheint in diesem Bereich das Ordnungsprinzip fast noch deutlicher als auf dem Gebiet des Schauspiels. Ich
zitiere aus den Nummern 16 und 17 von Goethes Verordnung: »In allen
diesen Geschäften wird der Capellmeister bey eintretenden Krankheitsfäl-
len oder andern Behinderungen von dem Repetitor und Correpetitor sub-
levirt und haben die Sänger einen jeden dieser Männer gehörige Folge zu
leisten. – Daß dieses geschehe und daß überhaupt alle Hindernisse die dem
Geschäft von Anfang bis zu Ende entgegen stehen könnten schleunigst
gehoben werden, dafür hat der Regisseur der Oper durchaus zu sorgen,
alles dergleichen zu beseitigen und, wenn er dieses nicht selbst in Güte
vermöchte, bey der Intendanz ungesäumt davon Anzeige zu thun. Es ist
daher seine Gegenwart durchaus nöthig.« Alles in allem handelt es sich in
diesem Brief Goethes an Kirms um die Verordnung eines Mannes, der als
Regierungsbeamter über der Institution des Hoftheaters stand, ohne
selbst, wie z. B. Iffland, ein Mitglied des Theaters zu sein und es in dieser
Eigenschaft zu führen.

Aus diesem Mangel erklären sich die seltsamen Illusionen, die Goethe
mit seiner vermeintlichen Reform verband. Wenige Tage nach der Ablehnung der Kuratorstelle am 23. 2. 1817 schrieb er an Zelter: »Ich habe die
Sache [des Hoftheaters] wieder auf den Schultern, wie vor soviel Jahren,
fange wieder an wie damals. [...] Die Sache steht wunderlich genug, für
mich so günstig als möglich. Im eigentlich Artistischen, Technischen, Oeko-
nomischen kann man sich keine Einrichtung besser wünschen, nur erregte
zuletzt eine geistlose Behandlung allgemeinen Unwillen daß endlich eine
Explosion folgen mußte. Ich erwartete sie um auch aus der Sache zu scheiden. Anstatt dessen fühlt ich mich verpflichtet zur Erhaltung des morschen
Gebäudes [!] beyzutragen. Dieß wird mir möglich und leicht weil mein
Sohn mit zur Intendanz gesetzt worden, und ich eine unumschränkte Gewalt im Kunstfach [!] ausübe, ohne durch Nebendinge gehudelt zu werden.
In kurzer Zeit soll alles ein anderes Anselm haben, und wenn ich bis
Johannis fortfahre zu handeln wie diese drey Wochen, so kann ich in die
weite Welt gehen [!] und es soll dieser Anstalt besser geholfen seyn als
durch Solons Gesetze und Abschied den Atheniensern.«

Verordnungen von der Art, wie wir sie kennengelernt haben, sollen das
»morsche Gebäude« erhalten, die bisherige »geistlose Behandlung« des
Weimarer Theaters (des eigenen Theaters!) beseitigen. Dem Genie erlaubte sein Universalprinzip nichts anderes, als in solchen idealistischen
Gedankenbahnen zu schweben; aber wir ahnen schon, daß sein Verhalten

für den Großherzog ebensowenig überzeugend war wie seine Balancierung von »Bomben« gegen die Nazarener und Sanftmut gegenüber Kotzebue für die Großherzogin.

Schon 10 Tage nach der Verordnung an Kirms, am 21. 3. 1817 (Tgb.), fuhr Goethe nach Jena, und die berühmte, von Carl August befohlene Aufführung des Stückes *Der Hund des Aubry*, in dem ein dressierter Pudel die Hauptrolle spielte, war nicht der Grund, sondern nur ein guter Vorwand, um durch einen ehrenvollen Protest seine von dem Großherzog und seinem »Carolinchen« längst beschlossene Entlassung in ihrer künstlerischen Tendenz zu brandmarken. In seinem Entlassungsschreiben war der General und Fürst klug genug, die Maßnahme nicht mit einer Befehlsverweigerung Goethes zu begründen, sondern, wie es auch heute geschieht, dem alten Freunde zu unterstellen, daß es seine *eigene* Absicht sei, endlich zurückzutreten. In Wirklichkeit hatte sich Goethe eingebildet, eine neue Phase seiner Theaterdirektion einzuleiten. Er trennte sich mit Verdruß und Zorn von dieser ehrenvollen höfischen Stellung, obwohl er in seiner Antwort an den Großherzog vom 15. 4. 1817 die Rolle des vollkommenen Hofmanns spielte, die man nach so vielen Jahren seines Hofdienstes von ihm erwarten durfte. Er nimmt nicht nur die Fiktion an, daß der Herzog seinen Wünschen zuvorkommt, sondern er schreibt sogar höchst musterhaft: »Nehmen Sie [...] meinen verpflichteten Danck für alle Gnade und Nachsicht, die ich im Laufe des Geschäfts genossen.« Um dem Mythos von der *Freundschaft* zwischen dem Genie und dem Fürsten trotz allem zu genügen, legte Carl August dem offiziellen Entlassungsschreiben einen persönlichen Brief bei. Er sei hier zitiert (an Goethe 13. 4. 1817)[5]:

»Lieber Freund,
Verschiedene Äußerungen deinerseits, welche mir zu Augen und Ohren gekommen sind, haben mich unterrichtet, daß du es gerne sehn würdest, von denen Verdrießlichkeiten der Theater Intendanz entbunden zu werden, daß du aber selbiger gerne mit Rath und That an die Hand gehn würdest, wenn, wie dieses wohl ofte der Fall seyn wird, du von der Intendanz darum ersuchen würdest. Ich komme gern hierin deinen Wünschen entgegen, danckend für das viele Gute, das du bey diesen sehr verworrenen und ermüdenden Geschäften geleistet hast, bittend, Interesse an der

---

5 Briefwechsel Carl August mit Goethe, hg. von Hans Wahl. Neudruck Bern 1971. Bd. 2, S. 185.

Kunstseite deßselben zu behalten, und hoffend, daß der verminderte Verdruß deine Gesundheit und Lebensjahre vermehren solle.«

Das offizielle Schreiben war insofern wichtiger für Goethes Zukunft, als in diesem die Fortdauer der Oberaufsichtsgeschäfte, auf denen Goethes Ministerium beruhte, ausdrücklich erwähnt wurde[6]: Ich »hoffe, daß Er die, bey dieser Veränderung ihm zuwachsende Muse, auf die sehr wichtigen [!] Geschäfte der Anstalten für Wissenschaft und Kunst mit demselben Eifer verwenden werde, wie er zeither sich bemüht hat, diese Aufträge mit besonderer Auszeichnung zu besorgen«. Allerdings ist zu vermuten, daß Goethe durch diese Worte nicht völlig von der Angst vor seiner Feindin und vor *völliger* Entlassung befreit wurde; denn in Goethes Brief an Zelter vom 29. 5. 1817 findet sich eine düstere Stelle, die Zelter »hundertmal gelesen, durchdacht und empfunden hat« (an Goethe 21. 6. 1817).[7] Der Berliner hatte ihn wenig taktvoll gefragt: »Und wo wird denn Eure Exintendanz sich die bevorstehenden Sommertage bekommen lassen?« (an Goethe 24. 5. 1817).[8] Goethe antwortet auf diese Frage nur dunkel, symbolisch, wie es immer mehr seine Gewohnheit wurde[9]: »Leider bleiben für uns und andere nur leere Wünsche. Auch bei mir werfen sich die Übel hin und wider, ich suche mich nach Möglichkeit tagtäglich zu erhalten, eine herkömmliche Würksamkeit ist immer ein schöner Genuß. So viel für diesmal. Ehe ich mich vom Platz bewege, vernimmst Du ein Wort; mein größter Wunsch ist zu bleiben, wo ich bin, unterdessen sind wir nicht Herren unseres Aberglaubens und unserer Hoffnungen. Vale!«

Die höfischen Besänftigungsbemühungen: Besuche und gesellige Gelegenheiten in Jena

Nach der alten, legendenumwobenen Weimar-Forschung war die Geschichte der Entlassung und Versöhnung ganz einfach: »Die Zulassung des Vierfüßlers auf der Hofbühne« war »ein sehr willkommener Anlaß für

---

6 Ebd. S. 186.
7 Der Briefwechsel zwischen Goethe und Zelter, hg. von Max Hecker. Neudruck Bern 1970. Bd. 1, S. 569.
8 Ebd. S. 566.
9 Ebd. S. 568.

Goethe, nun die Direction mit einer Entschiedenheit niederzulegen, gegen die sich nichts mehr einwenden ließ. Sogleich nach der Eingabe seines Entschlusses fuhr er nach Jena. Bald fuhr der Großherzog [...] ebendahin; die Droschke mit einem Champagnerkorb und andern guten Sachen bepackt. Im Prinzessinnen-Garten speiste er allein mit Goethe, und man will beim Anklingen der Gläser ein Duo gehört haben, das ungefähr lautet: ›Theater hin, Theater her; zwischen uns bleibt es beim Alten!‹«[10] In Wirklichkeit machte man sich Sorge um das beleidigte Genie, und die verschiedenen Besuche von Mitgliedern der fürstlichen Familie bei Goethe hatten den Zweck, die Verbindung mit ihm nicht abreißen zu lassen, ihn nach Möglichkeit zu beruhigen. Nach dem Tagebuch kam der Großherzog in dieser Zeit häufiger als sonst zu Visitationen nach Jena, nicht zuletzt in der Absicht, das im Augenblick höchst emotionale Verhältnis zu Goethe zu versachlichen. Den ersten Besuch finden wir schon wenige Tage nach der Entlassung, wobei der gemeinsame Freund Knebel den ganz natürlichen Vermittlungsdienst leistete: »Bey Knebel zu Tische. Kam Serenissimus. Wurden die Museen betrachtet. Oberbaudirector Coudray mit mir zu Hause. Überlegung des neuen Chaussee-Baus nach Weimar zu. Abends bey Serenissimo mit Ziegesar, Stark d. ä., Döbereiner, Voigt.« (Tgb. 18. 4. 1817). »Die Geschäfte im Ganzen überdacht. Zu Serenissimo. Geh. Hofrath Stark, Bergrath Voigt. Im botanischen Garten, auf den Heinrichsberg. Halb eilf Uhr fuhren Serenissimus weg« (Tgb. 19. 4.). Goethe sah zunächst den Fürsten immer in Gesellschaft. Es ist unwahrscheinlich, daß der wunde Punkt in Goethes Gemüt zunächst auch nur berührt wurde. Der Fürst wußte sehr gut, daß der alte Weise in ununterbrochener Tätigkeit die beste Seelenmedizin erblickte. Schon Ende April tauchte Carl August erneut in Jena auf: »Zu Knebel, dort gespeist. Serenissimus kamen um 3 Uhr. Zu Tafel, waren die zwei Ziegesars, von Münchow, Voigt d. j. und Döbereiner. Nachher mit Coudray einen kleinen Gang. Bey Serenissimo kamen die mittägigen Professoren wieder. Galvanischer Glasapparat. Abends zu Tafel. Unterhaltung, meteorologische, botanische, chemische. Nachts Napoleons Confession« (Tgb. 30. 4.). »Früh zu Serenissimo. Derselbe mit Coudray nach Zwätzen. [...] Gegen 3 Uhr zu Tafel. Die hintern Museen besehen. [...] Abendessen, Döbereiner, die beiden Voigt, Lenz, welcher vorher die neuesten Mineralien vorgezeigt hatte« (1. 5.). »Im botanischen Garten. Graf und Gräfin Edling. Spazieren. Die Damen und Gefolg. Die Museen

---

10 A. Schöll: Carl-August-Büchlein. Weimar 1857, S. 164.

besehn. Tafel: Das sämmtliche Oberapel[lations] Gericht. Bey Ziegesars. […] Abends Coloquium« (Tgb. 2. 5.). »Zu Serenissimo. Fuhr derselbe ab. Zu Knebel. Mittag für mich« (Tgb. 3. 5. 1817). Es ist ein Staats- und Hofbesuch in aller Form. Graf Edling ist am Hofe der Ranghöchste nach dem Fürsten. In der Universitätsstadt ist *vor* den Professoren, die meist Naturwissenschaftler sind, Ziegesar, ein Freund des Fürsten besonders wichtig: Der Freiherr Anton von Ziegesar war Generallandschaftsdirektor gewesen, hatte also Erfahrung in Landtagsfragen und war jetzt Vicepräsident des mächtigen Oberappellationsgerichts, später sogar sein Präsident. Goethe nützt am 1. Mai das alte Freundschaftsrecht, den Fürsten beim Lever zu sprechen. Aber er ist noch deprimierter als zuvor. Anläßlich eines »Anfalls« seines wichtigsten« Freundes, des Ministers und Geheimerats von Voigt, schreibt er ihm am 2. Mai nach Weimar: »Mögen sie uns und mir erhalten seyn! Indessen ich in unserm alten Sinne auch hier zu wircken fortfahre, muß ich tausend Betrachtungen anstellen, die zuletzt auslaufen da wo auch Sie hindeuten. Nicht mehr!« Das düstere Ziel, das hier angedeutet wird, kann der ersehnte Tod, aber auch der Rücktritt vom Jenenser Amt sein, den sich Goethe zur Not, infolge seines Vermögens und seiner literarischen Einnahmen, so spät im Leben hätte leisten können.

Es kann aber auch eine bloße Drohung sein, in *dem* Sinne, daß er die Degradierung zum reinen Bibliotheks- und Museumsbeamten nicht hinnehmen will, daß die Rehabilitierung als Theaterintendant die Voraussetzung für die Weiterführung der Oberaufsicht ist. Ein Kurzbesuch der »Kaiserlichen Hoheit«, d.h. der Großfürstin Maria Paulowna (Tgb. 16. 5. 1817), mußte diplomatische Hoffnungen dieser Art in ihm nähren.[11] Am folgenden Tag schreibt er an die Hofdame der energischen Russin, Sophie Caroline v. Hopfgarten, geb. v. Fritsch: »Gnädige Frau, da ich veranlaßt bin morgen nach Weimar zu fahren; so nehme mir die Freyheit mich nochmals [!] heute bey Tafel einzustellen, um das bisher eingerichtete [!] zu vernehmen, auch was allenfalls in Weimar ausrichten könnte [!] zu hören. Zugleich mich gnädigem und geneigtem Andencken zu empfehlen. gehorsamst Goethe.« Es ist demnach höchstwahrscheinlich, daß eine Aktion der Großfürstin gegen den Sieg der Mätresse bei der Großherzogin und ihrem hohen Gemahl erfolgte. Aber die Tagebucheinträge zu Goethes Besuch in Weimar am 18. und 19. Mai lassen vermuten, daß er eine neue Enttäuschung er-

---

11 Der Besuch der »Erbgroßherzogin« ist auch durch Goethes Briefwechsel gesichert (an Minister von Voigt 16. 5. 1817).

lebte. Er sah zwar den Großherzog und die Großherzogin, war aber nicht bei der »großen Cour« am Abend des 18. 5. Am 19. 5. besuchte er den ebenfalls abgesetzten Regisseur Genast, war auch beim Geh. Hofrath Kirms, dem unentbehrlichen Theaterbeamten, bei Frau von Stein, die ihn von Anfang an um ein Nachgeben gebeten hatte, wohl in höherem Auftrag. Schließlich besucht er auch den Staatsminister von Voigt, der ihm nicht helfen konnte. Der Schluß des Eintrags im Tagebuch vom 19. 5. sagt dem Kenner höfischer Sitten genug: »Nach Jena. Unterwegs die zurückkehrenden Herrschaften.« Man war also verreist, um deutlich zum Ausdruck zu bringen, daß man über klare, von Goethe *offiziell* akzeptierte Entscheidungen keine weitere Diskussion wünscht. Für die bewährt tapfere, aber streng-höfische Großherzogin war wohl Goethes direkte Konfrontation mit dem fürstlichen Willen, seine Befehlsverweigerung in der Frage des dressierten Hundes, unverzeihlich. *Sie* dürfte schon im März der Hofdame Charlotte v. Stein die Weisung gegeben haben, Goethe auf dem Wege über Freund Knebel zum Nachgeben zu bestimmen: »Einige gute Freunde [!] haben mich veranlaßt, Sie zu bitten: Sie möchten doch suchen, ihren alten Freund zu besänftigen, und ihn bereden, das Geschäft des Theaters ohne Groll von sich ganz abzulehnen [...] Sagen Sie ihm, daß er dieses mir zuliebe tun soll! Gar inniglich ließ' ich ihn drum bitten [...]« (an Knebel 24. 3. 1817).[12] Charlotte von Steins Brief läßt vermuten, daß die Entscheidung der »Herrschaften« kurz nach seiner Abreise in die geliebte Universitätsstadt (21. 3.) schon gefallen war. So funktionierte der Hof! Eine Besänftigung für Goethe war der Brief der Hofdame von Stein keineswegs, sondern schon damals ein Grund zu langanhaltender Verstimmung.

Die Intervention der kaiserlichen Hoheit, die diesmal erfolglos war, beruhte auf einer Freundschaft, die sich bis zum Tode Goethes weiterverfolgen läßt, die also mehr als das übliche Spiel höfischer Verehrung war. Sie hielt als Schwester des Zaren einen gewissen Abstand zum Hof von Weimar, wie Goethe, soweit ihm dies möglich war, durch seine hohe Geburt als Genie. Maria Paulowna hatte schon auf dem Wiener Kongreß zu Carl Augusts Zorn eine selbständige Haltung bewahrt. Ein gewisser *Abstand* zum großherzoglichen Hofe verband fortan das Genie mit dem *erb*großherzoglichen! In diesem Zusammenhang ist es auch zu verstehen, daß Goethe sich damals in geradezu rührender Weise um die »Prinzessinnen«, d.h. die

---

12 Goethe in vertraulichen Briefen seiner Zeitgenossen. Zusammengestellt von Wilhelm Bode. Neudruck Berlin und Weimar 1979. Bd. 3. 1817–1832. S. 14.

erbgroßherzoglichen Töchter kümmerte, daß er sie zeitenweise täglich besuchte, mit ihnen speiste, Lehrer für sie besorgte und sie gewiß auch auf
seine hintergründige, symbolische Weise höchstpersönlich förderte. An
den ehrlichen J. H. Meyer, der jetzt, wie Knebel, eine wichtige Brücke zwischen dem Genie und dem Hofe war, schreibt Goethe wenige Tage nach
dem mißglückten Weimarbesuch (23. 5. 1817): »Die wissenschaftlichen
Stunden der lieben Prinzessinnen machen sich recht hübsch. Ich begleite
sie nah und fern. Es wird mehr erreicht, als man davon gehofft hat. Sagen
Sie gelegentlich der lieben Hoheit [!] vorläufig zur Beruhigung das Beste.«
Wenn es im Tagebuch, einem offiziellen Dokument, »kaiserliche Hoheit«
heißt und in dem eben zitierten vertraulichen Freundesbriefe »liebe Hoheit«, so kennzeichnet dies Goethes *Dankbarkeit* – trotz des Mißlingens
eines allzu kühnen Versuchs, Goethes Altersschicksal zu ändern.

Carl August blieb fest in seinen Beschlüssen; aber er fuhr fort, Goethes
Zugehörigkeit zum Weimarer Hof durch eine Art Besuchsstrategie zu betonen. Am 21. 5. schickte er an Goethe »12 B[outeillen] Madeira für Knebel,
den ich ihn [sic] zu übergeben bitte«.[13] Es sollte wohl eine Entschädigung
für seine alkoholisch aufwendigen Vermittlerdienste zwischen Goethe und
Carl August sein!

Am 29. 5. 1817 (Tagebuch) erwies der Fürst dem grollenden Diener die
Ehre, mit ihm allein in dem Jenenser Gärtnerhaus zu speisen, das er tags
zuvor bezogen hatte (Tgb. 28. 5.). Wahrscheinlich wollte der einstige Wie-
landschüler und Freund den Fürsten an Voltaires »Cultiver le jardin« erinnern, an eine Weltflucht nach schnöder Behandlung durch die große Welt.
Richtig ist wahrscheinlich die Tagebuchbemerkung: »Wissenschaftliche,
besonders botanische Unterhaltung« [mit Carl August]; denn dem klugen
Herrscher ging es vorläufig nur um *eine Normalisierung des Verhältnisses*.
Auch war dafür gesorgt, daß die einsame Begegnung nicht zu lange
dauerte: »Kamen die Fürstlichen Kinder, auch die Mecklenburgischen, ver-
weilten im Garten.« Abends war, wie früher, Tafel mit Professoren, Hofrä-
ten und vor allem wieder mit dem tüchtigen Vizepräsidenten von Ziegesar.
Für den 30. 5. meldet das Tagebuch: »Im Garten entoptische Versuche
fortgesetzt. Kamen die Herrschaften, speiste mit ihnen im Schloß [!]. Nach
Tafel bald nach Hause.« Unter dem Wort »Herrschaften« ist nun wohl auch
die Großherzogin mit ihrem Hofe zu verstehen. Fürstliche Frauen kann

---

13 Briefwechsel Carl August mit Goethe. Bd. 2. Berlin 1971, S. 189.

man im Gärtnerhause kaum würdig empfangen. Wenn Goethe das Jenenser Schloß »bald« verläßt, so ist dies eine Demonstration – wie schon der Umzug ins Gärtnerhaus!

Doch der Herzog gibt seine Besänftigungspolitik nicht auf. Tagebuch 5. 6. 1817: »Aufgeräumt. Kam Serenissimus. Unterhaltung im Garten. Speisten auf dem Zimmer. Zugleich Präsident von Ziegesar, Obrist von Lynker und Hofrath Voigt. Geschichte der Familie Egloffstein und anderes. Im Garten. Kamen die Prinzessinnen, ritt der Großherzog nach Drackendorf« wo das Erbgut der Familie Ziegesar lag. [Abends] »Zu Serenissimo die Mittagsgäste und Martin«. Martin ist der Jenenser Jura-Professor, dessen vernünftiger Entwurf eines Pressegesetzes am 14. 3. 1817 als unzeitgemäß abgelehnt worden war.[14] Der gegen die »Press-Anarchie« kämpfende Rechtslehrer hatte gewiß die Aufgabe, dem einsamen Dichter zu verdeutlichen, wie allgemein in Weimar die Neigung zu einer so wenig wie möglich eingeschränkten Pressefreiheit war. Es ist anzunehmen, daß Goethe bei dieser Begegnung mit dem Großherzog zum Hofball in Weimar eingeladen wurde. Jedenfalls finden wir für den 10. 6. im Tagebuch die Notiz: »Abends nach Weimar, 8½ Uhr dort eingetroffen. War Hofball.« Am Morgen des folgenden Tages ging er »Um 9 Uhr zu Serenissimo in's römische Haus, wo viel Personen waren.« Nach Erfüllung dieser Dienerpflicht besuchte er Freund Voigt, den Präsidenten des Ministeriums, Meyer und seine Familie, fuhr aber noch am gleichen Abend nach Jena zurück (Tgb. 11. 6.). Am 16. und 17. 6. 1817 ist er wieder in Weimar aus einem familiären Anlaß (Trauung seines Sohnes August mit Ottilie von Pogwisch). Doch besucht er bei dieser Gelegenheit auch die fürstlichen Frauen, zuerst die Großherzogin Luise, dann die Großfürstin Maria Paulowna (Tgb. 17. 6.). Als eine Art »gnädiger« Anerkennung von Goethes »Eremitage«-Dasein kann man den Besuch der Großherzogin und der Großfürstin mit ihren Hofdamen in Goethes Jenenser »Gartenhaus« betrachten (Tgb. 9. 9. 1817).

---

14 Vgl. Politischer Briefwechsel des Großherzogs Carl August von Weimar, hg. von W. Andreas, bearb. von Hans Tümmler. Bd. 3. Göttingen 1973, S. 412–414.

Der große unwillkommene Bibliotheksauftrag und die literarische Arbeit als Zuflucht

Aus der Perspektive eines Fürsten war es wohl auch eine versöhnliche Geste, wenn er dem ehemaligen Theaterdirektor den Auftrag gab, die verschiedenen Bibliotheken in Jena miteinander zu vereinigen. Er wollte wohl den Rang der Oberaufsicht auf diese Weise heben. Es war auch eine vorläufige Sicherung des mißtrauischen Genies in seinem Ministeramt. Goethe sträubte sich gegen diesen Befehl in keiner Weise, versuchte im Gegenteil, ihn gewissenhaft auszuführen. Doch weiß jeder, der mit Bibliotheksorganisation etwas zu tun hatte, daß derlei Geschäfte eine Riesenarbeit bedeuten. Dazu kam, daß die Professoren sich in ihrer gelehrten Ruhe gestört fühlten und manchen Widerstand gegen die Neuordnung leisteten. Auch waren bauliche Erweiterungen nötig, die Goethe in Konflikt mit der Stadt Jena und mit den Altertumsforschern brachten. Kurz und gut: Der wohlgemeinte Auftrag erwies sich als eine schwere Last; denn das Genie dachte nach der Entlassung als Theaterdirektor mit keinem Gedanken an eine Aufblähung der Oberaufsicht. Goethe gibt ausführliche amtliche Berichte über den Beginn der langwierigen Bibliotheksorganisation. Aber in seinen privaten Briefen hört man manche Klagen über seine neue amtliche Existenz: »Doch ist mir (ich darf wohl sagen *leider*) ein höchster Auftrag zugegangen: die jenaische Bibliothek umzubilden« (an Cotta 25. 10. 1817). »Mein hiesiger Aufenthalt [in Jena] nöthigt mich in die bibliothekarische Gelahrtheit. Das ist ein schrecklicher Zustand, ich muß aber doch sehen wie ich mich darein finde« (an C. L. F. Schultz 24. 11. 1817). Wenn er an Zelter am 31. 12. 1817 schreibt: »Mit meinem Besuch bey euch sieht es windig aus. Sie haben mir bedenkliche Geschäfte aufgeladen«, so sagt das nicht viel. Bei Einladungen nach Berlin oder Wien hat das Genie immer Ausreden. Aber der Verzicht auf die geliebte Kur in Karlsbad, trotz der Mahnungen der Ärzte, ist ihm ein großes Opfer in dem Unglücksjahr 1817! Freilich ist dies auch eine sehr deutliche, überall auffallende Demonstration gegen seine Degradierung und sagt wenig über das, was in der Seele des Genies vorging.

Knebel schreibt am 14. 11. 1817 an Schillers Witwe[15]: »Goethe ist alle

---

15 Goethe in vertraulichen Briefen. Bd. 3. Berlin und Weimar 1979, S. 29.

Tage bei uns. Er hat sich ein Reich der Kenntnisse und Wissenschaften erschaffen, worin er sich immer zu beschäftigen weiß, und seine fast unerschöpfliche Produktivität sichert seinen Geist vor äußern Anfällen des Schicksals.« Knebel hat recht, – wenn wir bei Goethes »Produktivität« auch mehr an dichterische Werke als an »Wissenschaften« denken. Der alte Freund sorgt sich nicht um Goethe und kann genauer zwischen Goethes Seelenlage und seiner Diplomatie unterscheiden, als dies dem Hofe möglich ist. Der erste Brief, den Goethe nach der weltmännisch-gelassenen Antwort auf Carl Augusts Entlassungsschreiben verfaßt, richtet sich an seinen Verleger (an Cotta 17. 4. 1817): Der Dichter beeilt sich, »die *drey Bände* aus meinem Leben zu übersenden«, im Manuskript natürlich. Er kündigt an: »die summarische Andeutung der Chronologie meiner schriftstellerischen Arbeiten«, »das zweite *Rhein-* und *Maynheft*«, »die ersten Bogen des zweiten Theils meiner *Reise* durch *Italien*«. »Wegen des *Divans* thue nächstens Vorschläge; wir wollen die Sache ganz einfach nehmen«, d.h. ohne Kupferstiche oder Holzschnitte. Er hofft wohl, wie bei *Hermann und Dorothea*, auf einen Verkauf an weite Kreise! Der Brief beweist, daß Goethe mit literarischen Arbeiten vollauf beschäftigt war, und ohne den gesellschaftlichen Ehrgeiz, der tief in ihm steckte, sowohl das Hoftheater wie die Oberaufsicht und erst recht den großen neuen Bibliotheksauftrag kaum zur Ausfüllung seines Lebens gebraucht hätte.

Anläßlich einer »romantischen Idylle« des Biedermeierpoeten Friedrich Krug von Nidda *(Die Wunderblume)* mache ich in meiner *Biedermeierzeit* (Bd. II, S. 775) die Bemerkung: »Es ist [...] bezeichnend, daß derartige Dichtungen, auch bei beträchtlichem Sprachniveau, in der deutschen Literaturgeschichte nie den Ruhm der dämonischen Poesie erlangt haben.« Auch Goethe ist in seinem Brief an diesen Poeten vom 17. 5. 1817 nicht sicher, ob ihn nicht die »persönliche Bekanntschaft« für den Dichterkollegen eingenommen hat. Dann fährt er fort: »Allein es scheint mir, als wenn ich auch ganz fern der Person, an dem Werke selbst unparteiische Freude würde gehabt haben.« Wichtiger ist in unserem Zusammenhang der Schluß des Briefes: »Rührend ist es zugleich, wie ich nicht verschweigen darf, wenn ich denke, welchen traurigen Zustand Ihnen die Muse überstehen half, und wie das Talent der sicherste Schutzgeist bleibt, uns über dornige Lebenspfade nicht nur hinüber zu geleiten, sondern sogar dieselben zu schmücken. Möge dieser gute Genius bis an das Ende nicht von unserer Seite weichen.« Schon früher hatte er in einem Brief an Freund Meyer (6. 5. 1817) die günstige Kehrseite seiner Degradierung festgestellt. Ich zitiere den ganzen Text, weil er zugleich die wachsende Orientierung an dem Hofe des Erbgroßherzogs Carl Friedrich und seiner Familie dokumentiert: »Sie erhalten, mein werthester Freund, hiebey die endlichen Rahmen. Daß die für unsern jungen Fürsten bestimmte dabey sey, bezeugt beygelegtes Maaß. Mir begegnet hier viel Gutes, das beste jedoch daß ich meinem Handwerk getreu bleiben kann. Die Druckbogen *schleichen* wenigstens vorwärts. – Wenn die Prinzeßchen kommen, so sind Sie ja auch höchsten Orts eingeladen. Sie finden Ihr Zimmer in meiner Nähe, mit den herkömmlichen Unbequemlichkeiten, von allen Freunden würden Sie wohl empfangen seyn, auf's beste von mir.«

Charlotte von Stein tadelt schon am 2. 4. 1817, ganz im Sinne des Hofes: »Es kann sich niemand drein finden, daß unsere brillante Epoche vorbei ist, selbst Goethe nicht.«[16] Ihr Sohn Karl von Stein gibt der Stimmung des Publikums Ausdruck, wenn er deutlich sich ausdrückt: »Es ist ein Skandal! Verstehe den Großherzog, wer kann!«[17] Frau von Schiller verleiht dem Protest, in Erinnerung an alte Zeiten, eine elegische Färbung: »Es schmerzt mich, daß man hier gerade das einzige zerstört, was an die poetische Zeit von Weimar erinnert.«[18] Wir werden widersprechen und feststellen, daß die poetische Zeit Weimars noch lange nicht vorbei war! Divan, Goethes Alterslyrik überhaupt, Wanderjahre. Walter Hinck behauptet sogar[19]: »Was der Weimarer Hofbühne durch Goethes Ausscheiden verlorengeht, das kommt dem zweiten Teil des Faust-Dramas zugute.« Diese These scheint nach dem, was wir über den Theaterintendanten Goethe und seine Theaterreform zu Beginn des Jahres 1817 hörten, allzu gewagt zu sein, erweist sich aber in unserem Zusammenhange als richtig. Als Goethe von allen Rücksichten auf die fürstlichen Damen und ihren Kotzebue, auf das militärische Ordnungsprinzip des ehemaligen Generals und auf den Ehrgeiz von Carl Augusts Mätresse befreit war, konnten sich die großen mimischen Fähigkeiten des Genies, die der Urfaust bekundet, in der erneuerten Form des alten *Welttheaters* wieder überzeugend entfalten. Goethe wußte freilich selbst sehr genau, daß dieser neue theatralische *Faust* vom »Tag« noch nicht verstanden werden konnte, daß er dem zukünftigen Theater gehörte. Ohne den Glauben an eine solche »Weltordnung« hätte er *Faust II* wohl kaum

16 Goethe in vertraulichen Briefen. Bd. 3. Berlin und Weimar 1979, S. 15.
17 Ebd. S. 22.
18 Ebd. S. 16.
19 W. Hinck: Goethe – Mann des Theaters. Göttingen 1982, S. 23.

vollenden und versiegelt der Zukunft anvertrauen können. An Boisserée, dem er für sein geschichtliches Denken manches verdankt, schreibt er noch in der spannungsreichen Zeit nach seiner Degradierung (27. 5. 1817): »Man ist in Deutschland niemals von dem Eindruck sicher, den eine Druckschrift in dem Augenblick ihrer Erscheinung machen kann, gegenwärtig am wenigsten, und was jede wünschenswerthe Wirkung betrifft, so habe ich sie zeitlebens immer erst in der Folge gefunden, wo sie mir aber – der moralischen Weltordnung sey Dank – niemals gefehlt hat.«

Vor und nach dem Wartburgfest.
Sogar der Freiherr vom Stein schimpft

Minister Voigt, der offizielle Präsident der Regierung, fühlt sich in diesem Frühjahr 1817 von der Regierung so ziemlich ausgeschlossen. Gersdorff verteilt die Gelder. Über ein Pressegesetz wird viel verhandelt, aber die Meinung der Alten wird nicht berücksichtigt. Auch auf die immer unruhigere Universität hat er kaum Einfluß: »Es ist dermalen ein schwerer Zustand meines Geschäftslebens, welches ich gleichsam auf einer Insel zubringe« (an Goethe 19. 4. 1817).[20] »Man muß denn aber, wo man einmal nichts ändern kann, es gehen lassen, wie es gehet. Ich glaube, daß dieses am Ende aller alten Geschäftsmänner Los ist« (an Goethe 2. 5. 1817).[21] Dem Großherzog, der nach Italien verreisen will, gefällt diese Resignation bei dem ältesten Minister so wenig wie bei Goethe. Aber die Ermunterung, die ihm einfällt, ist sehr merkwürdig: »Heute besuchten mich Serenissimus in sehr gnädiger Gesinnung, indem Sie den mitgebrachten Ministern andeuteten, daß in Ihro Königlichen Hoheit Abwesenheit sie an seiner Stelle mir und zwar im Hause Vortrag tun sollten; ich solle aber gar nichts tun, sondern mich für die Sommerzeit recht stattlich erholen« (an Goethe 13. 5. 1817).[22] In normalen Zeiten war es nichts Außergewöhnliches, wenn im Sommer das höfische und amtliche Leben ruhte. Aber das 300jährige

---

20 Goethes Briefwechsel mit Christian Gottlob Voigt, hg. von Hans Tümmler. Bd. IV. Weimar 1962, S. 284.
21 Ebd. S. 291.
22 Ebd. S. 295.

Jubiläum der *Reformation* stand bevor. Die Liberalen beriefen sich fast im ganzen 19. Jahrhundert auf die Reformation, und auch für die Nationalen war Luther in erster Linie ein *deutscher* Held. Die treibende Kraft für die Reformationsmedaille war Voigt; aber Goethe wollte ihn in dieser kritischen Zeit nicht im Stich lassen. Doch ist auch die Begründung seiner Zustimmung bezeichnend: Die Erinnerung an die Reformation ist »den Umständen ganz gemäß, da in so vielen protestantischen Gemütern die katholische Legende spukt« (an Voigt 8. 7. 1817).[23]

Unter den Urteilen Goethes über die Burschenschaft werden in der deutschen Geschichtsliteratur gern die freundlichen zitiert. Richtig ist nur, daß ihm die jungen Esel liebenswürdiger erschienen als die alten, welche die Jugend sowohl in der akademischen Lehre wie in der Presse verführten. Nach einer Kritik unsers »neuen Kriminalgesetzes« und einer positiven Beurteilung der »Akademie«, abgesehen von den »Zwischenfälle[n], die man wie andere Unfälle erdulden muß«, beurteilt er ausführlicher die Burschenschaft (an Voigt 5. 6. 1817)[24]: »Daß die deutschen Studierenden eine einzige Burschenschaft errichten, ist der Zeit ganz gemäß, und der allerliebste Zeitgeist präsidiert auch hier. Recht wunderbar, daß in dem Momente, wo man die Innungen [Zünfte] aufhebt, neue Innungen sich bilden, und es kommt jetzt bloß auf einen einzigen kühnen Meister Maurer, Zimmermann, Bäcker und Fleischer an, so entstehen Korporationen, denen das neueste deutsche Reich nichts zu befehlen hat und vor denen der Bundestag sich entsetzen müßte. Verzeihen Ew. Exzellenz diese einsiedlerischen Äußerungen«. Goethe sieht hier die Burschenschaft richtig als Präzedenzfall für einen Verbände-Staat, der die Autorität der Regierung bedroht. Noch mehr ängstigen ihn *»unsere Preßfreiheits-Gespenster«* (an Voigt 18. 6.).[25] Gemeint ist damit, daß der radikale Liberalismus ein Aberglaube ist, oder, wie wir heute sagen würden, eine Ideologie, ein Mythos, etwas, das sich ohne ernsthafte Begründung absolut setzt. Wenig später meldet Voigt (an Goethe 21. 6. 17)[26]: »Unsre Preßfreiheit hat für B.[ertuch] und O.[ken] einen neuen Stoß bekommen; das Königlich Preußische Ministerium will sich durch uns nicht äffen lassen. Seine Königliche Hoheit der Großherzog haben durch Estafette befohlen, das Nötige zu verfügen. Die Landesdirek-

23 Goethes Briefwechsel mit Voigt. Bd. IV, S. 312.
24 Ebd. S. 302 f.
25 Ebd. S. 304.
26 Ebd. S. 305 f.

tion wird also zum letztenmal die Aufhebung und Konfiszierung beider vortrefflichen Institute [*Oppositionsblatt* und *Isis*] androhen und bei fernerer Ungezogenheit ins Werk setzen. – Alles das war nicht schwer vorauszusehen und vorauszusagen.« Das Eingreifen der Großmächte konnte wirklich *nur* von einem unerfahrenen Minister wie Gersdorff *nicht* erwartet werden. Für Voigt und Goethe war es keine Überraschung!

Goethe antwortet entsprechend (an Voigt 23. 6. 1817)[27]: Man hätte den Mut haben müssen, Okens *Isis* »gleich auf die [provokante] Ankündigung zu verbieten [...] was haben wir nicht beide darüber gesagt und geschrieben! Ja ich muß aufrichtig bekennen, daß ich unsern guten Fürsten bedaure, [...] der in die freie Welt gehen mußte, um sie [die »famose Presseangelegenheit«] nach seinem Gefühl entscheiden zu können.« Gemeint ist wohl eine freie Entscheidung ohne den unerfahrenen Gersdorff. Bei den beiden alten Ministern herrschte schon vor dem Wartburgfest eine düstere Stimmung. So reagiert Goethe auf die Brandkatastrophe, die das Berliner Schauspielhaus am Gendarmenmarkt im Juli 1817 traf, ängstlich. Das »große Unheil« wird ihm zum Symbol für die allgemeine politische Lage (an Zelter 20. 8. 1817): »Die Lebensereignisse nah und fern scheinen immer wilder zu werden, da Friede selbst keinen friedlichen Charakter annimmt. Man fürchtet jeden Tag daß eine frische Maske der allgemeinen Schicksals-Hydra vor uns aufsteige.« Man kann darin etwas von der »Sorge« (s. *Faust*), die dem Alter allgemein eigen ist, erblicken. Vielleicht ist es aber auch eine feinere Sensibilität des Dichters für die kritische innenpolitische Situation, in der sich Deutschland befindet. Carl August kennt solche Gefühle noch nicht. Als alter Offizier darf man bekanntlich nie Angst haben. Soll er die Studenten, die z.T. noch seine Kriegskameraden sind, enttäuschen? Das ist unmöglich. Schon am 20. September 1917 erteilt er der Kammer in Eisenach vorsorglich eine das geplante Wartburgfest entschieden begünstigende Weisung[28]: »Zuverlässiger Anzeige zufolge haben Studierende von mehreren Universitäten sich verabredet, die Feier des bevorstehenden Reformationsjubiläum und der Schlacht bei Leipzig zugleich am 18. Oktober d. J. auf der Wartburg bei Eisenach zu begehen. – Da wir diesem Vorhaben nicht entgegen sind, so begehren wir hiemit gnädigst, Ihr wollet anordnen, daß die Säle und Zimmer der Wartburg an jenem Tage zum *öffentlichen Gebrauch geöffnet*, auch eine angemessene Menge *Brennholz*

---

27 Ebd. S. 307f.
28 Politischer Briefwechsel des Herzogs Carl August. Bd. 3, S. 422f.

zu Freudenfeuern, welches die Landesdirektion an schickliche und gefahrlose Orte der Wartburg anzuschaffen hat, unentgeltlich abgegeben werde.«

Der ruhmbegierige Großherzog täuschte sich nicht: Die Studenten feierten nicht nur die Reformation und den Sieg über Napoleon, sondern auch Carl August als einen fortschrittlichen Fürsten, wie sie sich ihn wünschten. Selbstverständlich nahmen der Großherzog und seine Minister an der Demonstration der Burschenschaft auf der Wartburg oder gar an der Bücherverbrennung – sie wurde einer radikalen Gruppe der Burschenschaft zugeschrieben – in Person nicht teil. So weit reichte die Vorsicht. Aber irgendwo muß die Führungsgruppe der Regierung mitgefeiert haben; denn schon am 19. 10. 1817 vermerkt Friedrich von Müller, der Kanzler von Sachsen-Weimar-Eisenach, in seinem Tagebuch: »[...] Wartburger Gericht über der Fürsten Verzögerungen in Erfüllung ihrer Verheißungen. Äußerungen des Großherzogs darüber und Gersdorffs Flammenworte und düstere Prophezeiung gänzlicher Umwälzung in Deutschland [...].«[29] Der Protest gegen die Nicht-Erfüllung fürstlicher Versprechen bezog sich bekanntlich vor allem auf den Artikel 18d der Deutschen Bundesakte vom 8. 6. 1815: »Die Bundesversammlung wird sich bey ihrer ersten [!] Zusammenkunft mit Abfassung gleichförmiger Verfügungen über Preßfreyheit [...] beschäftigen.«[30] Mit dem Protest gegen das Verhalten des Bundestags fühlte sich der Großherzog auf einem legalen Boden; aber Gersdorffs »Flammenworte« sind Drohungen und verdeutlichen, wieviel der ehrgeizige Fürst jenseits der Legalität zu dulden bereit war. Wenn Reinhard Rürup einerseits den »Vorrang« der »nationalstaatlichen Perspektive« nicht mehr gelten läßt und andrerseits doch die »politische Bedeutung« des Wartburgfestes hervorhebt[31], so verrät sich darin die Unsicherheit, in welche die politischen Historiker bei der Beurteilung eines traditionellen Höhepunkts deutscher Geschichte heute geraten sind. Ob der *Code Napoléon*, der in den Rheinbundstaaten eine so tiefe Wirkung ausgeübt hatte, nur »als Dokument der Fremdherrschaft« verbrannt wurde[32], läßt sich bei einer Demonstration, welche Reserveoffiziere und Jungakademiker organisierten, bezweifeln. Die anhaltende Napoleonverehrung der süd- und westdeutschen Liberalen

---

29 Ebd. S. 423.
30 Die deutschen Verfassungen des 19. und 20. Jahrhunderts, hg. von Horst Hildebrandt. Paderborn 1971, S. 8.
31 R. Rürup: Deutschland im 19. Jahrhundert 1815–1871. Göttingen 1984, S. 12 und 13f.
32 Ebd. S. 140.

hat einen guten *innen*politischen Sinn! Die Gleichheit vor dem Gesetz war keineswegs ein Prinzip der Burschenschaft; und auch der Liberalismus der Verfassung von Sachsen-Weimar fand seine Grenzen an den Rechten des Monarchen und des Adels, zumal des Geburtsadels.

Soviel in Kürze zum Liberalismus der Burschenschaft. Erst recht wird man beim Nationalismus fragen müssen, wie er tatsächlich aussah. Rainer Koch findet in der Burschenschaft schon den »pangermanischen Nationalismus«, »jakobinisch-demokratische Konzeptionen«, »schroffen Antisemitismus« und den »deutschen Gott«[33] – alles Ideologien, die in der Innen- *und* Außenpolitik des Hitlerreiches verhängnisvoll weiterwirkten. Fast noch gefährlicher für die politische Ordnung des Deutschen Bundes findet R. Koch die Turnbewegung und die von Jahn entworfene »Konzeption eines Volkskrieges«. Das Wort vom »Turnvater« Jahn war eine Verniedlichung der späteren deutschen Historiographie.[34] Wenn diese Gruppen von den Regierungen der Großmächte erfolgreich bekämpft wurden, so geschah dies nicht nur im Interesse der alten Ordnung; der Kampf wurde auch zur Erhaltung des nach langen Kriegen endlich gewonnenen Friedens geführt, und dieser oft verspottete »biedermeierliche« Friede entsprach, so kurz nach dem Kriege, noch dem Willen einer überwältigenden Mehrheit im Volke.

Das Wartburgfest erregte ein ungeheures Aufsehen, nicht zuletzt deshalb, weil es von dem angesehenen Musenhofe Weimars erlaubt und von Studenten und Professoren einer Universität mit altem philosophischem Ansehen organisiert worden war. Man war verblüfft, besonders im benachbarten Preußen, dessen Königshaus mit dem Fürstenhause Weimars verwandt war, und nicht zuletzt in Berlin, wo gerade auf kulturellem Gebiet in den letzten Jahrzehnten so manche Fortschritte gemacht worden waren. Man überlegte gründlich, fand aber, daß zunächst besonders das Polizeiressort zuständig sei, denn außer Karl Ludwig von Hallers *Restauration der Staatswissenschaft* (1816 ff.), Kotzebues Schriften usw. war auch ein preußischer Codex der Gendarmerie auf der Wartburg verbrannt worden.

Am 9. November 1817 schrieb Carl von Kamptz, Direktor im Berliner

---

33 Rainer Koch: Deutsche Geschichte 1815–1848. Stuttgart u. a. 1985, S. 88.
34 Ebd. S. 89. Nach einem Bericht der süddeutschen Zeitung vom 13. Oktober 1987 hat sich ein SED-Politbüro-Mitglied (Egon Krenz) zur Urburschenschaft unter egalitären und sozialen Gesichtspunkten bekannt. Die DDR war in mancher Frage des »humanistischen Erbes« stärker als die BRD gewesen. Erfreulicherweise haben aber westdeutsche Politiker, nach dem gleichen Bericht, vor *diesen* Ahnen gewarnt!

Polizeiministerium, einen langen Brief an den Großherzog persönlich. Wir zitieren den Anfang des denkwürdigen Briefs besonders deshalb, weil dieser Polizeidirektor im Rufe eines engstirnigen Polizeiesels steht und meistens nur mit Hilfe einiger Kraftwörter charakterisiert wird[35]: »E.[euer] K.[öniglichen] H.[oheit] ist es ohne Zweifel bereits bekannt, daß ein Haufen verwilderter Professoren und verführter Studenten am 18ten v. M. auf der *Wartburg* mehrere Schriften öffentlich verbrannt und dadurch das Geständnis abgelegt haben, daß sie zu ihrer Widerlegung unfähig. – Wenn in E.K.H. Staaten wahre Denk- und Preßfreiheit wirklich blüht, so ist mit derselben eine durch Feuer und Mistgabeln, von Schwärmern und Unmündigen geübte Zensur und ein terroristisches Verfahren gegen die Denk- und Preßfreiheit in anderen Staaten gewiß nicht vereinbarlich, und immer wird es für die Geschichte ein Rätsel bleiben, wie unter E.K.H. Regierung jene klassische Burg, von welcher unter Höchstihren Ahnherren deutsche Denkfreiheit und Toleranz ausging, wie der Tag der Feier wiedererlangter deutscher Freiheit und wie das Andenken an jenen großen toleranten Mann, ja wie überhaupt unser Jahrhundert und ein deutscher Boden durch einen solchen recht eigentlichen Vandalismus demagogischer Intoleranz so stark entwürdigt und so tief entheiligt werden konnte. Es ziemt mir nicht, gnädigster Herr, über die notwendigen Folgen solcher Frevel mich zu verbreiten; E.K.H. Weisheit liegen sie von selbst klar, auch wenn die Geschichte Frankreichs uns nicht lehrte, daß das Feuer, was zuletzt den Thron ergriff, von dem Scheiterhaufen ausging, welchen ausgelassene Demagogen den für den Thron erschienenen Schriften früher bereitet hatten.« Im folgenden stellt Kamptz fest, daß der Codex, den er herausgegeben hat, nicht seine eigenen Gedanken, sondern die Gesetze von Königen und Fürsten enthält; und die eigentliche Pointe des Briefes ist, daß mit dem Codex auch Gesetze von Carl August verbrannt wurden.

Carl August beschränkt sich, unter Hinweis auf unsinnige Gerüchte in der Presse, zunächst auf ein Reskript an die Universität Jena, des Inhalts, es müsse durch eine Untersuchung »*aktenmäßige Gewißheit*« über die Vorgänge auf der Wartburg erlangt werden (18. 11. 1817).[36] Auch rafft er sich dazu auf, ein angekündigtes Organ (*Des deutschen Burschen fliegende Blätter*) von vornherein zu verbieten. Gleichzeitig ermahnt er den akademischen Senat und die Professoren, beruhigend auf die Studierenden zu wirken

---

35 Politischer Briefwechsel des Herzogs Carl August. Bd. 3. S. 425 f.
36 Ebd. S. 434.

und die akademische Freiheit nicht zu mißbrauchen.[37] Der Großherzog ähnelt schon damals ein wenig einem Großunternehmer, der auf einen jungen Manager setzte und plötzlich bemerkt, daß man damit leicht im Bankrott enden kann.

Die Minister und sonstigen Beamten arbeiten jetzt fieberhaft an der Widerlegung der auswärtigen Vorwürfe gegen das Wartburgfest. Minister Gersdorff wendet sich mit seiner Verteidigung sogar an den Freiherrn vom Stein, den er kennt und als dessen Schüler er sich wohl sieht (3. 12. 1817).[38] Steins Antwort aus Frankfurt vom 10. 12.[39] wird den übereifrigen jungen Minister kaum erfreut haben. Der große, aber auch rauhe Staatsmann bemüht sich zunächst um einen freundlichen Ton. Er dankt der Exzellenz Gersdorff für ihr »freundschaftliches Andenken«, billigt auch »die Versammlung der jungen Leute«, aber unter der Voraussetzung, daß man ihnen »geachtete jenaische Professoren« beigeordnet hätte, nicht aber »Toren wie Fries und Oken«. »Die Preßfreiheit ist ein schätzbares Gut, aber noch hat sie in Weimar wenig Schätzbares zutage gefördert [...] Gleichheitsapostel [...] sind nicht zu Lehrern der Nation geeignet, sie tischen uns die schlechten Gerichte der französischen Demokraten auf, sie wollen alles nivellieren [...] Preßfreiheit ist aber sehr verschieden von Lehrfreiheit, und nichts brechtigt den vom Staate berufenen öffentlichen Lehrer, Mord und Aufruhr und Zerstörung alles Alten und Herkömmlichen zu predigen.« Er selbst würde den »Schwätzer« Fries einfach als Professor absetzen! – Eher auf der Linie Weimars und Gersdorffs liegt Stein mit seinem Vorwurf gegen das »Betragen unserer Fürsten und Regierungen [...] sie lassen den rechtlosen Zustand, in dem wir seit 1806 leben, fortdauern und reizen und erhalten Unwillen und Erbitterung«. Der Schluß gehört wieder der Warnung vor »unsern sansculottischen Schriftstellern«. Gersdorff hatte weithin versucht, Steins Ideen zu realisieren. Aber die unreife Realisierung in Weimar gefiel dem verdienten 60jährigen Freiherrn keineswegs.

Wenn ich recht sehe, rückt in dieser Zeit der maßvollere Herr von Fritsch in den Vordergrund von Weimars Regierung. Auch Hans Tümmler, der führende Weimar-Historiker, sieht in der »wohlabgewogenen« Verteidigung dieses Ministers vom 10. 11. 1817 die eigentliche Antwort des Groß-

---

37 Ebd. S. 434 f.
38 Ebd. S. 438 f.
39 Ebd. S. 443 f.

herzogs.[40] Minister von Fritsch betont die sittlich-religiöse Gesinnung der Burschenschaften, im Gegensatz zu dem anstößigen Treiben der Landsmannschaften und ähnlicher Verbindungen. Diese Frömmigkeit sei auch beim Wartburgfest durch einen Kirchgang zum Ausdruck gebracht worden. Während der Freudenfeuer zum Sieg von Leipzig hätten dann »Fremdlinge« Schriften verbrannt. Falsch sei jedoch das Gerücht, daß auch »die Akte des Wiener Kongresses und der heiligen Allianz« verbrannt worden seien. Minister von Fritsch distanziert sich klar von der Anrede an die Studierenden, die Professor Hofrat Fries gehalten und in Druck gegeben hat. Ihm habe der Großherzog sein Mißfallen zu erkennen gegeben. Eine Untersuchung gegen die Teilnehmer an der Verbrennung der Kamptzschen Sammlung sei angeordnet, die angekündigte Burschenzeitung verboten, die Herausgeber des *Oppositionsblattes* und des *Volksfreundes* seien scharf verwarnt worden. Ludens *Nemensis* fehlt: Der Historiker hatte am Wartburgfest nicht teilgenommen. Vielleicht war er schon mit der Vorbereitung einer noch wirksameren revolutionären Demonstration befaßt (s. u.).

Man hat die scharfe Reaktion der Großmächte auf die Studentendemonstration in der Geschichtsschreibung immer wieder übertrieben genannt. Dies gilt vielleicht für die Entsendung des preußischen Staatskanzlers Hardenberg und des österreichischen Gesandten in Berlin, des Grafen Zichy, nach Weimar. Graf Zichy dehnte seine Kontrolle auf Jena aus. Bei dieser Visitation der Universitätsstadt wirkte selbst Goethe an der Verteidigung der Studenten mit, und man kann sicher sein, daß ihm die Burschenschafter bei Gelegenheit der hohen Wiener »Autopsie« behilflich waren. Letzten Endes beruhte jedoch die *damalige* Unangreifbarkeit des Großherzogs auf den Versäumnissen des Bundestags in den Verfassungs- und Pressefragen und auf der föderalistischen Struktur des Deutschen Bundes, auch auf der ausdrücklichen Garantie des monarchischen Systems. Gestützt auf dieses Basis schrieb der Großherzog höchst würdige persönliche Briefe an König Friedrich Wilhelm III. und an Kaiser Franz I. Einige Sätze aus dem Brief an den österreichischen Kaiser seien zitiert (16. 12. 1817)[41]: »Ich bin bei der Erhaltung der öffentlichen Ruhe und Ordnung in Deutschland gleich jedem andern deutschen Fürsten interessiert, und wenn ich an den Maßregeln zur Erlangung dieses gemeinsamen Zwecks hie und da von den ge-

---

40 Ebd. S. 427 ff. Hans Tümmler: Carl August von Weimar. Stuttgart 1978, S. 288.
41 Politischer Briefwechsel des Herzogs Carl August. Bd. 3. S. 446.

wöhnlichen Ansichten abweiche, so ist dieses eine Folge meiner vieljähri-
gen Erfahrungen und der Prinzipien, die ich mir daraus für die Regierung
meiner mir von Gott anvertrauten Lande mit Erfolg abstrahiert habe.« Er
beruft sich also auf seine monarchische Würde von Gottes Gnaden und auf
seinen »Erfolg« im konstitutionellen Experimentieren. Die Frage war jetzt,
ob ihm auf die Dauer dieser Erfolg beschieden sein werde.

Voigt hatte dem alten Freunde und Kollegen Goethe, der die Ereignisse
mit großer Erregung verfolgte, schon am 5. 12. 1817 eine Art Entwarnung
signalisiert: Es seien »Ministerialhandbriefe aus Berlin [!] und Dresden
angekommen [...], welche auf die überreiche hiesige Geschichtserzählung
und Verteidigung sich ganz gemäßigt vernehmen lassen«.[42] Goethe gibt in
einem Schreiben an Durchlaucht seiner Bewunderung für das Durchhalte-
vermögen des Großherzogs Ausdruck, erinnert aber auch vorsichtig an
seine früheren Warnungen und Prognosen (an Carl August 14. 12. 1817):
»Ew. Königliche Hoheit nehmen gewiß gnädig auf und glauben ohne Be-
theurung, daß ich in diesen Zeiten viel für Sie und mit Ihnen gelitten. Die
Zustände bewegen mich dergestalt daß ich alle Gesellschaft meide, weil ich
fürchten muß irgend jemanden gelegentlich eben so hart anzulassen als
vormals Einsiedeln. Mein bester Trost jedoch, gnädigster Herr, nährt sich
aus Ihro gutem Humor, der, auf Gleichmuth und Charackterkraft gegründet, Sie mit einem heitern Element umgiebt, und in den schlimmsten Tagen
sich am glorreichsten erweist. Dann sag ich mir auch manchmal, ob mit oder
ohne Grund: Irgend eine Explosion war vorauszusehen, halten wir es für
ein Glück daß sie so schnell und ungeschickt hervorgebrochen!« Auf diesen
harmonisierenden Brief antwortet der durch Diskussionen im Ministerrat
erschöpfte Großherzog mit einer bitteren Klage (an Goethe 22. 12.
1817)[43]: »Die vergangene Woche hat sich, eben mit andern schon erlebten,
am selben Faden hingesponnen und kein dauerndes, gründendes [!] Resultat ist daraus hervorgegangen. Das Gefühl des Eckels über die Geschmack-
losigkeiten, welche durch die häufigen Wiederholungen und durch das
viele hin- und herverdauen endlich zu einen [sic] positif-schlechten [!]
Geschmacke reift, ist dasjenige, was mann sich eben nicht so geschwinde
vertreiben kann.« Carl August erlebt jetzt gründlich, wie schwierig der
Konstitutionalismus ohne ein klares Pressegesetz ist, er erlebt das Neben
und Gegeneinander der zuständigen Instanzen, vor allem aber das mit dem

---

42 Goethes Briefwechsel mit Voigt. Bd. IV. S. 333.
43 Briefwechsel Carl August mit Goethe. Bd. II, S. 201 f.

Verfassungsstaat gegebene Problem der *Juristerei*. Erst jetzt erkannte der Großherzog ganz das politische Abenteuer, auf das er sich eingelassen hatte.

Entmutigend für ihn war damals (Ende 1817) wohl vor allem das von dem klüger werdenden Minister von Gersdorff am 26. 11. 1817 angeregte, von der Landesdirektion weitergeleitete Verfahren gegen Oken, der in seiner *Isis* satirisch über das Wartburgfest berichtet hatte. Das Jenenser Appellationsgericht hielt eine Bestrafung des Berichterstatters, des Kollegen Oken, für unmöglich und hob sogar das von der Landesregierung verhängte Verbot der *Isis* auf.[44] Zum Verständnis der Tatsache, daß gerade Jenenser Professoren so begierig waren, sich ein journalistisches Zubrot zu verdienen, sei daran erinnert, daß sie in der Regel schlecht besoldet waren. Die Weimarer Minister verdienten zu dieser Zeit ein Vielfaches von Professorengehältern. Und nicht nur der Großherzog, sondern auch Goethe und Voigt waren, von Ausnahmen abgesehen, schlecht auf die akademische Zunft zu sprechen. Ihre Neigung zum Klassenkampf ist, sozial gesehen, nicht unverständlich. Freilich gibt es bei Studentenrevolten immer auch gut besoldete Professoren, die sich aus Eitelkeit bei den unruhigen Studenten beliebt zu machen versuchen: Vidimus!

Weihnachten und Neujahr des Unglücksjahres 1817 verbringt Goethe in Jena. Auch die üblichen Neujahrsglückwünsche für den Großherzog sind in Goethes Briefwechsel nicht zu finden. Statt dessen erhält Carl August am 31. 12.[45] von Voigt einen Brief Goethes, in dem er ihm in der eben erwähnten Frage der Professorenbesoldung einen Vorwurf macht, nicht allgemein, aber was die finanzielle Stellung des auch von Großherzog geschätzten und viel beanspruchten Chemikers Döbereiner betrifft: »Es ist sehr zu wünschen daß Zufriedenheit ihn festhalte, unter den mobilen Chemikern möchte wohl keiner seine Stelle ersetzen. Leider ist bey dem neuen Etat ihm nichts zugewendet worden, solch ein Mann vergleicht denn doch zuletzt seine Thätigkeit und Aufwand mit dem Würcken andrer Begünstigten. Schwer ist es immer nachzuholen und nachzuhelfen.« Den Kurator-Posten hatte Goethe abgelehnt; wo es aber um die Talente ging, nahm er sich die

---

44 Vgl. Fritz Hartung: Das Großherzogtum Sachsen, unter der Regierung Carl Augusts. Weimar 1923, S. 325 f. – Seiner Gesamtauffassung kann ich nicht zustimmen, z. B. der Verniedlichung der Bücherverbrennung als »Studentenulk«. Diese entspricht zwar der nationalistischen Tradition, sollte aber nach meiner Ansicht heute korrigiert werden.

45 W. A. Abth. IV. Bd. 28, Anmerkung zum Brief Nr. 7941, S. 450.

Zeit zu einem »Aufsatz«: Das Gutachten über Döbereiner geht mit dem Brief an Voigt ab. Im gleichen Schreiben gibt er eine vorläufige Nachricht zum Stand der Bibliotheksarbeiten: Mit Hilfe des Rates Vulpius hofft er an Ostern soweit zu sein, daß »die Hauptarbeit angegriffen werden kann. – Möge Serenissimi und Ew. Exzell. Beyfall unsre Mühe belohnen. – Hier zu Lande [in Jena] haben wir eben so wenig Danck zu hoffen als Theilnahme zu finden.« Serenissimus soll ohne Beschönigung daran erinnert werden, was für eine undankbare Aufgabe er dem alten Dichter nach der Entlassung als Theaterdirktor aufgebürdet hat!

Die »Preßanarchie« führt zu einer neuen Niederlage Carl Augusts: Graf Edling verläßt Sachsen-Weimar

Dem gleichen Geiste eines ungebrochenen Widerstandes gegen die von Carl August zu verantwortende Unordnung im Staate entsprachen im Tagebuch Goethes die neuen und ausdrücklich hervorgehobenen politischen Einträge: »Die zwey Aushängebogen, Luden contra Kotzebue, gingen im Stillen herum.« (Tgb. 15. 1. 1818) Jene Aushängebogen machten Aufsehn. (Tgb. 16. 1.) »Früh rückte man Luden in's Haus und confiszirte die noch übrigen Exemplare.« (Tgb. 17. 1.) »Suchte man sie desto fleißiger auf.« (Tgb. 18. 1.) »Erschienen sie übersetzt [aus dem Französischen] und mit Noten im Volksfreund No. 13 und 14.« (Tgb. 19. 1.) »Wurde auch auf diese Beschlag gelegt.« (Tgb. 20. 1.) Wurden sie von der Crökerschen Buchhandlung am schwarzen Bret feil geboten und gingen reißend ab.« (Tgb. 21. 1.) »Schloß Oken den Jahrgang 1817 seiner Isis und versprach die verbotene Nummer nachzubringen.« (Tgb. 22. 1.) »Das funfzehnte Stück vom Volksfreund wird ausgegeben. Ankündigung von Bahrdt mit der eisernen Stirn.« (Tgb. 23. 1.) »Der Anfang des neuen Jahrgangs der Isis wir mit Verbot belegt.« (Tgb. 24. 1.) »Kam die Nachricht von den Weimarischen Verdrüßlichkeiten herüber.« (Tgb. 25. 1.) Mit sichtlichem Vergnügen dokumentiert Goethe den Zusammenbruch der von ihm kritisierten Pressepolitik.

Den Anlaß zum Eingreifen der Polizei gab eine vom Luden-Kreis organisierte geheimdienstliche Aktion, die erneut beweist, daß es sich in Jena nicht mehr um einen »Studentenulk« oder um eine kleine professorale Intrige, sondern um eine Pressetätigkeit mit verschwörerischem Hintergrund handelte. Ein Bericht Kotzebues über die literarischen Verhältnisse in Jena und sonst – er war für den Zaren bestimmt – gelangte in die Hände des Professors Luden und damit in die *Nemesis* (11. Band, 1. Stück). In einem solchen Fall war ein Zugriff der Exekution möglich, weil man in dieser Publikation von vornherein die Beleidigung eines auswärtigen Staatsoberhaupts, nämlich des Zaren, erblicken konnte. Und nur eine solche, für das kleine Weimar besonders gefährliche, Publikation war ausdrücklich verboten. Freilich, gerade bei dieser gesetzlich klaren Verbotsangelegenheit offenbarte sich die mangelnde Autorität der neuen Weimarer Regierung: Man konfisziert zu einem Zeitpunkt, da die Exemplare schon in vielen Händen sind. Ludwig Wieland, der Sohn des 1813 verstorbenen Dichters, übersetzt den französisch geschriebenen Text Kotzebues ins Deutsche und gibt ihm so in seinem *Volksfreund* eine noch größere Publizität. Auch seine Noten treffen vermutlich Kotzebue und seinen Auftraggeber, Alexander I. Den finanziellen Hintergrund dieser Publizistik belegt besonders die Tatsache, daß sich eine Buchhandlung einschaltet und ein gutes Geschäft, wahrscheinlich mit Ludwig Wielands konfisziertem *Volksfreund*, macht. Man versteht wenig von dem heute oft verherrlichten »Vormärz«, wenn man nicht weiß, daß oppositionelle Publikationen, trotz der Gefahr der Konfiszierung, von den Verlegern erheblich besser honoriert würden als legale.

»Die Nachricht von den Weimarischen Verdrüßlichkeiten« meint das Entlassungsgesuch des Grafen Edling vom 20. 1. 1818[46], das ein großer Schlag für Carl Augusts politisches Abenteuer war; denn mit Hilfe dieses österreichisch erzogenen und aus Wien mitgebrachten Grafen hatte er seiner liberalen Politik einen seriösen, ja halbfeudalen Anstrich geben wollen. Der Graf hatte noch am 19. 12. 1817, in einem Zirkular an die Sachsen-Weimarischen Geschäftsträger, sehr euphemistisch über den Besuch des Fürsten Hardenberg und des Grafen Zichy berichtet: »Ihre Sendung« habe, »wenn es möglich wäre, die längst bestehenden Bande der Freundschaft S. K. H. zu ihren allerhöchsten Souveränen nur noch enger geknüpft«.[47] Einen Monat später platzte das Entlassungsgesuch des Grafen in den gerade Morgenluft witternden Kreis der Weimarer Politiker und beschäftigte ihn anhaltend;

---

46 Politischer Briefwechsel des Herzogs Carl August. Bd. 3. S. 451.
47 Ebd. S. 449.

denn Carl August war über die plötzliche Wende seines ranghohen Außenministers tief getroffen und reagierte zornig. Der erfahrene Fürst verstand gewiß Edlings Empörung über die »Unverschämtheit« der Journalisten; aber die Kritik der Maßnahmen, die man gegen diese beschlossen, seine Abweichung von der Meinung des Ministeriums ließ er nicht gelten; denn Edling hatte bisher geschwiegen. Der alte General muß das Benehmen des Grafen und gut besoldeten Ministers als eine Art Fahnenflucht in kritischer Lage empfunden haben. Tatsächlich verließ der Graf und Höfling das sinkende Schiff wohl auch um seiner Karriere willen. Edlings Rücktritt belegt besonders deutlich, daß die noch immer herrschende »Press-Anarchie« (Goethe) die Politik des Großherzogs stärker gefährdete als das Wartburgfest, das man zur jugendlichen Torheit herunterspielen konnte. Der ganze Vorgang spricht dafür, daß der Graf nicht zu Carl August und zu den andern Ministern paßte. Auch die Ehefrau spielt bei solchen Entscheidungen stets eine wichtige Rolle, und die kluge Großherzogin Luise führte Edlings Entlassungsgesuch auf die Tatsache zurück, daß es der Gräfin Roxandra »einer in Petersburg aufgewachsenen und gebildeten Griechin […] bei uns nicht sehr gefallen« konnte (an Goethe 7. 2. 1818).[48]

Man griff zu der üblichen Diplomatie, den Grafen zunächst nur aus Krankheitsgründen zu beurlauben. Aber der endgültige Abschied Edlings war unvermeidlich und vernünftig. Nur war dieser – der Großherzog sah es sogleich – *eine weitere Belastung der Politik Sachsen-Weimars.* Voigt und Goethe hatten, trotz ihrer konservativen Gesinnung, stets ein kühles Verhältnis zu Carl August »Freund«: Als solcher läuft er – ob zu Recht? – in der politischen Geschichte. Bezeichnend für das Interesse, das der Freiherr vom Stein, trotz aller Kritik, der gewagten Politik Carl Augusts entgegenbrachte, ist sein Brief an die Gräfin Edling vom 11. 2. 1818: Er mißbilligt den Rückzug des Grafen mit der überzeugenden Begründung, die Gutgesinnten müßten gegen die »anarchistischen Schriftsteller« zusammenhalten.[49]

48 Ebd. S. 469.
49 Ebd. S. 469, Anmerkung.

In böser Zeit entdeckt Goethe seine »lieben Weimaraner« wieder

Abgesehen von solchen freundschaftlichen Hilfen hatte das Jahr 1818 einen zum Verzweifeln bösen Anfang. Auch aus Wien ließ sich bereits ein unheimliches Grollen vernehmen. Graf Zichy erhielt einen Verweis: er habe mit dem naiven Besuch Jenas seine Instruktion überschritten. Dem Kaiser Franz I. mißfiel der an ihn gerichtete Brief Carl Augusts, dessen selbstbewußten Schluß wir zitierten, und Metternich, der mit kleinen aber wirksamen Mitteln zu arbeiten pflegte, »vergaß«, den Weimarer Geschäftsträger in Wien bei den üblichen Einladungen der auswärtigen Gesandten zu berücksichtigen (Piquot an Fritsch [?] 30. 1. 1818).[50]

Es ist möglich, daß der Großherzog, nach so vielen Enttäuschungen, Goethes (und z. T. auch Voigts) Warnungen vor seiner Politik besser als bisher verstand. Sicher ist, daß Goethe gerade in dieser mißlichen Lage Sachsen-Weimars seine Verbundenheit mit der langjährigen Wahlheimat wieder neu erlebte. Einen Brief an den Kanzler Friedrich von Müller vom 21. 1. 1818 schloß er mit den Worten: »mannichmal empfind ich gar wohl in meiner jenaischen Einsamkeit, daß ich von meinen lieben Weimaranern allzulang getrennt bin.« Es war das erste deutlich erkennbare Signal einer Kursänderung, und Müllers Charakter ist Bürge dafür, daß es dem Hofe und der gesamten Gesellschaft Weimars nicht unbekannt blieb. Auch der Geburtstagsbrief an die Großherzogin Luise vom 30. 1. 1818 ist viel herzlicher als der vom Vorjahr. Vor allem aber scheint der Entschluß Maria Paulownas, an ihrem Geburtstag (16. 2.) durch einen Maskenzug von Goethes Werken den Dichter zu ehren, das trotzig vereinsamte Genie wieder zu seinen »lieben Weimaranern« zurückgeführt zu haben. Man kann verstehen, daß er im Brief an seinen Sohn August vom 13. 2. 1818 es ablehnte, die einzelnen Stücke selbst einzuführen. Aber er hat zu diesem Geburtstag der Kaiserlichen Hoheit doch beigetragen: »Stanze für Weimar, Canzlar von Müllers Gedicht zum Geburtstag. Durchgesehen und um 9 Uhr abgefertigt« (Tgb. 16. 2. 1818). Schon am 18. 2. meldet das Tagebuch: »Sendung von Weimar. Die Stanzen zum Maskenzug gedruckt kamen an.« Kanz-

---

50 Ebd. S. 466 f.

ler von Müller hatte, wie auch sonst, die Rolle des Festdichters übernommen.[51]

Die Auswirkung des höfischen Festes auf den Großherzog ist nicht leicht zu beurteilen, da der Briefwechsel fast immer sachlich bleibt. Sehr auffallend ist aber Goethes Tagebuch-Eintrag vom 22. 2. 1818: »Um 10 Uhr zum Großherzog, halb 1 Uhr nach Hause.« Zweieinhalb Stunden Gespräch bedeuten wohl eine *Aussprache.* Freilich deutet die Dauer des Gesprächs auch die Schwierigkeit einer Verständigung an. Goethe weilte bei dieser Gelegenheit vom 21. 2. bis 14. 3. in Weimar, was zu dieser Zeit mindestens seinen guten Willen gegenüber dem Hofe beweist. In einem undatierten Brief an Goethe reagiert Carl August freilich, höchst ungnädig auf einen Bericht in Cottas *Allgemeiner Zeitung* vom 20. 2. 1818: »datirt Weimar, der voll Lügen ist. Schreib doch gelegentlich an *Cotta,* mann wunderte sich, daß er hier einen so *miserablen Correspondenten* habe«.[52]

Eine leidenschaftliche Passage in Carl Augusts meist sachlichen Briefen an Goethe findet sich schon früher, in seinem Schreiben vom 2. 2. 1818. Nach einem mineralogischen Auftrag – »Beliebe […] machen zu lassen« – läßt er einer politischen Klage freien Lauf[53]: »Das durch unsere gelehrten Bücherschreiber verbreitete Gelbe Fieber, hat uns alle hier [in Weimar], sehr leiden gemacht. Der sogenante Geist der Zeit, den mann jetzt, wie sonsten das Fatum, vorschob, wenn man etwas nicht verstund, ist der Hang und Drang zur *Selbsthülfe,* dieses hat Luden ans Tageslicht gebracht.« Der Großherzog ist hier von Goethes damaligen Gedankengängen nicht mehr weit entfernt. Es ist bekannt, daß Goethe das Romantische als etwas Krankes sah. Der Fürst vergleicht den von den Intellektuellen[54] erfundenen

---

51 Wir ließen Gothes kühles Verhältnis zu Carl Friedrich bisher im allgemeinen beiseite. Natürlich verletzte den Erbprinzen der Maria-Paulowna-Kult des Dichters (vgl. z. B. Goethes Brief an die Kaiserliche Hoheit vom 3. 2. 1818). Am 14. 2. 1818 schrieb der Erbprinz an den Kotzebue-Freund Böttiger: »Es ist mir schon lange zumute, als wenn er [Goethe] seit geraumer Zeit abwesend, ja bisweilen als ob er nicht mehr in der Welt wäre.« (Goethes Gespräche, hg. von Wolfgang Herwig (nach Ausgabe und Nachlaß Biedermanns.) Zürich 1965. Bd. III, S. 43.)
52 Briefwechsel Carl August mit Goethe. Bd. II. S. 207.
53 Ebd.
54 »Gelehrt« ist auch damals noch kein spezialistischer Begriff, er meint *die* Schicht, die man später die Gebildeten und heute die Intellektuellen nennt. In erster Linie meint er die Publizisten, wobei zuzugeben ist, daß auch heute viele Professoren in hohen Auflagen, d. h. in der Publizistik, ihr Ziel finden. Manche amerikanischen Universitätspräsidenten sehen in einem erfolgreichen Taschenbuchverfasser, mit

Liberalismus mit der Gelbsucht, d.h. mit einem Leiden. Dieser »Zeitgeist«, d.h. der aus dem Historismus stammende Fortschritts- und Freiheitsgedanke, ist im Grund eine »Selbsthülfe« der Untertanen, also Revolution. Luden hat als Historiker erkannt, daß Demonstrationen wie das Wartburgfest den von der Obrigkeit bedrängten Journalisten wenig helfen. So griff er zu dem stärkeren revolutionären Mittel, einen Kollaborateur der Heiligen Allianz und diese selbst in dem Auftraggeber Kotzebues, dem Zaren Alexander I., zu treffen. Auch Goethe richtet sich häufig gegen die aus dem Historismus stammenden Ideologien. Auch er spottet häufig über den »Zeitgeist«, der allzu viel Vergängliches hervorbringt. Und was von Carl August Selbsthülfe genannt wird, das heißt bei Goethe schlicht »Selbstsucht«.

Der degradierte Diener geht in den folgenden Briefen auf die politische Philosophie Carl Augusts nicht ein: »Quod licet Jovi non licet bovi.« Er bleibt bei den Sachen, für die er zuständig ist, und dazu gehört *nicht* die Politik! Auch kennt er zu gut Serenissimi Launen und kann sich nicht vorstellen, daß der Großherzog das Schiff, mit dem er sich schon auf hoher See befindet, ganz andern Zielen zusteuern wird.

Dem Tagebuch kann man entnehmen, daß nach dem langen Gespräch mit dem Großherzog vom 22. 2. 1818 und in den ihm folgenden Weimarer Wochen Goethe wieder in eine regere Beziehung zu seinem Fürstenhause kommt, wobei die ersten *öffentlichen Auftritte*, wegen der Bekämpfung der umlaufenden Gerüchte, für den Hof ein besonderes Gewicht haben. Eine erste Unterhaltung mit der Großherzogin fand schon einen Tag nach dem eben erwähnten Gespräch mit Carl August statt (Tgb. 23. 2. 1818). Wichtiger für den Hof war Goethes Fahrt »mit der Großherzogin nach Belvedere«. Ihm folgt sogleich ein Gespräch mit der Großfürstin von beträchtlicher Dauer (Tgb. 24. 2. 1818). Der 25. Februar ist nach dem Tagebuch auf einer weiten Strecke dem fürstlichen Hause gewidmet. »Um 11 Uhr nach Belvedere, mit Serenissimo durch die sämmtlichen Häuser. Zurück. Bey den Prinzessinnen zu Tafel. [...] Kam Prof. Weickart, Gespräch über manches Pädagogische. Mit der Frau Ober-Hofmeisterin ähnliche Unterhaltung.« Am 27. 2. (Tagebuch) sieht er den Pagenhofmeister Sondershausen und erfüllt seine Pflichten gegenüber der zweiten Stufe des Hofes: »Abends

---

demokratischer Begründung, den besten Professor, nicht allein in der Geisteswissenschaft. Diese Art von Demokratie wirkt sich auch in der deutschen Buchproduktion aus.

Gesellschaft: beyde Gräfinnen Egloffstein, Frau von Pogwisch, Gräfin Beust, Canzler von Müller.« Der nächste Tag verrät schon, daß dem Genie die vielen höfischen Pflichten nicht wohltun: »Kräuter brachte die Abschrift der Sonette der Frau von Bechtolsheim.« (Ach, die dichtenden adligen Damen!). »In Jagemanns Atelier« [Besuch beim Bruder der siegreichen Mätresse!]. »Mittag Gräfin Henkel. Befand mich so schlecht, daß ich mich zu Bette legen mußte. Abends Rehbein und Kämpfer« (Tgb. 28. 2. 1818). Nach kurzer Pause kommt eine Zeit, in der Goethe viele amtliche Pflichten erfüllt und Briefe schreibt, z. B. an Mylius und Cattaneo in Mailand, wohin Serenissimus reisen will (2. 3.) oder: »Nach Tische Canzler von Müller: Expedition wegen des nachbarlichen Baues« (Tgb. 3. 3.). Zwei Tage später hat er mit Nachgeburten des Wartburgfests und mit der eigenen Dichtung zu tun. »Friesens Selbstvertheidigung, parodirt; von Canzler von Müller die wahre in Original und dazu gehörige Acten. Den ersten Revisionsbogen vom Divan beendigt.« (Tgb. 5. 3.). Am 7. 3. dann: »In dem untern Garten: Umsicht und Einrichtung. Nachher nach Belvedere. Mit Serenissimo durch die Häuser. Über Heutiges und Nächstes gesprochen.« Am 9. 3. ist eine Arbeit für Maria Paulowna an der Reihe: »Promemoria wegen von Münchow für Ihro Kaiserliche Hoheit.« Der Astronom Münchow ist ein Lehrer der Prinzessinnen; bei der Honorarfrage braucht die hohe Mutter Goethes Rat.

Eine Auswahl von Tagebuch-Notizen ist nicht so leicht zu deuten wie Zitate aus den Briefen. Doch läßt sich erkennen, daß der Kontakt mit dem Fürstenhause wiederhergestellt ist. Am 10. 3. meldet das Tagebuch sogar: »Dem jungen Fürstenpaare aufgewartet.« Der verdrossene Gatte der Kaiserlichen Hoheit, der Erbprinz Carl Friedrich, wird also ausdrücklich in den Verkehr mit einbezogen, vielleicht auf Bitten der klugen Großfürstin selbst. Der gute Wille Goethes ist deutlich, ja fast überdeutlich. Doch versteht man auch, daß Goethes produktives Leben, ja selbst seine Gesundheit unter diesem Vielerlei von höfischen, d. h. personalen und amtlichen Pflichten leiden mußte und daß er wieder in ein freieres Leben zurückstrebte. Schon am 14. 3. fuhr er, allerdings für eine nur begrenzte Zeit, nach Jena, wo allerlei Geschäfte auf dem Gebiet der neuen Bibliotheksorganisation seiner harrten.

Aber eine geistige Brücke zu dem alten Freunde scheint doch wieder geschlagen worden zu sein. Am 12. 4. 1818 meldet sich Serenissimus sehr freundlich im ergrünenden Jena an und befiehlt 1) ein Experiment bei Döbereiner (im chemischen Institut): »die Operation des Überströhmens des Wasserstoff Gazes über glühende Kohlen, woraus dann das *gewisse etwas entsteht*. 2) »Schicke ich einen Koch morgen früh in die *Tanne*, woselbst wir speisen wollen. Lade Zigesarn und Schweizern dazu ein, auch den Obristen Linker, wenn er ausgehn kan. Abends fahr ich wieder nach Hause.«[55] Die Bedeutung des Briefes liegt darin, daß der Fürst vor seiner Reise nach Italien seine engsten Mitarbeiter in Jena noch einmal sehen will: den Professor, den er am höchsten schätzt, die Juristen, denen er in Verfassungsfragen besonderes Vertrauen schenkt und einen ranghohen Offizier. Die Ehrung Goethes liegt darin, daß man nicht im Schloß, sondern in *dem* Gasthaus speist, das der Dichter jetzt bewohnt. Seine Wohnung liegt hoch über der Saale und bietet eine weite Aussicht. Goethe hat das Gasthaus nicht wegen seines Komforts gewählt, sondern, wie zuvor das Gartenhaus, wegen seiner symbolischen Bedeutung. Die Tanne erscheint immer wieder in seinen Briefen: Sie ist seine »Zinne« hoch über dem Zeitgeist.

Auch während des Sommers 1818 ist Goethe, was keineswegs selbstverständlich ist, immer wieder in Weimar und in einem regen Verkehr mit der fürstlichen Familie. Er widmet sich mit Eifer der Erziehung der Prinzessinnen. Aber auch die Großherzogin und, was besonders auffällt, den Erbgroßherzog sieht er wiederholt. Er wartet in der Residenz die Rückkehr des Großherzogs aus Italien ab, um ihm über seine Tätigkeit in Jena zu berichten. In der ersten Juli-Hälfte 1818 ist sein Verkehr mit dem Hofe in Weimar besonders intensiv. Als er am 16. 7. mit Madame Mylius nach Jena einen Abstecher macht, findet er im Museum »Serenissimum und sämmtliche Gesellschaft« aus Weimar wieder! Endlich am 17. 7. (Tagebuch) kann er in Weimar von der Erbgroßherzogin, vom Erbgroßherzog und von der Großherzogin Abschied nehmen und schließlich auch von Serenissimo (Tgb. 19. 7.). Doch muß er noch dem Hofrat Jagemann zu seinem Bildnis sitzen und mit den eigenen Kindern Mittag essen. Dann erreicht er endgültig Jena, wo manche Pflichten auf ihn warten. Endlich am 23. 7. kann er die Reise nach Karlsbad antreten. Freilich scheint auch dieser Kuraufenthalt einen Auftrag seines Fürsten in sich enthalten zu haben, einen diplomatischen; denn Goethe war ja für die Großen der Zeit, nicht zuletzt für Metternich, kein Unbekannter mehr.

---

55 Briefwechsel Carl August mit Goethe. Bd. II, S. 213 f.

Karlsbad 1818: Goethes Begegnung
mit Metternich und seinem Gehilfen Gentz

Selbstverständlich kann es sich bei einem Dichter, auch wenn er berühmt ist, nur darum handeln, das für Sachsen-Weimar ungünstige Klima in der großen Welt ein wenig zu verbessern. Am 15. 8. 1818 schreibt Goethe an Carl August: »Die mir gnädigst aufgetragnen Begrüßungsworte wurden alle ehrerbietigst und freundlichst aufgenommen und erwiedert. Fürst Metternich empfing die Probebogen des von Hammerischen Briefs mit Geneigtheit und Beyfall. Ein Exemplar ist nach Wien abgegangen.« Der Eintrag läßt einen kühlen Umgang mit dem mächtigen Staatsmann vermuten. Richtig ist, daß Metterich mit Goethe in keinen engeren persönlichen Verkehr trat; es wurden nur zwei Höflichkeitsbesuche ausgetauscht (Tgb. 28. 7 und 17. 8.). Aber der Staatskanzler schrieb recht freundlich an Goethe, mit gleichzeitiger Übersendung und Empfehlung seines offiziellen publizistischen Organs, der *Jahrbücher der Literatur* (Tgb. 19. 8., vgl. auch Metternichs Brief vom gleichen Tag); auch schickte er ihm durch Gentz, seinem Vertrauten, Rosenquarz (Tgb. 30. 8.). Gentz sah den Dichter auch sonst immer wieder! Kurz, Metternich machte einen Versuch, Goethe diskret für sich zu gewinnen, wie ihm dies bei Gentz, Adam Müller und Friedrich Schlegel gelungen war. Goethe antwortet dem mächtigen Staatsmann *spät*, erst am Tag vor seiner Abreise (12. 9. 1818), sehr höflich, aber, im Vergleich mit früheren Briefen an den Fürsten Metternich, eher zurückhaltend. Auch schützt er diplomatisch eine Krankheit vor. Selbstverständlich geht er dem Chefideologen der Restauration, dem Herrn von Gentz, erst recht nicht auf den Leim.

Richtig ist, übereinstimmend mit dem Tagebuch, die Mitteilung in dem Brief an Carl August, daß ihn »die Fürstl. Schwarzenbergische Familie [...] mit besonderer Gunst in ihrem Zirkel auszeichnet«. Er kannte ja den berühmten österreichischen Feldmarschall von Biebrich her. Weniger Glück scheint er bei dem preußischen Helden Blücher gehabt zu haben, obwohl er doch an seinem Denkmal in Rostock mitgearbeitet hat. Da heißt es im Tagebuch (18. 8.) nur: »Bey Feldm[arschall] Blücher, den ich Whistspielend fand.« Diese Begegnung verschweigt Goethe klugerweise in dem Brief an seinen Fürsten. Doch findet er eine Brief-Fortsetzung, die dem Großherzog eine freundlichere Erinnerung schenkt: »Vor allem aber hätte erwäh-

nen sollen daß Fr[au] Gräfinn Odonel in Franzenbrunn, bey meiner Durch-
fahrt getroffen, und von hier aus einigemal Briefe gewechselt. Sie bleibt
Ew. Hoheit immer in Gedancken anhänglich und der große Verlust hat in
ihrem Gemüth den Werth älterer Freunde nur erhöht.« Mit dem großen
Verlust ist der Tod der österreichischen Kaiserin Maria Ludovica gemeint,
die der Fürst und sein Geheimer Rat gemeinsam in Teplitz verehrt hatten,
ohne darüber ihre Hofdame O'Donell zu vernachlässigen. Die Krönung des
Briefes ist eine Ehrung der Starsängerin Catalani, die, nicht anders als in
unserer Zeit, noch viel berühmter war, als es ein Dichter in seiner Lebenszeit sei kann: »Sagen läßt sich nichts über dies seltene Natur- und Kunst-
produkt.« Aber der große Dichter improvisiert über sie ein Gedicht für Carl
August, das er verstand und das auch der Fürst selbst hätte machen können:

> Im Zimmer, wie im hohen Saal
> Hört man sich nimmer satt:
> Denn man begreift zum erstenmal
> Warum man Ohren hat.

»Möge die Harmonie des Lebens Ew. Königl. Hoheit immer umschweben!
unterthänigst Goethe.« Der Brief enthält wenig politische Information, obwohl er zwischen dem Wartburgfest und den Karlsbader Beschlüssen geschrieben ist. Aber auch er gibt einen Hinweis darauf, daß der Minister von
Goethe seinem Herrn – *im Gegensatz zum Grafen Edling* –, trotz Kotzebue
und Luden und seinem noch keineswegs vergessenen Groll, die Treue
bewahrt.

Die politische Machtlosigkeit der alten Minister Voigt und Goethe

Man fragt sich, ob Goethe und Voigt, aufgrund ihrer herausragenden Stellung als Präsident der Regierung und »alter Freund« des Fürsten, es wagen
konnten, den immer noch wohlgemuten oder wenigstens hartnäckigen
Fürsten zu warnen; denn sie selbst sind voller Angst und spüren deutlich,
daß der Politik Carl Augusts und damit dem ganzen Staat ein Unheil droht.

Schon Goethes Brief an Voigt vom 27. 1. 1818 gibt zu denken: »Jederzeit weiß ich vierundzwanzig Stunden voraus, was für schlechtes Wetter von Osten in Westen anlangen wird, ohne auch nur im mindesten wehren oder helfen zu können, und so beunruhigt mich wieder die Wirkung dieser Meteore, die von dort herüber schallt und trifft. Durch dieses Unwesen ist auch hier [in Jena] die Gesellschaft in stumme Apprehension geraten, niemand traut dem andern [...] – Wes Brot ich esse, des Lied ich sing. Die Herren essen das Brot der Preßfreiheit, kein Wunder, daß sie ihr zu Ehren die heftigsten Hymnen singen.« [...] Es »ist ein merkwürdiges Phänomen, daß niemand mehr an die allgemeinen Angelegenheiten denkt; sondern ein grenzenloser Haß gegen Kotzebue sich hervortut, der denn seinen Feinden gut Spiel macht [!]. Alles, was gegen ihn geschieht, wird gebilligt, jede Maßregel für ihn getadelt. [...] – Bürger wie Studenten wüten öffentlich gegen den Erbfeind [...] Es entstehen gewiß noch die unangenehmsten Folgen aus diesem seinem Aufenthalt in W.[eimar].« (Der Vielreisende war zu dieser Zeit wieder in der Heimat.) Mit den Worten »Ad seria!« geht Goethe zur Bibliothekskasse über. Es hat wenig Sinn, Ängste zu äußern. Goethe ist kein Ästhet: er interessiert sich für die politische Gefahr. Doch als ihm Voigt Mitteilungen über die Lage macht antwortet er: »Was will man zu allem diesem sagen, als daß es vorauszusehendes Unheil sei« (an Voigt 30. 1. 1818).

Der Mediziner Kieser fand unter den Professoren, die über das Wartburgfest schrieben, am ehesten Anerkennung bei der Regierung; aber er kann es nicht lassen »Frieses Rede«, die besonders Anstoß erregt hatte, »auch wieder mit abdrucken [zu] lassen. Die Lehrer sind schlimmer als die Studenten« (Voigt an Goethe 4. 3. 1818).[56]

Auch 1818 war es der Regierung von Weimar nicht möglich, mehr als eine Verordnung zur Pressefreiheit vorzulegen.[57] Voigt an Goethe am 9. 4. 1818[58]: »Ein neuestes Publicandum lege ich bei. Was gut darin ist, nämlich der § XIII, stehet so auf Schrauben, daß schwerlich auch daraus etwas zur Zähmung der Politikaster herzunehmen sein wird. Die spitzfindige Juristerei wird eine Menge Ausflüchte daraus ableiten, wenn es gleich der gute Kanzler [von Müller] nicht glaubt, der aber freilich, ohne daß er es

---

56 Goethes Briefwechsel mit Chr. G. Voigt. Bd. IV. S. 348.
57 Vgl. Fritz Hartung: Das Großherzogtum Sachsen unter der Regierung Carl Augusts. Weimar 1923, S. 329 ff.
58 Goethes Briefwechsel mit Chr. G. Voigt. Bd. IV, S. 357.

gesteht, auch von dem Zeitgeist infiziert ist.« Zwei Tage später reist der Fürst Hardenberg durch Weimar, ohne sich auf ein Gespräch einzulassen. Häufige schlimme Nachrichten dieser Art pflegt der Dichter symbolisch zu verarbeiten. Goethe an Voigt 8. 5. 1818: »Auf der Tanne lebe ich wie im Lande Gosen, heiter und klar, indes über dem Ninive-Jena die schwarze Wolke der Politik, durchkreuzt vom Blitz der Strafurteile, zu ruhen sich Gelegenheit nimmt.« Mit dem «Blitz« ist wohl ein vom Leipziger Schöffenstuhl bestätigtes Urteil des Weimarer Kriminalgerichts gemeint, nach dem Luden und Oken mit drei Monaten Gefängnis oder 60 Reichstalern bestraft werden sollen. Doch wiederholt sich die uns schon bekannte Komödie, daß nämlich das Jenenser Oberappellationsgericht die Strafen wieder aufhebt[59] und so der Autorität Sachsen-Weimars weiteren Schaden zufügt. Ein zentrales Problem war der schon im Brief des Freiherrn vom Stein festgestellte *Mißbrauch der akademischen Freiheit.* So blieb kein anderes Mittel, als diese vorübergehend aufzuheben. Voigt an Goethe 20. 5. 1818[60]: »Der Syndikus wird wieder eingesetzt, und die Einrichtung getroffen, daß alle die Professoren betreffende Jurisdiktionalien künftig von der Regierung kommissionsweise besorgt werden, bis wegen der universitätischen Ziviljurisdiktion überhaupt eine Reform getroffen werden kann.«

Den verhängnisvollen Einfluß, den die verlockenden Pressehonorare auf die politische Situation ausübten, belegt für Weimar die beschämende Tatsache, daß ausgerechnet der angesehene Jenenser Martin, Professor und Oberappellationsgerichtsrat [!] – *er* hatte den Vorschlag zu dem einschränkenden Weimarer Pressegesetz ausgearbeitet – im *Neuen Rheinischen Merkur* sich so angriffslustig gebärdete, daß der Kurfürst von Hessen und der Großherzog von Baden sich beschimpft fühlten und eine Untersuchung verlangten.[61] Am 20. 6. 1818 schreibt Voigt völllig resigniert an Goethe[62]: »Zucht und Ordnung ist nicht mehr in Jena zu erwarten. Wir wollen uns vorstellen, daß nur unsre Anstalten [Museen, Bibliotheken usw.] in Jena existierten und die übrigen Dinge uns nicht angehen. In Frankreich gab es doch auch viel ruhige Zuschauer der Revolution.« Diese Ohne-mich-Haltung konnte sich Goethe, aber der Präsident des Ministeriums selten leisten. Schon am 24. 6. 1818 meldet der alte und halbkranke Voigt dem

---

59 Ebd. S. 569 (Anmerkung zur Nr. 417).
60 Ebd. S. 374.
61 Ebd. S. 375 und S. 571 (Anmerkung zu Nr. 423).
62 Ebd. S. 384.

Gesinnungsfreund, daß er »durch mehrere höchst widerwärtige Auseinandersetzungen in akademischen und Appellationsgerichtssachen sehr angegriffen« wurde, daß aber der Großherzog in »kräftigem Befinden« zurückgekehrt ist und sich, »nach wenig Worten der Begrüßung«, nach Goethes Gesundheit erkundigte, daß freilich Prinz Wilhelm von Preußen und Prinz Christian von Darmstadt auch angekommen sind. »Vorerst wird man also auf eine Geschäftsunterhaltung nicht rechnen können.«[63] Man hat nicht den Eindruck, daß von den beiden alten Ministern irgend etwas unternommen werden konnte, was geeignet war, die Hybris des Großherzogs zu dämpfen und den gefährlichen Kurs des Staatsschiffes von Sachsen-Weimar zu korrigieren.

Der Großherzog erkennt den Ernst der Lage nicht

Das Schreiben, das Goethe am 27. 6. 1818, also wenige Tage später, an den Großherzog richtet, enthält nur Mitteilungen zur Oberaufsicht und nicht die geringste Andeutung seiner politischen Befürchtungen. Er wußte, daß dieser Fürst seinen Weg in *der* Verfassung, die Goethe »dämonisch« nannte, *weitergehen* werde. Zur Taufe seines Enkels Carl Alexander am 5. 7. 1818 lud Carl August Vertreter der Burschenschaft ein! Sie benützten selbstverständlich diese Gelegenheit zur Demonstration wieder sehr geschickt, indem sie den fortschrittlichsten deutschen Fürsten durch einen Fackelzug feierten. Man konnte der Meinung sein, bei dieser Feier handle es sich um eine normale Familienangelegenheit. In Wirklichkeit war es, nach den Warnungen, die dem Wartburgfest gefolgt waren, eher eine bewußte Provokation. »Jedenfalls wurde der Vorfall alsbald im Ausland bekannt und als ein demonstrativer Akt an der Hofburg in Wien und im Kreis Metternichs übel vermerkt.«[64] Um die Verwegenheit dieses Verhaltens richtig zu beurteilen, muß man wissen, daß der Kongreß in Aachen (29. 9.–21. 11. 1818) in Aussicht stand. Bei diesem Treffen der fünf Großmächte wurden u. a. schon Maßnahmen gegen die Universitäten erwogen, und ohne Wilhelm von Humboldts Hilfe für seine Lieblingsinstitution wären sie vielleicht schon

---

63 Ebd. S. 385.
64 Hans Tümmler: Carl August von Weimar. Stuttgart 1978, S. 310.

damals beschlossen worden.[65] Es mutet reichlich naiv an, wenn Carl August, unter Berufung auf sein altes Verhältnis zu Preußen, einen Geschäftsträger auf diesen Kongreß schicken will, obwohl die Großmächte (Rußland, Preußen, Österreich, Frankreich, England) beschlossen haben, *ganz unter sich zu verhandeln.* Als der russische Gesandte Chanykow, auf dem Wege über den Grafen Edling, ihn warnte, beschwerte sich der Großherzog bei seinem alten Freunde Müffling darüber und verdächtigte Maria Paulowna: »Unter uns gesagt, ich fürchte, daß meine Frau Schwiegertochter die Klatscherei mit Canikoff mir gemacht hat, die uns lieber in russischer Dependenz wüßte als in den vertrauten Verhältnissen mit Preußen.«[66] Lebte Carl August wirklich noch in »vertrauten Verhältnissen« mit Preußen? Die alten Feudalbeziehungen waren längst durch einen Prinzipienstreit ersetzt, in dem er von Preußen abgefallen war. Er erkannte den Ernst der Lage noch nicht!

Ein durchaus illusionäres Verhalten bestätigt auch die Tatsache, daß er die Burschenschaft im folgenden Monat die Feier des Sieges von Leipzig (18. 10. 1818) erneut genehmigte. Er warnte zwar vor »Parteisucht« und »Gesetzwidrigkeit«. Aber man wird Hans Tümmler kaum widersprechen können, wenn er in diesem Erlaß die Voraussetzung für die Gründung der Allgemeinen deutschen Burschenschaft am 19. 10. 1818 erblickt.[67] Den Studenten *mußte* es als eine große Chance erscheinen, wenn ein Fürst hinter ihnen stand. »Besorgnis« teilte der Großherzog der Universität Jena erst am 14. 12. 1818 mit: »Die Aufmerksamkeit Deutschlands ist jetzt auf den Zustand der hohen Schulen und namentlich auf Jena gerichtet; ein würdiges, sittliches Betragen der dort so vieler Freiheit genießenden Jünglinge kann allein das vollgültige Zeugnis ablegen, daß Sitte mit Freiheit, Fleiß mit Unabhängigkeit zu bestehen vermag.«

Wie in *Wirklichkeit* Preußens Einstellung zu Sachsen-Weimar schon im Jahre 1818 aussah, demonstriert der späte Protest des Weimarer Staatsministeriums vom 26. 1. 1819 gegen das preußische Zoll- und Verbrauchssteuergestz vom 26. 5. 1818 [!]. Wir zitieren den Schluß, der deutlich genug

---

65 Ebd.
66 Carl August an Müffling 22. 9. 1818, in: Politischer Briefwechsel des Herzogs Carl August. Bd. 3, S. 499.
67 H. Tümmler: Carl August von Weimar. S. 311. Wortlaut: Politischer Briefwechsel des Herzogs Carl August. Bd. 3. S. 501 f.

ist[68]: »Es ist uns […] die offizielle Anzeige zugekommen, daß das diesseitige, von königlich preußischem Gebiet umschlossene Amt Allstedt als dem Gesetz der Verbrauchssteuer unterworfen angesehen und daß den großherzoglichen Untertanen daselbst diese Abgabe, wie behauptet wird, nach einer Entscheidung des Königlichen Finanzministeriums zu Berlin angesonnen werden will, ohne daß Seine Königliche Hoheit um Höchstihre desfallsige Zustimmung auch nur begrüßt, noch Anträge zu einer Verhandlung darüber anher gelangt sind, ohne daß von dem Landesfürsten die Untertanen, die ein fremdes Gesetz nicht verbinden kann, zu solcher Entrichtung angewiesen worden. – Von Seiner Königlichen Hoheit unserm gnädisten Herrn sind wir befehligt, Euer Exzellenzien diese Tatsache anzuzeigen und zugleich um Ihre geneigte Verwendung […] zu schleuniger förmlicher Abstellung dieser gebietsverletzenden Anwendung des fraglichen königlich preußischen Finanzgesetzes auf diesseitige Landesteile mit gebührender Zurechtweisung der Behörde […] anzutragen.« Das nach dem Bundesrecht unmögliche, aber auf Macht gestützte Vorgehen Preußens wird in einem Kanzleistil kritisiert, der an das Heilige römische Reich erinnert. Einige Jenenser Professoren, und mit ihnen einige hohe Beamte Weimars, wie auch der Großherzog, waren darauf stolz, einen bescheidenen Teil der akademischen Jugend mit nationalliberaler Begeisterung erfüllt zu haben. *Sie sahen darin den Kern eines neuen Deutschlands.* In Preußen überschritt man auch die Grenzen, aber sehr viel realistischer. Die Zollpolitik war bekanntlich der Anfang des Weges zu einem von Preußen realpolitisch geschaffenen neuen deutschen Reich. Als man *so* weit war, hatte man auch in Berlin nichts mehr dagegen, wenn die Burschenschaft zum idealistischen Anfang des neudeutschen Reiches verklärt wurde. Zunächst aber mußte man in Weimar erkennen, daß der alte Goethe im Recht war, als er den Geschichtsprofessor Luden darüber belehrte, daß man ohne eine Menge von Soldaten unmöglich, im politischen Sinne, Geschichte machen kann.

---

68 Politischer Briefwechsel des Herzogs Carl August. Bd. 3. S. 506.

Das Jahresende 1818: Neue Erkenntnisse Carl Augusts. Allgemeine Versöhnung in Weimar

Es gab an der Universität Jena nicht nur revolutionäre Professoren, sondern solche, die vernünftiger als der Großherzog waren und erkannten, daß die geldgierigen, unruhestiftenden Kollegen die Wissenschaft verrieten und daß die Aktivität der Burschenschaft – ob mit oder ohne Religion und Sittlichkeit – die akademische Freiheit gefährdete. Am 29. 10. 1818 sieht sich der Großherzog veranlaßt, der Universität, vor allem dem Prorektor und »einigen andern Professoren«, für ihre »pflichtmäßige Einwirkung« auf die Studenten während der zweiten Siegesfeier zum 18. 10. 1818 zu danken. Sie ist »im ganzen mit Ruhe, Ordnung und Anstand gefeiert« worden. Freilich vergißt er nicht, dabei den »unter den Studierenden selbst herrschenden guten Geist« zu erwähnen.[69] Am 14. 12. behauptet der Fürst sogar, das ruhigere und sittlichere Verhalten der Studenten sei, neben der ihm bekannten Einwirkung von Professoren, *der Burschenschaft zu verdanken.* Im gleichen fürstlichen Schreiben erfahren wir auch, *zur Ehre der Universität, daß diese die Burschenschaft »nicht als gesetzlich bestehend anerkannt«, sondern nur geduldet hat.* Diese Haltung der konservativen Professoren rechtfertigt der Großherzog im folgenden selbst, wenn er von der Gefahr spricht, der vor allem Aufmerksamkeit geschenkt werden muß, nämlich der, daß »die Buschenschaft leicht in sich selbst ausarten [!], das Wesen einer geheimen Verbindung annehmen, die Jugend von ihrem Berufe auf der Akademie abziehen, ja vielleicht [...] von außen her [!] eine Richtung bekommen, mit einem Worte: als Instrument gemißbraucht werden könne«.[70] Carl August bezeichnet hier die ständige Gefahr politischer Studentenunruhen sehr deutlich: »von außen her«, durch interessierte Kreise, werden die Jungakademiker, unter dem Vorwand einer »höheren« (außerakademischen) Erkenntnis, als *revolutionäres Instrument* mißbraucht. Diese Einsicht kommt reichlich spät; aber sie muß in unserm Zusammenhang als solche festgestellt werden, weil sie die Versöhnung mit Goethe wie auch mit Maria Paulowna beförderte. Vielleicht zusammen mit der richtigen Erkenntnis, daß die familiäre Beziehung zu Preußen unter dem schwachen

---

69 Ebd. S. 502.
70 Ebd. S. 504.

König Friedrich Wilhelm III. zu einer bloßen Legende geworden war, während die aktive und intelligente Schwester des Zaren mit ihrer Bewunderung für die *alte* Kultur Weimars eine solide politische Größe darstellte. Auf die Frage, wie die Wendung Carl Augusts zustande kam, kann ich keine sichere Antwort geben. Vielleicht erreichten ihn Nachrichten über die gefährlich-revolutionäre akademische Jugend in Gießen. Vielleicht war es auch der Einfluß des liberalkonservativen Juraprofessors Christian Schweitzer, der im Ministerium an die Stelle Edlings getreten war.[71] Ihm ist wohl auch die *engere* Zusammenarbeit mit dem Senat der Universität Jena zu verdanken. Als eine Rückkehr zur Vernunft konnte man auch die Tatsache verstehen, daß der besonders belastete Historiker Luden seine Zeitschrift *Nemesis* mit dem Jahrgang 1818 auslaufen ließ.

Die aktive Rolle, die Goethe nach dem Aufenthalt in Karlsbad bei der Beratung des Herzogs und bei der Versöhnung der Gesellschaft in Weimar spielt, läßt sich seinem Tagebuch entnehmen. »Acten, die neue academische Einrichtung betreffend, von Serenissimo. [...] War morgens Staatsrath Beck bey mir gewesen und hatte das Diplom der Petersburgischen Mineralogischen Gesellschaft überbracht« (Tgb. 18. 9. 1818). »Nach Tische im Garten. Canzler von Müller. Kam der Kaiser von Rußland an« (Tgb. 22. 9.), offenbar auf der Durchreise, ohne Feiern. »*Die Kaiserin von Rußland war gekommen.* Madame Catalani sang bey Hofe« (Tgb. 25. 9.). »Serenissimo das [neue französische] Ehrenlegionszeichen vorgelegt. Von Höchstdemselben die Genehmigung erhalten.« (Tgb. 29. 9.) »Bey Serenissimo. Coudray und die Darmstädter Handwerker wegen Tapezieren und Goldputzens. Nach Belvedere. Prinzeß Augustes Geburtstag. Sämmtliche Herrschaften zu großem Frühstück. Den kleinen Prinzen besucht. In die Gewächshäuser. Iusticia cristata blühend. Serenissimus; polnische Damen. Spät nach Hause.« (Tgb. 30. 9.) »Bey der Frau Erbgroßherzogin [...] Staatsrath Schweitzer [!] machte Visite.« (Tgb. 2. 10.) »Mein Sohn trat den Hofdienst an« (Tgb. 4. 10.) »Schluß-Votum wegen der academischen Statuten concipirt und mundirt. In das Römische Haus, wohin der Großherzog mit dem Herzog und der Herzogin von Cumberland später kam.« (Tgb. 5. 10.) »Gräfin Henkel und Frau von Stein besucht. Letztere zurückbegleitend im Garten.« (Tgb. 12. 10.) »Herrn Grafen Paar von Wien, Kästchen mit kleinen Geschenken durch Herrn v. Schreibers. [...] Um 9 Uhr zu Serenissimo. Um 11 Uhr zurück.« (Tgb. 13. 10.) »Um 10 Uhr zur Großherzogin, K. H. Kam

---

71 Hans Tümmler: Carl August von Weimar, S. 311.

der Großherzog.« (Tgb. 14. 10.) »Einladungskarten geschrieben zum Sou-
per auf morgen Abend.« (Tgb. 15. 10.). Die Tagebuchstellen zeigen, daß
Goethe auswärtige Ehrungen erhält, die Verbindungen mit *allen* Stellen
des Hofes sorgfältig pflegt, nicht nur mit der fürstlichen Familie, sondern
auch mit den Hofdamen, und daß er dem Großherzog sogar bei der Intensivierung seiner Beziehungen zu Wien und Petersburg behilflich ist.

Goethes letzter Maskenzug zu Ehren Weimars

»Fuhr nach Berka; [...] Den *Auftrag von der Erbgroßherzogin* überlegt. [...]
Project zum Redouten-Aufzug. Abends Hofrath Meyer, über die Einleitung
der Festlichkeiten« (Tagebuch 17. 10. 1818). In dem kleinen Badeort Berka
bei Weimar sammelt sich Goethe für die Abfassung des *Maskenzugs zu
Ehren der Kaiserin Mutter Maria Feodorowna,* über den unten zu berichten
ist. Aus der Tatsache, daß bei einer großen höfischen Vorführung die Starschauspielerin Weimars nicht zu entbehren ist, erklärt sich zwanglos das
folgende Zusammentreffen: »Abends bey Frau von Heygendorf mit Serenissimo« (Tgb. 19. 10). An dieser Stelle bewies Goethe wirklich die »Entsagung«, die ihm so schwerfiel. Die Großfürstin durfte man über diese heikle
Begegnung nicht unter vier Augen unterrichten, was dem Genie gewiß
mißfiel: »Um 10 und $\frac{1}{2}$ zur Erbgroßherzogin. Die beyden fürstlichen
Herren [Carl August, Carl Friedrich] daselbst gefunden. [...] Canzlar von
Müller, Hofmarschall von Bielke wegen der Redoutengeschichte« (Tgb.
20. 10.). »Redouten-Aufzug schematisirt« (Tgb. 22. 10.). »Mittag zu vier.
Ward die Besetzung der Aufzugsrollen besprochen, die Tabellen verfertigt
und das Ganze durchgedacht« (Tgb. 23. 10.). So geht es weiter unter stän-
digem Verkehr mit der Weimarer Gesellschaft wie auch mit auswärtigen
Gästen. Für den Berliner Freund und Musiker Zelter, der zur Ironie neigt,
hat Goethe sich ein besonders pikantes Abenteuer ausgedacht: »Nach dem
Schauspiel mit Zelter zu Frau von Heygendorf« (Tgb. 31. 10.). Pünktlich
zum 1. 11. meldet das Tagebuch: »Die sämmtlichen Glieder und Gliederun-
gen des Redouten-Aufzuges besichtiget, geordnet und aneinander ge-
klebt.« Das große Unternehmen brauchte viel Zeit und viele Hilfskräfte zur
Vorbereitung, worauf wir nicht näher eingehen wollen.

Die normalen Amtsgeschäfte Goethes ruhen in dieser anstrengenden

Zeit nicht: »Den Bericht *an Serenissimus* die Jenaischen Bibliotheksangelegenheiten betreffend vollends mundirt. [...] Zu Herrn Staatsminister von Voigt. Den Bericht abgegeben. Anderes besprochen« (Tgb. 5. 11.). Auch die Korrekturen zum *Divan* und zum 4. Heft von *Kunst und Altertum* bleiben nicht liegen (Tgb. 7. 11.). Goethes *gesellschaftliche Vielseitigkeit und Leistungsfähigkeit* zeigt sich hier wohl zum letztenmal in ihrem vollen Glanz; es waren schwere Tage für das fast 70jährige Genie. Carl August sogar hält es für nötig, den Dichter, der jetzt wieder ganz den alten Freund und Hofdichter spielt, zu ermuntern (an Goethe 7. 12. 1818)[72]: »Lieber Freund, es freut mich sehr, dich gesund zu wissen. Keine leichte Aufgabe hast du unternommen, und gewiß wirst du Weimars alten Ruhm, der so oft beneidet wurde, bey gegenwärtiger *Hyper*-außerordentlichen Gelegenheit, aufs neue begründen. Nur wünsche ich, daß die Anstrengung nicht übel auf dein gewöhnliches Wohlbefinden wircke.« Das Wort »hyper-außerordentlich« dürfte wohl ein *Hinweis auf den mehr als höfischen, nämlich politischen, international politischen Zweck* des großen Festes sein. Am 18. 12. 1818 ist Probe auf dem Stadthause von 10 Uhr bis 1 Uhr. Um 6 Uhr versammeln sich die Masken in der Galerie der Großfürstin. »Um 8 Uhr der Aufzug. Ball bis Morgens.« Am 19. 12. um 1 Uhr empfängt Goethe den Dank der Kaiserin und ihrer Tochter Maria Paulowna (Tagebuch).

Das ist alles sehr wichtig für Weimar in seiner damaligen Situation, und Goethe hat sich dieser aktuellen Aufgabe nicht entzogen. Doch für uns ist es ein Bedürfnis, wie für Goethe, in seinem Brief an Knebel vom 26. 12. 1818, dem höfischen Spektakel zu entrinnen, »da so großer Aufwand von Zeit, Kräften und Geld doch nur zuletzt, wie ein Feuerwerk, ein für allemal in der Luft verpuffte. *Indessen haben wir die alte Ehre Weimars gerettet, ich aber, will's Gott! von solchen Eitelkeiten hiedurch für immer Abschied genommen.*«[73] Dies Gelübde hat Goethe gehalten. Interessant ist freilich, daß er wieder einmal wie einst bei Bonaparte und Maria Ludovica, durch die Teilnahme an der kaiserlichen Atmosphäre und Perspektive fasziniert wird: »Ihro Majestät der Kaiserin von Rußland hatte ich einigemal im besondern aufzuwarten das Glück. [...] Der Einblick in die Ansichten von so hoher Stelle war eine Fortsetzung dessen, was mir in Carlsbad geworden, und dient mir gar vortheilhaft, daß ich manches Zeitereigniß mit mehr Klarheit und Beruhigung ansehen kann. Leider, daß weniges davon mit-

---

72 Briefwechsel Carl August mit Goethe. Bd. II. S. 233.
73 Briefwechsel zwischen Goethe und Knebel. T. 2. Leipzig 1851, S. 253.

theilbar ist [...].«[74] Wir erfahren nichts Bestimmtes; doch mag das Wort
»Beruhigung« den Trost in sich schließen, daß aus der russischen Groß-
machtperspektive die Seitensprünge von Studenten und Kleinfürsten nicht
so wichtig sind, daß deshalb die öfters befürchtete militärische Intervention unternommen werden muß. Das schafft der diplomatische Druck auf
die Fürsten und das Funktionieren der fürstlichen Polizei.

Literarhistorisch ist Goethes Maskenzug von 1818 (W. A. Abth. I Bd.. 16,
S. 233–307) nur insofern bemerkenswert, als Weimars gesamte dichterische Leistung seit Wieland in einer Auswahl vergegenwärtigt wird. Von
Goethe selbst erscheinen nur *Götz* und *Faust* und natürlich *Mahomet*. Der
Fürstenpreis darf selbstverständlich nicht fehlen, vor allem für die »Kaiserin«, für ihre Tochter und die von ihr geborenen Enkel, wiederholt auch für
den Großherzog und gelegentlich, aber betont, für die Großherzogin Luise
und den Erbprinzen Carl Friedrich. Eine gewisse Abwechslung bringt Mephistopheles, ganz in seinem Tone, in die traditionelle Panegyrik. Doch
wird auch zeitgemäßen Werten wie der »Manneszucht« Rechnung getragen, und zum Schluß der *Braut von Messina* muß natürlich der heidnische
Schicksalsgedanke im Geist der christlichen Restauration korrigiert werden:

> Wenn Felsenriffe Bahn und Fahrt verengen
> Um den Geängsteten die Welle tobt,
> Alsdann vernimmt ein so bedrängtes Flehen
> *Religion* allein von ew'gen Höhen.

Goethe bringt es sogar fertig, den *Tell* in einen Fürstenpreis zu verwandeln; denn er findet schon *vor* Kotzebues Ermordung Grund genug, sich
von Terroristen zu distanzieren:

> Mit Grausamkeit ward es gethan.
> Verwirrung folgt! An innern Kämpfen
> Hat stille Weisheit jahrelang zu dämpfen,
> Stets mühevoll ist ihre Bahn.

»Der Freiheit aufgeklärter Blick« führt – man weiß es im voraus – zu einem
»andern Glück«:

---

74 Ebd. S. 254.

Die mit dem Fürsten sich berathen,
Sie fühlen sich zu großen Thaten
Zu jedem Opfer sich bereit
Je einiger sie sich verbündet
Je sichrer ist das Glück gegründet
Für jetzt und alle Folgezeit.

Freund Knebel lobt diese letzte höfische Leistung Goethes nur, ehe er sie gelesen hat. Er beschäftigt sich in dieser Zeit mit englischen Zeitschriften und bewundert die vielseitig ausgreifende englische Kultur der Epoche (an Goethe 1. 2. 1819).[75] »Unser Jena fängt an, ziemlich leer zu werden. Die Zahl der Abschiednehmenden nimmt immer zu. Zum Theil jagt sie vielleicht auch schon Schrecken und Furcht. Wir nehmen einen Italienischen Charakter an. Wer weiß was noch alles aus uns werden wird! – Von Deinem *Divan* habe ich schon Anzeige und Lob in den Englischen Blättern gelesen. […] Hoffentlich wirst Du uns vor Deiner Abreise […] hier noch besuchen: ne loca a divis quoque deserta putentur – wie Lukrez sagt« (an Goethe 6. 4. 1819).[76]

Mit diesem Freundschaftsbriefe haben wir schon einen Blick in das böse Jahr 1819 getan. Knebel interessiert sich nicht für das ewige Hin und Her der Geschichte oder für die Diplomatie zur Rettung Weimars, an der sich das Genie, wie immer doch auch *gegenwartsbewußt*, beteiligt, sondern für Goethes, trotz aller Angriffe, ständig wachsenden Ruhm und damit – nach antiker Denkweise – seine Vergöttlichung.

Die engeren Beziehungen zur fürstlichen Familie dauern an. Minister von Voigts Tod

Am 15. 1. 1819 redigiert der Dichter den *Maskenzug*. Man darf also davon ausgehen, daß es zwischen der höfischen Darstellung und der Druckfassung Unterschiede gibt. Am gleichen Tage weilt er zwei Stunden bei Sere-

---

75 Ebd. S. 255.
76 Ebd. S. 258.

nissimus, vor allem, um dessen Reise nach Neustadt zum Empfang der *regierenden* Kaiserin von Rußland vorzubereiten (Tgb. 15. 1. 1819). Man erkennt die erfolgreiche Intensivierung der Beziehungen zur kaiserlich russischen Familie. Das gleiche gilt für die stärkere Beachtung Carl Friedrichs, des Erbgroßherzogs, den Goethe früher wegen seiner geringeren geistigen Bedeutung wenig beachtet hatte, der aber schließlich der Gatte der hochverehrten Maria Paulowna, der Vater der von ihm betreuten Prinzessinnen und vor allem der nach mehr Einfluß strebende Thronfolger war. Typisch für Goethes Diplomatie ist, daß er seinen Sohn August zu diesem Zweck ins Spiel bringt: »Der Erbgroßherzog. Mein Sohn mit demselben spazieren« (Tgb. 10. 1. 1819). Er hofft durch August ein noch besseres Bild von dem wenig profilierten Erbprinzen zu gewinnen und gleichzeitig die zukünftige Karriere des Sohnes zu befördern. Am 2. 2. 1819 feiert er den Geburtstag des Erbprinzen mit, auch bereitet er die Wiederaufführung seines alten, weisen Festspiels *Paläophron und Neoterpe* vor, zum Geburtstag der Prinzessin Marie. Beim Festspiel selbst versammelt sich eine »zahlreiche Gesellschaft« (Tgb. 3. 2. 1819). Am nächsten Tage finden wir, wohl zum erstenmal, im Tagebuch einen Eintrag, der den Erfolg seiner Bemühungen bestätigt: »Erbgroßherzog freundlich wegen gestern.«

Auch die Beziehungen zur Familie Jagemann werden gewissenhaft weitergeführt: »In Jagemanns Atelier, die Herrschaften von Weimar und Mecklenburg daselbst« (Tgb. 21. 1. 1819). »Abends bey Frau von Heygendorf, deren Geburtstag war. Spät zurück« (Tgb. 25. 1.). Ein längeres Gespräch mit Serenissimus scheint er auch Anfang Februar geführt zu haben (Tgb. 7. 2.). Vor allem aber häufen sich Ende Februar und im März die Beziehungen zu Mitgliedern der fürstlichen Familie. »Um 11 Uhr zu J. K. H., der Frau Erbgroßherzogin.« (Tgb. 23. 2.) »Billet von der Frau Erbgroßherzogin.« (Tgb. 26. 2.) »Promemoria an *Serenissimum* (Tgb. 2. 3.). »Um 9 Uhr zum Großherzog; um 11 Uhr zur Großherzogin.« (Tgb. 7. 3.) »Nach Belvedere. In den Erdhäusern. Zurück. Die Herrschaft unterwegs getroffen.« (Tgb. 9. 3.) »Um 11 Uhr die Prinzessinen mit ihrer Umgebung und Dr. Nöhden.« (Tgb. 10. 3.) »Um 11 Uhr zu den jungen Herrschaften.« (Tgb. 11. 3.) Das heißt: Er erstattet Bericht über Verhalten und Bildung der fürstlichen Töchter. »Bey Serenissimo von 9 Uhr bis nach 12.« (Tgb. 14. 3.): Es geht wohl um Veränderungen im Jenaischen botanischen Garten, über die am 22. 3. weiter gesprochen wird.

An diesem 22. März 1819 starb der Staatsminister von Voigt. Der Tod seines aktivsten und hilfreichsten Freundes war schon seit einigen

Monaten vorherzusehen und dürfte wohl einer der Gründe für seinen diesmal verhältnismäßig langen Aufenthalt in Weimar, wie auch für seine außergewöhnlich enge Anlehnung an die fürstliche Familie gewesen sein. Vielleicht hatte er ein wenig Sorge um seinen Minister-Status – ohne Voigts ständige Fürsprache und Vermittlung. Die Gedächtnisrede für Voigt in der Loge hielt der Kanzler Müller. Doch waren der Kanzler und die Gräfin Lina von Egloffstein später Goethes Gäste (Tgb. 14. 3.), weil sie wohl wußten, daß *er* einer der Hauptleidtragenden war. In den offiziellen *Tag- und Jahresheften* 1819 (W. A. Abth. I. Bd. 36, S. 148–153) kommentiert Goethe die Bedeutung, die Voigt für ihn hatte, deutlich: »Für mich entsteht eine große Lücke, und dem Kreise meiner Tätigkeit entgeht ein mitwirkendes Prinzip.« Aus diesen Worten mag in der genieorientierten Goethe-Literatur die Vorstellung von Voigt als einem »Mitarbeiter« des Staatsmannes Goethe entstanden sein. Doch wird dies Wort der Bedeutung Voigts für den immer tätigen, aber auch seiner Dichtung, seiner Wissenschaft, seinen Erlebnissen, kurz seinem Universalismus verpflichteten und daher in den Einzelheiten nicht immer starken Menschen Goethe kaum gerecht. Eine treffende Vorstellung von Voigts Rolle in Goethes allzu zersplittertem Leben gibt sein aufrichtiger Erinnerungsbrief an die zweite Gattin Amalie von Voigt, geb. Hufeland, vom 25. 12. 1825[77]: »Wie herzerbebend war mir eine so freundliche, gewünschte, aber nicht erwartete Stimme, welche mir die schönsten Tage meines Lebens zurückruft und mich an die Zeiten erinnert, da ich keinen Schritt als an der Hand einer einsichtigen Freundschaft getan, wodurch es mir allein möglich ward, ein höchstbewegtes Leben [!] ohne Anstoß fortzuführen, indem eine jede Stockung durch weise Leitung und Mitwirkung des erfahrensten und bestgesinnten Mannes sogleich beseitigt werden konnte« usw.. Diese Äußerung gilt vor allem für die Jahre, da Sachsen-Weimar, unter französischem Einfluß (Rheinbundstaat), aus dem Feudalismus allmählich herausgetreten und zu einem liberaleren, aber auch bürokratischeren Staate und schließlich zu einem etwas labilen Gemeinwesen mit einer wenig abgeklärten Pressefreiheit geworden war. In den Tag- und Jahresheften 1819 erwähnt Goethe noch, daß er [Voigt] zuletzt »sehr angegriffen von den unaufhaltsam wirkenden revolutionären Potenzen« war. Doch sollte man bei einem 76jährigen, rastlos arbeitenden und, im Gegensatz zu Goethe, sich kaum einmal erholenden Regierungs-

---

77 Goethes Briefwechsel mit Voigt. Bd. IV, S. 444. Ebd. S. 444 f. Weitere Äußerungen über Voigt nach dessen Tod.

beamten keine zu enge Verbindung zwischen der Politik und Voigts Tod herstellen! Eindrucksvoll ist Goethes sofortige Hinwendung zu politisch ähnlich gesinnten, *jüngeren* Beamten Sachsen-Weimars. So schreibt der Minister »für Oberaufsicht« am 24. 3. 1819 an Anton von Ziegesar, den Vizepräsidenten des Oberappellationsgerichts: »Der Abschied des ältesten mitwirkenden Freundes muß den Wunsch um Theilnahme von jüngeren auf das lebhafteste erregen, um die Augenblicke des Scheidens durch entschlossene neue Lebensthätigkeit erträglich zu machen.« Wir erinnern uns an ähnliche Worte Goethes nach Christianes Tod.

Nach Kotzebues Ermordung.
Widersprüche in der politischen Historiographie

Goethe erwähnt, daß Voigt am Tage vor der Ermordung Kotzebues (23. 3. 1819) starb. Ihm muß dies symbolisch erschienen sein, und tatsächlich war dies auch der Anfang vom Ende der gewagten Politik Carl Augusts und seines jüngeren Mitarbeiters. Im Briefwechsel Goethes erscheint der Tod Voigts weit häufiger als die Ermordung Kotzebues. Doch ist uns ein Bericht Adele Schopenhauers (an ihren Bruder Mai 1819) erhalten, der die starke Wirkung des Mordes auf Goethe bezeugt[78]: »Die Sandische Geschichte hat ihn ungewöhnlich ergriffen, er spricht fast immer Politik und scheint im Innersten tief verwundet, obgleich er immer äußert, er habe vorausgesehen, daß es so kommen müsse […] als unvermeidliche Folge der gewalttätig eingreifenden Rohheit.« Michael Behnen, der im neuen Rassow das Kapitel über die Zeit von 1806–1847 ausgearbeitet hat, nennt den mörderischen Terroristen Karl Ludwig Sand fast im gleichen Satz einen Anhänger des radikalen Privatdozenten Karl Follen, eines Gießener »Schwarzen« [!], *und* einen »schwermütigen Einzelgänger«.[79] Es soll nicht geleugnet werden, daß Terroristen, große und kleine, psychopathisch veranlagt zu sein pflegen; aber eben deshalb reagieren sie auch auf ihre Zeit und auf die Lehren ihrer Zeit besonders hemmungslos. Sand erscheint bei

---

78 Goethes Gespräche, hg. von Wolfgang Herwig. Bd. III, 1, S. 114.
79 Peter Rassow: Deutsche Geschichte, vollständig neu bearbeitete Ausgabe, hg. v. Martin Vogt. Stuttgart 1987, S. 377.

Behnen im gleichen Abschnitt als »erster politischer Attentäter in Deutschland«. Wenn dies tatsächlich der Fall war, dann muß man doch auch verstehen, daß eine Zeit, die noch sehr stark vom Humanismus oder Josephinismus beeinflußt war, tödlich erschrak, nicht anders als Goethe, und daß man auf den Gedanken kam, die sich ausbreitende »Rohheit« im Keim zu ersticken. Der Freiherr vom Stein, der aus eigener Erfahrung genau wußte, wie Aufstände entstehen, sprach sich in seinem Brief an Carl August vom 9. 4. 1819 für entschiedene Maßnahmen der Regierungen aus[80]: »Diese dünkelvollen Träumer müssen ernsthaft in das Auge gefaßt werden, denn ihr verderbliches Treiben beschränkt sich nicht allein auf Akademien, sondern mißbraucht die Turnplätze zu politischen Schulen und strebt, selbst in die öffentlichen Angelegenheiten sich einzudrängen [...] Tadelhaft sind die Regierungen, wenn sie Theologen, die an die Stelle der Religion die Gespinste ihres hohlen Gehirns bringen, Staatsrechtslehrer und politische Schriftsteller, die die Grundfesten des Staats untergraben [...] auf die Katheder setzen. Das Geld würde ich diesen Volksvergiftern nicht geben, von dem Katheder würde ich sie treiben.«

Es ist nach der Lage der Dinge ganz unwahrscheinlich, daß sich der Terrorismus ohne strenge Maßnahmen gegen Burschenschafter und Turner *nicht* ausgebreitet hätte. Der Historiker muß sich endlich freimachen vom späteren bürgerlichen Bild der akademischen »Verbindung« Burschenschaft, wenn er die revolutionären Potenzen der tatkräftigen Nachkriegsjugend von 1815 richtig beurteilen will. Sand und Follen stehen in einem engen Zusammenhang mit der geschichtlichen Stunde. Wir hörten von dem unerhörten Haß gegen Kotzebue, der in Jena herrschte und über den selbst der von ihm bekämpfte Goethe erschreckt berichtet. Wenn der Minister für Oberaufsicht 1819 selten in Jena weilte, seltener als sonst, so liegt die Vermutung nahe, daß er fürchtete, selbst ein Opfer des revolutionären Terrors zu werden; denn er stand wie Kotzebue im Dienste eines Monarchen und hatte, im Gegensatz zu seinem Fürsten, eine politische Gesinnung, die der Kotzebues ähnlich war. Man braucht nur die gegen den Höfling Goethe gerichteten *gehässigen* Schriften dieser Nachkriegszeit zu lesen, um zu wissen, daß viel jakobinischer Geist in der damaligen deutschen Jugend herrschte. Der zentrale politische Fehler Carl Augusts war es, daß er vor lauter nationalen Kriegskameradschaftsgefühlen übersah, wel-

---

80 Politischer Briefwechsel des Herzogs Carl August. Bd. 3, S. 518.

che *aktivistisch*-liberalen und anarchistischen Kräfte auch in Deutschland zur Verfügung standen. Wichtig ist auch, daß Sand ein *Theologiestudent* war, daß er sich daher von der geistlichen Restauration getragen wußte, daß er von *Kreuzzugsgefühlen* gegen das frivole Rokoko in Kotzebues Lustspielen und sicher auch vom Haß *gegen das »Heidentum«* der an der Antike orientierten Bildungsschicht erfüllt war. Man darf hier daran erinnern, daß auch Wolfgang Menzel, der *Morgenblatt*-Kritiker und einer der schneidigsten Feinde des Hofmanns und Künstlers Goethe, ein alter sittlich-religiöser Burschenschafter war. Durch die Abwehrmaßnahmen der Heiligen Allianz wurde der innere Friede, den Deutschland nach dem großen Krieg so bitter nötig hatte, noch einmal gerettet. Die Burschenschafter, die 1848 wieder zum Kampfe antraten, waren gereiftere Kämpfer und erst recht die Führer der nationalliberalen Partei, mit denen sich Bismarck verständigte. Wer freilich darüber jammert, daß Deutschland im 19. Jahrhundert immer noch keinen Robespierre hervorbrachte, der muß auch die schwarzen Burschenschafter und Jahn mit seinen Turnern preisen.

Richtig ist selbstverständlich, daß die von Wilhelm von Humboldt gegründete, humanistisch orientierte Universität unter der jetzt erzwungenen Einrichtung des Kurators, der nur dem Staate verantwortlich war, mehr oder weniger litt. Für *Jena* war das Verbot der Burschenschaft, die Resignation Ludens, die Absetzung Okens usw. für *die* ein Gewinn, die wissenschaftlich arbeiten wollten. Zwar war es künftig den Preußen und Österreichern verboten, in Jena zu studieren. Wenn aber Hartung aus diesem quantitativen Verlust an Studenten (1819: 655; 1820: 457) den Niedergang Jenas zur »Stellung einer bescheidenen Landesuniversität« ableitet[81], so ist dies eine Rechnung ohne Berücksichtigung der wissenschaftlichen Verluste, welche die politisierte und zu einem guten Teil journalistisch gewordene Universität Jena ab 1816 erlitten hatte. Hartung sagt selbst, daß schon Mitte der zwanziger Jahre »für Jena ein neuer Aufstieg« einsetzte.[82] Wäre dies ohne eine Befriedung des Bildungsklimas in ganz Deutschland möglich gewesen?

Man kann selbstverständlich nicht leugnen, daß die Karlsbader Beschlüsse vom August 1819 dem föderalistischen Geiste des Deutschen Bundes widersprachen und daß sie milder ausgefallen wären, wenn sie

---

81 F. Hartung: Das Großherzogtum Sachsen, S. 431.
82 Ebd.

nicht im wesentlichen ein Werk des Staatskanzlers Metternich gewesen wären, der die Wirkung des nationalen Liberalismus auf den Vielvölkerstaat Österreich-Ungarn bedenken mußte. Beschlüsse der früheren Rheinbundstaaten wären wohl maßvoller gewesen. Immerhin muß man festhalten, daß der Bundestag in Frankfurt teils wegen der Machtlosigkeit der kleinen Staaten, teils um des Friedens willen die zunächst zu einer kleinen Gruppe von Ministern und Bevollmächtigten in Karlsbad gefaßten Beschlüsse *bestätigte*, daß aber die liberal gesinnten Bundesstaaten trotzdem Mittel und Wege fanden, die Ausführung der Verbote zu mildern. Wer die Literaturgeschichte der Zeit kennt, weiß, daß z.B. der Verleger Campe in Hamburg, dessen berühmtester Autor Heine war, immer eine Stadt fand, wo er ein von der Zensur gefährdetes Buch drucken konnte. Der Föderalismus war nicht umzubringen, weil er der Bundesverfassung entsprach. Heine war auch Mitarbeiter in Cottas berühmter *Allgemeiner Zeitung*, weil er sich lieber mäßigte (»Selbstzensur«) oder Stellen seines Textes (mit seinem Protest!) streichen ließ, als auf die Verbreitung *allgemeiner* liberaler Ideen in einem angesehenen Organ zu verzichten.

Es ist auch zu bedenken, daß der geistige Hauptberater Metternichs, Friedrich von Gentz, einer der »bestgehaßten Männer« im nationalliberalen Lager[83], damals 55 Jahre alt war, daß also der Generation der Burschenschafter und Turner ein Mann gegenüberstand, der als Kriegsrat in Berlin das schmähliche Versagen Preußens im Kampf gegen die imperialistisch werdende Französische Revolution (1795 ff.) und den *anhaltenden Widerstand Österreichs* miterlebt hatte und nicht zuletzt deshalb ins österreichische Lager übergegangen war. Dagegen deutete sich in der eher vom neupreußischen Geiste geprägten Generation der Burschenschafter schon manches von der »Roheit« (Goethe) und von dem *ideologischen Radikalismus* an, der zum Untergang des Reiches, jenseits von Bismarck und der Weimarer Republik, führte.

Es ist barer Unsinn, in der von Metternich besonnen herbeigeführten Restauration schon den Faschismus zu wittern. Es handelt sich um eine christlich überformte Fortführung des aufgeklärten Absolutismus und Josephinismus. Rainer Koch zitiert, um die politische Anschauung von Gentz zu charakterisieren, folgenden Satz[84]: Repräsentativverfassungen »haben

---

83 Rainer Koch: Deutsche Geschichte 1815–1848. Stuttgart u.a. 1985, S. 81.
84 Ebd. S. 82.

die beständige Tendenz, das Phantom der sogenannten Volksfreiheit (d.h. der allgemeinen Willkür) an die Stelle der bürgerlichen Ordnung und Subordination, und den Wahn allgemeiner Gleichheit der Rechte, oder was um nichts besser ist, allgemeine Gleichheit vor dem Rechte, an die Stelle der unvertilgbaren, von Gott selbst gestifteten Standes- und Rechtsunterschiede zu setzen«. Über solche Sätze, die dem Geiste des *alten* Europa entstammen, kann man heute im ganzen nicht streiten. Ob aber die »Volksfreiheit« durch irgendein heutiges System *verwirklicht* wird und wie sie besser zu verwirklichen wäre, darüber wird die Menschheit im »Zeitalter des Ausgleichs« (Max Scheler) noch lange zu streiten haben. Politische Dogmatik ist in jeder Form verdächtig, weil sie die Schattenseiten des betreffenden »Systems« verheimlicht.

Deshalb kann man auch bei der Restaurationsepoche nur fragen, welche Werte sie auf ihrer konservativen Grundlage verwirklicht hat und welche nicht. Auf den Gebieten der Staats-, Wirtschafts- und Sozialtheorie, der Geschichte in ihren verschiedenen Disziplinen, der Naturwissenschaft mit dem vorspezialistischen humaneren Hintergrund des 18. Jahrhunderts und entsprechend der Medizin, der völkerkundlichen und geographischen Erschließung der Erde, der Rhetorik (Publizistik) und Dichtung gehört sie zu den fruchtbarsten Epochen der deutschen Geschichte. Um dieser friedlichen Kulturleistungen willen sympathisierte der alte Goethe eher mit der Politik Metternichs als mit den dynamischen Idealen seines Fürsten. Die Politik Carl Augusts, Gersdorffs und der Burschenschafter forderte die Großmächte heraus, *zwang* sie erneut zu einem gemeinsamen Handeln. Die so entstandene Restauration älterer Strukturen lehnt man heute traditionsgemäß ab. Die geschichtstheoretische Betrachtung der gesamten Epoche zwischen 1750 und 1850 könnte aber auch zu einem tieferen Verständis der *gesetzmäßigen* Polarität von Fortschritt und Rückgriff führen. Die in den letzten Jahrzehnten in Deutschland herrschende Parteinahme für den sog. Vormärz war eine Parallele zur politisch orientierten Studentenrevolution, in wissenschaftlich-historischer Hinsicht jedoch eine *oberflächliche* Erscheinung – weshalb sie nicht das letzte Wort sein wird.

Goethes anhaltendes politisches Interesse und seine zweite Begegnung mit Metternich in Karlsbad

Goethes Briefwechsel mit Carl August nach Kotzebues Ermordung bietet wenig zu unserem politisch-historischen Thema. Meist ist von botanischen oder mineralogischen Fragen die Rede, ab und zu von Berufungsfragen und akademischen Ereignissen, auch von Kunstkäufen, vor allem aber in wachsendem Maße von der Erfüllung des großen Bibliotheksauftrags vom Jahre 1817 (vgl. besonders Goethes umfassenden Bericht vom 1. 12. 1819).[85] Während der Karlsbader Konferenz ist Goethe als Kurgast in dem berühmten Badeort, und nach der Abreise des »diplomatischen Kreises« behauptet er in einem Brief an seinen Fürsten (3. 9. 1819) zuversichtlich, »daß Höchstdenenselben das nächste Lebensjahr ruhig und genußreich unsern Wünschen gemäß verfließen werde. – Mit diesen getreuen Hoffnungen finde meist übereinstimmend was ich in zwar kurzen, doch bedeutenden Augenblicken zu vernehmen gehabt. Ich eilte denen Fürsten Metternich und Kaunitz aufzuwarten, sah den Regierungsrath Adam Müller bey mir, begegnete zufällig General von Wolzogen und erfreute mich eines Besuchs des Grafen Bernstorff. Zwar nur der erste und der dritte sprachen eigentlich von der Sache [!]; doch finde ich mich durch ihre Äußerung in meinem gläubigen Zustande bestärkt und beruhigt.«[86]

Das Tagebuch gibt diesmal keine Ergänzung zu diesem optimistischen Bericht; selbstverständlich war Goethe für die Politiker nur eine Randfigur – ein berühmter Kurgast! Dagegen geben die *Tag- und Jahreshefte* 1819 noch eine Information, die Goethes Aufsatz gegen die Nazarener, der am Hofe gewiß umstritten war, rechtfertigen soll: »Auch sah ich Graf Kaunitz und andere, die mit Kaiser Franz in Rom gewesen waren, fand aber keinen darunter, der von der deutschfrommen Ausstellung im Palaste Caffarelli hätte ein Günstiges vermelden mögen.« Metternich wird in diesem Zusammenhang *nicht* erwähnt; denn er stand hinter der von Friedrich Schlegel initiierten Kunstbewegung und scheint auch als großzügiger Bilderkäufer bei der nazarenischen Ausstellung in Rom aufgetreten zu sein, obwohl

---

85 Briefwechsel Carl August mit Goethe. Bd. II, S. 257–262.
86 Ebd. S. 252.

diese, der Zahl der ausstellenden Künstler nach, viel eher *preußisch* als österreichisch war (18. 4.).[87]

Als es um die Besetzung der in Karlsbad und Frankfurt verordneten *politischen* Kuratorstelle in Jena ging, dachte Carl August wieder an Goethe, zeigte aber Verständis für seine Ablehnung, »obgleich jezt, wo der Schreck so gewaltig in alle Universitäts Männer gefahren ist, manches leichter gehn wird, als wie dieses vor einen halben Jahre möglich gewesen wäre« (Carl August an Goethe 23. 10. 1819).[88] Man kann hinter dieser Äußerung eine stille Zustimmung zu den Karlsbader Beschlüssen vermuten; denn Universitäts*professoren* waren dem »Altburschen« (Metternich) immer erneut ein Ärgernis gewesen, zuletzt besonders diejenigen, die die Pressefreiheit miß-braucht und damit sein gesamtes politisches Unternehmen in Mißkredit gebracht hatten. Auch der unternehmungslustige Fürst ersehnte vielleicht nach so viel Ärger, im Herbst 1819, ein »ruhiges« und »genußreiches« Lebensjahr!

Goethes Ablehnung der Stelle übermittelte der Vicepräsident von Ziege-sar dem Herzog. Dies ist Goethes Brief an Schweitzer vom 13. 10. 1819 zu entnehmen. Bei dieser Gelegenheit bat Goethe Schweitzer, der ein aufstei-gender Stern am politischen Himmel Weimars war, nicht nur um seine Mithilfe in der Stellenfrage, sondern er versicherte auch, daß es ihm höchst angenehm gewesen wäre, über die Universität mit Schweitzer »in ein nähe-res Geschäftsverhältniß zu treten«.

Goethe hat zu diesem Zeitpunkt bereits seinen 70. Geburtstag hinter sich. In Weimar und Karlsbad entzog er sich den Geburtstagsfeiern, was er gegenüber Weimar in den *Tag- und Jahresheften* 1819 »eine wunderliche Grille eigensinniger Verlegenheit« nennt, im zweiten Falle gesundheitlich begründet. Dann aber fährt er mit einer gewissen Genugtuung fort: »Auch überraschte mich aus der Ferne noch mannichfaltiges Gute. In Frankfurt am Main hatte man am 28. August ein schönes und bedeutendes Fest ge-feiert; die Gesellschaft der deutschen Geschichtskunde hatte mich zum Ehrenmitglied ernannt, die Ausfertigung deßhalb erhielt ich durch mini-sterielle Gelegenheit. Die Mecklenburgischen Herren Stände verehrten mir zu diesem Tage eine Goldne Medaille, als Dankzeichen für den Kunstant-heil den ich bei der Verfertigung der Blücherischen Statue genommen

---

87 F. Sengle: Religionsgeschichtliche und politische Voraussetzungen der nazareni-schen Bewegung, in: studi germanici: anno 1981–1982, S. 77.
88 Briefwechsel Carl August mit Goethe. Bd. II, S. 255.

hatte.«[89] Seinen Verehrern in Frankfurt und anderen Goethefreunden sandte er wohl das Gedicht *Die Feier des 28. August dankbar zu erwidern.* Es ist etwas für Analytiker! Er vergleicht sich mit einem alten Ritter, der *mit Gefolge* zum Thron des Kaisers reitet und wohlempfangen wird. Es folgen Tugenden Goethes (z.B. »immerfort das Nächste denkend«, »still beharrlich jeder Weise« u.a.). Solche Menschen macht der »Vater alles Guten« zu »Mitgenossen ew'ger Freuden«. Viele verstanden das exklusive Gedicht nicht (z.B. Frau von Stein, s. *Goethe in vertraulichen Briefen seiner Zeitgenossen.* Bd. III. S. 66).

Am *Westöstlichen Divan* arbeitet er noch während des ganzen Sommers, zumal an den wissenschaftlichen »Nachträgen« *(Noten und Abhandlungen).* Endlich am 11. 11. – ist es ein Zufall? – lesen wir im Tagebuch: »Paquet an *Geh. Rath von Willemer,* den Divan enthaltend.« Der Großherzogin Luise, der er oft einzelne Gedichte aus dem *Divan* vorgelesen hatte, schickte er das »gewagte Unternehmen« am 16. 11. 1819 mit der Bitte um weitere »Theilnahme« an seinem Werk. Von einer Lektüre des Großherzogs ist mir nichts bekannt. Doch erkennt man wenig später ein gemeinsames literarisches Interesse des Genies und seines Fürsten: »Abends Büchersendung von Serenissimo: Don Juan von Byron, denselben bis in die Nacht gelesen« (Tgb. 6. 12. 1819).

In der Wissenschaft gehen die Arbeiten zur *Morphologie* und *Osteologie* weiter. Auch studiert er, lernbegierig wie immer, Döbereiners Lehrbuch über die Chemie. Wichtiger ist in unserem Zusammenhang, daß weder die Dichtung, noch die Wissenschaft, noch die biographischen Arbeiten sein politisches Interesse zum Erlöschen bringen können – wie in allen Notzeiten Weimars. Das bezeugt das Tagebuch *vor* der zweiten Karlsbader Kur: »Fortgesetzte Zeitungsnachrichten und Urtheile über Kotzebue's Ermordung« (Tgb. 18. 4. 1819). Sein wichtigster Informant in politischer Hinsicht scheint jetzt der Kanzler von Müller zu sein. Von ihm erhält er wohl das »Kupfer- und Flugblatt von Kotzebue's Ermordung« (Tgb. 26. 5.). Der Präsident Nees von Esenbeck informiert ihn über die Berliner Zustände, wissenschaftlich und politisch (Tgb. 31. 5.) Vom Kanzler von Müller erfährt er später auch die Entdeckung der geheimen Gesellschaft in Gießen (Tgb. 4. 6.), gemeint sind die uns schon bekannten »Schwarzen«. Die *Allgemeine Zeitung* informiert ihn über die Resultate des (widerstrebenden) bayerischen Landtags (Tgb. 7. 6.). Von Kanzler von Müller erhält er auch das

---

89 W.A. Abth. I. Bd. 36, S. 152 f.

1. Heft der Landtagsverhandlungen Sachsen-Weimars im Schloß Dornburg
(Tgb. 7. 6., 9. 6., 10. 6.). Freund Meyer erzählt ihm von den »Jenaischen
Abenteuer[n] in Betreff des schwarzen [!] Beckers« (Tgb. 10. 6.). Er liest im
Oppositionsblatt und in der *Berliner Zeitung* (Tgb. 20. 6.). Anfang Juli hat er
öfters Gespräche mit dem jetzt so wichtigen Vizepräsidenten des Oberap-
pellationsgerichts, dem Herrn von Ziegesar (Tgb. 1. 7., 9. 7., 20. 7., 23. 7.).
Am 22. 7. erhält er »Nähere Nachricht von der Berliner Verschwörung«
(Tagebuch). Am Abend »Staatsminister von Humboldt auf der Durchreise.
Blieb zu Tische« (Tgb. 26. 7. 1819). Er unterrichtete ihn wohl über seinen
Widerstand gegen ein allzu strenges Vorgehen. Am Tag darauf sah er
Staatsminister von Fritsch (Tagebuch) und informierte ihn wohl über
Humboldts maßvolle Einstellung. Wichtig war sicherlich auch das Tisch-
gespräch bei Carl August mit General Canicoff, dem russischen Gesandten
für alle sächsischen Höfe, und mit dem Staatsrat Schweitzer. »Mit letzterem
[Schweitzer] bis gegen Abend dortgeblieben«, d. h. wohl beim Großherzog
(Tgb. 3. 8.). Goethe wird also im engsten Kreise wieder zur Beratung
herangezogen!

Vom Kanzler von Müller erfährt er »Novissima« und sieht ihn am nächsten Tage erneut (7. und 8. 8.). Am 10. 8. läßt er Aufsätze aus den *Zeit-
schwingen* kopieren (Tgb. 10. 8.). Man kann aufgrund der Tagebuchnotizen
sagen, daß Goethe nach langer Zeit erneut innenpolitisch tätig war. Jedenfalls kam er wohlinformiert nach Karlsbad. Ganz unwahrscheinlich ist es
freilich, daß Metternich, den er am 30. 8. besuchte, bereit war, dem geschätzten, von Österreich mehrfach ausgezeichneten Poeten in *politischer*
Hinsicht ernstlich Gehör zu schenken. Goethe hatte nicht so viel Einfluß in
der Welt, wie Börne oder Menzel in jugendlicher Unschuld sich einbilde-
ten! Auch mochte es sich bei Metternich jetzt negativ auswirken, daß er
Friedrich Schlegels geistige Kinder, die nazarenischen Künstler, kritisiert
hatte. Friedrich Schlegels Zusammenwerfen der »Revolutionsmänner und
neuen Heiden« war möglicherweise auch in Metternichs Sinn. Da der
Staatskanzler von einer intimen Einheit von Staat und Kirche ausging[90],
konnte er *humanistische* Konservative unmöglich verstehen! Diesen Fehler
machen bekanntlich auch heute noch viele christliche Politiker in unserer
deutschen, leider mehr zur Ideologisierung als zur Praxis neigenden Kultur!

---

90 Friedrich Sengle, in: studi germanici 1981 und 1982, S. 80.

Goethe ist erneut erschrocken und zornig.
Sieg der Vernunft: Fritsch und Schweitzer

In persönlichen Briefen ist Goethe nach der Karlsbader Kur keineswegs so optimistisch wie in der brieflichen Beruhigungspille für den Großherzog. An den Kanzler von Müller, der auf manchen Gebieten an die Stelle von Freund Voigt getreten ist, verweigert er in einem undatierten Brief, der in der Weimarer Ausgabe zwischen den Briefen vom 12. 10. und 13. 10. 1819 eingeordnet ist, jede Meinungsäußerung, verweist auf die »nächste Zusammenkunft« mit Müller. Doch ist die symbolische Datierung am Schluß des Briefes deutlich genug: »Am Vorabend der Schlacht von Jena 1819.« Den Kauf des von Metz gestochenen Jüngsten Gerichts von Michelangelo billigt er in einem Brief an Freund Meyer vom 26. 10. 1819 sogar mit eschatologischer Begründung: »Zugleich vermelde, daß mein Sohn ausdrücklich verlangt, wir sollen das *jüngste Gericht* behalten, und sogar das Geld schon niedergelegt hat. [...] Ich ergebe mich drein, denn freylich ist man diesem Grundwerke der neuen Kunst noch niemals so nahe gerückt.« Daß dieser Pessimismus mit dem noch immer nicht überwundenen Zorn über die Degradierung innerhalb der höfischen Hierarchie zusammenhängt, ist dem Brief an den Sohn vom 18. 10. aus Jena zu entnehmen. Er hat gehört, daß man zur Feier seiner Rückkehr nach Weimar den *Götz von Berlichingen* geben will: »es ist längst bekannt und ausgesprochen, daß mir jeder persönliche Bezug in der Gegenwart höchst zuwider ist«: Er würde »bey der ersten Aufführung [...] nicht in's Theater gehen«. »Gieb das höflich und freundlich zu bemerken.« Den gleichen Trotz erkennt man in dem Briefe an den Kanzler Müller vom 10. 10. 1819, der ihm den Kranz schicken läßt, mit dem man ihn am Geburtstag feiern wollte: »Der Kranz ist freylich sehr schön und hätte wohl einige Festlichkeit verdient, welche wir nachbringen können, indem wir *ihn selbst* feyern, wie es mit dem Kreuze geschieht, ohne daß eben der Märtyrer daran geheftet sey; dadurch erhält er eine allgemeine Bedeutung.« Daß sein Groll auch mit der Kritik der Weimarer Politik zusammenhängt, belegt die Fortsetzung des gleichen Briefs. Er erinnert an seine frühe Verwarnung von Luden: »Die politische Sendung ist freylich gewichtigen Inhalts, ob einem gleich bey'm Gedanken an die Ausführung schwindelt«. Man darf hier wohl an Wielands Worte denken:

> So etwas fordert man nur an der Spitze
> Von dreymal hundert tausend Mann.

Goethes Protest bezieht sich wohl auf die Pläne, die in dem politischen Briefwechsel des Großherzogs unter dem Titel *Aktenniederschrift Gersdorffs* wiedergegeben und nur vage mit »Herbst 1819« datiert sind.[91] Es war nicht schwer, *juristisch* zu beweisen, daß die Bundesbeschlüsse vom 20. 9. 1819 die vom Bundestag am 13. 3. 1817 garantierte Weimarer Verfassung verletzten. Der Weimarer Verfassung widerspricht »a) die Verfügung der provisorischen Preßgesetzgebung; b) die Bestellung einer Spezialkommission, welche gegen des Landes Verfassung die Bürger des Staats evoziert vor ein fremdes und fremdartiges politisches Inquisitionstribunal.« [...] »Beide die Verfassung verletzenden Gesetzgebungen aber würden die Stände als einseitige, verfassungswidrige Maßnehmungen der landesfürstlichen Regierung anklagen können, da diese Regierung verantwortlich für die Aufrechterhaltung der Verfassung ist, da sie auf diese Verfassung vereidet ist und da folglich ihre Pflicht gebot, keiner Verfügung Dritter *beizustimmen*, welche die Verfassung verletzte« usw.

Juristisch war man im Recht; man kann verstehen, daß besonders Gersdorff das Gesicht wahren wollte. Aber politisch war ein Widerstand gegen die Beschlüsse des Deutschen Bundes aussichtslos; ein solcher mußte tatsächlich zu einer totalen Niederlage führen! Das war es, was Goethe sogleich erkannte und in eine übermäßig eschatologische Stimmung versetzte. Genies sind eben höchst sensibel![92]

Glücklicherweise wurde nicht Gersdorff, sondern der vernünftige Fritsch auf die Wiener Konferenz entsandt und zwar als gemeinsamer Gesandter Sachsen-Weimars und Sachsen-Gothas. Zugleich beschloß die Weimar-Gothaische Vorkonferenz, sich ein praktisches Ziel zu setzen, ein solches, das von den herzoglich sächsischen Höfen bereits auf der Bundesversammlung geäußert worden war und, wie wir schon wissen, einen gesetzlosen Übergriff Preußens betraf. Das Ziel war, »die größtmögliche Handels- und

---

91 Politischer Briefwechsel des Herzogs Carl August von Weimar. Bd. 3, S. 528–530.
92 Man kann auch hier an die Ängstlichkeit des Alters erinnern. Dabei ist aber nicht nur an die vitale Seite des Alters, sondern auch an bestimmte überraschende *Erfahrungen* zu denken, z. B. an die Niederlage von 1806, vgl. oben die Wortprägung »Schlacht von Jena 1819.«

Zollfreiheit« innerhalb des Bundes anzustreben.[93] Diesem *praktischen* Ziel schloß sich Carl August in seiner Instruktion für Fritsch als dem Wiener Gesandten an, wenn auch zugleich Bedenken gegen die Karlsbader Beschlüsse geäußert werden sollten. Diese Instruktion war nicht nur von Carl August, sondern auch von Gersdorff und Schweitzer unterschrieben. Entworfen hatte sie jedoch auf Fritschs ausdrücklichen Wunsch der Staatsrat Schweitzer.[94] Dieser hatte in einem Votum vom 2.11.1819 ausdrücklich davor gewarnt, das Bundestagsplenum zu mißachten.[95]

Nicht zu vergessen ist schließlich, daß dem Dichter in diesem Jahr nicht nur die Ermordung Kotzebues und ihre Auswirkung auf der Seele lag, sondern auch – wie es öfters geschehen mag – eine eigene Jugendsünde: das rebellische Gedicht *Prometheus.* Er nahm es 1789 in seine Werke auf, nachdem Jacobi es ohne sein Wissen hatte drucken lassen und eben um 1819 wurde es von den Jungen wieder ans Licht gezogen, um die Restauration mit Hilfe von Versen des konservativ gewordenen Humanisten Goethe zu *bekämpfen.* Das war ihm höchst peinlich; denn die Restauration war ja nicht zuletzt eine christliche. An den naturwissenschaftlichen Freund Thomas Johann Seebeck schreibt er am 30.12.1819: »Der Prometheus nimmt sich wunderlich genug aus; ich getraute mir kaum ihn drucken zu lassen, so modern-sansculottisch sind seine Gesinnungen; wie wunderlich dieß alles seit so viel Jahren in den Geistern hin- und widerwogt!« Er mußte sich also eingestehen, daß er an der geistigen Wende vom 18. zum 19. Jahrhundert *selbst* mitgewirkt hatte!

In der schwierigen Lage Sachsen-Weimars erinnert Goethe an die Feldzüge 1792/93, auf denen er seinen Fürsten begleitete

Es war gewiß ein guter Gedanke, von den prinzipiellen Fragen des Nationalismus und Liberalismus zur Praxis überzugehen und die Fragen des Handels und der Zollschranken in den Vordergrund zu schieben, wozu Preu-

---

93 Politischer Briefwechsel des Herzogs Carl August von Weimar. Bd. 3, S. 531.
94 Ebd. S. 533–535.
95 Ebd. S. 532.

ßens rücksichtslose Wirtschaftspolitik einen konkreten Anlaß gab. Metternich trat solchen Plänen nicht entgegen; denn er erkannte gewiß schon den Hintergrund der preußischen Zollpolitik. Am 20. 1. 1820 schreibt der Gesandte Sachsen-Weimars, der Minister von Fritsch, aus Wien[96]: »Schon mehrmals habe ich mich in Lobsprüchen des Fürsten Metternich ergossen, aber ich gestehe es, mit jeder Konferenz wächst meine Bewunderung für ihn, wenn ich den Scharfsinn, die Ruhe, die Fertigkeit im Ausdruck, die Geistesgegenwart und die glatte äußere Form betrachte, womit er vorträgt, diskutiert, widerlegt und konziliatorische Auswege findet.« Der Adressat des Briefes ist – kaum zufällig! – der preußisch orientierte Kollege von Gersdorff. Preußen wünscht, mit Sachsen-Weimar allein eine Zollunion abzuschließen. Aber Carl August ist nicht bereit, sich dem mächtigen Nachbarn auszuliefern. So verfolgt man Pläne, sich mit Baden, Nassau, Hessen-Darmstadt, Kurhessen und den andern ernestinisch-sächsischen Ländern zu vereinigen[97]; auch auf einen handelspolitischen Beitritt Bayerns hofft man.[98] Diese mühsamen Versuche, zu einer Wirtschaftsunion zusammenzutreten, *die von Preußen ernst genommen wird und mit der man fair verhandeln muß,* füllen die ganzen 1820er Jahre. Fritsch erkennt schon am gleichen Tage, an dem er Metternichs »konziliatorischen« Stil lobt, daß Verhandlungen mit Preußen kaum möglich sind, weil es – so drückt sich der kleinstaatliche Diplomat aus – »sein wahres Interesse [nicht] erkannt zu haben scheint«.[99] »Isoliert strebt es mit der einen Hand für sich nach der unbedingtesten Selbständigkeit und versucht mit der andern, die Bundesgenossen abhängig von sich zu machen, uneingedenk dessen, daß man geben muß, um zu empfangen.« Dieser Brief ist an den Geheimen Staatsrath Schweitzer gerichtet, mit dessen politischer Gedankenwelt er ebenso eng verbunden war wie Goethe. Man darf vielleicht von einem humanistischen Trio sprechen, dem es schwerfiel, das Phänomen der politischen Macht in seiner ganzen Furchtbarkeit zu erkennen.

Carl August hatte alte Erfahrungen: aus der Zeit des Fürstenbundes, aus den Jahren des napoleonischen Imperialismus und aus der Ära, da die Mächte genötigt waren, gegen Napoleon zusammenzuhalten. Zuletzt hatte er bei seiner Herausforderung der heiligen Allianz erlebt, wie wenig der

---

96 Ebd. S. 561.
97 Ebd. S. 566 f.
98 Ebd. S. 580 ff.
99 Ebd. S. 561 ff.

einzelne Kleinfürst mit den schönsten Ideen im Spiel der großen Mächte bedeutet. So warnte er den von Metternich so stark beeindruckten Gesandten in Wien in einer sehr diplomatischen Form vor einer Konfrontation mit Preußen in der Frage der dem preußischen Zollgesetz unterworfenen Enklaven, obwohl Sachsen-Weimar zweifellos im Recht war[100]: »Die Verhältnisse mit Preußen, dem nächsten mächtigen Nachbar [!], sind immer zu schonen, so sehr man sich auch durch das, was Österreich in der neuesten Geschichte Deutschlands getan und bewährt hat und was durch Erinnerungen aus den frühern Zeiten noch an Bedeutung gewinnt, zu Österreich, dem alten Kaiserhause, hingezogen fühlt, und je angelegentlicher Wir wünschen, daß solche von Unserm Bevollmächtigten bei jeder sich sonst darbietenden Gelegenheit bemerklich gemacht werden möge[...]«. Carl August setzte nicht mehr auf die preußische Karte, wie er es in der Fürstenbundzeit und in drei Kriegen getan hatte. Er wußte jetzt, daß ihm die Verwandtschaft mit dem preußischen Königshaus wenig nützte. Er hatte wohl auch erkannt, daß sich das Zeitalter des Feudalismus allmählich seinem Ende näherte. Aber er war jetzt gründlich darüber belehrt, daß man beim Umgang mit Großmächten vorsichtig sein muß, daß ein Kleinstaat immerzu dem Lavieren genötigt war, das er seinem Gesandten in der zuletzt zitierten Instruktion befahl. Der Großherzog war keine Jammerbase, sondern in einem extremen Sinne männlich. Doch dürfen wir, bei Kenntnis seines Charakters, mit Sicherheit annehmen, daß er tief niedergeschlagen war. Unter diesem Gesichtspunkt mag auch die einigermaßen reparierte Freundschaft mit Goethe in einem klareren Lichte erscheinen.

In der Zeit zwischen den Karlsbader Beschlüssen und der großen Wiener Konferenz, die sich nicht nur mit Handelsfragen beschäftigte, sondern in der *Wiener Schlußakte vom 24. 5. 1820* die Karlsbader Beschlüsse absegnete und verschärfte, schrieb Goethe die erste Fassung der *Campagne in Frankreich* und der *Belagerung von Mainz*. Für Goethe, der 1792 und 1793 noch unter dem Eindruck seiner italienischen Reise mit ihren künstlerischen und erotischen Erlebnissen stand, war es ein großes Opfer gewesen, im Gefolge des Herzogs in ein kriegerisches Milieu versetzt zu werden. Besonders die Intervention im revolutionären Frankreich, mit erstaunlichem Hochmut begonnen und daher in einem miserablen Rückzug endend, hatte ihm den Krieg, obwohl er ihn nur als Beobachter erlebte, von der schlimmsten Seite gezeigt. Es ist wahrscheinlich, daß er mit diesen Schrif-

---

100 Ebd. S. 577.

ten den Herzog an die alte Kriegskameradschaft erinnern und vor dem Publikum den Herzog und sich selbst in einem »biederen« (= tapferen) Lichte zeigen wollte; denn der Dichter *und* der Großherzog waren um 1820 recht umstritten, obwohl ihre Verehrer und ihre Verächter aus ganz verschiedenen Lagern kamen. Der Tagebuch-Eintrag vom 18. 2. 1820 bezeugt, daß die Kriegserinnerungen zu Beginn dieses Jahres Goethes »Hauptgeschäft« waren. Es gibt im Tagebuch auch Hinweise, daß Goethe damals bereits mit der Durchsicht dieser Kriegserinnerungen begann. Der Abbruch der Arbeit läßt sich leicht aus der Tatsache erklären, daß Goethe am 19. 4. nach Jena und schon am 23. 4. (ungewöhnlich früh im Jahr!) nach Karlsbad weiterreiste. Daß der Dichter diese Schriften erst ein Jahr später wieder durchsah und 1822 drucken ließ, ist nicht befremdend; denn er ließ solche viele Interessen berührende Arbeiten gerne liegen. Er las daraus vor, hörte auf fremde Meinungen und korrigierte wie üblich fleißig, im Sachlichen und im Stilistischen.

Es ist anzunehmen, daß auch dem Großherzog eine Abschrift der Kriegserinnerungen vorgelegt wurde, sozusagen zur Genehmigung. Doch ist dem Briefwechsel keine Meinungsäußerung zu entnehmen. Besonders begeistert werden Serenissimus nicht gewesen sein; denn Goethes auch in diesem Werke bewährte Objektivität widersprach der üblichen Hofhistoriographie deutlich. Der rauhe Fürst erwartete wohl keine rhetorische Aufbauschung seiner militärischen Rolle; aber ein wenig mehr »Pedal« wäre dem temperamentvollen Fürsten gewiß angenehm gewesen. Trotzdem läßt sich ein klarer Beleg dafür finden, daß er den guten Willen des berühmten Schriftstellers nicht verkannte und in den beiden Militärschriften eine Bestätigung der wiederhergestellten Freundschaft sah. Der Glückwunsch des Großherzogs zum Neujahr 1821 beginnt mit den Worten[101]: »Dir, meinem lieben, alten Freunde und Waffenbruder in dieser stürmischen Welt, wünsche ich ein recht leicht und angenehm zu durchlebendes Neues Jahr [...].« »Stürmische Welt« ist eine Anspielung auf das gefährdete Prestige der beiden Großen. »Waffenbruder« bezieht sich nicht nur auf den Krieg von 1792/93, sondern auch auf Goethes Treue in der *politischen* Krise Sachsen-Weimars. Doch ist dies vieldeutige Wort der höchste Titel, den ein alter General einem untergebenen »Zivilisten« verleihen kann. Sogar einen symbolischen Hinweis auf die Gleichberechtigung von Genie, Fürst und damit

---

101 Briefwechsel Carl August mit Goethe, hg. von Hans Wahl. Bd. 3. Bern 1971, S. 2.

auf den »Dichterfürsten« der Zukunft gibt es in den Briefen des Jahres 1820 schon. Wenn Carl August den Dichter besuchen will – es geschieht seit dem 70. Geburtstag häufiger –, so benützt er manchmal dasselbe Wort, das man in der Feudalsprache beim Besuch eines Fürsten benützen muß und das Genie in seinen Briefen stets benützt. Carl August will dem Minister von Goethe »aufwarten«. Weniger wichtig ist, daß der Fürst in dem Neujahrsbrief 1821 zugleich andeutet, daß Waffenbrüder die gleichen Feinde haben. Nach Düntzer[102] klagte Zacharias Werner in einer Vorrede (zur *Mutter der Maccabäer*, Wien 1820) darüber, daß Goethe, der »Großmeister der europäischen Literatur«, »aus einem höheren Standpunkte betrachtet, [...] nur ein noch erst zu vollendendes Meisterwerk sei«. Gemeint war deutlich, daß ihn nur die Bekehrung zum Katholizismus vollenden könne. Goethe nennt Werner in seinem Neujahrsbrief an den Fürsten einen »Fuchs«, der »die Pflicht Proselyten zu machen mit [...] unverschämten Eifer zu erfüllen strebt«. Carl August reagiert darauf weniger differenziert[103]: »Werner ist doch ein erzb-a, doch tüchtig verrückt dabei.«

Genau besehen dürfte der Großherzog noch immer zu sehr vom *gegenwärtigen* Prestige Weimars geträumt haben, als daß er sich brennend für die gemeinsamen Erinnerungen interessiert hätte! Das war ganz fleißig gemacht; aber *jetzt* sollte etwas geschehen, um den Ruhm des Landes zu erhöhen. An seinen Lieblingsprofessor, den Chemiker Döbereiner, schreibt Carl August am Tage nach Goethes Abreise in die Frühjahrskur (24. 4. 1821)[104]: »Recht bedauerlich ist es mir immer gewesen, daß man in Jena keinen Zentralpunkt schaffen konnte, wo eine Zeitschrift hätte entstehen sollen, in der die besten und gebildetsten Köpfe ihre Erfindungen und Erforschungen, in welcher Sprache es auch sein möchte, niederlegten, um dies Licht der Wissenschaft leuchten zu lassen. In gar zu vielerlei Zeitschriften muß man jetzt die besten Sachen suchen und zu vielerlei Schlechtes bezahlen, um hier und da ein gutes Korn zu finden.« Man sieht: Bescheiden ist dieser Fürst niemals. Mehr oder weniger ehrenvolle Kriegserinnerungen können einen so ehrgeizigen Fürsten nach seinem politischen Fiasko nicht trösten. Die *Jenaische Allgemeine Literaturzeitung,* die Goethe mit so viel Energie aufgebaut hatte, ist an Ausstrahlung durch

102 Heinrich Düntzer: Goethe und Karl August. Leipzig ²1888, S. 794.
103 Briefwechsel Carl August mit Goethe. Bd. 3, S. 2. Bei der Entschlüsselung des Schimpfworts versagt auch Hans Wahl, der tüchtige Herausgeber des Briefwechsels.
104 Karl August von Weimar in seinen Briefen, hg. v. Hans Wahl. Weimar 1918, S. 187 f.

Cottas *Allgemeine Zeitung* weit übertroffen worden. So etwas müßte es in Weimar geben; denn das Wort »Wissenschaft«, das Carl August benützt, ist in dieser Zeit von der höheren Publizistik kaum zu trennen. Auch die zünftige Wissenschaft bediente sich noch der publizistischen Formen.[105] Alexander von Humboldt, den Carl August bewunderte, hätte vielleicht mit einem Stab von Forschungsgehilfen *die* Zeitschrift organisieren können, von der er träumte. Aber der Fürst, der Paris, London, Wien und vor allem Berlin kannte, wußte genau, daß ein Forscher dieses Ranges eine Nummer zu groß für den immer noch armen Kleinstaat Sachsen-Weimar war. Die neuen Königreiche Bayern, Sachsen, Württemberg konnten auf *kulturellem* Gebiet eher mit den deutschen Großmächten konkurrieren als das Land dieses dynamischen Kleinfürsten. *Und sie erkannten diese Chance auch!*

Persönliche Kontakte zwischen Weimar/Jena und Berlin.
General von Müfflings Besuch

Es lag nach der Wiener Schlußakte gewiß im Interesse Sachsen-Weimars, die Verbindungen zu Berlin zu kultivieren, soweit es sich nicht um *Machtfragen* handelte. Hardenberg war zwar nicht stark genug, um die protestantische Kultur, die liberaler war und auch von *freien* Universitäten mehr Produktivität erwartete, gegen die Politik Metternichs, die noch stark den alteuropäischen Traditionen verhaftet war, wirkungsvoll zu verteidigen. Wilhelm von Humboldt, der die restaurative Wende, den Verzicht auf eine preußische Verfassung und die strenge Kontrolle des geistigen Lebens mißbilligte, war 1819 zurückgetreten. Aber der humanistische Geist, dessen Repräsentant er gewesen war, lebte in Berlin weiter. In diesem Zusammenhang darf wohl an den tüchtigen Minister Altenstein erinnert werden. Goethe steht in dem Ruf, Berlin wenig geschätzt zu haben. Richtig ist, daß er seit seiner Reise mit dem Herzog nach Berlin einen Horror gegenüber dem militärischen Preußen empfand; aber die von den beiden Hum-

---

105 Zur Begründung vgl. Friedrich Sengle: Biedermeierzeit. Bd. II. Stuttgart 1972, S. 201.

boldts eingeschlagene Richtung der Wissenschaften und damit einen großen Teil des geistigen Lebens in Berlin billigte er; beide Brüder Humboldts standen mit Weimar schon lange in naher Verbindung.

Goethes treuester Berliner Botschafter war Karl Friedrich Zelter. Durch ihn wurde er über alle wichtigen kulturellen Ereignisse in Berlin informiert. Aus der Tatsache, daß Goethe die wiederholten Einladungen Zelters nach Berlin nicht annahm, darf man keine falschen Schlüsse ziehen. Er war von Napoleon nach Paris, von Carl August und von vornehmen Karlsbader Kurgästen nach Wien eingeladen worden; aber auch da war der große Mann den ehrenvollen Einladungen *nicht* gefolgt, weil er wußte, daß auch eine berühmte Persönlichkeit in der Menge bedeutender und vor allem *mächtiger* Würdenträger der Hauptstädte verschwindet. Er hatte dies in jungen Jahren als Begleiter seines Fürsten an den Höfen oft genug erlebt. Er hielt sich im Abstand; er wurde aber von Berlinern im kleinen Weimar immer wieder besucht, nicht nur von dem Volksmusiker und Komponisten Zelter, sondern auch von dem Geheimen Staatsrat Schultz, der in Berlin erheblichen Einfluß gehabt zu haben scheint und ihn im August 1820 mit Berlins berühmtesten Künstlern Rauch und Schinkel besuchte. Bei dieser Gelegenheit zeichnete Schinkel, der ja sonst als Architekt berühmt ist, »herrliche Landschaften« (Tgb. 20. 8. 1820). Besondere Bedeutung gewann dieser Aufenthalt der Berliner Künstler, durch die Büste, die Rauch von Goethe schuf, vielleicht ein wenig unterstützt von dem Bildhauer Tieck, der auch anwesend war und, was den Ruhm betrifft, in der bildenden Kunst mit seinem Bruder Ludwig, dem sehr erfolgreichen Dichter, wetteiferte. Die Gespräche mit den Berliner Künstlern und die Ehrung durch Rauchs Büste war ein großes Erlebnis für das selten mit Geistern gleichen Ranges verkehrende Genie. Am 27. August schreibt er an Staatsrat Schultz: »Wie viel ich Ihnen für Ihr Kommen und Mittheilen, Handeln, Leiten und Lenken schuldig geworden, wissen Sie selbst, und deute deshalb nur dahin. Von den schätzbarsten Wirkungen ist eine solche Zusammenkunft; ich wollte schon jetzt im Einzelnen angeben, was Ihre Gegenwart in und an mir gefördert und was dadurch über die Maaßen beschleunigt worden. Nehmen Sie jedoch nur im Allgemeinen einen freundigen Dank, empfehlen Sie mich den lieben Ihrigen und den drey werthen thätigen Kunst-Genossen. [...] Aus eincr billigen Freundlichkeit und aus Furcht, allzu menschen- und ehrenscheu auszusehn, habe ich mich entschlossen, morgen hier [in Jena] zu bleiben und der Feier meines Geburtstags persönlich beyzuwohnen, was ich sonst so sorgfältig vermied. Ihrem

Besuch gebe ich die Schuld dieser Sinnesänderung; Ihre Theilnahme und die Thätigkeit der jungen Männer hat mich in's Leben wie zurückgerissen.« Politisch gesehen sollte dies akademische Feier von Goethes 71. Geburtstag – mit einem Fackelzug der Studenten! – in der Öffentlichkeit wohl den Beweis dafür erbringen, daß die Universität Jena sich von ihrem revolutionären Fieber erholt hatte und zur Pflege der Wissenschaften zurückgekehrt war. Der durch den Berliner Besuch ermutigte und, wie er meinte, verjüngte Goethe konnte seinem Lande diesen Dienst erweisen, obwohl es sich bei dem Fackelzug wohl eher um eine von oben empfohlene als um eine spontane Ehrung des konservativen Dichters handelte. Wir wissen, daß der Geist der Burschenschaft durch das Verbot der nationalliberalen Verbindung in Jena noch keineswegs erloschen war.

Eine Ehrung, die Goethe wirklich am Herzen lag und ihre Wirkung auf den Großherzog, auf Weimar, überhaupt auf ganz Deutschland gewiß nicht verfehlte, war die Aufführung seines *Faust* am 24. 5. 1820, zum Geburtstag der Fürstin Radziwill und in Anwesenheit des preußischen Königs gewesen. Goethe war auch bei dieser Gelegenheit *nicht* in Berlin, und der Bericht, den ihm Freund Zelter am 25. Mai erstattete, ist nicht ohne Beschönigung[106]: »Der König war so zufrieden mit uns, daß ich sein Lob aus seinem Munde honigsüß vernommen habe und hinterher wohl sagen mag, daß ich selber zufrieden war.« […] »Die Herzogin von Cumberland war wieder voll Deines Lobes […] Dein Vivat bei Tische war aus Einem Munde, es bestand in einem hundertstimmigen dreimaligen Akkorde.« Zelter erwähnt auch »Radziwills Komposition«. Goethes *Faust* wurde also musikalisch eingerahmt, was Zelters Liedertafel Gelegenheit zur Mitwirkung gegeben haben mag. Goethe wußte, daß die Verbindung mit der Musik seinen damals schwer verständlichen Werken zugute kam. Er lobte Zelter wiederholt für die Komposition seiner Gedichte. Die Lyrik war in der Biedermeierzeit ganz allgemein noch eng mit der Musik verschwistert, und so lag die Ausdehnung dieser Beziehung auf das Drama nahe. Weniger erbaut dürfte Goethe durch Zelters Mitteilung gewesen sein, daß sein *Faust* moralisch gesäubert werden mußte, um in der pietistisch beeinflußten hohen Gesellschaft Berlins erträglich zu erscheinen. Zelter erinnert an die Tatsache, daß die »beiden kolossalen Apollen […] am Eingang unseres Tiergartens« mit Feigenblättern ausgestattet werden mußten. Entsprechend mußten im

---

106 Der Briefwechsel zwischen Goethe und Zelter. Nachdruck. Bern 1970. Bd. 2, S. 67–69.

Faust »Worte mit andern vertauscht und vertuscht werden«. Zelter hat einen Trost bereit, der kaum für ganz Deutschland, wohl aber für die Berliner Feudalschicht Gültigkeit gehabt haben mag: Radziwills Komposition habe bestimmt das Verdienst, »dies bisher im dicksten Schatten verborgen gewesene Gedicht ans Licht zu bringen, was jeder, indem er es gelesen und durchempfunden, glaubte seinem Nachbar vorenthalten zu müssen; ich wüßte jedenfalls keinen andern, der Herz und Unschuld genug gehabt hätte, *solchen* Leuten solche Gerichte vorzusetzen, wodurch sie nun erst Deutsch lernen«.

Goethes kulturelle Beziehungen waren sicherlich im Sinne seines Fürsten, und leider muß man, wenn man den Fürsten kennt, vermuten, daß auch *seine* Aufmerksamkeit erst durch die Berliner Aufführung auf den *Faust* gelenkt wurde. Mir ist nicht bekannt, daß Carl August dem wiedergewonnenen Freunde empfahl, die Beziehung zu Berlin zu pflegen. Unverkennbar aber ist, daß Goethe selbst diesen Kurs mit einer gewissen Systematik verfolgte. Er sorgte dafür, daß sein Freund Meyer, den angeblich der Minister Altenstein eingeladen hatte, vom Fürsten beurlaubt wurde, um, gewisermaßen als Goethes Vertreter, die Kunstschätze in Berlin zu studieren und darüber zu berichten. Goethe redigierte, wie es üblich war (vgl. den Nazarener-Aufsatz), diesen Bericht, um ihn geeigneter für die Veröffentlichung zu machen. Die Überlegenheit Berlins auf dem Gebiet der bildenden Kunst war nicht mehr zu übersehen und Goethe gab dies auch dem Großherzog anläßlich seines Urlaubsgesuchs für den Hofbildhauer Kaufmann zu verstehen (13. 7. 1820). Kaufmann hat ihm versichert, »Höchstdieselben seyen zufrieden mit der Marmorbüste, die Frau Erbgroßherzogin vorstellend. Er wünscht neuen Urlaub und verspricht, die goldnen Thürzierrathen in Berlin zu verfertigen«. Goethe befürwortet diesen Plan; »denn gerade jene Zierrathen, die er noch schuldig ist, würden unter Anleitung von Tieck und Rauch, besonders wenn man diesen Männern ein gutes Wort gäbe, wozu ich erbötig bin, wahrscheinlich besser gerathen als in seinem Weimarischen Verhältniß«.

Der Großherzog hatte manche Freunde in Berlin; der beste war immer noch der alte Kriegskamerad von Müffling, der nach der Niederlage von 1806 Carl Augusts Gesinnungsgenosse und Günstling gewesen war, inzwischen aber in Preußen, als bewährter Offizier, in Blüchers Stab zum General aufgestiegen war. Ein großes Freundschaftszeichen war es für Goethe, daß der Herzog ihn mit diesem hochgestellten Preußen in Jena besuchte: »Um 8 Uhr Serenissimus mit General von Müffling [...] Unterhaltung bis

Mitternacht« (Tgb. 25. 6. 1820). Für den nächsten Tag hatte Goethe die übliche Tischrunde auf Einladung des Fürsten zu bestellen, die in unserem Zusammenhang nicht interessiert. Doch endet der Eintrag im Tagebuch vom 26. 6. wieder mit einem vielsagenden Abschluß: »Abends Serenissimus; von Müffling und von Goethe.« Goethe bekam ausreichend Gelegenheit, dem Preußen Stichworte für die Verteidigung Sachsen-Weimars in Berlin mitzugeben, vielleicht sogar auf Kosten des Preußen Gersdorff und seines Gönners, des Freiherrn vom Stein. Solchen Zwecken diente gewiß auch die Ausfahrt, die Goethe allein mit dem Freunde Carl Augusts am nächsten Tag unternahm (Tgb. 27. 6.). Am gleichen Tage fand wiederum die übliche »Tafel« mit dem Fürsten statt. Bemerkenswert ist dabei, daß Döbereiner, wieder ein Freund des Fürsten, hinzugezogen wurde, um aus der Perspektive des Universitätsprofessors über die Vorgänge in Jena 1817–1819 zu berichten. »Die Gesellschaft blieb beysammen bis 7 Uhr, da Serenissimus fortfuhren. Ich blieb für mich, um das Nächste durchzudenken.« Man sieht, daß Carl August Goethes Berlin-Initiativen zum mindesten billigte. Doch bewirkte dies Liebäugeln mit der preußischen Hauptstadt im besten Fall, daß man dort den Großherzog nicht mehr zum Revolutionär machte, sondern sein Mißgeschick mit den Studenten und der politischen Presse besser verstand. Die Auswirkung der Wiener Schlußakte, die »Demagogenverfolgung«, und die aggressive Zollpolitik Preußens wurden dadurch nicht verhindert.

Die »wunderliche« Birnengeschichte
oder Goethe als Faktotum

Freilich blieb auch dieses Jahr nicht ganz ohne die alte, bittere Erkenntnis, daß ein so genannter Freund, auch wenn er ein keineswegs ganz verkanntes Genie ist, in der Feudalwelt die Rolle eines Faktotums zu spielen hat, sobald es der Fürst befiehlt. Der »Diener« war und blieb, sobald es »Serenissimo« so gefiel, tatsächlich ein Diener. Der Großherzog kam auf die Idee, eine Hecke aus den Kernen von Holzbirnen pflanzen zu lassen. Jeder Bauer oder Förster hätte sich durch den Auftrag, solche Kerne zu beschaffen, geehrt gefühlt. Aber der Befehl erging an die Exzellenz, den Minister von Goethe, vielleicht aus Versehen, vielleicht auch um den Gehorsam des berühmten Genies zu erproben. Jedenfalls verfuhr Durchlaucht nach dem militärischen Prinzip: »Befehl ist Befehl.« Goethe half sich zunächst damit, den Befehl zu vergessen. Aber Carl August mahnte am 22. 9. 1820 in einem auffallend kurzen Brief, der mit den Worten begann[107]: »Besonders sind die Kerne von Holzbirnen für mich wünschenswerth, […] die Saat muß im Herbste geschen.« Goethe berührte den Punkt in seinem Schreiben an Serenissimus vom 25. 9. *nicht*, obwohl die Husaren Carl Augusts seine Befehle rasch nach Jena brachten. Endlich am 27. 9. schrieb Goethe ausweichend: »Holzbirnen sind an vielen Orten bestellt, möchte das Versprechen überall erfüllt werden! […] Bey dieser Gelegenheit wurde mir bemerklich gemacht, daß in Troistedt und dem dortigen Revier dergleichen viel sich finden; da denn die Forstleute auf höchsten Befehl sie gar leicht einsammeln lassen.« Auf diese Abschiebung des Befehls läßt sich Durchlaucht, alter Tradition gemäß, nicht ein: in längeren Ausführungen kommt er zu dem Ergebnis, daß man die Kerne, die sonst zur Mistgrube wandern, schon für ein Trinkgeld bekommen kann (an Goethe 1. 10. 1820).[108] Seinen Brief vom 6. 10. benützt Goethe unter anderm dazu, dem Titularfreunde den Unterschied zwischen dem Großherzog und ihm selbst symbolisch anzudeuten. Er zeigt für den Jagdeifer des Fürsten in diesem Herbst beträchtliches Verständnis, muß aber »doch gestehen, daß ich meinen langen Abenden und Nächten gar sehr wieder die Erscheinung eines geistig [!] – leuchtenden Gestirns wünschte.« Er meldet auch, er habe sich mit dem neuen Generalsuperintendenten »alsbald« befreundet. Dies soll wohl eine symbolische Erinnerung an Freund Herder sein, der, samt seiner Frau Caroline, dem Fürsten so manchen Kummer gemacht hatte. Von den Birnenkernen freilich kein Wort! Nun erkennt der Fürst, daß er wieder einmal nach Jena fahren muß, um sein »geistiges« Interesse zu beweisen: »Trotz der vortreflichen Hirsch Prunft und des schönen Jagd Wetters« kann er es sich »nicht versagen […] eines fröhlichen Abendes in Jena zu genießen, und alsdenn und den andern Tag Blumenbachen in seinen ganzen Elemente operiren zu sehn und zu hören«. »Ich komme also morgen Abend nach Jena und steige bey dir ab; dann begeben wir uns ins Schloß und soupiren daselbst« (an Goethe 7. 10. 1820).[109] Johann Friedrich Blumenbach war ein berühmter Naturwissenschaftler aus Göttingen, der mit Goethe und Carl August seit

---

107 Briefwechsel Carl August mit Goethe. Bd. 2, S. 307.
108 Ebd. S. 310.
109 Ebd. S. 313.

langem bekannt war. Im gleichen Brief erwähnt der Großherzog Blumenbachs Humor, was ein kleiner Spott über Goethes mystische Ernsthaftigkeit in seinem letzten Briefe sein mag. Carl August kam mit dem Staatsrat Schweitzer, vielleicht um eine Unterhaltung über die peinliche Birnengeschichte zu verhindern. Schon am 8. 10. schreibt Goethe an den Großherzog, er wolle mehrere Säcke Holzbirnen nach Weimar senden: »Wie die Kerne daraus zu gewinnen und wie ferner damit zu verfahren sey, werden die Gartenverständigen gar wohl ermessen.« Man hört auch bei diesem gewichtigen Satze das Lachen des Jägers Carl August. Am 10. 10. feiert Goethe mit verdächtiger Überschwenglichkeit Carl Augusts Besuch in Jena und dankt auch im Namen des »fröhlichen Naturforschers« auf das »allerangelegentlichste«. Doch erwähnt er zum Schluß die »etwas wunderliche Pomenische Gabe« – die Birnen sind gemeint – und gibt damit zu verstehen, daß dieser Befehl an den Minister von Goethe ungewöhnlich, launenhaft, ein Mißgriff war. Doch ist mit dieser wiederum sehr wahren Feststellung der Fall erledigt.

Goethe und Maria Paulowna 1820. Moralische Aufrüstung am Hof von Weimar?

Unter den fürstlichen Frauen genoß noch immer Maria Paulowna Goethes Vorliebe. Um seinem kaum lesbaren Buch einige erotische Reize im biographischen Stile des 19. Jahrhunderts zu geben, betont Heinrich Düntzer für das Jahr 1820 diese Neigung sehr stark.[110] Er stützt sich dabei besonders auf Goethes Brief (vom 29. 3. 1820) an die »Durchlauchtigste Erbgrosherzogin« und »Gnädige Grosfürstin«, in dem das Genie zunächst seiner Freude über die Genesung einer der Prinzessinnen Ausdruck verleiht. Dann fährt er fort: »Ew. Kayserl. Hoheit trösten und beruhigen mich deshalb zum allerschönsten indem Sie mir eigenhändig die Fortdauer höchster Gunst und Gnade zu versichern geruhen. Dieses Blat verwahr' ich als werthes Pfand und soll mir solches nicht aus den Augen kommen bis ich das Glück habe durch heitere günstige Blicke meiner sehnsuchtsvoll erwarte-

---

110 Heinrich Düntzer: Goethe und Carl August, S. 783, vgl. auch S. 785 unten.

ten Donnerstag-Gäste wieder völlig belebt zu werden.« Düntzer unterschlägt den Plural des letzten Satzes. Da Goethe der Betreuer der erbgroßherzoglichen Prinzessinnen war und der Organisator ihres Unterrichts, lag es nahe, daß die Mutter mit den Töchtern den alten Weisen öfters oder sogar jeden Donnerstag besuchte, um ihm ihre Dankbarkeit zu bezeugen, vielleicht auch um Wünsche hinsichtlich der Unterrichtsgegenstände und der Lehrer zu äußern. Was Goethes persönliche Beziehung zur Großfürstin betrifft, sind in dem zitierten Satze vor allem die Worte »Fortdauer höchster Gunst« zu betonen. Es gab eine Zeit, da Goethe die Großfürstin auffallend oft besuchte (vgl. z. B. Tagebuch 6. 1. 1813, 16. 2. 1813, 19. 2. 1813, 29. 4. 1813 in Teplitz). In *dieser* Phase ihrer Beziehung wurde wohl auch die Freundschaft begründet, die während der Theaterkrise zum Eintreten der kaiserlichen Hoheit für den Dichter geführt hatte. Daß der Großherzog und besonders die Großherzogin dieser Freundschaft Grenzen zu setzen versuchten, wird im Tagebuch des Jahres 1820 besonders deutlich erkennbar. Carl Friedrich, der Erbgroßherzog, war unbedeutend genug, er durfte nicht auch noch zum Anhängsel der russischen Großfürstin gemacht werden; denn diese, die Schwester des Zaren, fügte sich ohnehin schwer in die engen Grenzen des kleinen Hofes. Gerade im Frühjahr 1820 besuchen der Erbgroßherzog und seine Gemahlin wiederholt *gemeinsam* den berühmten Dichter: »Erwartung der jungen Herrschaften [...] Sie kamen von 10.–11.« (Tagebuch 9. 3. 1820); »um 11 Uhr die jungen Herrschaften. Blieben bis halb 1 Uhr.« (Tgb. 16. 3.); »Um 11 Uhr die jungen Herrschaften« (Tgb. 22. 3.). »Vorbereitungen zum Empfang der jungen Herrschaften und des Königs von Württemberg, welche um 11 Uhr ankamen und bis 12 ½ blieben.« (Tgb. 9. 4.) Die Wiederholungen der Besuche sprechen für einen höfischen Einfluß, der Maria Paulowna bestimmte, die Harmonie ihrer Ehe und die *gemeinsame* Freundschaft mit Goethe zu *demonstrieren.* Dazu paßt der Tagebuch-Eintrag vom 12. 4. 1820: »Besuch der Großherzogin, Frau von Stein, Gräfin Henkel und Frau von Pogwisch.« Alle diese Damen hatten einen gewissen, wenn auch sehr verschiedenen, Anspruch auf die Freundschaft des Dichters. Wenn sie aber *zusammen* anrücken, so wird dadurch der demonstrative Charakter der den »jungen Herrschaften« verordneten Besuche bei Goethe wahrscheinlich gemacht. Der Tagebucheintrag des nächsten Tages macht es fast sicher, daß auch der Großherzog hinter der Rehabilitation des Thronfolgers stand: »Um 11 Uhr die jungen Herrschaften. Mit denselben spazieren nach dem Römischen Hause«, d. h. zum Großherzog (Tgb. 13. 4.). Ja, es war keine leichte Sache, der Freund eines Großherzogs zu sein. Das Festhalten des selber so lebenslustigen Fürsten an der äußeren Sitte, erinnert an die Rüge, die er dem verdächtigen Schiller wegen der Veröffentlichung von Goethes *Römischen Elegien* einst erteilt hatte. Man versteht, daß der Verfasser der Kriegserinnerungen in diesem Frühjahr derartige höfische Torturen nicht erwartet hatte und sich wieder nach dem akademischen Jena sehnte. Am 14. 4. bat Goethe brieflich seinen gestrengen Herrn, am Sonntag beizeiten ihn besuchen zu dürfen. Aber der vieljährige Kenner des Dichters kam ihm zuvor: »Serenissimus traten am Garten [Goethes] ab, einiges zu besprechen.« (Tgb. 14. 4.) Sollte man nach einer solchen fürstlichen Freundschaftsdemonstration sich beklagen? Unzufrieden sein? Unmöglich!

Am 15. 4. (Tagebuch) kamen »die Prinzessinnen zum Besuch« bei Goethe. Dann brachte er den Badeinspektor Berkas, von dem er sich gerne auf dem Klavier vorspielen ließ, mit seinem Wagen ein Stück Wegs bis Legefeld. »Auf dem Rückweg dem Prinzen und der Hoheit begegnet.« Am 16. 4. (Tagebuch) schrieb er den »Bericht wegen dem bey der academischen Bibliothek angestellten Personal an die Höchsten Herren Erhalter«, d. h. an den Großherzog und den Herzog von Gotha. Dann begab er sich »Zu Serenissimo. Zwölf und ½ zu Hause. Mit John Poesien für Kunst und Alterthum redigirt.« Goethe war im ganzen mit großer Beharrlichkeit *tätig*. Doch vergaß er die Pausen nicht: «Um 5 Uhr spazieren gefahren mit Hofrath Meyer um das Webicht. Abends Unterhaltung über Lithographie [die neue Technik] u. s. w. Später viele allgemeine Zeitungen.« Die des Herrn von Cotta sind gemeint. »Zur Abreise vorbereitet. Allerley gepackt und geordnet. [...] Um 11 Uhr die jungen Herrschaften.« (Tgb. 17. 4.) Er war noch lange nicht frei zur Reise: Besuche, amtliche Geschäfte, Prof. Riemer, Hofrath Meyer. »Abends bei den Kindern.« Lektüre von Houwalds Trauerspiel: *Das Bild* und Brief an ihn – *viele* Briefschulden erledigt! »Das Stammbuch an den Prinzen zurück.« Der Erbprinz ist wohl gemeint. Freunde: Canzler von Müller, Oberbaudirektor Coudray. Am 19. 4., nach einem nochmaligen dienstlichen Briefwechsel mit Serenissimus wegen einer Anschaffung, gelingt ihm endlich die Reise nach Jena und ein Abend mit Freunden und Mitarbeitern. Doch am 20. 4. 1820, als Goethe die neue Bibliothek kontrolliert hatte, steht Serenissimus schon wieder da, zu Besichtigungen und zum Dinieren mit hohen Amtsträgern und wenigen bevorzugten Professoren. Dies Ritual wurde schon an andern Stellen ausreichend dokumentiert. Nicht nur Goethe und der Hof, sondern auch die Residenz- und die Universitätsstadt sollten einander näherrücken! Eine wichtige symbolische Handlung in dieser Beziehung war es, die beiden Gipsbüsten des Großherzogs und des Herzogs von Gotha, d. h. der beiden »Nutritoren« der Universität, in der akademischen Bibliothek zu errichten (Tgb. 12. 8. 1820). Die restaurierte monarchische Verfassung sollte den Studenten auf diese Weise unübersehbar eingeprägt werden.

Urlaub zum Dichten? Die erste Fassung der Wanderjahre

Man kann verstehen, daß der Dichter gegen Ende des Jahres 1820, das auch in Jena stark durch den Hof und neuerdings, aus finanziellen Gründen, noch durch seine Beziehungen zum Landtage geprägt war[111], ein starkes Bedürfnis empfand, zu seinem höchsten Amte, der Dichtung, zurückzukehren. Es fällt auf, daß Goethe nach seiner Rückkehr ins Weimarer »Winterquartier« zwei Tage hintereinander den Großherzog aufsuchte und sich ausführlich mit ihm aussprach: »Ausgepackt und eingeordnet. Um 9 Uhr zum Großherzog. Bis 12 Uhr geblieben« (Tgb. 5. 11. 1820). »Wegen der Wanderjahre Erkundigung [!]. Um 9 Uhr zum Großherzog. Gegen Mittag nach Hause.« (Tgb. 6. 11.) Die Vermutung liegt nahe, daß er dem Großherzog und Titularfreunde entschieden klarzumachen versuchte, daß er keineswegs im Sinne hatte, wie im Frühjahr 1820 fortwährend den Hofmann zu spielen, daß ihm ein Dichtungsurlaub oder wenigstens ein Teilurlaub für die Dichtung zustand. Er konnte darauf hinweisen, daß er im Frühjahr relativ kurz in Karlsbad gewesen war und daß er den zweiten ihm angebotenen Urlaub abgelehnt hatte, im Hinblick auf die Berufung, die er – in diesem Augenblicke sogar unausweichlich – als *Dichter* empfand. Der Großherzog scheint der dringenden Bitte des Genies entsprochen und ihm mindestens einen Teilurlaub gewährt zu haben; denn in der nächsten Zeit erscheint die Arbeit an den *Wanderjahren* sehr häufig in Goethes Tagebuch.

Der Roman war zunächst wohl vor allem als Novellenzyklus konzipiert.

---

111 Vgl. Goethes Brief an den Großherzog [vom 1. 4. 1820?]. Vgl. Briefwechsel des Herzogs [...] Carl August mit Goethe. Bd. 2, S. 279–281: Goethe schlägt hier die Anstalten vor, die besonders für einen Landtagszuschuß in Frage kommen: Bibliotheken, Zeicheninstitut, Museen und vor allen die Veterinärschule.

Denn eine verlockende Anregung in dieser Richtung bildete Cottas *Damenkalender*, in dem 1809 *Die pilgernde Törin*, 1810 der nazarenisch anmutende *Sankt Josef der Zweite*, 1816 *Das nußbraune Mädchen*, 1817 *Die neue Melusine* und 1818 *Der Mann von fünfzig Jahren* erschien.[112] Wesentlich bei der Produktionsstufe von *1820* dürfte es sein, daß nun ernstlicher an die Fertigstellung eines Romans gedacht wurde, an die naheliegende Fortsetzung der *Lehrjahre*. Während im September noch intensiv an einer einzelnen Novelle gearbeitet wird (*Der Verräter seiner selbst*, späterer Titel: *Wer ist der Verräter?*), ist seit dem 29. 9. fast immer von *Wilhelm Meisters Wanderjahren*, d. h. von dem Roman die Rede. Entschlüsse für die Gestalt der ganzen Dichtung werden gefaßt: »*Wilhelm Meisters Wanderjahre*. Alte und neue Schemas« (Tgb. 21. 10. 1820). Bei der Reise nach Weimar wird das »Manuscript zu den Wanderjahren« eingepackt (Tgb. 3. 11.). An Ablenkungen fehlt es auch jetzt nicht, ganz im Stile von Goethes Schaffensart. Plattdeutsche Gedichte von Babst geben ihm die Anregung zu »kleineren Gedichten« (Tgb. 3. 11.). Einer der ersten Goethe-Forscher, den der Dichter halbwegs billige und der ihn zur Vollendung des *Faust* drängte, könnte ihn von dem eingeschlagenen Wege ablenken: Auf der Reise von Jena nach Weimar »Schubarths Betrachtungen über Faust durchgedacht« (Tgb. 4. 11.). In den langen vertraulichen Gesprächen mit dem Großherzog am 5. und 6. 11. dürfte wohl auch über die Richtung von Goethes dichterischen Arbeiten gesprochen worden sein, und man kann sicher sein, daß ihn der Fürst zur Berücksichtigung praktischer Probleme in seiner nächsten Dichtung drängte; denn er war bei seinem Besuch in England nicht vor der frühindustriellen Kultur des Landes zurückgeschreckt, wie alle ästhetisch motivierten Besucher, z. B. Heinrich Heine, sondern er hatte ihren Nutzen erkannt und sie bewundert. Auch er selbst fördert seit dieser Zeit beharrlich die Naturwissenschaft und andere *nützliche* Einrichtungen.

Am 8. 11. 1820 (Tagebuch) wird erneut das Interesse am Gesamtwerk deutlich: »Schema zu den Wanderjahren gereinigt. Vom Anfang hinein revidirt.« Im nächsten Tagebucheintrag (9. 11.) wird schon die Hinwendung zu praktischen Fragen deutlich: »Wanderjahre; pädagogische Provinz.« Die Anregung dazu gab bekanntlich das pädagogische Unternehmen des Schweizers Fellenberg. Noch während er am *Verräter seiner selbst*, einer eher virtuosen als substantiellen und dichterischen Novelle revidierte, hatte er einen wichtigen Besuch aus der Schweiz erhalten: »Herr von Fel-

---

112 Goethes Werke. Hamburger Ausgabe. Bd. 8, S. 573.

lenbergs Sohn. Unterhaltung über die große Anstalt von Hofwyl« (Tgb. 9. 9.). Dies führt, zwei Monate später, zum Entwurf einer pädagogischen Institution, wie er selbst sie sich vorstellte – mit einer noch immer lebendigen Wirkung auf die Nachwelt. Am 10. 11. 1820 (Tagebuch) taucht eine andere praktische Anregung aus der Schweiz im Tagebuch auf: »Oberbaudirector Coudray und Hofrath *Meyer. Mit letzterem die Spinner- und Weber-Wirthschaft in der Schweiz.*« Meyer war ja, auf diesem Gebiet, geradezu ein Mitarbeiter an den *Wanderjahren,* wenn auch Goethe, wie an Meyers Nazareneraufsatz und Berlin-Bericht als Redaktor tätig war. Goethe arbeitete, nach unseren Vorstellungen von einem Romancier, erstaunlich rasch.

Ein Roman war nach dem älteren, im Biedermeier restaurierten Verständnis eine *Form der Rhetorik,* keine *Dichtung,* die zur Perfektion und Originalität verpflichtete.[113] »Wanderjahre von Fol. 48–100 in's Reine gebracht [!] [...] Das nußbraune Mädhcen 2. Theil, überhaupt das Ganze [!] vorgenommen.« (Tgb. 10. 11.) Am 13. 11. (Tagebuch) unterhält sich Goethe erneut mit Meyer über das Weben und Spinnen. Am 14. 11. erhält Goethe »kleine Broschüren von Hüttner«, der Weimar mit dem englischen Schrifttum verband: »Observations upon Sunday Newspapers, den Inhalt durchgesehen. Einiges auf die Wanderjahre sich Beziehendes.« (Tgb. 14. 11.) Einige Wochen später lesen wir: »*An Frommann* [Verleger], 7. Bogen Kunst und Alterthum revidirt und Manuscript von Wilhelm Meisters Wanderjahren von Fol. 2–4 [!]« (Tgb. 8. 12.).

Die erste Fassung der *Wanderjahre* ging also schon Ende 1820 in den Druck, und 1821 erschien sie. Für Goethe war das Wichtigste, daß ihm diese alte Last, die überall erwartete Fortsetzung der *Lehrjahre,* von der Seele genommen war. Er erhob keinen Anspruch höchster Art, wie z. B. Novalis, oder später Flaubert, Thackeray, Gottfried Keller. Er war mit den Rezensionen zufrieden, auch wenn sie dies und das kritisierten. Dies gilt selbst für die endgültige Ausgabe (vgl. seinen Brief an Freund Rochlitz, vom 23. 11. 1829). Auch Staigers *Goethe* betreibt an dieser Stelle keinen Goethekult, wenn er auch wenig *historisches* Verständnis für die eingestandenen Schwächen des Romans besitzt. Trotz allem waren die *Wanderjahre* eine literarische Pionierleistung! Schon mit diesem *aktuellen* Prosawerk, in einer bewußt offenen Form, war die »Kunstperiode«, welche die Jungdeutschen kritisierten, überwunden. Wie der »Waffenbruder« Goethes auf dies Werk reagierte, ist mir nicht bekannt. Sicher ist dagegen, daß nur ein

---

113 F. Sengle: Biedermeierzeit. Bd. II, S. 820 ff., auch S. 631 ff.

Dichter, der tätig in der Welt lebte und sich auch im Alter ein brennendes Interesse für die Gegenwart bewahrte, zu Beginn des 19. Jahrhunderts einen so stark in die Zukunft wirkenden Roman schreiben konnte. Damit meine ich nicht nur das oft gepriesene Erfassen der sich verstärkenden Spezialisierungstendenz oder das Auswanderungsprogramm, sondern auch Goethes Festhalten an den Werten, die den neuen praktischen Tendenzen widersprechen oder doch über sie hinausführen wie der Makariebereich.

Der ehrgeizigen politischen Laufbahn des Großherzogs von Sachsen-Weimar war mit der Wiener Schlußakte ein so deutlicher Schlußpunkt gesetzt, daß man sich fragen darf, ob es sich lohnt, über seine letzten Jahre zu berichten. Andrerseits entfernt sich Goethes letzter, höchst produktiver Lebensabschnitt so deutlich von den Bestrebungen des Fürsten, daß man an dem Weiterbestehen einer »Lebensgemeinschaft« ein wenig zweifeln kann, abgesehen natürlich von der dekorativen Beziehung der Jubiläen, der auswärtigen fürstlichen Besuche usw. Trotz wachsenden Materials muß daher der schwierige Versuch unternommen werden, den Umfang der letzten Kapitel zu begrenzen.

NACH DER NIEDERLAGE DES FÜRSTEN UND WÄHREND DES SICH VERSCHÄRFENDEN STREITS UM DEN »FÜRSTENKNECHT« GOETHE KOMMEN DIE ALTERNDEN JUGENDFREUNDE EINANDER WIEDER ETWAS NÄHER. GEMEINSAME ABENTEUER, LANGWEILIGE JUBILÄEN UND GOETHES AUFREGEND EINSAMES PRIVILEG AUF DEM BUCHMARKT (1821–25)

Die Abenteuer der »alten Knaben« verlangen in diesem Kapitel besondere Aufmerksamkeit. Doch soll zunächst ein Bild von der allgemeinen Lage des Fürsten und des Genies in diesen Jahren skizziert werden.

Carl Augusts mühselige Handelspolitik und sein Erfolg auf dem höfischen Heiratsmarkt

Nach der Wiener Schlußakte (1820) wurde es ruhiger in Deutschland, und man vermutet vielleicht, daß Carl August nach dem Scheitern seiner ehrgeizigen nationalliberalen Pläne ruhiger werden mußte; denn er war schon mitten in seinen politischen Wagnissen, von denen wir hörten, 60 geworden, gleichzeitig etwa mit dem Wartburgfest. Aber ein Mann wie der Großherzog von Weimar resigniert nie, und man darf ihm auch bescheinigen, daß er wieder eine gute Idee hatte, – wie in der Zeit des Fürstenbunds und beim Vorstoß gegen die Heilige Allianz. Er erkannte, daß hinsichtlich der wirtschaftlichen Fragen, die nach dem Kriege erstrangig waren, auf die Dauer ein Anschluß an den mächtigen preußischen Nachbarn unvermeidlich war. Aber der Großherzog dachte ganz richtig, daß man einer so selbstbewußten Großmacht nur imponieren könne, wenn man sich mit andern verbündete und dann erst verhandelte. Er versuchte, dieser taktischen Idee entsprechend, verschiedene Mittelstaaten für seinen Plan zu gewinnen: Hessen-Darmstadt stand im Vordergrund; zeitweise, besonders nach dem Besuch bayerischer Könige, hoffte man auch auf Bayern, das auf bildkünstlerischem und literarischem Wege mit den Großmächten konkurrieren oder sie gar übertreffen wollte.[1] Der Fehler in Carl Augusts Vorgehen lag nur in der Tatsache, daß die Mittelstaaten die Macht des kleinen Sachsen-Weimar nicht ernst nahmen und besonders als Königreiche noch selbstbewußter waren. So verlangte z. B. das zuständige Ministerium in Dresden, Carl August müsse zunächst *alle* Fürsten des herzoglichen Sachsen für seinen Plan gewinnen und diesen Staatenbund *fest* an das Königreiche Sachsen binden; alle sächsischen Fürsten seien ja schließlich miteinander verwandt.[2] Es ist verständlich, daß die Mittelmächte dem Kleinfürsten Bedingungen stellten, die ihm nicht gefielen.

Wir wollen das Labyrinth dieser klein- und mittelstaatlichen Verhandlungen nicht durchirren; denn wir wissen ja, daß an seinem Ende der preußische Zollverein, die Vorstufe des Deutschen Reiches, stand. Näher bei der Person Carl Augusts bleiben wir, wenn wir nach den Spätfolgen seiner abenteuerlichen politischen Vergangenheit fragen; denn es ist klar, daß die Hüter des neuen Friedens den unruhigen Kleinfürsten scharf im Auge behielten. Am 2.9.1820 schon schrieb Metternich an Minister Fritsch, die Regierung von Sachsen-Weimar müsse die Unterwanderung des Handelsvereins durch »Übelgesinnte« verhindern. Dieser Brief war im Geiste des Großherzogs leicht zu beantworten. Fritsch schrieb an den Großmanager der Heiligen Allianz ganz keck, Carl August werde Störungen des Vereins verhindern. Das Hauptübel aber seien die Zölle; *sie* seien die Quelle der Unzufriedenheit. Sobald der Bundestag die längst fällige Handelseinheit geschaffen habe, werden alle Handelsvereine in Deutschland sich wieder auflösen.[3]

---

1 Karl-Heinz Fallbacher: Literarische Kultur in München zur Zeit Ludwigs I. und Maximilians II., hg. von der Kommission für bayerische Landesgeschichte bei der Bayer. Akademie der Wissenschaften, Band 98. München 1992.
2 Vgl. die Briefe von Minister Einsiedel, Dresden, an Fritsch, Weimar, vom 12.1.1824 und vom 1.7.1824 und die Antwort von Fritsch an Einsiedel vom 7.9.1824, die zurückhaltend ist. Alle drei Briefe im Polit. Briefwechsel Carl Augusts, Bd. III.
3 14.9.1820. Politischer Briefwechsel Carl Augusts. Bd. III, S. 622.

Viel aufregender war für den ohnehin emotionalen Großherzog eine Anzeige seines alten Verfolgers von Kamptz, des preußischen Polizeichefs, bei der Zentraluntersuchungskommission in Mainz. Das corpus delicti war ein Kollegheft, geschrieben in der Vorlesung des alten, in Berlin bereits bekannten Sünders, Professor Luden.[4] Man darf wohl auch behaupten, daß Heinrich Luden einer der Hauptträger des frühen historischen Nationalismus in Deutschland war (*Geschichte des teutschen Volkes*. 12 Bände, 1825–1837). Goethe liebte die Deutschen, die Teutsche sein wollten, wenig. Aber er hielt Luden (im Gegensatz zu Oken) für entwicklungsfähig und beriet ihn. Tatsächlich ordnete sich der energische Professor im Laufe der Zeit so maßvoll in das junge, halbliberale Staatswesen ein (z.B. als Abgeordneter der Universität Jena im Landtag), daß der Großherzog völlig beruhigende Gutachten über den ehemaligen Revolutionär nach Berlin senden konnte. Noch wichtiger war freilich die Unterstützung durch Carl Augusts alten Freund Müffling, der zum Chef des preußischen Generalstabs und zum Präsidenten des Staatsrats aufgestiegen war. Er brachte die Angelegenheit wohl ohne Aufregung in Ordnung; denn für Sachsen-Weimar war ja das auswärtige Departement, nicht die preußische Polizei zuständig. Bezeichnend für Carl Augusts historische Stellung zwischen Konstitutionalismus und Feudalismus ist aber der Stil seiner Beschwerde. Er vergißt nie, daß er ein Verwandter der preußischen Königsfamilie ist und droht auch im Notfall »unmittelbar und eigenhändig bei den [sic] Könige« sich zu beschweren (an Müffling 29. 2. 1824).[5]

In seiner Familienpolitik war Carl August – das gehört in diesen Zusammenhang – äußerst erfolgreich. Es gelang ihm – alles wohl über Müffling! – die preußische Werbung um seine Enkelin Marie von Weimar mit dem Prinzen Carl von Preußen solange hinzuhalten, bis Prinz Wilhelm, der Kronprinz, bereit war, seine angeblich nicht ebenbürtige Geliebte, die Prinzessin Radziwill, aufzugeben und Augusta von Weimar zu heiraten. So wurde Augusta die Gattin Wilhelms [I.] und schließlich Kaiserin von Deutschland. Auf diesem Gebiet gelang alles, was Carl August träumen mochte.

Welche Gründe Friedrich Wilhelm III. hatte, Carl Augusts Familie auf diese Weise zu bevorzugen, ist mir nicht bekannt. In den Briefen des Kunstfreundes Sulpiz Boisserée, eines Rheinländers, fällt auf, daß er eine spür-

4 Vgl. ebd. Bd. III, S. 676 (Anm. 60).
5 Ebd. S. 680.

bare Scheu hatte, seine Gemäldesammlung nach Berlin zu verkaufen, das ihm rauh, nordisch, nicht kultiviert genug erschien. So siegte, wenigstens auf diesem kunsthistorischen Gebiet, das ehrgeizige Bayern. Sollten die Prinzessinnen aus Weimar zur Widerlegung der Vorurteile gegen Preußen beitragen? Als Müffling dem Großherzog von Weimar sein noch heute wichtiges militärgeschichtliches Quellenwerk *Die Geschichte der Jahre 1813 und 1814*, Berlin 1824, sandte, fand dieser es »ganz vortrefflich«, abgesehen vom Bilde Blüchers, das in einer »zu hellglänzenden Glorie« erstrahlte (Carl August an Müffling 1. 8. 1824). Der ehemalige General hatte Grund, mit seinem Vorgesetzten vom Jahre 1814 nicht ganz zufrieden zu sein. So rief er seinen Goethe zu Hilfe, der bekanntlich ein Universalgenie war und alles wußte. Goethes Antwort ist, wie so vieles bei ihm, ein diplomatisches Kunststück. Er gibt dem Großherzog recht und schmeichelt doch zugleich dem preußischen Generalstab, zu dem Müffling im Krieg gehört hatte und den er noch immer repräsentierte (Goethe an Carl August 14. 11. 1824)[6]: »Der Fall ist wohl einzig in der Weltgeschichte, eine Art von rohem *Timur* zu sehen (denn *Vorwärts!* war ja auch die Loosung der Mongolen), aber umgeben von dem allergebildetsten Generalstabe; das ist einzig, war nicht und wird nicht seyn.«

Zu Goethes Berliner Beziehungen

Aus Goethes unsanfter Behandlung des preußischen Volkshelden in einem Privatbrief darf man nicht schließen, daß ihm die preußische Hauptstadt zuwider oder auch nur gleichgültig war. Beim Feldmarschall war eine gewisse Eifersucht des berühmten Dichters im Spiele, der alte Kampf zwischen den Großen des Geistes und den erfolgreichen Männern des militärischen und politischen Lebens.[7] Doch wußte Goethe sehr wohl, daß auch in Berlin eine bedeutende geistige Kultur sich herausgebildet hatte. Ein gewisses Eifersuchtsverhältnis mag in diesem Bereiche zu Alexander von

6 Briefwechsel des Herzogs-Großherzogs Carl August mit Goethe, hg. von Hans Wahl. Bd. III. Bern 1971, S. 150.
7 Vgl. die Verse: »Ihr könnt mir immer ungescheut wie Blüchern Denkmal setzen« (Hamburger Ausgabe, Bd. I, S. 322).

Humboldt bestanden haben, da dieser sich als Naturforscher ein weithin anerkanntes Ansehen erworben hatte, während Goethes *Farbenlehre* merkwürdiger Weise vor allem bei dem Philosophen Hegel Anerkennung fand, der zwar einflußreich genug war, um in Berlin Vorlesungen über die *Farbenlehre* zu veranlassen, aber selbst keine Autorität auf dem Gebiete der Physik besaß. Es ist eine sich öfter wiederholende Tragikomödie! Solider war Goethes Verhältnis zu Wilhelm von Humboldt, der, auch nach seinem Rücktritt, immer der Minister in Goethes Tagebuch blieb und Weimar öfters besuchte.

Ein zuverlässiger und aktiver Freund des Dichters war auch der Intendant des Berliner Nationaltheaters nach Ifflands Tod, der Graf Karl von Brühl. Mit dem Fürsten Radziwill veranlaßte er die Aufführung von einzelnen Faustszenen vor einer vornehmen Berliner Gesellschaft. Aber Goethes Herzenswunsch, mit dem ganzen *Faust* im Berliner Theater »eine neue Epoche der deutschen Bühne [zu] eröffnen« (an Graf Brühl 2. 6. 1819), konnte wegen des pietistisch-religiösen Klimas in den höchsten Kreisen Berlins vorläufig nicht erfüllt werden. Das Äußerste, was Graf Brühl wagen konnte, war die Einweihung des neuen Berliner Schauspielhauses mit der in Deutschland bereits eingebürgerten *Iphigenie* und mit einem festlichen Prolog Goethes (1821). Auch dieser Prolog hatte seine Schwierigkeiten für Goethe, weil die christliche Bescheidenheit Friedrich Wilhelms III. beachtet werden mußte; aber Goethe entsprach willig den Wünschen des Intendanten. Im Vergleich mit den Weimarer Festdichtungen darf man von einer radikaleren Entbarockisierung der Panegyrik reden, worin, zugleich ein Merkmal Preußens, eine größere Sachlichkeit gesehen werden mag. Diese königliche Bescheidenheit bedeutete freilich in keiner Weise eine Milderung der Zensur! Darüber hat uns schon H. H. Houbens Buch *Der ewige Zensor* gründlich unterrichtet (1926).

Die engste Verbindung zwischen Berlin und Goethe ergab sich bekanntlich durch den Briefwechsel mit Zelter. Die Bedeutung, die dieser Freund für Goethe hatte, ergibt sich schon aus der Tatsache, daß das Genie selbst noch die Veröffentlichung dieses Briefwechsels vorbereitete; er erschien in Berlin schon 1833/34. Zelter komponierte fleißig die Gedichte Goethes, und die Vertonung von Lyrik verhalf ihr in der Biedermeierzeit oft zu einem gesellschaftlichen Erfolg. Doch beruhte Zelters Bedeutung nicht auf der Komposition, sondern auf seiner Rolle als Dirigent und auf der Organisation und Kontrolle von »Singakademien« in ganz Preußen. Zelter war eine volkstümliche Persönlichkeit und scheute nicht davor zurück, nach einer musikalischen Aufführung sich vom König ein Goldstück in die Hand drücken zu lassen. Er konnte es nicht begreifen, daß Goethe seine Einladungen nach Berlin nicht annahm. Er war naiv, herzhaft, humoristisch, und eben mit diesen Eigenschaften war er dem Genie eine Wohltat, ein Gemütsfreund. Doch darf man darüber seine Rolle als Berichterstatter über Berlin nicht vergessen. Goethe forderte ihn immer wieder auf, ihn über das Kulturleben in Berlin zu informieren. Goethe reiste im Alter weder nach Berlin, noch nach Wien, noch nach Paris, sondern nach Karlsbad, Teplitz, Marienbad. Man lacht in unserer vielreisenden Zeit darüber, ohne zu bedenken, daß sich in diesen Bädern die große Welt versammelte und man dort, bei Bedarf, auch Herrschaftsfunktionen ausübte. Man denke an die »Karlsbader Beschlüsse«.

Goethe wäre vielleicht nach Berlin gereist, wenn ihn der König eingeladen hätte; die Einweihung des neuen Theaters hätte eine Gelegenheit dazu geboten. Aber er war dem König von Preußen so wenig willkommen wie dem Kaiser von Österreich. So empfing Goethe die literarische, überhaupt die gebildete Welt selbst in Weimar, und Carl August gewöhnte sich allmählich an die Tatsache, eine Konkurrenz in Weimar zu haben, einen »Dichterfürsten«, der, wie er selbst, viel gescholten und auch viel gefeiert wurde.

Zelter war dafür bekannt, daß er jüdische Talente förderte, ja vielleicht bevorzugte. Als eines seiner höchsten Verdienste betrachtete er die Entdeckung von Felix Mendelssohn. Dieser wurde daher von Goethe, auch mit seiner Familie, herzlich aufgenommen und durch Vorspielen im geselligen Kreise nachdrücklich geehrt, obwohl er noch sehr jung war. Goethe trug zum Ruhme Mendelssohns bei, und umgekehrt erhöhte der Kreis um Rahel in Berlin, wohl wirksamer als jede andere Gruppe, den Ruhm Goethes. Rahels Gatte war einer der bedeutendsten Publizisten der Biedermeierzeit: Karl August Varnhagen von Ense.[8] Gerade in der Zeit, da die Goetherezeption bösartig zu werden begann (z.B. bei J.F.W. Pustkuchen: *Wilhelm Meisters Wanderjahre* 1821), veröffentlichte Varnhagen das Buch *Goethe in den Zeugnissen der Mitlebenden* (Berlin 1823). In Berlin wurde so ein Fundament zu Goethes Nachruhm gelegt, das süddeutsche Liberale und Nationalliberale mit Hilfe politischer Argumente nicht mehr zerstören konnten.

Merkwürdig mag es erscheinen, daß Goethe dem umstrittenen Staatsmann Preußens, dem Fürsten Hardenberg, zu seinem 70. Geburtstag

---

8 Vgl. Friedrich Sengle: Biedermeierzeit Bd. II, S. 311–314.

(1820) ein ehrenvolles Gedicht widmete; aber Hans Tümmler, der namhafteste Weimarforscher, hat dieses Gedicht in einer zu wenig bekannten Auswahl von Goethes wichtigsten Personalgedichten aufgenommen und verständlich gemacht.[9] Hardenberg war Goethes Leipziger Kommilitone gewesen und hatte auch, wie der Dichter, bei Professor Oeser privaten Zeichenunterricht genossen. Wenig später war Hardenberg, wie Goethe, Rechtspraktikant am Reichskammergericht in Wetzlar. Auf dem Wiener Kongreß traf Hardenberg mehrmals mit Carl August zusammen. »Die […] Gebietsvergrößerung für Weimar war speziell Hardenbergs Aufgabe« (Tümmler). Nach dem Wartburgfest von 1817, das für die restaurative Welt erschreckend war, besuchte Fürst Hardenberg Weimar persönlich, um sich von dem Großherzog und den Ministern genau informieren zu lassen; und diese preußische Sachlichkeit trug dazu bei, daß von der Heiligen Allianz noch keine Maßnahmen gegen diesen Unruheherd ergriffen wurden. Den Hauptzweck des Gedichts sieht Tümmler darin, den »resignierenden Staatskanzler« gegen die »reaktionären Tendenzen an der preußischen Staatsspitze« zu ermutigen. Daher schließt das Gedicht mit den Versen:

> Segen dir von Mund zu Munde!
> Neuen Mut und frische Kräfte.

Mut ist vor allem vonnöten gegenüber der geistlichen Restauration in Berlin und Wien, deren Gegner Goethe trotz seines politischen Konservatismus war.[10]

---

9 »Und der Gelegenheit schaff' ein Gedicht.« Goethes Gedichte an und über Persönlichkeiten seiner Zeit und seines politischen Lebenskreises, Bad Neustadt an der Saale: Verlag Dietrich Pfaehler 1984, S. 122–125. Bei einer Neuausgabe sollten m. E. die historischen und biographischen *Erklärungen*, in denen der Hauptwert von Tümmlers Ausgabe für den Goethefreund besteht, im Titel des Buchs erwähnt werden.
10 Selbstverständlich sind damit Goethes Beziehungen zu Berlin nur angedeutet, im Widerspruch zu entgegengesetzten Vorstellungen. Ausführlicher berichtet Erna Arnhold: Goethes Berliner Beziehungen, Gotha 1925. Die einzigartige Bedeutung Zelters für Goethe erhellt neuerdings Peter Boerner: Goethe korrespondiert mit Carl Friedrich Zelter, in: Jb. des freien deutschen Hochstifts 1989, S. 127–146.

Allgemeine politische Interessen Goethes
zu Beginn der 20er Jahre

Ein großer Irrtum wäre es, wenn man glauben wollte, Goethe befinde sich in diesen Jahren immer noch im Dunst der »Kunstperiode«. Menzel und Heine, die solche Vorstellungen verbreiteten, kannten Goethes Weiterentwicklung nicht. Auch wird man behaupten dürfen, daß Goethes Universalismus von Anfang an eine Distanzierung vom späteren Ästhetizismus bewirkte. Der wissenschaftliche Ehrgeiz, die Auseinandersetzung mit der Französischen Revolution, die Teilnahme an der Campagne in Frankreich und an der Belagerung von Mainz, die Stellungnahme für Napoleon noch in der Zeit der Freiheitskriege, dann die Warnung vor dem übertriebenen Nationalliberalismus: der Hinweis auf die Gefahr einer »Preßanarchie« (in einem Brief an Carl August) und auf das Utopische der liberalen Bewegung (in einem Gespräch mit Luden), der Widerstand Goethes und Voigts gegen die preußisch-russische Bestrebung, Carl August zum König von Sachsen zu machen. Alles das bewies schon in früheren Kapiteln Goethes lebhaftes Interesse für politische und militärische Fragen, wenn man auch einschränkend bemerken mag, daß Goethe damals vor allem das Schicksal seines Fürsten und Sachsen-Weimars vor Augen hatte.

Nach der Stabilisierung durch die sog. Metternichsche Restauration in den Jahren 1819 und 1820 entfielen die Befürchtungen für das Schicksal seines Fürsten und seines Landes. Aber die weltweite Auseinandersetzung des Liberalismus mit der Restauration beschäftigte ihn nun ohne Unterbrechung. Er studierte die »Übersetzung der sämtlichen Proklamationen Ypsilantis« und beobachtete »die Erhebung der Griechen« weiter (Tgb. 21. 4. 1821 und 12. 7. 1821). Lord Byron hätte ihn nicht so intensiv beschäftigt, wenn er nicht das Beispiel eines politisch und militärisch aktiven Dichters dem alten, zurückgezogen lebenden Hofmann vorgelebt hätte. Lebhaft interessierten ihn auch die Unruhen in Spanien und die Unabhängigkeitsbestrebungen in Südamerika (Tgb. 21. 12. 1821, 16. 1. 1822, 31. 1. 1823). Er spricht sogar von einer »Weltbewegung wegen der spanischen Gegenerklärungen« (Tgb. 4. 2. 1823). Gemeint sind wohl die Proteste gegen die »Erklärungen der Monarchen nach dem Kongreß von Verona« (Tgb. 12. 1. 1823). Freund Conta liefert ihm, wie früher schon, immer wieder Material, das er gewissenhaft zurücksendet, d. h. wohl Akten u. dgl.

(Tgb. 8. 6. und 30. 10. 1821; 26. 5. 1823). Wenn Conta in Paris war, gibt er ihm einen mündlichen Bericht über die dortige Lage (Tgb. 28. 10. 1823). Er erhält auch einen Besuch des französischen Gesandten (Tgb. 27. 10. 1823). Goethes Schwiegertochter, die viel reist und in Weimar den Verkehr mit den dortigen Engländern pflegt, unterrichtet ihn in einem »langen Gespräch über die gegenwärtigen gesellschaftlichen Verhältnisse« (Tgb. 21. 10. 1823). Mit seinem Berliner Freund, dem stockkonservativen Staatsrat Schultz, unterhält er sich über die unruhigen Studenten in Göttingen (3. 7. 1821), was wohl mit dem englischen Hintergrund Hannovers zusammenhängt. Weimar wurde in dieser Zeit von vielen Engländern besucht. Carl August war als Utilitarist entschiedener Verehrer und Nachahmer der Engländer; aber auch Goethe bewunderte England wegen seiner überlegenen Welthaftigkeit. Selbstverständlich versucht man auch, die verschiedenen Nachrichten zu abstrahieren. Im Tagebuch (24. 5. 1821) ist von einem »Aufsatz über den gegenwärtigen Widerstreit der Gewalten« die Rede. Es wird wohl nur ein Versuch zum eigenen Gebrauch gewesen sein, wie das Gespräch mit Riemer über »höhere Ansichten der gegenwärtigen politischen Lage« (Tgb. 4. 6. 1823).

Goethe interessierte sich fast noch mehr für die religionsgeschichtliche Lage, die damals eng mit der politischen Restauration zusammenhing; denn die Sieger pflegen in den Taten der Besiegten das Reich des Bösen zu erkennen und den eigenen Erfolg als ein Werk der göttlichen Vorsehung anzusprechen. Die deutsche Lyrik der Freiheitskriege beruft sich immer wieder auf die deutsche Frömmigkeit, die der »Gott[,] der Eisen wachsen ließ«, belohnt. Besonders interessant und erschreckend war für Goethe der große pietistische Einfluß innerhalb des Protestantismus und das Ansehen einzelner katholischer Orden und Kanzelredner: Nachdenken »Über das Zunehmen der Frommen im Herrenhuther Sinne« (Tgb. 8. 7. 1822). In Böhmen war der Josephinismus noch lebendig, besonders im Adel. »Nachts mit [...] Graf Sternberg [...] Zacharias Werner besprochen, Redemtoristen, neuste Frömmeley in Preußen« (Tgb. 19. 7. 1822). Man erkennt also schon den Zusammenhang der religiösen Bewegung im katholischen Österreich und im protestantischen Preußen, was ich als »geistliche Restauration« bezeichne. Nach einem Besuch bei einem anderen böhmischen Grafen, Hartenberg, notiert Goethe im Tagebuch (4. 8. 1822): »Gespräch [...] über die Ligoristischen Durchtriebenheiten, Werners Rosenkranzpredigt. Von Josephs Zeiten, Literatur, Abbate Casti. Las Nachts genannte[n] Narren-Sermon im Auszuge« (Tgb. 4. 8. 1822). Goethe wird in

Böhmen »Vom Prälaten wohl empfangen« in »große[r] Gesellschaft« und führt ein »Interessantes Gespräch über sittliche und religiose Welt-Ansichten. Schlicht menschlich« (Tgb. 9. 7. 1822). Er studiert auch mit Sympathie das katholische Volksleben, Feste, Wallfahrten usw. Alles Gewachsene und insofern Naturnahe gefällt ihm. Nur die Exzesse verabscheut er, auch auf diesem Gebiet.

Fortdauer der amtlichen und dichterischen Arbeit

Man muß immer bedenken, daß Goethes Interesse für politische und religionspolitische Fragen nur *ein* Teil seines universal orientierten Lebens war, daß die amtlichen Pflichten der »Oberaufsicht« über die Bibliotheken, Museen usw. weiterliefen, weil es keine Pensionierung in unserem modernen Sinne gab. Er ist nach seinem 70. Lebensjahr seltener in Jena; aber seine Mitarbeiter Dr. Weller, Sekretär Kräuter, Professor Güldenapfel, der Leiter der Veterinärschule Professor Renner u. a. kommen nach Weimar, um über den Verlauf der Geschäfte zu referieren und Weisungen zu erhalten. Etatfragen machen ihm Sorgen, z. B. die »Hauptjahresrechnung« (Tgb. 11. 4. 1821). Er hat ständige Beratungen mit dem Oberbaudirektor Coudray, wegen neuer Bauten und dem Ausbau des Wegenetzes. Wenn der Hofbildhauer Kaufmann eine Werkstatt braucht, so kommt er zu Goethe. Die Reform der Bibliotheken nahm er nach seiner Entlassung als Theaterdirektor (1817) gehorsam und nicht ohne Bitterkeit auf. Aber nach vier Jahren blickt er mit Stolz auf diese erfolgreiche Tätigkeit zurück (Tgb. 1. 11. 1821). Es gibt noch immer fürstliche Visitationen in Jena. Doch sind sie fast immer mit einer gemeinsamen Mahlzeit der Jenenser Honoratioren verbunden. Man darf überhaupt feststellen, daß dienstliche Geschäfte noch nicht streng vom persönlichen Leben getrennt werden. Manche dienstliche Tätigkeit entwickelt sich zu einer mehr oder weniger engen Freundschaft. Dies gilt seit langer Zeit für Meyer, den Leiter der Zeichenschule, jetzt für Coudray, den Baumeister.

Auch die dichterische Arbeit ging im Alter weiter, wie allgemein bekannt ist. Dies war in jener Zeit keineswegs selbstverständlich. Es gab eine Ideologie, nach welcher die Dichtung mit der Jugend und den »besten Jahren« verknüpft ist, und die Altersdichtung von vornherein mißtrauisch betrachtet wurde. Es ist anzunehmen, daß auch Goethe durch dieses Vorurteil behindert war. Wieland hatte sich im Alter auf das Romanschreiben beschränkt. Entsprechend steht bei Goethe die Fortsetzung der *Lehrjahre* zunächst im Vordergrund seiner literarischen Altersbemühungen, – nach der Vollendung des *Westöstlichen Divan*, kaum zufällig in seinem 70. Lebensjahr. Es ist nicht nur eine konventionelle Phrase, wenn Knebel am 29. 9. 1821 an Goethe schreibt: »Glücklich wer wie Du keinen Wechsel der Jahreszeiten im Leben kennt, und immer Blütchen und Früchte in gleichem Glanze der Schönheit hervorbringt!«[11] Am 26. 6. des gleichen Jahres hatte der Freund die erste Fassung der *Wanderjahre* mit ähnlicher Begeisterung begrüßt; doch störten ihn hier offenbar die kunsttheoretischen Reflexionen.[12] Die große Bedeutung der Marienbader Elegie von 1823 liegt werkgeschichtlich wohl in der Tatsache, daß Goethe sich hier der dichterischen Möglichkeiten seines Alters sicher wurde, – trotz der gleichzeitigen deutlichen Hinweise auf seinen biologischen Abstieg (in seiner Gesundheit und in seinem Liebesleben). Von dem biographischen Hintergrund dieser Dichtung wird später zu sprechen sein, da in den entsprechenden Marienbader Szenen das Genie und sein Fürst zusammen auftreten.

Interessant ist es, daß schon in diesen Jahren die *Zahmen Xenien* zu entstehen beginnen, d.h. eine nicht immer durch Weisheit relativierte Altersresignation, verbunden mit deutlicher Erbitterung gegen seine immer zahlreicher werdenden Kritiker, – in der Öffentlichkeit wie auch in seiner Familie. Nur wenige Beispiele, um zu dokumentieren, daß die Altersproduktion, wie schon der *Westöstliche Divan*, neben hoher Dichtung ironische, didaktische und polemische Töne vernehmen läßt:

> Ein alter Mann ist stets ein König Lear! –
> Was Hand in Hand mitwirkte, stritt,
> Ist längst vorbei gegangen,
> Was mit und an dir liebte, litt,
> Hat sich wo anders angehangen;
> Die Jugend ist um ihretwillen hier,
> Es wäre thörig zu verlangen:
> Komm, ältele du mit mir.

---

11 Briefwechsel zwischen Goethe und Knebel, 2. Teil, Leipzig 1854, S. 298.
12 Ebd. S. 296 f.

Die Axt erklingt, da blinkt schon jedes Beil,
Die Eiche fällt und jeder holzt sein Teil.

Oder noch deutlicher; es ist nicht nur an die Kavallerie Blüchers, sondern zugleich an die hochfahrenden, aber rasch vergessenen Goethekritiker zu denken:

Da reiten sie hin! Wer hemmt den Lauf!
Wer reitet denn? Stolz und Unwissenheit.
Laß sie reiten! da ist gute Zeit,
Schimpf und Schande sitzen hinten auf.[13]

Die Annäherung an den von den Vorkämpfern der Restauration noch immer beobachteten Großherzog bezeugt in diesen Jahren die Niederschrift der *Campagne in Frankreich* (1822). Goethe hatte den Herzog auf dieser unglücklichen Intervention gegen die Französische Revolution begleitet, und für die beiden alten Freunde bestand in einer noch vom Siegesjubel erfüllten Luft genug Anlaß, an ihre eigenen antirevolutionären Verdienste zu erinnern.

Goethes Nützlichkeit beim Juwelenordnen und beim Besuch des bayerischen Königs

Carl August bat Goethe in dieser Zeit, seine kostbarsten Juwelen zu ordnen. Goethe verstand diesen außergewöhnlichen Vertrauensbeweis sogleich und antwortete in einer Weise, die in dem nüchternen Briefwechsel zwischen Durchlaucht und »Diener« selten ist. Goethe an den Großherzog

---

13 Vgl. meinen Aufsatz: Goethes Zahme Xenien aus dem Nachlaß. Zum Selbst- und Weltverständnis seiner letzten Jahre, in: Festschrift für Manfred Windfuhr, hg. v. Gertrude Cepl-Kaufmann, W. Hartkopf, A.N. Koch, H. Stauch; Köln/Berlin/Wien 1990. Die oben stehenden Verse stammen aus den zahlreichen *Zahmen Xenien*, die schon zu Goethes Lebzeiten veröffentlicht wurden. Er scheute den Kampf keineswegs.

18. 1. 1822[14]: »Wegen der Aufbewahrung der Kostbarkeiten in privatissimo bin vollkommen einverstanden und danke verpflichtet für das anzuvertrauende Juwelen-Schränkchen, das in meiner klösterlichen Zelle mir die angenehmste Gesellschaft und Unterhaltung seyn wird; ich darf hoffen, die Ordnung wieder herzustellen.« Zu dieser Arbeit in einem der intimsten Bereiche des Feudalismus – Juwelen statt verstaubter Bücher! – paßt es gut, wenn der Großherzog ein gutes Jahr später an Goethe einen Brief mit einem einzigen Satz schreibt (20. 3. 1823): »Der König von Bayern hat mir geschrieben, grüßt dich bestens und wünscht Glück zur Wiedergenesung.«[15] Goethe war im Februar und März dieses Jahres so schwer krank gewesen, daß man um sein Leben bangte. Er war also bei dieser Nachricht noch in der Rekonvaleszenz; aber das Ereignis erscheint dem Fürsten so wichtig, daß er es an Goethe sogleich weitergibt. Es handelt sich um die uns schon bekannte Tendenz Münchens, Weimar als Kunststadt sozusagen zu beerben. Doch der König, um den es sich hier handelt, ist noch nicht der selbstdichtende König Ludwig I., sondern sein Vorgänger Max I. Joseph, der 1825 starb. Der Königsgruß ist in den Augen Carl Augusts gewiß eine neue Aufwertung Goethes. Er verrät dem amusischen Fürsten wieder einmal, wie nützlich ein berühmtes Genie bei der Herstellung politischer Verbindungen sein kann. Dem Brief des Königs von Bayern folgte ein Besuch in Weimar (13.–19. 5. 1823). Goethe besorgte bei dieser Gelegenheit ein »Facsimile aus dem Jenaischen Codex der Minnesinger. Sr. Majestät dem Koenig von Baiern Maximilian Joseph bey Aller-Hoechst-Dero Anwesenheit auf der Universitätsbibliothek zu Jena in tiefster Ehrfurcht überreicht.«[16] Nach Goethes Tagebuch besuchten der König und der Großherzog das Genie am 16. 5. Am 18. 5. erhielt der König »die Facsimiles«. Am gleichen Tag besuchten den Berühmten »um 11 Uhr die Königin von Bayern« mit »Erbgroßherzog und Erbgroßherzogin Hoheiten. Um 12 Uhr die bayerischen und hiesigen Prinzessinnen mit Gefolge«. Es handelte sich also um einen großen höfischen Besuch aus München. In feudalgeschichtlicher Hinsicht ist es wichtig, daß Goethe beim Besuch der königlichen Familie von Bayern nicht am Hofe von Weimar »aufwartet«, sondern selbst die Besuche in drei Rangstufen empfängt. Es ist *die* Position, die der *alte*

---

14 Briefwechsel Carl August mit Goethe, hg. v. Hans Wahl. Bd. III, S. 54. Neudruck Bern 1971.
15 Ebd. S. 99.
16 Ebd. S. 349.

Dichter in Weimar erreicht hat. Auch der Großherzog, die Großherzogin, der Erbgroßherzog und seine Frau, die »kaiserliche Hoheit«, besuchten Goethe in seinem eigenen Hause. Der Abstand zum »Diener« wird nicht aufgehoben, aber symbolisch überbrückt, womit dem bayerischen Hof ein Vorbild vermittelt wurde.

Wie Goethe in dieser Zeit in die Feudalwelt eingetaucht ist und die Position des vertrauten Beraters einnimmt, das verrät wieder der sorgfältige Brief an den Großherzog, in dem er ein Ensemble von 42 Edelsteinen beschreibt, das ein Kenner zusammengebracht hat und dessen »Zusammenbleiben […] höchst wünschenswerth« wäre. Der Besitzer war trotz »wiederholter Rücksprache« von dem hohen Preise von 130 Louisdor nicht abzubringen. Im Schluß des Briefes wird deutlich der Kauf angeraten. Doch hat Goethe, nach langer höfischer Erfahrung, selbst seine »Zweifel« dabei und »übergibt das Ganze höchster Beurtheilung und gnädigster Entscheidung«.[17] Sogar ein Weihnachtsgedicht für Carl August gibt es, das dem besonders wichtigen Jahr 1823 mit Goethes Krankheit, dem bayerischen Königsbesuch, der gemeinsamen Marienbader Kur, der Marienbader Elegie und einer neuen, schwer zu deutenden Krankheit des Dichters vorausgeht. Wir zitieren die zweite Strophe des Gedichts *Weihnachten*, um die Stimmung des Schwellenjahrs zu Goethes letzter Lebenszeit anzudeuten:

> Aber Fürst, wenn dir's begegnet
> Und ein Abend so dich segnet,
> Daß als Lichter, daß als Flammen
> Vor dir glänzten allzusammen
> Alles was du ausgerichtet,
> Alle, die sich dir verpflichtet:
> Mit erhöhten Geistesblicken
> Fühltest herrliches Entzücken.[18]

---

17 Ebd. S. 90 f.
18 Vgl. Hans Tümmler, Anm. 9 S. 38. Dort auch der Kommentar für die besondere Bedeutung des Gedichts und sein Weiterwirken.

Goethes Minnedienst:
Andeutung des literarischen Problems

Wenn man den biographischen Hintergrund der *Trilogie der Leidenschaft* richtig verstehen will, so wird man wohl am besten von der Tatsache ausgehen, daß die so stark betroffene 20jährige Ulrike von Levetzow von dieser Liebe nichts hören wollte, weil Goethe, im Widerspruch zur Verabredung, das Geheimnis dieser Liebe durch Öffentlichkeit entweiht hatte.[19] Sie wußte nichts vom Minnesang und seinen Klagen, vom Petrarkismus mit seinen sterbenskranken Liebhabern und von der poetologischen Tatsache, daß die nicht erfüllte Liebe die Leidenschaft am heftigsten reizt und der Poesie ganz besonders bekömmlich ist.

Es ist kaum anzunehmen, daß der bald 74jährige Hofmann mit mehr als einer Verliebtheit rechnete, die, nach seinen vielzitierten Worten, eine Kur allein erträglich macht. Dem Kanzler von Müller, der am klarsten erkannte, daß es sich nicht nur um *eine* Liebe handelte, sondern um das Liebesbedürfnis eines alten Mannes, gestand Goethe, als er den Liebesrausch hinter sich hatte: »Es ist eben ein Hang, der mir noch viel zu schaffen machen wird, aber ich werde darüber hinauskommen. Iffland könnte ein charmantes Stück daraus fertigen, ein alter Onkel, der seine junge Nichte allzu heftig liebt.«[20]

Goethe hat bekanntlich eine charmante Novelle *Der Mann von 50 Jahren* mit einem ähnlichen Thema geschrieben. Ein Mann von 70 Jahren, der sich so heftig verliebt, war für die Wertmaßstäbe der damaligen Zeit eher ein tragischer Fall, und in diesem Ton ist ja die *Trilogie der Leidenschaft* gehalten. Der versöhnende dritte Teil widerspricht einer solchen Absicht nicht; denn nach Goethes Begriffen wird ja die »aussöhnende Abrundung« »eigentlich von allem Drama, ja sogar von allen poetischen Werken gefordert« (*Nachlese zu Aristoteles' Poetik*, 1827).

Noch näher liegt für eine geschichtliche Interpretation der »Wertherismus«, an den ja im Text erinnert wird, oder der die Wertherstimmung weiterführende »Byronismus«, dem sich Goethe in dieser Zeit angenähert hatte. Bei Eckermann lesen wir (16. 11. 1823): »Die jugendlichste Glut der

19 Hedda Sauer: Goethe und Ulrike, Reichenberg 1925, S. 71f.
20 Goethes Unterhaltungen mit dem Kanzler Müller, 2. 10. 1823.

Liebe, gemildert durch die sittliche Höhe des Geistes, das erschien mir im Allgemeinen als des Gedichts [der *Trilogie der Leidenschaft*] durchgreifender Charakter. Übrigens kam es mir vor, als seyen die ausgesprochenen Gefühle stärker, als wir sie in anderen Gedichten Goethes anzutreffen gewohnt sind, und ich schloß daraus auf einen Einfluß von *Byron*, welches Goethe auch nicht ablehnte.« Man wird hinzufügen, daß die Welt bei Byron noch viel trostloser erscheint, und daß besonders die Vergänglichkeit, mit der sich jeder *alte* Mensch in besonderem Maße auseinanderzusetzen hat, von Byron in einer Weise betont wird, wie sie Goethe bei einem Platen oder Lenau nie gebilligt hätte. Ich zitiere den Anfang des in unserem Zusammenhang naheliegenden Gedichts von Byron, *Youth and Age*:

> There's not a joy the world can give like that it takes away
> When the glow of early thought declines in feeling's dull decay;
> ›Tis not on youth's smooth cheek the blush alone which fades so fast,
> But the tender bloom of heart is gone, ere youth itself be past.

Man sieht: Eckermann erkennt nur die halbe Wahrheit. Goethe mag in der Härte der Diktion stellenweise von Byron gelernt haben. Aber er widerlegt in seiner Dichtung die Vorstellungen des englischen Poeten. Er realisiert das, was Byron leugnet, den möglichen Geist, das mögliche Herz, die mögliche Dichtung *des Alters*.

Das Heiratsangebot Carl Augusts

Näher bei unserem Thema »Das Genie und sein Fürst« liegt die sozialgeschichtliche Frage, wie es kam, daß der Großherzog bei der Mutter Ulrike von Levetzows den Heiratsantrag für Goethe stellte; dieser wirkte nicht nur in Goethes Familie, sondern in ganz Deutschland sensationell. Von den feudalistischen Traditionen aus gesehen war die Heirat eines so alten Mannes mit einem so jungen Mädchen nicht ganz so problematisch, wie wir dies, biologischer denkend, empfinden. Vielleicht erinnerte sich Carl August an die Hochzeit des 70jährigen bayerischen Kurfürsten Carl Theodor mit der 17jährigen Marie Leopoldine von Habsburg (1795), die in München noch heute bekannt ist, weil sie zur Öffnung des Englischen Gartens für jedermann den Anlaß gab, während dieser zuvor dem Hofe vorbehalten gewesen war.[21] Vielleicht wollte der Großherzog seinem nach schwerer Krankheit oft depressiven Dichterfürsten eine ähnliche Aufheiterung verschaffen. Es mag auch »etwas Bosheit dabei im Spiele« gewesen sein, wie Richard Friedenthal vermutet: Die vier Levetzows wären sicherlich eine Bereicherung des Weimarer Hofes gewesen.[22]

Da Ulrike von Levetzow in ihren Erinnerungen feststellt, eine Liebschaft sei es nicht gewesen und Goethe selbst habe nie von einer Heirat gesprochen, vermutete man frühzeitig ein eigenmächtiges Vorgehen des Großherzogs. Carl August amüsierte sich über Goethes langwierigen Liebesdienst und verstand, wie auch sonst, wenig von dem poetischen Sinn seiner erotischen Bemühungen. Er hatte, wie wir schon aus seinem national-liberalen Vorpreschen schließen können, einen ungeduldigen, ja oft recht unbesonnenen Charakter. Goethe konnte dem Großherzog nicht in der Gesellschaft widersprechen – das war nach höfischem Brauch unmöglich –, und was er ihm später sagte, wissen wir nicht. Außerdem kannte er wohl die vorsorgliche Haltung der ihm befreundeten Mutter für das Töchterchen längst. Es ist sogar möglich, daß dieses vertraute Einverständnis zwischen der Mutter und dem Dichter durch die Liebelei mit Ulrike und Goethes Verkehr mit der ganzen Familie von Levetzow vor Klatsch geschützt werden sollte; denn die Mutter Amalie von Levetzow war nach der Scheidung von ihrem ersten Gatten und nach dem Tode des zweiten eine Freundin des Grafen Klevelsberg, dem das Gästehaus gehörte. Er war ein Herr, der sowohl in Prag wie in Wien eine einflußreiche Position innehatte. Sie heiratete später diesen Grafen; 1823 war sie eine reizende, erst 35jährige Frau. Hedda Sauer betont mit Recht die lebenslange Bedeutung dieser Frau für den Menschen Goethe: sie war »wärmer und lebhafter als Ulrike«[23], die nach ihren Äußerungen und auch nach denen der Mutter einen fast nonnenhaften Eindruck macht. Die Vorstellung, daß sie an ihre Werber den Maßstab Goethes legte und deshalb niemals heiratete, führt in die Irre.[24]

21 Süddeutsche Zeitung 1989, Nr. 148.
22 Richard Friedenthal, Goethe, München 1963, S. 580.
23 Hedda Sauer, Goethe und Ulrike, S. 38.
24 Ebd. S. 76f.

Amalie von Levetzow

Nach Ulrike trat die Mutter in den Mittelpunkt des gesamten Abenteuers; aus *diesem* Grunde fuhr man, um nicht aufzufallen, nach Karlsbad. Auch die Pianistin Szymanowska, eine höchst reizvolle polnische Jüdin mit außergewöhnlichen Talenten – für sie schrieb Goethe ursprünglich den dritten Teil der *Marienbader Elegie* –, fand sich dort ein; aber sie kennt das Hofleben und wird auch später in Weimar sich äußerst vorsichtig verhalten. Ulrike tritt in die »Familie« zurück. Es ist daher eine Verkennung der Situation und des gesamten aristokratischen Lebens, wenn Friedenthal schreibt[25]: »Er [Goethe] muß durchaus das Mädchen wiedersehen. Er fährt den Levetzows nach Karlsbad nach, quartiert sich im Gasthof einen Stock über ihnen ein.« Goethe war doch kein Student, sondern ein 74jähriger Hofmann! Das Zusammentreffen war selbstverständlich verabredet, nicht das Ergebnis einer leidenschaftlichen Verfolgung: »Man versammelte sich bey Frühstück und machte vor dem Abschied Pläne, sich wieder zu sehen. Deßhalb man denn auch fröhlich auseinander ging. Sodann zu Hause. Stadelmann packte fort. Die Gedichte für Madame Szymanowska weiter geführt. Madame Milder [eine Berliner Sängerin] kam zum Besuch« (Goethes Tagebuch 17. 8. 1823). Die Situation erforderte ein sorgfältiges Vorgehen! Goethe reiste zunächst nach Eger, das heißt: er trat scheinbar die Heimreise an. Erst am 25. 8. reiste er nach Karlsbad: »Meldung bey Frau von Levetzow.« (Tgb.) An Zelter schreibt er am 24. 8. 1823: »Hatte mich auf sechs Wochen einem sehr hübschen Kinde in Dienst [!] gegeben, da ich denn vor allen äußern Unbilden gesichert war.« Nach dem kurzen Karlsbader Zusammentreffen, im Brief vom 9. 9. 1823 an Amalie von Levetzow, klagt Goethe darüber, »wie viel zu sagen, wie wenig auszusprechen ist. Dencken Sie sich, liebe theure Freundinn, die vergangnen mehreren Wochen, besonders aber die letzteren, so werden Sie jeden Tag von meiner Danckbarkeit durchwoben finden die ich jetzt einzeln weder ausdrößeln möchte noch könnte; ich schiebe daher alles Ihrem lieben Gemüthe zu das wird an meiner Stelle das Beste thun.« Die Tochter »verzeiht [...] mir wohl wenn ich diesmal auch zurückhalte. [...] Dabey, hoff ich, wird sie nicht abläugnen daß es eine hübsche Sache sey geliebt zu werden«. Bei der Mutter ein Ringen um das Unaussprechliche, bei Ulrike Rokokoton! Auch das Gedicht *An Ulrike von*

---

25 Richard Friedenthal: Goethe, S. 581.

Levetzow. Aus der Ferne, das dem Brief offenbar beigefügt wurde, ist mehr geistreich als herzlich.

Goethes Briefwechsel mit Amalie von Levetzow geht weiter. Ich begnüge mich mit einem späteren Brief, der die mühsame Absage einer Einladung Frau von Levetzows nach Marienbad enthält und am gleichen Tage wie ein Brief an Marianne v. Willemer geschrieben ist. Er bezeichnet uns so den Rang dieser Freundschaft symbolisch (Goethe an Amalie v. Levetzow 17. 6. 1825).[26] Der Grund der Entschuldigung ist einleuchtend: Das fünfzigjährige Dienstjubiläum Carl Augusts steht bevor, und die Organisation dieses großen Festes liegt vor allem in Goethes Händen: »Ganz sicher sind Sie nicht vor mir, denn käm' ich auch nur zum Besuch auf wenige Tage, so sollten das schon Festtage werden, wenn sie sich an die schönen vom goldnen Straus [Hotel in Karlsbad] anschließen wollten; von meiner Seite würde sich alles finden wie damals; und hofft man nicht Erwiederung die man wünscht. – Allzuhinderlich aber sind mir tägliche Forderungen, die von allen Seiten an mich ergehen, die ich nicht ablehnen und kaum übertragen kann.« Der Brief schließt wie der vom 9. 9. 1823 mit den Worten »treu anhänglich«, der Brief vom 17. 6. 1825 an Marianne von Willemer mit »treu angehörig«. Kein Wiedersehen und doch Treue? Man muß Goethes Willen zur Verewigung des Augenblicks kennen, um dies zu verstehen (s. u. S. 474: Goethes Äußerung beim Abschied von Madame Szymanowska in Weimar).

Madame Szymanowska in Weimar

Goethes Briefe nach der Rückkehr aus dem »böhmischen Zauberkreise« – er benützt dieses Bild wiederholt – zeigen große Zufriedenheit und die beste Laune. So schreibt er z. B. an Freund Reinhard, der sich zum Besuch in Weimar angemeldet hat (14. 9. 1823): »Sie finden mich ganz frey und nach einer glücklichen Kur heiter und thätig.« Am 16. 9. bittet er den Verleger Frommann in Jena, mit dem Druck von *Kunst und Altertum* fortzufahren, am 21. 9. beklagt er sich bei Cotta über einen in Böhmen angetrof-

---

26 W. A. IV. Bd. 39, S. 227–229.

fenen Nachdruck seiner Werke. Es sind die typischen Beschäftigungen seines auf Ordnung und Kontinuität beruhenden normalen Lebens.

Dann aber kommen unruhige Tage für Goethe. Der Regierungsrat Schultz aus Berlin besucht ihn und fast gleichzeitig Graf Reinhard, dem er durch seine Napoleonverehrung verbunden ist – diesmal mit Familie. Das Hauptereignis freilich ist »Madame Szymanowska, von Dresden und Leipzig kommend. [...] Madame Szymanowska und Schwester zu Tische. So gefällig als trefflich auf dem Flügel gespielt. [...] Abends die Frauenzimmer. Frau von Pogwisch. Gräfin Line [...] Mehrere Engländer. Canzler von Müller, Professor Riemer. [...] Unterhaltendes Flügelspiel. Verabredung auf ein morgendes Frühstück in Belvedere.« (Goethes Tagebuch vom 24. 10. 1823).

Goethe bemüht sich in geradezu fürstlicher Weise um die berühmte Künstlerin; denn das Schloß Belvedere ist der Sitz des erbgroßherzoglichen Paars und durch seine Pflanzenpracht das beliebteste Ausflugsziel hoher Gäste. Ist die Schwester auch eingeladen? Sie ist sonst immer dabei. Am 27. 10. liest man im Tagebuch sogar: »Mittag Madame Szymanowska, Schwester und Bruder.« Am gleichen Tag werden die Zimmer zum Konzert eingerichtet. »Eckermann, die Mittheilung in's Morgenblatt bringend.« Goethe sorgt also auch für die Publizität, die den Künstlern so wichtig ist. Der Kanzler von Müller, der für repräsentative Fragen zuständig ist, bemüht sich um ein öffentliches Konzert (Goethes Tagebuch 28. und 29. 10. 1823). Was Goethe in diesem höfischen Trubel empfindet, läßt gleichzeitig ein Brief an Knebel ahnen (29. 10. 1823): Nach dem Bericht, daß er den Besuch von »manchem wahrhaft Würdigen« zugunsten von den »ältern Freunden« Schultz und Reinhard ablehnen mußte und nach der Klage über »eine Fluth von Fremden«, besonders Engländern, kommt er zu dem, was ihn tiefer beschäftigt und erregt: »Nun aber zuletzt tritt Madame Szymanowska herein, mit freundlichster Liebenswürdigkeit und dem größten Talent; auf dem Pianoforte ist sie zu Hause und macht daselbst die allerliebste Wirthin. – Ich hatte 14 Tage mit ihr in Marienbad verlebt, wenige in Carlsbad. Nun ist sie schon fünf Tage hier, ergötzt, wer Ohren und sonst einen Sinn hat in unserm Bezirk, wo glücklicherweise ein gutes Instrument steht. Heute spielt sie bey der Frau Erbgroßherzogin [...] Da bin ich nun wieder in den Strudel der Töne hingerissen, die mir, modern gereiht, nicht immer zusagen, mich aber doch dießmal durch soviel Gewandtheit und Schönheit gewinnen und festhalten, durch Vermittelung eines Wesens, das Genüsse, die man immer ahndet und immer entbehrt, zu verwirklichen geschaffen ist. – Hiernach, mein Bester, wäre wohl nicht viel zu denken, noch zu sagen; ich schließe sehr vergnügt, obgleich in völliger Ungewißheit des weiteren Erfolgs.« Man sieht: Der Dichter ist schon wieder verliebt – in eine Künstlerin, von der er »immer entbehrte« »Genüsse« erwartet, obwohl sie durch ihre Begleitung so deutlich zu verstehen gibt, daß sie die Genußgier der Höflinge kennt. Und alles das bei einem alten Dichter, der ein halbes Jahr zuvor am Rande des Todes stand? Oder war es gerade die Todesnähe, die den Dichter veranlaßte, von nie erlebten erotischen Freuden zu träumen? Sicher ist nur: Das konnte nicht gut gehen.

Nach vielen Hindernissen fand am 4. 11. das öffentliche Konzert der bezaubernden Künstlerin statt. Nachher feierte man bei Goethe, wobei in einem Toast selbstverständlich auch die Erinnerung an Madame Szymanowska versprochen wurde. Nach dem Bericht von Kanzler Müller weigerte sich Goethe, »die Erinnerung in euren Sinne« zu billigen[27]: »Nein, sie kann uns nicht entschwinden, sie ist in unser innerstes Selbst übergegangen, sie lebt in uns mit uns fort und fange sie es auch an, wie sie wolle, mir zu entfliehen, ich halte sie immerdar fest in mir.« Was die andern Gäste dazu meinten, berichtet der Kanzler von Müller nicht. Er schildert nur Goethes gerührten Abschied von den Schwestern Szymanowska am nächsten Tage.

Die geheimnisvolle Krankheit

Im Tagebuch lesen wir schon zum 6. und 7. 11.: »Befand mich nicht zum Besten.« Am 10. 11. »Wegen Hustens die Nacht übel geschlafen.« Am 12. 11.: »Kam Hofrath Rehbein, seine Krankheit erzählend, meine überlegend und verschreibend.« 13. 11.: »Schlimme Nacht.« Er kann die Nacht fast immer nur noch im Sessel sitzend verbringen (Tgb. 12.11.ff.). Goethe gibt nicht nach. Er arbeitet weiter und verzeichnet alles wie sonst im Tagebuch. Nach vielen Besuchen am 23. 11. heißt es verständlicherweise am 24. 11. »Kein besseres Befinden.« Man kann sich vorstellen, daß ihm die gebildeten Gespräche mit Wilhelm von Humboldt in dieser rätselhaften Krankheit nicht halfen. Die Ärzte meinten, es sei keine richtige Krankheit. Die Erkenntnis des unwiderbringlichen Verlustes der besten Jahre und die

---

27 Goethes Unterhaltungen mit dem Kanzler Friedrich von Müller. 4. 11. 1823.

daraus folgende tiefe Altersdepression dürfte wohl die Krankheit gewesen sein. Glaubhaft ist auch Zelters Anspruch, ihn geheilt zu haben. Die Medizin war die immer erneute Lektüre der *Marienbader Elegie*: »Zelter hatte sich entschlossen zu bleiben. Nach Tische geruht. Abends Gräfin Line. Sodann mit Zelter die Elegie nochmals gelesen. Nachts in die hintern Zimmer gezogen. Zum erstenmal wieder im Bette geschlafen« (Tgb. 30. 11. 23). In welchem Ton Zelter mit ihm sprach, läßt sein Brief aus Berlin vom 8. 1. 24 erraten: »Soeben hat Madame Szymanowska Abschied genommen […] Ihr Spiel ruht auf einem gewachsenen Talente […] sie war von Schreck und Teilnahme angegriffen und hat dennoch immer wie ein echtes Talent gespielt. Der König mit dem ganzen Hofe waren zugegen. Sie ist rasend in Dich verliebt und hat Dir hundert Küsse auf meinen Mund gegeben.« Goethe selbst schreibt am 12. 12. 23 an S. Boisserée: »Wohlthätig war es jedoch, daß dieses äußere so heftige Übel nicht in mein Inneres drang […] Nun rück ich, durch fleißiges Baden von allem Krampfhaften nach und nach befreyt, einem thätigern Leben wieder zu, verfahre jedoch nur schrittweise.« Ein Zeichen der Genesung ist es wohl auch, wenn er am Silvesterabend einen langen Brief an Amalie von Levetzow schreibt, mit dem uns schon bekannten Schluß »treu anhänglich G.« In dieser Antwort auf einen »lieben theuren Brief« der Frau von Levetzow lobt er seinen Großherzog so überschwenglich, wie mir kaum ein Beispiel an andrer Stelle erinnerlich ist. Die Werbung des Großherzogs um Ulrike von Levetzow, eigenmächtig oder nicht, hinterließ also keine Verstimmung. Auch verstand es der Fürst, ein Heilmittel für Goethes alte Wunde, die oft unfreundliche Aufnahme seiner *Farbenlehre*, zu beschaffen. Durch Professor Blumenbach, einen alten Freund Carl Augusts und Goethes, erhielt er die Ernennung zum korrespondierenden Mitglied der physikalischen Klasse der königlichen Societät der Wissenschaften in Göttingen.[28] Die Ehrung war das Ergebnis eines Besuches, den der Großherzog dem Göttinger Freund nach der Kur in Marienbad abstattete. Goethe dankte dem Fürsten am 5. 12. 1823 mit den bescheidenen Worten, Serenissimus habe sich bei seiner Verwendung »eines treu Angehörigen in später Zeit [!] erinnern« wollen. Er erfaßt also nach den Erlebnissen dieses Jahres, daß die letzte Lebenszeit beider begonnen hat.

---

28 Briefwechsel Carl August mit Goethe, Bd. III, S. 353.

Ein ruhiges Jahr (1824)

Es ist wohl kein Zufall, daß mit dem Bericht über 1822 die *Tag- und Jahreshefte* auslaufen. Im bisherigen Stil konnte Goethe über das außergewöhnliche Jahr 1823 nicht referieren. Eine Art Ersatz ist wohl der Text *Dankbare Gegenwart*, der in der Weimarer Ausgabe unter der Rubrik *Biographische Einzelnheiten* eingeordnet ist, mit der Datierung 1823.[29] Goethe gedenkt darin der verschiedenen Ehrungen, die ihn in diesem Jahr erreicht haben, z. B. nach seiner Genesung: »Herzliche Lieder, geistreich poetische Darstellungen erquickten mich, und auch an sinnlicher Labung wollte man es nicht fehlen lassen.« Auffallend ist, daß er nicht nur der Tasso-Aufführung zu seinen Ehren gedenkt, sondern auch der Überreichung des Kranzes von Tasso, nach der Aufführung, durch Frau von Heygendorf, der alten Feindin. Jedermann in Weimar wußte, daß dies mit dem folgenden Satze gemeint war: »Die Anmeldung des wohlgelungenen Unternehmens unmittelbar nach der Aufführung war liebenswürdig überraschend und dem Wiedergenesenden die anmutigste Erscheinung.« Man liest in der Goethe-Philologie öfters etwas über die Unversöhnlichkeit Goethes nach seiner Entlassung als Theaterdirektor. Doch dieser Satz des Dichters ist ein öffentlicher Schritt zur Versöhnung. Selbstverständlich war die freundliche Äußerung der fürstlichen Familie noch nicht genug. Goethe mußte auch aktiv am Theaterleben teilnehmen und sich in Person zu einem Friedensschluß bekennen. Ein zweiter Schritt in dieser Richtung war es, daß er Michael Beer, den Verfasser des *Paria*, freundlich empfing und sein Stück mit Wohlgefallen las (Tgb. 16. 1. 1824).

Allerdings war das Stück schon in der damals relativ judenfreundlichen preußischen Hauptstadt aufgeführt worden, und vordergründig gesehen, richtete es sich nur, was man in Weimar betonte, gegen das indische Kastenwesen. Durch die Einbeziehung der Priester, die das unmenschliche Gesellschaftssystem stützen, war die Tendenz jedoch so stark verallgemeinert, daß jeder Gebildete damals in erster Linie an den christlich-jüdischen Gegensatz denken mußte. Doch näherte sich das Stück gut biedermeierlich gegen Ende dem humanisierten Christentum an, im Sinne einer Liebesreligion; es ist nicht ausgeschlossen, daß die einflußreichen Berliner Pietisten das Stück aus diesem Grunde tolerierten. Man muß sich überhaupt von der

---

29 W. A. I, Bd. 36, S. 294–299.

Vorstellung freimachen, das Sozialdrama sei erst bei Büchner und den Jungdeutschen aufgetaucht. Auch Raupach begann mit Sozialdramen und keineswegs mit Hohenstaufentragödien.[30]

Goethe bittet den Grafen Brühl um eine »flüchtige Skizze der Decorationen und Kleidungen«, damit man in Weimar mit der musterhaften Berliner Paria-Aufführung einigermaßen konkurrieren kann (20. 4. 1824). Aber das soziale Thema »Paria« beschäftigt Weimars Dichter in ganz anderer Weise als den Juden Beer und möglicherweise auch die sozialen Pietisten in Berlin. In Goethes balladesker Paria-Trilogie gibt es zwar im ersten Teil *(Gebet des Paria)* die soziale Klage. Aber im dritten Teil wird, nach einer belehrenden Legende, die soziale Frage ebenso metaphysisch gelöst, wie dies die von Beer kritisierten Priester zu tun pflegten:

Dank des Paria

Großer Brahma! nun erkenn' ich,
Daß du Schöpfer bist der Welten!
Dich als meinen Herrscher nenn' ich,
Denn du lässest alle gelten.

Und verschließest auch dem Letzten
Keines von den tausend Ohren;
Uns, die tief Herabgesetzten,
Alle hast du neu geboren.

Die Beförderung Augusts von Goethe und Carl Augusts Kunstmuseum

Goethes Neujahrsbrief an die »Königliche Hoheit« war 1824 besonders anhänglich und untertänig; denn der Großherzog war im vorgehenden Jahre nicht nur mit ihm in Marienbad gewesen, sondern er hatte auch »fürstväterliche Vorsorge« in Goethes Familienkreise bewiesen durch die Beförderung seines Sohnes August zum »Geheimen Kammerrat«. Dem

---

30 Vgl. meine Biedermeierzeit, Bd. II, S. 371 ff.

Dichter mußte diese Rangerhöhung vor allem deshalb wünschenswert sein, weil er, wie wir schon wissen, für die »Oberaufsicht« über die Anstalten künstlerischer und wissenschaftlicher Art grundsätzlich immer noch zuständig war. Er hatte schon lange die Tendenz, August zu seinem Stellvertreter zu erziehen. Er schickte August öfters nach Jena, nachdem er ihn, nach dem Zeugnis der Tagebücher, ausführlich über die dortigen Probleme informiert hatte. Man kann sich freilich kaum vorstellen, daß August von Goethe eine Persönlichkeit, wie es der große Goethe war, überzeugend vertreten konnte. Um so wichtiger war in einem patriarchalisch geordneten System der Rang des Vertreters! Man darf annehmen, daß Carl August mit dieser Beförderung einen dringenden Wunsch Goethes erraten, jedenfalls erfüllt hatte.

Auch für den Großherzog war die außergewöhnliche Dankbarkeit, zu der der hohe Diener in diesem Augenblick verpflichtet war, nützlich. Wenn man schon den Titel »Königliche Hoheit« führt, will man auch so etwas wie ein König sein. Und zu einer richtigen Königsstadt gehört in der Biedermeierzeit ein spezielles Kunstmuseum.[31] Bisher waren die herzoglichen Bilder, wie wohl in den meisten Herzogtümern, noch in der Bibliothek untergebracht worden. Aber im Zeitalter der Spezialisierung mußte das früher oder später geändert werden. Wahrscheinlich hatte der Besuch des bayerischen Königs diesen Wunsch des Großherzogs beflügelt. Schon am 23.12.1823 schrieb Carl August an Goethe, es sei merkwürdig, wenn Bilder von Dürer und Rembrandt in der Bibliothek sich befinden: »Ich thue deßwegen den Vorschlag, diese Gegenstände«, auch »die radirten Blätter und [...] Kupferstiche«, »von der *Bibliotheque* wegzunehmen und sie der Kunst Samlung im Jägerhause einzuverleiben.«[32] Es war kein »Rescript«, keine ausdrückliche Anordnung des Fürsten, und Goethe ließ sich über die Festtage Zeit, um darüber nachzudenken. Aber am 7. und 8.1.1824 verfaßte der »Diener« eine im Druck über drei Seiten umfassende Antwort. Der Brief ist ein schönes Beispiel für die Umständlichkeit des alten Goethe. Wir beschränken uns auf das Ergebnis und die Argumente. Goethes Meinung ist ganz die eines alten Universalisten: Es ist besser alles zusammenzulassen, denn es wäre sehr schwierig, die Gesichtspunkte einer Trennung

---

31 Zur Gesamtentwicklung dieses Problems in Weimar vgl. Wolfgang Hecht: Goethe und die Gründung der Weimarer Gemäldegalerie, in: Goethe-Jahrbuch. Bd. 2/1985, S. 199–214.

32 Briefwechsel Carl August mit Goethe: Neudruck Bern 1971, Bd. III, S. 108.

von Bibliothek und Gemäldegalerie zu finden. Die Bibliotheksbesucher, auch die hohen Herrschaften, sind gewohnt, alles beieinander zu finden. Und: Trennung kostet viel Geld; man braucht neue Schränke und neues Aufsichtspersonal. Und schließlich das Allerschlimmste: die Sicherheit der wertvollen Kunstgegenstände ist kaum zu gewährleisten. Die Bibliotheksangehörigen sind eine eingespielte Gruppe und kontrollieren einander. Wozu ein neuer kostspieliger Apparat von Gegenständen und Menschen?

Carl August handelte, wie üblich, ohne große Diskussion kurz entschlossen, indem er die empfohlene Änderung mit Meyer, dem Vorstand der Zeichenschule, einleitete. An Goethe schrieb er am 26.2.24: »Er [Meyer] schien die Sache mit mir aus denselben [sic] Gesichtspuncte zu betrachten und brachte keine Schwierigkeit vor, welche die Sache zu hintertreiben nöthigten.«[33] Der Großherzog war ein Mann der Tat wie schon um 1817 als »Altbursche«; das zeitgemäße Museum war ihm wichtiger als Goethes Gesichtspunkte oder auch nur ein korrektes Deutsch. Goethes nächster Brief vom 2.3.1824 befaßt sich schon mit den »zu fertigenden Schränken«. Der Wunsch Serenissimi ist ein Befehl, – ganz besonders in diesem Jahr, da man um die Gesundheit des Fürsten besorgt sein muß, und dieser daher lange in der Kur ist (vgl. Goethes Tagebuch 12.7.24).

Vielleicht verlängerte der Großherzog seine Abwesenheit auch deshalb, weil beim Neubau der Fürstengruft die Särge der fürstlichen Vorfahren transportiert werden mußten, wodurch Verhandlungen mit der geistlichen Obrigkeit notwendig werden und Rücksicht auf das Kirchenvolk genommen werden muß, damit kein Vorwurf der Pietätlosigkeit laut wird. Der alte Goethe verstand sich gut mit der kirchlichen Obrigkeit, ohne in die Kirche zu gehen. Als Diplomat hatte er seit dem Streit zwischen geistlicher und weltlicher Obrigkeit zu Herders Lebzeiten viel dazu gelernt. Das Tagebuch vom 21.7.1824 verzeichnet klar die glückliche Lösung der heiklen Aufgabe: »Mittags Generalsuperintendent Röhr. Unterhaltung über den feyerlichen Act bey Versetzung der Leichen.«

---

33 Ebd. S. 119.

Die Jubiläumsmedaille für den Großherzog

Sehr viel schwieriger war die Vorbereitung von Carl Augusts 50jährigem Dienstjubiläum am 3. September 1825. Man hat den Eindruck, daß in dieser Frage Goethe unter den Ministern als der Hauptverantwortliche galt; denn nur ab und zu wird er vom Kollegen Fritsch, der ihm am nächsten stand, in dieser Angelegenheit bemüht. So ist es wohl zu erklären, daß schon im Juni 1824 die Besprechungen Goethes mit den Freunden über diesen Hauptpunkt beginnen. Ich sage Hauptpunkt, weil die feudalistische Tradition der Festesherrlichkeiten in der Biedermeierzeit, besonders in der frühen, noch ungebrochen war. Für Goethe, der sich dem 75. Geburtstag näherte, war diese Verpflichtung gewiß schon eine schwere Last. Doch konnte er sich ihr, nicht nur als »Diener«, sondern als der sozusagen offizielle alte Freund des Fürsten nicht entziehen, ohne die fürstliche Familie zu verletzen. Er hätte sich bestimmt lieber der neuen Ausgabe seiner Werke gewidmet, die ihm am Herzen lag, die er, vor *Faust II*, als sein »Hauptgeschäft« betrachtete; aber die höfische Aufgabe hatte bei dem treuen Diener seines Herrn immer noch den Vorrang. »Mittag mehrere Freunde, hauptsächliche Unterhaltung über die Medaille für Serenissimum« (Tgb. 19. 6. 1824).

Die Anwesenheit des Berliner Bildhauers Rauch gab Goethe wohl den Anstoß. Universal wie immer unterhält sich Goethe mit Rauch »über die neusten Berliner Angelegenheiten, im politischen [!] sowie im Kunstfache«. (Tgb. 20. 6. 24). »War der Thon für Herrn Professor Rauch angekommen. Fing derselbe an zu modelliren [an Goethes Büste]. [...] Kam Hofrath Meyer und gab zu neuer Unterhaltung Gelegenheit [...] Beredung wegen der Medaille« (Tgb. 21. 6. 24). »Unterhaltung« mit Rauch [...] »über Kunstbeförderung und technische Thätigkeiten. Canzler von Müller. Den Aufsatz wegen der Jubilarmedaille. Derselbe ging nach Hofe. Blieben zu Tische Professor Rauch, Riemer und Coudray [...] Abends allein spazieren gefahren« (Tgb. 23. 6. 24). Man hat es nicht eilig; aber alle Tätigkeiten Goethes, nicht nur die im Kunstfache, haben Kontinuität. »Canzler von Müller wegen des Medaillenprotocolls« (Tgb. 24. 6. 24). »Canzler von Müller wegen der Medaille. Maaße der Statue beredet [...] und an die Wand gezeichnet. Die Inschrift beredet. Die jungen Herrschaften« (Tgb. 25. 6. 24). Es scheint, daß mit dem Thronfolgerpaar besprochen wurde, ob auch eine Statue für Carl August nötig ist. »Acten wegen der Medaille geordnet [...] Canzler von Müller wegen der Medaille und der Statue« (Tgb. 26. 6. 24). »Canzler von Müller. Beredung über die Medaille. Brief des Herrn Canzlers nach Frankfurt zu Kirchner« (Tgb. 27. 6. 24). Kanzler von Müller war sonst in Repräsentationsfragen an erster Stelle zuständig und fungierte in der ganzen Zeit als Gehilfe Goethes. Aber in Kunstsachen hörte Goethe dann doch lieber auf Meyer. Es scheint, daß man vom Auftrag einer Statue abgekommen ist – aus Kostengründen, wie einer spätere Äußerung Goethes zu entnehmen ist. Goethe nahm die Aufgabe jedoch außerordentlich ernst; denn auch in solchen Medaillen verewigt sich der Fürst für die Nachwelt. Im ganzen Jahr 1824 und noch in einem großen Teil des nächsten arbeitete man am Medaillenproblem. Bezeichnend ist es für den politischen Standort Weimars, daß auch in dieser Angelegenheit Berlin den Vorzug erhielt, und dabei die Beratung Rauchs in Anspruch genommen wurde: »Kam die Medaillenprobe von Berlin. Betrachtung deßhalb. Abends Hofrath Meyer. Verabredeter Brief an Rauch« (Tgb. 11. 8. 1825).[34]

Goethe besucht wieder das Hoftheater

Nach diesem Vorgriff auf das ereignisreiche Jahr 1825 kehren wir zu der Frage zurück, ob es der fürstlichen Familie im Laufe des Jahres 1824 gelang, Goethe wieder zum persönlichen Besuch des Hoftheaters zu bewegen und damit die Voraussetzung für ein harmonisches Jubiläumsjahr zu schaffen; denn dies war nur im völligen Einklang Goethes mit der fürstlichen Familie vorstellbar. Die so lange vergeblich erwartete Versöhnung gelang; aber wem dies letzten Endes zu danken ist, kann nur vermutet werden. Zunächst die Belege für Goethes so lange verweigerte Theaterbesuche, die für das Publikum gewiß eine Sensation waren. »Stromeyer [ein guter Baß und, neben der Mätresse, Theaterleiter] den Schlüssel zur Theaterloge überbringend« (Tgb. 20. 8. 24). »Abends im Schauspiel; ward *Eu-*

---

34 Eine Abbildung der Jubiläumsmedaille 1825 findet man in Hans Tümmlers reich illustrierter Kurzbiographie: Herzog/Großherzog Carl August von Sachsen-Weimar-Eisenach, Bonn 1989, S. 64.

ryanthe [Oper von Carl Maria von Weber] vorgestellt. Später kleine Aufsätze zur Naturwissenschaft« (Tgb. 21. 8. 24). Man sieht: Es ist für Goethe kein besonderes Ereignis, sondern eine Verpflichtung unter andern! An seinem Geburtstag wird der berühmte *Freischütz* gespielt, wieder von Weber, der mit Maß romantisch ist; Weber hatte seine Ausbildung in Salzburg und Wien erhalten und war zu dieser Zeit Kapellmeister der neugegründeten deutschen Oper in Dresden, der Königstadt, die aus den bekannten Gründen, im Gegensatz zu Weimar, sich traditionsgemäß an Wien orientierte. Im Tagebuch (28. 8. 24) findet man einen Zusatz zum Namen der Oper: »Überraschender Bezug auf meinen Geburtstag.« Man feierte Goethe, wegen seiner Rückkehr ins Theater, an seinem 75. Geburtstag mit vielen Festgedichten. In einer Anmerkung liest man die Notiz[35], im Archiv finde sich ein Portefeuille mit Gedichten und Sendungen zu seinem 75. Geburtstag.

Goethe freute sich spürbar über die unerwartete Ehrung, die im Theater stattfand und damit einen höfischen Charakter erhielt; man wollte ihm, wie es scheint, offiziell für das Einlenken danken. Schon an seinem Geburtstage selbst sandte er zwei Exemplare Festgedichte an Rauch, für ihn und Zelter. Er nennt dabei einige Autoren, darunter Varnhagen, Berlin. Auch in der folgenden Zeit finden wir Theaterbesuche im Tagebuch verzeichnet: 11. 9. Spontini, Ferdinand Cortez; 29. 9. Richard Löwenherz und Tragödie *Marius zu Minturnae*. Besonders interessierte ihn wohl die von Berlin übernommene Dramatisierung von *Hermann und Dorothea* (Tgb. 2. 10.). Am 17. 10. (Tgb.) schrieb er an Stromeyer wegen der Vorbereitung der *Paria*-Aufführung. Am 5. 11. (Tgb.) sorgte er sogar noch für eine »Anzeige und Affiche des Paria auf morgen.« Der Aufführung des *Paria* wohnte er bei (Tgb. 6. 11.). Doch wird die Bedeutung dieses Theaterbesuchs eingeschränkt, insofern im Tagebuch der Eintrag durch politische Lektüre viel konkreterer Art eingerahmt wird. Vor der Vorstellung: »Die Acten der Maynzer Central-Commission wieder [!] gelesen.« Nach der Vorstellung: »Später die Protokolle ferner angesehen.« Oder: Hat dies Aktenstudium eine ernstere Bedeutung? Kommt ihm oder Mitgliedern des Hofes die Aufführung des Sozialdramas nun doch gewagt vor?

---

35 W.A. Goethes Tagebücher, Bd. 9, S. 409.

War es wieder Maria Paulowna?

Schwieriger als Goethes Einlenken und die offizielle Geburtstagsehrung ist, wie immer bei historischen Abläufen, der Hintergrund des Ereignisses zu erkennen. Eine Äußerung im Tagebuch (15. 10. 24) fällt auf: »Serenissimi Erklärung wegen des Geburtsfestes.« Will der Großherzog in seiner schroffen Art feststellen, daß das Umschmeicheln des Genies nicht seine Idee war, daß er, nach wie vor, Goethes Verhalten nach der Entlassung als Theaterdirektor unpassend findet? Wir erinnern uns daran, daß Maria Paulowna, die »kaiserliche Hoheit«, den Dichter Goethe schon kurz nach der Entlassung auffallend geehrt und insofern Carl Augusts Abhängigkeit von seiner Mätresse indirekt getadelt hat.

Hofrat Meyer war Zeichenlehrer bei den Töchtern der Großfürstin, die mit ihrem Mann im Schloß Belvedere residierte. Der Großherzog hatte im Interesse des Thronfolgers dafür gesorgt, daß Maria Paulowna Goethe nicht mehr allein aufsuchte. Im Jahre 1824 fällt auf, daß Carl Friedrich, der Erbprinz, Goethe sogar allein besucht (Tgb. 1. 4.), am Tage nachdem Goethe dem Großherzog die *Biographischen Denkmale* des Goetheverehrers Varnhagen geschickt hatte. Bei Goethes Tagebucheinträgen ist festzustellen, daß er nicht immer »Besuch der jungen Herrschaften« vermerkt, sondern wiederholt den Titel der Großfürstin oder Erbgroßherzogin *vor* dem Erbgroßherzog anführt. Er hält sich an die für ihn gültige Rangordnung – wenigstens im Tagebuch (z. B. 29. 4., 6. 5., 27. 5.). Die Briefe an die Großfürstin müssen natürlich in einem traditionellen Hofton gehalten sein. Aber Goethes stilistische Kunst führt an Maria Paulowna doch näher heran als an die Großherzogin. So hofft er z. B. nach dem Jahr mit den zwei Krankheiten (1823) auf einen »Zustand […], wo ich das frühere Heil [!] einer unschätzbaren Gegenwart abermals hoffen darf« (1. 1. 1824). Merkwürdiger ist es, wenn ein Gruß Maria Paulownas ausführlich im Tagebuch 3. 2. 24 vermerkt wird: »Herr Oberbaudirektor Coudray vom gestrigen Ball aufgetragenen höchsten Gruß der Frau Erbgroßherzogin bringend.« Besonders deutliche Indizien für die Initiative Maria Paulownas sind die Nachrichten, die Meyer von Belvedere, dem Sitz der jungen Herrschaften, unmittelbar vor Goethes 75. Geburtstag bringt: »Hofrath Meyer wegen Belvederischer und Zeichenschule-Angelegenheiten« (Tgb. 19. 8. 24); »Hofrath Meyer. Ausstellung der Zeichenschule. Ingleichen Belvederische

Verhältnisse« (Tgb. 25. 8. 24). »Herr Hofrath Meyer Belvederische Angelegenheiten« (Tgb. 26. 8. 24). Auch nach dem 75. Geburtstag Goethes
unterhält sich Goethe noch mit Meyer über »gewisse belvederische Verhältnisse« (Tgb. 14. 9. 24). Maria Paulownas Huld – ich hoffe nicht zu übertrei-
ben – ist dem greisen Goethe ein dauerhafter Trost in seiner Altersdepression und Familienmisere. Ein zarter Gruß von ihr ist es gewiß auch, wenn
ihn die Prinzessinnen, seine früheren Schutzbefohlenen, allein besuchten
(Tgb. 5. 9. 24). Natürlich vergaß er über seiner stillen Verehrung für die
kaiserliche Hoheit keineswegs, den traditionellen Geburtstagsglückwunsch beim Großherzog: »Früh zu Serenissimo in's römische Haus gratu-
liren gefahren« (Tgb. 3. 9. 24).

Der Goethe-Schiller-Briefwechsel und
Nekrolog für Byron

Im Unterschied zu Carl August macht Goethe 1824 keine Badereise. Er
hatte zunächst im Sinn, sich eine Rundreise zu seinen Freunden zu gönnen
(an C. F. v. Reinhard 5. 7. 24), erholte sich dann aber in diesem Jahr vor
allem durch Arbeiten, die ihm am Herzen lagen, wobei an erster Stelle an
seinen Briefwechsel mit Schiller zu denken ist, dann aber auch an den
Nekrolog für Byron: *Goethes Beitrag zum Andenken Lord Byrons*.[36] Bemerkenswert ist in diesem nüchternen Aufsatz, daß er die Problematik dieses
hochgeschätzten Mannes und Dichters nicht verschweigt. Es ist die Rede
von der »leidenschaftlichen Lebensweise« und von dem »inneren Mißbehagen des genialen Dichters«, das den Anteil seiner Freunde einigermaßen
»verkümmert«. Doch endet der Nekrolog mit einer Mahnung an England,
die man bei gewissen genialen deutschen Dichtern auch an Deutschland
richten könnte: »Nun aber erhebt uns die Überzeugung, daß seine Nation
aus dem teilweise gegen ihn aufbrausenden, tadelnden, scheltenden Tau-
mel plötzlich zur Nüchternheit erwachen und allgemein begreifen werde,
daß alle Schalen und Schlacken der Zeit und des Individuums, durch
welche sich auch der Beste hindurch und heraus zu arbeiten hat, nur augen-

---

36 W. A. I, Bd. 42/1. S. 100–104.

blicklich, vergänglich und hinfällig gewesen, wogegen der staunenswürdige Ruhm, zu dem er sein Vaterland für jetzt und künftig erhebt, in seiner Herrlichkeit gränzenlos und in seinen Folgen unberechenbar bleibt.«

Goethe kennt in seiner Spätzeit keinen deutschen Dichter, den er neben den englischen Lord stellen könnte. Die *Zahmen Xenien* jedoch, die Goethe in diesen Jahren begleiten und an vielen Stellen schon eine Antwort auf die sich verstärkende Goethekritik sind, verraten, daß er im Byron-Nekrolog auch in eigener Sache spricht. Da im Biedermeier Schiller als der »größere Charakter« oft gegen Goethe als Mensch ausgespielt wird, ist selbst die Ausgabe des Goethe-Schiller-Briefwechsels eine Mahnung an die Nation, Goethes Größe mit der Hilfe Schillers besser zu erkennen.

Der termingerechte Weimarer Theaterbrand

In der Nacht vom 21. auf 22. März 1825 brannte das Hoftheater in Weimar ab. Das Volk, im Biedermeier auch ein großer Teil der Gebildeten, sah darin gewiß »die Hand der Vorsehung«; denn es war vorauszusehen, daß man nun am 3. September des Jahres, d. h. zur Feier von Carl Augusts Geburtstag und seiner 50jährigen Regierung ein neues Theater einweihen könne. Bei fürstlichen Bauten gab es im Lande Carl Augusts keine säumigen Architekten und Handwerker. Goethe hatte schon, angeregt vom Neubau des abgebrannten Königstädter Theaters in Berlin, mit seinem engen Freund Coudray, dem Oberbaudirektor, den Plan eines neuen Weimarer Hoftheaters fast vollständig ausgearbeitet. So bot er dem Großherzog, der zu Beginn des Jahres krank gewesen war und dessen Gesundheit die Aufregung des Brandes erneut bedroht hatte, am 1. 4. 1825 seine Hilfe an: »Kann ich von meiner Seite in den erneuerten Thätigkeiten einiges mitwirken, so stehe zu Befehl. Schon war es mir eine tröstlich-förderliche Nachricht die Staatsrath Schweitzer mittheilte: daß der alte Platz wieder benutzt werden solle. Hier können mehrjährige [!] mit Ober-Baudirector Coudray durchgearbeitete Vorgedanken beachtet werden und den Entschluß erleichtern. – Manches Andere wie es der Fortgang des Geschäfts herbeyführen wird, gelegentlich nachzubringen erbitte mir fernere Vergünstigung.« Goethe und Coudray sind also auf den Theaterneubau vorbereitet und erwarten die rasche Zustimmung des Großherzogs. Wie kommen sie dazu?

Carl August antwortet am 2. 4. zurückhaltend. Um so deutlicher betont er seine Altersprobleme: »Mit meiner sehr wacklichen Leibeshütte kann ich noch immer nicht zurechte kommen, es knackt da und dorten, ohne daß mann gleich das rechte Fleck treffen konnte. Gute Nacht. C. A.«[37] Am 6. 4. bietet Goethe dem Großherzog seine publizistische Hilfe beim Theaterneubau an. Den »Acten-Extract« seines Freundes, des Legationsrats Conta, sieht er als »Vorarbeit zu einem Aufsatz über das hiesige Theater; es sey mir erlaubt darüber nachzudenken und einige Vorschläge zu thun wie eine solche Mittheilung dem Publicum recht interessant werden könnte«. Carl August nimmt Goethes Hilfe an, informiert ihn aber zugleich darüber, daß ein »Streit« über die Gestalt »unseres neu zu concipirenden Theaters loßbrechen« wird (7. 4. 25).[38] Damit ist ganz klar, daß der Großherzog unter einen andern Einfluß geraten ist und wenig Interesse für Coudrays Plan aufbringen wird.

Am gleichen Tag beschäftigt sich Goethe infolgedessen bereits mit ganz anderen Dingen. Er schreibt an Professor Göttling in Jena, der ihm als Philologe bei der Neuausgabe, der später so genannten Ausgabe letzter Hand, helfen will, und er sieht zum Goethe-Schiller-Briefwechsel »die Correspondenz von 1796 durch« (Tgb. 7. 5. 1825).

Schon am 3. 4. hatte Goethe an Zelter einen Brief geschrieben, der verrät, daß er mit dem Sieg der Gegenpartei, ja, im schlimmsten Falle, mit einer Anklage rechnet; denn es war bei illegalen Handlungen an den Höfen durchaus üblich, sich an die »schlimmen Ratgeber« zu halten: »Aus Beikommendem siehst Du, mein Teuerster, daß wir soeben im Begriff sind, einen neuen Rogus aufzuschichten. Beantworte die Fragen einsichtigfreundlich; mir aber im besondern vermelde, ob Dir bei euren ersteren Theaterbauten sowie bei den letzteren irgend noch ein Hauptgedanke oder Bedenken beigegangen, was man vielleicht nicht aussprechen mag [!], aber einem Freunde gar wohl mitteilt. Und so assistiere aus der Ferne als gegenwärtig Deinem alten Treuen, der noch in den Fall kommt, künftigem Ernst und Scherz, unausbleiblichen Torheiten und Verwirrungen sowie äußerer Lust und inneren Verdrießlichkeiten einen abermaligen Schauplatz zu eröffnen.«

Zelter antwortet nicht direkt auf Goethes Frage, sondern er klagt dar-

---

37 Briefwechsel Carl August mit Goethe, hg. v. H. Wahl. Nachdruck Bern 1971. Bd. 3, S. 177.
38 Ebd. S. 178.

über, daß die letzte Berliner Sitzung »nach fünfjährigen Hin- und Her-
reden« erst ergeben hat, »den Bau […] *anzufangen*, damit auch [!] wir was
zu verbrennen kriegen«. [!] Er zeigt, daß er Goethes dunkle Sprache verstanden hat. Aber was soll er dazu sagen? Er kann dem Freunde nur humoristisch sein unbedingtes Verständnis andeuten, – jenseits von Gut und
Böse. Auch wir können ohne nähere Forschungen nur eine Hypothese
wagen. Man müße wissen, ob es im Zeitalter des Feudalismus öfters vor-
kam, daß man veraltete Bauten abbrannte, um Arbeit zu sparen und der
Bevölkerung, die am Alten hängt, einen plausiblen Grund für den Neubau
zu verschaffen. Nur *eines* kann man bei Goethe sicher sagen: Er hatte nur im
Einverständnis mit dem Großherzog gehandelt.

Für diesen aber gab es gewichtige Gründe, Goethe und damit auch
Coudray im Stich zu lassen. Erstens: Es ist möglich, daß die Theaterleitung
Indizien für eine Brandstiftung fand. Der Besuch der Frau von Heygendorf
bei Goethe, wenige Tage nach dem Brande (Tgb. 25. 3. 25) kann bedeuten,
daß sie ihm den Rat gab, den Kampf um den Architekten und damit um die
Gestalt des Theaters auf einer so brüchigen Grundlage nicht auf die Spitze
zu treiben. Und dann: Goethe hielt am Logentheater fest, wenn er auch die
Zahl der Logen zugunsten des Großbürgertums vergrößert haben wollte.
Steiner dagegen, der Architekt der Theaterleitung, wollte ein volkstümlich-
eres Theater. Und Carl August hatte den Ehrgeiz, volkstümlich zu sein. Das
verriet uns schon zur Genüge sein Eintreten für die Burschenschaft. Es ist
kein Zufall, daß sich Goethe gerade in diesen Tagen mit besonderer Heftigkeit gegen die Rede, er sei ein »Fürstenknecht«, wendet. Dabei sieht er sich
genötigt, zugleich Carl August zum vorbildlichen, volkstümlichen Fürsten
zu stilisieren: »Für sich persönlich was hatte er denn von seinem Fürsten-
stande als Last und Mühe!« (Eckermann 27. 4. 25). Nachdem die Entscheidung praktisch gefallen war und die Theaterleitung samt der Mätresse
gesiegt hatte, schrieb Carl August am 11. 4. in seinem kurzen, hier aber fast
entschuldigenden Tone an Goethe[39]: »Die betrübte Thätigkeit, welches
unser verunglücktes Theater uns aufdringt, ist leider nicht von der erfreu-
lichsten Gattung; ich hätte mir eine andere gewünscht.« Der letzte Satz
kann als Bestätigung unserer Hypothese gesehen werden. Der Großherzog
konnte das ursprüngliche Einverständnis nicht leugnen. Er ersparte aber
Goethe seine Gründe. Und das Genie bewahrte in der folgenden Zeit wie
immer seine hofmännische Haltung; aber in den Briefen, wieder vor allem

---

39 Ebd. S. 180.

an Zelter, verschwieg er seine erneute Verstimmung über den Großherzog keineswegs. Lange Zeit antwortete er dem treuen Zelter, der neugierig war und alles wissen wollte, *nicht.* Dann aber mußte er seiner Stimmung deutlich Ausdruck verleihen (5. 7. 1825): »Mit eurem Bau seid ihr aus dem Grunde heraus und wir mit dem unsrigen, wenigstens teilweise, auf dem Gipfel. Beikommender Spruch ist von Riemern [beim Richtfest?]; wobei Du denn erfahren magst, daß ich und Coudray in der Sache nicht weiter wirken. Die Veranlassung ist nicht ganz neu [Zelter versteht die Erinnerung an 1817], aber doch noch immer überraschend genug; Specialia lassen sich dem Papiere nicht anvertrauen. Ich bin heilfroh.« Es wäre ihm eine Qual, seine Enttäuschung und seinen Verdruß zum Ausdruck zu bringen! Die Veranlassung als »noch immer überraschend genug« bedeutet, daß er sich von Carl August doch noch einmal Freundschaft, Treue erwartet und dieser wieder, nach Art absoluter Fürsten, seine Absprache mit Goethe *nicht* eingehalten hat. Im Gespräch mit Eckermann, dem Goethe *wenig* anzuvertrauen pflegt, bagatellisiert er die ganze Theaterbrandgeschichte, wie auch seine Niederlage (1. 5. 1825): »Mir kann es ganz recht sein. Ein neues Theater ist am Ende doch immer nur ein neuer Scheiterhaufen, den irgend ein Ungefähr über kurz oder lang in Brand steckt. Damit tröste ich mich.« Wahr ist an diesen Worten nur die neue Enttäuschung durch den angeblichen Freund, die Vanitas-Erfahrung! Den Prolog zur Einweihung des neuen Weimarer Theaters konnte Goethe in dieser Stimmung nicht übernehmen; er schob den Auftrag an Riemer ab. Diese Entscheidung offenbarte seine Verletzung besonders deutlich, weil er 1821 den Prolog zur Eröffnung des neuerbauten Berliner Schauspielhauses verfaßt hatte.

Das Privileg des Deutschen Bundes und des habsburgischen Gesamtstaates gegen den Nachdruck von Goethes neuer Werkausgabe

Die Niederlage Goethes in der Frage des Theaterbaus verdüsterte sein Verhältnis zum Großherzog erneut; aber man kann nicht sagen, daß er dadurch in seinen zentralen Interessen getroffen wurde. Schon am 7. 1. 1825 hatte er bei Friedrich von Gentz, dem Berater Metternichs, wegen eines »Privilegiums für die neue Ausgabe meiner Werke« vorgefühlt; denn je berühmter ein Autor wurde, um so schlimmer traf ihn die Tätigkeit der Nachdrucker, – die noch nicht verboten war und in Österreich besonders üppig wucherte. Am 11. 1. 1825 schrieb er in der gleichen Sache an Metternich, unter Berufung auf die Begünstigung, die ihm früher von Österreich zuteil geworden war: »Nicht ohne Rührung gedenck ich [...] der entschiedenen Beweise gnädigsten Wohlwollens, deren ich mich ohne Anmaßung schmeicheln durfte.«[40] Erst nach dieser diplomatischen Vorbereitung, am [11.] 1. 1825 schreibt er an die »Hohe deutsche Bundes-Versammlung« in Frankfurt.[41] Der Dienstweg hätte über den Großherzog von Sachsen-Weimar geführt, was wegen dessen nationalliberaler Vergangenheit nicht empfehlenswert erschien. Die Plage des Nachdrucks selbst war so bekannt, daß er sie nur anzudeuten brauchte. Weniger kennt man damals die von Goethe betonte alte Tradition der Abwehr des Übels: »Das Mittel jedoch, einen anerkannten geistigen Besitz dem einzelnen Verfasser zu erhalten, hatte sich schon bald nach Erfindung der Buchdruckerkunst hervorgethan, indem, bey ermangelnden allgemeinen Gesetzen, man zu einzelnen Privilegien schritt.« »Schutzbriefe« von Kaisern, Königen und Fürsten habe es »bis auf die neusten Zeiten« gegeben. Er hofft, daß der »Verein aller deutschen Souveränitäten« geneigt ist, »dergleichen als Gesammtheit auszuüben«, um so das »entschiedenste Gewicht auf deutsche Literatur und Geistesbildung« zu legen. Der Antragsteller wußte sehr wohl, daß es gegen die einsame Privilegierung Goethes Bedenken geben werde. Besonders Bayern und Württemberg äußerten sich in dieser Richtung; man sprach von »Anmaßung«. Daher stellte Goethe einen Antrag, der in die Zukunft weist. Er schlägt vor, »Daß mir durch den Beschluß der hohen deutschen Bundes-Versammlung für die neue vollständige Ausgabe meiner Werke ein Privilegium ertheilt und dadurch der Schutz gegen Nachdruck in allen Bundesstaaten gesichert werde, unter Androhung der Confiscation und anderer Strafen, welche durch allgemeine gegen das Verbrechen [!] des Nachdrucks künftig [!] erfolgende Bundesbeschlüsse noch festgesetzt werden möchten.« Auch zum Schluß des Antrags betont Goethe, daß es sich bei seinem

---

40 Eine Zusammenstellung des Briefwechsels zwischen Goethe und Metternich findet man in August Sauers quellenreichem Sammelband »Goethe und Österreich«, Weimar 1902, S. 191–208 (Schriften der Goethegesellschaft Bd. 17).
41 W. A. IV, Bd. 39, S. 82–85.

persönlichen Antrag »zugleich« um ein »für die ganze deutsche Literatur bedeutende[s] Geschäft« handelt.

Die von Goethe erhoffte allgemeine Annahme des Antrags durch den Frankfurter Bundestag erfolgte nicht. Goethes Tagebuch verrät, daß ihn die Privilegien der einzelnen Monarchen erst im Laufe des Jahres allmählich erreichten. Die kaiserliche Genehmigung ließ auf sich warten; Goethes Groll darüber, sein gut protestantisches Mißtrauen gegen Österreich ist dem Briefwechsel mit Cotta zu entnehmen. Dann aber erhielt der Dichter gerade aus Österreich einen überraschenden Brief (Metternich an Goethe 6. 9. 1825): »Seine Majestät der Kaiser, mein allergnädigster Herr, Allerhöchstwelchem ich über diese Lage des Geschäfts Vortrag erstattete, haben nun mein hierwegen vorgelegtes allerunterthänigstes Gutachten zu genehmigen geruht, um Eurer Exzellenz ein Privilegium gegen den Nachdruck der von Ihnen veranstalteten neuen Ausgabe Ihrer sämmtlichen Werke taxfrey, und zwar nicht nur für die zum deutschen Bund gehörigen Provinzen der österreichischen Monarchie zu ertheilen, sondern dasselbe aus besonderer Rücksicht [!] auf den ganzen Umfang derselben auszudehnen geruht.« Goethes Dankbrief vom 17. 9. 25 ist in einem ähnlichen Kanzleistil gehalten, betont aber zugleich mit Recht die »vieljährige Reihe gnädigen Wohlwollens, unverhoffter Aufmerksamkeit und glänzender Auszeichnung«, die er von Österreich erfahren hat. Die österreichische Kulturpolitik war auch auf dem Gebiete der bildenden Kunst höchst aktiv, vgl. die von Goethe, nicht nur einmal, verdammte Nazarenerbewegung. Zwar darf man nicht vergessen, daß der Kaiser hier einen hohen deutschen Fürstendiener begünstigt. Goethe selbst erwähnt diese Tatsache vorsorglich in seinem Gesuch an den Bundestag.[42] Trotzdem muß man feststellen, daß sich mit diesem Erlaß das vielgescholtene Österreich Metternichs an die Spitze einer kulturellen und sozialen Pionierbewegung stellte; denn erst seit diesem hochoffiziellen Vorgang begann sich in Deutschland die Gerechtigkeit gegenüber den Schriftstellern durchzusetzen.

Wir haben uns in der Privilegiensache mit einer Goethes Werke betreffenden Dokumentation begnügt; denn die Bedeutung dieses Vorstoßes und seines Ergebnisses ist schon von frühen Vertretern der Verlagsgeschichte, wie z. B. Herbert Göpfert, erkannt und in seiner Weiterwirkung verfolgt worden.

Selbstverständlich bekamen die »Buchhändler«, wie man damals die Ver-

---

42 Ebd. S. 84.

leger noch nannte, sogleich Wind von dem großen Ereignis. Goethes Tagebuch des Jahres 1825 verzeichnet die verschiedenen Verleger, die sich für das jetzt so günstige Geschäft mit Goethes Werken interessierten; es gab in Goethes beamtenmäßiger Privatorganisation sogar eine Liste der betreffenden Namen, unter denen besonders »die Brüder Brockhaus« auffallen. Es ist kein Wunder und keine moralische Verfehlung, wenn diese Nachfrage den Preis von Goethes Werken steigerte. Zuzugeben ist, daß die Verhandlungen sehr schwierig waren und daß ohne die Vermittlung des geschäftskundigen Sulpiz Boisserée der Vertrag im Frühjahr 1826 vielleicht *nicht* zustande gekommen wäre. Aber idealistische Maßstäbe sind bei dem welterfahrenen und sogar ein wenig mephistophelischen alten Goethe fehl am Platze. Bei meinem braven Vorgänger Heinrich Düntzer lesen wir[43]: »Leider hatte Goethe die ganze Sache seinem Sohn überwiesen, der nicht genug bekommen konnte, und obgleich kein Verleger über 50 000 Thaler geboten hatte, steif behauptete, die 40 Bände seien für eine Zeit von 12 Jahren wenigstens auf das Doppelte zu schätzen.« Tatsächlich verlangte man 100 000 Thaler, und Cotta zahlte lange Zeit an dieser Summe; aber er war ein guter Verleger, der wußte, daß es jetzt darauf ankam, den Dauerwert von Goethes Werken in der Hand zu behalten. Auch ist es nicht richtig, wenn man dem Erben August die Schuld an Goethes Verhalten zuschiebt. Er selber wußte nur allzugut, daß seine Werke einen Ewigkeitswert verkörpern. Er selbst verlangte an vielen Stellen, z. B. in den *Zahmen Xenien*, gerechten Lohn für die Schriftsteller. Und im vorliegenden Fall hatte die Familie Goethe schlicht dem Gesetz von Angebot und Nachfrage umsichtig Rechnung getragen. Abgesehen von dieser Ausnützung der Marktlage war auch der Lebensbedarf der Familie Goethe sehr hoch. Die Schwiegertochter Ottilie reiste sehr viel, hielt sich besonders gern im vornehmen Bad Ems auf; August ließ sich entsprechend gehen, nicht nur, was den Alkohol betraf, und Goethe selbst hätte sich sehr gewundert, wenn man ihm gesagt hätte, so viele Essensbesuche und abendliche Freunde verkrafte sein Einkommen nicht. Gäste und Freunde wurden auch mal höflich abgewiesen, aber nur dann, wenn Goethe erkannte, daß ihn dieser gesellige Betrieb im Gemüt allzusehr belastete, z. B. im Herbst des Jahres 1823.

---

43 Heinrich Düntzer: Goethe und Karl August. Zweite neubearbeitete und vollendete Auflage, Leipzig 1888, S. 851.

Eine Art Versöhnung.
Die Feiern zu Carl Augusts und Goethes
50jährigen Dienstjubiläen

Goethe hatte, wie wir bereits wissen, den höfischen Höhepunkt von 1825 mit sehr großem Eifer, ja wahrscheinlich mit Kühnheit vorbereitet, und er war dabei enttäuscht worden. Er lebte damals so einsam und häuslich, daß ihn der Großherzog am 12. 6. 1825[44] nach einer alltäglichen Einleitung zu einem Aufenthalt »in freyer Luft« ermuntern mußte: »Es blüht alles über-üppig in den Park, unter andern die berühmte *Peonia Pavonacea*, die ich in der Malmaison blühen sah und dann nicht wieder. [...] Siehe! sie hat den Winter leicht gedeckt überstanden und trägt drey Blumen, jede von der Größe eines Huthkopfes. Die *Speciosa Accacien* sind wie beschneit, die *Hispida* übermäßig schön und die *Glabra* im aufbrechen. In Belveder ist auch vieles zu bewundern!« Das war nun wieder der menschliche Carl August und der kleine Hof! Kaiser Franz hätte *so* einem verstimmten Diener nicht geschrieben. Goethe beantwortete die versöhnliche Einladung im gleichen freundlichen Ton, nicht ohne Hinweis auf sein Alter, das ihn im Hause gehalten habe – was Jüngere so gerne hören (13. 6. 25): »Ew. König-lichen Hoheit höchst blüthenreiche Anmahnung, darauf eine wundersame Blume, durch Ihro Frau Gemahlin Gnade bey mir eintreffend, haben auf meine stockenden Zustände eine so glückliche Einwirkung geäußert daß ich mir vorsetze noch heute einen Versuch zu machen inwiefern ich mich wieder zu den Wandernden und Spatzierenden gesellen dürfte. Die Probe soll in einiger Entfernung von den frequentierten Räumen angestellt wer-den, wobey ich der angenehmsten Hoffnung lebe, Höchst Denenselben auch wieder einmal aufzuwarten.« Das Tagebuch vom 13. 6. bezeugt, daß Goethe »abends mit dem Herrn Canzler nach Belvedere« fuhr. »Spazirten hinter dem Schlosse unter den Linden.« Am nächsten Tag: »Verschiedene Hefte von der Bibliothek durchgesehen. Einiges davon Ihro Königl. Hoheit der Frau Großherzogin vorgewiesen, auch das blühende Bryophyllum caly-cinum.« Die Großherzogin hatte ihre regelmäßigen, ungefähr 14tägigen Besuche *nicht* unterbrochen (vgl. Tgb. 31. 5., 19. 5., 5. 5., 12. 4.). Wahr-

---

44 Briefwechsel Carl August mit Goethe, hg. v. Hans Wahl. Neudruck Bern 1971, Bd. III, S. 184.

scheinlich ist *ihr* die Wiederaufnahme des Verkehrs zwischen dem Genie und seinem Fürsten zu verdanken. Tgb. 15. 6.: »Abends mit Herrn Canzler von Müller nach Belvedere. Eine große Gesellschaft begrüßt. [!] In die Orangerie.« Goethes Rückkehr in die Gesellschaft ist gut organisiert, wiewohl sie einen etwas zeremoniösen Charakter behält. Kanzler von Müller ist wohl am Werke! Tagebuch am 16. 6.: »Früh um 8 Uhr zu Serenissimo in's römische Haus. Verschiedenes Vorseyende besprochen. Kamen Obrist von Lyncker und Hofmarschall von Spiegel.« Auch an diesem Tag ist dafür gesorgt, daß heikle Diskussionen vermieden oder abgekürzt werden, und der Nachmittagsbesuch bei Goethe ist wohl auch kein Zufall (Tgb. 16. 6.): »Oberbaudirector Coudray, Entwurf zu einem Unterricht für den Wegebau der Mittelstraße.« Was sonst von den Freunden besprochen wurde, bleibt ein Geheimnis.

Am nächsten Tage schreibt Goethe den schon erwähnten, sehr freundschaftlichen Absagebrief an Amalie von Levetzow. Offenbar hat er sich erst jetzt entschlossen, auf die Kur in Marienbad zu verzichten und – in einigem Abstand! – das Jubiläum des Großherzogs mitzutragen, wie es die Pflicht treuer Diener ist. Am gleichen Tag (17. 6. 25) schreibt er an Marianne von Willemer: »Behalten Sie mich lieb und sagen mirs manchmal; das ist die beste Bewirthung der Abwesenden.« Entsagung auf der ganzen Linie, wie es scheint. Doch verzichtet Goethe nicht nur zugunsten der »Jubelfeier«, die er im Brief an Frau von Levetzow betont, sondern auch im Gedanken an seine autobiographischen Publikationen. Zum Briefwechsel mit Schiller tritt der mit Zelter. Auch diesen Freund will er, trotz seiner relativ geringen gedanklichen Bedeutung, aus persönlichen Gründen verewigen. Schließlich ist 1825 bekanntlich das Jahr, in dem sich der zweite Teil des *Faust* kräftiger in seinem Geiste zu rühren beginnt!

Weniger wichtig ist uns heute, das in allen Formen der feudalen Kultur gefeierte 50jährige Dienstjubiläum des Großherzogs an seinem 68. Geburtstag, am 3. 9. 1825. Nach Düntzer[45] waren die erbgroßherzoglichen Herrschaften kurz vor dem Fest zurückgekehrt. Zum Fest selbst erschienen acht Fürsten und dreizehn Gesandte. Am großen Hoffest nahm Goethe unter Berufung auf seine Gesundheit nicht teil. Wichtiger ist für uns, was er in seinem Tagebuch zum 3. 9. festhält: »Früh 6 Uhr zu Serenissimo in's römische Haus. Aufwartung der ersten und nächsten Personen [!] (Die überlieferten sentimentalen Freundschaftsäußerungen sind in dieser

---

45 Heinrich Düntzer: Goethe und Karl August, S. 851.

hohen Gesellschaft unwahrscheinlich). Musik, gegen 8 Uhr zurück. Vorbereitung auf den Abend. [...] Nach Tische fernere Anstalten. Abends von 9 Uhr kamen Gäste. Nach und nach sehr viele. Blieben bis Mitternacht.« Schon im Tagebuch vom 1. 9. lesen wir: »Beschäftigung mit Verzierung des Hauses [...] Hofgärtner Baumann war von Jena hüben und half die Decoration besorgen.« Am 2. 9. lesen wir: »Fortgesetzte Vorbereitungen zum Fest in und außer dem Hause. Abends durch die Stadt und Umgegend gefahren.« Zum Hofe schickte er den Rat Grüner, einen schlichten Reisebekannten aus Eger, in seinem Galawagen. Auch das Theater besuchte er nicht.[46] Man hat den Eindruck, daß der vielkritisierte »Fürstenknecht« ganz bewußt ein Bürger- und Honoratiorenfest im eigenen Hause feiern wollte, zwar zu Ehren des Großherzogs, aber entschieden auf einer breiteren sozialen Basis; es sollte eine Art volkstümlicher Verlängerung des Hoffestes sein, was durchaus dem Regierungs- und Repräsentationswillen seines Fürsten entsprach. Der Großherzog verstand und billigte diese Ergänzung seiner Jubelfeier: »Schönsten Danck für das, was am 3. September Nachts bey dir, mein lieber alter Freund, mir zu Ehren, geschen [sic] ist« (Carl August an Goethe 7. 9.).[47] Es ist nicht ganz klar, wann man dem Großherzog die Jubiläumsmedaille überreichte. Möglicherweise geschah dies schon am frühen Morgen des 3. September im Kreise »der ersten und nächsten Personen«.[48]

Selbstverständlich feierte auch die Loge Carl Augusts großen Festtag; Goethe scheint auch hier persönlich nicht anwesend gewesen zu sein; aber er verfaßte ein dreiteiliges Gedicht: *Zur Logenfeier des dritten September 1825.*[49] Der erste Teil vermerkt ganz allgemein das Einmalige zu großer Jubelfeiern: »Einmal nur in unserm Leben« [!]. Der zweite Teil gehört zur großen und dauerhaften Alterslyrik Goethes, weshalb man das Gedicht auch in der Hamburger Ausgabe (I, 341 f.) findet. Diese drei gewichtigen

---

46 Ebd.
47 Briefwechsel Carl August mit Goethe, hg. v. Hans Wahl. Bd. III, S. 195.
48 Zu dieser Frage vgl. ebd. die Anmerkung zu 1055, S. 386.
49 W. A. Bd. 3, S. 67–70.

Strophen seien als Ausdruck von Goethes später Weltanschauung hier zitiert:

Zwischengesang

Laßt fahren hin das allzu Flüchtige!
Ihr sucht bei ihm vergebens Rat;
In dem Vergangnen lebt das Tüchtige,
Verewigt sich in schöner Tat.

Und so gewinnt sich das Lebendige
Durch Folg' aus Folge neue Kraft,
Denn die Gesinnung, die beständige,
Sie macht allein den Menschen dauerhaft.

So löst sich jene große Frage
Nach unserm zweiten Vaterland;
Denn das Beständige der ird'schen Tage
Verbürgt uns ewigen Bestand.

Es ist auf den ersten Blick das Gedicht eines Poeten, der »Beständiges« erschafft. Doch ergibt sich bei näherer Betrachtung ein Bezug auf den Menschen überhaupt. Das Tüchtige jeder Art »Verewigt sich in schöner Tat«. Die beständige »Gesinnung« macht den Menschen dauerhaft. Darin liegt, aktualisiert, eine Anspielung auf den Fürsten, der seinem staatsmännischen Auftrag treu blieb und auf seine Diener, die ihn bei seinem politischen Werk treulich unterstützten. Die dritte Strophe überhöht »das Beständige der ird'schen Tage« ins Ewige, im Widerspruch zum christlichen Mythos einer »zweiten«, jenseitigen Welt. Man kann bei diesen drei Strophen, trotz des Bezugs auf den Fürsten und seine Diener, von keiner Panegyrik sprechen; denn die Aussage ist zu allgemein, ja zu dunkel für das Verständnis der meisten. Aus diesem Grund muß im dritten Teil, im »Schlußgesang«, das Lob für den Jubilar *allgemeinverständlich* gesagt werden. Ja, der Jubel soll jetzt sogar in den Straßen laut werden. Die geschmückten »edlen Bauten«, die vielen Bauten, die Carl August errichten ließ, werden kurz angedeutet und, ganz im Stil des volkstümlichen Fürsten, die Bürgerschule, die durch Erweiterung heiterer wurde (3. Strophe). In der vierten Strophe erscheinen die Parks und die von Wäldern umgrünten Hügel Weimars.

Die Plage zu vergessen [!]
Das Gute zu ermessen

– soll man »zusammen« herzlich singen.

Wie viel er ausgespendet,
Auch weit und breit vollendet

– das soll man nie vergessen. Sicherlich las der Großherzog und der ganze
Hof den Schlußgesang am genauesten. Aber man darf behaupten, daß auch
hier die Panegyrik nicht aufdringlich war, sondern das, was »er« den Untertanen zumutete [»die Plage«], im Gedicht mitenthalten war.

Der Großherzog dankt am Tage nach dem Jubilarfest (4. 9. 25) dem
Genie nur ganz allgemein: »Ich dancke bestens für alles übersendete. Morgen, Montag, Eilf Uhr oder etwas später gedencke ich in die Ausstellung zu
kommen. Beßer gesagt: nach Einweihung der Bürgerschule, welches wohl
nach Eilf Uhr alle seyn wird.« Man hatte zum großen Tage »Porträte von
Lucas Cranach gekauft«. Meyer hatte die Führung in der Ausstellung und
berichtete danach, »wie die Herrschaften die Ausstellung aufgenommen«
(Tgb. 5. 9.). Man beobachtet auch bei diesem großherzoglichen Termin-
plan, wie der Vorrang des Volkes sorgfältig beachtet wird. Meyer wurde
beauftragt, mit dem Sekretär Kräuter die Jubiläumsmedaille »regelmäßig
auszutheilen« (Tgb. 6. 9.). Schon zwei Tage zuvor hatte Goethe dafür gesorgt, daß sein avanciertester Gehilfe bei der Bibliotheksreform nach 1817,
Professor Güldenapfel, die Medaille in Gold erhielt (Tgb. 4. 9. 25).

Goethe war durch das Fest so angegriffen, daß er morgens öfters im Bett
blieb, um sich zu erholen. Doch erreichte ihn am 13. 9. das schon erwähnte
großmütige Schreiben des Fürsten Metternich in der Privilegienangelegen-
heit. Es machte ihn überaus glücklich. Aber erst am 22. 10. 1825, nach einer
Bemerkung über den »Barometergang der letztverflossenen Tage«, informierte Goethe den Großherzog über das für ihn selbst so wichtige Ereignis, mit berechtigtem Stolz: »Versäumen darf ich nun aber nicht, schuldigst
anzuzeigen, daß von Wien das Kaiserliche Privilegium, datirt vom 23. August dieses Jahrs, in bester Form, von Ihro Majestät selbst unterzeichnet,
auf Pergament mit dem großen Siegel augehändiget, glücklich angekommen. Es ist vielleicht das wunderbarste Document, das die Literarge-
schichte aufzuweisen hat. Auch in diesem Falle höchsten Antheils mich mit
Gewißheit erfreuend, verharre ehrfurchtsvoll.« Er täuschte sich. Noch am

gleichen Tag antwortete der Großherzog sehr kurz: »Ich dancke bestens«, und dann schrieb er über den »Barometerstand« und über den Neuschnee im Thüringer Wald. Man kann sich vorstellen, daß ihn die erneute Bestätigung des Dichter*fürsten* wenig erfreute. Auch war Metternich *der* Staatsmann, der einst an vorderster Stelle Carl Augusts national-liberale Politik vereitelte. Vielleicht mißfiel ihm auch, daß die Fürsten, die am Hofe sein Jubelfest mitgefeiert hatten, in Goethes Haus weiterzufeiern und sich Goethes im Gespräch ganz zu »bemächtigen« beliebten.[50] In Carl Augusts eigener Residenz saß ein Mann, der als eine Art Gegenfürst fungierte!

Und nun hatte der Canzler von Müller noch vorgeschlagen, Goethes 50. Dienstjubiläum am 7. November ebenfalls zu feiern. Man muß einsehen, daß ein solcher »Diener« für den ehrgeizigen Fürsten keine geringe Last war. Aber er wich nicht aus. Er genehmigte die Goethefeier, »damit Er darin einen besondern Beweis fürstlicher Huld erkennen möge«.[51] Ein Hinweis auf Carl Augusts Großzügigkeit war es auch, daß er eine Denkmünze vom Großherzog *und* der Großherzogin für Goethe bestimmte. Das Genie war ja immer mehr oder weniger auf dem Kriegsfuß mit Carls Augusts talentierter Nebenfrau gestanden: »Karl August und Luise Goethen«.[52] Die eigentlich fällige Goldene Hochzeit lehnte die Großherzogin verständlicherweise ab. Aber sie ließ sich gewiß gerne als Heldin des Jahres 1806 durch eine Denkmünze feiern: »Das gerettete Weimar MDCCCVI.«[53]

Das Feiern konnte einem produktiven Menschen, wie Goethe es war, zu viel werden; aber ablehnen konnte man die Gnade der königlichen Hoheit unmöglich. Im Tagebuch Goethes vom 7. 11. 1825 finden wir nur die Worte »Feierlichster Tag. – *Serenissimo*.« Das heißt wohl: ein Dankbrief. Dem Großherzog fiel der Glückwunschbrief (7. 11. 1825)[54] gewiß nicht leicht. Es ist ein offizieller Brief, der für die Zeitungen bestimmt sein mag. Selbst die Erwähnung der Freundschaft ist hier etwas eingeschränkt, wie es der Wahrheit entspricht: »Die fünfzigste Wiederkehr dieses Tages erkenne ich sonach mit dem lebhaftesten Vergnügen als das Dienstjubelfest Meines ersten Staatsdieners, des Jugendfreundes [!], der mit unveränderter Treue, Neigung und Beständigkeit Mich bisher in allen Wechselfällen des Lebens

---

50 Zeitung für die elegante Welt 12./13. 9. 25, in: Goethe Gespräche, hg. v. Wolfgang Herwig, Bd. III/1, S. 815.
51 Heinrich Düntzer, Goethe und Karl August, 2. Aufl., S. 855.
52 Ebd. S. 856.
53 Ebd. S. 854.
54 Briefwechsel Carl August mit Goethe, hg. v. Hans Wahl, Bd. III, S. 204 f.

begleitet hat, dessen unsichtigem Rath, dessen lebendiger Theilnahme und stets wohlgefälligen Dienstleistungen Ich den glücklichen Erfolg der wichtigsten Unternehmungen verdanke.« Man fragt sich: Fürstenbund? Generalslaufbahn? Pressefreiheit? Unterstützung der Burschenschaft? Aber so darf man bei einem durch und durch rhetorischen Dokument nicht fragen. Auch der Satzteil, wonach der Großherzog Goethe »als eine der höchsten Zierden« Seiner Regierung achtet, ist eine höfische Formel. Bezeichnend ist schließlich, daß mit keinem Wort der dichterischen Leistung Goethes oder auch nur seiner bildkünstlerischen Organisation (Zeichenschule) und seiner Verdienste um das Hoftheater gedacht wird. Dem Leser ist bekannt, daß Carl August dem Genie viel herzlicher schreiben konnte. Aber Metternichs Brief, die kaiserlichen Ehren und dann noch ein Spezialfest für den Minister, das die Kollegen verstimmen mußte, das war dem im Grunde schlichten Fürsten doch zu viel!

Goethes Tagebuch verrät jedoch, daß der Kanzler v. Müller die Welt kannte, d. h. den Tanz um die Berühmten. 8. 11. 25 »Nachklang und Erholung [!]«. 9. 11. »Fortgesetzte Glückwünsche, persönlich und schriftlich. Große Gesellschaft zu Mittage.« 10. 11. »Recapitulation des Nächstvergangnen. Musterung der Geschencke. Verzeichniß der Documente, Festgedichte und Sendschreiben« [!]. Goethe arbeitet um diese Zeit schon fleißig für seine Biographen. 11. 11.: »Fortgesetzte Überlegung der nöthigen Erwiderungen. Vorbereitungen und Ausfertigungen deßhalb.« So geht es weiter. Auch die neue Ausgabe, die Privilegien und weitere Besuche zeigen Goethe wohl in einer Art von Ruhmesrausch. Erst das Tagebuch vom 17. 11. läßt aufhorchen: »Mit meinem Sohn über das gestern bearbeitete Geschäft zu Jena.« Die Oberaufsicht meldet sich und erinnert Goethe daran, daß man immer noch amtliche Arbeiten von ihm erwartet.

Jena meldet sich wieder

Es ist verständlich, daß er Jena, wo er früher so oft und so lang seinen Aufenthalt genommen hatte, während der turbulenten Feiern in Weimar aus den Augen verlor. Merkwürdig ist freilich *die* Jenenser Angelegenheit, die jetzt am häufigsten im Tagebuch erscheint und wohl symbolisch zu verstehen ist. Nach der Entlassung als Theaterdirektor hatte er lange im

Gärtnerhaus des Jenenser botanischen Gartens im Sinne von Voltaires resigniertem Rat gewohnt. Jetzt soll dort ein neues Gärtnerhaus gebaut werden, und es ist natürlich Freund Coudray, der es bauen wird: »Oberbaudirector Coudray den Riß für das Jenaische Gärtnerhaus bringend« (Tgb. 19. 11. 25, vgl. auch 20. 11. und 1. 12.). »Mein Sohn ging nach Jena, wegen der Baulichkeit im botanischen Garten« (Tgb. 7. 12.). »Mein Sohn kam von Jena zurück nach vollbrachtem Geschäft wegen des botanischen Hauses« (Tgb. 10. 12.). Der Großherzog scheint in dieser Angelegenheit etwas schwerhörig gewesen zu sein: »Abschluß des Vortrags wegen des botanischen Gärtnerhauses zu Jena« (Tgb. 13. 12.). »Bericht wegen des botanischen Hauses an Serenissimum mundirt« (Tgb. 14. 12., vgl. auch 19. 12.). »Kam das gnädigste Rescript, den Bau des Jenaischen Gartenhauses genehmigt. Verabredung mit meinem Sohn wegen einer morgenden Expedition nach Jena« (Tgb. 28. 12.). Offenbar fuhr an Goethes Stelle August allein; denn ausgerechnet am 29. 12. kam der Erbgroßherzog, um Goethe »das Nähere über den Tod des Kaisers«, d. h. des Zaren Alexander I., mitzuteilen und ihn um seine Hilfe zu bitten: »Ankauf von Schränken der sonstigen erbgroßherzoglichen Bibliothek, zum Theil in's Haus geschafft.« Auch die praktische Hilfe für die fürstliche Familie gehörte zu den Aufgaben *des* Ministers, der dem Großherzog *persönlich* unterstellt war! Doch kümmerte sich Goethe noch am gleichen Tag um das endlich genehmigte Gartenhaus: »Mittag Oberbaudirector Coudray, den Jenaischen neuen Bau besprochen. […] Mein Sohn kam [aus Jena] zurück und referirte noch die Hauptpuncte« (Tgb. 29. 12. 25).

Wie wenig die Universität Jena während dieser Jahre noch Goethes Interesse besaß, bezeugt die Tatsache, daß er der Akademie erst am 7. 12. für den Glückwunsch zu seiner Feier am 7. 11. dankte. Doch formulierte der Hofmann bei dieser Gelegenheit ein Bekenntnis, das für Jena schmeichelhaft war und viel zitiert wurde, nämlich: »daß ich bis auf den heutigen Tag noch immer Jena und Weimar wie zwey Enden einer großen Stadt anzusehen habe, welche in schönstem Sinne geistig vereint« sind. Den Chemiker Döbereiner, den Carl August höher schätzte, als Goethe es tat, und den er zum Hofrat befördert hatte – vorher galt man in Weimar nichts! – hatte Goethe schon am 27. 11. empfangen, desgleichen den Prorector Succow (Tgb. 27. 11.). Schweitzer, der verläßliche Jurist in der kritischen Zeit nach 1816, hatte es sogar zum Geheimen Rath gebracht. Ihm ist wohl die Verleihung des Dr. jur. für Goethe zu danken. Er besuchte Goethe »wegen Mitwirkung der meteorologischen Anstalt zu den Zwecken der öconomischen Gesellschaft« (Tgb. 23. 11.). Und Ende November beriet Goethe brieflich den einflußreichen Rechtsgelehrten wegen Titulatur der akademischen Stellen – etwas merkwürdig nach unserm heutigen Empfinden.[55] Aber wie soll ein Geheimrat, Minister, Dichter, Naturforscher und »Jugendfreund« des Fürsten gleichzeitig auf so vielen Pferden reiten, wie Goethe es zu tun versucht? Die Dankschreiben für die Feier vom 7. 11. sind noch nicht alle geschrieben. Die Privilegien der deutschen Fürsten treffen allmählich ein und erfordern respektvollen Dank. Die Verhandlungen wegen der neuen Ausgabe gehen weiter, philologisch mit Prof. Göttling, ökonomisch mit Cotta. Daneben immer noch Pflichten der Oberaufsicht, in Weimar und Jena. Und: die Annalen sind noch nicht vollendet, und der Goethe-Schiller- wie auch der Goethe-Zelter-Briefwechsel erfordern die Aufmerksamkeit des Vielbeschäftigten. Dann: die meteorologischen Aufsätze, die *Zahmen Xenien*, der *Faust*, besonders der Helenaakt und der Faustschluß, sowie die *Wanderjahre* sind nicht zu vergessen. Es ist, schon rein quantitativ gesehen, eine verwirrende Menge von Arbeiten. Aber Goethe hält durch, obwohl oder weil er keine Kur mit Liebschaften hinter sich hat wie anno 1823.

Ein Ausblick auf Weimars Erbe: Ludwig I. von Bayern

Wir erwähnen aus dem Riesenmaterial nur noch etwas, das in die Zukunft der deutschen Kultur führt und sozusagen ein *Erbe Weimars* betrifft: Goethes Briefe an den Kronprinzen und dann an König Ludwig I. von Bayern. Der erste Brief an den Kronprinzen vom [6.] 7. 1825[56] betrifft Pflanzen, die er »aus dem Kern« erzog und die in München gnädig begrüßt wurden, vor allem aber die freundliche Aufnahme von Goethes Bitte um einen Abguß der Medusa, die Bayern besitzt: »Höchst Dieselben haben das Glück so manche dergleichen Reste um sich zu versammeln, die, sonst auf ein Ganzes bezüglich, uns noch in uns selbst gegen die Zerstückelung des Tags zu

---

55 W. A. IV, Bd. 40, S. 146.
56 W. A. IV, Bd. 39, S. 239–241.

einem höheren Ganzen herzustellen fähig sind.« Der zweite Brief an den König Ludwig von Bayern vom 26. 12. 1825 [?][57] ist schon ein erster Dank für die Medusa[58], deren Abguß ihm der Major von Germar angekündigt hat. Das Schreiben ist auch eine Kondolation zum Tod des Vorgängers, die aber bald beendet wird durch das alte höfische Wort »der König stirbt nicht«. Es folgt ein Dank für die Subskription von Carl Augusts Denkmünze und eine Erwähnung der zweiten Denkmünze für die »großgesinnte« Großherzogin. Das Bild der Medusa sieht er schon vor sich. Noch wichtiger ist dem Dichter freilich, daß bei Seiner Majestät »auch jederzeit die Erinnerung werde lebendig erhalten, wie ein getreuer Verehrer durch die unmittelbarste Nachbildung dieses herrlichen Schatzes über die Maßen glücklich gewor-den.« Nur so viel zu den *beginnenden* Beziehungen zwischen Goethe und Ludwig I. Vielleicht waren *diese* für den Großherzog kein Ärgernis, wegen der zollpolitischen Union, die aufgebaut werden sollte, um als ernstzuneh-mender Partner bei Verhandlungen mit Preußen zu gelten.

---

57 W. A. IV, Bd. 40, S. 193–196, Datum von W. A. unsicher.
58 Nach Hederich, dem maßgebenden mythologischen Lexikon aus Goethes Zeit (Leipzig 1770), ist Medusa unter den drei Gorgonen allein sterblich und so schön, daß Neptun sich in sie verliebte. »Und da er seine Händel in dem Tempel der Minerva mit ihr hatte, [...] verdroß solches diese Göttin dermaßen, daß sie der Medusa schöne Haare in häßliche Schlangen verwandelte, und dabey machte, daß, wer sie ansah, sogleich in einen Stein verwandelt wurde.«

DIE LETZTE GEMEINSAME LEBENSZEIT. CARL AUGUSTS PLÖTZLICHER TOD UND DESSEN AUSWIRKUNG AUF GOETHES BEFINDEN UND DICHTUNG. NEKROLOGISCHES

Goethe als Diplomat. Sein Anteil an Carl Augusts erfolgreicher Heiratspolitik

Goethe war nicht nur ein großer Dichter, sondern auch ein bewunderns-
werter Diplomat; es gehörte große Geschicklichkeit dazu, als erster und
einziger deutscher Dichter das Privileg gegen das »Verbrechen« des Nachdrucks zu erlangen. Er hatte auch gute Freunde in Weimar und Jena, die
ihm auf die eine oder andere Weise behilflich waren. Riemer war der
Korrektor, der ihn gegen die Kritik der »Grammatiker« absicherte. In
einem höheren Maße behilflich waren ihm Göttling, Bibliothekar in Jena,
und, wie bekannt, auch Eckermann, der durch seine schriftstellerische Begabung zuständig war und mit ihrer Hilfe später einen beträchtlichen Platz
auf dem Buchmarkt errang. Über die Richtigkeit seiner Berichte läßt sich
streiten, weshalb heute manche Goetheforscher den Erinnerungen Riemers
und des Kanzlers von Müller einen höheren Quellenwert bescheinigen.
Informanten über die Lage im Großherzogtum waren alle seine Freunde,
am meisten wohl der Kanzler, der durch seine Reisen auch einen weiten
überlokalen Gesichtskreis besaß. Über Maria Paulowna, die Goethe so sehr
verehrte, mußten ihm Meyer, der Zeichenlehrer der Prinzessinnen, und
Soret, der Erzieher des jungen Prinzen Carl Alexander berichten. Seinen
Freund Soret schätzte Goethe auch als naturwissenschaftlichen Gesprächspartner. Es bestand so ein kleiner Staat im Staat, was nicht jedem
gefiel, und die Grundlage dafür war Goethes große menschliche Ausstrahlung sowie seine gesellige Kraft, die den Kreis zusammenhielt.
  Die Geselligkeit muß ihm ein elementares Bedürfnis gewesen sein; denn
die Zeit, von der hier die Rede ist, belastete ihn außergewöhnlich stark. Im

Vordergrund stand die später so genannte Ausgabe letzter Hand. Er stellte hohe Anforderungen an Cotta, nicht nur in finanzieller Hinsicht. Er interessierte sich für die Papierqualität, mit der Begründung, Cottas Schillerausgabe werde wegen äußerer Mängel viel getadelt. Ärgerlich wurde Goethe, wenn Cotta die von ihm beabsichtigte *Reihenfolge* der Dichtungen in den einzelnen Bänden änderte, wenn er z. B. die Meisterwerke in einem Bande zusammenstellte und zweitrangige Dichtungen in einen anderen Band verwies. Man hat oft den Eindruck, daß ihm die Gesamtausgabe wichtiger war und ihm mehr Zeit wegnahm als die neuen Dichtungen. Erst im Laufe der Zeit wurde ihm *Faust II* zum »Hauptgeschäft«.

Auch die schon erwähnte neue Konstruktion der Oberaufsicht funktionierte nicht so, wie es sich Goethe wünschte. August, der Sohn und Geheime Kammerrat, mag in bürokratischer Hinsicht viel geholfen haben. Aber man kann sich nicht vorstellen, daß er in der Universität Jena Autorität besaß. So war z. B. Döbereiner, der bedeutende Physiker, mit Goethe wenig zufrieden, auch wenn der Hofmann ihm zu dem vom Professor erfundenen Feuerzeug begeistert gratulierte (an Döbereiner 11. 10. 1826). Anstoß erregte gewiß auch die Tatsache, daß Goethe, der sich früher monatelang in Jena aufgehalten hatte, neuerdings ganze Jahre die Universität nicht mehr besuchte.

Goethes Festhalten an seinen Amtspflichten trotz Ablenkung durch viel Geselligkeit und literarische Pläne

In vielen Briefen dieser Zeit klagt Goethe darüber, daß er infolge seiner Belastung und seiner nachlassenden Arbeitskraft auf die Weiterführung seiner Naturforschung ganz verzichten muß. Trotzdem wehrt er sich dagegen, die Oberaufsicht, wenigstens die in der Universität, aufzugeben. Als ihm zu Ohren kommt, daß sein Einfluß an dieser Stelle eingeschränkt werden soll, schreibt er zunächst an den Freiherrn und Minister v. Fritsch, der ihm unter den Ministern am nächsten steht, ein umfangreiches Gutachten und bittet, diesem »vorzügliche Betrachtung« zu schenken (16. 12. 27):

»Die Ausführlichkeit meines Vortrags wird sich durch die Wichtigkeit entschuldigen, mit der ich ein Geschäft anzusehen habe, dem ich viele Jahre
eine ununterbrochene Sorgfalt gewidmet, für welches mir gegenwärtig
nichts zu wünschen bleibt, als hinfüro, so lange mir solches zu behandlen
gegönnt seyn möchte, dasselbe sowohl zu dauernder Zufriedenheit meiner
höchsten Herrn Committenten als deren verehrlichen Ministerien fortzusetzen, auch dessen ersprießliche Behandlung für die Zukunft zu sichern.«
Man erinnert sich bei diesem Schreiben an einen Brief an den Großherzog
vom 13. 8. 1827, der ehrlicher ist. Er hat den Auftrag bekommen, das Geld
aus der privaten »Schatulle« des Fürsten, das für Bücheranschaffungen
vorgesehen ist, zu verwalten. Hier gesteht er unumwunden, »daß seine
Kräfte nicht hinreichen«, diese Aufgabe durchzuführen. Er fügt »die unter-
thänigst-dringende Bitte« hinzu: »Höchst Dieselben möchten ihn von der
Führung dieser Angelegenheit gnädigst dispensiren und ihm die Erlaubniß ertheilen, seine Thätigkeit [in] jenen Geschäften, welche ihm schon seit
so vielen Jahren vertrauensvoll übertragen sind, im Verlauf der Tage die
ihm noch gegönnt seyn sollten auch fernerhin treulichst zu erproben.«
Dieser Brief an den Großherzog läßt die Lage des 78jährigen Dichters
erkennen. Er hat nach der Absetzung als Theaterdirektor eine Reihe von
Jahren der bibliothekarischen Arbeit geopfert. Jetzt verhindert sein dichterischer Auftrag, vor allem die Vollendung des *Faust*, dasselbe zu tun. Eine
Antwort des Großherzogs fehlt in dem von Hans Wahl herausgegebenen
Briefwechsel zwischen Goethe und Carl August. Es ist anzunehmen, daß
der Großherzog die Sache liegen ließ. Und dann kam als deus ex machina
König Ludwig I. von Bayern dem Genie zu Hilfe: »So eben fahre ich mit
den K[önig] von B[ayern] nach Belveder, dann auf den neuen Gottes
Acker, den Er sehn will, und dann zu dir« (an Goethe 29. 8. 1827). Man darf
annehmen, daß der König von seinen Plänen sprach, München zu einer
Kunststadt zu machen. Die höchst wertvolle Gemäldesammlung Sulpiz
Boisserées war damals schon in bayerischen Besitz übergegangen, und
Goethe hatte dem Freund zu diesem Schritte und zu seiner neuen Tätigkeit
gratuliert.

Goethes naive Freude über die Ehrungen durch den Kronprinz Wilhelm von Preußen und Ludwig von Bayern

Goethes naive Freude über solche Ehrungen – wenn man will auch sein Monarchismus – äußert sich am hübschesten in der Beilage zu dem Brief an seine Freundin Amalie von Levetzow vom 29. 8. 1827: »Des Königs von Bayern Majestät kamen den 27. August in der Nacht an, erklärten am folgenden Morgen [d.h. an Goethes Geburtstag], daß Sie ausdrücklich um dieses Tages willen hergekommen seyen [!], beehrten mich, als ich grad' im Kreise meiner Werthen und Lieben mich befand, mit Ihro höchster Gegenwart, übergaben mir das Großkreuz des Verdienstordens der Bayerischen Krone und erwiesen sich überhaupt so vollständig theilnehmend, bekannt mit meinem bisherigen Wesen, Thun und Streben, daß ich es nicht dankbar genug bewundern und verehren konnte.« Wie der Großherzog diesen Besuch empfand, ist mir nicht bekannt. Es war wohl wenig taktvoll, wenn Goethe schon am 30. 8. 1827 den Großherzog brieflich darum bat, sich mit dem bayerischen Großkreuz »auch öffentlich schmücken zu dürfen«.

Das Besondere an diesem Besuch ist, daß hier ein König kam, der Goethe als *Dichter* kannte und verehrte. Eine politische Orientierung besteht kaum. Diese trägt in herzlicher Weise die preußische Heiratspolitik Carl Augusts mit. Die Prinzessinnen aus Weimar sind ja die Töchter Maria Paulownas, der kaiserlichen Hoheit. An der Betreuung der Prinzessinnen hatte Goethe selbst in ihren jüngeren Jahren mitgewirkt. Vor der Abreise der Prinzeß Marie, die den Prinzen Carl v. Preußen heiratete, kam sie »mit ihren hohen Eltern [...] nochmals in meinen Garten [...] und nachher bey ihrer feyerlichen Abfahrt« begrüßte er sie noch einmal »in der Allee des Webichts, durch herzlichen Trieb dorthin geführt«.

Auch der Kronprinz von Preußen, der die Prinzessin Augusta von Weimar später heiratete, machte sich bei einem Besuch in Weimar mit Goethe bekannt. Schon darauf war der Dichter sehr stolz, und als er sinnigerweise von dem Kronprinzen die Kopie eines kleinen Jupiters erhielt, war er entzückt (an den Kronprinzen Wilhelm von Preußen 14. 8. 1827): Nach dem Lob des Geschenkes schreibt der Dichter: »Am liebsten aber gedenke ich dabey des Gebers, dessen entschiedene Gunst ich daran erkenne, daß er etwas mich vorzüglich Ansprechendes mitfühlend mir zueignen wollte.«

Sowohl beim König von Bayern wie beim preußischen Kronprinzen genießt Goethe die Tatsache, daß er vom einem Großen seiner Zeit als Dichter verstanden wird. Mit Carl August unterhielt er sich über serbische Gedichte, die teilweise recht derb waren und daher dem Geschmack des Großherzogs entsprachen. Die jüngeren Fürsten wußten, was Goethe für Deutschland bedeutete. Es handelt sich um eine geschichtliche Wende, die Klassik und Romantik gemeinsam heraufgeführt hatten. Wilhelm von Preußen, der spätere Kaiser, ist 40 Jahre jünger als Carl August. Er ist 1797 geboren. Auch Ludwig I. von Bayern gehört zu der deutlich jüngeren Generation (geb. 1786).

Mit allen diesen Erfolgserlebnissen des Genies war die in Weimar/Jena bestehende *innere Spannung* nicht beseitigt; und auch sie beruhte auf einem Generationsunterschied. Es war nicht schwer zu bemerken, daß Carl Augusts Gesundheit bereits heftig angeschlagen war; denn er absolvierte in den Sommern langwierige Kuren. Goethe versäumte nicht, den Großherzog gelegentlich zu warnen (an Carl August 31. 1. 1826: Schluß des Briefes); denn der Leibarzt des Hofes, Dr. Vogel, gehörte zu Goethes Freundeskreis und sprach manchmal recht offen über den Gesundheitszustand der »höchsten Herrschaften«. Aber auch Goethe hatte manche Krise in seiner Gesundheit erlebt, und da er rund acht Jahre älter als der Großherzog war, scheint er stets damit gerechnet zu haben, daß er *vor* Carl August sterben würde. In diesem Punkt versagte seine Diplomatie, was ihn ehrt.

Er war nicht blind für die Bedrohung seiner Position, wofür ich bereits ein Beispiel anführte. Zu erinnern ist hier an die Tatsache, daß er kein Mitglied des Ministeriums war, sondern daß er mit der *Oberaufsicht* direkt dem Großherzog unterstellt war und eben *in dieser Position* den Ministertitel führen durfte. Schon am 16. 1. 1826 schrieb er an Freund Meyer, der durch seinen Unterricht in Belvedere den »jungen Herrschaften« am nächsten war: »Auch von Hof- und Weltsachen möchte ich das Nähere besprechen; die Schwankungen sind noch immer größer, als man sich vorstellt, und man beruhigt sich über die geheimen Machinationen [!] aus Bequemlichkeit durchaus zu früh.« Immer wieder bittet er Meyer um Aufmerksamkeit und Informationen über das, was am Hofe von Carl Augusts Nachfolger geschieht.

Ein Ärgernis für den Erbgroßherzog Carl Friedrich lag verständlicherweise in der Tatsache, daß das Genie dessen jüngeren Bruder Bernhard fast überschwenglich lobte. Dieser war in Amerika gewesen und hatte sich dort in allen Lagen hervorragend bewährt. Goethe bewunderte die Angelsach

sen als weltausgreifende Nationen. Die Engländer besuchten Weimar mit
Vorliebe und Goethes Schwiegertochter Ottilie war auf sie spezialisiert. Sie
erzählte ihrem geliebten Schwiegervater viel über ihre Vorzüge und Ge-
wohnheiten.

In den Vereinigten Staaten zitiert man immer noch gerne den Besuchern
Goethes Gedicht »Amerika Du hast es besser«. Zu den Dichtern der »Weltli-
teratur«, deren Herausbildung Goethe klar erkannte, standen für den Leser
Goethe, neben dem Mailänder Manzoni, Lord Byron und Scott an der
Spitze. Die Lektüre von Scotts Romanen und sein Napoleonbuch füllten
viele Abende des Dichters. In diesem Zusammenhang ist auch die Lektüre
und Bewunderung von Herzog Bernhards Reisejournal zu verstehen. Er
schlug den Druck dieser der fürstlichen Familie Ehre bringenden Niederschrift vor und hätte gewiß selbst einen Verleger dafür gefunden wie für
den Goethe-Schiller-Briefwechsel und sogar für den zwischen ihm und
seinem Herzensfreunde Zelter. Aber der Großherzog schlug ihm vor, dem
Geographischen Institut Bertuchs, in dem viele Reisebeschreibungen erschienen, den Auftrag zur Herausgabe des Reisewerks zu geben, und Goethe gab diesem Vorschlag »vollkommene Beistimmung«.

Im Grunde handelte es sich bei dem Zwist mit Carl Friedrich um einen
unauflöslichen Streit; denn er beruhte auf Goethes Verehrung für Maria
Paulowna, welche die »kaiserliche Hoheit«, an der Seite eines unbedeutenden Gatten, *erwiderte*. Sie war zugleich für die Großherzogin Luise ein
Problem, da die »Schatulle« aus Petersburg so reich aufgefüllt wurde, daß
sie sich eine große Gebefreudigkeit, auch in sozialer Hinsicht, leisten
konnte und den Untertanen als die Mutter des Großherzogtums erscheinen
mochte.

Man kann verstehen, daß Goethe in dieser schwierigen Konstellation
besonders auf den Großherzog setzte. Ein Beispiel dafür ist der fast über-
schwengliche Dank, den er für die *Goethemedaille* in dem Brief an Carl
August vom 7. oder 8. November 1826 und in vielen Briefen an Freunde
und Bekannte aussprach. Die Goethe-Medaille war unter Aufsicht seines
Freundes Rauch, des berühmten Bildhauers in Berlin, gefertigt worden,
und Goethe nannte sie »ein treffliches Kunstwerk«, das »durch Höchst Ihro
ununterbrochene Theilnahme und Einwirkung« entstanden sei. Sie trug
das Datum von Goethes 50. Dienstjubiläum (7. 11. 1825), war also eigentlich zu spät gekommen. Das erwähnte er selbstverständlich nicht. Dagegen
wird zum Schluß an die lange Dauer seines pflichtbewußt geleisteten Dienstes erinnert: »Gefühl, Sinn und Gedanke bleiben an den Pflichten freudig

geheftet, die für mich seit so vielen Jahren immer wohlthätiger geworden sind.«

Wie diese Pflichterfüllung bei Goethes Immobilität gelegentlich aussehen kann, zeigt der Brief an den untergeordneten, aber zu Goethes Freunden gehörenden Beamten Dr. Weller vom 5. 10. 1826: Sein Sohn August, der bei der Leitung der Universität Jena angemeldet war, sei leider diese Nacht von einem Übel befallen worden. »Ich melde dieß, damit Sie den Herrn Prorector und Curator davon benachrichtigen [...]. Er hofft, da diese Anfälle nur vorübergehend sind, bald hinüber zu kommen und das Geschäft abzuthun.« – »Bey dieser Gelegenheit spreche ich den Wunsch aus, daß die Tagebücher, bis zur Versiegelung fortgeführt, mir baldmöglichst eingesendet werden. – Das Beste treulich wünschend J. W. v. Goethe.« Die Kontrolle der Beamten durch die Einsendung der Tagebücher war üblich. Aber warum entschuldigt er seinen Sohn nicht unmittelbar beim Prorektor? (Rektor war der Landesherr). Ein solcher Dienstweg muß den Präsidenten einer Universität verstimmen. Und wenn Goethe dann auf die Idee kommt, alle Professoren durch seinen Freund Schmeller porträtieren zu lassen, damit sie, wie die gestorbenen Professoren, einen Hauch von Ewigkeit erlangen, so wirkt dies wie ein Hohn; es hat wenigstens mit »Oberaufsicht« wenig zu tun. Eher wäre der Landesherr für einen so kostspieligen Gnadenakt zuständig gewesen.

Am 10. 2. 1827 schrieb Goethe an denselben Dr. Weller in Jena: »Beykommendes, mein Werthester, liegt schon längst parat; der gute Schmeller sollte solches mitnehmen, es wird aber derselbe durch unsern gnädigsten Erbgroßherzog wegen eines zu vollendenden Porträts zurückgehalten, gedenkt jedoch nächsten Montag von hier abzugehen.« Schon am 5. 12. 1826 hatte sich Goethe bei Carl August wegen eines Verbots des Erbgroßherzogs beschwert: »Warum ist mir nicht gegönnt in dem reichsten belvedereschen Vorrath mehr ausgebreitete und bedeutendere Betrachtungen anzustellen?« Dies Verbot bezieht sich auf Goethes Sitte, in seinem Wagen mit Ottilie, mit Freunden, die so für ihre Hilfe belohnt wurden, oder auch allein nach Belvedere zu fahren und dort im Park spazieren zu gehen. Lustschlösser sind für die Einsamkeit gebaut, und so kann man verstehen, daß der Erbgroßherzog durch die im Tagebuch reichlich dokumentierte Gewohnheit gestört wurde; denn es ging dabei nicht nur um Naturgenuß und Naturstudien, sondern auch um »zufällige« Begegnungen mit der kaiserlichen Hoheit und um das Gerede, das dadurch entstand.

Jeder Historiker kennt das »Kronprinzenproblem«. Carl Friedrich fand seine Lage unbefriedigend, und die erwähnten Verbote waren nicht so, daß der Landesherr zum Einschreiten genötigt war, wie z.B. bei der verspäteten Bestattung Schillers, die durch Goethes Bewunderung von Schillers Schädel und dessen Aufstellung in der Bibliothek entstanden war. Eine so »heidnische« Sitte war im Zeitalter der Restauration nicht mehr möglich. Die Familie Schiller und gewiß auch Teile der Geistlichkeit übten auf den Landesherrn einen so starken Druck aus, daß er zu schlichten Verfügungen, auch an die Adresse Goethes, genötigt war. Dieser sagte, die Geschichte von Schillers »Reliquien« könne keiner erforschen. So kompliziert mag diese Angelegenheit wirklich gewesen sein.

Schmeller, Goethes Liebling, konnte selbstverständlich nicht in Weimar festgehalten werden. Als Carl August in Merseburg einen künstlerischen Auftrag vergeben wollte (eine Kopie der *Kreuzigung* von Lukas Cranach), wandte er sich an Goethe, und dieser antwortete, wie nicht anders zu erwarten (an Carl August 29.4.1827): »Zu Absendung nach Merseburg wüßte nur Schmellern vorzuschlagen.« Der Brief schließt mit dem Hinweis auf den »nicht geringen Aufwand«, der mit der Reise verbunden ist. Die Kosten seien »auf irgend eine Kasse anzuweisen, indem die meinige solche zu leisten außer Stande gesetzt ist«. Zu diesem Hinweis war Goethe in dem kleinen Lande immer wieder genötigt. Aber wir wissen schon, daß er an der Aufwertung Weimars durch die Verlobung mit den preußischen Prinzen herzlich Anteil nahm. Das bezeugen die Briefe an Zelter. Aber auch seinem Freund von Reinhard schreibt er am 12.3.1827 ausführlich über die Feste, die, nach der Trauer um den Zaren Alexander I. (1826), wieder Hoftage, Tafeln, Konzerte und Bälle nach Weimar brachten, und er denkt dabei nicht nur an die Jugend, sondern auch an »das Behagen unsres Großherzogs«, an den preußischen Prinzen »und dem neu eingeleiteten Verhältniß«; es »war nur mit Rührung anzusehen«. Man darf sagen, daß die familiäre Bindung an Berlin Carl Augusts größter politischer Erfolg in seinem wechselreichen Leben war. Freilich steht auch der Tod des, trotz seiner Leiden, immer energischen Fürsten in einem klaren Zusammenhang mit der preußischen Hauptstadt. So sah es jedenfalls Goethe in einem Briefe an Zelter.

Carl Friedrich und die Weiterführung der Oberaufsicht Goethes im hohen Alter

Man darf sich das Verhalten von Carl Augusts Nachfolger, Carl Friedrich, nicht so herrisch vorstellen, wie man dies von andern Kronprinzen kennt. Im Tagebuch Goethes gibt es Hinweise darauf, daß sich der junge Fürst um eine Verständigung mit dem Genie bemühte. Er machte dem Dichterfürsten am 11. und 22. 2. 1826 Besuche, beachtete also die Vorrechte, die Carl August und seine Gattin dem berühmten alten Dichter eingeräumt hatten. Über den Inhalt des Gesprächs erfahren wir, wie meistens in Goethes Tagebuch, nichts. Aber es ist anzunehmen, daß der Erbgroßherzog seine Mitregierung ankündigen wollte, was Goethe nicht anerkannte, da er durch die Staatsordnung eindeutig dem *Großherzog allein* unterstellt war. Wenn man im Tagebuch vom 11. 2. 1826 liest, daß Goethe nach dem Besuch des Thronfolgers mit Ottilie spazieren fährt, so darf man annehmen, daß die neue Situation für ihn aufregend war und er ein Gespräch darüber wünschte. Auch mit dem Großherzog, den er in dieser Zeit öfters sah, wird er über die Ambitionen des Nachfolgers gesprochen haben. Wie Goethe die Machtverhältnisse beurteilte, verrät sein Besuch bei Maria Paulowna: »Früh nach Belvedere gefahren. Der Hoheit aufgewartet« (Tgb. 2. 6. 1826).

Nach der Sommerpause, die Carl August in Teplitz verbrachte, wird er wohl versucht haben, in seiner Familie Frieden zu stiften. So darf vielleicht der Tagebucheintrag vom 28. 9. 26 verstanden werden: »Die jungen Herrschaften, dazu Serenissimus.« Der Großherzog scheint wenig Erfolg gehabt zu haben. Auch das Ende des Jahres verrät Spannungen. Am 20. 12. wartet Goethe umsonst auf die jungen Herrschaften, die sich angemeldet haben. Zum Troste erscheint die Frau Erbgroßherzogin am folgenden Tage bei Goethe – wie gewöhnlich mit Demoiselle Mazelet (Tgb. 21. 12. 26); das gebot die Sitte. Erst am Ende des Jahres hat der Erbgroßherzog wohl den gemeinsamen Besuch genehmigt: »Die jungen Herrschaften« (Tgb. 30. 12. 26). Aber zu Beginn des nächsten Jahres scheint der Erbgroßherzog mit einem Abendbesuch [!] wieder kein Glück gehabt zu haben. Goethe notiert nach der Erwähnung des Besuchs: »Unruhige Nacht« (Tgb. 4. 1. 27). Zum Geburtstag des Erbgroßherzogs macht Goethe einen Versöhnungsversuch. Riemer, der Philologe und Allerweltsdichter, muß eine Cantate zu dem festlichen Tag verfassen, und sie wird sogar gedruckt (Tgb. 24. 1. und

30. 1. 27). Zum Geburtstag selbst (Tgb. 2. 2. 27) finden wir folgenden Eintrag: »Im Schlitten mit Ottilien bey starkem Stöberwetter nach Belvedere.« Zu ergänzen ist: Um dem Erbgroßherzog mit Hilfe von Riemers gedruckter Cantate zu gratulieren. Aber der sportliche Einsatz Goethes und Ottilies scheint vom Erbgroßherzog nicht richtig gewürdigt worden zu sein. War er so anspruchsvoll, ein Gedicht Goethes bei dieser Gelegenheit zu erwarten? Genau zwei Tage später meldet Schmeller dem Dichter seine durch Carl Friedrich verhinderte Abreise nach Jena (Tgb. 4. 2. 27). War der Erbgroßherzog wirklich enttäuscht durch Riemers Geburtstagsgruß oder war ein bösartiger Zufall im Spiel? Goethe jedenfalls scheint diesen Eingriff in seine Angelegenheiten als eine Art Kriegserklärung verstanden zu haben, wie wir schon wissen.

»Die jungen Herrschaften« besuchten Goethe wiederholt (Tgb. 1. 3. und 8. 3. 27). Das bedeutet doch, daß auch Maria Paulowna keinen Streit zwischen ihrem Gatten und Goethe wollte. Aber alles war vergeblich. Als es warm genug wurde, zog das Genie in sein heute weltbekanntes Gartenhaus: »Ich verfügte mich in den unteren Garten und verblieb daselbst. Nach Tische Fräulein Pogwisch. Einrichtung um daselbst zu verbleiben. Andere Einrichtungen [!] Zeitig zu Bette.« (Tgb. 12. 5. 27). Goethes Rückzug in die »Eremitage« war eine Parallele zu seinem Verhalten nach der Entlassung als Theaterdirektor (1817). Damals war er in das Gärtnerhaus des botanischen Gartens in Jena gezogen. Viel sensationeller war natürlich diese Flucht in Weimar selbst! Aber derartige Wiederholungen in älteren Jahren gelingen selten. Angeblich wollte er einsam sein, um zu arbeiten, um zu dichten. Aber dies gelang kaum. Man hat den Eindruck, daß der alte Goethe froh war, als sein verehrter Freund, Graf Sternberg aus Prag, sich anmeldete und sich so ein Vorwand ergab, das »Studentenleben« wieder mehr oder weniger aufzugeben. Schon wenige Tage nach der »Flucht« besuchen ihn der »Erbgroßherzog und Gemahlin« (Tgb. 17. 5. 27). Sie nehmen mit Recht den Geniestreich des Alten nicht übermäßig ernst.

An den Höfen wird immer Theater gespielt, besonders an den kleinen, die keine von den Großmächten ernst genommene Geschichte machen können. Der Auftritt Goethes, der sich besonders gegen den Ehrgeiz des Thronfolgers richtete, war so ziemlich mißlungen. Goethe empfing die jungen Herrschaften selbstverständlich als der disziplinierte Hofmann, der er in langen Jahren geworden war. Die Begleitung des Erbgroßherzogs durch die kluge »kaiserliche Hoheit« verhinderte jede Auseinandersetzung. Auch lag der Vorwurf, er vernachlässige sein Amt, die Oberaufsicht, er

könne diese nicht in einem solchen Maße an seinen Sohn abschieben, noch
immer in der Luft.

In dieser Lage erfand Goethe einen Auftritt, der nach modernen Begriffen wenig an den Schwächen der Amtsführung des alten Dichters änderte;
denn dieser dachte vor allem daran, seine poetische Ernte noch in die
Scheune zu bringen: die Ausgabe letzter Hand, die zweite Fassung der
Wanderjahre, besonders die eingelegten Novellen und die *Novelle* als Sonderleistung, als Muster der Gattung. In der Ferne schwebte auch das
Traumbild, *Faust II* vollenden zu können; er trennte ihn zunächst noch von
Faust I (an Philippe Albert Stapfer 3. 4. 1827, den Übesetzer seiner Dramen
ins Französische). Lange hielt ihn die Vollendung und Publizierung der
»Helena«, die er als »Zwischenspiel« betrachtete, von der Arbeit an *Faust II*
ab. Er wurde erst im Laufe des Jahres 1827 zum »Hauptgeschäft«.

Endlich wieder ein oberaufsichtlicher Besuch in Jena

Diese Idee lag besonders nahe, da es nach Goethes Tagebuch (23. 8. 1827)
im Sommer »Jenaische [...] Störungen aller Art« gegeben hatte. Goethe
mußte nicht nur zeigen, daß die Macht im Großherzogtum von Weimar
ausging, sondern daß er selbst noch da war, als aktiver Minister für die
Oberaufsicht. »Zeitig nach Jena« (Tgb. 7. 10. 27). Im Tor erinnert ihn ein
heranwachsendes Mädchen daran, wie lange er nicht in Jena war. Zuerst
geht es in den botanischen Garten, in dessen Gärtnerhaus er so lange, fern
von Weimar, gelebt hatte. Er besieht Garten und Haus; aber abgestiegen
wird im »Bären«. Dann besucht man den alten Freund Lenz, den Direktor
des Mineralienkabinetts und »Bergrat«. »Die übrigen Sammlungen durchgegangen. Alles rein und ordentlich gefunden.« Dann fährt man zum sogenannten Urfreunde, dem Major von Knebel zu Tische. Goethe ließ ihm im
Alter höchst selten eine solche Ehre widerfahren. Gegen 4 Uhr wird die
Bibliothek besucht, der er nach der Entlassung als Theaterdirektor eine
Reihe von Jahren gehorsam gedient und die er erfolgreich neu organisiert
hatte. Bei einem nochmaligen Besuch des botanischen Gartens trifft er den
Präsidenten von Motz; am nächsten Tag bespricht er mit ihm »einige Akademika«, die Ordnungsfragen betroffen haben mögen; denn die verbotene

511

Burschenschaft war noch nicht tot. Selbstverständlich wird schon am ersten Tag Dr. Weller, der uns schon bekannte Jenenser Freund des Dichters, besucht: »Haus und Garten besehen. Frau und Kind auch Schwester begrüßt.« Im »Bären« trifft er dann auch den »Inspector Götze« und den Sohn des für Goethe so wichtigen Jenenser Freundes Frommann, des langjährigen Verlegers seiner Zeitschrift *Kunst und Altertum,* von der er sich trotz allzuvieler Pflichten immer noch nicht trennen kann. Am 8. 10. wird wieder »Früh aufgestanden«. Nach der Besichtigung des anatomischen Cabinets erhält der Prosector Schroeter das übliche Lob: Er »machte seine Sache gut wie immer«. Auf der Sternwarte erklärt Dr. Schrön, dem Goethe vergeblich eine feste meteorologische Stellung verschaffen wollte, die Instrumente. Goethe betont, daß das meteorologische Cabinet von der Sternwarte »abgesondert« ist. Aber es ist Goethe nicht gelungen, die ihm so teure Meteorologie zu einem voll anerkannten Universitätsfache zu machen. Carl August glaubte den Seeleuten, die das Wetter für absolut unberechenbar hielten.

»Wir früstückten in der Laube an dem alten Schillerischen Steintische. Die Bänke waren zusammengebrochen.« Eckermann, der Goethe offenbar begleitet, führte Schrön in die Mansarde, die schöne Aussicht aus Schillers Wohnzimmer zu sehen. Es war klug, in Jena die immer zahlreicheren Schillerverehrer nicht zu vergessen. Dann zu Hofrat Döbereiner, »welcher wie die übrigen [!] uns gar freundlich empfing«. Das bedeutet wohl, daß Döbereiner zu den Jenenser Kritikern Goethes gehörte. Er darf »Einige schöne Experimente« vorführen; Hofrat wäre der Professor nicht ohne die Gunst des Großherzogs geworden. Den Schluß der Visite mag Carl August angeraten und vermittelt haben; denn er führt ganz ab von der Universität Jena: »Wir fuhren nach Burgau. Trafen daselbst den *Herrn General von Egloffstein.* Speisten Fische und sonst weniges. Sahen einiges an den Wasserbauten. [...] Im Zurückfahren hinter der Rasenmühle die neue Anlage bestiegen. Den Berg fanden wir zu den Zwecken der Schützengesellschaft verständig terrassirt. Größere und kleinere Baulichkeiten einsichtig ausgeführt.« Auch der General und Militärschriftsteller mußte sein Lob bekommen, wenn über die Visite in Jena dem Landesherrn so erzählt werden sollte, daß sie ihm gefiel.

Zwei Tage für die Oberaufsicht – das war ein großes Opfer für den von vielen Wünschen der Herrschaften, von vielen Besuchern und seinen eigenen Plänen bedrängten 78jährigen Dichter. Aus unserer Perspektive war es nur ein Theater; aber aus der Sicht wohlwollender Herrschaften konnte man die Bemühungen des alten »Dieners« als ein Zeichen seines guten Willens ansprechen: Er hatte die Pflichten der Oberaufsicht, die *persönliche* Vertretung seines Amtes, auch in der Universitätsstadt, noch nicht aufgegeben.

Der überraschende Tod des Großherzogs am 14. 6. 1828

Im letzten Brief des Großherzogs an Goethe (17. 5. 28) ist zu lesen: »Meine Reise nach Berlin werde ich noch um eine Woche aufschieben, weil mir nicht recht wohl, und die Witterung gar zu unstedte ist.« Carl August wollte, wie in seinem Alter üblich, frühzeitig in die böhmischen Bäder zur Kur reisen; aber es zog ihn zu den preußischen Verwandten und zu seinen Enkelinnen, auf die er so stolz war. Die zitierte Briefstelle zeigt, daß er sich der Strapazen bewußt war, die ihn in Potsdam und Berlin und bei den Heeresteilen, an denen ein General der Kavallerie nicht vorüberreisen konnte, erwarteten. Aber er erfüllte sich seinen politisch-familiären Herzenswunsch. Zelter schreibt aus Berlin am 17. 6., nach der Todesnachricht an Goethe: »Gewiß ist, daß der hochselige Herr sich sichtbar hier zusammengenommen hat, um an soviel verschiedenen Dingen lebhaften Anteil zu nehmen; er hat sich jedoch dabei geistig wohl gefühlt [!] und übers Jahr wiederkommen wollen. Unser König hat sich dabei munter und liebewollend erwiesen.« Im vorhergehenden früheren Brief ohne Datum sagt Goethes humoristischer Freund freilich auch in seiner drastischen Art: »Der Großherzog mußte […] sich die große Oper vorpauken lassen, und ihr mögt zufrieden sein, wenn ihr ihn mit heiler Haut wiederhabt.« Goethe benützt den fälligen Zelterbrief vom 26. 7. in Dornburg zu einem *Kurznekrolog* ohne Beschönigung von Carl Augusts Wagnis: »Man findet ihn bewundernswert, wie oft, daß er bei einem so tiefen Mißbehagen [!], welches er dort schon empfinden mußte, sich doch noch gegen die Welt stark hielt und stemmte und auch die Gewalt eurer Töne noch ertragen wollte.« Goethe war kein Feind der aufstrebenden Hauptstadt, sondern er pflegte seine Berliner Beziehungen sorgfältig. So war er z.B. sehr stolz darauf, daß sowohl Alexander von Humboldt, als Naturforscher von Goethe bewundert, wie sein Bruder Wilhelm ihn öfters in Weimar besuchten und lange Ge-

513

spräche mit ihm führten. Im Dankbrief für das Privileg gegen Nachdruck an König Friedrich Wilhelm III. sieht Goethe sich, durch diese Beziehungen, sogar als eine Art geistiger Mitbürger der preußischen Hauptstadt. Im Kurznekrolog dagegen taucht das waffenstarrende friderizianische Berlin, das er viel früher mit Carl August zusammen erlebt hatte – es war sein einziger Berlinbesuch – in seinem Geiste wieder auf. In der von Zelter verspotteten *lauten* Oper findet er das militärische Berlin jener Zeit wieder.

Die »Sorge« zieht in Goethes Leben ein

Die Nachricht vom Tode Carl Augusts bringt Goethes Tagebuch (15. 6. 28) in einem merkwürdigen Context: »Mittag Weller und Frau, Töpfer und Eckermann; die Tyroler sangen bey Tische. Die Nachricht von dem Tode des Großherzogs störte das Fest.« Auch die folgenden Sätze zeigen die Bemühung, jede Emotion zu vermeiden. »Minister von Gersdorff und Geheimer Legationsrath Conta, die neue Verpflichtung aufnehmend.« Sie bildeten wohl nach dem Testament des Fürsten die provisorische Regierung. Der nächste Satz verrät schon die Distanzierung von der offiziellen Hoftrauer: »Gar manches andere im traurigen Bezug.«

Wichtig ist dem Hofmann Goethe die Verbindung mit der Großherzogin, die sich in Wilhelmsthal erholt: An »*Hofrath Soret,* Dank für die Mittheilung, Bitte um Fortsetzung, Wilhelmsthal. – Herr Canzler von Müller über das Nächstvergangene und Zunächstbevorstehende« (Tgb. 17. 6.). Goethe erledigt einige oberaufsichtliche Geschäfte und schreibt Briefe, was ihm im Alter ein dringendes Bedürfnis gewesen zu sein scheint: An Carlyle nach Edinburgh, an Präsident Nees von Esenbeck in Bonn (Tgb. 18. 6.). »Kamen Briefe von Soret und Vogel [dem Hofarzt] von Wilhelmsthal. Billet von Herrn Canzler [...] Herr Canzler von Müller, das Nächste besprechend. – Billet *an Herrn Canzler, ablehnend jede [!] Theilnahme an einem Nekrolog*« (Tgb. 19. 6.). Viele erwarteten diesen gewiß von dem offiziellen alten Freunde des Fürsten. Er hatte den Nekrolog für die Herzogin Anna Amalia verfaßt und sogar für Wieland auf Bitte der Loge. Warum streikte er hier? Manche meinen, er habe dem Fürsten die Entlassung als Theaterdirektor nie verziehen. Dem widerspricht, daß er zu dem Großherzog in den letzten Jahren ein geradezu freundschaftliches Verhältnis hatte. Auch das Verständnis für Carl Augusts Tapferkeit in Berlin, die eine offizielle fürstliche und militärische Eigenschaft ist – das was wir einen Kurznekrolog nannten – verbietet die Hypothese einer kleinlichen Rachsucht. Er wußte als Hofmann sehr wohl, daß Fürsten strenge Entscheidungen nicht vermeiden können. Auch wird er im Lauf der Zeit durch seinen Vergleich mit Iffland als Theaterleiter und mit Schiller als Dramatiker erkannt haben, daß er kein geborener Theatermann war, daß seine Bedeutung auf andern Eigenschaften beruhte.

Ich vermute, daß seine Verweigerung eines Nekrologs wie auch irgendeiner Mitarbeit an einem Nekrolog auf seinem Mißtrauen gegenüber dem neuen Großherzog beruhte. Ein Nekrolog in Goethes Sinn muß nicht nur eine Laudatio sein, sondern auch auf historischer Wahrheit beruhen. Das bezeugt besonders der Nachruf für Wieland. Goethe war, im Gegensatz zu Carl August, kein Freund der Burschenschaft, und Carl August war im Gegensatz zu Goethe kein Verehrer Napoleons. Darf man solche Differenzen verschweigen, wenn man der Wahrheit verpflichtet ist? Ein Nekrolog Carl Augusts war höchst gefährlich in Goethes damaliger Situation. Wenn das Wohlwollen fehlte, wie Goethe fürchtete, konnte Carl Friedrich immer anstößige Stellen im Nekrolog des Vaters finden, und die berunruhigende Frage war, ob der Nachfolger den Dichterfürsten *trotz seines hohen Alters*, in seinem vielseitigen und daher arbeitsreichen Amte bestätigen werde. Seine Hoffnung beruhte vor allem auf den fürstlichen Frauen.

Zunächst auf der verwitweten Großherzogin Luise, die ihn alle vierzehn Tage besuchte und der er immer etwas Interessantes bot, Kunstwerke oder Lektüre oder Mitteilungen aus der sich immer weiter erschließenden geographischen Welt. Man darf behaupten, daß Luise dem Dichter vornehmlich ihre Bildung verdankte. Die verwitwete Großherzogin ist wohl gemeint, wenn er im Tagebuch (3. 7. 28) die »Vergünstigung eines Aufenthalts in Dornburg« erwähnt. Die Vorzüge des fürstlichen Ruhesitzes werden in Goethes Briefen vielseitig beschrieben. Die Lage über dem Saaletal, nicht weit von Jena und auch nicht allzuweit von Weimar entfernt, ergab eine Goethe immer neu entzückende Eremitage. Er hatte seit Italien diese Naturverbundenheit wohl kaum mehr erlebt; denn auch die böhmischen Bäder hatten dem Berühmten reichlich gesellschaftliche Verpflichtungen auferlegt.

Man darf es dem bedrohten Hofmanne nicht übelnehmen, wenn er jetzt in seinen Briefen Carl Friedrich überraschend rühmt. So schreibt er an W. Reichel, Cottas Mann in Augsburg, am 18. 8. 28: »Ich bin überzeugt, daß

Ew. Wohlgeboren als vormals der Unsrige den großen erlittenen Verlust aufrichtig theilen; er hat viele Tausende betroffen und mich besonders. Sie aber werden mit uns allen aufgerichtet seyn, wenn Sie vernehmen daß unser neuer Landesherr durch Wort und That den bisherigen Zustand gesichert [!], den edlen und kräftigen Gang der Geschäfte gefördert und dergestalt den schönsten Wirkungen für die Zukunft freye Bahn gegeben hat.« Briefe sind im Biedermeier nicht nur für den Empfänger bestimmt. Der Brief landete gewiß bei Cotta, der als Verleger und Politiker großen Einfluß in der Welt besaß. Wenig ermutigend war es freilich, wenn Freund Soret Carl Friedrich überredete, Goethe mit ihm in Dornburg zu besuchen (Tgb. 21. 8. 28): »Erwartete den Erbprinzen [!], der mit denen Herren Soret und Schmidt um Mittag ankam. Mit Herrn Soret über die gemeinschaftliche Arbeit das Nähere besprochen. Herrn Schmidt die Herzogische Geschichte von Thüringen empfohlen, der sie zum Theil schon kannte auch billigte, auch zum Gebrauch beym Unterricht willkommen fand. Wir speisten zusammen. Sie hatten einige artige Geschenke mitgebracht. Nach 5 Uhr fuhren Sie wieder ab.« Und der »Erbprinz«? – juristisch wohl noch korrekt, aber etwa so klingend, wie wenn Goethe den Physiker Döbereiner Doctor oder Professor statt Hofrat nennt – was sagte der Mann, auf den es jetzt ankam? War er ein stummer Beobachter? Blieb er ein Rätsel? Es war gut, daß Goethe die schöne Landschaft genoß, daß er sich im Schloß wirklich als Dichterfürst fühlen konnte und die mit Recht so hochgeschätzten Dornburger Gedichte ihm geschenkt wurden. Oder dachte er an sein hohes Alter, an die bösen Möglichkeiten dieser Lebenszeit? Benützte er die Ruhe über dem Saaletal dazu, täglich am »Hauptgeschäft« zu schreiben? Diese Frage ist nicht leicht zu beantworten, ohne ins Detail zu gehen.

Goethes Fortschritte am Faust II
vor und nach Carl Augusts Tod (1827/1828)

Schon im Jahre 1827 wird es dem Dichter voll bewußt, daß *Faust II* jetzt sein »Hauptwerk«, sein »Hauptzweck«, sein »Hauptgeschäft« sein muß. Das Tagebuch enthält in diesem Jahre etwa 50 Belege dafür, daß Goethe über *Faust II* nachdenkt, an ihm »schematisiert« unter Verwendung früherer Ansätze oder an ihm schreibt. Auch im sprachlichen Charakter der Einträge

zeigt sich, daß der Dichter endlich entschlossen ist, *Faust II* zum Hauptgeschäft zu erheben, neben den *Wanderjahren,* ihren Einlagen und der
Novelle: »Ich schloß mich ein und suchte manches bisher Stockende in
Bewegung zu bringen« (2. 4. 27). »Ich bedachte den zweiten Theil von
Faust, und regulirte die vorliegenden ausgeführten Theile« (24. 5.). »Ich
behandelte das Schema von Faust anschließend an das schon Vollendete«
(27. 5.). »Das Hauptwerk nicht versäumt« (25. 7.). *»Das Hauptgeschäft vorge-
schoben«* (1. 8.). »Mundirt [ins Reine geschrieben] zum Hauptzwecke«
(29. 8.). »Nachts und früh beschäftigt einige Lücken am Hauptwerke auszufüllen.« (27. 9.) »Das Hauptgeschäft *bedeutend* gefördert« (11. 10.). »Nachts
Entwickelung der zunächst auszuführenden poetischen Motive« (5. 11.).
»Gegen Abend Dr. Eckermann vom zweiten Theil zu Faust vorgelegt und
besprochen« (26. 11.). »Die Scenen zu Faust zur Abschrift redigirt«
(24. 12.). »Faust zweiten Theil Concept und Mundum geordnet und geheftet« (28. 12. 27).

Zu Beginn des Jahres 1828 geht die Arbeit an *Faust II* in einem flotten
Tempo weiter; es ist, als ob der Dichter sein Ziel von 1827 nicht ganz
erreicht hätte. Doch am 23. 1. 28 heißt es im Tagebuch überraschend:
»Durchsicht des zweiten Theils von Faust«, was wohl bedeuten soll, daß er
die hinter ihm liegende Arbeitsperiode jetzt für abgeschlossen hält, und es
neuer Besinnung, neuer Vorarbeiten bedarf. Wenn man am 30. 1. 28 liest:
»Das Weitere zu Faust«, so kann damit die zweite Durchsicht gemeint sein.
Wenn es kurz darauf heißt (Tgb. 8. 2. 28): »Abends Vorlesung von Faust«,
so ist damit *Faust I* und der Auftritt des berühmten Vorlesers Holtei wohl in
Weimar gemeint. »Mein Sohn sprach mit vielem Lob von der gestrigen
Vorlesung« (Tgb. 9. 2. 28). Am gleichen Tage ehrt Goethe Holtei durch
eine größere Mittagsgesellschaft mit seinen Freunden, dem Kanzler von
Müller, Peucer, Göttling, Riemer, Vogel, Eckermann, Coudray. Holtei, der
längere Zeit in Weimar bleibt, ist ein aufregender Vorleser, weil er zwar
Goethes Primat anerkennt, aber auch die Romantiker nicht ausschließt:
»Coudray, aus der von Holteischen Vorlesung kommend und über den
gestiefelten Kater sprechend« (Tgb. 21. 2. 28). Goethe liebte Werke parodi-
stischer oder satirischer Art nicht sehr. Aber den Verfasser des *Gestiefelten
Katers* schätzte er wegen seiner poetischen Großdramen und seiner Novellen. Tieck war zu dieser Zeit als Erzähler nicht zu übersehen; Goethe und
Tieck wetteiferten damals als Novellisten miteinander.

So ist es wohl kein Zufall, daß Tieck, wenige Monate nach Holteis Vorlesungen, selbst in Weimar erschien und bei Goethe sich anmeldete (Tgb.

8. 6. 28). Goethe nahm Hofrat [!] Tieck und Familie freundlich auf, lud sie
zu Tische und organisierte auf den Abend eine Gesellschaft zu Ehren
Tiecks: »mehrere Personen« heißt es im Tagebuch. Tieck war, wie Holtei,
ein berühmter Vorleser. Er las zu Ehren Goethes *Jery und Bätely*, hielt sich
also von den berühmten Werken des Gastgebers fern. Auch sonst benahm
er sich sehr klug. Schon am nächsten Tage, 9. 6., um 3 Uhr, fuhr er nach
Gotha weiter. Er war selbst eine Berühmtheit und wußte, wie störend
anspruchsvolle Besucher sind. *Anstrengend* war Tieck freilich für den Dichter schon durch seinen Ruhm! Nach Tiecks Abreise fuhr Goethe »mit [sei-
nem Enkel] Wölfchen ums Webicht und las sodann verschiedenes und ging
zeitig zu Bette« (Tgb. 9. 6. 28).

Goethe beobachtete die ausländische Konkurrenz noch sorgfältiger als
die deutsche. So las er damals den anspruchsvoll auftretenden Victor Hugo
(*Cromwell*, Tgb. 6. 5. 28). *Die Verlobten* Manzonis scheint *er* im Ausland
berühmt gemacht zu haben. Bei Byron war dies nicht nötig; da sammelte
man schon fürs Monument (Tgb. 1. 7. 28). Scotts Romane füllten manchen
Abend des Dichters. Wie in allen schöpferischen Pausen beschäftigte Goethe sich 1828 viel mit bildender Kunst, und zwar nicht nur mit der älteren.
Ein großer Tag war für ihn die Besichtigung von »Thorwaldsens Ganymed
bey Kaufmann«, dem Bildhauer von Weimar (Tgb. 25. 2. 28). Goethe kaufte
auch – für die Honorare Cottas! – Kupferstiche und dergleichen, besonders
Zeichnungen (Tgb. 27. 2. 28). *Die Ausgabe letzter Hand* beanspruchte ihn
öfters (z.B. Tgb. 8. 3., 25. 3., 27. 3., 16. 5.). Die neue Fassung der *Wanderjahre* war ihm nicht so wichtig wie das »Hauptgeschäft«. Aber er arbeitete
im Frühjahr 1828 gelegentlich auch am Roman (Tgb. 9. 3., besonders wichtig: »*Makarie Vorschritt*«, 19. 4.). Am »Römischen Aufenthalt«, der Italienischen Reise wird öfters diktiert (Tgb. 6. 4., 7. 4.). Auch die Naturwissenschaft verlockt ihn immer wieder: »Las nachher in De Candolle, Organo-
graphie végétale.« (Tgb. 13. 6.). Der wenig anerkannte Verfasser der
Farbenlehre lud, was ihm gewiß nicht leicht fiel, zu Ehren Döbereiners
14 Personen ein: »Döbereiner zeigte nach Tische die Davysche Sicherheits-
lampe vor und machte einige chemische Experimente« (Tgb. 19. 4., vgl.
auch 1. 7.). Es ist kaum möglich, die Vielseitigkeit von Goethes Leben in
der Zeit von Carl Augusts Tod zu vergegenwärtigen. Vielleicht darf man
aber behaupten, daß ihm selbst in diesen Monaten seine Zeitschrift *Kunst
und Altertum* im Mittelpunkt stand (Tgb. 26. 1., 12. 3., 16. 3., 14. 4., 15. 4.,
21. 4., 22. 4., 10. 5., 12. 5., 23. 5., 29. 5., 31. 5., 11. 7., 13. 7.). Der Grund
dafür mag sein, daß er die Ausbreitung des Zeitschriftenwesens in ganz

Europa beobachtete. Besonders die französische Zeitschrift *Le Globe* studierte er bekanntlich fleißig, freilich nicht immer mit Zustimmung.

Der Tod Carl Augusts und die Dornburger Zeit bedeuteten tiefe Einschnitte in Goethes Leben und Werk. Was uns nun beschäftigen muß, ist die Frage, unter welchen Umständen Goethe wieder Anschluß an seine größeren produktiven Arbeiten fand, an die Neufassung der *Wanderjahre* und vor allem an *Faust II.* Das Tagebuch gibt darauf eine überraschend klare Antwort. Am 11. 9. 28 beendete Goethe seinen Dornburger Aufenthalt. Zum gleichen Tag notiert Eckermann, daß Goethe sich bei Tische heiter gibt: »Blickte man aber tiefer, so konnte man eine gewisse Befangenheit nicht verkennen.« Die Gründe, die Eckermann dafür angibt, sind vordergründig. In unserem Zusammenhang kann man in Eckermanns Beobachtung eine Bestätigung dafür finden, daß die Sorge um seine künftige Stellung am Hofe ihn noch immer bedrängte. Sein erster Besuch galt der Frau Großherzogin Mutter. Anschließend sah er einige Freunde und seinen Sohn: »Besprach verschiedene Verhältnisse« (Tgb. 12. 9.). Die Nachrichten scheinen halbwegs beruhigend gewesen zu sein. Denn schon das Tagebuch vom 13. 9. enthält die Meldung: »Wiederangriff der Wanderjahre«. Der Stil verrät die Energie des Neuansatzes. In Coudrays Atelier besichtigt er dessen Logendekoration. Abends besucht ihn sein einziger Freund unter den Ministern: von Fritsch. Auch seine Information scheint erfreulich für Goethe gewesen zu sein: »Die Wanderjahre vorgenommen« (Tgb. 14. 9.). Die Oberaufsicht vergißt er darüber nicht: »Manches zum Geschäft Gehörige untersucht und besorgt« (ebd.). Um 12 Uhr erhält er von Meyer weitere Informationen zur Lage. Erfreulich war wohl auch ein Auftrag für August: »Die Dornburger Rechnung abgeschlossen. Mein Sohn fuhr in herrschaftlichen Bauangelegenheiten dorthin. Die Wanderjahre vorgenommen. Anderes geordnet« (Tgb. 15. 9. 28).

Schon vier Tage nach ihrem letzten Besuch kommt zu ihm *ganz gegen die Regel,* die »Königliche Hoheit die Frau Großherzogin Mutter« (Tgb. 16. 9.). Sie hatte gewiß eine gute Nachricht. Enttäuschend ist der folgende Tag (17. 9.). »Um 12 Uhr nach Belvedere gefahren. Den Erbprinzen nicht angetroffen.« Doch hatte am Nachmittag Eckermann mit Goethes Freund Soret »conferirt«, und die Nachricht dürfte kaum aufregend gewesen sein. Denn am 18. 9. heißt es im Tagebuch: »Einiges am Hauptgeschäft arrangirt.« Ermutigend ist auch, daß ihn am gleichen Tag die Generalin von Seebach und am 19. 9. zwei Gräfinnen besuchen. »Ein Frühstück für die Damen auf der Bibliothek arrangirt« (Tgb. 20. 9.). Goethe weiß: Hochrangige Damen haben, was das Schöne betrifft, an den Höfen Einfluß! Tatsächlich besucht ihn noch am gleichen Tag der treue Freund Soret mit dem Nachfolger Carl Augusts, und nun ist in Goethes Tagebuch aus dem etwas abschätzigen »Erbprinzen« ein »Großherzog« geworden. Goethes gutes Verhältnis mit Berlin, das keinem Fürsten von Weimar gleichgültig sein darf, belegt der freundschaftliche Besuch des Berliner »Hofbildhauers« Rauch (Tgb. 23. 9. 28).

Goethe steht noch immer zwischen dem alten und dem neuen Großher- zog. »Hofrath Helbig brachte einen Blechkasten aus der Verlassenschaft Serenissimi«. Er bespricht die »fernere Bestimmung« dieses Erbstücks mit Helbig, dem früheren Vertrauten Carl Augusts, und »ich behielt sie im Verschluß« (Tgb. 26. 9. 28). Dann geht er, wie so oft in dieser Übergangs- zeit, in den unterem Garten: »Manches diktirt, im Bezug auf die Haupt- arbeit« (ebd.). Am Nachmittag des gleichen Tags unterhält er sich aber mit Soret über »die Erziehung des Erbgroßherzogs«, was immer noch Unruhe und Unsicherheit gegenüber dem Nachfolger Carl Augusts verraten mag. Als Goethe, wie schon früher einmal, schrieb: »Das Hauptgeschäft angegrif- fen.« (Tgb. 29. 9. 28), wußte er bereits, daß die neue Großherzogin Maria Paulowna angekommen war. »Meldete mich bey Ihro Kaiserlichen Hoheit der Frau Großherzogin, welche gestern Abend angekommen war.« Schon wenig später wird er empfangen: »Um halb 1 Uhr zur Frau Großherzogin. Mannigfaltiges geordnet und vorbereitet.« (29. 9.) Man darf behaupten, daß jetzt endlich wieder Ruhe und Sicherheit in sein Leben zurückkehrt. »Einiges am Hauptgeschäft« (30. 9.). »Die verwitwete Großherzogin, der- selben vorgewiesen die Neureutherischen Zeichnungen« (1. 10.). »Das Hauptgeschäft vorgerückt. [...] Die Frau Großherzogin Kaiserliche Ho- heit.« [...] Abends Thee, viele Einheimische und Auswärtige« (2. 10.). Damit ist der Anschluß an die Produktivität von 1827 und Januar 1828 gefunden: *Faust II* (9. 10., 13. 10., 16. 10., 17. 10., 21. 10., 22. 10., 26. 10., 10. 11., 11. 11., 12. 11., 13. 11., 19. 11., 26. 11. 1828 usw.). *Neufassung* der *Wanderjahre* (10. 10., 11. 10., 14. und 15. 10., 4. 11., 5. 11., 6. 11., 8. und 9. 11., 20. 11., 28. 11., 3. 12. 1828 usw.).

Was die Oberaufsicht betrifft, läßt freilich die Geschichte auch bei ihrem Günstling ihre bekannte Ironie walten. Goethe hatte Carl August *inständig* gebeten, ihn mit Bücheranschaffungen aus der Großherzoglichen Privat- schatulle zu verschonen. Maria Paulowna hat die gleiche Absicht wie der Großherzog und *noch erheblich mehr Geld*. Und hier kann der Dichter un- möglich nein sagen. Auch der Großherzog besucht wohl oder übel die

Zierde Weimars wieder, z.B.: »Ihro königliche Hoheit der Großherzog. Verschiedene Verhältnisse und Geschäfte durchsprechend« (Tgb. 5. 10. 1828). Bei Eckermann lesen wir (23. 10. 28): »Goethe erwähnte sodann die übrigen Glieder des Großherzoglichen Hauses und wie durch alle der Zug eines edlen Charakters gehe. Er sprach über die Herzensgüte des jetzigen Regenten, über die großen Hoffnungen zu denen der junge Prinz berechtige, und verbreitete sich mit sichtbarer Liebe über die seltenen Eigenschaften der jetzt regierenden hohen Fürstin.« Man sieht: Der alte Dichterfürst hat nicht verlernt, die Großen anzuerkennen, wie sie sind – wenn auch mit unterschiedlichen Akzenten.

Nekrologisches

Im Jahre 1857 erschien in Weimar das Buch eines gewissen G. Treumund [Pseudonym?]. Das Schönste an dieser Publikation ist das Titelbild, das den Großherzog zu seinem 100. Geburtstag treuherzig mit seinen beiden Lieblingshunden zeigt. Der Titel selbst erinnert daran, daß es noch in der späteren feudalistischen Zeit einen entschiedenen Fürstenkult gab, der mit dem neuen Dichterkult, den »Dichterfürsten« wetteiferte. »*Weimars Genius*« – so der Titel – ist nicht etwa Wieland oder Goethe oder Schiller oder alle drei, sondern Carl August. Der schlaue Biograph findet zum Schluß sogar unter den liberalen Schriftstellern einen Lobredner, der das große Fest des großen Fürsten gebührend feiert (S. 83 f.): »Wäre er auch nichts weiter gewesen, als nur ein kunstsinniger Fürst, und hätte er nichts Größeres gethan, als daß er das Modell geliefert zu jenem Mäcenatenthume, mit dem auch heutiges Tags an mehr als einem Orte wieder so viel Versuche angestellt werden, ohne doch recht damit zu Stande kommen zu können, so würde schon Dies allein hinreichen, ihn, und wäre es nur aus culturgeschichtlichem Standpunkte, der aufmerksamsten Betrachtung werth zu machen; in der That jedoch war er weit mehr, und hat noch weit Größeres geleistet. Der poetisch-ästhetische Glanz […] ist kein erborgter; er ging nicht blos von den großen Namen aus, welche *Carl August* um sich versammelte, sondern er selbst, mit seiner großartigen, ächt genialen Persönlichkeit war der eigentliche *Lichtkern*, die ernährende *Sonne* seines Hofes. […]

521

Jenes reine *Menschenthum*, diese erhabene Blüthe, zu der unsere classische Bildung heranreifte, und die namentlich *Göthe dichterisch* darstellte – eben dies reine, freie, unbefangene *Menschenthum* wird von *Carl August praktisch* dargestellt.«

Ich zitiere aus dieser verschollenen Jubilarschrift, weil es noch heute Germanisten gibt, die meinen, sie müßten ihre demokratische Gesinnung dadurch beweisen, daß sie die feudale Vergangenheit in den Staub ziehen, statt sie allseitig verständlicher zu machen, was die erste Pflicht des Historikers ist. Die Nekrologe oder die nekrologähnlichen Äußerungen nach dem Tode Carl Augusts im alten Weimar kommen der historischen Wahrheit näher als schulmeisterliche Jubelreden, die in erster Linie den Zweck haben, eine Dynastie durch Ahnenkult zu verherrlichen oder einen berühmten Ort, mit Hilfe unaufrichtiger Rhetorik, noch berühmter zu machen.

Der offizielle Nekrolog für den Großherzog, den der Kanzler von Müller, sicherlich von archivarischen Beamten unterstützt, verfaßte, hat einen viel solideren Charakter. Die »laudatio«, die ja nicht nur bei Trauerreden und Jubiläen bis zum heutigen Tage unvermeidlich ist, findet sich auch im Nekrolog des Kanzlers. Er erschien im *Intelligenzblatt der Jenaischen Allgem. Literaturzeitung* Nummer 42 und 43 (Juli 1828) und entspricht schon im Titel dieser Funktion höfischer Nekrologe: »*Zum ruhmwürdigen Gedächtniß Seiner königlichen Hoheit des Durchlauchtigsten Fürsten und Herrn Carl August, Großherzog zu Sachsen-Weimar-Eisenach.*« Diese Überschrift gibt eine Vorstellung davon, daß peinliche Tatsachen, wie es sie in jedem Menschenleben gibt, taktvoll ausgespart werden mußten. Carl August war ein »Vater seines Landes«. Er war ein Fürst, »der seinen heiligen Beruf eben so richtig erkannte, als großartig erfüllte«. Man sieht: Religiöse Elemente sind im Eingang eines solchen Nekrologes während der Restaurationszeit Pflicht. Man darf »die segensvollen Wirkungen, wie Gottes Gnade sie verlieh«, nicht vergessen. Doch schon im dritten Abschnitt des Nekrologs streift der Autor den Überschwang der Rhetorik und die religiöse Dekorierung ab: »Wenige und einfache thatsächliche Umrisse werden für jetzt genügen, den Lebensgang des Fürsten zurückzurufen.« Schon erscheint die »unvergleichliche«, früh verwitwete Mutter Carl Augusts, Anna Amalia, die »»Nichte jenes Königs, des größten Mannes seiner Zeit«. Friedrich der Große braucht nicht genannt zu werden. Das Wort »Genius« wird sogar bei ihm vermieden. Genaue Daten werden genannt, so daß auch der Geschichtsforscher auf seine Rechnung kommt. Die kluge Mutter übergibt schon dem Achtzehnjährigen die Regierung (3. Sept. 1775) und sorgt für seine rasche Vermählung mit der Prinzessin Louise von Hessen-Darmstadt (6. Oct. 1775). Selbstverständlich ist diese Ehe »großartig«; die Mätresse hat in einem höfischen Nekrolog keinen Platz. Carl August will kein Genie sein; er begnügt sich damit, durch »freye allseitige Ausbildung seine Kräfte zu steigern, und im *Menschen* den *Fürsten* zu überbieten«. Auch in Goethe, den er am 7. Nov. 1775 fürs ganze Leben gewinnt, findet er nicht den »Genius«, sondern »den treuesten Diener und vertrautesten Freund«. Tatsächlich hat Goethe auch in Krisenzeiten seiner Lebensgemeinschaft mit dem Herzog sich bemüht, ein treuer Diener zu bleiben; denn es ist noch im Spätfeudalismus eine hohe Ehre, Diener eines *Fürsten* zu sein.

In der Schilderung des sogenannten Weimarer Sturms und Drangs wird der tätige Ehrgeiz des jungen Herzogs stärker betont als die Belustigungen und die sinnlichen Freuden, die sich aus der Auflockerung der höfischen Sitten ergeben. Daß »gar manche zuversichtliche Erwartung bitter getäuscht« wird, verschweigt der Verfasser des Nekrologs nicht; aber er betont den Umstand, daß »der thatlustige Sinn« des Herzogs »doch nirgends entmuthigt« wird.

Im Zusammenhang mit Herders Berufung wird die Gründung von »eigene[n] Bildungsanstalten für Landschullehrer« betont, die miserable Besoldung der Landschullehrer, die zu den Schattenseiten von Carl Augusts Regierung gehört, aber verschwiegen. Auch die Problematik der Fürstenbundzeit mit den vielen Reisen des Herzogs, welche ein erhebliches Problem für die Finanzen Weimars waren, werden übergangen. Daß der Herzog für das »größere Vaterland« wirken wollte, rechtfertigt alles; das Ausgreifen nach Deutschland zeigt Carl Augusts Fähigkeit zu »persönlichster Aufopferung«. Als persönliches Opfer wird auch der Eintritt des Herzogs in preußische Kriegsdienste gesehen. Nicht verschwiegen wird die Niederlage von Jena (15. October 1806), und der Anschluß an den Rheinbund. Es waren diese Schicksalsschläge, die zum Tode seiner Mutter Anna Amalia führten. Die Trauer um diese Gründerin des Weimarer Musenhofes bringt ein (seltenes) emotionales Element in den Nekrolog: Carl August mußte den Tod der Mutter »als schmerzlichste Folge des Kriegs erleben, der das kostbare Daseyn dieser unvergeßlichen Fürstin im innersten zerstört hatte«.

Die Treue zu den preußischen Kriegskameraden – es ist vor allem an Müffling zu denken – und Carl Augusts würdiges Verhalten gegenüber Napoleon wird mit Recht betont. Sein »umsichtigster Eifer« in den Niederlanden (1813) kann nach Blüchers Briefen bezweifelt werden. Sicher ist aber, daß die Erfahrung des industriellen England nach dem Siege stark auf ihn wirkte und daß er »bey seiner Heimkehr (4. Sept. 1814)« sein »liebstes Fest« empfing, »den tausendstimmigen Jubelruf seines Volkes«. Er war wegen seines schlichten Auftretens beim Volke außerordentlich beliebt, weshalb er sich später auch in die Burschenschaftsfeste verwickeln ließ und die bekannte Niederlage durch die Karlsbader Beschlüsse besonders schmerzlich erleben mußte.

Wir brechen hier ab. Deutlich ist wohl geworden, daß im offiziellen Nekrolog Carl Augusts Leben und Leistung ohne Überschwang und ohne Erhebung zu »Weimars Genius«, relativ sachlich erzählt wird, wie es gewiß auch Goethes Abneigung gegen Phrasen entsprach. Goethe wird, wie wir schon wissen, in seiner tatsächlichen höfischen Stellung als Diener und Freund gesehen, nicht als einsames, alle überragendes Genie. Dennoch wird er am Ende hervorgehoben, wiederum sehr sachlich, nämlich einfach dadurch, daß der Kanzler eine längere Stelle aus Goethes Anna-Amalia-Nekrolog zitiert und ihn auf diese Weise nahe an den Weimarer Musenhof heranrückt, was den Kennern nicht selbstverständlich war, sondern eine besondere Ehre für den eher derben, praktischen und volkstümlichen Fürsten bedeutete.

Der Brief Alexander von Humboldts, der eine Reaktion auf den Nekrolog des Kanzlers und das Schreiben eines alten Freundes von Carl August ist, erscheint mir als das bewundernswerte Zeugnis eines Naturwissenschaftlers, der die Existenz eines ihm nahestehenden Menschen zwischen Leben und Tod, trotz der Naivität des an »Töplitz« glaubenden Fürsten, genau und zugleich sehr menschlich erfaßt. Als Ruhmesblatt des Großherzogs dürfte der Brief weniger geeignet sein. Gewiß, er war wißbegierig und auf einzelnen Gebieten – ich denke vor allem an die Botanik – ein Kenner, aber die meisten Fragen, die der Verstorbene gestellt haben soll, betreffen wohl eher Probleme der damaligen Naturwissenschaft als die Interessen des Großherzogs. Der große Naturforscher will seinen Freund und damit die Dynastie, überhaupt Weimar, das er so oft besuchte, geziemend ehren.

Die Eckermannaufzeichnung vom 23. Oktober 1828, durch welche die Alexander von Humboldt-Laudatio wohl am weitesten bekannt geworden ist, enthält in ihrem Verlauf höchst ehrenvolle Äußerungen Goethes über seinen Gebieter und Freund. Es ist kein Nekrolog; denn Goethe verbot ja seinem selbstlosen Jünger, die »Gespräche mit Goethe« vor dem Tod des Genies zu veröffentlichen. Es sind spürbar lockere Gespräche mit einem *jüngeren* Freunde – zum Weitersagen natürlich! – als eine Art Ersatz für den abgelehnten offiziellen Nekrolog.

Wir wollen die bekannten Lobsprüche nicht wiederholen. Uns interessieren nicht die üblichen rhetorischen Überhöhungen, sondern spezielle Feststellungen zu Carl August. »Er hatte die Gabe Geister und Charactere zu unterscheiden und Jeden an seinen Platz zu stellen«. [...] »Er sah überall selber, urtheilte selber, und hatte in allen Fällen in sich selber die sicherste Basis.« Selbständigkeit war zweifellos ein Charakterzug des Fürsten. Aber es war eine Autonomie mit Leidenschaften, nicht nur sexueller, sondern ebenso politischer und militärischer Art. Goethe stellt ja Carl August neben Napoleon (Eckermann 2. 3. 1831): »*Napoleon,* sagte ich, scheint dämonischer Art gewesen zu seyn.« »Er war es durchaus, sagte Goethe, im höchsten Grade [...] Auch der verstorbene *Großherzog* war eine dämonische Natur, voll unbegrenzter Thatkraft und Unruhe, so daß sein eigenes Reich ihm zu klein war, und das größte ihm zu klein gewesen wäre. Dämonische Wesen solcher Art rechneten die Griechen unter die Halbgötter!«« Man sieht an dieser Stelle, daß für Goethe das Dämonische nichts Teuflisches war. Im Folgenden trennt er es scharf davon ab, im Widerspruch zu Eckermann: »Der Mephistopheles ist ein viel zu negatives Wesen; das Dämonische aber äußert sich in einer *durchaus positiven Thatkraft.*« Im gleichen Gespräch findet sich eine Definition des Dämonischen und ein Bekenntnis von Goethes zwiespältigem Verhältnis zu diesem Phänomen: »Das Dämonische, sagte er, ist dasjenige, was durch Verstand und Vernunft nicht aufzulösen ist. In meiner Natur liegt es nicht, aber ich bin ihm unterworfen.«« [!] – Man darf wohl weiter gehen und feststellen, daß es der Entsagung widerspricht, die der alte Goethe so entschieden verherrlichte und persönlich anstrebte. Aber diese vernünftige Haltung wäre gar nicht nötig gewesen, wenn Goethe dem Dämonischen nicht selbst »unterworfen« gewesen wäre. Man darf dies Geständnis auch auf Goethes Verhältnis zu Carl August beziehen. Goethe war der Entsagende; am Hofe bedeutet dies auch: der Diplomatische. Carl August wollte Unmögliches, was z. B. seine Mitarbeit im Fürstenbund und sein Liebäugeln mit der Burschenschaft belegt. Aus diesem Grund *mußten* mehr oder weniger offene *Konflikte mit Carl Augusts politischem Ehrgeiz* entstehen. Aber der Dichter hatte zugleich Respekt vor solchen leidenschaftlichen Tatmenschen. Das belegt in Weimar seine Treue zu Carl August und seine Bewunderung für den Prinzen Bernhard. Und wenn dieser leidenschaftliche Drang gar zum Untergang führte, wie bei Byron, so stieg der Held in Goethes antikisierendem Denken sogar zu einem Halbgott auf. Auch hinter der Tatsache, daß der Sieg über Napoleon bei Goethe nicht zum Aufhören seiner Verehrung für den Eroberer führte, steht wohl dies *Verständnis für die »positive Thatkraft«*, auch wenn sie nicht durch den Sieg gekrönt wird. Der Hofmann Goethe pflegte von früh an sein Verhältnis zu Metternich; aber im Stillen konnte er vielleicht auch Carl Augusts unvernünftigen Widerstand gegen die Heilige Allianz verstehen. Wir erinnern hier nochmals an seine Bewunderung für den auf seiner letzten Reise nach Berlin bis zum Tode aushaltenden Großherzog.

FACHLITERATUR IN AUSWAHL

Eine größere Auswahl (479 Publikationen) findet sich im Anhang des Standard-Werks von Hans Tümmler: Carl August von Weimar, Goethes Freund. Eine vorwiegend politische Biographie. Stuttgart [Ernst Klett] 1978. Wichtig ist auch noch der Vorgänger dieses Werks: Andreas, Willy: Carl August von Weimar. Ein Leben mit Goethe 1757 bis 1783, Stuttgart 1953. Unter den historisch-politischen *Quellen* steht an erster Stelle: Politischer Briefwechsel des Herzogs und Großherzogs Carl August von Weimar (Quellen zur Deutschen Geschichte des 19. und 20. Jahrhunderts, veröffentlicht von der Historischen Kommission bei der Bayerischen Akademie der Wissenschaften, Bd 37–39): Bd *1* 1778–1790, hg. v. Willy Andreas, bearb. von Hans Tümmler, Stuttgart 1954. Bd *2* 1791–1807, hg. v. Willy Andreas, bearb. von Hans Tümmler, Stuttgart 1958. Bd *3* Von der Rheinbundzeit bis zum Ende der Regierung, hg. und bearb. von Hans Tümmler, Göttingen 1973 (Zitiert PB).

Carl August von Weimar. Ein Leben in Briefen. Hg. v. Hans Wahl. Weimar [1928].

Unter den *Quellen* zu Goethe ist die beliebte Hamburger Ausgabe, hg. v. Erich Trunz, kaum ausreichend. Bei einer eingehenden Forschung ist die wieder gedruckte Weimarer Ausgabe unentbehrlich, vor allem die Abteilungen III (Tagebücher) und IV (Briefe).

Unentbehrlich ist noch immer die von Hans Pyritz begründete, von Paul Raabe, von Heinz Nicolai, Gerhard Burkhardt und Klaus Schröter weiter geführte *Goethe-Bibliographie* im Winter-Verlag, Heidelberg.

Überaus wichtig ist auch das Goethe-Jahrbuch wegen der Aufsätze, Rezensionen und aus bibliographischen Gründen.

Eine hübsche Verbindung zwischen Goethes Gelegenheitsdichtung und der historischen Forschung hat Tümmler in einer zu wenig beachteten Publikation vorgelegt: »Und der Gelegenheit schaff' ein Gedicht«. Goethe Gedichte an und über Persönlichkeiten seiner Zeit und seines politischen Lebenskreises. Verlag Dietrich Pfahler, Bad Neustadt an der Saale 1984.

Eine unterschätzte Größe Weimars versucht Willy Andreas durch eine Briefveröffentlichung ins Licht zu bringen: Carl August von Weimar und Maria Paulowna. Unveröffentlichte Briefe. In: Ostdeutsche Wissenschaft. Jahrbuch des Ostdeutschen Kulturrates, Bd IX, 1962, S. 207–217.

Bode, Wilhelm: Anna Amalia, Herzogin von Weimar. 3 Bde, Berlin 1908 ff.

Briefwechsel des Herzogs-Großherzogs Carl August mit Goethe, hg. v. Hans Wahl. 3 Bde, Berlin 1915.

Düntzer, Heinrich: Goethe und Carl August. 2. Aufl. Leipzig 1888.

Egloffstein, Hermann Frh. von: Carl August im niederländischen Feldzug 1814. Weimar 1927 (= Schriften der Goethe-Gesellschaft, Bd 40).

Ehrentreich, Hans: Heinrich Luden und sein Einfluß auf die Burschenschaft. In: Quellen und Darstellungen zur Geschichte der Burschenschaft und der deutschen Einheitsbewegung, Bd IV, 1913.

Goethes amtliche Schriften, Goethes Tätigkeit im Geheimen Consilium. I. Bd: Die Schriften der Jahre 1776–1786, hg. v. Willy Flach, Weimar 1950. II. Bd: Die Schriften der Jahre 1788–1819, 1. Halbband: 1788–1797, Weimar 1968, bearb. v. Helma Dahl, 2. Halbband: Die Schriften der Jahre 1798–1819, Weimar 1970, bearb. v. Helma Dahl. III. Bd: Erläuterungen zu den Schriften der Jahre 1788–1819, Weimar 1972, bearb. v. Helma Dahl (= Veröffentlichungen des Staatsarchivs Weimar).

Goethes Briefwechsel mit Christian Gottlob Voigt. 4 Bde, hg. u. bearb. von Hans Tümmler, Bd III und IV unter Mitwirkung von Wolfgang Huschke, Weimar 1949–1962 (= Schriften der Goethe-Gesellschaft, Bd 53–56, hg. v. Andreas B. Wachsmuth u. Eduard Spranger).

Mommsen, Wilhelm: Die politischen Anschauungen Goethes. Stuttgart [1948].

Kühn, Hugo: Das Wartburgfest am 18. Oktober 1817. Zeitgenössische Darstellungen, archivalische Akten und Urkunden. Weimar 1913.

Hecker, Max: Goethe und Carl Friedrich von Conta. Neununddreißig Briefe von Goethe an v. Contas, fünfzehn Briefe v. Contas an Goethe. In: Goethe-Jahrbuch. Bd 22, 1901, S. 19–73.

Briefe des Herzogs Carl August von Sachsen-Weimar an seine Mutter, die Herzogin Anna Amalia, Oktober 1774 bis Januar 1807. Hg. v. Alfred Bergmann, Jena 1938 (= Jenaer Germanistische Forschungen, hg. v. Albert Leitzmann, Bd 30).

Briefwechsel König Friedrich Wilhelms III. und der Königin Luise mit Kaiser Alexander I. Hg. v. Paul Bailleu. Leipzig 1900 (= Publikationen aus den K. Preußischen Staatsarchiven, Bd 75).

Briefwechsel der Königin Luise mit ihrem Gemahl Friedrich Wilhelm III. 1793 bis 1810. Hg. v. Carl Griewank. Leipzig [1929].

Bulling, Karl: Die Rezensenten der Jenaischen Allgemeinen Literaturzeitung 1804–1823. 2 Bde, Weimar 1962 und 1963.

Denkwürdigkeiten des Staatskanzlers Fürsten Hardenberg, hg. v. L. v. Ranke, Berlin 1877 ff.

Pölitz, Karl Heinrich Ludwig: Die Verfassungen des teutschen Staatenbundes. Bd II, 3. Aufl. 1847, besorgt von F. Bülau.

Fournier, A.: Die Geheimpolizei auf dem Wiener Kongreß. Wien/Leipzig 1913.

Friedrich, Fritz: Die Politik Sachsens 1801 bis 1803. Ein Beitrag zur Geschichte der Auflösung des heiligen römischen Reiches. Leipzig 1898.

Gentz, Friedrich von: Ungedruckte Denkschriften, Tagebücher und Briefe, hg. v. Gustav Schlesier, Mannheim 1840, Bd V.

Flach, Willy: Goetheforschung und Verwaltungsgeschichte, Goethe im Geheimen Consilium. Weimar 1952 (= Thüringische Archivstudien, hg. v. Willy Flach, Bd 3).

Raumer, Kurt von: Der Freiherr vom Stein und Goethe. Münster 1965 (= Freiherr-vom-Stein-Gesellschaft, H. 6 der Schriftenreihe).

Ranke, Leopold von: Die deutschen Mächte und der Fürstenbund. Deutsche Geschichte von 1780–1790, 2 Bde Leipzig 1871/72.

Rößler, Hellmuth: Zwischen Revolution und Reaktion. Ein Lebensbild des Reichsfreiherrn Hans Christoph von Gagern. Göttingen 1958.

Schieder, Theodor: Vom Deutschen Bund zum Deutschen Reich. In: Bruno Gebhardt, Handbuch der Deutschen Geschichte, hg. v. Herbert Grundmann. Bd 3, 9. Aufl. Stuttgart 1970.

Müller, Friedrich von: Kanzler von Müller, Unterhaltungen mit Goethe. Kritische Ausgabe, besorgt von Ernst Grumach, Weimar 1956.

Müller, Karl Alexander von: Karl Ludwig Sand. München 1925.

Srbik, Heinrich Ritter von: Goethe und das Reich. In: Goethe, Viermonatsschrift der Goethe-Gesellschaft. Bd 4, 1939, S. 211–232.

Preuß, Andreas Theodor: Ewald Friedrich Graf von Hertzberg. Berlin 1909.

Müffling, Friedr. Carl Ferdinand Frh. von, sonst Weiß genannt: Aus meinem Leben. Hg. v. Eduard Frh. von Müffling. Berlin 1851.

Eine neue Überraschung ist das Nachschlagewerk *Goethes Weimar. Das Lexikon der Personen und Schauplätze* von Effi Biedrzynski, München 1992.

Register

Goethe und Carl August sowie Personen der Gegenwart wurden nicht in das Register aufgenommen.

Korrigenda

S. 10, Z. 14 Trhonfolger / Thronfolger

S. 34, Z. 3 maître de plaisor / maître de plaisir

S. 54, Z. 13 f. den Sturm und Drang das Drama / den Sturm und Drang

S. 148, Z. 1 mit eingegangenen Preisarbeiten / den eingegangenen
Preisarbeiten

S. 167, Z. 13 Theaer / Theater

S. 168, Z. 6 ff. Die Equipage, die sich Goethe ... eintat / Die Equipage, die
Goethe ... erhielt

S. 170, Z. 15 E gab / Es gab

S. 172, Z. 34 in der Stille sich sich / in der Stille sich

S. 237, Z. 14 Unvierstität / Universität

S. 249, Z. 29 der redlichen Mannes / des redlichen Mannes

S. 259, Z. 13 Leitung des Theaters für / Leitung des Theaters war

S. 263, Z. 18 f. Ge/rmanisten / Ger/manisten

S. 312, Z. 30 f. die dieser Kaiser / wie dieser Kaiser

S. 383, Z. 12 seines wichtigsten« Freundes / seines »wichtigsten« Freundes

S. 392, Z. 27 1917 / 1817

S. 401, Z. 23 würden / wurden

S. 426, Z. 6 zu einer kleinen Gruppe / von einer kleinen Gruppe

S. 429, Z. 5 Verständis / Verständnis

S. 450, Z. 14 Mädhcen / Mädchen

S. 464, Z. 4. Z. von unten A. N. Koch / A. Neuhaus-Koch

S. 486, Z. 7 müße / müßte

S. 505, Z. 2 vom einem Großen / von einem Großen

S. 511, Z. 10 Übesetzer / Übersetzer

S. 520, Z. 13 den unterem Garten / den unteren Garten